Eugen Drewermann
Vom Weg der Liebe

Eugen Drewermann

Vom Weg der Liebe

Aschenputtel, Schneewittchen und Marienkind
tiefenpsychologisch gedeutet

Patmos

VERLAGSGRUPPE PATMOS
PATMOS
ESCHBACH
GRÜNEWALD
THORBECKE
SCHWABEN

Die Verlagsgruppe
mit Sinn für das Leben

Für die Schwabenverlag AG ist Nachhaltigkeit ein wichtiger Maßstab ihres Handelns. Wir achten daher auf den Einsatz umweltschonender Ressourcen und Materialien. Dieses Buch wurde auf FSC®-zertifiziertem Papier gedruckt. FSC (Forest Stewardship Council®) ist eine nicht staatliche, gemeinnützige Organisation, die sich für eine ökologische und sozial verantwortliche Nutzung der Wälder unserer Erde einsetzt.

Bibliografische Information der Deutschen Nationalbibliothek
Die Deutsche Nationalbibliothek verzeichnet diese Publikation in der Deutschen Nationalbibliografie; detaillierte bibliografische Daten sind im Internet über http://dnb.d-nb.de abrufbar.

Alle Rechte vorbehalten
© 2011 Patmos Verlag der Schwabenverlag AG, Ostfildern
www.patmos.de

Umschlaggestaltung: Finken & Bumiller, Stuttgart
Umschlagabbildung: joexx/photocase.com
Druck: Himmer AG, Augsburg
Hergestellt in Deutschland
ISBN 978-3-8436-0101-6

Inhalt

Einleitung 7

I. **Aschenputtel oder:**
   Von einem Vertrauen, das die Angst besiegt 9
   1. Der Tod der Mutter 24
   2. Das Geschenk des Vaters 68
   3. Die Hochzeit des Königssohnes 79
   4. Die Suche nach der Identität 117

II. **Schneewittchen oder:**
    Von der Leben rettenden Macht der Liebe 137
    1. Die Frau am Fenster 146
    2. Die Frau im Spiegel 157
    3. Der tödliche Neid auf die Jugend 179
    4. »Gefressen« vor »Liebe« 195
    5. Im Zwergenheim 212
    6. Das vergiftete Leben 220
    7. Die Frau unter Glas 231
    8. Die Auferstehung der Liebe 241
    9. Strafen oder Verstehen – von einer Möglichkeit
       mehr als ein Märchen 265

III. **Marienkind oder:**
     Die Wahrheit wird euch frei machen 273
     1. Der arme Vater und die Mutter Gottes 280
     2. Das Paradies der »Mutter Gottes« und sein Preis 288

3. Der Sündenfall der 13. Pforte 292
4. Das Kleid aus Tränen und aus Träumen 305
5. Die Hochzeit der Stummen 313
6. Die Rückkehr der »Madonna« oder:
   Das erzwungene Geständnis 322
7. Zwischen Angst und Glaube, oder:
   Welch eine Art von Religion? 333

Anmerkungen 339
   »Aschenputtel« 339
   »Schneewittchen« 364
   »Marienkind« 388

Einleitung

Eigenartig! Wann irgend im Deutschen Bundestag jemand erklären würde: »Das war eine Märchenstunde!«, würde er seinen Vorredner der Blauäugigkeit, der Unverantwortlichkeit, des bloßen Wunschdenkens, Populismus, der Gesundbeterei und Ähnlichem mehr zeihen. Dabei steht es außer Frage, dass wir, die sogenannten »Erwachsenen«, der Märchen mehr noch brauchen als die Kinder. Es war ERICH KÄSTNER, der in den Tagen der Wiederbewaffnung der Bundesrepublik Deutschland gegen das Diktum, es sei naiv, ohne Wehrwillen und Vergeltungsbereitschaft den Frieden erhalten zu mögen, den militanten »Erwachsenen« ins Stammbuch schrieb: »Wer, wenn er erwachsen wird, aufhört, das Kind zu sein, das er einmal war, hört auf, ein Mensch zu sein.« Kein Kind wird geboren, um den Krieg zu lernen; kein Kind kommt zur Welt, um mit Gewalt um sein Überleben zu kämpfen; im Gegenteil: In jedem Menschen, der das Licht der Welt erblickt, erwacht der Traum von Liebe, Einheit und Glück. Und eben diesen Traum schildern die Märchen, und sie beschwören uns, an diesen Traum zu glauben, trotz aller Einwände und Widersprüche, Enttäuschungen, Verstellungen und Verformungen und scheinbar unerträglichen Verkleinerungen.

Man nehme das *Marienkind*: Da wird die Armut und Armseligkeit der Eltern kompensiert durch die Erscheinung der »Madonna« und ein Leben wie im Himmel; doch dieser süße Traum ist wie vergiftet durch ein Verbot, die Sphäre engelgleicher »Unschuld« zu verlassen und zu einer Frau heranzureifen. Selbst die Kinder, die eine Frau gebiert, können ihr vom Jungfrauenideal der Mutter Gottes gestohlen werden... Die katholische Kirche gab die Geschichte in den Tagen der Gegenreformation in Umlauf, um mit ihrer Marienmystik und Beichtpraxis die Gläubigen an sich zu binden; doch wie viele Schuldgefühle, neurotische Ängste und Entfremdungen gehen zurück auf die Tabuisierung irdischen Glücks zwischen Frau und Mann? Ein einziges Märchen recht zu verstehen bedeutet nicht mehr und nicht weniger, als einen Weg der Befreiung und der Reifung aus falschen Idealen und Abhängigkeiten für sich und alle »Marienkinder« zu finden, die darauf warten, ehrlich zu sich selber stehen zu dürfen.

Andere fühlen nicht von unmenschlichen Moralvorstellungen sich gehemmt und eingeengt, – sie drohen an den Widersprüchen zu zerbrechen, die in der Haltung ihrer Mutter sichtbar werden. Was ist im Märchen von *Schneewittchen* »gut« und »böse«, was zwischen »Mutter« und »Stiefmutter« Liebe und Hass, was noch Erziehung, was bereits Zerstörung? Wann darf man dem Leben vertrauen, wann muss man seine Verlockungen meiden? Wie viele sind, die in all den Zwängen und Ambivalenzen nur leben können wie Untote in gläsernen Särgen – als Schauobjekt einer vermarkteten Schönheit in den Absperrungen der Angst und der Unberührbarkeit, als verschüchterte Kinder, die für das Leben nicht gemacht zu sein scheinen? Und doch sehnen gerade sie sich nach jemandem, der sie trotz allem liebt und sie mit seiner Liebe fortträgt aus dem Zwergenreich ins »Erwachen«.

Und das *Aschenputtel*! Es folgt nicht dem *American Dream*, der da besagt, alles werden, alles erreichen, alles schaffen zu können, wenn man nur zäh und stark genug ist und nicht aufgibt; es glaubt im Gegenteil gegen die Dreinrede: »Du hast nichts, du kannst nichts, wir mussten uns deiner schämen« an den Wert, den es bei seiner »richtigen« Mutter geborgen weiß. Nur: Durch wie viel Traurigkeit, Verstohlenheit und Doppelbödigkeit muss jemand aufblühen zu seiner eigentlichen Schönheit, bis dass er wagt, unter den Augen eines Anderen, der es »unbedingt will«, sich vorzuzeigen und der Zuneigung sich zu getrauen?

Folgt man der Botschaft der Märchen, stellt die Welt, die wir gewöhnlich als real betrachten, sich als ungeheuerlich heraus; doch gleichzeitig beginnen wir zu glauben an die Macht, die einzig über den Grad unserer Menschlichkeit entscheidet: an die Liebe. Nur sie erlöst uns von den Zwängen der Moral des Über-Ichs (*Marienkind*), von den standardisierten Wunschbildern des Es (*Schneewittchen*), von den reaktiven Idealen des Ichs im Feld von Einsamkeit und von Verlassenheit (*Aschenputtel*).

I. Aschenputtel oder: Von einem Vertrauen, das die Angst besiegt

*E*inem reichen Manne, dem wurde seine Frau krank, und als sie fühlte, dass ihr Ende herankam, rief sie ihr einziges Töchterlein zu sich ans Bett und sprach: »Liebes Kind, bleib fromm und gut, so wird dir der liebe Gott immer beistehen, und ich will vom Himmel auf dich herabblicken und will um dich sein.« Darauf tat sie die Augen zu und verschied. Das Mädchen ging jeden Tag hinaus zu dem Grabe der Mutter und weinte und blieb fromm und gut. Als der Winter kam, deckte der Schnee ein weißes Tüchlein auf das Grab, und als die Sonne im Frühjahr es wieder herabgezogen hatte, nahm sich der Mann eine andere Frau.

Die Frau hatte zwei Töchter mit ins Haus gebracht, die schön und weiß von Angesicht waren, aber garstig und schwarz von Herzen. Da ging eine schlimme Zeit für das arme Stiefkind an. »Soll die dumme Gans bei uns in der Stube sitzen!«, sprachen sie. »Wer Brot essen will, muss es verdienen: Hinaus mit der Küchenmagd.« Sie nahmen ihm seine schönen Kleider weg, zogen ihm einen grauen alten Kittel an und gaben ihm hölzerne Schuhe. »Seht einmal die stolze Prinzessin, wie sie geputzt ist!«, riefen sie, lachten und führten es in die Küche. Da musste es von Morgen bis Abend schwere Arbeit tun, früh vor Tag aufstehn, Wasser tragen, Feuer anmachen, kochen und waschen. Obendrein taten ihm die Schwestern alles ersinnliche Herzeleid an, verspotteten es und schütteten ihm die Erbsen und Linsen in die Asche, so dass es sitzen und sie wieder auslesen musste. Abends, wenn es sich müde gearbeitet hatte, kam es in kein Bett, sondern musste sich neben den Herd in die Asche legen. Und weil es darum immer staubig und schmutzig aussah, nannten sie es Aschenputtel.

Es trug sich zu, dass der Vater einmal in die Messe ziehen wollte, da fragte er die beiden Stieftöchter, was er ihnen mitbringen sollte. »Schöne Kleider«, sagte die eine, »Perlen und Edelsteine« die zweite. »Aber du, Aschenputtel«, sprach er, »was willst du haben?« »Vater, das erste Reis, das Euch auf Eurem Heimweg an den Hut stößt, das brecht für mich ab.« Er kaufte nun für die beiden Stiefschwestern schöne Kleider, Perlen und Edelsteine, und auf dem Rückweg, als er durch einen grünen Busch ritt, streifte ihn ein Haselreis und stieß ihm den Hut ab. Da brach er das Reis ab und nahm es mit. Als er nach Haus kam, gab er den Stieftöchtern, was sie sich gewünscht hatten, und dem Aschenputtel gab er das Reis von dem Haselbusch. Aschenputtel dankte ihm, ging zu seiner Mutter Grab und pflanzte das Reis darauf und weinte so sehr, dass die Tränen darauf niederfielen und es begossen. Es wuchs aber und ward ein schöner Baum. Aschenputtel ging alle Tage dreimal darunter, weinte und betete, und

allemal kam ein weißes Vöglein auf den Baum, und wenn es einen Wunsch aussprach, so warf ihm das Vöglein herab, was es sich gewünscht hatte. Es begab sich aber, dass der König ein Fest anstellte, das drei Tage dauern sollte und wozu alle schönen Jungfrauen im Lande eingeladen wurden, damit sich sein Sohn eine Braut aussuchen möchte. Die zwei Stiefschwestern, als sie hörten, dass sie auch dabei erscheinen sollten, waren guter Dinge, riefen Aschenputtel und sprachen: »Kämm uns die Haare, bürste uns die Schuhe und mache uns die Schnallen fest, wir gehen zur Hochzeit auf des Königs Schloß.« Aschenputtel gehorchte, weinte aber, weil es auch gern zum Tanz mitgegangen wäre, und bat die Stiefmutter, sie möchte es ihm erlauben. »Du, Aschenputtel«, sprach sie, »bist voll Staub und Schmutz und willst zur Hochzeit? Du hast keine Kleider und Schuhe und willst tanzen!« Als es aber mit Bitten anhielt, sprach sie endlich: »Da habe ich dir eine Schüssel Linsen in die Asche geschüttet, wenn du die Linsen in zwei Stunden wieder ausgelesen hast, so sollst du mitgehen.« Das Mädchen ging durch die Hintertüre nach dem Garten und rief: »Ihr zahmen Täubchen, ihr Turteltäubchen, all ihr Vöglein unter dem Himmel, kommt und helft mir lesen,
    die guten ins Töpfchen,
    die schlechten ins Kröpfchen.«
Da kamen zum Küchenfenster zwei weiße Täubchen herein und danach die Turteltäubchen, und endlich schwirrten und schwärmten alle Vöglein unter dem Himmel herein und ließen sich um die Asche nieder. Und die Täubchen nickten mit den Köpfchen und fingen an pick, pick, pick, pick, und da fingen die übrigen auch an pick, pick, pick, pick und lasen alle guten Körnlein in die Schüssel. Kaum war eine Stunde herum, so waren sie schon fertig und flogen alle wieder hinaus. Da brachte das Mädchen die Schüssel der Stiefmutter, freute sich und glaubte, es dürfte nun mit auf die Hochzeit gehen. Aber sie sprach: »Nein, Aschenputtel, du hast keine Kleider und kannst nicht tanzen: du wirst nur ausgelacht.« Als es nun weinte, sprach sie: »Wenn du mir zwei Schüsseln voll Linsen in einer Stunde aus der Asche rein lesen kannst, so sollst du mitgehen«, und dachte: »Das kann es ja nimmer mehr.« Als sie die zwei Schüsseln Linsen in die Asche geschüttet hatte, ging das Mädchen durch die Hintertüre nach dem Garten und rief: »Ihr zahmen Täubchen, ihr Turteltäubchen, all ihr Vöglein unter dem Himmel, kommt und helft mir lesen,
    die guten ins Töpfchen,
    die schlechten ins Kröpfchen.«

Da kamen zum Küchenfenster zwei weiße Täubchen herein und danach die Turteltäubchen, und endlich schwirrten und schwärmten alle Vöglein unter dem Himmel herein und ließen sich um die Asche nieder. Und die Täubchen nickten mit ihren Köpfchen und fingen an pick, pick, pick, pick, und da fingen die übrigen auch an pick, pick, pick, pick und lasen alle guten Körner in die Schüsseln. Und eh eine halbe Stunde herum war, waren sie schon fertig und flogen alle wieder hinaus. Da trug das Mädchen die Schüsseln zu der Stiefmutter, freute sich und glaubte, nun dürfte es mit auf die Hochzeit gehen. Aber sie sprach: »Es hilft dir alles nichts: Du kommst nicht mit, denn du hast keine Kleider und kannst nicht tanzen; wir müssten uns deiner schämen.« Darauf kehrte sie ihm den Rücken zu und eilte mit ihren zwei stolzen Töchtern fort.

Als nun niemand mehr daheim war, ging Aschenputtel zu seiner Mutter Grab unter den Haselbaum und rief:

»Bäumchen, rüttel dich und schüttel dich,
wirf Gold und Silber über mich.«

Da warf ihm der Vogel ein golden und silbern Kleid herunter und mit Seide und Silber ausgestickte Pantoffeln. In aller Eile zog es das Kleid an und ging zur Hochzeit. Seine Schwestern aber und die Stiefmutter kannten es nicht und meinten, es müsste eine fremde Königstochter sein, so schön sah es in dem goldenen Kleide aus. An Aschenputtel dachten sie gar nicht und dachten, es säße daheim im Schmutz und suchte die Linsen aus der Asche. Der Königssohn kam ihm entgegen, nahm es bei der Hand und tanzte mit ihm. Er wollte auch mit sonst niemand tanzen, also dass er ihm die Hand nicht losließ, und wenn ein anderer kam, es aufzufordern, sprach er: »Das ist meine Tänzerin.«

Es tanzte, bis es Abend war, da wollte es nach Haus gehen. Der Königssohn aber sprach: »Ich gehe mit und begleite dich«, denn er wollte sehen, wem das schöne Mädchen angehörte. Sie entwischte ihm aber und sprang in das Taubenhaus. Nun wartete der Königssohn, bis der Vater kam, und sagte ihm, das fremde Mädchen wär' in das Taubenhaus gesprungen. Der Alte dachte: »Sollte es Aschenputtel sein«, und sie mussten ihm Axt und Hacken bringen, damit er das Taubenhaus entzweischlagen konnte; aber es war niemand darin. Und als sie ins Haus kamen, lag Aschenputtel in seinen schmutzigen Kleidern in der Asche, und ein trübes Öllämpchen brannte im Schornstein, denn Aschenputtel war geschwind aus dem Taubenhaus hinten herabgesprungen und war zu dem Haselbäumchen gelaufen: Da hatte es die schönen Kleider abgezogen und aufs Grab gelegt, und der Vogel hatte sie wieder weggenommen, und dann hatte es sich in seinem grauen Kittelchen in die Küche zur Asche gesetzt.

Am andern Tag, als das Fest von Neuem anhub und die Eltern und Stiefschwestern wieder fort waren, ging Aschenputtel zu dem Haselbaum und sprach:
»Bäumchen, rüttel dich und schüttel dich,
wirf Gold und Silber über mich.«
Da warf der Vogel ein noch viel stolzeres Kleid herab als am vorigen Tag. Und als es mit diesem Kleide auf der Hochzeit erschien, erstaunte jedermann über seine Schönheit. Der Königssohn aber hatte gewartet, bis es kam, nahm es gleich bei der Hand und tanzte nur allein mit ihm. Wenn die andern kamen und es aufforderten, sprach er: »Das ist meine Tänzerin.« Als es nun Abend war, wollte es fort, und der Königssohn ging ihm nach und wollte sehen, in welches Haus es ging: Aber es sprang ihm fort und in den Garten hinter dem Haus. Darin stand ein schöner großer Baum, an dem die herrlichsten Birnen hingen, es kletterte so behend wie ein Eichhörnchen zwischen die Äste, und der Königssohn wusste nicht, wo es hingekommen war. Er wartete aber, bis der Vater kam, und sprach zu ihm: »Das fremde Mädchen ist mir entwischt, und ich glaube, es ist auf den Birnbaum gesprungen.« Der Vater dachte: »Sollte es Aschenputtel sein«, ließ sich die Axt holen und hieb den Baum um, aber es war niemand darauf. Und als sie in die Küche kamen, lag Aschenputtel da in der Asche, wie sonst auch, denn es war auf der andern Seite vom Baum herabgesprungen, hatte dem Vogel auf dem Haselbäumchen die schönen Kleider wieder gebracht und sein graues Kittelchen angezogen.

Am dritten Tag, als die Eltern und Schwestern fort waren, ging Aschenputtel wieder zu seiner Mutter Grab und sprach zu dem Bäumchen:
»Bäumchen, rüttel dich und schüttel dich,
wirf Gold und Silber über mich.«
Nun warf ihm der Vogel ein Kleid herab, das war so prächtig und glänzend, wie es noch keins gehabt hatte, und die Pantoffeln waren ganz golden. Als es in dem Kleid zu der Hochzeit kam, wussten sie alle nicht, was sie vor Verwunderung sagen sollten. Der Königssohn tanzte ganz allein mit ihm, und wenn es einer aufforderte, sprach er: »Das ist meine Tänzerin.«

Als es nun Abend war, wollte Aschenputtel fort, und der Königssohn wollte es begleiten, aber es entsprang ihm so geschwind, dass er nicht folgen konnte. Der Königssohn hatte aber eine List gebraucht und hatte die *ganze Treppe mit Pech bestreichen lassen: Da war, als es hinabsprang, der linke Pantoffel des Mädchens hängengeblieben. Der Königssohn hob ihn auf, und er war klein und zierlich und ganz golden. Am nächsten Morgen ging er damit zu dem Mann und sagte zu ihm:* »*Keine andere soll meine Gemahlin werden als die, an deren Fuß dieser goldene Schuh passt.*« *Da freuten sich die beiden Schwestern, denn sie hatten schöne Füße. Die Älteste ging mit dem Schuh in die Kammer und wollte ihn anprobieren, und die Mutter stand dabei. Aber sie konnte mit der großen Zehe nicht hineinkommen, und der Schuh war ihr zu klein, da reichte ihr die Mutter ein Messer und sprach:* »*Hau die Zehe ab: Wann du Königin bist, so brauchst du nicht mehr zu Fuß zu gehen.*« *Das Mädchen hieb die Zehe ab, zwängte den Fuß in den Schuh, verbiss den Schmerz und ging heraus zum Königssohn. Da nahm er sie als seine Braut aufs Pferd und ritt mit ihr fort. Sie mussten aber an dem Grabe vorbei, da saßen die zwei Täubchen auf dem Haselbäumchen und riefen:*

»*Rucke di guck, rucke di guck,*
Blut ist im Schuck (Schuh):
Der Schuck ist zu klein,
die rechte Braut sitzt noch daheim.«

Da blickte er auf ihren Fuß und sah, wie das Blut herausquoll. Er wendete sein Pferd um, brachte die falsche Braut wieder nach Hause und sagte, das wäre nicht die rechte, die andere Schwester sollte den Schuh anziehen. Da ging diese in die Kammer und kam mit den Zehen glücklich in den Schuh, aber die Ferse war zu groß. Da reichte ihr die Mutter ein Messer und sprach: »*Hau ein Stück von der Ferse ab: Wann du Königin bist, brauchst du nicht mehr zu Fuß zu gehen.*« *Das Mädchen hieb ein Stück von der Ferse ab, zwängte den Fuß in den Schuh, verbiss den Schmerz und ging heraus zum Königssohn. Da nahm er sie als seine Braut aufs Pferd und ritt mit ihr fort. Als sie an dem Haselbäumchen vorbeikamen, saßen die zwei Täubchen darauf und riefen:*

»*Rucke di guck, rucke di guck,*
Blut ist im Schuck:
Der Schuck ist zu klein,
die rechte Braut sitzt noch daheim.«

Er blickte nieder auf ihren Fuß und sah, wie das Blut aus dem Schuh quoll und an den weißen Strümpfen ganz rot heraufgestiegen war. Da wendete er sein Pferd und brachte die falsche Braut wieder nach Hause.
»*Das ist auch nicht die rechte*«*, sprach er,* »*habt Ihr keine andere Toch-*

ter?« »Nein«, sagte der Mann, »nur von meiner verstorbenen Frau ist noch ein kleines verbuttetes Aschenputtel da: Das kann unmöglich die Braut sein.« Der Königssohn sprach, er sollte es heraufschicken, die Mutter aber antwortete: »Ach nein, das ist viel zu schmutzig, das darf sich nicht sehen lassen.« Er wollte es aber durchaus haben, und Aschenputtel musste gerufen werden. Da wusch es sich erst Hände und Angesicht rein, ging dann hin und neigte sich vor dem Königssohn, der ihm den goldenen Schuh reichte. Dann setzte es sich auf einen Schemel, zog den Fuß aus dem schweren Holzschuh und steckte ihn in den Pantoffel, der war wie angegossen. Und als es sich in die Höhe richtete und der König ihm ins Gesicht sah, so erkannte er das schöne Mädchen, das mit ihm getanzt hatte, und rief: »Das ist die rechte Braut!« Die Stiefmutter und die beiden Schwestern erschraken und wurden bleich vor Ärger: Er aber nahm Aschenputtel aufs Pferd und ritt mit ihm fort. Als sie an dem Haselbäumchen vorbeikamen, riefen die zwei weißen Täubchen:

»Rucke di guck, rucke di guck,
kein Blut im Schuck:
Der Schuck ist nicht zu klein,
die rechte Braut, die führt er heim.«

Und als sie das gerufen hatten, kamen sie beide herabgeflogen und setzten sich dem Aschenputtel auf die Schultern, eine rechts, die andere links, und blieben da sitzen.

Als die Hochzeit mit dem Königssohn sollte gehalten werden, kamen die falschen Schwestern, wollten sich einschmeicheln und Teil an seinem Glück nehmen. Als die Brautleute nun zur Kirche gingen, war die Älteste zur rechten, die Jüngste zur linken Seite: Da pickten die Tauben einer jeden das eine Auge aus. Hernach, als sie herausgingen, war die Älteste zur linken und die Jüngste zur rechten: Da pickten die Tauben einer jeden das andere Auge aus. Und waren sie also für ihre Bosheit und Falschheit mit Blindheit auf ihr Lebtag bestraft.

Was ein »Aschenputtel« ist, weiß scheinbar jeder, und viele, auch erwachsene Frauen (und Männer), fühlen sich Zeit ihres Lebens so. Was also ist ein »Aschenputtel«? Die Antwort darauf fällt trotz allem merkwürdig schwer.

Dem Namen nach ist ein »Aschenputtel« »die in der Asche wühlende, sich wälzende Küchenmagd, ein geringfügiges unreines Mägdlein« – »pusseln« oder »pöseln« im Sinne von »mühsam suchen« und

»sölen« = sudeln, »im Schmutz verderben«[1] steckt in dem Wort. Eine andere Vermutung möchte den Namen aus dem Griechischen ableiten: aus den Worten achylia = Asche und puttos = weibliche Scham; Aschenputtel wäre dann ein Mädchen, das »mit der Scham in der Asche« sitzt.[2] So oder so ist der Name mehr als ungenau, denn er beschreibt nur die Außenseite, das, was man sieht; viel wichtiger aber für das Wesen eines »Aschenputtels« ist die Innenseite, das, was man nicht sieht, doch unbedingt sehen muss, um das Wesen eines solchen Menschen zu verstehen. Das Geheimnis, das Wunder seines Lebens nämlich besteht darin, mitten im Elend niemals das Gefühl für seine eigene Würde zu verlieren und gegen die scheinbar erdrückende Macht der Widerstände der gesamten äußeren Welt den Traum nicht aufzugeben, im Grunde zu etwas Königlichem bestimmt zu sein.

Dieser Kontrast: zwischen äußerer Erniedrigung und innerer Berufung, zwischen Ausgangsbedingung und Ziel, zwischen Schicksalsungunst und Herzenssehnsucht bestimmt den Kern der Aschenputtelgestalt. Nicht: »Das Aschenputtel«, sondern »Die Aschenkönigin« müsste das Grimm'sche Märchen deshalb eigentlich heißen, um die Spannung seines Hauptmotivs wiederzugeben.

Wer die Geschichte vom »Aschenputtel« interpretieren will, kommt folglich nicht umhin, sich in die Seele von Menschen hineinzudenken, hineinzufühlen, die den äußeren Lebensumständen nach chancenlos auf die unteren Ränge verbannt sind: allzu arm, ja, armselig muten die Verhältnisse ihres Elternhauses an, als dass man ihnen einen großen sozialen Aufstieg zutrauen möchte – sie haben, in unseren Tagen, womöglich keinen »höheren« Schulabschluss, sie sind keine »Studierten«, sie sind, zumindest in ihren eigenen Augen, nicht einmal besonders attraktiv, ihre Ausstrahlung bietet eher das Bild von grauen Mäusen, die nichts sind und nichts haben, außer, dass sie den Mund zu halten und sich in »Bescheidenheit« zu üben haben.

Und das tun sie denn auch. Vermeintlich! Nach außen hin! – Unter der Asche aber, mitten in dem Ruß eines scheinbar ausgeglühten Lebens glimmt doch die unerstickte Glut eines verborgenen Verlangens nach einem ganz anderen, wahren Sein, zu dem es im Augenblick zwar keinen Zugang gibt, das aber dennoch eines Tages unfehlbar anheben wird, wenn irgend denn Leben noch sein soll.

»Aschenputtel« – das ist mithin ein oft langes Warten gegen alle Enttäuschung, das ist die Geschichte von einem unbeugsamen Stolz entgegen aller Erniedrigung, das ist ein zähes, geduldiges Hoffen wider alle äußere Entbehrung; »Aschenputtel« – das ist ein Leben in hundert Stunden unerhörter Einsamkeit, das ist ein unbemerktes Weinen unter der nach außen zur Schau getragenen Maske von Gehorsam, Folgsamkeit und womöglich von Frohsinn; das ist ein stummes Klagen in äußerem Schweigen – oder in äußerlicher Redseligkeit; »Aschenputtel« – das ist das brennende Gefühl eines unaussprechlichen chronischen Unrechts, das es zwar jetzt zu durchleiden gilt, mit dem aber jemals sich einverstanden zu erklären ein Rest verbliebenen Wertgefühles sich ein für allemal weigert. »Aschenputtel« – das ist das Märchen von dem Mysterium des Menschen, der selbst dann noch an seine Größe glaubt, wenn man in einer Kette nicht endender Demütigungen ihm seinen »vermessentlichen Hochmut« mit schikanöser Gewalt auszutreiben sucht. »Aschenputtel« – das ist in der Sprache des Märchens ein Dokument für die noch unentdeckte Würde des Menschen im Unscheinbaren, eine Chiffre für das Nichtzerbrechen eines geheimen Adels, der seine eigene Herkunft nicht kennt und doch um so inständiger seine Zukunft ersehnt. »Aschenputtel« ereignet sich überall und immer wieder, wenn und wo Menschen nicht davon lassen, an die Berufung ihres Wesens trotz allem zu glauben.

Das »Aschenputtel«-Märchen auszulegen, bedeutet daher, Menschen den Mut zu schenken, an ihren kühnsten Erwartungen festzuhalten und auf den Wert und die Einmaligkeit ihres Lebens unverwandt zu bestehen; es bedeutet, an die Widerlegbarkeit der sogenannten »Realität« durch die wahrhaft »märchenhaften« Möglichkeiten des Daseins zu glauben; es bedeutet, immer wieder den äußeren Anschein der Unscheinbarkeit eines Menschen beiseite zu räumen und mitten im Weinen das beginnende Glück, mitten im Zerbrechen der Hoffnung das Reifen einer größeren Gestalt und mitten im vermeintlich Aussichtslosen die ersten Umrisse einer nur erst zu ahnenden Wahrheit zu erkennen. »Aschenputtel« – das ist als Erstes das Märchen von dem Sieg der Schönheit über die Schande, des wahren Seins über den falschen Schein, des inneren Wesens über die Verfälschungen des Äußeren; »Aschenputtel« – das ist der nie noch zu Ende geträumte Traum von dem verborgenen Königtum in jedem Menschen.

Was Wunder also, dass das »Aschenputtel«-Motiv sich nicht nur größter Beliebtheit, sondern auch größter Verbreitung zumindest in Europa erfreut?[3] Welch einem Menschen in diesem Leben geschieht schon »recht«? Das Gefühl scheint irgendwie jeder zu kennen, mit der Fülle seiner Begabungen und Anlagen unter den gegebenen Verhältnissen seines Lebens zu kurz zu kommen und »eigentlich« zu etwas ganz Anderem bestimmt zu sein, als in den Beengtheiten schon der Familiensituation der Kindertage sich hat verwirklichen können. Was aber ist die Alternative dazu?

Bekannt ist der »amerikanische Traum«: Du kannst alles werden, was du willst, besagt er, wenn du nur willst und an dich glaubst. Du kannst, wie Rockefeller, vom Schuhputzer zum Millionär aufsteigen, wie Leon Spinks vom Prügelknaben der Slums zum gefeierten Profiboxer, vom Niemand in den Straßen New Yorks zum Präsidenten der Vereinigten Staaten – du musst nur wollen und unbeirrt an deiner Karriere basteln. Gemessen an solchen Träumen der pragmatischen Äußerlichkeit weist das Aschenputtel-Märchen in all seinen Varianten einen charakteristischen Unterschied auf: Es erzählt nicht von einem Aufstieg zu Ruhm, Geld und Macht durch zielstrebiges Handeln und berechnendes Auftreten, es schildert vielmehr den Durchbruch des wahren Ichs in all seiner Schönheit und Größe durch die bestätigende Entdeckung eines anderen Menschen. Gerade nicht der narzisstische Traum von der eigenen Unüberwindlichkeit oder Unwiderstehlichkeit spricht sich hier aus, sondern die ganze Schilderung des Märchens gilt einer zögernden, wartenden, mutigen Hoffnung auf die hellsichtige Liebe und Zuneigung eines anderen, der imstande ist, den Wert der eigenen Person wirklich zu begreifen. Erwählung, nicht Selbstdurchsetzung ist das Thema des »Aschenputtels«. Da ist nichts zu »machen«, wohl aber ist es möglich, all das zu werden, was man eigentlich ist; da gibt es nichts Äußeres zu gewinnen, wohl aber gilt es, die wahre Gestalt des eigenen Wesens erblühen zu lassen; da ist nichts zu erobern, wohl aber alles geschenkt zu erhalten. Das eigentliche Geschenk aber besteht in dem Wunder einer Verwandlung, die sichtbar werden lässt, was im Grunde immer schon war und nur unter der »Asche« verborgen lag.

Es geht, wie man sieht, um eine Erfahrung, die dicht heranreicht an den Raum des Religiösen.

Die älteste schriftlich fixierte Fassung des Aschenputtel-Motivs findet sich denn auch in der Bibel.[4] In 1 Sam 16,4–13 wird erzählt, wie der Prophet Samuel in Bethlehem ein Opfermahl abhält, zu dem er auch Isai und seine Söhne einlädt, um einen von ihnen auf Weisung Gottes zum König zu salben. Als erster erscheint Eliab – ein Mann von gutem

Aussehen und hohem Wuchs, so dass selbst Samuel schon denkt, dies sei gewiss der König Gottes, sein Messias; doch der Herr ermahnt den Propheten, nicht auf das Äußere zu schauen. Ebenso geht es bei Abinadab, ebenso bei Samma – so geht es bei allen sieben Söhnen Isais. »Dann fragte Samuel den Isai: Sind das die Knaben alle? Er antwortete: Es fehlt noch der Jüngste; der hütet die Schafe. Samuel sprach zu Isai: Sende hin und laß ihn holen; denn wir werden uns nicht (zum Mahle) setzen, bis er da ist. Da sandte er hin und ließ ihn holen. Er war ein rotblonder Jüngling mit schönen Augen und von guter Gestalt. Und der Herr sprach: Auf! salbe ihn, er ist es!«[5]

Schon in dieser Erzählung wird der Gegensatz von Innen und Außen deutlich, und er wird als durchaus religiös verstanden: »Gott sieht nicht auf das, worauf der Mensch sieht. Der Mensch sieht auf den äußeren Schein, der Herr aber sieht auf das Herz« (1 Sam 16,7). Da wird die Fähigkeit, einem Menschen »ins Herz« zu sehen, als eine »göttliche« Sehweise gerühmt, die üben muss, wer etwas Rechtes in der menschlichen Geschichte bewirken will, und Samuel wäre kein »Prophet«, wenn er nicht in einem verlausten und verachteten Hirtenjungen auf den Fluren Bethlehems (David) den kommenden König Israels zu erkennen vermöchte. Kein Zweifel: Auch David ist schön – stets ist die Gestalt des »Aschenputtel« von erlesener Anmut und größtem Liebreiz, doch immer auch wird diese Schönheit erst sichtbar nach der Relativierung einer nur äußeren Betrachtungsweise. Zum »Aschenputtel« gehört als Erstes die Geringachtung und Verachtung – es steht schon in der Geschwisterreihe ganz und gar im Schatten der anderen,[6] der eigentlich Prädestinierten, der von Alter und Befähigung ihm überlegen Scheinenden, und doch ruht gerade auf ihm, dem Geringen, der Segen und das Glück der Erwählung.

Im Alten Testament malt sich in der Person Davids natürlich zugleich idealtypisch das Schicksal Israels selber, das von einem verachteten viehzüchtenden Nomadenvolk durch die Erwählung Gottes zu einem angesehenen Königsvolk aufsteigen wird. Im Neuen Testament wird Maria im »Magnificat« die »Tochter Sion« vertreten, die gemäß den Worten der Engelbotschaft in den Tagen der Endzeit den »Messias« gebiert, da Gott »hingesehen hat auf die Niedrigkeit seiner Magd« (Lk 1,46–55; Ps 113,6.7). Der »Herr, der den Niedrigen aus dem Staube erhebt«, kollektiv wie individuell – das ist die religiöse Seite des Aschenputtelmotivs.[7]

Die Märchen, freilich, sind zunächst keine religiösen Dichtungen; ihre archetypischen Schemata jedenfalls sind älter als die spezifischen zeitgeschichtlichen Anwendungen, die eine bestimmte Theologie zur Deutung einzelner historischer Ereignisse von ihnen machen möchte. Gerade dadurch aber eignen sich Märchen wie die Geschichte vom »Aschenputtel« vortrefflich dazu, den Sinn bestimmter religiös gebundener Legenden und Sagen besser zu verstehen.[8] »Gott hat dich erwählt« – diese Sprache verstehen in unseren Tagen nur noch einige wenige Kirchengläubige, und verstehen diese wirklich etwas von der Freiheit und Kühnheit hinter den Erfahrungen einer besonderen »Fügung« und »Berufung« im Leben? Märchen, eben weil sie durch und durch profane Erzählungen sind, können uns helfen, die uralten religiösen Fragen noch einmal, vorurteilsfreier und unbelasteter, zu stellen.

»Wie begegne ich Gott?« – Diese Frage lässt für die meisten Menschen heute nur eine Antwort zu: »Von Gott kann ich doch nur wissen durch die Liebe eines anderen Menschen.« So ist es. Die Entdeckung SIGMUND FREUDS am Anfang dieses Jahrhunderts hat Geltung, dass alles Reden von Gott sich an der Liebe unter Menschen widerlegt oder bestätigt, indem es sich entweder als Projektion und Illusion erweist oder als Grund und Ermöglichung wahren Lebens.[9] Einen anderen Menschen mit den Augen Gottes zu sehen – dafür setzen die Märchen den Erfahrungsraum der Liebe; und sie hoffen und glauben, dass die Liebe dazu wirklich befähigt: In einer armseligen Dorfmagd eine Königin zu entdecken, in einem Lumpenmädchen eine strahlende Schönheit, in einem »Aschenputtel« die wunderbarste und die zauberhafteste Frau der Welt. Die ganze Frage des Märchens lautet daher nur: Wie kommt ein Mensch – nicht im allgemeinen, sondern – unter den bestimmten Umständen seiner Kindheit dazu, sich als ein »Aschenputtel« zu fühlen, und welche Schritte sind nötig, um in und zu einer Liebe zu reifen, die sich heilend über die alten Verwundungen legt? An dieser Frage hängt religiös und menschlich alles.

Sehr zu Recht konnte deshalb MARTIN LUTHER in der Auslegung des Magnificat von 1521[10] eine Legende von drei Jungfrauen erzählen, »die vom Christkinde verschieden behandelt werden: ›Aber die dritte, das arme Aschenprödlin, das nichts hat denn eitel mangel und ungemach … das ist die rechte braut.‹«[11] Desgleichen hat der Straßburger Prediger GEILER VON KAISERSBERG (1445–1510) in seinen Ansprachen wiederholt das »Eschengrüdel« als Beispiel der Demut und Geduld ... angeführt,[12] und er kannte auch eine Legende aus dem 5. Jahrhundert, die wesentliche Elemente des Aschenputtelmärchens verarbeitet: »In einem Wüstenkloster dient ein ›Eschengrüdel‹ getreulich in der Küche. Aber die Nonnen spielen ihm übel mit; sie begießen es mit Wasser, schlagen es und schmieren ihm Senf in die Nase. Das wird offenbar, als ein Engel einen heiligmäßig lebenden alten Mann in das Kloster weist, um ihm ein Beispiel von Vollkommenheit vorzuführen. Alle Jungfrauen werden von ihm gerufen – aber das Mädchen, das ihm im Traum gezeigt worden ist, sieht er nicht. Und dann heißt es: Alle sind hier – ausgenommen eine Närrin in der Küche. Das Eschengrüdel wird geholt und erscheint mit verbundenem Kopf, offenbar will es nicht verraten, welch schönes Haar es hat.«[13]

Man lernt an solchen Beispielen nicht nur wie nebenbei etwas über das Alter des Aschenputtel-Motivs, sondern auch erneut etwas über die religiöse Dimension der Sehnsucht nach Anerkennung mitten in der Schande, nach Bestätigung inmitten einer feindseligen Welt, nach Belohnung für die Fülle erlittenen Unrechts – Wünsche, die dem Märchen wie der Legende gemeinsam sind. Entscheidend aber ist der Unterschied: Die Legende verlagert den Schwerpunkt der Hoffnung in eine jenseitige, metaphysisch andere Welt, wohingegen das Märchen die Botschaft von der »anderen« Ebene der Realität psychologisch in den Erfahrungsraum irdischer Liebe zurückholt; das Märchen in seiner profanen Haltung vermag in gewissem Sinne an einen Gott nur zu glauben, der sich im Leben bestätigt, und es weigert sich, in eine Hoffnung einzustimmen, die einer vollständigen Resignation gegenüber dem irdischen Leben gleichkommen müsste. Die Legende vom Aschenputtel mit andern Worten tritt in ihr Recht, wenn sich das Märchen vom Aschenputtel an der Wirklichkeit der Umstände widerlegt finden sollte; bis dahin aber lehrt uns das Märchen, nicht zu früh zu verzagen und an die Liebe zu glauben – buchstäblich »im Himmel wie auf Erden«.

Bei all dem gilt indessen die Annahme als Voraussetzung, dass die Aschenputtel-Erzählung als ein in sich selbständiges Märchen zu betrachten sei. Das aber ist durchaus nicht sicher; ja, manches spricht dafür, dass es sich bei der Geschichte vom Aschenputtel um eine Variante des Schlussteils des Märchens von Einäuglein, Zweiäuglein, Dreiäuglein (KHM 130; AT 511)[14] handelt;[15] lediglich das Motiv von dem

Schuh scheint noch hinzugefügt worden zu sein – ein Sujet, das in der Antike bereits STRABO (17,1, S. 808)[16] überliefert: »Einer schönen Hetäre namens Rhodope wird von einem Adler der Schuh entführt und einem König überbracht, der gerade zu Gericht sitzt. Der König ist hingerissen, denn er schließt von der Form des Schuhs auf die Besitzerin, lässt sie überall suchen und findet sie auf Naukratis. Sie wird seine Frau. – Ein Erzähler, der diese Geschichte an das Märchen von der verfolgten Stieftochter anfügen will, die auf geheimnisvolle Weise den Beistand ihrer toten Mutter erhält, muss einerseits den König als Hauptgestalt aus dem Spiel nehmen, andererseits muss er der in Armut lebenden Märchengestalt zu kostbaren Kleidern und dem goldenen Schuh verhelfen. Der Baum auf dem Grab der Mutter wird zum Schatzspender.«[17]

Das angehängte Motiv von dem Erkennungszeichen des besonders kostbaren beziehungsweise des einzig »passenden« Schuhs wäre demnach für die Herauslösung der Aschenputtel-Erzählung aus der Geschichte vom »Einäuglein« (oder auch vom »Erdkühlein«[18]) verantwortlich; desgleichen müsste man das eigentümliche Zurücktreten der Vatergestalt mit derartigen Gegebenheiten der Überlieferungsgeschichte zu erklären suchen. Schließlich wäre auf diese Weise auch zu begründen, wieso die Schilderung von dem Beistand der Mutter, die im »Erdkühlein« in Tiergestalt weiterlebt und die das Margaretlein, ihre Tochter, vor den Verfolgungen durch die Stiefmutter und Stiefschwester in Sicherheit bringt,[19] bis auf das Restmotiv von dem Baum, der aus der Toten wächst, gestrichen werden konnte: Die Begegnung zwischen dem Aschenputtel und dem Königssohn erlangte fortan das Hauptgewicht der Erzählung. Was aber folgt aus all dem?

Selten zeigt sich bei der Auslegung von Märchen so deutlich, dass Fragen nach der Herkunft eines bestimmten Motivs etwas ganz anderes sind als die Fragen nach dem Sinn und der Verwendung des jeweiligen Motivs in dem Aufbau einer bestimmten Erzählung. Die Kenntnis der verschiedenen Varianten eines Märchens kann dabei helfen, den Umfang eines einzelnen Motivs besser vor Augen zu stellen; auch schärft sich im Vergleich mit anderen Erzählvarianten der Blick für die Besonderheiten der jeweils vorliegenden Geschichte. Entscheidend aber ist, dass keine literarhistorische Analyse dahin gelangt, den organischen Aufbau einer Geschichte sowie die psychische Bedeutung seiner spezifischen Konflikte und Lösungswege nachzuzeichnen. Hier hilft allein die tiefenpsychologische Auslegungsmethode weiter. Dass die Gestalt des Vaters, die in manchen Varianten des Aschenputtel-Märchens (zum Beispiel bei »Allerleirauh«) überragend ist, in der Grimm'schen Fassung (mitsamt ihren nächstverwandten Formen) so gut wie gänzlich zurücktritt, mag literarhistorisch mit einer Verlagerung des Erzählinteresses durch das angehängte Motiv von der Schuhprobe zusammenhängen; tiefenpsychologisch aber stellt sich die Frage, was ein Mädchen erlebt, das an der Seite eines ohnmächtigen Vaters schutzlos im Schatten einer übelwollenden Stiefmutter und zweier Stiefschwestern heranwächst.

Auch das Motiv von dem ohnmächtigen Vater begegnet durchaus eigenständig – so zum Beispiel in MADAME D'AULNOYS Geschichte *Der blaue Vogel*,[20] wo die schöne Florine sich der Anschläge des häßlichen Forellchen zu erwehren hat; Florines Vater wird hier nach dem Tod seiner Gemahlin von einer Frau betrogen, die vorgibt, seinen Schmerz zu teilen durch die Trauer um ihren ebenfalls soeben erst verstorbenen Gatten. Die sonderbare Schwäche und Willenlosigkeit des Königs bietet in dieser Geschichte überhaupt erst die Voraussetzung für die ausgedehnten Machenschaften und Intrigen der Stiefmutter und Stiefschwester der armen Florine, die erst nach Jahren der Gefangenschaft als ein Lumpenweib im Echosaal ihres geliebten Königs Liebwert, nicht ohne die Hilfe eines mächtigen Zauberers und einer gütigen Fee, schließlich Erhörung findet.

Was geht in der Seele eines Mädchens vor sich, das sich von seinem Vater so offensichtlich im Stich gelassen fühlen muss? Was erlebt ein Kind, dem seine Mutter stirbt und dessen Leben fortan sich mehr um das Grab der Verstorbenen zusammenschließt als im Hause stiefmütterlicher Misshandlungen heimisch zu werden? Wie begegnet es der Ungerechtigkeit, die ihm tagein, tagaus zugunsten seiner anderen, ersichtlich unwürdigen und bösartigen Geschwister zugemutet wird? Das sind Fragen jeder Aschenputtelgeschichte. Denn in diesem Dreieck: gespalten zwischen Mutter und Stiefmutter, unterdrückt und gequält von den eigenen (Stief-)Geschwistern und merkwürdig fremd und verloren gegenüber dem eigenen Vater, müssen wir versuchen, die Gestalt des Aschenputtels in der Grimm'schen Fassung psychologisch nachzuzeichnen, indem wir beim (Wieder)Hören der Erzählung, die zu den bestbekannten der Kindertage gehört, uns immer wieder fragen, nicht: was das Märchen erzählt, sondern: was das Erzählte für die handelnde(n) Person(en) bedeutet,[21] was in ihnen vor sich geht, wenn sie in gerade dieser Weise reden und handeln und symbolisch in den Gegenständen und Gegebenheiten sich aussprechen, in denen sie leben und mit denen sie umgehen. Immer wieder wird dabei die Frage sich stellen, wie man denn »Aschenputtel« in der »wirklichen« Welt finden oder wiederentdecken kann[22] und was solche Aschenputtel-Frauen und -Mädchen mit ihrem Schicksal zur Deutung des Märchens beitragen können.

Mit anderen Worten: Die Quellen eines Märchens zu kennen ist eines; ein anderes ist es, sich seiner Strömung zu überlassen.

1. Der Tod der Mutter

a) Im Schatten der Angst

Was ist es eigentlich, dass manch eine Frau (manch ein Mann) die Geschichte vom Aschenputtel nur zu hören braucht, und es treten ihr (treten ihm) wie in Kindertagen Tränen in die Augen? Eine alte schwermütige Erinnerung wird hier wach an eine ungelebte Jugend, verbracht im Schatten eines nie verwundenen Schmerzes und inmitten einer Heimatlosigkeit, die nur im Raum einer größeren Liebe sich nach Hause zurückgetraut. Wie stets bei der Deutung von Märchen, braucht man nur die einleitenden Angaben der Erzählung so zu lesen wie die Bedingungen der Biographie eines nahestehenden Menschen, und man wird von den ersten Sätzen der Grimm'schen Erzählung an in den Bann einer sich anbahnenden Tragödie gezogen; freilich gilt es, wie in einem gut inszenierten Drama, sich nicht allein zu fragen, was da wohl geschieht, sondern wie »das«, was da geschieht, auf die Seele der betreffenden Personen zurückwirkt. Die Innenseite der Ereignisse, nicht die Ebene der äußeren Tatsachen ist ausschlaggebend, um ein Märchen zu verstehen – um einen Menschen zu verstehen. Insbesondere gilt das für ein Märchen wie die Geschichte vom »Aschenputtel«, bei dem der Kontrast zwischen Innen und Außen den Kernkonflikt der gesamten Erzählung ausmacht.

»Einem reichen Manne wurde seine Frau krank ...« Rückübersetzt in die Sprache einer »realen« Kindheitserinnerung, klingt eine solche Mitteilung im Leben vieler »Aschenputtel«-Menschen etwa so: »Sie müssen sich vorstellen, wie das in meinem Leben gewirkt hat: Reichtum ohne Mütterlichkeit! Äußerlich hatte ich als Kind alles – eine Puppenstube mit elektrischem Licht, Stofftiere von einem halben Meter Größe, ein Aquarium mit Zwergschildkröten, einen Schachcomputer, den ich zum 6. Geburtstag bekam – ich erhielt alles, was ich wollte, und noch weit eher, als ich es überhaupt wollen konnte; doch alles diente nur dazu, mich von dem einen wirklichen Wunsch abzulenken: Ich hätte eine wirkliche Mutter gebraucht!«

Für die Entstehung des Aschenputtel-Gefühls stellt im Sinne des Grimm'schen Märchens ein solcher Gegensatz zwischen materiellem Reichtum und seelischer Armut offenbar so etwas wie eine unerlässliche Anfangsbedingung dar, und man tut gut daran, zum Verständnis des Grundmotivs der Erzählung sich eine Reihe von realen Situationen einmal so genau wie möglich vorzustellen. Nehmen wir an, ein Mann unterhält ein gutgehendes Geschäft; mit viel Arbeit und Anstrengung gelingt es ihm, für sich und seine Familie einen gewissen Wohlstand zu erwirtschaften; auch die Frau hilft, so gut sie kann, hinter der Ladentheke aus; die übrige Zeit aber verbringt sie gemeinsam mit ihrer Tochter, die gerade erst fünf oder acht Jahre ist, jedenfalls noch nicht alt genug, um bereits nach jungen Männern Ausschau zu halten, und doch schon alt genug, um in etwa zu begreifen, was rings um sie her vor sich geht; insbesondere, so nehmen wir an, wird sie sehr gut verstehen, welch ein Gegensatz besteht zwischen der »starken«, »überlebenden« Welt des väterlichen »Reichtums« und der kränkelnden Welt der mütterlichen Liebe.

»Mein Vater«, wird ein Mädchen, das so aufwachsen musste, später, als Frau wohl aus seiner Kindheit berichten, »schenkte mir, damals, in meiner Kindheit, äußerlich gesehen, alles, aber er war nie für mich da. – ›Das musst Du verstehen‹, sagte meine Mutter, ›er hat so viel zu tun, und er tut alles nur für uns.‹ Natürlich verstand ich es; aber ich verstand auch die Einsamkeit meiner Mutter: Im Grunde hatte ich keinen Vater, und meine Mutter hatte keinen Mann, so war es; wir hatten einen ›Ernährer‹ der Familie; in dieser Rolle mochte er tüchtig sein, doch als Person, als Mensch, war er nicht auffindbar; da versteckte er sich hinter dem Wall seiner Vorwände, dass er halt seine Pflicht tue, dass die Zeiten jetzt härter geworden seien, dass er es nur gut mit uns meine – wir wussten nur zu gut, dass wir einem Mann, der ohnedies 14 Stunden am Tag arbeitete, nicht noch mit unseren eigenen Problemen kommen konnten. Um so mehr hielt ich mich an meine Mutter. Sie muss in jungen Jahren so etwas wie mein guter Engel für mich gewesen sein; sie war mein ein und alles.« – »Haus ohne Hüter« nannte HEINRICH BÖLL in einem seiner frühen Romane diese Situation, die Millionen Deutsche nach dem Krieg betraf.[23] Ganz entsprechend wird man die Ausgangssituation der Familiengeschichte eines »Aschenputtels« sich auszumalen haben; denn nur so versteht man von Anfang an drei Momente, die zur Charakterisierung der Aschenputtelgestalt in dem Grimm'schen Märchen später ganz entscheidend sein werden:

Zum Ersten: Die ausgesprochen neutrale, verhaltene, wie abwesend wirkende Anwesenheit des Vaters. Was soeben noch als ein bloßes Moment der Literargeschichte erschien: das Motiv der Ohnmacht des Vaters in einer Vielzahl von Überlieferungsvarianten des Märchens, gewinnt jetzt, tiefenpsychologisch betrachtet, seine innere Bedeutung und Zuordnung. Noch ist durchaus nicht klar, wie die Beziehungslosigkeit zwischen Tochter und Vater sich später auswirken wird, doch dass sie besteht, ist offenbar als eine Grundtatsache im Leben eines »Aschenputtels« anzusehen.

Zum Zweiten: Je weiter entfernt der Vater von dem heranwachsenden Mädchen, dem späteren »Aschenputtel«, erlebt wird, desto inniger festigt sich die Beziehung des Kindes zu seiner Mutter; was im Leben eines etwa 5- bis 6-jährigen Mädchens sonst als normal gelten muss: dass es die Bindungen an seine Mutter lockert und sich wesentlich im Gegenüber seines Vaters (oder dessen Ersatzgestalt) neu zu definieren sucht,[24] das gerade ist ein Entwicklungsschritt, der im Leben eines »Aschenputtels«, wenn man der Grimm'schen Darstellung Vertrauen schenken darf, gerade nicht zustande kommt. Zu dem Werdegang eines Aschenputtel-Mädchens gehört allem Anschein nach die enge, nie wirklich aufgelöste Gebundenheit an seine Mutter, und man versteht auch, warum: Es existiert kein Vater, der die verlängerte Dualunion von Mutter und Tochter auflösen könnte; ja, die Ferne und Unerreichbarkeit des Vaters verstärkt sogar noch die Intensität dieser Beziehung.

Dies vor Augen, lässt sich zum Dritten ermessen, welch einen Schock im Leben eines werdenden Aschenputtels der Tod der Mutter auslösen muss. Es ist dies der Punkt, an dem das Verständnis einer Aschenputtelbiographie zentral beginnt und an dem folglich auch die Interpretation des Aschenputtel-Märchens wesentlich einsetzen muss; so viel lässt sich dabei indessen vorweg schon sagen: Es handelt sich bei dem Erleben des (möglichen oder wirklichen) Todes der Muter um ein

Ereignis, das die Persönlichkeit eines Aschenputtels auf das nachhaltigste beeinflussen wird.

Es gibt, jetzt schon gesagt, im Übrigen noch ein viertes Moment, das jedoch erst später an Bedeutung gewinnen wird: Das ist das Motiv des »einzigen Töchterleins«; hier, am Anfang, genügt es indessen, die Beziehung zwischen Mutter und Tochter als ein einzigartiges, durch andere Geschwister (noch) nicht gestörtes oder verformtes Verhältnis zu betrachten. Sehen wir also zu.

Was geschieht, so lautet entsprechend der Einleitung der Grimm'schen Erzählung die Kernfrage, wenn einem Kind – unter den genannten Voraussetzungen – die Mutter stirbt?

Es zählt zu der eigenartigen Genauigkeit des Grimm'schen Märchens, dass es den Tod der Mutter keinesfalls als einen jähen Unfall, als ein unvorhersehbares Unglück, sondern als einen im Grunde wohlvorbereiteten Abschied darstellt. Immer wieder bei der Auslegung von Märchen oder märchennahen Erzählungen gilt die Regel der »Zeiterdehnung«:[25] Was Erzählungen dieser Art als eine Momentaufnahme abbilden, ist am besten zu verstehen als ein Prozess, der im wirklichen Leben Jahre in Anspruch nehmen kann. Mit anderen Worten: Es ist davon auszugehen, dass Aschenputtels Mutter nicht an einem bestimmten Tage krank wird und bald danach stirbt, sondern dass Krankheit und Todesdrohung das Grundgefühl eines »Aschenputtels« über viele Jahre seiner Kindheit bestimmen, mit all der Widersprüchlichkeit der Gefühle, die sich daraus ergibt. Ein Kind, das tagaus, tagein erleben muss, wie wenig »zuverlässig«, wie stets gefährdet das Leben seiner Mutter ist, auf die es sich doch ganz und gar, auf Heil oder Unheil, angewiesen fühlt, hat im Grunde nur zwei Möglichkeiten, um mit seiner Todesangst umzugehen: Es kann aktiv, das heißt »aggressiv« versuchen, seine Mutter gewissermaßen mit Macht in das immer mehr schon entschwindende Leben zurückzuzwingen, oder es kann versuchen, sich so »leicht« und anspruchslos wie möglich zu machen, damit die Mutter vielleicht doch noch zu Kräften gelangt. Beide Verhaltensweisen scheinen sich logisch auszuschließen, gleichwohl durchdringen und bedingen sie psychologisch oft genug einander.

Die erste Möglichkeit ist seelisch so tief verankert, dass sie bereits in der Verhaltenspsychologie[26] höher entwickelter Tiere sich beobachten lässt. Vor einiger Zeit zeigte das Deutsche Fernsehen eine Tiertragödie: Eine Schimpansenmutter hatte in relativ hohem Alter noch ein Baby zur Welt gebracht, das sie, entkräftet wie sie war, kaum noch großziehen konnte. Das Kleine war etwa anderthalb Jahre alt, als die Mutter ernstlich erkrankte und sichtbar schwächer wurde. Instinktiv spürte das Jungtier die drohende Gefahr und klammerte sich in seiner Angst nur um so heftiger an die ohnedies bereits überforderte Mutter. In der Absicht, wenigstens hin und wieder noch ein Lebenszeichen von der oft schon wie reglos Daliegenden zu erhalten, konnte es auf die Mutter regelrecht losprügeln, sie beißen oder hin und her zerren. Längst wäre es imstande gewesen, sich im Großen und Ganzen selbst zu versorgen; paradoxerweise aber hatte gerade die Angst um die Mutter seine eigene Verselbstständigung weitgehend verhindert. Immer noch wollte es von ihr wie ein Kleinkind getragen werden, und trotzig bestand es auf Lebensansprüche, denen es eigentlich längst schon hätte entwachsen sein müssen. Statt der kranken Mutter zu helfen, agierte es voller Verzweiflung eine nie beruhigte Säuglingsangst aus, von der es nicht loskam, da sie an der rasch sich verschlechternden Wirklichkeit stets nur noch sich steigern, niemals beruhigen konnte. Schließlich starb die Schimpansin wirklich, und man sah das Kleine daneben hocken, unfähig, auch nur einen Schritt selber zu tun. – Es ist klar, dass ein »Aschenputtel« sich genau entgegengesetzt zu diesem Schimpansenjungen verhalten wird.

Allem Anschein nach beginnt die Geschichte eines »Aschenputtels« in einem Alter, da es eine gewisse Selbstständigkeit und Verantwortung für die Mutter bereits gelernt hat: Wäre das Schimpansenjunge zum Beispiel von der Todesangst um seine Mutter in einer späteren Phase seiner Entwicklung, relativ selbstständig also, heimgesucht worden, so hätte dem Erleben der mütterlichen Schwäche und Krankheit durchaus eine starke Schubkraft nach vorn, in Richtung weiterer Loslösung liegen können; so aber kam die Angst zu früh und drückte die gesamte seelische Entwicklung des Tierkindes gewissermaßen nach rückwärts – in den Schoß seiner Mutter zurück. Aus dem »normalen« Verhalten fragender Neugier und wachsender Eroberungslust wurde ein hilfloses Sich-Anklammern und Herumzerren. Von daher könnte man meinen, dass der Angstschock, der ein Kind in die Richtung eines »Aschenputtels« dränge, erst zu einem ziemlich späten Stadium seiner Entwicklung einsetze – wenn eben das Mädchen bereits gelernt habe, sich auf die Bedürfnisse seiner Mutter einzustellen. Natürlich ist so etwas möglich. In aller Regel aber beginnt die Geschichte eines »Aschenputtels«

sehr viel früher, vom ersten Tag seines Lebens an, das heißt eigentlich schon vor seiner Geburt; es kommt, um diese Möglichkeit zu verstehen, lediglich darauf an, die bisher aufgeführten Einzelmomente der Biographie eines »Aschenputtels« im Zusammenhang zu sehen. Zum Beispiel so, dass der väterliche »Reichtum«, zumindest aus der Sicht des Kindes, in direktem Zusammenhang zu der »Krankheit« der Mutter steht.

Nehmen wir an, da ist ein Mädchen, das sehr früh begreift, dass alles Leid der Mutter im Grunde aus dem Verhalten des Vaters erwächst: Wäre er nicht so weit »weggerückt«, ließe er die Mutter nicht so allein, stünde er ihr kräftiger zur Seite, so wäre sie nicht derart erschöpft und hilflos, so ersichtlich überanstrengt und am Ende ihrer Kräfte, so aufgerieben und ausgezehrt an gutem Willen wie an Lebensenergie. Ein Kind, das unter solchen Erlebnissen aufwächst, wird recht widerstreitenden Gefühlen ausgeliefert sein. Der eigene Vater hat die Mutter im Stich gelassen – daran scheint kein Zweifel; und doch erklärt die Mutter immer wieder, dass es sich so gerade nicht verhalte; der Vater vielmehr sei, jedenfalls ihren Worten nach, treusorgend, wohlmeinend und gut; ja, man könne ihm nur dankbar sein für all das, was er tue. Zwar ist der Vater augenscheinlich nur sehr selten zu Hause, doch gerade darin muss man, erneut nach mütterlicher Erklärung, wider alles Erwarten offenbar ein besonders hohes Maß an Aufopferungsbereitschaft und sorgenvoller Verantwortung erkennen. Wie auch immer: In einer solchen Familie spürt ein heranwachsendes Mädchen sehr bald, welch eine überragende Rolle der abwesende Vater im Leben der Mutter spielt, gerade weil er ihr fehlt. Die vermeintliche Ohnmacht des Vaters im Erleben eines »Aschenputtels« ist unter diesen Umständen identisch mit dem Gefühl einer völligen Auslieferung an die faktische Allmacht des Vaters. Und jetzt: Ein Mann, dessen bloße Gegenwart bereits imstande wäre, die Existenzangst der Mutter zu beruhigen, muss in der Sicht des Kindes mit übermenschlichen magischen Kräften ausgestattet sein – dies um so mehr, als die objektive Unbekanntheit des Vaters einen Spielraum für beliebig viele Projektionen der Erwartung und der Angst auf Seiten der heranwachsenden Tochter zulässt. Der Vater, so weiß ein »Aschenputtel«, vermöchte, wenn er nur wollte oder Gelegenheit dazu fände, sehr leicht die Mutter zu trösten, zu entlasten, zu heilen, ja, vor dem Tode zu retten; doch der geheime Vorwurf des Mädchens, dass der Vater all das nicht tut, obwohl er es könnte, muss jäh verstummen, wenn die Mutter beteuert, es bedeute mitnichten des Vaters Gleichgültigkeit, es zeige vielmehr des Vaters Verantwortung, wenn er sich für die Familie derart einsetze, dass er seiner krank daniederliegenden Gattin beim besten Willen nicht aufhelfen könne. Ein Mädchen in solcher Situation lernt gleich dreierlei auf einmal.

Als Erstes: Es hat kein Recht, seine eigenen oder auch nur seiner Mutter Gefühle gegenüber dem Vater als besonders wichtig zu nehmen; die sachlichen Gegebenheiten, die realen Zwänge, die Umstände der väterlichen Welt sind unabänderlich so, wie sie sind, und sie sind von einer Art, die auf die persönlichen Bedürfnisse einer Frau, ob jung oder alt, keine Rücksicht nehmen kann – keine Rücksicht nehmen darf. Der (materielle) »Reichtum« des Vaters, man versteht wohl, verwandelt sich unter diesen Umständen in die (emotionale) Armut und Armseligkeit der Mutter; der »Aufopferung« des einen entspricht die Opferung der anderen, doch es gibt gegenüber einem solchen Arrangement wechselseitiger Gefühlszerstörung allem Anschein nach keinen wirksamen Einwand. Die Macht der Verhältnisse lässt es anders nicht zu, als es ist – gegen die Evidenz dieses Tatbestandes ist nicht anzukommen.

Schaut man genau hin, so führt allein diese Konstellation bereits im Erleben eines heranwachsenden Mädchens zu einer sonderbaren Brechung aller Gefühle, die dem Vater gelten. Am wichtigsten davon: Seine Gestalt verdoppelt sich! Sie spaltet sich in eine Retterfigur, die an sich schon imstande wäre, die mütterliche wie die eigene Sehnsucht nach Halt und Geborgenheit zu befriedigen, und in eine ganz andere, real erfahrene Persönlichkeit, der gegenüber eine Haltung nicht der Hoffnung und der Freude, sondern der Unterwerfung und des pünktlichen Gehorsams einzunehmen ist – wir werden noch sehen, wie sehr in dieser ursprünglichen Spaltung des Vaterbildes der Grund liegt für das sonderbare Verhalten, das »Aschenputtel« dem Partner seiner Liebe später entgegenbringen wird, den es als »König« ersehnt und als Partner doch zugleich flieht, den es herbeiwünscht und vermeidet, indem es ihn zugleich mit einem Höchstmaß an Erwartung wie an Angst überzieht.

An dieser Stelle noch wichtiger ist dabei für uns die notwendige Verdrängung der aggressiven Gefühlsregungen gegenüber dem Vater. Es ist nicht nur, dass es angesichts der »wirklichen« Lage keinen Zweck hat, die eigenen Lebensansprüche geltend zu machen, es kommt vor allem darauf an, die im Grunde recht große Enttäuschungsaggression gegen den stets abwesenden, obwohl an sich »reichen« Vater zu unterdrücken. Man wäre ein »böses«, man wäre ein »undankbares«, man wäre ein geradezu »gottloses« Kind, wollte man dem ganz normalen Unmut und Ärger gegenüber dem Vater einmal Luft machen und offen erklären, man sei es leid, einen Mann zu verehren und hochzuschätzen, der sich auf so kümmerliche Weise um die Anliegen seiner Frau und seiner Tochter bekümmere. Ein Mädchen, das so denken wollte, würde sehr bald auf den Einspruch seiner Mutter stoßen, die ihren Mann wirklich liebt (oder vorgibt zu lieben) und ihn in jedem Falle wie einen Retter für ihr allzu bedrohtes Leben zu brauchen meint. Die entscheidende Verbindung zwischen Tochter und Mutter würde sofort gefährdet, wenn die Tochter zu einer offenen Revolte gegen die alles überschattende Autorität des (abwesenden!) Vaters aufrufen würde.

Denn da ist zum Zweiten die enge Bindung des »Aschenputtels« an die kranke, vom Tode bedrohte Mutter! Auch diese Beziehung ist ambivalent, und zwar noch stärker als die Beziehung zum Vater, ist doch die Mutter, weit mehr noch als der Vater, die innere Mitte im Leben eines Mädchens, das unter solchen Bedingungen aufwachsen muss. Angewiesen auf eine Mutter zu sein, deren Kräfte eigentlich längst nicht mehr ausreichen, ein Kind durch das Leben zu tragen – das bedeutet immer wieder zweierlei gleichzeitig: Es bedeutet, sich voller Angst an die Mutter anklammern zu wollen und im selben Moment doch zu wissen und zu spüren, dass man gerade das weder kann noch darf. Anders, ganz anders als jenes Schimpansenjunge, fühlt ein »Aschenputtel« instinktiv, dass es sich der ohnehin schon schwer an sich selbst tragenden Mutter nicht noch zusätzlich »schwer« und geradezu unerträglich machen darf. Im Gegenteil hat es die Pflicht, um die Mutter zu schonen, sich so leicht wie nur möglich zu machen: Es muss lernen, die Gefühle der Mutter zu erraten, noch ehe sie ausgesprochen werden; es hat bestrebt zu sein, so leise, so rücksichtsvoll, so unscheinbar, so wenig zudringlich gegenüber der Mutter sich zu verhalten, wie es nur irgend geht; vor allem: Es muss alles daran setzen, statt sich selbst als ein – sagen wir – 8-jähriges Mädchen auf die Mutter zu stützen, gerade umgekehrt die Stütze der Mutter zu werden. Denn: Es muss um alles in der Welt verhindern, dass die Mutter stirbt! Man kann sich die Dramatik des Erlebens einer Kindheit und Jugendzeit im Schatten der ständigen Drohung einer sterbenden Mutter schwerlich angstbesetzt und zerrissen genug vorstellen. Jederzeit ja könnte das Unerhörte geschehen – und alles wäre zu Ende! Der letzte verbliebene, der einzige je vorhandene Halt bräche dann weg! Und man selber womöglich trüge die Schuld daran! Man wäre zu vorlaut gewesen. Man hätte zu frech die eigenen Wünsche geäußert. Man hätte vielleicht sogar gewagt, einmal Kritik an der Mutter zu äußern und ihre ständige Traurigkeit als lästig und oft sogar unerträglich zu bemäkeln. All das könnte mittelbar oder unmittelbar beitragen zu dem vorzeitigen, jedenfalls jederzeit möglichen Sterben der Mutter. Eine winzige Äußerung des Aufbegehrens und des Unmutes könnte genügen, die Mutter ums Leben zu bringen und damit die eigene Tochter zu einer Mörderin zu machen.

Anders ausgedrückt: Um die Mutter, von der man doch selbst lebt, am Leben zu halten, muss sich das eigene Leben in ein ständiges Sterben verformen, ganz so, wie das Leben der Mutter in den Augen der Tochter sich darstellen wird. Da opfert der Vater sich für die Familie, die Mutter für den Vater und die Tochter für die Mutter, und niemand ist imstande, in den Fesseln einer solchen wechselseitigen Opfer-Abhängigkeit selber zu leben.[27] Insbesondere ein Mädchen von der Art eines »Aschenputtel« wird sehr bald schon lernen, dass es nicht anerkannt wird für seine frei sich entfaltenden Wünsche und Neigungen, sondern ganz im Gegenteil: für seine Verzichtleistungen, für seine Opfer und für die mannigfachen Formen seiner Selbstunterdrückung. Das Bild einer Mutter, die in dieser Weise auf ihre Tochter wirkt, kann nur äußerst widersprüchlich sich gestalten.

Da steht auf der einen Seite eine Mutter, die es nur gut mit ihrer Tochter meint und die zweifellos allein schon aufgrund ihrer eigenen Anspruchslosigkeit und treusorgenden Hilfsbereitschaft aller Liebe und Achtung wert ist. Dieser Mutter gegenüber, die trotz allem ersichtlich leidet und krank ist, empfindet die Tochter ihrerseits Mitleid und Zuneigung – es wäre gar nicht möglich, an diese Mutter gebunden zu bleiben, ohne sie nicht irgendwo auch von Herzen zu lieben. Doch auf der anderen Seite lässt es sich nicht vermeiden, dass dieselbe Mutter durch ihre ständige Todesnähe wie eine permanente Belastung wirkt, die man eigentlich abschütteln möchte – ein ganz normaler Wunsch! Welch ein Kind etwa möchte nicht einfach einmal unbeschwert draußen spielen können? Doch darf man das, solange die eigene Mutter zu Hause sich derart am Rande fühlt? Weit besser ist es unter solchen Umständen, der Mutter zu helfen. Doch eine Mutter, die so sehr das eigene Leben verhindert, kann man nicht nur liebhaben. Selbst gegenüber dieser so guten und liebenswerten Mutter regen sich mithin von Zeit zu Zeit Gefühle der Ablehnung, der Gleichgültigkeit, ja, des geheimen Todeswunsches: Wenn man die Mutter mit ihrer dauernden Todesdrohung einmal los wäre! Kaum gefühlt oder gedacht aber, bildet dieser »Wunsch«, diese auch nur angedeutete Phantasie vom Tod der Mutter eine Quelle nicht endender Schuldgefühle: Der eigenen Mutter den Tod zu wünschen – das kann doch nur eine Mörderin! Und um diesem schlimmsten aller Schuldgefühle auszuweichen, wird eine neuerliche Flucht in Richtung wachsender Hilfsbereitschaft, Verantwortung und Selbstaufopferung einsetzen, so dass ein »Aschenputtel« von Tochter sich schließlich in einem vollendeten Dilemma befindet: Es ist nach außen hin die Güte, Verständnisbereitschaft, Rücksichtnahme und Bescheidenheit selber, und doch, so echt und glaubwürdig all diese Verhaltensweisen auch sein mögen, so wenig können sie doch im Inneren eines »Aschenputtels« das Gefühl einer nicht wiedergutzumachenden Schuld beruhigen oder besänftigen. Gerade ein solches Kind, dem man eigentlich alles Lob und alle Anerkennung für seine stets überforderte Verantwortungsbereitschaft wünschen möchte, empfindet sich, rätselhafterweise zumeist für alle Umstehenden, als durch und durch schuldig und verderbt. Es selber weiß vermutlich nicht, wofür, und doch weiß es genau, dass es niemals »brav« und angepaßt genug leben kann. Es muss demnach das Ja zu seinen Wünschen genau so verdrängen wie das Nein zu den Überforderungen seiner selber überforderten Mutter; es tut sich infolgedessen äußerst schwer, auf etwas von sich her zuzugehen, und es tut sich gewiss noch viel schwerer, sich von etwas abzugrenzen; es darf, anders gesagt, kein eigenes Leben führen, denn es kann und darf nicht leben auf Kosten seiner Mutter, die selber ständig vom Tode gezeichnet ist. Ein Kind, das so aufwachsen muss, kann nicht leben und es kann nicht sterben, ganz so wie seine Mutter weder leben noch sterben kann. Das Ergebnis ist ein Leben voll guten Willens, das doch ständig erfüllt ist mit Selbstanklagen; objektiv erscheint es gewiss untadelig und über die Maßen sensibel, subjektiv aber ist es erfüllt mit Selbstablehnung und Schuldgefühlen; in den Augen eines außenstehenden Beobachters mag es sich womöglich hilfreich und gut darstellen, für sich selber indessen ist es stets der Empfindung ausgeliefert, als »lästig« zurückgewiesen werden zu müssen.

Nüchtern betrachtet, ist klar, dass sich in all dem das ursprüngliche

Gefühl, die eigene Mutter selber trotz und mit all ihrer Fürsorge als ausgesprochen lästig zu empfinden, lediglich in den eigenen Gefühlen der Tochter sich selbst gegenüber umkehrt und verinnerlicht: Aus den Vorwürfen gegen den abwesenden, gegen den zumindest wenig hilfreichen Vater werden irgendwann Vorwürfe gegen die sterbende Mutter, und da beiderlei Vorwürfe erkennbar »ungerecht« sind, werden daraus schließlich Vorwürfe gegen sich selbst.

Das Schlimme an dieser Konstellation einer beginnenden Aschenputtel-Biographie liegt vor allem in der Unfähigkeit zu einer offenen Aussprache begründet. Ein Aschenputtel begreift im Schatten seiner sterbenden Mutter sehr wohl, dass es ganz unmöglich ist, irgend etwas von seinen wahren Gefühlen: von seinen Ängsten, Sehnsüchten, Enttäuschungen, Aggressionen, Schuldgefühlen und Wiedergutmachungstendenzen seiner Mutter mitzuteilen – es darf die ohnedies schon über Gebühr belastete Mutter weder mit seinen Wünschen noch mit gewissen Formen von Vorwurf und Kritik belasten. Wenn je die Definition SIGMUND FREUDs Gültigkeit besitzt, »Verdrängung« psychischen Materials bestehe in dem »Entzug der Wortvorstellung«,[28] so wird man gerade in der Geschichte eines »Aschenputtels« den völligen Ausfall an gefühlsnahen, konflikthaften Gesprächen als eine schon sehr frühe moralische Pflicht der Rücksichtnahme gegenüber der Mutter (und dem Vater) sich verfestigen sehen. »Nur keine Konflikte«, »nicht schon wieder diese Probleme«, »nur nicht immer wieder diese miesen Gefühle – ich will sie überhaupt nicht« – nach dieser Devise wird das Leben vieler Aschenputtel-Mädchen auch als Frauen später im Umkreis der eigenen Ehe und Familie ablaufen. »Ich verstehe mich selbst nicht; woher kommt denn das nur«, klagte eine Frau, die mitten im Lachen in einer scheinbar munteren Geburtstagsparty plötzlich zu weinen anfing; eine kleine Erinnerung, wie einsam sie seit Kindertagen sich gefühlt hatte, war Anlaß genug gewesen, um die neckische Heiterkeit ihrer Gäste als eine unerträgliche Zumutung zu erleben. »Was mir wichtig ist, will ja doch niemand hören«, sagte sie später zur Erklärung. In der Tat: So war es mehr als 40 Jahre lang in ihrem Leben gewesen.

Das Erste, was ein »Aschenputtel« daher tun müsste, um seine Lage zu ändern, bestünde darin, sich und anderen gegenüber gewisse Konflikte einzugestehen. Doch genau das ist im Leben eines »Aschenputtels« seit Kindertagen unmöglich. Der Grund dafür liegt, wie wir jetzt verstehen, durchaus nicht in einer allgemeinen »Konfliktscheu« – ganz im Gegenteil, es gehört zu der Eigenart eines Aschenputteldaseins, für sich selber jede Art von Belastung wie selbstverständlich zu akzeptieren. Die eigentliche Hemmschwelle gegenüber einer offenen Aussprache über bestehende Schwierigkeiten und Misshelligkeiten besteht in der buchstäblich tödlichen Scheu, den anderen (vor allem die Mutter) allzusehr zu belasten, wenn man ihm (ihr) auch noch mit den eigenen Problemen kommen wollte. Inmitten eines an sich sehr intensiv gestalteten Beziehungsgeflechtes zwischen Mutter und Tochter, das alle Züge einer nie aufgelösten Symbiose an sich trägt, herrscht auf beiden Seiten unter diesen Voraussetzungen gleichwohl eine tiefe, nie eingestandene Einsamkeit, ja, Verlorenheit. Während die Tochter nach außen hin, gegenüber ihrer Mutter, ein fröhliches, redseliges, problemfreies, unschuldiges, angepaßtes und pflegeleichtes Kind zu sein hat, ist sie innerlich, für sich selbst, ein im Grunde verzweifeltes, nach allen Seiten hin versperrtes, äußerst eingeengtes, überbemühtes, hilfloses, vollkommen auf sich selbst zurückgeworfenes und angstbesetztes Mädchen, dessen Zustand, je länger je mehr, wortwörtlich »unsäglich« wird, schon weil das ganze Ausmaß an Hilfsbedürftigkeit von niemandem hinter einer solchen Fassade der Selbständigkeit und des Glücks jemals vermutet würde. Um von sich selber ehrlich und offen zu sprechen, müssten die gesamten Sperrwände des »Es geht mir doch gut«, »ich bin doch so dankbar, wie gut es mir geht«, »nein, mir fehlt doch gar nichts« durchbrochen werden, und das hieße: Es müssten nicht nur die Menschen der unmittelbaren Umgebung bitter enttäuscht werden, es müssten vor allem die eigenen bitteren Enttäuschungen an den ursprünglichen Kontaktpersonen korrekt zurückadressiert werden; doch das gerade verhindern all die Schuldgefühle, die schon in früher Jugend in der Seele eines Aschenputtel-Mädchens sich verfestigt haben.

Noch stehen wir ganz am Anfang der Auslegung des Grimm'schen Märchens, und doch verstehen wir bereits einen großen Teil der fundamentalen Gebrochenheit im Wesen eines »Aschenputtels«: ein trauriges Kind zu sein, das nach außen fröhlich sein muss, und das alles Mögliche tun muss einer Anerkennung zuliebe, die es, selbst wenn sie gegeben wird, doch niemals für glaubhaft nehmen darf. Die Dialektik von innen und außen, von »Aschendasein« und »Königinwerden«, erweist sich jetzt bereits, wenn man genau hinschaut, als ein Teufelskreis aus vier Komponenten, die sich schematisch einander wie folgt zuordnen lassen:

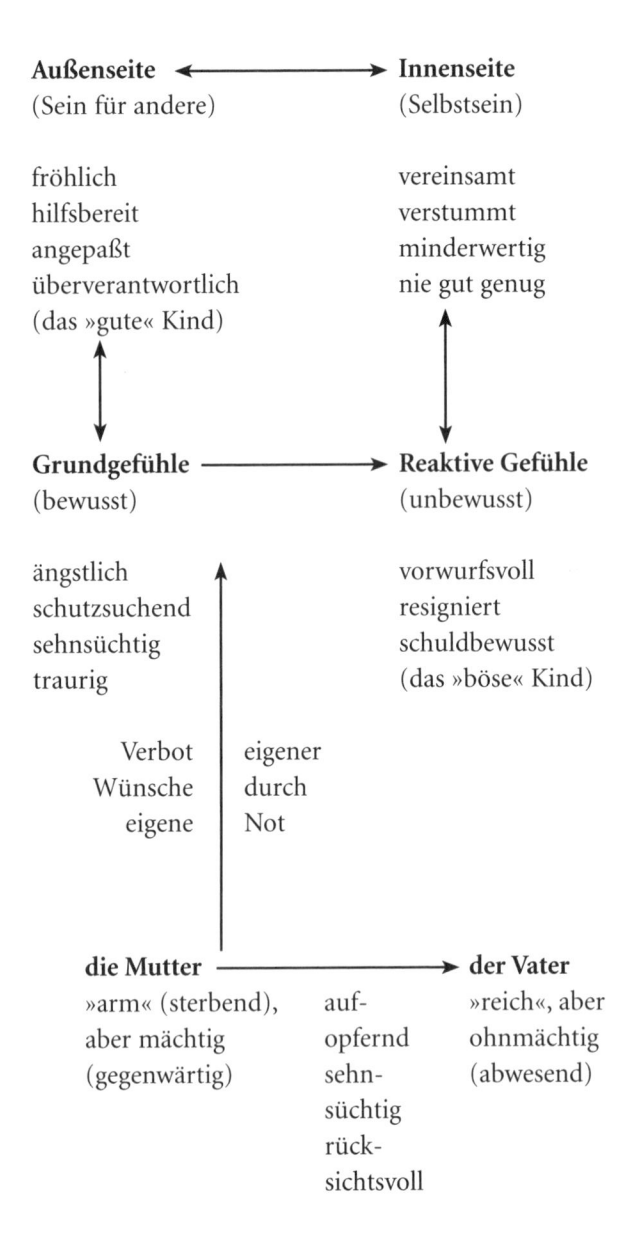

Außenseite ←————→ **Innenseite**
(Sein für andere) (Selbstsein)

fröhlich vereinsamt
hilfsbereit verstummt
angepaßt minderwertig
überverantwortlich nie gut genug
(das »gute« Kind)

Grundgefühle ————→ **Reaktive Gefühle**
(bewusst) (unbewusst)

ängstlich vorwurfsvoll
schutzsuchend resigniert
sehnsüchtig schuldbewusst
traurig (das »böse« Kind)

Verbot | eigener
Wünsche | durch
eigene | Not

die Mutter ————————→ **der Vater**
»arm« (sterbend), auf- »reich«, aber
aber mächtig opfernd ohnmächtig
(gegenwärtig) sehn- (abwesend)
 süchtig
 rück-
 sichtsvoll

Bis hierhin lässt sich die Eigenart eines »Aschenputtels« noch verstehen als bloßer Niederschlag eines momentanen, nur durch die »Umstände« (die Beziehung zwischen Vater und Mutter) bedingten Erlebens; doch man kann den Kern eines Lebens zwischen »Asche« und »Königsthron«, zwischen realer Verweigerung und um so höher gesteckter

Erwartung erst wirklich verstehen, wenn man zum Dritten: das Gefühl der Unerwünschtheit mit hinzunimmt. Ist es denn wirklich, wie wir bisher unterstellt haben, nur der einzelne Wunsch, das einzelne Aufbegehren der Tochter, das sich in Anbetracht der Not der eigenen Mutter in ein resigniertes Gefühl der Schuld und der Nichterwünschtheit verwandelt? Selbst wenn es so wäre – könnte man denn einen Menschen sich denken ganz ohne eigene Bedürfnisse und Wünsche?»Lästig«, das wird ein »Aschenputtel« sehr bald zu spüren bekommen, ist für die Mutter nicht erst das einzelne Bitten und Klagen, unerträglich schwer ist für die allzu Belastete die simple Tatsache, dass die eigene Tochter überhaupt existiert. Sie ist der Mutter, ehrlich heraus gesagt, durch ihr bloßes Dasein bereits einfach zu viel; doch das ist eine Tatsache, die keiner der Beteiligten sich selbst und dem anderen jemals zugeben könnte: Die Mutter darf dieses Gefühl sich nicht zugeben – dagegen steht ihr eigenes Verantwortungsgefühl, und die Tochter darf sich dieses Gefühl nicht zugeben – dagegen steht die Hoffnung, es möchte am Ende, unter Aufbietung aller Kräfte, doch noch gelingen, für die Mutter so »leicht« und »nützlich« zu werden, dass ein gemeinsames Zusammenleben (statt des gemeinsamen Dahinvegetierens im Schatten des Todes) möglich würde. Wirklich zu realisieren, wie unerwünscht, wie unzeitgemäß, wie vollkommen überfordernd bereits die bloße Tatsache des eigenen Daseins auf die Mutter wirken kann – dazu ist kein Kind imstande, und es muss, schon um seines Überlebens willen, diesen Eindruck, so gut es irgend geht, zu überspielen suchen. Um die unerträgliche Realität zu fliehen, bedarf es, analog zu der Verdoppelung des Vaterbildes, deshalb auch in Bezug zu der Gestalt der Mutter, einer Überhöhung der tatsächlichen Erfahrungen durch die Verfestigung eines Wunschbildes aus Sehnsucht und Bedürftigkeit. So wie der »fehlende« Vater durch das Gegenbild des »eigentlichen«, des »wirklichen« Vaters ersetzt, ja, in gewissem Sinne korrigiert wird, so tritt neben das Bild der ermüdeten und erschöpften, der überarbeiteten und überbeanspruchten Mutter nunmehr die Gestalt einer gütigen, schützenden und gewährenden Person, eine Aufspaltung des Vaters ebenso wie der Mutter, deren positiver Anteil zu einer einzigen Figur verschmelzen kann, die wir später wiederfinden als: den Königssohn.

RAINER MARIA RILKE hat in den Frühen Gedichten einmal sehr treffend beschrieben, wie die Seele eines Mädchens empfinden muss, das sich im Grunde von der eigenen Mutter abgelehnt fühlt; er schreibt:

Sie war:
Ein unerwünschtes Kind, verstoßen
auch aus der Mutter Nachtgebet,
und ewig fern von jenem Großen,
das gebend durch die Zeiten geht.

Sie wünschte wenig – und nur selten
kam wie ein Weinen über sie
nach einem Land mit Purpurzelten,
nach einer fremden Melodie,

nach weißen Wegen, die nicht stauben –
dann bog sie Rosen sich ins Haar,
und konnte doch nie Liebe glauben,
auch wenn es tief im Frühling war.[29]

Einfühlsamer kann man eine Welt nicht schildern, in der es eine Schuld darstellt, lebendig sein zu wollen mit eigenen Wünschen und Neigungen, und innerhalb deren das zurückgenommene, niedergedrückte Lebenmüssen sich auslegt in Tagen nie erfüllter Träume und in rauschhaften Nächten einer Phantasie, deren Verwirklichung angesichts der enttäuschenden Wirklichkeit selbst ebenso herbeigesehnt wie gefürchtet wird: Sollte das Unerhörte, das stets im Hintergrund der Welt Erhoffte jemals in den Bereich des Möglichen rücken – es würde gewiss als so unwahrscheinlich und als so ganz unmöglich empfunden werden, dass man es eher fliehen als erstreben würde. Besser scheint es am Ende gar, von einem unerreichbaren Glück weiter zu träumen, als auch diesen lebenerhaltenden Traum noch durch die Schnödigkeit des Wirklichen widerlegt zu finden. Die Furcht vor einer letzten, endgültigen Enttäuschung führt schließlich in die Gefahr einer Vermeidehaltung ständiger Selbstenttäuschungen, in denen alle Schönheit, alle Leidenschaft, aller Aufbruch blühenden Lebens nur dazu bestimmt scheint, sich selbst zu überaltern und vor der Zeit zu welken; die vollkommene Einschränkung der Wünsche und die übergroße phantasiehungrige Sehnsucht nach Liebe bei gleichzeitiger Angst und steter Fluchtbereitschaft vor jeder Annäherung – wir sind noch weit davon entfernt, die einzelnen Schritte in der Biographie eines »Aschenputtels« näher zu betrachten, da beginnt uns doch schon der Charakter, die Gefühlslage, die innere Widersprüchlichkeit im Erleben eines Kindes zwischen Königsthron und Küchenabfall auf ergreifende Weise deutlich zu werden: Nichts in einem solchen Leben ist »gebend«, meint RILKE, nichts gibt es dort an Großzügigkeit und Freiheit, alles will abgeleistet, verdient, gerechtfertigt, als »nützlich« und »nötig« erwiesen werden; und das angesichts eines an sich möglichen »Reichtums«, der in der Vaterwelt sich verkörpert! Es ist ein Leben stets vor den prachtvollen Auslagen der Schaufensterscheiben eines unerreichbaren Glücks, ein vorgestelltes Dasein inmitten einer angstverstellten Welt.

Nur an einer Stelle scheint es unerlässlich, RILKES Gedicht in einem wichtigen Detail zu korrigieren: Wäre da wirklich ein Kind, das nur einfach »unerwünscht« auf Erden lebte, entwickelte es sich vielleicht zu einem »Hänsel« oder einer »Gretel«, doch nie zu einem »Aschenputtel«.[30] Zu einem »Aschenputtel« gehört unbedingt die Verleugnung des Abgelehntseins. Eines »Aschenputtels« Mutter wird ihre Tochter niemals aus ihrem »Nachtgebet« ausschließen, ganz im Gegenteil! Sie wird alles daransetzen, die ausfallenden, fehlenden Kräfte der eigenen Mütterlichkeit zu ersetzen durch ein flehentliches Bitten, dass Gott im Himmel ergänzen möge, woran es auf Erden so sichtbar gebricht. Keinesfalls ist es für eine nur fromme Betulichkeit der Kinder- und Hausmärchen der Brüder Grimm zu halten, wenn wir hören, wie Aschenputtels Mutter noch auf dem Sterbebett ihre Tochter zu einem gottwohlgefälligen Leben ermahnt, vielmehr ist die Haltung eines »Aschenputtels« auf die religiöse Überhöhung seiner irdischen Erniedrigung schon nach dem bisher Gesagten auf das beste vorbereitet; man muss lediglich die ohnedies vorhandene »Gegenbesetzung« der realen Erfahrung in der Phantasie mit dem nötigen metaphysischen Eigengewicht ausstatten.

»Als ich vier Jahre alt war«, erzählte mir eine Frau, »hat meine Mutter mich der Jungfrau Maria geweiht. Sie war so verzweifelt, dass sie keinen anderen Ausweg mehr sah. Es war nicht klar, ob mein Vater, der als vermisst gemeldet wurde, jemals aus dem Krieg zurückkehren würde oder nicht. Sie wartete und wartete. An der Rückkehr meines Vaters hing, wie sie meinte, alles Glück; sein Tod hätte für sie das Ende von allem bedeutet. Meine ganze Kindheit verbrachte ich daher in dieser Mischung aus Angst und Erwartung, aus Hoffnung und Verzweiflung, und Abend für Abend musste ich mit meiner Mutter den Rosenkranz beten, dass Vater doch noch zurückkehren möchte. Ich wurde geopfert, damit Gott uns erhörte, denn erst dann hätte unser Leben wieder beginnen können. Auch sah ich, wie Mutter selbst sich erniedrigte und alle möglichen Aushilfearbeiten verrichtete, um uns durchzubringen. Innerlich revoltierte ich manchmal dagegen. Ich hätte ihr sagen mögen, sie solle doch aufhören, derart verzweifelt auf Vaters Rückkehr zu starren, sie solle endlich beginnen, selber für sich etwas zu tun; doch ich hätte nie gewagt, so etwas offen vor ihr zu äußern. Zudem spürte ich, dass Mutter mich am meisten mochte, wenn ich fromm war. Ich musste viele Stunden in der Kirche knien, und alle in der Gemeinde lobten meine Andacht. Ich glaube, man hätte nichts dagegen gehabt, wenn eines Tages aus mir eine Nonne geworden wäre.«

Diese Frau hatte insbesondere als Mädchen bereits an der Angst seiner Mutter gelernt, dass die Schrecken der irdischen Welt nur zu bestehen sind mit Hilfe überirdischer Zuwendungen und Tröstungen. Die ersehnte Gestalt des »richtigen« Vaters verschmolz unauflöslich mit der Vorstellung des himmlischen Vaters – das eine war auf das Engste verbunden mit dem anderen, so wie umgekehrt das Bild der erschöpften, zürnenden Mutter diese Gottesvorstellung mit der Aura von Drohung und Strafe verschatten konnte. Auch ohnedies war der Gott der Mutter alles andere als freundlich und spendabel; jede Gunsterzeigung musste ihm betend und flehend abgerungen werden, und auch dann konnte man seiner Vorbehalte und Launen nie gänzlich sicher sein. Ein »Aschenputtel« offenbar braucht eine solche Steigerung der irdischen Gegensätze ins Himmlische, um bei Gott, im Absoluten, jenen Rückhalt zu finden, den es bei Menschen, im Relativen, so schmerzlich vermisst.

Immer wieder bei der Deutung von Märchenerzählungen wird es Augenblicke geben, an denen die Tiefenpsychologie unausweichlich zur Religionspsychologie wird. Für Millionen Menschen noch heute gilt der schon erwähnte Gesang der Madonna im ersten Kapitel des Lukasevangeliums, das »Magnificat« in Lk 1,46–55, als die kostbarste Perle christlichen Gebetslebens, eben um dieses Kontrastes willen: dass hier den bei Menschen Erniedrigten Erhöhung bei Gott in Aussicht gestellt wird. Nun ist jede Art von religiösem Trost gewiss zu begrüßen, die dazu verhilft, stärker und intensiver zu leben. Doch steht die Sprache der Religion, eben weil sie die Hoffnungen der Menschen im Unendlichen festmacht, stets auch in der Gefahr eines gegenteiligen, nicht lebenfördernden, sondern lebenverhindernden Gebrauchs. »Gott erhöht die Niedrigen« – das kann nicht nur dazu beitragen, es trägt im Christentum unzweideutig ganz erheblich dazu bei, die Menschen eine Frömmigkeit zu lehren, wonach Gott überhaupt nur ein Wohlgefallen an den »Erniedrigten« und »Gedemütigten« besitzt; aus einem Zustand, von dem die Religion den Menschen gerade erlösen sollte, wird durch diese Art von Frömmigkeit unter der Hand eine Bedingung und Voraussetzung der göttlichen »Gnade«; das Leid wird da sehr bald verklärt zur Tugend, das Menschenunwürdige wandelt sich zu dem erstrebenswerten Ziel eines besonders verdienstvollen Lebens in Heiligkeit und »Christusförmigkeit«, und das ganz normale Glücksstreben eines Mädchens wird hier umgebogen in die masochistische Mystik einer »höheren« Madonnenminne.[31] Das »Marienkind« (KHM 3) liefert im Rahmen der Grimm'schen Märchen das beste beziehungsweise schlimmste Beispiel einer solchen kirchlichen Nutzanwendung des Ideals der Mutter Gottes.[32]

Gott sei Dank taugt das »Aschenputtel« denn doch nicht zu einer solchen Entwicklung. Vermutlich hat dieser Umstand damit zu tun, dass ihm alles, auch die »Frömmigkeit«, weit mehr als eine Last auferlegt wird, als dass sie sich von innen her, als ein eigenes Bedürfnis, in Ruhe hätte entwickeln können. Zudem bleibt in dem Aschenputtel-Märchen durchaus gegenwärtig, dass bei allem Beten um göttliche Fügungen im Grunde stets irdische Ziele den Gegenstand des Wünschens bilden. So überhöht erscheint die Religiosität eines »Aschenputtels« denn doch nicht, dass es nicht jederzeit um den irdischen »Gebrauchswert« seiner Religiosität wüsste. »Der Vater soll wiederkommen«, das war der Inhalt aller Gebete in der Kindheit jener Frau. Später, irgendwann einmal, einem Menschen zu begegnen, der die stets Verkannte, die in Wahrheit zauberhaft Schöne aus allem Schmutz und aller Schande herauszieht und, gleich einem König, zu sich emporzieht – das ist und wird der Inhalt aller irdischen Mädchensehnsucht und Mädchenhoffnung eines »Aschenputtels« bleiben.

»Ich weiß noch«, berichtete eine Frau, »wie ich mit 14 Jahren anfing, unentwegt Liebesromane zu lesen. Immer, wenn ich ein paar Groschen beieinander hatte, kaufte ich mir ein Heftchen am Kiosk und träumte mich in eine Welt hinein, in der am Ende aller Leiden die Verliebten doch noch zueinander finden. Immerzu wurde da erzählt, wie ein reicher Edelmann eine arme Bauernmagd heimführt oder ein berühmter Arzt eine unscheinbare Krankenschwester heiratet. Ich konnte von solchen Geschichten gar nicht genug bekommen. Sie bestimmten damals meine ganze Phantasie. Ich wusste nicht, was das alles mit mir selber zu tun hatte. Ich sehnte mich nur einfach von Hause fort.«

Frömmigkeit und Sehnsucht – diese beiden Ausfaltungen der Wunschwelt eines heranwachsenden Mädchens spalten das Mutter- und Vaterbild in eine himmlische und in eine irdische Seite, die beide noch die ungebrochenen Züge von Heil und Rettung an sich tragen; in den Zwischenraum dieser Zwiespältigkeit dringt jedoch eine Angst, die im Folgenden noch zu einer ganzen Reihe von Erschütterungen im Leben eines »Aschenputtels« führen wird. Gerade weil seine Wünsche sich zwar im Religiösen widerspiegeln, darin aber nicht aufgehen, wird sich ihm die Frage nach der Verträglichkeit des Irdischen oder, umgekehrt, nach der Realisierbarkeit der eigenen Erwartungen an sich selbst und andere in recht dramatischer Zuspitzung stellen.

Es zählt zu der eigenartigen Genauigkeit, mit der die Brüder Grimm ihre Märchen erzählen, dass ein entscheidendes Wort in der Schilderung eines »Aschenputtels« in der Einleitung gleich zweimal auftaucht: »Bleib fromm und gut«, sagt die Mutter zu ihrem »Töchterlein«, »als sie fühlte, dass ihr Ende herankam«, und wirklich, so heißt es dann, »das Mädchen« »blieb fromm und gut«. Deutlicher lässt sich nicht sagen, dass die Haltung des »Aschenputtels« durch den Tod der Mutter nicht verändert, sondern nur bestärkt und bestätigt wird – das Mädchen bleibt den Worten nach auch angesichts des Todes der Mutter das, was es bereits vorher schon war. Diese Feststellung ist wichtig. Denn: Es ist, mit anderen Worten, nicht möglich, die »Güte« und »Frömmigkeit« eines »Aschenputtels«, wie die Brüder Grimm es schildern, unabhängig von dem Sterben der Mutter zu verstehen; zu dem Wesen eines »Aschenputtels«, wie es hier gezeichnet wird, gehört demnach wesentlich der Schatten einer lieben, kranken, guten Mutter, die das Kind wohl ahnen lässt, wie ein Leben in Freude aussehen könnte, die aber dieses Versprechen von Hoffnung durch ihre eigene Schwäche (relativ zu den Lebensumständen) sogleich wieder zurücknimmt – die Tochter dabei in nie getrösteter Angst und unerfüllter Sehnsucht unauflöslich an sich bindend und sie in dieser schwer auflösbaren Bindung zurücklassend.

b) Schneekühle Trauer

Der Zustand, da die Mutter »ihr Ende« herannahen fühlt, kann im Leben manch einer Frau von der Art eines »Aschenputtels« lange, mitunter ein Leben lang dauern; das Grimm'sche Märchen indessen erzählt von der frühen Verwaistheit des Kindes. Was bis dahin in Angst vorweggenommen wurde, tritt wirklich jetzt ein: Die Mutter stirbt. Wenn man sich annähernd auch nur vorstellen will, was im Erleben eines Kindes der Tod der Mutter bedeuten kann, gibt es dafür keine sprechendere, erschütterndere Darstellung als das Gemälde des norwegischen Malers EDVARD MUNCH: Die tote Mutter (Abb., Kunsthalle

Edvard Munch, DIE TOTE MUTTER (1899/1900), Öl auf Leinwand, 100 x 90 cm, Kunsthalle Bremen

Bremen).³³ Das Bild, dessen Motiv MUNCH, wie gewöhnlich, mehrfach aufgegriffen hat (vergleiche *Die tote Mutter und das Kind*, 1894, OKK 420; 1901 Kalte Nadel auf Zink, OKK 54-1 Sch. 140),³⁴ zeigt jenen Augenblick im Jahre 1868, als Laura Munch im Alter von 30 Jahren an Tuberkulose starb und ihrem 21 Jahre älteren Mann, dem Stabsarzt Peter Christian Munch (1817–1889), nach achtjähriger Ehe fünf Kinder zurückließ: die siebenjährige Sophie (1862–1877), den sechsjährigen Edvard (1863–1944), den dreijährigen Andreas (1865–1895), die zweijährige Laura (1867–1926) und die gerade elf Monate alte Inger (1868–1952).³⁵ Im Hintergrund des Bildes sieht man eine aufgebahrte Frau – ein schmales bleiches Gesicht mit großen Augenhöhlen und scharfkantiger Nase, der winzige Mund kaum angedeutet, die dunklen Haare weit hinter der kahl hervortretenden Stirn ansetzend, ein Gesicht, das zu Lebzeiten schon wie der Kopf einer Toten erschienen sein muss, in Kissen gehüllt, in welche, die Arme gerade noch sichtbar, ihr Körper, fast konturlos, übergeht – oder vergeht.

Die Darstellung MUNCHs dient der expressiven Wiedergabe des inneren Erlebens beim Anblick des Todes der Mutter selbst. Vor dem Bett der Verstorbenen nämlich hat Munch seine jüngere, gerade zweijährige Schwester Laura gemalt, ein Kind, das, ohne begreifen zu können, mit blauwässerigen Augen hilflos fragend ins Leere starrt, einem Betrachter entgegen, der beim Anblick dieses Mädchens gewiss genau so verstummen wird, wie der kleine, verpresste Mund dieses Kindes selbst. Laura steht da in schwarzen Stiefelchen und Strümpfen, bekleidet mit einer blauweißen Schürze und einem weißen Pullover, die Hände an den halbentblößten Armen in die blondgelockten Haare über den Ohren vergraben, als wollte sie den Schmerzschrei nicht hören, der an ihren kleinen Kopf dringt und der sie nie mehr verlassen wird. Wir wissen, dass EDVARD MUNCHs Schwester Jahre danach in ein »Irrenhaus« eingeliefert wurde;³⁶ dieses Bild aber zeigt uns den Ursprung ihrer seelischen Verstörung, einen Schmerz, der über allen Verstand geht: Hier, das begreift man, stirbt nicht eine Mutter, hier stirbt einem Kind in Gestalt seiner Mutter die ganze Kindheit, seine ganze Welt, sein eigenes Ich. Wer in die Augen dieses Kindes schaut, sieht hinab in eine unerreichbare und unrettbare Verlorenheit, aus der es nie mehr ein Entrinnen geben wird. Diese Mutter hätte diesem Kinde niemals sterben dürfen; und doch sieht man der Aufgebahrten nur allzu deutlich an, wie erschöpft all ihre Kräfte waren; ja, es scheint, als trüge die pralle körperliche Wohlgenährtheit des Kindes im Kontrast zu der Ausgezehrtheit seiner Mutter mittelbar selber die Schuld an dem eingetretenen Unheil. Lauras Zukunft – das ist nicht der wiedererblühende, regenerative Wille zum Leben, das ist das völlig verzweifelte Unvermögen, jemals noch an irgendeine Zukunft glauben zu können. Dieses kleine Leben ist zu Ende, kaum dass es begonnen hat, es stirbt dahin in genau dem Augenblick, da seine eigene Mutter verstirbt.

Dabei hatte MUNCHs Mutter, die ihrer Tochter den eigenen Vornamen schenkte, in richtiger Vorahnung alles Menschenmögliche getan, um ihre Kinder auf das bevorstehende Unheil vorzubereiten. Schon vor der Niederkunft Ingers, ihres jüngsten Kindes, dessen Geburt sie nicht zu überleben glaubte, »hatte sie bereits Abschiedsbriefe an die Kinder geschrieben«, mit Worten, die der sterbenden Mutter in dem Grimm'schen Märchen äußerst ähnlich sehen: »Liebe Kinder!«, heißt es dort, »Jesus Christus will Euch hier und droben glücklich machen. Liebt ihn über alle Maßen, und betrübt ihn nicht, indem Ihr ihm den Rücken zukehrt... Und jetzt, meine geliebten Kinder, meine lieben süßen Kleinen, sage ich Euch Lebwohl. Euer geliebter Papa wird Euch über den Weg zum Himmel besser belehren. Ich werde dort auf Euch alle warten... Gott sei mit Euch, und er mag für alle Zeit und Ewigkeit über Euch wachen, Sophie, kleiner blasser Edvard, Andreas, Laura, und Du, mein süßer lieber, unvergessener, Dich aufopfernder Mann. Laura Munch.«[37]

So schreibt eine Frau, die an der Seite ihres »aufopfernden Mannes« selber ihr kurzes Leben den Kindern geopfert hat. Religion und Pflichterfüllung (»bleib fromm und gut«) haben ihrem eigenen Leben bereits den wichtigsten Halt gegeben und schenken ihr auch jetzt, in der Stunde des Sterbens, die einzige noch verbleibende Zuversicht: Sie wird ihre Kinder im Himmel erwarten; dort wird sie die Ihren gewiss bald schon wiedersehen, wenn diese nur dem rechten Weg zum Himmel folgen. Alle Mutterliebe verdichtet sich in diesen ebenso hilflosen wie gläubigen Worten zu einem himmlischen Schutzversprechen, das über das Untröstliche dennoch, so gut es irgend geht, hinwegtrösten möchte.

In seinem Tagebuch hat EDVARD MUNCH beschrieben, wie es war, als er und seine ältere Schwester Sophie von ihrer Mutter Abschied nahmen: »Ganz unten am großen Doppelbett saßen sie (die zwei Kinder) dicht beieinander auf zwei kleinen Kinderstühlen; die große Frauengestalt (ihre Mutter) stand groß und düster daneben, zum Fenster hin. Sie sagte, sie würde sie verlassen, müsse sie verlassen – und fragte, ob sie traurig werden würden, wenn sie fort sei –, und sie mussten versprechen, sich an Jesus zu halten, dann würden sie sie im Himmel wiedersehen. Sie verstanden nicht ganz – aber sie fanden, dass es so furchtbar traurig sei, und dann weinten sie beide Ströme von Tränen.« Es folgte ein letztes verängstigtes, trauriges Weihnachten mit der Mutter. Dann, am 29. Dezember 1868, »mussten wir einzeln zum Bett hingehen, und sie sah uns so merkwürdig an und küsste uns. Dann gingen wir hinaus, und das Mädchen brachte uns zu fremden Menschen ... Wir wurden mitten in der Nacht geweckt. Wir verstanden sofort.«[38] Edvard Munch war damals sechs Jahre alt; der Tod der Mutter bedeutete für ihn eines der großen Traumen seines Lebens, ein Ereignis, das sein ganzes Wesen prägte und das ihn nie mehr losließ.

Am schlimmsten in einem solchen Augenblick wirkt wohl die Tatsache, dass selbst die liebevollsten Worte des Abschieds die Trauer der Trennung eher noch zu verstärken als zu mildern vermögen. Je inniger eine Mutter im Sterben die Kinder ihrer Liebe versichert, desto stärker wird diesen der Schmerz über den Verlust der geliebten Mutter fühlbar werden, vor allem, wenn ein Kind all die Zeit davor schon in ständiger Angst vor dem baldigen Tod der Mutter hat zubringen müssen. Wie jenes Schimpansenjunge, wird auch ein Menschenkind bestrebt sein, um so fester sich anzuklammern, je weniger zuverlässig ihm sein Halt zu sein scheint; ein Kind, das in ständiger Sorge um das Wohl und Wehe seiner Mutter leben muss, wird, parallel zu einer steten »Absprungbereitschaft«, in eine unauflösbare Angstbindung hineingeraten, und gerade das ist die Situation in der Kindheit des norwegischen Malers ebenso wie in dem Grimm'schen Aschenputtel-Märchen. Entscheidend für die weitere Entwicklung aber ist die Frage, was am Ende den Ausschlag gibt: die Fluchttendenz oder das Anklammern. Im Leben des norwegischen Malers führte die kindliche Angst um die Mutter offenbar zu einer chronischen Angst vor der mütterlichen Frau, die er dennoch immer wieder suchte und die er späterhin in immer neuen Gestalten als Quelle von Tod und Leben gleichzeitig malte. In der Grimm'schen Erzählung hingegen überwiegt trotz allem die Bindung an die Mutter und die Sehnsucht nach der Mutter, die schließlich sogar die Tendenzen zur Flucht, auch hier sehr ausgedehnt in Erscheinung treten werden, zu überwinden vermag.

Im Falle des »Aschenputtels« kommt noch hinzu, dass seine Trauer und seine Verlorenheit nicht nur dem Schmerz und dem Schuldgefühl angesichts des Todes der Mutter Ausdruck verleihen – es liegt auf diesen Gefühlen in gewissem Sinn auch so etwas wie die Prämie einer moralischen Belohnung: Solange das »Aschenputtel«, wie das Märchen versichert, »jeden Tag hinaus zu dem Grabe der Mutter« geht und weint, bleibt es und fühlt es sich ganz gewiss »fromm und gut«. All der Schmerz, all die Tränen sind doch auch ein Zeugnis dafür, wie sehr das »Aschenputtel« seine Mutter liebt, und eben darauf, dass es ein so »liebes Kind« ist und bleibt, ruht aller Segen und alle Glücksverheißung der Mutter: Solange die Tochter mit ihrer Mutter verbunden bleibt, wird »der liebe Gott« ihr beistehen und die Mutter freundlich vom Himmel auf sie herabschauen. – Das Märchen deutet nur an, es führt nicht aus, wie eng im Leben eines »Aschenputtels« das Gottesbild hier verschmilzt mit dem Bild der sterbenden Mutter. Psychoanalytisch kann man auch sagen, dass die Trauer über die scheidende Mutter dazu führt, ihre Gestalt (im Über-Ich) zu verinnerlichen und sie damit zu einer überirdischen, göttlichen Macht zu erhöhen. Der Tod der Mutter, mit anderen Worten, führt zu ihrer Apotheose, zu ihrer (psychischen) Himmelfahrt; das verinnerlichte Bild der Mutter erweitert und verfestigt sich religiös zum Gottesbild; der Beistand des »lieben Gottes« und das »Herabblicken« der Mutter vom Himmel verschmelzen mithin zu ein und demselben Erleben: Wenn das Aschenputtel sich auch in Zukunft so verhält, wie die Mutter es wünscht, wird der »liebe Gott« es liebhaben, und wenn es dem »lieben Gott« treu ist, wird die Mutter es liebhaben. Die Mutter lebt fort in dem Bild Gottes, und Gott selber spricht zu dem Kind durch das Bild seiner Mutter.

Dabei dient die Versetzung der verstorbenen Mutter in den Himmel freilich auch noch einem anderen Zweck, auf den manche Völkerkundler und Religionspsychologen zu Recht hingewiesen haben; er besteht in der Beschwichtigung der Schuldgefühle für gewisse Todeswünsche.[39] Je unerträglicher die Belastung einer selbst überlasteten Mutter für die Tochter sich gestalten mag, desto sicherer, wie wir sahen, wird bei ihr ab und an der befreiende Wunsch auftauchen, es möchte mit der sterbenden, lebensunfähigen Mutter endlich wirklich ein Ende nehmen. All die ohnehin schon bestehenden Vorwürfe, die Mutter zu ruinieren, verdichten sich jetzt zu einem auch subjektiv plausiblen

Anklagepunkt: Man trägt wirklich Schuld an dem Tod der Mutter. Hinzu kommt der entgegengesetzte Vorwurf, dass die Mutter durch ihr Sterben die Tochter im Stich gelassen hat – sie hat all die Mühe der Tochter so bitter enttäuscht! Im Umfeld einer solchen Gefühlslage bedeutet es eine entscheidende Erleichterung, glauben zu dürfen, dass es der Mutter jetzt, nach dem Tode, weit besser gehe als zu Lebtagen, und je seliger das Glück der Verstorbenen angeschaut wird, desto intensiver wird der Freispruch über das Schuldgefühl spürbar, der Mutter mitunter bei aller Liebe den Tod gewünscht zu haben. Befreite der Tod die Mutter vom Leid, so befreit er die Tochter von aller Schuld, und es legt sich ein bei aller Trauer gütiges Band des Einverstehens und der Einvernahme zwischen Himmel und Erde um das weitere Schicksal der Mutter und der Tochter.[40]

Gleichwohl bleibt das Leben eines solchen Aschenputtel-Mädchens fixiert auf das mütterliche Grab als die eigentliche Stätte seines Lebens. RAINER MARIA RILKE hat in den ersten seiner Gedichte (Larenopfer) unter dem Titel: *Das arme Kind* einmal folgendes Bild gezeichnet:

Ich weiß ein Mädchen, eingefallen
die Wangen. – War ein leichtes Tuch
die Mutter; und des Vaters Fluch
fiel in ihr erstes Lallen.

Die Armut blieb ihr treu die Jahre,
und Hunger war ihr Angebind;
so ward sie ernst. – Das Lenzgold rinnt
umsonst in ihre Haare.

Sie schaut die lächelnden Gesichter
der Blumen traurig an im Hag
und denkt: der Allerseelentag
hat Blüten auch und Lichter.[41]

Dieses Gedicht trifft wohl aufs Genaueste die Stimmung eines »Aschenputtels« nach dem Tod seiner Mutter. Einzig die Rede von »des Vaters Fluch« bedarf noch einer eingehenderen Prüfung, denn obwohl das Märchen der Brüder Grimm (im Unterschied zu anderen Fassungen der Geschichte)[42] dieses Motiv mit keinem Wort erwähnt, tauchen

Gefühle der gegenseitigen Verwünschung im Verhältnis von Vater und Tochter zwischen den Zeilen in der Dramaturgie des Grimm'schen »Aschenputtels« doch deutlich genug auf.

So viel wurde bereits klar: Ein Kind, das schutzlos der Überforderung seiner Mutter ausgesetzt ist, wird seinem Vater innerlich die schwersten Vorwürfe machen, der Mutter so ungenügd beizustehen; schon dieser zumeist von der Mutter verleugnete beziehungsweise umgedeutete Konflikt kann das Verhältnis zwischen Vater und Tochter aufs Äußerste strapazieren. Im Hintergrund aber darf man in aller Regel noch eine ältere Verschiebung der Gefühle annehmen: Ein Mädchen, das von früh an bei seiner Mutter zu wenig an Geborgenheit und Rückhalt spürt, wird beizeiten versuchen, dieselben Bedürfnisse, die bei der Mutter enttäuscht wurden, an den Vater zu richten; gerade ein Mann aber, wie wir ihn als Vater eines »Aschenputtels« uns vorstellen, wird völlig außerstande sein, derartige Wünsche, die er schon bei seiner Frau chronisch zurückweisen musste, nun etwa bei seiner Tochter zuzulassen. An keiner Stelle des Märchens hören wir, dass dieser Vater von sich her der Not seines »Aschenputtels« besonders sich annehmen würde, und zwar, wie wir denken dürfen, nicht etwa aus Böswilligkeit oder Gleichgültigkeit, sondern doch wohl einfach deshalb, weil er es nicht kann. Ein Mädchen aber, das, von der Mutter enttäuscht, sich dem Vater zuwendet, nur um zu erleben, wie es auch von diesem zurückgewiesen wird, verfügt an sich nur über zwei Möglichkeiten einer Lösung, die im Einzelfall, so widersprüchlich auch immer, erneut sich miteinander verbinden können: Es kann versuchen, um so intensiver zu seiner Mutter zurückzukehren und mit ihr eine Art Trost- und Trauergemeinschaft gegen den Vater einzurichten – so die eine Möglichkeit; wenn es aber, wie wir beim »Aschenputtel« voraussetzen, zugleich erleben muss, wie sehr die Mutter – zumindest den Worten nach – immer noch die größten Erwartungen dem Vater entgegenbringt, wird es irgendwann selber beginnen, in seiner Phantasie sich einen ganz anderen Vater als den wirklich existierenden vorzustellen; und dieser rein vorgestellte, in der eigenen Phantasie erschaffene Vater wird sehr bald schon wirklicher und wirksamer für das Erleben des Kindes werden als die real erlebte Vatergestalt. Bei jedem Akt der Enttäuschung wird ein Aschenputtel-Mädchen daher bestrebt sein, den Vater nach mütterlichem Vorbild gegenüber seinen eigenen Vorwürfen in Schutz zu nehmen und die Vision des »eigentlich« guten »Vaters« zu verteidigen gegen die realen Erfahrungen des zurückweisenden, »kalten« Vaters.

Eine andere Möglichkeit ist im Leben eines »Aschenputtels« weit weniger gegeben: Je zwiespältiger ein Mädchen seine Mutter erlebt, mag es auch denken, dass es überhaupt nur die Mutter sei, die mit ihrem undurchsichtigen Verhalten das eigentliche Wesen des Vaters ins Negative verfälsche: stets, wenn der Vater seine Tochter von sich wegschiebt, muss seine Unfreundlichkeit mit einer besonderen Intrige der Mutter erklärt werden; um an dem fiktiven Bild des guten Vaters festhalten zu können, muss auf diese Weise die Ambivalenz gegen die Mutter nachträglich verstärkt werden, beziehungsweise es muss umgekehrt der latente Vorwurf gegen den Vater verstärkt werden, um die Bindung an die Mutter festigen zu können.

Entscheidend ist allemal, dass jede Bindung an den Vater oder an die Mutter unter diesen Umständen eine erhebliche Portion Angst und Aggression in Richtung des jeweils anderen Partners binden muss. So weit entrückt der Vater in dem realen Erleben des »Aschenputtels« ursprünglich auch sein mag, so nah steht ihm doch die positive Phantasiegestalt des guten, hilfreichen Vaters; doch ebenso stark werden auch die inneren Vorwürfe gegen den »untätigen« Vater in der Realität sich geltend machen. Des »Vaters Fluch« in Rilkes Gedicht ist, so verstanden, das Kondensat all der Enttäuschungen, die das »Aschenputtel« eigentlich seinem Vater vorhalten möchte, doch niemals vorwerfen durfte. Spätestens jetzt aber, beim Tod der Mutter, werden all die Vorbehalte und Vorwürfe gegen den Vater noch einmal eine Steigerung erfahren: Hat der Vater mit seinem Verhalten nicht doch in Wahrheit den Tod der Mutter verursacht? Wenn schon ein kleines Mädchen nur durch die Tatsache seiner Existenz bereits sich als schuldig an der Tragödie seiner Familie betrachten soll, steht dann nicht erst recht und weit mehr noch der Vater unter dem Verdacht von Verursachung und Mitschuld? Wäre er da gewesen! Wäre er anders gewesen! Hätte er seiner Frau nicht ein solches Leben zugemutet! EDVARD MUNCHS Vater zum Beispiel – trug er mit seiner Bigotterie und mit seiner Art von Pflichtauffassung als Arzt und Ehemann zu dem frühen Tod seiner Frau nicht ersichtlich selbst bei?[43] Doch darf man als Kind es wagen, solche Vorwürfe auch nur zu denken, geschweige denn zu äußern? Man muss, im Gegenteil, sich erneut schuldig fühlen, so etwas auch nur für möglich zu halten! Andererseits erklärt und verstärkt sich jetzt noch einmal die merkwürdige Fremdheit zwischen Tochter und Vater in dem Aschenputtel-Märchen: Wenn es aus Moral (!) nicht möglich ist, über die wichtigsten Empfindungen und Gefühle ehrlich miteinander zu reden, worüber soll dann ein Gespräch noch geführt werden? Dem »Aschenputtel« bleibt nur die schneekühle, traurige Einsamkeit am Grab seiner allzu früh verstorbenen Mutter. Und doch, bei aller Bravheit und Frömmigkeit, kommt ein »Aschenputtel« auch auf dem Friedhof durchaus nicht zur Ruhe. Man muss, um die Notwendigkeit der nächsten Schritte der weiteren Entwicklung zu begreifen, die jetzt eingetretene Situation nur einen Moment lang aus der Sicht des Mannes, des Vaters selbst, betrachten.

Auch für ihn kommt der Tod seiner Frau in gewissem Sinne einer Tragödie gleich. Auch er muss mit all seinem Bemühen um ein »reiches« Leben als gescheitert gelten. Vor allem: Stellt man die zusätzliche Belastung in Rechnung, die »Aschenputtels« Dasein für die Mutter objektiv bedeutet hat, so kann man voraussetzen, dass auch der Vater die Existenz seiner Tochter mehr bedauert als begrüßt haben wird; wusste er zuvor schon mit den verzweiflungsvollen Versuchen seiner Tochter, bei ihm an Stelle der Mutter Schutz und Geborgenheit zu finden, im Großen und Ganzen kaum etwas anzufangen, so wird ihm das Mädchen nunmehr, als Halbwaise, noch weit lästiger erscheinen als zuvor. Es müsste an seiner Seite und an seiner Stelle jemanden geben, der auf das »Aschenputtel« achtgibt, soviel ist klar. Schon damit das »Aschenputtel« »versorgt« ist, legt deshalb die schiere Verantwortung für das Kind einem pflichtbewussten Vater unter solchen Umständen den Gedanken an eine baldige Wiederheirat nahe. Es ist am Ende als ein Zeichen seiner Vaterliebe zu erkennen, wenn er übers Jahr schon, kaum ist der »Winter« vergangen, nach einer neuen Frau – der Mutter zweier Kinder, erzählt uns das Märchen – für sich und das Aschenputtel Ausschau hält. Doch was in der Logik praktischer Vernunft als ein plausibler Ausweg aus der eingetretenen Notlage erscheinen mag, stellt sich seelisch für das »Aschenputtel« ganz im Gegenteil als eine unerhörte Steigerung aller schon bestehenden Konflikte heraus.

»Aschenputtels« Leben, wie wir bereits wissen, ist inzwischen mehr zuhause am Grab seiner Mutter als in dem, was ein wahres Elternhaus nie war. Der Schnee, der sich über das Grab der über alles geliebten Mutter legt, fällt zugleich in die Seele des Kindes und überlagert die dunkle Traurigkeit seines Grundgefühls jetzt noch zusätzlich mit »winterlicher« Kühle. »Winter«, das bedeutet im Erleben des Mädchens nicht, wie im Erleben des Vaters, die Angabe einer Jahreszeit, das bedeutet vielmehr ein Symbol für den Dauerzustand seines Empfindens: für das Gefühl eines ständigen Frierens in Trauer und Einsamkeit.

Allerdings, das darf man nicht vergessen, ruht auf gerade diesen Gefühlen auch so etwas wie die Prämie einer moralischen Belohnung: Man ist und bleibt das gute, das fromme Kind der Mutter, wenn man so empfindet. Man kann sich denken, was in einem solchen Mädchen vor sich geht, wenn es sieht, wie bald schon der Vater die Mutter scheinbar zu vergessen imstande ist.

Während diesem ein neuer Lenz winkt mit neuer Liebschaft und neuer Lust, bleibt das »Aschenputtel« in dem ewigen Eis seiner schneekühlen Trauer gefangen, die weiter zu pflegen ihm jetzt sowohl Last wie Bedürfnis ist; ja, versetzt man sich recht in seine Lage, so wird man erleben, wie das »Aschenputtel« zumindest halbbewusst gegen seinen Vater inzwischen wohl die heftigsten Vorwürfe wegen dessen neuer Heirat erheben wird: Kommt es angesichts der trauererfüllten Treue des »Aschenputtels« nicht einem schnöden Verrat an der so früh verstorbenen Mutter gleich, wenn der Vater so rasch sich eine neue Frau in sein Haus holt? Und was für ein Licht wirft die Raschheit und Reuelosigkeit dieses Schrittes wohl rückblickend auf sein früheres Verhältnis zu »Aschenputtels« Mutter? Kein Zweifel, das Mädchen fühlt durch diesen Schritt seines Vaters sich selber ebenso im Stich gelassen wie seine gute Mutter. Nur allzu deutlich wird es zudem spüren, dass der Vater es auch weiterhin ablehnt, persönlich für seine Tochter zu sorgen, ja, dass seine Art der »Versorgung« durch eine neue Heirat wohl nur den Eindruck bestätigt, der sich ihm früher schon aufdrängen musste: dass es dem Vater als nichts weiter gilt als eine unerwünschte Last, die er abschütteln möchte.

Mit anderen Worten: Was in den Augen des Vaters sich als verantwortungsvolle Pflichterfüllung darstellen mag, das wird in den Augen der Tochter sich ausnehmen als die letzte Gewissheit des immer schon vorhandenen Verdachtes, wegen der bloßen Tatsache seiner Existenz von seinem Vater abgelehnt zu sein und weggeschoben zu werden. Der alte Vorwurf an den Vater: »Du liebst mich nicht, Du verwünschest mich«, kehrt jetzt, nach dem Tode der Mutter und der Wiederverheiratung des Vaters in noch gesteigerter Form zurück.

Umgekehrt aber trifft dieser Vorwurf jetzt einen Mann, der aus seiner Sicht alles Erdenkliche getan hat, um seine Tochter zufriedenzustellen; ist sie immer noch nicht mit ihrem Schicksal einverstanden, so zeigt sich für ihn wohl nur erneut, dass man es einem solchen Mädchen wie seiner Tochter eben nicht recht machen kann. Nur so versteht man wohl, dass der Vater im Folgenden niemals einschreitet, um die Misshandlungen seiner Tochter vonseiten seiner neuen Frau zur Rede zu stellen oder einzuschränken.»Wenn diese Tochter«, wird er denken, »nur immer weiter auf sonderliche Weise herumleiden will und sich jedem Frohsinn verschließt, nun, so verdient sie es wohl auch nicht anders, als dass sie bekommt, wonach sie sich sehnt. Meine neue Frau jedenfalls wird es schon richten.«

Stets wenn Menschen wirklich grausam zueinander sind, wird man geneigt sein, eine ursprüngliche Grausamkeit und Bösartigkeit des Charakters im Hintergrund der entsprechenden Verhaltensweisen zu unterstellen; indessen sind für gewöhnlich wohl diejenigen Fälle von weit größerer Bedeutung, in denen Menschen einander verletzen und wehtun einfach aus Unvermögen und Unverständnis: Sie können einander beim besten Willen nicht verstehen, sie verfügen über keinerlei Sprache, einander mitzuteilen, was in ihnen vor sich geht, sie werden das Opfer all derjenigen Prozesse, die sie unbewusst in einem anderen Menschen ausgelöst haben, und vieles von dem, was subjektiv oft sogar aus einem hohen Verantwortungsgefühl und einem gerüttelten Maß an gutem Willen geschehen sein mag, kann am Ende die Qual alter Verletzungen womöglich noch steigern – eher, als sie zu vermindern. Vor sich selbst jedenfalls wird »Aschenputtels« Vater, sollte er wirklich mit sich einmal ins Gericht gehen, keinerlei Schuldspruch zu fürchten haben: Er hat getan, was er konnte; mehr kann kein Mensch von ihm verlangen; alles weitere wird und muss seine neue Frau regeln. Und sie wird!

c) Die neue Rolle oder: Wie ein Aschenputtel wird, was es ist

Das Bild der »bösen Stiefmutter« ist im Märchen geradezu sprichwörtlich verankert, doch kann es im Einzelfall bitter ungerecht sein. Wer Tragödien des Lebens mit moralischem Urteil werten will, wird wohl immer wieder Menschen zu Unrecht verurteilen, die nur einfach unglücklich und hilflos sind. Anders gesagt: Keine Mutter der Welt, die das Schicksal dazu bestellt, eine Stiefmutter zu werden, will eine »Stiefmutter« sein! Wie aber soll in unserem Fall eine Mutter mit einem Mädchen zurechtkommen, das den Tod seiner »wirklichen« Mutter auf lebenslänglich zu bedauern gesonnen ist, das von dieser seiner »wirklichen« Mutter ein unübertreffliches Idealbild gewissermaßen als den Inbegriff seiner eigenen moralischen Rechtschaffenheit gleich einer heiligen Ikone in Ehrfurcht und Verehrung hält, das die neue Heirat seines Vaters eben deshalb in der Pose trauernden Edelmuts ablehnt und das obendrein noch lieber in schweigsamer Einsamkeit verharrt, als seine Gefühle in offenem Protest zu äußern?

Nehmen wir einmal an, dass die Motive zur Heirat aufseiten der neuen Mutter des »Aschenputtels« in der Tat eines gewissen Eigennutzes nicht gänzlich entbehrten: – da gilt es, den eigenen zwei Töchtern, die sie in die neue Ehe mitbringt, einen (neuen!) Vater zu geben; da will offenbar auch erst einmal die eigene vorzeitige Witwenschaft überbrückt werden; da mag auch die Aussicht auf eine »reiche« Heirat gewunken haben – selbst wenn wir in der neuen Heirat nicht so sehr Liebe und Zuneigung als vielmehr eine solide Wahrnehmung des wechselseitigen Vorteils am Werke sehen (mit deutlichem Überhang der Bilanzen zum Vorteil der Stiefmutter freilich!), so reicht das alles doch keineswegs aus, ein von vornherein ungünstiges Bild von dieser Frau und ihrer beiden in die neue Ehe mitgebrachten Töchtern zu gewinnen. Vielmehr wird es sich eher so verhalten, dass die neue Mutter gegenüber dem verinnerlichten Idealbild ihrer Vorgängerin in der Seele des »Aschenputtels« prinzipiell nicht aufkommen kann – noch überhaupt jemals aufkommen soll!

Denn: Das »Aschenputtel« darf sich unter den gegebenen Voraussetzungen durchaus nicht dazu verstehen, mit seiner neuen Mutter ins Einvernehmen zu kommen – der ganze Aufbau seiner leidvollen »Frömmigkeit«, »Güte« und »Treue«, alles mithin, wofür es bisher gelebt hat, müsste ins Wanken geraten, sobald es anfinge, mit seiner neuen Mutter sich besser zu verstehen; ja, es muss unter diesen Umständen die neue Mutter mit all ihrem guten Willen, den wir getrost auch bei ihr voraussetzen dürfen, dem »Aschenputtel« geradezu als eine Verführerin zur Treulosigkeit und in gewissem Sinne zum Selbstverrat erscheinen: Je näher das »Aschenputtel« seiner Stiefmutter käme, desto weiter entfernt wäre es dadurch von seiner Mutter – und von sich selbst. Erst wenn man begreift, dass »Aschenputtel« die neue Mutter förmlich ablehnen muss, um die alte Form seiner Identität nicht zu verlieren, wird deutlich, welch ein unerbittliches Ringen um den eigenen Selbsterhalt künftighin die nach außen so gedrückte Rolle des »Aschenputtels« mitbestimmen wird.

Gewiss wird die latente Ablehnung allseits spürbar sein, die »Aschenputtel« seiner neuen Mutter entgegenbringt. Wie aber soll diese darauf antworten? Der einzig sinnvolle Weg bestünde in langen Gesprächen über das Leben der verstorbenen Mutter; doch ein »Aschenputtel« wird sich strikt weigern, dieses sein Geheimnis einem anderen Menschen zu verraten, und schon gar nicht einer Person, die unverfroren genug ist, sich mit gutem Gewissen an die Stelle dieser Einzigartigen zu setzen! Zudem darf man den geheimen Stolz und Mut nicht unterschätzen, der in »Aschenputtels« Trauer sich geltend macht: Er reizt förmlich zum Widerspruch und muss wie eine Aufforderung wirken, die äußerlich Erniedrigte auch innerlich zu demütigen. Man spürt den verhaltenen Trotz, der in der Gebärde des Schmerzes das Erscheinungsbild der verstorbenen Mutter fortsetzen möchte, und man wird sehr bald geneigt sein, mit gleicher Münze darauf zu antworten: Wenn »Aschenputtel« schon nicht glücklich sein will, im Wahn, durch seine widerspenstige Leidensmine ein besserer Mensch als alle anderen zu sein, so soll es halt lernen, sich in seinem Unglück nach Herzenslust zu wälzen und seine Weigerung zum Leben damit zu bezahlen, dass es nur ständig die Hinterlassenschaft des Todes, die Asche verbrannten Kohlenstoffs, im Gesicht trägt.

Man spürt wohl auch die versteckte Vorwurfshaltung und das aggressive Aufbegehren, das sich in »Aschenputtels« Bindung an die alte Mutter gegenüber der »Stiefmutter« ausspricht, und es scheint daher nur natürlich, dass das Mädchen über kurz oder lang in einen Machtkampf hineingeraten wird, bei dem es, zunächst jedenfalls, nur verlieren kann.

Für sich selbst freilich spielt ein »Aschenputtel« das Verliererspiel seines Lebens nach einer Umkehrlogik, die dem Nullouvert beim Skat ähnlich sieht: Nur wer es, in richtiger Einschätzung der Möglichkeiten seines Blattes, konsequent darauf anlegt, keinen »Stich« mitzubekommen, steht am Ende als Sieger da! Die Devise einer solchen masochistischen Ablehnung des gewöhnlichen Glücksstrebens zugunsten einer moralischen Besserstellung lautet: Wer verliert, gewinnt; man könnte es auch mit den Worten des Evangelisten Matthäus sagen: »Wer sich selbst erhöht, wird erniedrigt, und wer sich selbst erniedrigt, der wird erhöht werden« (Mt 23,12; Mt 18,4). Was in der Haltung des »Magnificat« noch wie ein reines Gnadengeschenk des Himmels erschien, das erweist sich jetzt als »erwerbbar« durch rechtes Verhalten. Freilich: jeder, ausgenommen einzig das »Aschenputtel« selbst, wird den außerdeutlichen Anspruch spüren, der in einer solchen enormen Selbsterniedrigung liegt; und was ihm selber als Bescheidenheit, Demut und als ein geduldiges Ertragen fremder Unbill erscheinen mag, das wird den anderen eher als Stolz, Hochmut und Scheinheiligkeit imponieren.

Auf ihre Art werden die anderen sich deshalb sogar im Recht fühlen, wenn sie das »Aschenputtel« »mores« lehren. Selbst um ein Mädchen wie das »Aschenputtel« derart konsequent zu quälen, wie das Märchen es schildert, braucht es so etwas wie ein moralisches Prinzip der Rechtfertigung; und so müssen wir annehmen, dass die Stiefmutter, wenn sie »Aschenputtel« immerzu drangsaliert, mit ihren quälenden Maßnahmen durchaus »erzieherisch« vorgehen möchte; das »Aschenputtel« aber wird sich in seinem (Vor-)Urteil über die moralische Minderwertigkeit dieser Frauenperson, die sich da neuerdings als seine Mutter aufspielt, durch all die gezielten Schikanen nur bestätigt fühlen. Die Tragödie der Eltern-Tochter-Beziehung tritt jetzt in ein neues Stadium.

»Ich wollte ihr immer den ›Bock‹ austreiben«, erinnerte sich eine Frau an ihre lange Jahre vergeblichen Erziehungsversuche gegenüber ihrer Stieftochter. »Ich habe zu ihr einfach keinen Kontakt bekommen. Sie tat lauter sinnwidrige Dinge, die sie nur schädigen konnten, und wenn ich versuchte, ihr notorisches ›Ich will aber nicht ...‹, mit Gewalt zu brechen, schien sie hinterdrein noch zu triumphieren. Dieses Kind regte mich auf in allem, in der Art, wie es ging, wie es redete, wie es dreinschaute – es war wie verhext. Sie spürte völlig richtig, dass ich sie nicht mochte, weil sie mich wie von oben herab abblitzen ließ; mein Groll aber, den ich oft nur schwer verbergen konnte, gab ihr noch Oberwasser. ›Du schaffst mich nicht‹, schien sie zu denken. – Wissen Sie, manchmal glaube ich, dass meine Tochter sich irgendwie vorwarf, dass ihre richtige Mutter bei ihrer Geburt gestorben war. Sie war erst vier Jahre alt, als ich in die Familie einzog; aber schon mein Mann muss ihr insgeheim den Tod seiner Frau vorgeworfen haben. Es war, als wenn sie ständig für etwas hätte bestraft werden wollen, für das sie doch gar nichts konnte; aber sie brachte es immer wieder fertig, mich

in Harnisch zu bringen. Ich mag Kinder nicht, die sich einbilden, wer weiß was zu sein, nur weil man es ihnen niemals recht machen kann.«
 So ähnlich wird man aus der Sicht der »Stiefmutter« sich die Beziehung zu einem »Aschenputtel« vorzustellen haben: als das gespannte Verhältnis eines ebenso bemühten wie ärgerlich frustrierten Alles-richtig-machen-Wollens und Nichts-richtig-machen-Könnens. Wäre »Aschenputtels« Stiefmutter nur einfach gleichgültig oder bösartigsadistisch, so wäre paradoxerweise die Qual des heranwachsenden Mädchens weniger groß – der Konflikt besäße unmöglich die Kraft, den gesamten Charakteraufbau eines Menschen zu prägen und sein ganzes Lebensschicksal als das eines »typischen Aschenputtels« vorwegzubestimmen. Es ist an dieser Stelle aber sehr wichtig, dass wir den Typ« eines Menschen von der Wesensart eines »Aschenputtels« nicht als derart äußerlich bestimmt verstehen, wie das Märchen selber es schildert und uns zu denken nahelegt, indem es zwar die Sicht des »Aschenputtels« subjektiv aufgreift, die unbewussten Voraussetzungen dieser Sicht hingegen ausblendet. Natürlich erscheint in der Grimmschen Erzählung das »Aschenputtel« als das bedauernswerte Opfer aller nur möglichen unverschuldeten Heimsuchungen und Drangsale, und beim Hören dieser Geschichte wird die erste Wirkung auf ein kindliches Gemüt denn auch gewiss in einem entsprechenden Mitleid mit dem armen Mädchen und einem zornigen Protest gegen die bösartigen Anschläge der »Stiefmutter« bestehen. Damit aber ein Mensch wirklich in seinem ganzen Wesen zu einem »Aschenputtel« wird, genügt es nicht, dass er von außen her in eine Aschenputtel-Rolle hineingedrängt wird, er muss vielmehr die ihm zugemutete Rolle für sich selbst übernehmen und im Umgang mit sich selber verinnerlichen – anders bliebe das »Aschenputtel« lediglich die Bezeichnung einer sozialen Rollenzuweisung; es würde niemals die psychologische Darstellung eines bestimmten Charaktertyps abgeben können. Vor allem aber ist es vonseiten der Psychotherapie her unerlässlich, das Weltbild eines »Aschenputtels« auf die eigenen subjektiven Anteile hin zu interpretieren und den Faktor der Eigenbeteiligung am Aufbau der »Aschenputtel«-Welt, so gut es geht, herauszuarbeiten; denn, um es so zu sagen: Heilen wird man ein »Aschenputtel« nur, wenn man aufhört, es – entsprechend seiner Selbstwahrnehmung – als das bloße Produkt und als das willfährige Opfer seiner Umgebung zu betrachten; es kommt entscheidend darauf an, ihm die Augen für diejenigen Gefühle und Reaktions-

weisen zu öffnen, mit deren Hilfe es sich die Welt gerade so zurechtrückt, wie sie ihm dann ihrer Grausamkeit erscheint. Erst wenn einem »Aschenputtel« deutlich wird, wie tief sich die Gefühle seiner Kindertage in ihm festgesetzt haben und in welchen Wiederholungsschleifen es selbst dazu beiträgt, die alten Erfahrungen immer von Neuem zu bestätigen, lässt sich die notwendige Distanz zu sich selbst und zu der eigenen Vergangenheit schaffen, um zu neuen Gestaltungsformen der Gegenwart hinzufinden. Wir fügen dem »Aschenputtel« also kein neues Unrecht zu, wir helfen ihm vielmehr allererst auf die Beine, um sich selber von dem belastenden Bild seiner verstorbenen Mutter zu lösen, wenn wir die Misshandlungen vonseiten der Stiefmutter in der angegebenen Weise als unbewusste Inszenierungen des Traumas eines ursprünglichen Schuldgefühls (für den Tod der Mutter) deuten.

Ein wirklich Neues, erzählt uns das Märchen, ergibt sich im Leben des »Aschenputtels« allerdings jetzt aus dem eintretenden Konflikt mit seinen beiden »Stiefgeschwistern«. Schenkt man der Darstellung des Märchens Glauben, so sind sie es, weit mehr noch als ihre Mutter, die fortan dem »Aschenputtel« das Leben zur Hölle machen; ja, es sieht zu Beginn der Geschichte überhaupt so aus, als könnten die beiden Stiefgeschwister in eigener Regie mit dem »Aschenputtel« schalten und walten, wie es ihnen beliebt; erst sehr viel später erfahren wir, dass auch die Stiefmutter selber hinter den Demütigungen ihrer Töchter steht und sie mit eigenen Schikanen en detail nachahmt, ja, an systematischer Gemeinheit sogar noch um ein Vielfaches übertrifft. Für das Verständnis der Situation eines »Aschenputtels« liegt darin wohl ein Hinweis, dass die Auseinandersetzung mit der Stiefmutter wesentlich auf dem Boden einer langwierigen und höchst dramatischen Geschwisterrivalität ausgetragen wird.[44]

Wie das sein kann? – Dazu gibt die Grimm'sche Erzählung drei Hinweise. Zum Ersten: Gleich in der Einleitung des Märchens wurde »Aschenputtel« als »einziges Töchterlein« seiner sterbenden Mutter vorgestellt; der Konflikt mit seinen beiden (Stief-)Geschwistern muss also verstanden werden aus der Sicht eines »verwaisten« Einzelkindes. Sodann: Die beiden neu hinzutretenden Geschwister sind, ihrem Verhalten nach zu schließen, deutlich älter als das »Aschenputtel«.[45] Und schließlich: Als ein Hauptthema der Geschwisterauseinandersetzung ist die Frage nach der »Schönheit« zu betrachten; denn nicht nur das »Aschenputtel«, auch seine »garstigen« (Stief-)Schwestern sind »schön und weiß von Angesicht«; wer aber von ihnen wird imstande sein, die Liebe des »Königssohns« auf sich zu lenken – das ist und bleibt die Schicksalsfrage eines »Aschenputtels«, das Thema, an dem sein ganzes Leben hängt. Denn so viel wissen wir bereits: Dieses an sich ungeliebte Kind kann nur leben, wenn es irgendwann jemanden findet, der es liebt wie seine tote Mutter, oder, besser, der es so liebt, wie seine tote Mutter es hätte lieben sollen. Der Kampf um die »Schönheit« innerhalb der Geschwisterrivalität gilt nichts anderem als der Frage: Wie werde ich liebenswert.

Wir haben bisher in der Auslegung des Grimm'schen Märchens die Angaben von »Tod« und »Begräbnis« der Mutter ganz wörtlich genommen; um aber die Psychologie eines »Aschenputtels« hervorzubringen, muss die »Mutter« durchaus nicht biologisch-äußerlich »sterben«. Zum Verständnis der Gefühle eines »Aschenputtels« genügt es, anzunehmen, dass die »gute« Mutter von einem bestimmten Moment an für ihr »einziges« Kind seelisch wie »gestorben« erscheint, indem sie durch das Dazwischentreten ihrer beiden älteren Töchter im Erleben des »Aschenputtels« als »Stiefmutter« wiederaufersteht. Dass die gute Mutter auch wirklich äußerlich ihrem Kind stirbt, kann im Werdegang eines »Aschenputtels« sich so ereignen, wie das Märchen es erzählt; dass sie ihm aber innerlich stirbt, muss sich ereignen, um die Gestalt eines »Aschenputtels« zu formen; und hier, in der Wiedergabe der inneren Bedeutung des äußerlich Geschilderten, liegt die eigentliche Aufgabe einer tiefenpsychologischen Deutung des Aschenputtel-Märchens.

Dasselbe Schillern zwischen Innen und Außen, das für die symbolnahe Sprache der Märchen so charakteristisch ist, gilt es auch bei der Erwähnung der zwei (Stief-)Schwestern des »Aschenputtels« zu beachten. Denn die Zahlangabe gehorcht hier offenbar nicht der Plausibilität der Erzählung selbst, sondern einem typischen symbolischen Schema, wonach drei Geschwister ein und desselben Geschlechtes sich auf die Suche nach dem ergänzenden Vierten begeben;[46] es wird sich später noch zeigen, dass es unter gewissen Voraussetzungen sinnvoll sein kann, im Rahmen einer »subjektalen« Deutung die beiden bösartigen (Stief-)Schwestern als bloße Seelenanteile in der Psyche des »Aschenputtels« selber zu verstehen. An dieser Stelle aber ist es ratsam, die »objektale« Deutungsebene[47] nicht vorschnell zu verlassen und sich als Erstes für das reale Beziehungsgeflecht zu interessieren, das familiär den Werdegang eines »Aschenputtels« zu begleiten und zu begründen pflegt.

Dann aber stehen wir hier alsbald vor einer Schwierigkeit. Setzen wir nämlich die Existenz von zwei Stiefgeschwistern als eine äußerliche Wirklichkeit voraus, so bekommen wir hier allem Anschein nach eine Stiefschwester zuviel präsentiert: Beim besten Willen macht es keinen Sinn, zu erzählen, dass zwei schöne Schwestern sich gemeinsam um die Gunst des »Königssohnes« beworben hätten und nur das »Aschenputtel« ihnen dabei als Konkurrentin in die Quere gekommen sei: Solange nur eine einzige Braut für die Wahl eines »Prinzen« infrage kommt, müsste das Märchen zumindest andeuten, in welcher Weise auch die beiden (Stief-)Schwestern untereinander und miteinander um die Gunst der Königshochzeit konkurrieren; die Tatsache hingegen, dass wir beide Schwestern bis kurz vor Ende des Märchens zur bloßen Erfüllung des üblichen Dreierschemas in einer vollständigen Aktionseinheit auftreten sehen, erlaubt es und erfordert es, sich in der äußeren Realität eine einzige (ältere!) (Stief-)Schwester als die eigentliche Konkurrentin eines heranwachsenden »Aschenputtels« vorzustellen.

Wie eine solche »Aschenputtel«-Rolle in der Geschwisterbeziehung im Schatten einer »Stiefmutter« »objektal« aussehen kann, lässt sich nach dem bisher Gesagten bereits recht gut begreifen. »Meine Schwester hat es eigentlich stets besser gehabt als ich«, erläuterte eine Frau, ohne speziell dabei an das Aschenputtel-Märchen zu denken, diesen Zusammenhang in ihrer Kindheit: »Meine Schwester ist halt zu einer Zeit geboren worden, als meine Mutter sich noch einigermaßen gut fühlte. Ein paar Jahre Zeitunterschied können im Leben von Menschen so viel bedeuten! Sie (die Schwester) hatte ganz einfach das Glück, die ersten fünf Jahre ihres Lebens noch relativ geborgen aufwachsen zu können, während ich geboren wurde, als meine Mutter schon an Herzasthma erkrankt war. Trotzdem warf meine Schwester mir später oft vor, ich sei Mutters Nesthäkchen gewesen, und sie habe mich ihr stets vorgezogen. Wahrscheinlich war sie einfach eifersüchtig, dass ich fünf Jahre nach ihr zur Welt kam und mich damit an ihre Stelle drängte.«

Tatsächlich muss zwischen den beiden Kindern sehr früh schon ein verzweifelter »Verteilungskampf« um die immer begrenzter werdende Liebe ihrer kränkelnden Mutter entbrannt sein,[48] der all die Konflikte widerspiegelt, die wir soeben bereits als typisch für ein »Aschenputtel« im Verhältnis zu seinem Vater beschrieben haben: Die Geburt des

»Aschenputtels« dürfte unter den gegebenen Umständen selbst die liebste Mutter auf Erden – und gerade sie! – überfordern, und doch wird sie versuchen, sich dem Neuankömmling ganz zu widmen, so als wäre es wirklich ihr Einziges, ihr »Einzelkind«. Für die ältere Tochter aber muss allein schon diese Tatsache so etwas wie ein schweres Unrecht bedeuten: Hat sie nicht jahrelang alles versucht, das ohnedies schon angespannte Leben der Mutter zu erleichtern, nur um jetzt mitansehen zu müssen, wie die Mutter an der Geburt dieses neuen Geschwisters schier zu zerbrechen droht und jedenfalls keine Kraft mehr besitzt, ihrer älteren Tochter das bisher gewohnte Maß an Zuwendung auch weiterhin zu schenken?

Versetzt man sich in die Lage der älteren Tochter, so wird sie beizeiten spüren, dass es fortan nur ein Mittel gibt, um auch künftig der Zuneigung der Mutter sich zu vergewissern: Sie muss nach Möglichkeit den Arbeitsanteil übernehmen, der von der Mutter nicht mehr bewältigt werden kann; sie muss, anders gesagt, die Hausfrau zu ersetzen suchen, die durch die neue Mutterschaft der Mutter zu Hause fehlt. Dazu gehört freilich, dass die ältere Tochter den Ärger über die Zumutung der Geburt ihrer Schwester herunterschluckt. Statt die jüngere Schwester offen heraus abzulehnen, muss sie an der Seite der Mutter sogar ein besonders hohes Maß an Verantwortung für die Erziehung »des Kleinen« übernehmen, und es lässt sich leicht absehen, welche »stiefschwesterlichen« Komplikationen dabei entstehen werden.

Will zum Beispiel die ältere Schwester, wie bisher, zum Spielen gehen, so muss sie auf einmal die jüngere wie einen Klotz am Bein mitschleppen; sie muss Sorge tragen, dass dem noch unbeholfenen Geschwisterchen nichts passiert; sie muss, statt sich frei bewegen zu können, sich stets in der Nähe dieses lästigen Balges aufhalten; sie muss zu überbrücken suchen, dass auch die Spielkameradinnen ein schreiendes, weinendes Kleinkind alles andere als amüsant finden.

Wie aber sich dieser Aufgabe entledigen? – »Ich habe manchmal Reißzwecken in das Wägelchen meiner Schwester gestreut, damit sie so laut schrie, dass meine Mutter sie selber wieder zu sich holte. Ich wollte sie mit allen Mitteln loswerden.« Die Frau – die so sprach, hatte als Mädchen eine Mutter gehabt, der es einen solchen Ausweg, eine solche Belastung immerhin zumuten konnte. Die (ältere Stief-)Schwester eines »Aschenputtels« indessen kann nicht einmal das; denn ihre Mutter ist ersichtlich zu hilfsbedürftig, als dass man die übernommene

Verantwortung mutwillig an sie zurückdelegieren dürfte. In dieser Zwickmühle des »Ich muss, aber ich will nicht« liegt es nahe, sich mit seinem Zorn über die unerwünschte Aufsichtspflicht durch wohldosierte Quälereien an der jüngeren Schwester schadlos zu halten. Alle Schuld im Beschwerdefalle wird ohnedies der jüngeren Schwester selbst zufallen: Gewiss hat sie sich falsch verhalten, sie ist aber auch schwer zu beaufsichtigen, sie ist halt ein Unglückswurm und ein Tollpatsch. Die Mutter ihrerseits wird froh sein, dass die ältere Tochter ihr trotz all solcher Querelen derart umsichtig beisteht; sie wird sich schwertun, ein Mädchen zu tadeln oder gar zu bestrafen, das ihr erkennbar derart hilfreich und nützlich zur Hand geht. Zwischen der Mutter und der älteren Tochter wird es somit, wie in dem Grimm'schen Märchen geschildert, zu einem Zweckbündnis kommen, das ursprünglich vermutlich sogar auf das Wohl des Jüngsten berechnet war, das aber nach Lage der Dinge dem Pakt eines chronisch übersehenen Unrechts in den Augen des »Aschenputtel«-Mädchens gleichkommen muss: Eines Tages, sobald es groß genug ist, dass die Mutter sich zunehmend wieder ihrer Hausarbeit zuwenden kann, wird das »Aschenputtel« die Rolle des »einzigen« Kindes an der Seite seiner guten Mutter verlieren, und fortan wird es an Mutters Stelle mit seiner älteren Schwester konfrontiert werden, die ihrerseits gegenüber dem »Aschenputtel« jetzt nicht mehr die Rolle der Hausfrau, sondern zunehmend die Rolle der Mutter zu vertreten beginnt.

Allein dieser Wechsel kann ausreichen, um eine gute Mutter – aus der Sicht ihres Kindes – »sterben« zu lassen und sie in eine »Stiefmutter« zu verwandeln und der älteren Schwester den Charakter einer »Stiefschwester« zu verleihen. Ordnen wir unsere Interpretation in dieser Weise an, so verstehen wir in der Tat jetzt jedes Detail des Grimm'schen Märchens, ja, wir verstehen die Genauigkeit seiner Schilderung allererst wirklich zu würdigen; denn es ist, wie wir sehen, nicht etwa ein Ungeschick der Erzählweise der Brüder Grimm, dass sie als erstes nach der neugeschlossenen »Heirat« des Vaters die bösen »Stiefschwestern« in großer Ausführlichkeit auf den Plan treten lassen, um hernach erst zu zeigen, dass auch die »Stiefmutter« selber mit den Verhaltensweisen ihrer »rechten« Töchter sich voll und ganz identifiziert;[49] wir müssen es vielmehr als den bestmöglichen Ausdruck der realen Erfahrungen eines »Aschenputtels« betrachten, wenn wir es nach dem Tod seiner »richtigen« Mutter über lange Zeit hin der Willkür seiner

»Stiefschwester(n)« ausgeliefert sehen: Kaum der ursprünglichen Einheit mit seiner Mutter entwachsen, wird ein »Aschenputtel« wohl oder übel feststellen müssen, dass es durch die bloße Tatsache seines Daseins der Mutter ebenso lästig fällt wie den älteren Schwestern; beide Teile erfüllen, psychologisch betrachtet, die Rolle einer »Stiefmutter« und einer »Stiefschwester«; es ist aber die »Stiefmutter« selbst von ihrer Tochter so weit entfernt, dass in das Vakuum fehlender Mütterlichkeit nunmehr die Zwangsaufsicht der »Stiefschwester(n)« tritt, gespickt mit Gefühlen von Neid und Ärger auf den ungebetenen Nachzügler, und doch gepaart mit dem aufrichtigen Wunsch, der Mutter das Leben zu erleichtern und für sie zu tun, was irgend nur möglich ist. Was aber kann das »Aschenputtel« tun, um mit all diesen Widersprüchen gegen seine Existenz zurechtzukommen? Es wird sich, im Bild gesprochen, von sich selbst her gerade so verhalten, wie das Grimm'sche Märchen es als ein Diktat der bösen Stiefschwestern von außen her schildert, und auch dies mit gewissem Recht. Aus der Perspektive des »Aschenputtels« muss es jetzt wirklich so aussehen, als wenn seine ältere(n) Schwester(n) jedes Recht ihm gegenüber besäßen. Dieses Kind, das von seiner »Stiefschwester« mit schlecht verhohlenem Neid beäugt und mit zum Teil offen Aggression verfolgt wird, kann selber wohl kaum anders, als seinerseits die ältere Schwester für all die Rechte und Freiheiten zu beneiden, die ihr die »Stiefmutter« offenbar nur allzu bereitwillig einräumt und zuerkennt. Diese ältere Schwester kann offensichtlich tun und lassen, was sie will, sie kann noch so gemein und gehässig, noch so hinterhältig und kratzbürstig gegenüber ihrer jüngeren Schwester auftreten, das »Aschenputtel« muss Mal für Mal erleben, dass die (Stief-)Mutter sich am Ende auf die Seite der (Stief-)Schwester schlagen wird.

»Alle anderen sind mir gegenüber im Recht, ich selbst aber habe unter allen Umständen Unrecht« – so lautet die erste Erkenntnis über die Wahrheit seines Lebens für ein »Aschenputtel«. Mit anderen Worten: Ein »Aschenputtel« erlebt sich als durch und durch heimatlos im eigenen Zuhause, als rechtlos unter den eigenen Angehörigen; sein Leben ist zum Sterben verurteilt, kaum dass es beginnen könnte; und am Ende scheint es deshalb wirklich schon besser, tot zu sein an der Seite seiner Mutter, als leben zu müssen unter der Knute seiner (Stief-)Schwester und seiner (Stief-)Mutter. Wenn aber ein Leben im Zustand der völligen Rechtlosigkeit schon gelebt werden muss, so steht es unter einer prinzipiellen und unerbittlichen Regieanweisung: Lebe so, dass du dein Leben verbringst als Buße für die nicht wiedergutzumachende Schuld, dass es dich gibt, und: Achte vor allem darauf, nicht wie dir Recht geschieht, sondern wie du es anderen rechtmachen kannst. »›Gib dich halt‹, sagte meine Mutter zu mir, wenn ich mich über irgend etwas bei ihr beklagen wollte«, erzählte eine Frau im Rückblick auf ihre »Aschenputtel«-Jugend; »es sollte wohl so viel heißen wie: Was sollen wir schon machen...«

Dieser kleine Satz kann an dieser Stelle übrigens noch eine recht wichtige zusätzliche Einsicht liefern; er erlaubt zu verstehen, wie der Wechsel von einer besonders guten Mutter zu einer »Stiefmutter« möglich ist. Wenn die »Güte« der Mutter wesentlich darauf gründet, sich nicht abgrenzen zu können noch zu dürfen, so ist der Zustand der Erschöpfung und Überforderung nicht fern, den wir im Hintergrund einer »Aschenputtel«-Kindheit voraussetzen müssen. Das »Gib dich halt« dient als Ausdruck der mütterlichen Moral nicht nur zum Vorbild und Ideal der wenig durchsetzungsfreudigen Wesensart eines »Aschenputtels«, der Satz bietet in gewissem Sinne auch eine Erklärung für den seelischen »Tod« der Mutter und ihre Ersetzung durch die »Stiefmutter«, und zwar in ein und derselben Person; der Satz erklärt, wie aus der »guten Mutter« die »böse« Mutter werden kann: Das »Nein«, das die »gute« Mutter nicht zu äußern wagt, führt am Ende nicht zu einer größeren Bejahung des »Aschenputtel«-Mädchens, sondern im Gegenteil schon aufgrund der ständigen Überforderungen zu einer totalen Verneinung des Kindes in einem Feld ständiger Schuldgefühle. Am meisten wohltuend, nota bene, ist für ein Kind nicht eine Mutter, die sich opfert, leidet und »stirbt«, bis sie notgedrungen als »Stiefmutter« wiederaufersteht, am meisten wohltuend für das Glück eines Kindes ist eine Mutter, die selber zu leben versteht, indem sie die Grenzen markiert, die sie braucht, um selber relativ glücklich zu sein. Freilich: Wenn das möglich wäre, hätten wir eine andere Geschichte vor uns als die Erzählung von der Kindheit eines »Aschenputtels«.

Für das »Aschenputtel« ergibt sich jetzt nämlich eine eigentümliche Umkehrung all seiner unmittelbaren Interessen und Gefühle. Im Stich gelassen von der Mutter, die es einmal geliebt hat, ausgeliefert an eine Schwester, die an Mutters Stelle auf es achthaben soll, unfähig, eine Instanz zu finden, die es seines Rechts, zu leben, glaubhaft versichern könnte, heimgesucht von Schuldgefühlen, allen Menschen ringsum lästig, überflüssig und unerwünscht zu sein, verbleibt ihm jetzt nur ein einziger Weg, die ursprüngliche Ablehnung durch seine gesamte Umgebung, wenn schon nicht rückgängig zu machen, so zum mindesten ein wenig zu verringern: Es kann sich selbst verneinen, um von den anderen nicht verneint zu werden, es kann sich selber ablehnen, um nicht immer wieder hören zu müssen, wie die anderen es ablehnen, und es kann hoffen, ein gewisses »Recht« zum Leben doch noch zu gewinnen, wenn es seine eigene Rechtlosigkeit möglichst vollständig akzeptiert.

»Wer Brot essen will, muss es verdienen«, sagen die »Stiefschwestern« zum »Aschenputtel« und zitieren dabei, wie bibelfest wie sie sind, 2 Thess 3,10: »Wer nicht arbeiten will, soll auch nicht essen.« Es ist ein Satz, der so klar wie nichts sonst als eine brutale Regel der Gesellschaftsethik ausspricht, was das Lebensgefühl eines im Grunde unerwünschten Kindes psychisch durch und durch bestimmen wird: Du verdienst nicht zu leben; also musst du dir verdienen, leben zu dürfen. Und das Empfinden, das sich daraus ergibt, kann nur lauten: »Hinaus mit der Küchenmagd.« Man muss zufrieden sein mit dem Allerniedrigsten, man muss tun, was die anderen wollen, man muss jede Demütigung sich gefallen lassen, als sei es das Natürlichste von der Welt – man muss alles hinnehmen, nur um dazuzugehören, in dem sicheren Wissen zudem, niemals wirklich »dazuzugehören«; Magd zu sein und »hinaus« gekehrt zu werden als etwas, das sich so nützlich machen mag, als es will, es wird doch stets verachtenswert bleiben – mit diesem Gefühl tritt »Aschenputtel« jetzt in sein Leben.

Und doch verfügt es ganz im Inneren über diesen rätselhaften Stolz, den es niemals verlieren wird und der unter all den Demütigungen eher wachsen als abnehmen wird: Je herausfordernder die Stiefschwestern es behandeln werden, desto sicherer auch setzen sie selbst sich ins Unrecht: So, wie sie es treiben, ist es nicht gerecht, das steht fest. Die Stiefschwestern können nicht ahnen, dass sie »Aschenputtel« ein unsichtbares Ehrenkleid umhängen, wenn sie ihm »seine schönen Kleider« wegnehmen, und dass sie sein Selbstwertgefühl gerade stabilisieren, indem sie »die stolze Prinzessin« in ihre »Küchenmagd« zu verwandeln suchen. »Mögen sie mich auch erniedrigen und beleidigen, wenn ich nur ›gut und fromm‹ bleibe und mir selber nichts vorzuwerfen habe, so ist doch alles gut«, das scheint die innere Lebensregel des »Aschenputtels« zu werden. Das Mädchen wird dabei freilich nicht ahnen, wie ähnlich es mit einer solchen Devise der Lebensform seiner »guten« verstorbenen Mutter wird... »Es ist keine Sünde, arm zu sein, aber es ist eine Sünde, reich zu sein und die Armen zu beleidigen«, sagt die Mutter der kleinen Nelly einmal in DOSTOJEWSKIJs Roman: *Die Erniedrigten und Beleidigten*.[50] Es ist der Stolz der Armen, dass die Niedrigkeit ihrer Erniedriger tiefer reicht als ihre eigene Erniedrigung.

In »Aschenputtels« Erleben gesellt sich also zu der Trauer um die verstorbene Mutter jetzt auch noch die Trauer über die erniedrigte Stellung in seiner Familie. Wir kennen das »Sitzen in der Asche« schon aus der Bibel und der griechischen Antike als einen Ausdruck der Schmach und der Schande:[51] Nichts als »Staub« zu sein – so haltlos, verächtlich und nichtig, und nicht mehr zu wissen, wie man sich aus all dem »Schmutz« noch erheben könnte – es ist das Bild einer nicht endenden Klage, ohne jede Aussicht, jemals noch gehört oder gar verstanden zu werden.

Gleichwohl findet innerhalb dieser durch und durch depressiv getönten Welt des »Aschenputtels« eine erstaunliche innere Entfaltung statt, die man als eine wachsende geistige Unterscheidungsfähigkeit verstehen kann. Ein Kind, das sich unter den ständigen Druck gestellt sieht, sein Daseinsrecht Tag um Tag neu »verdienen« zu müssen, wird geistig sich gewiss recht stürmisch entwickeln. Es ist das alte Gesetz der HEGELschen Dialektik, dass nach einer Weile der Knecht seinen Herrn übertreffen wird,[52] indem er durch alltägliche Arbeit sich einen Sachverstand erwirbt, den man durch bloßes Kommandieren und Befehlegeben als »Herr« niemals lernen wird. Ein gutes Bild für diese Dialektik bietet andeutend das Grimm'sche Märchen selbst: Reinweg, um ihren Mutwillen mit dem armen Mädchen zu treiben und nur, wie um ihren Schikanen noch eine weitere hinzuzufügen, werfen die beiden »Stiefschwestern« Erbsen und Linsen in die Asche und heißen das »Aschenputtel« sie wieder herauszulesen. Den »Stiefgeschwistern« scheint es offensichtlich Freude zu bereiten, wenn sie sogar die tägliche Speise des »Aschenputtels« in den Dreck ziehen und das Mädchen zwingen, sich seinen Lebensanteil mühsam wie ein Vögelchen zusammenzulesen; gerade auf diese Weise aber gewinnt das Kind die kostbare Fähigkeit, immer genauer unterscheiden zu können zwischen dem, was wirklich »schmutzig« ist, und dem, wovon sich leben lässt, zwischen Unwertem und Wertvollem, zwischen keimhaft Wachsendem und ausgeglüht Totem. Noch helfen »Aschenputtel« keine »Täubchen« bei seiner Arbeit, und doch wird es mehr und mehr gerade in der Schule von

Unrecht und Leid ein nachdenkliches, suchendes, geistig differenziertes Kind werden, das Körnchen um Körnchen die Fähigkeit der Tauben lernen wird: »rein zu lesen«.

Konkret müssen wir uns das »Heraussuchen« der »Linsen« und »Erbsen« aus der »Asche« als das paradoxe Bemühen eines Kindes vorstellen, seiner Umgebung, die alles tut, ihm das Leben so schwer zu machen wie möglich, das Leben so leicht zu machen wie möglich. Genauso wie ein »Aschenputtel« versuchen muss, die Last seines Daseins gegenüber seiner Mutter durch ein möglichst bereitwilliges Entgegenkommen zu verringern, so muss es jetzt bestrebt sein, den wirklichen oder vermeintlichen Wünschen der älteren (Stief-) Schwester(n) so nahe zu kommen wie nur möglich. Vielleicht könnte es doch noch geduldet werden, wenn es sich nur als irgendwie brauchbar erweisen würde?

»Ich habe stundenlang als Kind am Fenster gehockt und hinausgeschaut, was den Menschen, die draußen vorübergingen, wohl fehlen könnte«, berichtete eine Frau, die sich mit dem »Aschenputtel«-Märchen der Brüder Grimm noch heute auf Du-und-Du fühlt. »Es wurde mein Lieblingsspiel, Gedanken zu lesen und die Wünsche der anderen zu erfüllen, noch ehe sie sagen mussten, was sie brauchten.« – »Und hatten Sie Erfolg damit?«, fragte ich. – »Das nicht gerade. Im Gegenteil. Ich sehe mich noch eines Morgens in die Schule gehen, die meine ältere Schwester besuchte. Sie hatte ihr Rechenheft vergessen – oder auch nicht, jedenfalls hatte ich ein Heft gefunden, von dem ich glaubte, sie würde es brauchen; und so ging ich schmutzig, den Mund verschmiert, mit durchlöcherten Strümpfen, die Haare ganz wirr, ich war ja doch höchstens vier Jahre alt, einfach in ihre Klasse: Plötzlich stand ich da unter all den Kindern; die Lehrerin fragte: ›Was willst du denn hier?‹ Ich hielt ihr nur ganz stumm das Heft hin. Alle fingen an zu lachen. Nur meine Schwester schämte sich zu Tode. Sie hätte wohl auch ohne das Heft auskommen können. Aber ich war so allein. Und zu Hause hörte sie nicht auf, mit mir zu schimpfen. Auch Mutter sagte, ich hätte die ganze Familie blamiert. Ich verstand das alles nicht. Aber in den folgenden Tagen musste ich es herausfinden.«

Das muss es heißen, aufzuwachsen als eine entehrte »Prinzessin« und aus der »Asche« »Linsen« und »Erbsen« lesen zu sollen. Es heißt, in grübelnden Gedanken nach etwas suchen zu müssen, von dem man leben könnte, das aber wie mutwillig von den anderen in Schmutz und

Schande geworfen wird. Im Schatten einer überforderten (Stief-)Mutter und einer überforderten älteren (Stief-)Schwester wächst mithin ein stets überfordertes, weil ursprünglich überzähliges und abgelehntes Mädchen heran, das seinen Lebenssinn darin sehen muss, den anderen so hilfreich zu werden, wie es irgend geht. Das ist die Seite eines »Aschenputtels«. Es gibt allerdings noch eine andere: Ein Kind, das nur leben darf als ein besonders nützliches Wesen, muss eines Tages auch denken, dass es im Leben irgendwie wesentlich auf es ankommen wird.

Um die Gefühle eines »Aschenputtels« zu begreifen, muss man verstehen, dass alles Außerordentliche außerordentliche Charaktere hervorbringen wird, auch außerordentlich im Leid. Am Ende wird ein »Aschenputtel« seine Größe und seine Schönheit nicht zuletzt gerade aus all dem gewinnen, was man ihm als Kind an Leidvollem angetan hat. Und man wird es liebgewinnen, auch und gerade für seinen Schmerz, für seine Traurigkeit und für seine Tränen. Doch so weit sind wir noch lange nicht.

2. Das Geschenk des Vaters

Was in all der Zeit, müssen wir uns fragen, macht eigentlich der Vater? Dass von seinem Engagement als Erzieher nicht viel Rühmliches zu vermelden ist, wissen wir mittlerweile. Doch dass er nun »auf Reisen geht«, schafft eine neue Situation für das »Aschenputtel«.

Zu denken ist psychologisch natürlich nicht an eine räumliche, sondern an eine innere »Entfernung«, die zwischen Tochter und Vater beginnt; denn, wie immer, müssen wir auch hier Ereignisse, die das Märchen wie eine äußere Zufügung schildert, als eine Bewegung in der Psyche der Zentralfigur der Erzählung selber deuten.[53] Nicht dass der Vater »verreist«, sondern dass das »Aschenputtel« die bisherige Form seiner Bindung an ihn aufgibt, bildet das Thema dieses Motivs. Dann freilich fällt die relative Passivität auf, die das Aschenputtel-Märchen über weite Strecken kennzeichnet. Normalerweise erzählen uns die Märchen zur Symbolisierung wichtiger Reifungsschritte im Leben ihrer Hauptakteure, wie diese selber sich auf den Weg machen, um nach einer Kette verwickelter Abenteuer am Ende eine verwunschene Prinzessin (oder einen Prinzen) zu erlösen und zur Feier einer glücklichen

Hochzeit nach Hause zurückzukehren.[54] Die Geschichte eines »Aschenputtels« gibt sich an dieser entscheidenden Stelle weit zurückhaltender; nicht was das »Aschenputtel« tut, sondern was ihm angetan wird, ist Gegenstand seiner Darstellung.

Vorausgesetzt ist offenbar, dass das »Aschenputtel« unter den genannten Umständen durchaus nicht über die Fähigkeit verfügt, von sich aus in ein eigenes Leben zu treten – nicht es selber entfernt sich von seinem Vater, es muss damit leben, dass der Vater beschließt, »einmal in die Messe zu ziehen«. Er, nach wie vor, ist offenbar ein alter Krämergeist, dem an äußerem Reichtum weit mehr gelegen ist als an dem Glück seiner Tochter, soll man bei dieser Bemerkung wohl denken. Charakteristisch ist indessen, dass der Vater seinen Töchtern mitzubringen verspricht, was irgend diese sich wünschen. Der Weggang des Vaters dient also mittelbar der Formulierung und der Erfüllung der wesentlichen Wünsche seiner »Töchter«; was diese sich jetzt von ihrem Vater wünschen, wird über ihr ganzes weiteres Lebensschicksal entscheiden. Alle werden dabei bekommen, was sie möchten, doch eben: Was sie bekommen möchten, ist der Ausdruck und die Bestimmung dessen, was sie sind, beziehungsweise die Darstellung ihrer Wahlmöglichkeit zwischen Wesentlichem und Unwesentlichem, je nach der Art ihrer eigenen Orientierung.

Das Alter, in dem die Szene von Weggang und Rückkehr des Vaters spielt, wird man sich entwicklungspsychologisch wohl schon recht früh, am Ende der »ödipalen Phase«, in der Zeit des 5., 6. Lebensjahres also, zu denken haben.[55] Es ist das erste Mal, dass ein Mädchen lernen muss, die Bindung an seinen Vater aufzugeben und den »Reichtum« seiner Gestalt »neu« sich schenken zu lassen. Wenn der Vater »zurückkehrt«, wird er all das innerlich zurückbringen, was sich schon vorher inhaltlich mit ihm verband, und sein Weggang ist psychologisch die Bedingung, dass zu einem »Lebensgeschenk« werden kann, was er als Person seinen Töchtern bedeutet. Das aber, was er seinen Töchtern jeweils bedeutet, hängt ganz von der Art ab, in der er bisher von ihnen erlebt wurde, und diese Art erweist sich zwischen den (Stief-)Geschwistern als denkbar unterschiedlich. »Schöne Kleider«, erklärt die eine Stiefschwester, möchte sie von ihrem Vater geschenkt bekommen; »Perlen und Edelsteine« wünscht sich die andere; beide, soll der Leser vor allem im Kontrast zu der Bescheidenheit des »Aschenputtels« denken, hängen allzusehr an Äußerlichkeiten. Wohl können »Perlen« in den

Märchen der Völker ein bevorzugtes Bild für die Kostbarkeit einer in sich »rund« gewordenen Lebensform, für die Integration des »Selbst« sein;[56] sogar in den Gleichnissen des Neuen Testamentes taucht die »kostbare Perle« als ein Bild für den überragenden Wert eines richtigen Lebens vor Gott auf (Mt 7,6; 13,45–46).[57] Im Aschenputtel-Märchen hingegen bezeichnen die »schönen Kleider« und die »Perlen und Edelsteine« durchaus nichts »Geistiges«, sondern nur sich selbst. Plötzlich taucht da mitten in dem Grimm'schen Märchen ein Problem auf, dessen Lösung wohl nur religiös gelingen wird: in welcher Weise ein Mensch versucht, sein »Glück« zu machen beziehungsweise glücklich zu werden.

Das Leben »äußerlich« zu nehmen – das bedeutet, sich in genau den Fragen zu verfangen, die in der Bergpredigt geradezu unter Verbot gestellt werden: »Sorgt euch nicht«, heißt es dort, »um euer Leben, was ihr essen oder was ihr trinken sollt, noch um euren Leib, was ihr anziehen sollt. Ist nicht das Leben mehr als die Speise und der Leib mehr als die Kleidung?« (Mt 6,25).[58] Für die (Stief-)Schwestern des »Aschenputtels« hingegen steht die Frage, wie man sich äußerlich schön macht und wie man sich möglichst eindrucksvoll kleidet, absolut im Vordergrund ihres Interesses. Sie hoffen, durch ein auffallendes Äußeres selber Gefallen zu finden; sie vermeinen, durch Schmuck und Geschmeide selber als schmuck und geschmeidig erlebt zu werden; doch man ahnt schon im voraus: attraktiv mögen sie auf diese Weise werden, liebenswert aber werden sie auf diese Weise nimmermehr. Kein Mensch, der sein Leben wesentlich an den Fragen seines Äußeren festmacht, hat eine wirkliche Chance, zu sich selber zu finden; er wird vielmehr notwendigerweise immer abhängiger von fremden Bewertungen, von äußeren Veränderungen, von der Gunst der Umstände werden, und die Frage, was andere von ihm halten, wird für ihn allemal wichtiger sein, als was oder wer er selber ist.

Der dänische Religionsphilosoph SÖREN KIERKEGAARD hat einen solchen Standpunkt zutreffend als »Ästhetisierung« des Daseins bezeichnet.[59] In der »Ästhetik« bleibt das Leben wesentlich durch den Zufall und durch das Äußerliche bestimmt – man ist zufällig schön, man hat zufällig Glück, man ist heute mal so und morgen mal so – man kommt niemals dazu, ein inneres Prinzip der Selbstgestaltung und der Selbstverantwortung in sein Dasein zu bringen. »Schöne Kleider« und »Perlen und Edelsteine« sind in diesem Sinne der Ausdruck eines verzweifelten Missverständnisses des Lebens, das glaubt, in unmittelbarer Weise glücklich werden zu können, und das doch durch den Ausfall an Innerlichkeit sich selber dazu verurteilt, auf immer »unglücklich«, das heißt ungeliebt, weil menschlich unwert zu bleiben.[60]

Ganz anders das »Aschenputtel«. Gefragt von seinem Vater, äußert es einen sehr sonderbaren Wunsch, der im Kontrast zu den Wünschen seiner (Stief-)Schwestern wie ein Muster an Bescheidenheit wirken muss; wir sehen aber, dass der eigentliche Gegensatz hier nicht in der Höhe oder in dem Umfang der jeweiligen Wünsche, sondern in deren Eigenart besteht: Der wesentliche Unterschied zwischen den (Stief-) Schwestern und dem »Aschenputtel« liegt in dem Widerspruch von Äußerlichkeit und Innerlichkeit, von Ästhetik und Ethik, von »Vergnügen« und »Verantwortung«, von Verflechtung in die Umstände und Verpflichtung gegenüber den Umständen. Schon jetzt zeigt sich, was das »Aschenputtel« in der Schule des Lebens gelernt hat; doch können noch viele Jahre vergehen, um aus der Vergangenheit seines Leidens die Zukunft seines Glücks zu formen. Der erste Schritt dahin aber liegt in dem merkwürdigen Wunsch, den es jetzt an den Abschied seines Vaters richtet: »Das erste Reis, das Euch auf Eurem Heimweg an den Hut stößt.«

Ein wenig unvoreingenommener gegenüber den »Stiefschwestern«, ließe sich der Unterschied zwischen ihren Wünschen und denen des »Aschenputtels« als weitgehend altersbedingt erklären: Nehmen wir an, dass die älteren Stiefschwestern bereits in den »Jahren des Aufblühens« stehen (»Pubertät« ist ein Ausdruck, den jedes Mädchen und jede Frau ganz zu Recht als unerträgliches Medizinerdeutsch ablehnen wird), so dürfen wir ihr (neu erwachtes) Interesse an Schmuck und schönen Kleidern, mithin ihren Wunsch, die eigene mädchenhafte Schönheit und beginnende Fraulichkeit zu entdecken und zum Ausdruck zu bringen, für etwas ganz Normales halten; erst in den Augen des allzu »bescheidenen« »Aschenputtels« erscheint hier etwas Überwertiges, Maßloses, Arrogantes, das wie von selbst seiner wohlverdienten Strafe harrt. Von dem »Aschenputtel« hingegen wird man sagen müssen, dass seine Phase der Losösung von dem Vater entschieden früher liegt; offenbar steht es erst am Beginn der »Latenzzeit« in der Sprache der Psychoanalyse – am Beginn des ersten großen Aufbruchs zu einer selbständigen Persönlichkeit, können wir auch sagen;[61] denn was in dieser Zeit zwischen dem 5. und 6. Lebensjahr erlebt wird, fasst nicht nur die bisherige kindliche Entwicklung auf einer neuen Stufe der Selbstorganisation der Psyche zusammen, es bilden sich in dieser Zeit insbesondere auch all die Überzeugungen und sittlichen Ideale heraus, die das ganze weitere Leben mitbestimmen und mitgestalten werden, sofern sie nicht durch neue prägende Erlebnisse noch einmal verändert werden. Worum also geht es bei »Aschenputtels« Wunsch an den Vater?

Eines ist von vornherein klar: Ein derart spezieller, eine ganz bestimmte Situation voraussetzender Wunschinhalt stellt in sich selber das Produkt einer komplexen symbolischen Verdichtung dar, die man – probeweise – zunächst von ihren einzelnen Elementen her untersuchen kann und muss; schon bei einem solchen – an sich ungenügenden – Verfahren vermag man zu einer ganzen Reihe brauchbarer und überraschender Annäherungswerte zu gelangen.

Beeindruckend ist als erstes schon das Bild des reitenden Vaters selbst. Die Vorstellung von dem Vater hoch zu Roß weist diesen Mann in der Sicht seiner Tochter ohne Zweifel als eine immer noch machtvolle Persönlichkeit aus, in der sich Es und Über-Ich, Triebenergie und leitende Vernunft zu einer Einheit verbinden; es deuten sich in dieser Vorstellung aber auch eine Reihe sexueller Motive an, die in überraschende Zusammenhänge hineinführen.

In seiner »Traumdeutung« hat SIGMUND FREUD einmal eine vergleichbare Erinnerung an einen Traum Bismarcks analysiert, wie dieser »auf einem schmalen Alpenpfad ritt, rechts Abgrund, links Felsen«, und mit einer »Gerte in der linken Hand gegen die glatte Felswand« schlug, um sich einen Ausweg zu öffnen; »die Gerte wurde unendlich lang, die Felswand stürzte wie eine Kulisse und eröffnete einen breiten Weg...«[62] Die Reitgerte, die in der Hand des Reiters unendlich lang wird, war für FREUD selbstredend ein phallisches Symbol, das er im Sinne einer kindlichen Onaniephantasie deutete. Auch das Haselreis des Aschenputtelwunsches lässt sich ganz gewiss so verstehen, und selbst der väterliche »Hut« (das erhobene Mittelstück mit den Seitenrändern) kann für das männliche Genitale stehen[63] – im Deutschen bringt die Redewendung: »eine Frau unter die Haube bringen«, diese Bedeutung sogar sprichwörtlich zum Ausdruck. »Stock« und »Hut« sowie das Bild des reitenden Vaters lassen sich demnach allesamt als der (ödipale) Wunsch der erwachenden Sexualität des Mädchens verstehen. Was das »Aschenputtel« von seinem Vater begehrt, besteht mithin in dem Wunsch, von ihm geliebt zu werden; es ist ein sehr verschwiegener, nur zeichenhaft angedeuteter Wunsch, der im Bild darstellt, was in der Wirklichkeit bislang so sehr verweigert wurde.

Bestärkt werden wir in einer solchen Auffassung des Textes vor allem, wenn wir sehen, wie das »Aschenputtel« das Geschenk seines Vaters sorgsam nimmt und auf dem Grab seiner Mutter anpflanzt. Die Vaterbeziehung wird hier, deutlich genug, aufgelöst, indem sie auf die irdisch gestorbene, doch im Himmel lebende Mutter rückbezogen wird. Zur Mutter im Grab werden all diejenigen Gefühle zurückgetragen, die ursprünglich dem Vater gegolten hätten. Die Tatsache einer solchen stark regressiven Haltung des »Aschenputtels« wird uns nicht mehr wundern, wenn wir bedenken, dass in »Aschenputtels« Leben von Anfang an eine wirklich haltgebende Bindung an den Vater nicht zustande kommen konnte; es mag aber noch eine andere Ursache hier eine Rolle spielen, die in dem »phallischen« Symbol des Haselreises anklingt.

Wir haben die Aschenputtel-Mentalität anhand des Grimm'schen Märchens bisher ganz und gar aus den Ängsten und Schuldgefühlen eines Kindes gegenüber seiner »sterbenden«, vom Tod bedrohten Mutter abgeleitet und dabei zu zeigen versucht, wie ein entsprechendes Grundgefühl sich in die Ambivalenzen des Vaterbildes und die Konflikte der Geschwisterrivalität fortsetzen muss. Das so entwickelte Schema dürfte bereits verständlich machen, warum ein »Aschenputtel« sich zwar sehr nach einem »Vater« sehnt, warum es aber dem wirklichen Vater eher mit Scheu und Angst begegnet. All diese Gefühle aber werden spätestens vom 5. Lebensjahr an eine zusätzliche Dramatik durch das Erleben der Sexualität erfahren. Der Vater müsste seine Tochter liebhaben – das war all die Zeit über der innigste Wunsch des »Aschenputtels«; wenn er es nicht tut, so ließ sich das bisher als die »einfache« Ablehnung vonseiten eines ohnedies schon überforderten Mannes erklären. Jetzt aber, bei Eintritt in die ödipale Phase der kindlichen Entwicklung, wird das gesamte Verhältnis von Sehnsucht und Zurückweisung sexualisiert und kann dadurch eine neue Deutung erlangen. »Der Vater müsste mich liebhaben« – daraus kann jetzt die Gewissheit werden, dass der Vater seine Tochter eigentlich doch liebt und sie »nur« deshalb zurückstößt, um sie nicht sexuell zu begehren. Insbesondere wenn der Vater seine Tochter schlägt, so kann das im

Erleben des Mädchens daran liegen, dass er sich seiner eigenen sexuellen Wünsche nach Zärtlichkeit gegenüber der Tochter erwehren muss:[64] Er prügelt auf die Tochter ein, um sie nicht lieben zu müssen; das heißt: Er schlägt sie, weil er sie eigentlich liebt, und die »Strafe«, welche das Mädchen erdulden muss, gilt im Grunde dem verführerischen Anblick seiner Schönheit. War »Aschenputtel« bisher schon schuldig durch die bloße Tatsache seines Daseins, so wird es jetzt bei dem ersten Erleben genitaler Sexualität zusätzlich dafür schuldig, so zu sein, wie es ist: ein schönes Mädchen. Dasselbe väterliche Organ, das als Symbol der Liebe ersehnt werden konnte, gewinnt somit den Charakter eines Straforgans;[65] beides in eins aber umfasst die Symbolisierung des »Haselreises« als »Stock« oder »Rute«. Was ursprünglich in Liebe erwünscht wurde, erhält jetzt einen züchtigenden, strafenden Aspekt. Statt die Liebe des Vaters (beziehungsweise eines Mannes überhaupt) noch länger zu wünschen, gilt es fortan, sie angstvoll zu fliehen und in die sexuell unschuldige Beziehung zur Mutter zurückzutragen. Oftmals, wenn man Frauen von der Art eines »Aschenputtels« zuhört, ist es erstaunlich, wie ausgedehnt Phantasien oder Erinnerungen dieser Art sich in ihrem Leben ausgestalten. Manche Frauen sind geneigt, die sexuelle Beziehung zwischen Mann und Frau überhaupt in der Weise einer sadistischen Schlagephantasie zu assoziieren; andere wiederum wissen sich an Erlebnisse zu erinnern, die ihnen die männliche Sexualität in der Tat als etwas Bedrohliches und Ungeheuerliches erscheinen ließen. Die »überlastete«, »sterbende« Mutter – das kann nicht selten auch bedeuten, dass eine Frau nicht mehr über die Vitalität verfügt, mit ihrem Manne ehelich zusammenzuleben, und es eher als das kleinere Übel ansieht, wenn in den Hohlraum ihres eigenen Liebeslebens »irgendwie« die Tochter einrückt.[66] Ein »Aschenputtel« aber, wie wir es uns denken, wird sich in dieser Situation als dreifach hilflos erfahren: Einerseits hat es nie die Erlaubnis erfahren, fremden Wünschen gegenüber sich zu verschließen und ihnen ein klares Nein entgegenzusetzen – wie also sollte es jetzt plötzlich dazu imstande sein? Zum anderen sehnt es sich wirklich sehr nach der Liebe seines Vaters. Nur allzu deutlich spürt es womöglich, dass der Vater es seiner Schönheit wegen vielleicht doch liebhaben könnte, und es liegt eine entsprechend starke Versuchung darin, auf diesem Wege eventuell doch die väterliche Liebe zu erringen. Schließlich wird schon der Kontrast zwischen der frommen Prüderie der »guten« Mutter und der normalen Vitalität des »reichen« Vaters für allerlei Verwirrungen gut sein: Was für ihn ein zärtlicher Klaps oder ein bübischer Witz ist, kann in der Sicht eines streng erzogenen Mädchens sich ausnehmen wie ein Abgrund an Verworfenheit.

Wenn ein Mädchen in dieser Notlage noch einen Ausweg finden will, so wird er zumeist darin bestehen, die eigene Schönheit entgegen dem eigenen Wunsch zu verleugnen und ihr somit die Gefährlichkeit zu nehmen. Zu der Psychologie eines »Aschenputtels« scheint dieses Moment der Verleugnung der eigenen Schönheit unbedingt zu gehören. Viele Jahre ihres Lebens können gerade auffallend schöne Frauen damit zubringen, jeden offenen Blick in den Spiegel zu meiden, wegzuhungern oder wegzudrücken, was sie als allzu weiblich erscheinen lassen könnte, und im Ganzen so ähnlich zu handeln wie das »Aschenputtel« des Grimm'schen Märchens: mit Ruß und Asche das Gesicht zu entstellen, nur damit niemand (wie ursprünglich der eigene Vater oder dessen Ersatzgestalt) durch die erblühende Schönheit der eigenen Weiblichkeit in »Versuchung« geführt werden könnte. Beim Einmarsch der Roten Armee in Ostpreußen und Schlesien 1944/45 zum Beispiel bestreuten viele Frauen aus Angst, vergewaltigt zu werden, ihr Gesicht mit Asche und zogen sich die häßlichsten Kleider an; für ein »Aschenputtel« bildet diese Angst vor der männlichen Sexualität offenbar eine Mitgift aus Kindertagen. Es fürchtet das Leben, es fürchtet die Liebe, es fürchtet um sich selber, es fürchtet sich vor sich selber, es hat Angst um die Mutter, es hat Angst vor dem Vater – es kann nur immer wieder zurückfliehen zum Grab als dem Lebensraum seiner Kindheit.

Doch gerade indem das »Aschenputtel« den Haselzweig des Vaters am Grab der Mutter anpflanzt, arrangiert es objektiv eine Szene, die ihrerseits noch einmal die ursprüngliche Familiensituation erhellt: Der Wunsch des »Aschenputtels« gilt nicht einfach dem Vater, sondern dient letztlich dem Bemühen, es möchten der Vater und die (gute) Mutter doch (wieder) zusammenkommen! Gewiss, der Wunsch jetzt ergibt sich auch aus der Ablösung des Mädchens von seinem Vater, er drückt den Verzicht aus, den das heranwachsende Kind gegenüber seinen ursprünglichen Impulsen zu leisten hat, und er orientiert sich zudem an der Tatsache des Todes der Mutter; gleichwohl dürfen wir annehmen, dass sich darin auch etwas von dem anfänglichen Bestreben des Kindes widerspiegelt, mit all seinen eigenen Wünschen im Leben zurückzutreten, wenn nur Vater und Mutter dadurch in der rechten Weise zueinander fänden und vor allem: wenn dadurch der Tod der Mutter verhindert werden könnte! Die »Bescheidenheit« des »Aschenputtels« zeigt sich unter diesen Umständen als ein mehrfach determiniertes Gebilde aus Ängsten, Schuldgefühlen und Widersprüchen vielfältiger Art, die ihren Grund allesamt in den Gegensätzen zwischen dem »reichen« Vater und der »sterbenden« Mutter haben und die ihren Ausweg in einer extremen Form von Selbstverzicht und Selbstunterdrückung suchen.

Wo denn, das muss man sich fragen, bleibt bei all dem das »Aschenputtel« selbst mit seinen eigenen Lebensansprüchen? Ein »Aschenputtel« zu sein, das bedeutet nach dem Gesagten, überhaupt erst leben zu dürfen, wenn durch das Opfer des eigenen Ichs die Konflikte der Eltern zumindest in der Vorstellung des Kindes einigermaßen überbrückt worden sind. Doch ein Kind, das so leben muss, wird in seiner demonstrierten Haltung des »Aschendaseins« bei aller Selbsterniedrigung auch so etwas wie einen gewissen Protest anklingen lassen.

Bei der Analyse der Wünsche des »Aschenputtels« an seinen Vater sind wir bislang wesentlich bei einer objektalen Deutung der einzelnen Symbole stehengeblieben. Schauen wir uns indessen das gesamte Bild des Aschenputtel-Wunsches einmal näher an, so werden wir bald merken, wieviel auch an verzweifeltem Vorwurf sich in den Worten des Kindes ausspricht.

Am merkwürdigsten an »Aschenputtels« Wunsch erscheinen zweifellos die drei Bedingungen, die es an den »richtigen« Zweig stellt, den der Vater ihm von der Reise mitbringen soll: Es muss das erste Reis sein, das ihm auf dem Heimweg an den Hut stößt; dieses Reis soll er für die Tochter abbrechen; und tatsächlich: Als er »durch einen grünen Busch« reitet, streift ein Haselreis ihm den Hut ab, und er nimmt den abgebrochenen Zweig mit nach Haus. Welch ein sonderbarer Wunsch! Könnte nicht »Aschenputtel«, wenn ihm in äußerem Sinne an einem Haselzweig gelegen wäre, an dem nächstbesten Waldweg selber sich holen, was es will? Warum dieser Wunsch an den Vater? Abwegig ist zusätzlich auch der Gedanke, dass das Kind ein einzelnes Reiseereignis wie die Begegnung des Vaters mit dem Haselzweig hätte vorausahnen können oder wollen. Alles aber fügt sich recht gut zusammen unter der Annahme, dass »Aschenputtel« in seinem »Wunsch« an den Vater nicht eigentlich etwas Neues bekommen, sondern etwas sehr Altes ausdrücken möchte; wir müssen, um den Inhalt der vorgestellten Szene zu verstehen, den Haselzweig, der dem Vater an den Hut stößt, nur einmal subjektal als ein Bild für die Situation des »Aschenputtels« selber verstehen.

»Brich Du«, scheint der »Wunsch« des »Aschenputtels« dann zu besagen, »nur den Zweig ab, der dir bei der Rückkehr nach Hause den Hut vom Kopfe stößt! Denn genau das hast du all die Zeit über mit mir längst schon getan. Ich wuchs auf wie ein Reis, das dir nur hinderlich im Weg stand, das dir ein ›Anstoß‹ war, wenn du nach Hause kamst, und dass du abgebrochen und entwurzelt hast, weil seine Existenz dir ganz wörtlich ›über die Hutschnur ging‹. Was ich mir von dir wünsche, ist eigentlich nur, dass du selber begreifst, nicht was du für mich tun sollst, sondern was du mit mir längst schon gemacht hast. Von dir wünsche ich mir gar nichts mehr; wann denn wärest du jemals mein Vater gewesen? Alles, was ich bin, mein ganzes Dasein, ist längst schon wie ein abgebrochener Haselzweig in deinen Händen. Doch ich möchte nicht länger mehr hoffen und warten auf deine nie zu erreichende Liebe; ich möchte mich selber, mein abgebrochenes Leben, aus deiner Hand endgültig lösen und mich dort anpflanzen, wo ich mein Leben lang weit mehr zu Hause war als bei dir: am Grab meiner Mutter. Wenn mein Leben je noch eine Chance für die Zukunft behalten sollte, dann in der Erinnerung an ihre Liebe.«

Eine solche »subjektale« Deutung der Szene steht nicht in Widerspruch zu der eben genannten »objektalen« Interpretation der Stelle; sie zeigt uns lediglich den Sinn dessen, was mit der Ablösung von seinem Vater sich für ein »Aschenputtel« erlebnismäßig verbindet: Wir lernen auf diese Weise den verhaltenen Protest kennen, der in »Aschenputtels« »Bescheidenheit« steckt: »Wenn du mir die Liebe eines Vaters schon nicht zu schenken vermagst«, besagt dieser so demütig klingende Wunsch, »so brauchst du mir gar nichts zu schenken außer einem solchen Sinnbild für die Wirklichkeit unserer Beziehung beziehungsweise für die Wahrheit unserer Nicht-Beziehung. Du bist nicht länger mehr mein Vater, und ich bin nicht länger mehr deine Tochter; sondern alles, was ich bei dir war und werden musste, trage ich hinüber zu der Erinnerungsstätte meiner Mutter. Dort werde ich leben. Dort werde ich blühen. Dort wird etwas Großes aus mir werden.« Bescheidenheit mischt sich hier mit einem gewissen Stolz, der den eigenen Anspruch ans Leben zum ersten Mal ahnt und der beweist, welch enorme Erwartungen aufgrund der eigenen Überverantwortung ebenso wie der reaktiven Sehnsucht nach einer stets vermissten Liebe seitens des Vaters gerade in einem »Aschenputtel« schlummern. Ein verborgenes »Königtum« bereitet sich hier vor, das niemand von den Umstehenden jemals für möglich halten würde und dessen »Wurzeln« doch gerade jetzt gelegt werden.

Schaut man sich an, wie »Aschenputtel« des Weiteren seine Kindheit verbringt, so ist sie nach wie vor geprägt von Einsamkeit und Trauer. Nie würde der »Haselzweig« auf dem mütterlichen Grab zu wachsen beginnen ohne die Tränen des Kindes. Die Schwermut und der Schmerz, der äußere Verzicht und die innere Isolation bilden die Voraussetzungen dafür, dass der abgebrochene Zweig sich überhaupt erst zu »Aschenputtels« »Wunschbaum« auswachsen kann. Inmitten einer Welt der vollständigen Entbehrung lernt »Aschenputtel«, indem es Tag für Tag dreimal zum Grab der Mutter geht, wie sehr Traurigkeit und Frömmigkeit, Weinen und Beten in seinem Leben ein und dasselbe sind. Auf alle Wünsche des äußeren Besitzens hat es Verzicht getan; doch für all seine Opfer erfährt es eine »Belohnung« in der Gestalt des weißen Vogels, der sich in dem Haselbaum niederlässt und der dem Kinde vom Himmel herabwirft, was immer es sich wünscht. Der »Vogel« ist seit alters her ein Symbol der menschlichen Seele,[67] der »weiße« Vogel aber wird als ein Bild der seelischen Unschuld und Gewissensreinheit zu verstehen sein, er ist wie eine Himmelsbotschaft, welche die Mutter auf das Mädchen herabsendet. Ein gutes Kind zu sein, das in all seiner Trauer ganz bestimmt niemandem etwas Böses tut, das, immerhin also, ist die Prämie des Aschenputtel-Daseins und der Inbegriff all seiner Wünsche im Bannkreis der Mutter – andere kennt es nicht (mehr).

Will man ein solches Leben sich konkret vorstellen, so wird man an das Los eines Kindes denken müssen, das, ganz wie es das Märchen erzählt, sehr früh schon alle nur möglichen Arbeiten zu Hause verrichten muss, und zwar wie selbstverständlich, ohne je eine Anerkennung dafür zu erhalten. Ein solches Mädchen muss im Gegenteil stets in der Furcht leben, Schimpfe zu ernten für seine Bemühungen und aus scheinbar nichtigen Gründen zurückgewiesen und abgelehnt zu werden. Eigentlich wird ein Kind unter solchen Umständen wirkliche Schuldgefühle entwickeln – es gibt ja niemals etwas, für das es sich schuldig fühlen müsste; es lebt nur einer ständigen Angst vor der ihm unverständlichen Grobheit und Rücksichtslosigkeit der anderen, der es doch mit all seinem guten Willen nicht wird ausweichen können. Ein »Aschenputtel« wird mithin in jedem Konfliktfall geneigt sein, sich nach dem Willen der anderen zu richten; es wird jede Art von Misshandlung als das gute Recht der anderen zu akzeptieren und zu verstehen suchen; und nur irgendwo, tief versteckt in seinem Inneren, wird es um den weißen Vogel auf dem Haselbäumchen am Grab seiner Mutter wissen, der ihm sagt, dass es zumindest sich selber nichts vorzuwerfen braucht. Mögen die anderen es auch für »dumm«, »schmutzig« und »unansehnlich« halten, es wird doch versuchen, den anderen so dienstbar und nützlich zu sein, dass ihm ein gewisses Geschick dabei nicht abzusprechen ist. Das Allerwichtigste aber: Es meint alle Dinge so gut! Wer es wirklich kennen würde, der könnte es nimmermehr verstoßen. Diese Hoffnung wird es umgeben wie ein unsichtbarer mütterlicher Schutz und gerade seinem Leben Zukunft schenken.

3. Die Hochzeit des Königssohnes

Viele Jahre werden so ins Land gegangen sein – gerade wohl so viele, wie ein etwa sechsjähriges Kind braucht, um sich zu einem liebeerwachten, hochzeitträumenden Mädchen zu entfalten. Da begab es sich, erzählt das Märchen, »dass der König ein Fest anstellte, das drei Tage dauern sollte und wozu alle schönen Jungfrauen im Lande eingeladen wurden, damit sich sein Sohn eine Braut aussuchen möchte«. Die Selbstverständlichkeit, mit der das Motiv der Königshochzeit hier auftaucht, muss jeden Kulturgeschichtler erstaunen. Wann je hätten an den Höfen Europas die Landesherren auf solche Art Hochzeit gehalten? Sie nahmen mit Vorliebe das »Recht der ersten Brautnacht« wahr, indem sie selber, die Wohlgeübten, die Herrschafts- und Liebeerfahrenen, für einen Abend in die frohe Rolle des Ehemannes schlüpften, den sie zum Hahnrei machten früher noch, als dieser sein »Weib« »ehelichen« durfte; doch damit hatte die Sache auch ihr Bewenden.[68] Die Ehe einer »Bürgerlichen« zu versprechen – das war aus Standesgründen schon unmöglich. Man durfte überall im Lande Kinder zeugen, schon um dem Volk des Herrschers Rüstigkeit zu zeigen; die Ehe selber aber war ein derart heilig Gut, dass man sie für die höheren Zwecke höfischer Diplomatie reserviert hielt. Nicht nach Gründen der Liebe, sondern nach Gründen der politischen Vernunft pflegten die Könige Europas ihren Söhnen die Hochzeit auszurichten; alle romantischen Gefühle dabei mochten querfeldein sich ausbreiten, wie sie wollten, sie hatten gerade ihrer unberechenbaren Willkür wegen mit der Heiratslogik königlicher Machtausdehnung und Machtsicherung nicht viel zu tun.[69] Noch heute etwa gilt es den Briten als ein Jahrhundertereignis, dass im Jahre 1936 der englische König Edward VIII. nach elfmonatiger Regierung auf die Krone verzichtete aus Liebe zu der geschiedenen Amerikanerin Wallis Simpson, die er als Herzog von Windsor heiratete. Erst nachdem die demokratische Gesinnung so weit Einzug gehalten hatte, dass die verbliebenen Reste europäischer Königshäuser zu bloßem politischem Dekor entwertet worden waren, gewannen auch die Könige Europas das bürgerliche Recht der »Liebesheirat« mit den »Töchtern« des Landes.

Hält man indessen Ausschau nach einer politischen Kultur, in welcher eine Heirat nach »Aschenputtels« Vorbild denkbar wäre, so findet man sie seit biblischen Zeiten im (Alten) Orient. Schon der Prophet Samuel warnt in 1 Sam 8,13 die Israeliten vor der Einführung des »heidnischen« Königtums mit der durchaus berechtigten Horrorvision, wie die künftigen Machthaber im Königsrang den einfachen Leuten die Töchter rauben und als billige Arbeitssklavinnen in ihren Harem entführen würden.[70] Ja, der Psalm 45 besingt nach seinem üblichen Lobpreis auf den König als einen Helden des gerechten Krieges[71] ausführlich, wie man ein Mädchen moralisch auf eine echte Prinzen-Hochzeit vorbereitet: »Höre, meine Tochter«, heißt es dort, »und sieh und neige dein Ohr: Vergiss dein Volk und das Haus deines Vaters! Und verlangt den König nach deiner Schönheit – er ist ja dein Herr –, so neige dich ihm... Lauter Pracht ist die Königstochter... In gestickten Gewändern wird sie zum König geführt, Jungfrauen sind ihr Geleite, ihre Gespielinnen führen sie hin... An deiner Väter Statt treten einst deine Söhne« (Ps 45,11–17).[72]

Verse dieser Art offenbar sind es, in denen ein »Aschenputtel« sich seine große Liebe als ein königliches Festereignis erträumt. Zu lernen gilt es an dieser Stelle indessen vor allem, dass man zum Verständnis eines Märchens weit weniger der Kulturgeschichte als vielmehr der Psychologie bedarf: Nicht als ein Niederschlag bestimmter historischer Erinnerungen an die geschichtliche Institution des Königtums sind die »Könige« der Märchen und ihre Hochzeiten zu verstehen, sondern als ein Ausdruck bestimmter Sehnsüchte gewisser Gemüter zu allen Zeiten und an allen Orten quer durch die Geschichte.

Um welche Gefühle es sich dabei freilich handelt, kann man überraschend gut nachfühlen, wenn man zum Beispiel sieht, wie der Psalm 45 noch heute in der Gelöbnisfeier von Ordensschwestern in der katholischen Kirche verwandt wird: Am Tag, da sie Christus, dem himmlischen Bräutigam, ewige Liebe geloben, müssen sie die Worte dieses altorientalischen Haremspsalms beten. Es ist ein Text, der psychologisch als das Dokument einer einzigartigen ödipalen Überhöhung der Liebe im Erleben dieser »Bräute des Herrn« verstanden werden muss: Da genügt es nicht, sich den Geliebten als einen machtvollen König nach väterlichem Vorbild zu erträumen, es gehört vielmehr zu Phantasien dieser Art eine metaphysische Steigerung ins Überirdische, Himmlische, indem der Vatergeliebte, der König, zugleich als Gott selber verherrlicht – und entsinnlicht wird. Die Frauen, denen solche Gedanken von der Kirche als fromme Anmutungen vorgelegt werden, folgen selber als »Bräute Christi« dem Beispiel der Mutter Gottes, die nach theologischer Ansicht ihren Sohn zwar nicht ehelichte, wohl aber als »immerwährende Jungfrau« ihr ganzes Leben in »ungeteilter Liebe« Gott und ihrem beziehungsweise seinem Sohn »zur Verfügung stellte«: jede Ordensfrau übernimmt mit der Professfeier deshalb ausdrücklich den Namen der Madonna: Maria.[73]

Aus Gedanken dieser Art werden sich wohl auch die »frommen« und »guten« Phantasien der Liebe im Leben eines »Aschenputtels« zunächst zusammensetzen. Für wie viele Ordensschwestern zum Beispiel kann das Bild des »Aschenputtels« nicht als die beste Wiedergabe ihrer gesamten Kindheit und Jugendzeit gelten! Ein einfaches, »normales« Glück war ihnen niemals vergönnt; um auch nur geduldet zu werden, hatten sie sich möglichst dienstbar und nützlich zu machen; »beten und arbeiten« – diese benediktinische Formel des Klosterlebens umschreibt treffend ein Leben, das ausschließlich gekennzeichnet ist durch die charakteristischen Aschenputtel-Begriffe »fromm« und »gut«.[74] Alle Gefühle der Liebe, wenn irgend denn sie sich regen sollten, gehören deshalb als erstes Gott selber, in dessen Bild, wie wir schon sahen, die Idealgestalt der verstorbenen Mutter sich mischt mit dem Kontrastbild der Sehnsucht nach dem über alles vermissten Vater. Innerhalb eines solchen Lebens aus Pflicht, Opfer und »Hingabe« kann die »irdische« Form der Liebe zwischen Mann und Frau allenfalls als ein Verhältnis »königlicher« Überwältigung beziehungsweise als ein Akt gehorsamer Unterwerfung zum Zwecke der Zeugung von Kindern erscheinen. Dasselbe »nonnenhafte« Ritual psychischer Prägung aber müssen auch viele Mädchen durchleiden, die uns später als »normale« Ehefrauen begegnen: sie haben ihre Ehe nahezu klösterlich führen müssen. Nur: Wie lässt sich der Traum eines »Aschenputtels« von der Hochzeit des Königs buchstäblich vom Himmel auf die Erde holen? Das ist jetzt die Frage.

a) Die Taubenfrau in der Asche

Die »Erde« – das kann im Leben eines heranwachsenden »Aschenputtels« in unseren Tagen zum Beispiel die Schule sein – ein Erfahrungsraum, der zur Zeit der Grimm'schen Märchen, lange vor Einführung der allgemeinen Schulpflicht, so zwar noch nicht bestand, der für die Biographie heutiger Aschenputtel-Kinder aber äußerst wichtig ist. »Ich fühlte unter den anderen Kindern mich stets wie der letzte Dreck«, gab eine Frau die entsprechenden Erinnerungen an ihre Schulzeit wieder; »alle anderen kamen mir stets ordentlicher, klüger und besser gebildet vor. Dabei achtete meine Mutter stets darauf, dass ich sauber gekleidet war – die Haare straff frisiert, die Hände gewaschen, die Schuhe geputzt – niemand sollte über uns etwas Schlechtes sagen können. Nur ich selber empfand mich als ganz ›unmöglich‹. Ich wagte kaum, den Mund aufzumachen, und wenn der Lehrer mich fragte, bekam ich stets einen solchen Schrecken, dass ich kaum noch etwas sagen konnte oder nur so langsam und stockend sprach, dass die anderen ungeduldig wurden und mich auslachten. Ich wusste eigentlich nie, ob das, was ich sagte, gut oder dumm war; oft saß ich nur in der Bank und betete im Stillen, dass ich nicht aufgerufen würde und die Schulstunde bald vorüber sein möchte. Doch auch in den Pausen erging es mir nicht viel besser. Überall bestanden feste Gruppen von Freundinnen und Spielkameradinnen, während ich mich stets sehr allein fühlte – ich kam schon um vor Dankbarkeit, wenn die anderen mich auch nur duldeten. Um ihnen nicht als zu tollpatschig zu erscheinen, übertrieb ich es beim Fangenspielen oder beim Völkerballspiel oft, und wenn ich dann einmal hinfiel und mit zerrissenem Kleid oder aufgeschlagenen Knien nach Hause kam, schimpfte meine Mutter mit mir. Irgendwie war ich gar nicht fähig, in Ruhe bei mir selber und bei den anderen zu sein.«

So in etwa wird man sich das Verhalten eines »Aschenputtels« auf dem Hintergrund seiner Familiensituation jetzt erweitert als sein Sozialverhalten vorzustellen haben; stets wird ein »Aschenputtel« sich als ein Kind der letzten Bank empfinden, aufs äußerste dabei bemüht, hellwache Augen dafür zu entwickeln, was andere von ihm mögen könnten, um selber gemocht zu werden. Und doch entsteht gerade deshalb, in Analogie zu dem Wechselspiel von Nichtakzeptiertheit und Liebessehnsucht in den Tagen der Kindheit, jetzt, in der Reifezeit, vor dem Hintergrund schwerer Gefühle der Selbstablehnung und der Minderwertigkeit ein um so größeres Verlangen, von einem überlegenen, verständigen und verständnisvollen Mann, der den fehlenden eigenen Vater ersetzen könnte, von Grund auf geliebt und umfangen zu werden. Bei einem Mädchen, in dessen Erziehung dabei die »Frömmigkeit« besonders bevorzugt wird, könnte als Gegenüber eines solchen Wunsches als Erster zum Beispiel der Priester des Ortes oder auch einer der Lehrer in Frage kommen; – es genügt, dass da ein Mann ist, der von Alter und Erscheinung her entsprechend den Idealvorstellungen des heranwachsenden Mädchens ein gewisses »königliches« Format besitzt, um die entsprechenden Phantasien eines »Aschenputtels« auf sich zu lenken.

Dabei wäre es ein schwerer Fehler, die scheinbare Irrealität sowie den offenbar kompensatorischen Charakter derartiger Sehnsüchte für ein Argument zu halten, um derlei »typische Teenie-Träumereien« als lächerliche Schwärmereien abzuqualifizieren. Es handelt sich im Gegenteil um den wohl einzigen noch verbleibenden Zugangsweg eines »Aschenputtels« in das »Königreich« der Liebe. Über subjektiv überzeugende Gründe zur Rechtfertigung seiner hochgespannten sehnsüchtigen Hoffnungen verfügt das »Aschenputtel« dabei allemal: Hat es nicht seit eh und je gelernt, ein Übermaß an Verantwortung für andere zu übernehmen? Irgendwo weiß ein »Aschenputtel« schon, was es anderen bedeuten könnte, wenn es nur jemand in der Gutwilligkeit seines Wesens wirklich (an)erkennen würde; doch wer könnte das sein? Die gleichaltrigen Mädchen oder Jungen sind dazu nicht imstande, das versteht sich von selbst; aber auch ältere weibliche Personen kommen dazu kaum infrage – zu sehr steht einer solchen Erwartung die Erfahrung mit der eigenen »Stiefmutter« und den »Stiefschwestern« im Wege; es bleibt also nur die Hoffnung auf die Liebe eines älteren Mannes. Wenn es gelingen könnte, sich dem heimlich Geliebten nur irgend als hilfreich oder gar als unersetzlich zu erweisen!

Manch ein »frommes« und »gutes« »Aschenputtel« wird man in dieser Zeit seiner ersten Jugendliebe verständlicherweise als die »Seele« der Jugendarbeit einer Pfarrei wiederfinden oder als ein unermüdliches Mitglied schulischer Sing- und Spielkreise oder auch nur als ein stummes Mauerblümchen, das in Französisch oder in Chemie zur Überraschung aller in der Klasse plötzlich lernt und lernt, um die Gunst seines Fachlehrers zu erringen.

Man lasse sich aber durch den Augenschein nicht allzusehr täuschen: Selbst wenn ein »Aschenputtel« es eines Tages wirklich zur Klassenbesten in Französisch bringen sollte, oder wenn es aufsteigt zur Rolle einer allseits beliebten Jugendgruppenleiterin, so wird in ihm selbst doch das alte Gefühl der Selbstverachtung und der Minderwertigkeit ungehemmt weiternagen. Alles, was es tut, dient ja keinesfalls der Besserstellung des eigenen Selbstwertes, sondern es wird sozusagen als Opfer und Vorleistung jener »königlich« richtenden Instanz überantwortet werden, von deren Urteil künftig alles Heil und alle Seligkeit oder eben alles Unheil und alle Pein erhofft beziehungsweise gefürchtet wird.

Wirklich ist unter diesen Umständen das »Aschenputtel« eine »Königin im Staube«, und es ist vor allem religionspsychologisch von erheblicher Bedeutung, dieses »Magnificat«-Motiv jetzt, in der Übergangsform seiner Jugendgestalt, möglichst genau zu erfassen, um seine erlebnismäßigen Voraussetzungen zu verstehen: Da ist ein Mädchen, das subjektiv sehr wohl weiß, was es an Last und Verantwortung für andere übernimmt, doch hat es in seiner Familie niemals erlebt, dafür Anerkennung zu ernten; sein Wertgefühl, mit anderen Worten, bleibt sein Geheimnis und trägt sich durchs Leben als eine verschwiegene Hoffnung, eines Tages doch noch entdeckt zu werden; dieser andere aber, sein mutmaßlicher Entdecker, entscheidet, ob er will oder nicht, mit seinem Urteil über »Aschenputtels« Wert oder Unwert im Ganzen. Natürlich ist er unter diesen Umständen ein »König«! Das »Aschenputtel« jedoch steht hier in jedem Falle vor einer absoluten Wahl, die es aus seiner Sicht freilich nicht selber treffen kann: Wird es abgelehnt, sinkt es unwiderruflich zurück in den Staub, und zwar schlimmer denn je, da es zumindest das Glück seiner wahren Berufung immerhin doch schon einmal von ferne gespürt hat; wird es hingegen aufgenommen, so wird es selbst eine Königin, und hervortreten wird vor aller Augen die wahre Schönheit seines Wesens. Eins von beidem. So unbedingt und total fühlt und sehnt sich ein »Aschenputtel«: Ja oder Nein; ein Drittes gibt es nicht. Wie diese Entscheidung sich vorbereitet, kann im Einzelnen gewiss sehr unterschiedlich ausfallen; gemeinsam aber im Erleben aller »Aschenputtel«-Mädchen ist unfehlbar ein hohes Maß an Traum und Poesie und an äußerst feinfühliger Sensibilität – einer Fähigkeit, geringfügigste Schwingungen in den Gefühlen eines anderen wahrzunehmen, verbunden stets mit einer sprungbereiten Fluchtbereitschaft bei jeder Andeutung einer möglichen Enttäuschung. Oft im Rückblick auf eine »Aschenputtel«-Jugend wird man erstaunt feststellen, wie weniger Anregungsmittel es bedurft hat, um seinerzeit die lebhaftesten Gedanken an Zärtlichkeit und Liebe zu beflügeln. Das Dorfkino an der Ecke mit seinen obligatorischen Happy-End-Filmen konnte vollauf genügen, die Seele einer Heranwachsenden von gütigen Prinzen und unbesiegbaren Helden träumen zu lassen; die Liebesromane, wir hörten es schon, mit ihren Geschichten über die Romanzen eines Barons mit einem armen Dorfmädchen ließen für fünf Groschen das schier Unmögliche doch trotz allem als eine greifbare Wirklichkeit erscheinen; sie widerlegten zumindest die jederzeit latent vorhandene Neigung, nach rückwärts zu fliehen und am Ende aus lauter Angst vor der Zurückweisung aller Hoffnungen einzig den Tod als wirklich zu nehmen! Denn gerade diese Gefahr droht einem »Aschenputtel« am allermeisten. Kennzeichnend für die Erlebnisweise eines »Aschenputtels« inmitten seiner widerstreitenden Gefühle von Hoffnung und Angst in dem Grimm'schen Märchen sind jetzt vor allem die ständigen Dreinreden der »Stiefmutter« und das Gefühl des Zurückgesetztseins. Ein »Aschenputtel« wird niemals bewusst so etwas erleben wie Eifersucht, Zorn, Protest oder Auflehnung – lange bevor es dergleichen fühlen könnte, wird ihm das kindliche Gefühl sagen, dass es dazu keinerlei Recht besitzt; statt seinen Anspruch auf Glück vor den anderen geltend zu machen, wird es in jedem Konfliktfall in eine tiefe, unstillbare Traurigkeit geraten, die immerhin andeutet, was es ursprünglich einmal gefühlt und gemocht hat. Es wird um so mehr nach außen hin fortfahren, dienstbar und »gut« zu sein wie eine Sklavin, die ihrer ärgsten Konkurrentin noch die »Haare bürstet«, ihr die »Schuhe putzt« und ihre »Schnallen festmacht«; doch im Hintergrund wird es verzweifelt darüber sein, dass allen anderen zustehen soll, was ihm selber stets verwehrt scheint. Inwendig, als Erinnerung an die Grundsituation der

Kindheit, oder auch äußerlich, als reale Reaktion der »Stiefmutter«, bekommt das »Aschenputtel« Stelle um Stelle, da es sich ein wenig mehr ins Leben getrauen möchte, dem Sinn nach gerade diejenigen Worte zu hören, die das Grimm'sche Märchen meisterlich präzis aufführt: »Du, Aschenputtel, … bist voll Staub und Schmutz und willst zur Hochzeit?« »Nein, Aschenputtel, du hast keine Kleider und kannst nicht tanzen, du wirst nur ausgelacht.« Und: »wir müssten uns deiner schämen.«

Es ist die schwere Hypothek der sozialen Armut beziehungsweise der psychischen Armseligkeit, an der jeder Aufbruch im Leben eines »Aschenputtels« zu scheitern droht. Wie könnte auch ein Mädchen hoffen, geliebt zu werden, das so »ungebildet« und »primitiv« ist? Den »Schmutz« der »Asche« könnte man äußerlich leichthin abwaschen; doch was ist zu tun, wenn bereits die Körperform oder die Hautfarbe oder der Dialekt das »Schmutzigsein«, die Herkunft aus »einfachen« Verhältnissen, unübersehbar und unüberhörbar macht? »Du bist voll Staub und Schmutz« – das kann sich beziehen auf alles, was »aus der Gosse« stammt und sich unter den feinen und gebildeten Leuten nicht blicken lassen darf. Ein Blumenmädchen wie Eliza Doolittle zu einer »feinen Dame« zu machen, ist nicht nur ein Problem gesellschaftlicher »Umerziehung«, es ist – anders als bei GEORGE BERNARD SHAW[75] – vor allem ein Problem des wachsenden Selbstwertgefühls. »Du wirst nur ausgelacht« – das ist die Hauptangst eines »Aschenputtels«, wohin immer es kommt, denn: »Du kannst nicht tanzen«. Der »Tanz«, ehe er wirklich auf des »Königs Hochzeit« anhebt, bestünde als Erstes darin, sich so zu drehen und zu wenden, wie es Charme und Eleganz verlangen, und wo sollte ein »Aschenputtel«-Mädchen dergleichen jemals gelernt haben? Was immer es sagen wird – es wird nicht gut genug sein, es wird nicht gebildet genug sein, es wird nicht »wendig« genug sein – schon tuscheln zwei Frauen drüben am Tisch – bestimmt lachen sie schon über die letzte Bemerkung des »Aschenputtels«. Oder der Tischnachbar dreht einen Moment lang sich weg – sicher zieht er sich schon gelangweilt zurück, denn bestimmt hat die Nachbarin ihm etwas Interessanteres mitzuteilen. Am besten also, man sagt überhaupt nichts, man sitzt nur dabei, man lächelt nur still vor sich hin oder nickt freundlich und hört den anderen zu… Doch wozu soll man dann noch an solchen Geselligkeiten, an solchen königlichen »Bällen« teilnehmen? Die im Voraus verlorene Konkurrenz führt immer wieder zu

Resignation, Rückzug und Traurigkeit. Alle anderen erscheinen so klug – sie kennen sich aus in Geschichte und Kunst, sie reden zwei fremde Sprachen, sie kennen so viele Fachausdrücke, sie wissen in allen Dingen der Politik und des Wirtschaftslebens so gut Bescheid – ein »Aschenputtel« hingegen hat nicht die »Höhere Schule« besucht, es hatte nicht die Möglichkeit zu studieren, es musste zurücktreten und Hauswirtschaftslehre lernen, damit die ältere Schwester wenigstens Ärztin werden konnte. Es war und ist durchaus nicht dümmer als die ältere Schwester, nur die Verhältnisse sind ungerecht.

Oder die Fragen des »Anstands« und »Benehmens«! Wie sitzt man in großer Gesellschaft bei Tisch? Was fängt man mit viererlei Besteck an? Bei wieviel Grad serviert man Champagner? Wie unterscheidet man Mosel- und Rheinwein? Ein »schmutziges« »Aschenputtel« wird diese Welt nie ganz verstehen, und man wird ihm beibringen, wie lächerlich es ist, jemals in diese Welt haben aufsteigen zu wollen. Doch in Wahrheit will ein »Aschenputtel« auch gar nicht »aufsteigen« – es möchte nur jemanden finden, der es wirklich liebhat. Aber: Es wird fürchten, sich schämen zu müssen, und selbst wenn es die Scham für sich selber je einmal ablegen sollte, so verbleibt doch stets noch die Angst, als eine »Schande« der Familie betrachtet zu werden. – »Was werden die Leute über uns reden?«, so lautet wohl die häufigste Frage aller Mütter, die von ihren Töchtern als »Stiefmütter« betrachtet werden. Nicht ein eigentliches »Schuldgefühl« im moralischen Sinne, wohl aber die »soziale Angst« vor Achtung und Strafe[76] prägen das Verhalten eines »Aschenputtels«.

Und dann das Äußere, die Kleider! »So kannst du nicht gehen!«, das steht einem »Aschenputtel« von vornherein fest, egal, was es tut. Wollte es sich »unauffällig« und »fromm« im Sinne seiner »verstorbenen Mutter« kleiden, so könnte es schwerlich hoffen, mit den anderen Mädchen Schritt zu halten – es müsste sich schämen, nicht schön genug zu sein; wollte es aber sich »auffällig« kleiden wie die eine oder die andere unter seinen Gefährtinnen, so käme es sich auf andere Weise als »schmutzig« vor, und es müsste sich schämen, »zu schön« zu sein. Was immer es anfängt, es ist verkehrt.

Die gesamte Jugend – und ein großer Teil des Erwachsenenalters! – im Leben eines »Aschenputtels« lässt sich deshalb in dem Bild wiedergeben, das im Folgenden gleich dreimal gestaffelt das Grimm'sche Märchen bestimmen wird: Stets wenn das »Aschenputtel« seinen

Wunsch vorträgt, zu des Königs Hochzeit mitgehen zu dürfen, geht die »Stiefmutter« hin und schüttet ihrer »Stieftochter« »Linsen« (oder »Erbsen«) in die »Asche«, um sie wieder herauslesen zu lassen. Wir haben dieses Bild vorhin schon kennengelernt, um die ängstliche »Erbsenzählerei« und »Grübelei« eines »Aschenputtels« als einen kindlichen Charakterzug zu beschreiben. Jetzt, in den Jahren der Reifung, lockert sich diese Haltung offenbar; sie wird in gewissem Sinne punktueller und zielgerichteter, dafür aber auch mechanischer und sinnloser. In Kindertagen musste das »Aschenputtel« wohl vor allem darüber nachsinnen, warum es gegenüber seinen »Stiefschwestern« schon wieder etwas falsch gemacht hatte – es hatte eigentlich gar nichts »Böses« getan, aber ein Kind, das von seiner Mutter oder seinen älteren Geschwistern beschimpft wird, muss selber herauszufinden suchen, worin seine »Schuld« wohl besteht. Jetzt hingegen wird deutlich, dass die »Maßnahmen« der »Stiefmutter« von einst sich aus Strafen für vermeintliche oder wirkliche Fehler in Boykottmaßnahmen gegen jede Wunschregung nach eigenem Glück verwandelt haben. »Darf ich?«, »kann ich?«, »soll ich?« – diese Fragen ließen sich beantworten, nicht aber die ständigen Selbstwertzweifel, die von der chronischen Verneinung der »Stiefmutter« ausgehen und jegliche Eigeninitiative »verhageln« beziehungsweise »verschütten« können. Am Ende sitzt das »Aschenputtel« wieder im »Schmutz« da und muss von sich denken wie bisher, der »letzte Dreck« zu sein. Und wie bisher kann es dagegen nur sein »Zaubermittel« von einst, die Botschaft des weißen Vögleins im Haselbaum auf dem Grab seiner Mutter, setzen: im Grunde ein »gutes und frommes Kind« zu sein, das niemandem etwas zuleide tut und an die anderen alles hergibt, was es besitzt.

Das »Mädchen mit den Tauben« (siehe Umschlagbild) ist an sich ein Bild, das uns schon in prähistorischen Zeiten begegnet. Dabei wurde die Taube selber sehr unterschiedlich gesehen: Ihrer unersättlich scheinenden Liebesbereitschaft wegen galt sie den semitischen Völkern als Vogel der Astarte,[77] seit dem 4. Jahrhundert vor Christus den Griechen als Tier der Aphrodite.[78] Natürlich kann dementsprechend, wie in ALFRED HITCHCOCKS berühmtem Film »Die Vögel«,[79] auch im Aschenputtel-Märchen die Vielzahl der Vögel jetzt die Heftigkeit des Sexualwunsches ausdrücken, der sich im Erleben des heranwachsenden Mädchens trotz aller »stiefmütterlichen« Vorhaltungen nicht zurückdrängen lässt. Anderseits bewunderte man schon im Altertum die Geschwindigkeit, mit der Tauben selbst die winzigsten Körner im Handumdrehen aus Sand und Steinen herauslesen können,[80] eine Fähigkeit, von der das »Aschenputtel« jetzt profitiert. Bis dahin ist das Taubenmotiv gut verständlich. Doch hat man jemals Tauben beobachtet, die, so wie in der Grimm'schen Erzählung, »die schlechten ins Kröpfchen«, »die guten ins Töpfchen« picken? Es verschlägt zur Erklärung dieses merkwürdigen Bildes nicht viel, darauf hinzuweisen, dass »Hilfstiere« in den Märchen ein allseits beliebtes Motiv darstellen;[81] die Frage ist vielmehr, was für eine Bedeutung ein bestimmtes Tiersymbol im Leben eines einzelnen Menschen beziehungsweise im Aufbau eines bestimmten Märchens annimmt.

In der Erzählung vom »Aschenputtel« fällt es nicht schwer, in dem Verhalten »all der Vöglein unter dem Himmel«, die das Mädchen um Hilfe anruft, das bildhafte Widerspiel seiner eigenen Grundhaltung zu erkennen: Bestand bislang die Pflicht eines »Aschenputtels« nicht geradewegs darin, alles »Schlechte« buchstäblich »herunterzuschlucken« beziehungsweise »ins Kröpfchen« zu stecken, alles »Gute« aber für andere »ins Töpfchen« zu sammeln? Die »zahmen Täubchen«, die »Turteltäubchen«, sind insofern gewiss nie nur ein Symbol der Sehnsucht des »Aschenputtels« nach der Liebe eines Mannes, sie sind, ganz entsprechend der Grimm'schen Darstellung, vor allem die entscheidenden Mittel, durch eine Art umgekehrten Lebens zu einer solchen Liebe überhaupt zugelassen zu werden. In dieses Bild fügen sich eine Reihe von Assoziationen ein, die in der Volkskunde für gewöhnlich mit der Taube verbunden werden: Im Unterschied zum Adler gilt die Taube als sanftmütig und gut, sie ist sozusagen das zweibeinige »Schaf« unter den Vögeln[82] – selbst im Neuen Testament spricht Jesus einmal im Kontrast zu der (Hinter)List der Schlangen von der »Arglosigkeit« der Tauben (Mt 10,16);[83] auch eine gewisse Ängstlichkeit wird – merkwürdigerweise! – den Tauben zugeschrieben. All das »passt« indessen sehr gut zu dem Bild, das wir bisher schon von der Wesensart eines »Aschenputtels« gewonnen haben.

Es gibt im Umkreis der Taubensymbolik freilich auch ein Moment, das all dem diametral zu widersprechen scheint, während es psychologisch sich paradoxerweise aus dem Gesagten wie von selbst ergibt. Die »Taube« als das Tier der Astarte – daraus wurde im Volksmund ein Synonym für die Liebe einer Dirne; zudem sagte man, wohl im Umkreis derselben Vorstellungen, den Tauben nach, dass sie besonders geschwätzig seien, weil sie nicht nur mit dem Schnabel, sondern auch mit dem Hinterteil reden könnten.[84] Beides will sich in das Betragen eines »frommen« und »guten« Mädchens augenscheinlich ganz und gar nicht fügen; es macht aber Sinn, wenn man das Bild der »Dirne« einmal nicht als ein soziales Klischee versteht, sondern darin den Ausdruck der Bereitschaft erblickt, alles, buchstäblich alles für den anderen zu tun, wenn dafür nur etwas Liebe zu erhoffen steht.

In der Tat liegt eine nicht geringe Gefahr in dieser Richtung in dem Wesen eines »Aschenputtels« selbst begründet. Man pflegt eine »Dirne« gemeinhin (wenngleich gewiss sehr zu Unrecht) für etwas »Billiges« und »Minderwertiges« zu halten, und zwar einfach aufgrund dessen, was sie tut; der umgekehrte Schluss hingegen besitzt psychologisch eine gewisse Berechtigung: Ein Mädchen, das sich von Grund auf als »dreckig« und »schmutzig« empfindet, wird selbst vor einer Menge Dreck und Schmutz nicht zurückscheuen, wenn anders es die Liebe eines anderen Menschen sich nicht zu »erkaufen« vermag. Das Gegenstück zu der hingebungsvollen »Königsphantasie« eines »Aschenputtels« von der Liebe ist die schwer zu überwindende Opferhaltung, mit welcher ihm jede Form der Selbsterniedrigung als »Anzahlung« möglicher Liebenswürdigkeit immer noch akzeptabel scheint.[85] Nur so wird man verstehen können, welch eine Unzahl von wirklich dirnenähnlichen Demütigungen manche Frauen in einer »Aschenputtel«-Ehe ohne Weigerung und Widerstand über sich ergehen lassen, zumeist sogar in der Vorstellung, mit all ihren Erniedrigungen ihrem »König« von Ehemann seelisch (oder wirtschaftlich) helfen zu können. Das Motiv, sich dem anderen »nützlich« zu machen, rettet ihnen dabei sogar eine sonderbare Form verbleibender Selbstachtung; denn wer sich dazu hergibt, dem anderen alles zu geben, was dieser braucht, der gibt sich, moralisch betrachtet, nicht weg, der gibt sich »nur« hin mit allem, was er ist und was er vermag. Das eigentümliche Doppelspiel zwischen Selbsterniedrigung und Selbsterhöhung, zwischen offenbarer Demütigung und einer verborgenen Art von Stolz tritt hier in eine neue Phase.

Und ebenso das sonderbare Motiv taubenhafter Redseligkeit. Ein »Aschenputtel« hat in seinem Leben niemals sagen dürfen noch können, was innerlich in ihm vor sich geht; dieses Unvermögen war bisher eine Folge von Scham, Angst und Resignation; jetzt aber kann es sich zugleich mit dem Gefühl verbinden, eigentlich mehr zu sagen zu haben als manch einer der Vielredner an seiner Seite, und dieser Eindruck wird sich auch objektiv nur bestätigen lassen, ist doch die Verstehensbereitschaft und die Verständnisfähigkeit eines »Aschenputtels« in aller Regel äußerst ungewöhnlich; die Frage ist nur: Wer wird ihm zuhören? Die Angst, gerade von dem (erträumten oder wirklichen) Geliebten als zu »geschwätzig« empfunden zu werden, wird es einem »Aschenputtel« immer wieder äußerst schwer machen, gerade diesem einen, von dessen Zuneigung alles abhängt, mitzuteilen, was es wirklich denkt und fühlt: seine Sorgen und Nöte, seine Minderwertigkeitsgefühle und Zweifel, Misstrauen und seine Verzweiflung; sein Zwang, dem anderen nicht lästig werden zu dürfen, staut zudem ein so gewaltiges Mitteilungsbedürfnis auf, dass ein ehrliches Gespräch unter diesen Umständen in der Tat ein prinzipiell unvollendbares Unterfangen werden kann.

Was das »Aschenputtel« der Grimm'schen Erzählung an dieser Stelle besonders schmerzhaft lernen muss, ist die definitive Aussichtslosigkeit, vor allem mit seiner »Stiefmutter« jemals ins Reine zu kommen. Mal mit Mal hören wir in dem Grimm'schen Märchen, wie die »Stiefmutter« das arme Mädchen damit vertröstet, es müsse nur erst die nächste Aufgabe perfekt erledigt haben, dann werde es alsbald die Erlaubnis erhalten, sich um des Königs Heirat zu bewerben, doch in Wahrheit kann das »Aschenputtel« die Schikanen seiner »Stiefmutter« so oft und so sorgfältig abarbeiten wie nur möglich, am Ende wird es sich nur umso mehr an der Nase herumgeführt sehen, wird es doch förmlich bestraft für seinen Erfolg und abgelehnt für die Erfüllung der gestellten Forderungen.[86] Auch gibt es keinen Weg, mit den Erwartungen und Ansprüchen dieser Frau jemals einen Kompromiss zu schließen. Die »Stiefmutter« will überhaupt nicht das Glück ihrer Tochter; was sie will, ist identisch mit einer nicht endenden Form von Unterwerfung und Abhängigkeit aufseiten des »Aschenputtels«.

Deutlich zeigt sich hier, dass diese »Stiefmutter« in dem Grimm'schen Märchen insgesamt nichts weiter darstellt als eine ständige Quelle von Ängsten, Schuldgefühlen und einengenden (Selbst)Bestrafungen aller Art. Wenn also das »Aschenputtel« jemals eine Chance erhalten soll, in seinem Leben den Mann seiner Träume kennenzulernen, so muss es mit dieser »Stiefmutter« wohl oder übel brechen. Das Problem aber ist, dass ein »Aschenputtel« zu einem solchen offenen Bruch mit irgendeinem Menschen, geschweige denn mit seiner »Stiefmutter«, durchaus nicht imstande ist. Schon aufgrund seiner Wehrlosigkeit bleibt ihm daher nichts anderes übrig, als seine »Stiefmutter« in wörtlichem Sinne zu hintergehen: Wie eine Diebin sehen wir es, wohlgemerkt nach getaner Arbeit, sich »durch die Hintertür nach dem Garten« begeben, um von dem Haselbäumchen auf dem Grab seiner Mutter sich die Kleider und Schuhe schenken zu lassen, mit denen es seinen bevorzugten »Stiefschwestern« nacheifern und es ihnen schließlich sogar zuvortun wird. Alles, was da geschieht, steht zunächst durchaus im Zeichen des Illegitimen, des nach wie vor Verbotenen; das Wichtigste in seinem Leben muss das »Aschenputtel« sich heimlich, auf Umwegen und Hinterwegen, eher erschleichen als erobern, und immer wird es dabei begleitet werden von dem Gefühl, eine Art Diebstahl zu begehen, wenn es endlich wagt, gerade das zu tun, wonach es so lange Zeit sich derart gesehnt hat und was es nach all seinen Vorleistungen im Grunde längst schon verdient hat. Mit Recht fühlt das »Aschenputtel« sich angesichts des Unrechts der »Stiefmutter« zu seinem »Diebstahl« in höherem Sinne legitimiert, und so handelt es eigentlich mit einem durchaus guten Gewissen, in einer Art Notrecht, wenn es gerade noch rechtzeitig, um sich nicht gänzlich zu verspäten, jene »Hintertüre« zum »Garten« benutzt, die das Grab der verstorbenen Mutter für sein Leben bedeutet.

b) Die Tänzerin

Der »Garten« mit dem Haselbaum, so erfahren wir jetzt, hat sich inzwischen für das »Aschenputtel« von einem »Ort« der Trauer und der Tränen in ein Ersatzparadies all seiner unerfüllten Wünsche und tröstenden Sehnsüchte verwandelt. Nicht allein, dass von dorther die hilfreichen »Vöglein« geflogen kommen, um ihm beim Sortieren des Wertvollen und des Wertlosen zur Hand zu gehen, es ist dies auch der Ort, das arme Mädchen mit einem Kleid aus Gold und Silber auszustatten und ihm Pantoffeln, gewirkt aus Seide und aus Silber, zu schenken.

Dass ein »Vogel« von einem »Baum« herab den Menschen Gegenstände zuwirft, die sie in Freude oder Trauer stürzen und sie, je nachdem, zu Leben oder Tod bestimmen können, ist in den Märchen ein nicht ungewöhnliches Motiv. In der (»hamburgischen«) Erzählung *Von dem Machandelboom* (KHM 47)[87] zum Beispiel wird ein Junge, dessen Mutter bei seiner Geburt verstarb, von der bösen Stiefmutter erschlagen, und sein Fleisch wird dem ahnungslosen Vater als besonders wohlschmeckende Speise vorgesetzt; die treue Schwester jedoch begräbt unter dem Baum die Gebeine ihres getöteten Bruders, der sich in einen wunderschön singenden Vogel verwandelt und vom Baum herab den Vater und die Schwester mit einer goldenen Kette und roten Schuhen belohnt, die böse Stiefmutter aber mit einem Mühlstein erschlägt. Offensichtlich ist der »Vogel« in diesem Märchen als die »Seele« des (getöteten) Bruders zu verstehen; und ganz entsprechend steht auch der (weiße) Vogel in dem Haselbaum im Aschenputtel-Märchen für die »Seele« des (von der »Stiefmutter« fast schon getöteten) »Aschenputtels« selbst. Hier wie dort handelt es sich um eine Form der Gerechtigkeit, deren Spruch als ein inneres geistiges Geschehen sich vollzieht. Statt zu sagen: »Aschenputtel« empfängt »Kleider« in »Gold und Silber«, sollte man deshalb vielmehr sagen: Es gibt im Leben eines »Aschenputtels« trotz aller Erniedrigung und Beschämung eine wundersame, nie versiegende Kraftquelle des Vertrauens und des Hoffens, die aus der Erfahrung seiner »guten« »verstorbenen« Mutter entspringt; von ihr her empfängt das »Aschenputtel« eine Bestätigung seiner selbst, die ihm all die Schönheit und Unschuld, all die Anmut und Würde zurückschenkt, die ihm vonseiten der »Stiefmutter« stets abgesprochen wurde. Auch bisher war es dem »Aschenputtel« ja nicht um äußeren Schmuck zu tun, sondern wonach es, im Unterschied zu seinen »Stiefschwestern«, verlangte, war die Verwurzelung seines Wesens in der Nähe seiner »wahren«, das heranwachsende Mädchen bejahenden Mutter. Und in dieser Bejahung seines Wesens liegt im Folgenden der eigentliche Grund seiner »Schönheit«.

Wer eigentlich hat je gesagt, es sei das Kleid, das eine Frau schön mache? Die Wahrheit, mindestens im Reich der Liebe, lautet, dass es die Schönheit einer Frau ist, die all ihre Kleider als schön erscheinen lässt. Was da vom »Baum« des mütterlichen Grabes herab der »weiße Vogel« dem »Aschenputtel« zuwirft, ist, psychologisch betrachtet, vor allem ein Gewand des Mutes, sich trotz allem zu wagen – als im Wesen gut und liebenswert genug! Was hier geschieht, ist ein unerhörter Schritt, mit dem das »Aschenputtel« lernt, seine Sehnsucht nach Liebe nicht länger mehr zu träumen, sondern wirklich nach außen hin zu leben.

Der amerikanische Dramatiker TENNESSEE WILLIAMS hat in seinem Theaterstück *Die Glasmenagerie* einmal geschildert,[68] was ein Mädchen durchlebt, das, zusammen mit seinem Bruder Tom, ganz und gar im Schatten seiner Mutter, Amanda Wingfield, aufwächst, die nach dem Weggang ihres Mannes mit allen Kräften sich bemüht, ihren beiden Kindern ein gutes Familienleben zu ermöglichen. Vor allem ihre Tochter Laura aber, die infolge eines Hüftleidens etwas hinkt und sich schon deswegen als benachteiligt empfindet, wird von ihr mit einer übergroßen Lebensangst erfüllt und an jeglichem Kontakt mit der Wirklichkeit draußen gehindert. Als die Mutter sich schließlich daranmacht, für die Zögernde und Unentschlossene selber auf Brautschau zu gehen, flüchtet Laura sich in ein regressives Spiel mit gläsernen Tierfigürchen, die auch nur vom Sims zu nehmen diesen zerbrechlichen Wesen als nicht zumutbar erscheint. IRVING RAPPER hat diesen Stoff 1950 verfilmt[89] und den tragischen Ausgang der Bühnenvorlage in ein konsequentes Happy-End verwandelt: Einem Freund, den Tom einlädt, gelingt es schließlich doch, das ängstliche Mädchen endgültig davon zu überzeugen, dass es sein Leben nicht länger mehr in Angst, Einsamkeit und wehmütigen Ressentiments verhocken darf: Es muss akzeptieren, dass die Tierfigürchen zerbrechen müssen, um ins Freie zu finden. Ein »Aschenputtel« steht im Grunde vor genau dem gleichen Konflikt, nur erlebt es ihn vom anderen Ende her: Es hat keine Mutter, die es mit ihrer Überfürsorge erdrückt, sondern es ist konfrontiert mit einer »Stiefmutter«, die es mit ihren Verboten unterdrückt; beides aber, Härte wie Verwöhnung, kann psychologisch zu dem gleichen Ergebnis führen:[90] zu einer Angst, die nötigt, gerade das zu fliehen, was man am meisten sich ersehnt, und gerade dorthin sich zu wenden, wo man am wenigsten Bestätigung erfährt.

»Ich muss lernen, endlich zu mir zu stehen.« »Es hilft nichts: Ich muss mich jetzt auf die eigenen Füße stellen.« »Wenn ich es jetzt nicht wage, meinen eigenen Gefühlen und meinen eigenen Gedanken zu trauen, werde ich niemals selbstständig werden.« Solche Äußerungen an der Wende zwischen kindlicher Abhängigkeit und erwachsener Eigenständigkeit lassen sich symbolisch kaum besser wiedergeben als in dem Bild von den silberbestickten Pantoffeln, die dem »Aschenputtel« unter dem Haselbaum der Mutter geschenkt werden. Das Gold und Silber[91] der Kleider umspannt die gesamte Sphäre von Sonne und Mond, Tag und Nacht, Bewusstsein und Unbewusstem – es gilt, fortan in eigener Entscheidung und innerer Überzeugung das Eigene sich wirklich zu eigen zu machen und es bewusst zu bejahen, sagt diese

Symbolik der Farben des Kleides; die Seide des Stoffes scheint zusätzlich darauf hinzuweisen, wie leicht und zärtlich dieser neue Umgang mit sich selber künftighin sein kann. Von den Pantoffeln indessen hören wir hier, beim ersten Mal, nur, dass sie mit Silber ausgestickt sind; so viel an Eigenständigkeit sich mit dem Bild der »Pantoffeln« auch verbinden mag – es wird im Leben eines »Aschenputtels«, folgt man der Symbolsprache des Märchens, (vorerst noch) bei einer nur »silbrigen«, nur »mondhaften«, ihrer selbst noch unbewussten und entsprechend unsicheren Form des Selbstbewusstseins bleiben, die sich mehr träumt als denkt und eher über sich selber tänzelnd hinweggleitet, als dass sie selber »aufzutreten« wagte.

Gerecht betrachtet, steht es an dieser Stelle der seelischen Entwicklung eines »Aschenputtels« auch kaum anders zu erwarten. Wie denn sollte das Mädchen in seiner Einsamkeit einen anderen Zugang zu anderen Menschen gewinnen, außer, indem es seine mitgebrachten, das heißt seine hausgemachten Probleme zunächst ganz einfach überspielt? Wem unter den Menschen ringsum dürfte es etwa von der Traurigkeit und Einsamkeit seiner Kindheit erzählen, die mit dem Tod der »guten« Mutter so früh verstarb? Wem von den Quälereien der »Stiefmutter« und den Schikanen der »Stiefschwestern«, die es seither Tag um Tag zu erdulden hatte? Wem könnte es jemals zutrauen, er möchte von all dem etwas erfahren? Schon um nicht »lästig« zu werden, muss ein »Aschenputtel« nach Möglichkeit alles zu verschweigen oder, noch besser, zu vergessen suchen, was man ihm angetan hat. Von all dem inneren und äußeren Druck, dem es sich ausgesetzt sieht, sagt es den anderen folglich am besten kein einziges Wort, ja, am liebsten denkt es auch selber schon gar nicht mehr daran. Um die anderen nicht mit der Last der eigenen Traurigkeit zu beschweren, gibt es sich mit Vorliebe heiter, aufmunternd und unterhaltsam; und um die anderen nicht mit der Hypothek der eigenen Vergangenheit zu behelligen, wird es versuchen, so gut es geht, sich in der Gegenwart aufzuhalten. Nicht mit dem Gewicht des eigenen Daseins aufzutreten, sondern seidenfüßig-leicht zu schweben – so wird ein »Aschenputtel« allein schon aus lauter Angst vor neuerlicher Ablehnung sich vor den anderen zu bewegen suchen. Als Ausdruck für diese Haltung aber dient im Aschenputtel-Märchen offenbar der Tanz.

Es ist gewiss leichthin möglich, über das Tanzen manch Heiteres und Munteres zu sagen, gehört der Tanz doch zu einem der ältesten

Ausdrucksrituale, die von seiten der Evolution den Menschen mitgegeben wurden.[92]

Schon Tiere können tanzen vor Freude, wenn zum Beispiel nach den Monaten der Trockenheit in der Namib in Afrika endlich Regen über die dürstende Erde fällt; sie können in bestimmten tanzähnlichen Bewegungen Aufregung und Aggression einander signalisieren; und vor allem können sie beim Balzspiel in der Paarungszeit ein überaus reiches Repertoire an Tänzen entfalten.[93] Auch die Menschen tanzen aus den gleichen Gründen und Anlässen: aus Freude beim Erntedank, zum Imponieren des Gegners im Kriegstanz, zur Werbung und Annäherung zwischen Mann und Frau beim Paartanz.[94] Der Tanz des »Aschenputtels« hat natürlich einzig mit dem Letzteren zu tun: er gilt dem erklärten Ziel, die Favoritin des »Königssohnes« zu werden. Aber wie? Das ist jetzt die Frage.

Die große Bedeutung, die der Tanz für die Begegnung des »Aschenputtels« mit dem »Königssohn« im Folgenden annimmt, hat offensichtlich mehrere Gründe, die allesamt weniger dem Ausdruck von Lebensglück und Freude dienen als der Überwindung althergebrachter Ängste.

Zum Ersten: Vergessen wir nicht, dass ein »Aschenputtel«, wie wir soeben noch gehört haben, niemals von sich aus eine »Erlaubnis« besitzt, sich einem anderen Mann, gleich in welcher Form, zu nähern; seinem Lebensgefühl nach ist es nach wie vor nichts weiter als eine Stall- und Küchenmagd, die am besten daran täte, sich in Reue und Schuldgefühl in der »Asche« zu wälzen; dass es überhaupt die Stirn hat, sich auf des Königs Ball zu begeben, muss in den Augen der »stiefmütterlichen« Zensur als eine ungeheuerliche Widersetzlichkeit und überhebliche Anmaßung erscheinen, und dieses Gefühl schleppt das »Aschenputtel« auch mit auf den Ball des »Königs«. Bei all dem lustigen Singen und Springen wird es die Schwere des Vorwurfs, eigentlich sich etwas zu stehlen, niemals ganz abstreifen können. Der Gegensatz zwischen der Art, wie es sich nach draußen hin gibt und wie es sich innerlich fühlt, kann unter diesen Voraussetzungen vorerst sogar nur noch zunehmen. Während das »Kleid« des »Aschenputtels« sich durchaus so ansieht, als wenn hier Traum und Tag, Mond und Sonne, Wunsch und Wirklichkeit schon ineinander »wirken« würden oder bereits »gewirkt« wären, ist sein »Pantoffel«, sein »Standpunkt«, noch tief dem »Mondhaften« und Unbewussten verhaftet. Das »Aschenputtel« wagt mit seinem Gang zu dem Königsball in der Grimm'schen Erzählung zwar endlich zu tun, was es will, doch handelt es dabei noch gänzlich incognito, ohne die Fähigkeit, vor den anderen offen zu »vertreten«, was es da tut. Nicht bemerkt zu werden ist hier schon beinah so viel wie die Lösung.

Vermischt ist diese Halbentschlossenheit eines an sich doch bereits schon reiferen Tuns gewiss zum Zweiten wohl auch mit einer Reihe von Schuldgefühlen aus dem sexuellen Erleben, und gerade darin liegt ein besonderer Reiz des Tanzes. Das Tanzen bietet gesellschaftlich die Erlaubnis, einander so nahe zu kommen, wie man es sonst, auf der Straße oder im Café, wohl niemals dürfte. Die meisten »Aschenputtel«-Seelen werden gewiss kein größeres Verlangen tragen nach sexuellen Abenteuern – gerade wenn wir uns den Hintergrund vorstellen, nach dem, entsprechend dem vorhin entwickelten Vatervorbild, ein »Aschenputtel« die Welt der Männer erleben wird, können wir ohne Mühe die Ängste und Vorbehalte verstehen, mit denen es normalerweise dem Kontakt mit einem Jungen auszuweichen suchen wird. Der Tanz aber hüllt das an sich Verbotene und Gefährliche in den Schein des Gestatteten und Harmlosen, ja, er macht es möglich, zumindest in der Vorstellung eine Geborgenheit und Zärtlichkeit zu erleben, die über all die Zeit hin so sehr vermisst wurde. Es ist beim Tanzen vor allem möglich, eine gewisse schützende Zweideutigkeit aufrechtzuerhalten: Man ruht in den Armen eines Mannes, man spürt seinen Atem, man fühlt seine Hand zwischen den Schultern, man lehnt leicht die Brust gegen ihn, man vernimmt das leise Flüstern seiner Worte und schaut ganz nah in seine lachenden Augen – und doch geht aus all dem noch keinerlei Verbindlichkeit hervor. Der Tanz, so betrachtet, gewährt einen vollendeten Genuss ohne Reue. Sollte hinterher der Junge bestimmte Avancen machen, lässt sich alles mühelos als ein bloßes Missverständnis aufklären. 100 Tänze sind noch immer kein Kuß, sind noch keine Umarmung – was er sich nur einbildet! Noch ist man frei.

Hinzu kommt, drittens, beim Tanzen die angstmildernde Form eines festgelegten Rituals. Säße man einander nur einfach am Tisch gegenüber, so fühlte man sich wohl sehr unsicher, was man einander sagen sollte. Gerade für das Naturell eines »Aschenputtels« bedeutet es ohnedies keine Kleinigkeit, persönlich von sich selber reden zu sollen, und es wird in aller Regel sich sehr schwer tun, sein Inneres nach außen zu tragen, schon aus Angst, der andere könnte die Wahrheit über die Traurigkeit des eigenen Grundgefühls bemerken – und ablehnen! Der Tanz hingegen stellt eine Kontaktform vollkommen ohne Worte dar! Man braucht überhaupt nichts zu sagen! Nicht ein einziges Wort! Es genügt, nur einfach da zu sein und sich in den Armen des Andern zu spüren. Statt zu reden und zu reden, gilt es, auf den Rhythmus der Musik zu hören und sich in jede Bewegung des Partners hineinzufühlen. Diese vollkommene Verschmelzung, die dennoch im eigentlichen Sinne nicht »sexuell« genannt werden kann, bedeutet zumeist die reine Seligkeit im Erleben eines »Aschenputtels«. Während es soeben noch bei allem, was es im Hause der »Stiefmutter« tat, die heftigsten Vorwürfe zu gewärtigen hatte, ohne überhaupt zu wissen, warum, treten ihm jetzt beim Tanzen eine Reihe von fertigen Regeln zur Seite, die jeden Verdacht möglichen Tadels beruhigen: Man braucht sich nur so zu drehen und zu wenden, wie die Bewegungsformen des Tanzes es vorschreiben, und schon kann man nichts mehr falsch machen. Die endlos marternde Frage: Werde ich akzeptiert oder abgelehnt, beantwortet sich jetzt wie von selbst: Es gibt keine Fehler, solange man sich nur an die vorgeschriebenen Regeln hält.

Insofern stellt der Tanz in seiner Zweideutigkeit einen idealen Kompromiss zwischen der Angst und der Sehnsucht eines »Aschenputtels« dar, indem er die widersprüchlichen Tendenzen zu Flucht und Annäherung zu einer Kontaktform der festgelegten Grenzen verschmilzt: Der Tanz scheint persönliche Zuneigung auszudrücken, während er doch selber rein rituell und unpersönlich bleiben kann; er scheint starke Gefühle zu offenbaren, während er doch gerade auch in der Disziplinierung der Gefühle besteht; er ist – als Paartanz – eine Gebärde sexueller Werbung, die doch in sich selber nichts ist als Vorspiel und Verspieltheit. Der Tanz, mit anderen Worten, erfüllt alle Bedingungen einer perfekten Rolle menschlicher Beziehung und Erlebnisfähigkeit, in deren Schatten immer noch die alte Beziehungslosigkeit und Erlebnisverweigerung ihr angsterfülltes Spiel zu treiben vermag.

Umso mehr können wir freilich die Intensität verstehen, mit der ein »Aschenputtel« vom Tanzen fasziniert wird. Endlich hat es eine Form des Kontaktes gefunden, in der es einmal problemlos, leicht und luftig, wirklich wie in Schuhen aus Seide, auftreten kann; endlich kann es in der Nähe eines Mannes all die Konflikte vergessen, die sein Leben bislang derartig verwüstet haben; endlich kann es hoffen, über seine Trauer und Einsamkeit hinwegzugleiten beziehungsweise alle Gefühle dieser Art mit fröhlichem Schwung an den Tanzboden abzugeben. Sich drehn und sich drehn bis zu Schwindelgefühl und Bewusstlosigkeit – das ist wie eine Erlösung von der leidigen Welt der »Stiefmutter«.

Es mag sein, dass es einem »Aschenputtel« wirklich gelingt, seine Umgebung von der Lustigkeit und Geselligkeit seiner Wesensart zu überzeugen; doch der Wahrheit am nächsten kommt unter diesen Umständen ein frühes Gedicht, das (noch einmal) RAINER MARIA RILKE dem Kontrast von Tanz und Trauer gewidmet hat:

Wenn ich dir ernst ins Auge schaute,
klang oft dein Wort so kummerkrank
wie eine leise Liebeslaute,
die einsam einst ein Meister baute,
als seine Seele Sehnsucht sang.

Sie lernte seither leichte Lieder
und tönte gern zu Tag und Tanz, –
da greift ein Träumer ihre Glieder:
und wie erwachend weint sie wieder das
Heimweh ihres Heimatlands.[95]

Es mag sein, dass die ganze Umgebung schließlich das »Aschenputtel« vollkommen mit dem identifiziert, was es nach außen hin zu sein scheint; nur für sich selbst vermag es all das nicht zu glauben. Alle anderen mögen in ihm eine wunderschöne Frau erblicken; es selber aber weiß, dass es zu dick und zu unförmig ist oder dass es unvorteilhaft gefärbte Haare hat, und vor allem: dass man schon an seinen Augen sehen kann, wie müde, traurig und verzweifelt es oft ist. Alle anderen mögen es für eine kluge und einfühlsame Persönlichkeit halten; es selbst aber weiß, dass es zu ungebildet, zu dumm und zu kleingeistig ist. All die Vorurteile, mit denen es bisher sich traktiert hat, bestehen ja unverändert weiter – sie sind niemals durchgearbeitet worden, sie wurden nur überspielt, sie wurden nur übertanzt. Insofern ist es dem »Aschenputtel« wirklich nicht möglich, an seine »Erfolge« zu glauben oder sie gar zu genießen. Im Gegenteil, es weiß nur allzu gut, wie weit das Bild, das es nach außen kehrt, von seinem eigenen Selbstbildnis abweicht; und so wird es stets auf der Flucht davor sein müssen, »entdeckt« und »erkannt« zu werden. Mit anderen Worten: Mehr noch als vor seiner »Stiefmutter« mit all den Schuldgefühlen dafür, sich eines eigenen Lebens zu getrauen, muss das »Aschenputtel« jetzt davor auf der Hut sein, wirklich an das Ziel seiner Wünsche zu gelangen! Gerade wenn das Glück ihm zum Greifen naherückt, muss es davor Reißaus nehmen und zurückfliehen in die alten Rollen von »Küche« und »Asche«, von Unterwerfung und Trauer. Mit dem Glück der Liebe zu spielen, beginnt es tänzerisch gerade zu lernen; das Glück der Liebe anzunehmen aber macht ihm noch viel zu viel Angst, als dass es dazu imstande wäre – es wäre gerade so riskant, wie die erbeuteten Geldscheine eines Bankeinbruchs als legales Geld auf den Markt zu werfen. Noch schaudert das »Aschenputtel« vor dem entscheidenden Schritt zurück, sich offen zu seinem Verlangen nach Liebe und Glück zu bekennen und der »Stiefmutter« zu erklären, dass sie nicht länger etwas einen »Diebstahl« nennen darf, was nichts weiter ist als die Normalität eines Reifens der Seele und des Körpers. Doch selbst bis zum Ende des Aschenputtel-Märchens wird es dahin nicht kommen. Vielmehr sehen wir Mal um Mal das »Aschenputtel« vor der Möglichkeit seines Glücks fliehen und fliehen, als befände es sich leibhaftig in Todesgefahr. Und doch: Selbst in seiner Angst wird es, in der Asche liegend, gewiss sogleich wieder zu träumen beginnen vom nächsten Mal; und seine größte »Leistung«, das größte Wunder seines Lebens, wird gewiss eben darin zu suchen sein, dass es trotz aller Angst diese Träume unerfüllter Sehnsucht niemals gänzlich verlieren wird.

Vielleicht ist es also doch nicht unmöglich, den »Königssohn« für sich zu gewinnen? Man würde tanzen und tanzen, und es wäre nicht mehr Zweideutigkeit und Flucht, es wäre das Tanzen ein Rauschen der Sinne, ein Rausch der Verwandlung, ein alles ergreifendes, inniges, alles durchflutendes, alles durchbebendes Verliebtsein bei Musik. Wäre da nur nicht wieder die Angst!

c) Die dreimalige Flucht
Was jeden überraschen muss, der sich mit einer tiefenpsychologischen Deutung der (Grimm'schen) Märchen beschäftigt, ist die zumeist traumwandlerische Sicherheit und Genauigkeit in Abfolge wie Auswahl der jeweiligen Symbole. »Haben die Brüder Grimm denn von alledem wirklich gewusst, was in der Interpretation anklingt?« Ja und nein, muss regelmäßig die Antwort lauten. Geahnt haben sie vieles, gewusst wohl nur weniges; doch alle große Kunst besteht darin, den

Ahnungen des Unbewussten Gehör zu schenken und den gestaltenden Kräften seiner Gestalten Ausdruck zu verleihen.[96] Im Folgenden jedenfalls treffen wir bei dem Motiv der dreimaligen Flucht des »Aschenputtels« auf eine Montage von Bildern, die zur Verdeutlichung der Stadien seelischer wie körperlicher Reifung und Entwicklung der Fähigkeit zur Liebe nicht glücklicher hätte ersonnen werden können.

Alles beginnt mit dem überragenden Eindruck, den »Aschenputtel« auf dem »Königsball« in den Augen aller hinterlässt. Es ist, ganz wörtlich, nicht wiederzuerkennen. Nicht einmal die hassgeschärften Augen ihrer »Stiefschwester(n)« kommen darauf, dass hier das Wunder einer Verwandlung in Liebe stattfindet. Niemand freilich auch, gewiss nicht der Königssohn, ja, nicht einmal das »Aschenputtel« selbst, wird in diesem Moment schon bemerken, in welch eine Zerreißprobe zwischen zwei Ebenen das Mädchen fortan hineingerissen werden wird. Man kann diese beiden Ebenen des Konfliktes, der sich jetzt anbahnt, tendentiell beschreiben als einen Kampf zwischen Vergangenheit und Gegenwart (beziehungsweise jener Zukunft, die sich in dieser Gegenwart vorbereitet) – immer wieder werden wir sehen, wie getrieben von Angst das »Aschenputtel« in diese beiden Richtungen seiner Existenz: nach vorn und nach rückwärts hin und hergestoßen werden wird. Inhaltlich aber geht es um eine stufenweise Entscheidung gegen den moralischen Zwang zum Unglück und für den Mut, in der Liebe glücklich sein zu dürfen, gegen den eingeübten Hang zur angstvollen Selbstdemütigung und resignierten Trauer und für die ebenso alte Sehnsucht nach Zärtlichkeit und Nähe, gegen das Prinzip der Selbstbewahrung in kontaktferner Unschuld und für die Möglichkeit wahrer Selbstfindung.

Wie zweideutig die Eingangsszene selbst aus der Sicht des »Königssohns« noch erscheint, mag man daran erkennen, dass auch er den Worten nach in seinem »Aschenputtel« nichts weiter zu erkennen vorgibt als »meine Tänzerin«. Natürlich weiß man, was die »Wahl« des »Königssohns« bedeutet – sie ist im Grunde eine Vorentscheidung seiner Liebe für das ganze weitere Leben; aber eingeleitet wird sie doch als etwas, das scheinbar ganz und gar nur auf den Augenblick bezogen ist. Zwar tanzt der »Königssohn« den ganzen Tag lang nur mit dieser Frau, die selbst den »Stiefschwestern« und der »Stiefmutter« vorkommt wie »eine fremde Königstochter«, aber es gehört zu der erwähnten Zweideutigkeit des Tanzes, dass in dieser Tatsache, je nach der Auslegung, alles oder nichts enthalten sein kann. Selbst am Ende eines solchen Tages steht es dem »Königssohn« immer noch frei, dem »Aschenputtel« zu sagen: »Es war ein wunderschönes Erlebnis, Sie kennenzulernen und mit Ihnen zu tanzen, Madame. Sie sind eine ausgezeichnete Tänzerin, und so danke ich hiermit für die vergnüglichen Stunden, die Sie mir bereitet haben« – verbeugt sich artig und geht. Oder auch anders noch: Es wäre im Folgenden durchaus eine Entwicklung denkbar, in welcher das »Aschenputtel« im Genuss seines Erfolges als »Tänzerin« so erfolgreich wäre, dass es das Motiv verlöre, überhaupt noch etwas Anderes sein zu wollen als eine tanzende Gesellschaftsdame, die sich infolge der alten Ängste auch jetzt noch ihrer wahren Gefühle nicht getraut und deshalb zu einer wirklichen Begegnung in alle Zeit unfähig bleiben müsste. Die Choreographie des Tanzes ließe sich zur Not steigern bis zur Virtuosität, aber mit dem ursprünglichen Ausdrucksverhalten mag all das so wenig zu tun haben wie das Lächeln einer Schaufensterpuppe mit dem Gefühl der Freude.

Das »Aschenputtel« hingegen nimmt das Erleben des Tanzes glücklicherweise so ernst, dass die Beziehung zu dem »Königssohn« ihm »am Abend« Angst zu machen beginnt. Zu der Art, wie ein »Aschenputtel« mit seinen Gefühlen umgeht, gehört wohl immer wieder die jähe Bedeutungsänderung des gerade Erlebten: Eben noch wie auf Wolken schwebend, kann es plötzlich wie in einen Abgrund stürzen; vor wenigen Minuten noch strahlend und glücklich, versinkt es mit einem Mal in einem Meer von Tränen; vorhin noch selbstsicher scheinbar und standfest, besteht es jetzt nur noch aus panischer Angst. Was ist passiert?

Was das Grimm'sche Märchen erzählt, mutet spätestens an dieser Stelle nicht länger mehr als die Geschichte einer »Königshochzeit« an, sondern als das unglückselige Finale eines ersten Mädchen-Rendezvous, und wem es bisher noch fraglich erschienen sein mag, ob man den Ball eines »Königssohnes« denn so einfach als eine »banale« Liebesgeschichte interpretieren dürfe, dem werden hier die letzten Zweifel genommen. Bereits erfahren haben wir, dass das »Aschenputtel« beim Tanzen auf alle den Eindruck einer »fremden Königin« hinterlassen habe; gilt dies, so ist die Absicht des Königssohnes absurd, sehen zu wollen, »wem das schöne Mädchen angehörte« – unter »Königen«, sollte man meinen, hat man wohl schon bei der gegenseitigen Vorstellung ein Recht auf eine eindeutige Erklärung von Herkunft und

Namen. Noch sonderlicher mutet das Angebot des Prinzen an, »Aschenputtel« nach zu Hause begleiten – ein »Königreich« endet für gewöhnlich nicht gerade vor der Haustür. Und schließlich: Wo auf Erden pflegten »Könige« ihr Tanzvergnügen bei Einbruch der Dunkelheit zu beenden, statt mit ihren Festlichkeiten die Nacht zum Tag zu machen!

Die ganze Szene versteht sich indes wie von selbst, wenn man sie als das nimmt, was sie auch ist: als die erste Begegnung eines jungen Mädchens von der Art eines »Aschenputtels« mit seinem Geliebten, der nur durch die Verehrung und Wertschätzung der Liebe selbst in den Rang eines »Königs« erhoben wird. Kaum dass es Abend wird, »will« nicht, doch muss wohl ein »Aschenputtel« vom Tanzen »nach Haus gehen«; und von diesem Augenblick an scheint sich sein Wesen vollkommen ins Gegenteil zu verwandeln. Aus der eben noch stolzen »Königin« wird jetzt ein verschüchtertes Mädchen, das nachts sich nicht mehr mit einem jungen Manne herumtreiben darf; selbst das höfliche Angebot des »Königssohnes«, das »Aschenputtel« bis zur Tür zu begleiten, steigert unter diesen Umständen eher noch den Schrecken des Mädchens, statt ihn zu beruhigen. All das ist äußerst erstaunlich. Die Gründe dafür aber sind leicht zu erraten; es sind mindestens zwei.

Der erste ergibt sich wie von selber aus allem, was wir von einem »Aschenputtel« bereits zu wissen glauben – er liegt in dem Kontrast zwischen dem äußerst niedrigen Selbstwertgefühl des »Aschenputtels« und den (reaktiv dazu) enorm gesteigerten Erwartungen an den Partner der Liebe: So »königlich« der Geliebte erscheinen muss, um als »Retter« aus allem Elend tauglich zu sein, so »aschenverputtelt« beschämend muss im Vergleich dazu das eigene Ich erscheinen. Die ständige verzweifelte Ungewissheit eines »Aschenputtels«: »Liebt er mich auch noch?« und »Bin ich auch gut genug?«, beginnt zumeist schon im Außenbereich: Was soll nur werden, wenn der »Königssohn« das elterliche Zuhause kennenlernen würde, wenn er erfahren müsste, was für Verhältnissen ein »Aschenputtel« entstammt, wenn er die Armseligkeit und »Unkultiviertheit« des Elternhauses mitansehen würde – man müsste sich schämen bis ans Ende der Tage, und man würde gewiss all seine Liebe verlieren. Gerade weil die Gestalt der »Tänzerin«, der »fremden Königin«, nur ein erster Versuch ist, das ganze Lebensgefüge kindlicher Erniedrigungen und Demütigungen hinter sich zu lassen, ist die Angst riesengroß, von dem anderen, an dessen Zuneigung doch alles hängt, »durchschaut« und »erkannt« zu werden. Was für den »Königssohn« erscheint wie ein harmloses, freundliches Angebot – eine Kavaliers-Pflicht, die Tanzpartnerin nach Hause zu begleiten –, das erlebt das »Aschenputtel« notwendigerweise wie eine tödliche Bedrohung. Sein ganzes Leben hat es in diesen Traum seiner Kindheit, in dieses Wagnis seiner gesamten Existenz gesetzt – es hat alles aufs Spiel gesetzt, um die Liebe eines »Königssohns« zu erringen; doch eben deshalb würde es alles verlieren, wenn ihm der »Königssohn« seine gerade erst gewonnene Liebe schon wieder entziehen würde. Müsste er aber nicht ganz gewiss das gerade tun, sollte er jemals erfahren, in was für einem »Dreck« seine vermeintliche »Königin« wirklich lebt?

Die tragische Gefahr einer »Aschenputtel«-Liebe liegt allemal darin, dass sie dem eigenen Dasein vom Anderen her, geliehenermaßen, gnädigerweise sozusagen, einen Wert und eine Würde verleihen soll, die ihm nach eigener Einschätzung vermeintlich an sich selber vollkommen abgeht. Alles in einer solchen Beziehung schwingt, aufs Äußerste gespannt, in extremer Belastung hin und her zwischen Alles und Nichts, zwischen Himmel und Hölle, zwischen Sein oder Nichtsein. Am schlimmsten aber ist wohl, dass der Partner einer solchen Liebe in aller Regel kaum eine Chance erhält, auch nur zu merken, welch eine Angst er gerade mit seinen zärtlichsten Versuchen der Annäherung in einem »Aschenputtel« auslösen muss. »Je näher er mir kommt und je besser er mich kennenlernt, umso nackter und armseliger werde ich vor ihm stehen, und dann wird alles aus sein« – das ist die Angst, die augenblicklich entsteht, sobald ein »Aschenputtel« versuchen sollte, den Traum seiner Lebenshoffnung von einem »Prinzen«, der kommt, es zu retten, in der Wirklichkeit zu leben. Gerade die Nähe der Liebe, an der ihm doch so sehr liegt, wird es unter diesen Umständen wie eine Lebensbedrohung fliehen müssen, um die Illusion seiner Liebeswürdigkeit nicht zu zerstören, an die es doch all seine Hoffnung gehängt hat – ein Widerspruch, der logisch kaum lösbar scheint.

Dabei muss man sich zum Zweiten noch einmal klarmachen, dass das, was in dem Märchen als das Ereignis eines einzigen Abends geschildert wird, in der alltäglichen Wirklichkeit als ein Dauerproblem erscheinen wird. Über lange Zeit hin kann dieses Hin und Her zwischen Liebessehnsucht und Angst auf dem Hintergrund schwerer Minderwertigkeitsgefühle das Leben eines »Aschenputtels« ebenso verwüsten wie das seines Partners. Noch gar keine Rede war zum Beispiel von der Angst des »Aschenputtels« vor seinen »Stiefschwestern« – das Märchen hat uns bisher nur erzählt, dass sie das »Aschenputtel« in der Rolle einer tanzenden »Königin« nicht wiedererkennen. In Wahrheit aber wird das »Aschenputtel«, eben weil es am allerbesten um das »Angemaßte« seines Auftritts am »Königshof« weiß, während all der Zeit seines Tanzes nicht aufgehört haben, sich vor seinen »Stiefschwestern« zu fürchten, die ihm in allem buchstäblich »zuvorgekommen« sind und allemal »früher« am Platze waren als es selber mit seinem spektakulären Nachzüglerdebüt. Ein »Aschenputtel« hätte seinen Namen nicht verdient, wenn es nicht immer wieder bei jedem Versuch, Liebe zu glauben und Liebe zu schenken, in Angst ausbräche, eine andere, das heißt jede beliebige Frau brauchte nur daherzukommen, um es von der Seite des Geliebten wieder zu verdrängen; denn: Bestimmt ist jene andere Frau schöner oder klüger oder fröhlicher oder gebildeter oder auch nur ganz einfach skrupelloser und durchtriebener; in jedem Falle ist sie gewiss so, wie man selber glaubt, sein zu müssen, um geliebt zu werden, und doch trotz aller Anstrengung niemals glaubt, geliebt werden zu können, selbst wenn es nach außen hin längst so erscheint. Man missverstünde solche Ängste gründlich, wollte man in ihnen lediglich so etwas sehen wie ein ausuferndes Misstrauen oder Kontrollbedürfnis gegenüber dem Geliebten oder wie ein chronisches Verhalten von Eifersucht und Herrschsucht; im Gegenteil leidet ein »Aschenputtel« wohl am meisten unter solchen Gefühlen, die doch allesamt nur einen einzigen Ursprung haben: das abgrundtiefe Gefühl der eigenen Unwürdigkeit, einen solchen »König« von Geliebten, wie man ihn doch stets herbeigesehnt hat, überhaupt zu verdienen.

Allein von diesen Gefühlen her ließe sich schon recht gut die überstürzte Flucht des »Aschenputtels« vor seinem angehenden »Prinzgemahl« nach Hause erklären. Doch es kommt noch sonderbarer: um den Augen des »Königssohnes« zu entfliehen, nimmt das »Aschenputtel« seinen Weg ausgerechnet ins »Taubenhaus«. Die Szene selber, stellt man sie sich als »real« vor, mutet, wie vieles sonst in dem Grimm'schen Märchen, vollkommen unglaublich an: Wie sollte der »Königssohn«, wenn er schon dem »Aschenputtel« bis zum »Taubenhaus« nachfolgt, nicht imstande sein, das flüchtende Mädchen am »Entwischen« zu hindern? Wieso wartet der hilflose Prinz vor dem »Taubenhaus«, bis »Aschenputtels« Vater kommt? Und was für ein Umstandskrämer soll dieser Vater sein, dass er mit Axt und Hacken hingeht, um das »Taubenhaus« entzweizuschlagen, statt im Taubenhaus selber nachzusehen? Zudem: Wenn er selber schon vermutet, jenes schöne Mädchen auf dem Ball könnte seine Tochter sein, warum fällt ihm dann nicht ein, dass dieses »Taubenhaus« offenbar zwei Türen hat, von deren Existenz doch auch wohl das »Aschenputtel« wissen dürfte? Alles an dieser Darstellung erscheint ungereimt und wie aus den Fugen – selbst solche Details, dass »Aschenputtel« am Ende seiner Flucht sich in der Küche »zur Asche gesetzt« haben soll, während es von Vater und Königssohn im Hause »in seinen schmutzigen Kleidern in der Asche« bei dem trüben Schein eines Öllämpchens gefunden wird, scheinen irgendwie nicht richtig erzählt. Alles hingegen fügt sich erneut ohne Schwierigkeiten, wenn man die ganze Begebenheit als einen inneren, psychischen Vorgang interpretiert; man braucht dann nur sich zu erinnern, welch eine Rolle das »weiße Täubchen« sowie die hilfreichen Tauben bislang schon in »Aschenputtels« Leben gespielt haben.

Die »Tauben«, soviel ergibt sich nach dem Bisherigen, stehen symbolisch für die geistige Welt der »Unschuld« und »Reinheit« des Mädchens; dorthin also, in das Gefühl seines guten Gewissens, flieht das »Aschenputtel« jetzt vor den »Nachstellungen« des »Königssohnes«. »Unschuldig« zu bleiben – das ist nicht nur das Ziel, das ist demnach auch der Grund für »Aschenputtels« erfolgreiche Flucht. Tragischer freilich könnte es schwer kommen; kaum nämlich sieht das Mädchen seine Wünsche bereits erfüllt, da hindern es allem Anschein nach gewisse moralische Bedenken, darauf zuzugehen. Statt zu seiner Sehnsucht nach Liebe bewusst und entschlossen zu stehen, zeigt es sich außerstande, den »Mondstandpunkt« seiner »silbernen Pantoffeln« durch das »Gold« seines Bewusstseins zu ergänzen und trotz seiner Angst zu vertreten. Der Glaube an seine »Unschuld« gegenüber der »Stiefmutter« machte es soeben noch »schön« und verlieh ihm das Aussehen einer »Königin«; die Angst um die »Unschuld« aber im Erleben eines Mannes nötigt es jetzt offenbar, sein Kleid aus »Gold« und »Silber« an das »weiße Täubchen« zurückzugeben und auf das Grab der »Mutter« zu legen. Wie denn auch kann ein Mädchen, das nach mütterlichem Vorbild sein ganzes Leben lang nur »gut und fromm« sein musste, jemals zur Liebe imstande sein? Ehe wir darauf keine Antwort finden, werden wir das »Aschenputtel«-Märchen niemals verstehen.

Den Schlüssel zur Lösung bietet eigentümlicherweise das rätselhafte Verhalten des Vaters. Der »Prinz« für sich allein kommt offenbar an das »Aschenputtel« so lange nicht heran, als die Gestalt (beziehungsweise das Bild) des »Vaters« ihm nicht hilfreich zur Seite tritt: Der Vater ist es, der das »Taubenhaus«, diese Fluchtburg einer »unschuldigen« Phantasiewelt des Mädchens, gewaltsam zerstört. In gewissem Sinne geschieht hier etwas Ähnliches wie in TENNESSEE WILLIAMS Glasmenagerie beim Zerbrechen der Tierfigürchen: Die Zeit der Jugend geht hier endgültig durch eine Art Gewaltstreich zu Ende. Und doch beginnt für das »Aschenputtel« jetzt eine neue Phase der Widersprüchlichkeit.

Es sucht eine Beziehung zu dem »Prinzen« seiner Liebe, doch seine Gefühle werden dabei überlagert von den Erinnerungen an seinen Vater, beziehungsweise es »wartet« nur alles darauf, dass der Vater hinter dem Prinzen »nachkommt«. Dessen Gestalt aber erscheint hier wie der dunkle Schatten des lichtvollen »Königssohnbildes« selbst, das sich in der Vorstellung des »Aschenputtels« von seinem Geliebten geformt hatte. Mit anderen Worten: Der »Königssohn« und der »Vater« bilden nicht nur an dieser Stelle des Märchens eine Art »Aktionseinheit«, sie hängen auch innerlich als zwei einander bedingende Bilder zusammen.

Anders kann es, recht verstanden, wohl auch gar nicht sein, wurde doch alles, was das »Aschenputtel« bisher sich an Liebe erhofft und erträumt hat, geboren aus dem Gefühl des fehlenden, ja, wenn wir an das Bild von dem Haselreis denken, auch wohl gewalttätigen Vaters. In jedem Falle hat das »Aschenputtel« gelernt, dass bereits aus den Gefühlen der Minderwertigkeit, Unsicherheit und Wehrlosigkeit heraus es sich wohl oder übel gefallen lassen muss, bestenfalls als eine Dienstmagd im Hause geduldet zu werden, und allein schon in dieser Grund»erkenntnis« völliger Rechtlosigkeit und Gleichgültigkeit der eigenen Existenz liegt ein unerhörtes Maß an Gewalttätigkeit im Erleben des Vaters. Hinzu aber kommt wohl eine spezifisch sexuelle Angst vor dem Vater (oder einem entsprechenden Vaterersatz), die wir (in Übereinstimmung mit dem Märchenmotiv von *Allerleirauh*, KHM 65)[97] an dem Bild des mitgebrachten »Stockes« festmachen konnten. Die Sehnsucht nach dem fehlenden Vater und die Angst vor dem realen Vater übertragen sich jetzt gemeinsam auf den Geliebten: Indem er als »Prinz« all die unerfüllten Wünsche des »Aschenputtels« gegenüber seinem Vater auf sich zieht, folgen ihm notwendig die Erinnerungen an den »wirklichen« Vater nach, und sie werden – neben der Angst, als

»Aschenputtel« entdeckt zu werden – den Hauptgrund für die dreimalige überstürzte Flucht des Mädchens bilden: Es soll sich um keinen Preis mehr wiederholen, was sich damals zwischen dem Vater und ihm, gleich, ob in der Realität oder in der Phantasie, ereignet hat. In dem Motiv von dem Haselreis klang die Angst vor der sexuellen Bedrohung durch den Vater nur an; jetzt, in der Art, wie er mit »Axt und Hacken« das »Taubenhaus« des »Aschenputtels« flachlegt und damit den letzten Rückzugsraum mädchenhafter Unschuld zerstört, tritt der aggressive Zug seines Wesens, der bisher nur zu vermuten stand, offen zu Tage. Es ist, so besehen, »nur« die andere Seite des Vaterbildes, es ist »nur« die Kehrseite der Vatersehnsucht, vor der das »Aschenputtel« sich in das »Taubenhaus« seiner Unschuld flüchtet und durch die es aus dem »Taubenhaus« vertrieben wird.

Wir haben schon gesehen, dass die ganze »Aschenputtel«-Existenz unter anderem auch so etwas sein kann wie der Selbstschutz einer besonders schönen Frau vor den Nachstellungen der Männer. »Lieber äußerlich in Schande leben, dabei aber ›gut und fromm‹ bleiben, als geschändet zu werden von der Gewalttätigkeit männlicher Roheit«, lautet die Maxime einer solchen Moral ängstlicher Schüchternheit; sie allein schon langt aus, um den Rückzug des »Aschenputtels« in das Halbdunkel seines »Aschenlagers« nur allzugut verständlich zu machen. Gleichwohl erzählt das Grimm'sche Märchen eigentlich noch genauer. Seiner Darstellung nach vernichtet der »Vater«, um dem »Königssohne« bei der Suche nach seiner »Tänzerin« behilflich zu sein, das Versteck seiner Tochter, und dann erst finden beide gemeinsam das »Aschenputtel« in der Asche liegen. Die Zerstörung der »Taubenexistenz«, die Beseitigung der »Unschuld« des Mädchens durch einen Akt männlicher Aggressivität geht demnach einher mit dem angstvollen Rückzug des »Aschenputtels« in die Rolle der bloßen Dienstmagd. Auf diese Weise kommt ein Bild zustande, das zur Erklärung der Art nicht nur vieler Erstbekanntschaften, sondern gewiss auch so mancher Eheschließungen im Zeichen des »Aschenputtels« dienlich sein kann. Das Hauptproblem eines »Aschenputtels« bei seiner Suche nach Liebe besteht dem Gesagten zufolge in der chronischen Schwierigkeit, wie es das Wechselspiel von Minderwertigkeit und Hoffnung, von Angst und Sehnsucht, von negativem und positivem Selbstbild und Vaterbild in eine lebbare Synthese zu bringen vermag. Zur Aufhebung dieses logisch schier unauflöslichen Konfliktes gibt es zumindest einen Ausweg, der indessen so abenteuerlich und widersprüchlich anmutet, dass es im wirklichen Erleben selbst den jeweils Betroffenen äußerst schwerfallen dürfte, auch nur zu merken, was sich da begibt: Es ist möglich, die eigene Unschuld, das eigene gute Gewissen, die relative Zufriedenheit mit der eigenen Frömmigkeit und Güte sich zerstören zu lassen bzw. der männlichen Aggressivität zu opfern, wenn man damit dem anderen helfen kann. Was in dem Grimm'schen Märchen zunächst wie schlecht erzählt wirkt, ist psychologisch im Grunde genial empfunden: Es ist kein getrenntes Geschehen, es ist vielmehr ein und derselbe Vorgang, in dem zeitgleich, das heißt sachlich identisch, der Vater das »Taubenhaus« zerstört und das »Aschenputtel« sich zur Asche setzt und damit wieder in die Pose der Dienstmagd zurückfällt.

»Als ich meinen Mann kennenlernte«, erzählte eine Frau von ihrer ersten Liebe, »hätte ich mich ihm niemals hingegeben, wenn ich nicht seine wehmütigen Augen gesehen hätte. Ich dachte, er braucht das, und ich wollte ihm helfen. Danach freilich hatte ich furchtbare Schuldgefühle. Ich kam mir wie entwürdigt vor und hätte am liebsten alles ungeschehen gemacht. Ich habe immer geglaubt, mein Mann würde mich lieben, wenn ich in allem tue, was er möchte. Selber habe ich nie gewagt, etwas auch nur zu wünschen, was nicht auch von meinem Manne zugleich gewünscht und angeregt wurde. Auch wenn er mich kränkte und verachtete, habe ich mich nie gewehrt – ich habe fast gar nicht gemerkt, wie weh er mir tat; ich fragte ihn höchstens, warum er plötzlich zum Beispiel so streng mit mir redete. Aber – was blieb mir auch? Ich hätte höchstens von ihm fortgehen können. Doch das wollte ich auch nicht. Irgendwann wird er mich doch lieben, hoffte ich, wenn ich nur lerne, wie ich mich ihm gegenüber richtig verhalte.«

Diese Frau hätte wohl niemals die innere Erlaubnis gespürt, einen Mann kennenzulernen ohne das Gefühl eines tiefen Mitleids (das eigentlich ihr selber hätte gelten sollen) und ohne den Willen zu einer bedingungslosen »Aschenputtel«-Dienstbarkeit. Die Vorstellung der Hilfsbedürftigkeit ihres Mannes bot ihr nicht allein die »Entschuldigung« für die Zerstörung des »Taubenhauses«, das neu begründete »Aschenputtel«-Dasein hernach war auch eine Strafe und Wiedergutmachung für die begangene »Ausschweifung«. Im Grunde liebte sie, wie sich nach und nach im Gespräch zeigte, ihren Mann auf dieselbe Weise wie vormals ihren Vater: Sie opferte sich ihm, um überhaupt in seiner Nähe bleiben zu dürfen, gleichzeitig aber erlebte sie ihn in ihrer

Ausgeliefertheit als nahezu sadistisch und gewalttätig; sie wehrte sich indessen nicht dagegen, sondern verstärkte im Gegenteil noch ihr Bestreben nach Unterordnung; und als sie schließlich ihm gänzlich zu willen war, übernahm sie für sich zudem noch obendrein den Vorwurf, ihn selber durch ihr Auftreten wohl zu seinem Verhalten verleitet zu haben – eine Schuld, die sie mit noch größerer Hingabe- und Opferbereitschaft sühnen wollte; eine Schraube ohne Ende.

Gleichwohl wäre es gänzlich verkehrt, alles, was in dieser Szene des Märchens von der Zerstörung des »Taubenhauses« und der Rückkehr in die »Asche« geschieht, nur für eine tragische Wiederholung der unglückseligen Vaterbeziehung in der Kindheit des »Aschenputtels« zu halten. Denn trotz aller Widersprüche, trotz aller Ängste und trotz aller Beschämungen kommt das »Aschenputtel« gerade so auf dem einzigen ihm noch verbleibenden Weg dem Hauptziel seines Lebens: der Liebe, einen ganz entscheidenden ersten Schritt näher. Es hat immerhin eine Form gefunden, »Dienstmagd« und »Tänzerin« nebeneinander stehen zu lassen. Zwar: Das »Opfer« dafür erscheint übergroß – die Zerstörung der Unschuld; zwar: Eine wirkliche Synthese zwischen der Rolle des »Aschenputtels« und der Rolle der »Königin« ist damit noch nicht gefunden; zwar: Immer noch erkauft sich das »Aschenputtel« mit seinem Übermaß an Hingabebereitschaft und Verantwortung ein viel zu Wenig an Liebe und Geborgenheit; doch trotzdem: Es ist jetzt eine alles verändernde Wandlung eingetreten: Es gibt fortan nicht länger mehr nur ein »Aschenputtel«, es gibt ab sofort auch die »Tänzerin«. Und so darf man gespannt sein, wie es in dieser Doppelbödigkeit der Existenz jetzt weitergeht.

Sonderbar: Die wichtigsten Fragen kann das Leben beantworten durch scheinbar endlose Wiederholungen, die doch nicht nur »Wiederholungen« sind, sondern inmitten des vermeintlich Gleichen charakteristische Veränderungen aufweisen.[98] Noch sitzt das »Aschenputtel« »in seinem grauen Kittelchen« in der »Küche«, da sinnt es doch schon auf eine baldmögliche Erneuerung seiner Abenteuer. Nichts in seinem Leben bisher ist gelöst; alles, was es tut, ist ein einziger Widerspruch – zu sich selbst, zu seiner Umgebung, zu allem, was man ihm beigebracht hat, und doch ist da das »Täubchen« auf dem Haselbaum der verstorbenen Mutter, das es ermächtigt und ihm ermöglicht, so fortzufahren, wie es jetzt begonnen hat. Wenn in der Bibel das Bild der Taube religiös als ein Symbol des Friedens und der Versöhnung (oder auch der Stimme Gottes beziehungsweise des »heiligen Geistes«) verwandt wird,[99] so können wir wohl auch psychologisch in der Taube (zusätzlich zu den bereits genannten Bedeutungen) so etwas sehen wie ein Wesensbild, das aus dem Umraum der »guten« Mutter das »Aschenputtel« zu einem eigenen Leben befähigt. In der Zuverlässigkeit seines wundersamen, »himmlischen« Beistandes jedenfalls ersetzt das Täubchen ganz und gar die säkulare Form des »guten Schutzengels« in der Sprache des Kirchenglaubens.[100] Zwar ist das »Aschenputtel« nach der Zerstörung des »Taubenhauses« nicht mehr gänzlich »unschuldig«; doch gibt es im Folgenden eine neue Idee, die es auch jetzt noch des Beistandes des »weißen Vogels« als würdig erscheinen lässt – das ist das Motiv des Birnbaums.

Wieviel das »Aschenputtel« mittlerweile trotz seiner »Flucht« dazugelernt hat, zeigt sich im Märchen schon daran, dass der Vogel dem Mädchen am zweiten Tag des königlichen Festes »ein noch viel stolzeres Kleid« vom Haselbaum herabwirft »als am vorigen Tag«. In der Tat kann das »Aschenputtel« jetzt um so mutiger auftreten, als es bereits von dem Prinzen »erwartet« wird. Es hat nicht länger mehr nötig, sich seinen Platz in der Gunst des Königssohns zu erobern, es darf in der Rolle der »Tänzerin« dieses Platzes im Voraus schon sicher sein. Sogar die chronische Angst vor den möglichen Konkurrentinnen müsste eigentlich sich erübrigen; denn selbst wenn andere Männer erscheinen, um das »Aschenputtel« um einen »Tanz« zu bitten, besteht der »Königssohn« jedesmal energisch darauf, dass es keine andere Tänzerin für ihn gebe als nur diese Schönste von allen. Freilich, die Beruhigung der Angst, nicht wirklich geliebt zu werden, geht nach wie vor in diesem Verhältnis ganz und gar von der Person des »Prinzen« aus, und sie gilt allein der Rolle, die das »Aschenputtel« als »königliche« »Tänzerin« ihm gegenüber spielt, sie geschieht noch nicht in der Sicherheit des eigenen Wesens. Daran muss es denn auch liegen, dass sogar am Abend dieses prachtvollen Tages das »Aschenputtel« erneut versucht, sich der Entdeckung seiner Niedrigkeit durch Flucht zu entziehen. Immer noch hängt an jedem Ja oder Nein des »Königssohnes« alles Heil oder Unheil eines »Aschenputtels«; immer noch bleibt desgleichen die Frage vollkommen unbeantwortet, wie das »fromme« und »gute« Mädchen damit zurechtkommen soll, neuerdings als eine attraktive Frau von einem Mann geliebt zu werden; und vor allem die Angst, nicht »gut genug« zu sein, nötigt immer wieder zu schamvollem Rückzug. Alles das ist der Anlage nach gewiss nicht viel Anders als beim »ersten Mal«; und doch hat sich etwas jetzt, da das »Taubenhaus« zerstört worden ist, entscheidend geändert, das sich ausdrückt in dem eichhörnchengleichen Herumgeklettter des »Aschenputtels« auf dem Birnbaum im Garten.

Es versteht sich, dass auch diese Szene in keiner Weise »real« ist – wie sollte der »Königssohn« zwar erkennen können, wie behende sein »Aschenputtel« imstande ist, den »schönen, großen Baum« im Garten, »an dem die herrlichsten Birnen hingen«, zu erklettern, zur gleichen Zeit aber völlig unfähig sein, zu bemerken, wie das Mädchen wieder von dem Baum herunterklettert? Und wie sollte vollends der Vater auf die Idee verfallen, dem ratlosen »Königssohn« dadurch helfen zu können, dass er den ganzen schönen Birnenbaum abholzt, nur um hinterdrein feststellen zu müssen, dass sich das »Aschenputtel« nicht mehr darauf befindet? Es leidet keinen Zweifel, dass wir auch diese Episode des Märchens interpretieren müssen wie das Bild eines Traumes angsterfüllter Nächte.

Ein Baum kann in den Träumen, Mythen und Märchen mit Vorliebe als ein weiblich-mütterliches Bild verwandt werden.[101] Der Grund für diese symbolische Bedeutung führt weit in die Stammesgeschichte zurück, als unsere baumbewohnenden Primatenvorfahren »Bäume« als Orte von Schutz, Nahrung und Geborgenheit erlebten, ganz wie ein neugeborenes Menschenkind den Körper seiner Mutter.[102] Insbesondere wenn jemand im Baumtest einen »Birnenbaum« mit betont großen und zahlreichen Früchten zeichnen würde, wäre diagnostisch darin gewiss ein deutlicher Hinweis auf eine ausgesprochen »oral« getönte Wunsch- und Phantasiewelt zu erblicken:[103] »Oral« bezeichnet hier die gesamte Sphäre von Akzeptation, Anklammerung, Haltsuche und passiver Wunschbefriedigung;[104] in diesem Sinne lässt sich der Birnbaum insgesamt als das ideale depressiv getönte Sehnsuchtsbild eines »Aschenputtels« verstehen.[105] Der »Birnbaum« im Garten ist unter diesen Voraussetzungen das positive Gegenstück zu dem »Haselbaum« auf dem Grab der Mutter: Er markiert den Übergang von der Trauer um die verstorbene Mutter in den Wunsch, selber Mutter zu werden.[106]

Wichtig an dieser Stelle ist insbesondere der »subjektale« Aspekt des »Birnbaumes«, in dem das Mädchen sich inzwischen offenbar selber als eine »reife«, voll entwickelte Frau zu betrachten beginnt. Ohne

Mühe lässt sich eine solche »Baumphantasie« vor allem mit dem Erleben des Gestaltwandels in der Zeit der Pubertät in Verbindung bringen[107] – für ein »Aschenputtel« in aller Regel eine ganz dramatische, höchst beunruhigende Zeit, die der alten Ambivalenz zwischen der Suche nach Liebe und dem moralischen Verbot der Liebe neue Nahrung verleiht. Denn je schöner ein Mädchen zu einer Frau heranreift, desto mehr muss es unter den Voraussetzungen einer »Aschenputtel«-Biographie fürchten, »verführerisch« zu sein und von der eigenen (Stief)Mutter als »Hure« oder »Hexe« beschimpft zu werden. Erneut muss es also versuchen, sich vor den anderen mit gerade den Eigenschaften zu verstecken, die es ihnen eigentlich zeigen möchte.

All diese Zusammenhänge können verständlich machen, warum das Grimm'sche Märchen gerade an dieser Stelle von einem »Birnenbaum« berichtet; doch was wir noch nicht verstehen, ist der Umstand, dass das »Aschenputtel«, entsprechend unserer Symboldeutung, jetzt gerade in diesem Bild entfalteter Fraulichkeit Zuflucht vor der Begleitung des »Königssohnes« sucht.

Das Rätsel löst sich immerhin ein wenig, wenn wir das »eichhörnchenartige« Gekletter des »Aschenputtels« in dem »Birnbaum« als einen weiteren symbolischen Hinweis auf die Erlebnisweise eines heranwachsenden Mädchens interpretieren. Offenbar lebt das »Aschenputtel«, sagt uns dieses Bild, mittlerweile in einer Form, in der es vor den Augen anderer als eine reife Frau in Erscheinung tritt; andererseits aber »bewohnt« es seine eigene Weiblichkeit nur wie im Vorübergang, »flüchtig« buchstäblich, mit »huschenden« Bewegungen, die es selber so gut wie unsichtbar machen. Ein »Aschenputtel« darf, trotz aller Angst, nicht »schön« genug zu sein, niemals zeigen, wie schön es wirklich ist, und versucht es dies trotzdem, so muss es über kurz oder lang bestimmt wieder zurück von dem »Birnbaum« in die »Asche« seiner »Küche«. So besehen, wird man das Erleben des »Aschenputtels« sich tatsächlich in einer gewissen Ähnlichkeit zu dem Verhalten eines »Eichhörnchens« vorstellen müssen: Wenn in den Frühlingsmonaten die Brunftzeit der Eichhörnchen einsetzt, beginnt zwischen den im Rivalenkampf siegreichen Männchen und den Weibchen ein geradezu tolles Fangspiel quer durch alle Baumwipfel.[108] Immer wieder versuchen dabei die Männchen, mit Imponierläufen und Scheinangriffen die Weibchen einzuschüchtern, während diese, teils verschreckt, teils verspielt, ihr Heil in der Flucht suchen. Um die Kontaktangst der Weibchen zu besänftigen, geben die Männchen schließlich Laute von sich, die dem Ruf von Jungtieren ähneln. In die Paarung selbst freilich muss das Weibchen ausdrücklich einwilligen, da es sich mit seinem buschigen Schwänzchen jederzeit sperren könnte. Als einzige unter den Säugetieren teilen die Eichhörnchen alsdann ein etwa vierzehntägiges Liebeslager miteinander, bis aus irgendeinem nichtigen Anlaß das Weibchen den Erzeuger der künftigen Kinder aus dem Nest wirft – er hat seine Pflicht getan und wird nicht länger mehr gebraucht.

Betrachtet man das Verhalten des »Aschenputtels«, so sieht man es nicht nur »eichhörnchengleich« an dem »Birnenbaum« hin- und herhuschen, es macht damit in der Symbolsprache des Märchens auch deutlich, welch eine Einstellung es zu dem »Königssohn« selbst auf dieser Stufe seiner Entwicklung einnimmt: Es gibt eine Bedingung, unter der es ihm mittlerweile doch möglich wäre, auf die Werbungen, das heißt ganz wörtlich: auf die Nachstellungen des »Prinzen« einzugehen: Es müsste sich selber begreifen lernen als einen »Birnenbaum« – als eine Frau, deren ganze Weiblichkeit dazu dient, viele »Früchte«, also Kinder hervorzubringen.[109]

Man wird diesem Wunsch, möglichst bald Mutter zu werden und viele Kinder zu bekommen, in den Träumereien eines »Aschenputtels« gewiss recht ausgedehnt begegnen; und es ist auch nicht schwer zu verstehen, warum. – Da ist zum einen die eigene verlorene Kindheit, die das Verlangen mit sich bringt, Kindern das Leben zu schenken, die in eine Welt hineingeboren würden, besser, als man sie selber erleben musste – es ist sozusagen die eigene verschüttete Kindheit, die hier noch einmal stellvertretend durchlebt und durchlitten werden will. Zum anderen aber bietet die Mutterschaft gewissermaßen auch einen Entschuldigungsgrund dafür, eine Frau zu sein und die eigene Fraulichkeit zu bejahen. An sich, so lehrt zum Beispiel die katholische Kirche (in einer grotesk anmutenden Missachtung aller Erkenntnisse der Biologie und der Psychologie) bis heute, ist ein sexuelles Erleben nur erlaubt in der Ehe und auch dann nur zum Zwecke möglicher Nachkommenschaft[110] (weshalb nach wie vor alle künstlichen Formen der Empfängnisverhütung »objektiv« als schwer sündhaft betrachtet werden).[111] Ein Mädchen, das im Schatten solcher Ideen heranwächst, wird dem Ideal nach erneut auf das Beispiel der »Jungfrau« Maria verwiesen, der es vergönnt war, Mutter zu werden, ohne Frau sein zu müssen. Der Umkehrschluss liegt nahe: Wenn es denn schon, weniger wunderbar, unumgänglich ist, eine Frau sein zu sollen, so legt sich doch eine Rechtfertigung über das an sich Verbotene: Wenn es nämlich dahin führt, Mutter zu werden! Den Mann allerdings braucht eine Frau, eichhörnchenähnlich, in der Tat, wenn es so steht, bei dieser moralischen Einstellung wirklich nur noch zum Zwecke der Zeugung; danach nur hinweg mit ihm oder hinweg von ihm – gleichviel, wenn nur »weg«. Hernach wird das »Aschenputtel« mit anderen Worten als Frau ab sofort selbst wieder unsichtbar sein für die Augen des »Prinzen«, und man wird es – erneut – finden als Küchenmagd in der Asche, als ein nur dienstbares Wesen, das alles gut meint und gut macht, um den Preis freilich, dass es selber nicht lebt.

Es liegt in dem Bild von dem »Birnenbaum« allerdings auch noch ein anderes Moment, auf das man stößt, wenn man auf die »Zweigeschlechtlichkeit« der meisten Traumsymbole des Unbewussten achtet.[112] Der Baum mit den Früchten kann natürlich auch ein männliches Symbol sein, und das Herumklettern des »Aschenputtels« auf dem »Baum« liest sich dann als ein unbewusster Ausdruck gerade des Wunsches, den das Mädchen (beziehungsweise die zu ihrer Weiblichkeit herangereifte Frau) im Bewusstsein gerade am meisten fürchtet. Das »Aschenputtel« flieht, so betrachtet, mit seinem Herumklettern gerade in den Bereich des Männlichen hinein, den es an sich am meisten vermeiden möchte, den es aber auch am meisten ersehnt.

Von daher verstehen wir recht gut, dass es erneut der Vater ist, dessen Dazwischentreten im Folgenden dazu führt, den neuen Zufluchtsort seiner Tochter zu zerstören. Die Angst vor der väterlichen Gewalt ist es, die es an dieser Stelle unmöglich macht, sich auf der Höhe der neu gewonnenen Synthese einer bejahten Weiblichkeit als Mutter zu halten; ein erstorbener »Birnenbaum« und eine gedemütigte Dienstmagd sind vorerst alles, was nach dem gewalttätigen Auftritt des »Vaters« von dem »Aschenputtel« noch übrigbleiben wird.

Doch so seltsam es sich auch anhören mag: Gerade durch diesen Faktor der Vaterangst (auf dem Hintergrund einer ebenso starken Sehnsucht nach dem Vater) wird das »Aschenputtel« in seiner psychischen Entwicklung noch einmal einen Schritt weiter vorangetrieben, und ein solcher neuer Reifungsschritt ist unerlässlich. Denn die entscheidende Frage ist nach wie vor ungelöst: Der »Königssohn« konnte seine »Tänzerin« nicht finden in dem »Taubenhaus« der Unschuld, er konnte sie nicht finden in dem »Birnenbaum« reiner Mütterlichkeit –

das »Aschenputtel« entwischte ihm in der Rolle der »Tänzerin«, und es muss für ihn unerkennbar bleiben in der Rolle der »Küchenmagd«; wer aber ist dann das »Aschenputtel« selber, wenn es nicht ist, was es bisher vorgab zu sein: ein unschuldiges Mädchen, eine glückliche Mutter, eine verzaubernde Bajadere, eine hingebungsvolle Dienstmagd – wenn es nichts von all dem ist, als was es bisher erschien und in seiner Angst erscheinen musste, indem es all dieses auch und zugleich war und ist, wer ist und wird es dann »selber« sein? Das ist die Frage jetzt, und sie duldet nicht länger mehr Aufschub.

Charakteristisch ist auch an dieser Stelle, dass das »Aschenputtel« von sich her nie und nimmer dazu kommt, »Farbe« zu bekennen. So wie ihm jeder Schritt nach vorn bislang nur durch einen erheblichen Schub an Angst und Trauer gegen all die Verbote und Einschränkungen seiner Kindheit förmlich abgepresst werden musste, so scheint auch in dem letzten entscheidenden Schritt jetzt, am dritten Tage des Königsballes, alle Aktivität bei dem »Prinzen« selbst, nicht beim »Aschenputtel« zu liegen. Dabei geht es im Folgenden einzig darum, dass das »Aschenputtel« von sich selbst her lernt, zu dem zu stehen, was es in den Augen aller anderen lange schon ist: eine wunderschöne und überaus liebenswerte Frau.

Der »dritte« Tag des Prinzenballs beginnt für das »Aschenputtel« damit, dass es unter dem Haselbaum am Grab seiner Mutter ein Kleid von dem weißen Vogel herabgeworfen bekommt, »so prächtig und glänzend, wie es noch keins gehabt hatte«, die Pantoffeln aber sind diesmal »ganz golden«. Psychoanalytisch lassen sich die »Pantoffeln« gewiss als ein weibliches Genitalsymbol deuten;[113] hier aber geht es weit mehr darum, zu der eigenen Weiblichkeit »bewusst« »Stellung« zu nehmen – nicht mehr »silbern«, mondhaft-verschwommen, sondern »golden«, in klarer tagheller Entschiedenheit.[114] Alles ereignet sich dabei indessen zunächst wie gehabt: Im entscheidenden Moment entwischt auch diesmal das »Aschenputtel« dem »Prinzen«, nur jetzt noch früher als bisher, nicht im »Garten«, sondern schon am Palastausgang, so »dass er (ihm) nicht folgen konnte«. Aber auch der »Königssohn« hat sich vorgesehen: Er hat »die ganze Treppe mit Pech bestreichen lassen«, so dass »der linke Pantoffel des Mädchens« an der Stufe festklebt und der Königssohn den »kleinen und zierlichen und ganz goldenen« Pantoffel findet, um damit am nächsten Morgen sich auf die Suche nach der rechten Braut zu begeben. Der linke Schuh, wenngleich

»ganz aus Gold«, steht erneut für den Bereich des Unbewussten – eine sonderbare Konstellation, die man wohl so wird übersetzen müssen, dass das Mädchen inzwischen in seinem Denken bejaht, wo es in seinem »Unbewussten« bereits »steht«, dass es aber immer noch große Angst hat, seinen objektiv schon eingenommenen »Standpunkt« auch subjektiv bewusst mitzuvollziehen.[115] Man kann diesen Konflikt gewiss gut verstehen. Denn natürlich haben die drei Tage des Königsballes auch das »Aschenputtel« inzwischen selber verändert; das spielerische »Tanzen« um die Gunst des »Königssohnes« hat längst einen solchen Grad der »Verbindlichkeit« erreicht, dass eigentlich beide, das »Aschenputtel« und sein »Prinz«, zusammenhalten müssten wie »Pech« (und Schwefel), wäre da nicht immer wieder die alte Angst vor dem Glück, die das »Aschenputtel« wortwörtlich zum »Weglaufen« nötigt. Alle bisherigen Kompromissversuche aber fallen jetzt fort: Dem Prinzen in »Unschuld« als »Dienstmagd« sich zu opfern – das ist nicht die Liebe, nach welcher das »Aschenputtel« sein Leben lang Ausschau hielt: In die Rolle einer treusorgenden, dienstbaren »Mutter« zu schlüpfen – auch das ergibt eine Existenzform, in welcher die eigentliche Person des »Aschenputtels« dem »Prinzen« nicht minder aus den Augen entschwinden müsste als sich selber. Wer also ist das »Aschenputtel« »eigentlich« – als »Küchenmagd« und als »Tänzerin«? Ehe diese Frage keine plausible Antwort findet, muss die Liebe zwischen dem »Aschenputtel« und dem »Prinzen« ein ständiges Vabanquespiel der Angst und der Hoffnung bleiben.

4. Die Suche nach der Identität

Es gibt heute nicht gerade wenige psychotherapeutische Bücher, die in recht anspruchsvollen Worten zu schildern wissen, wie »selbständig«, »erwachsen«, »mündig« und »partnerschaftlich« Liebespartner zu sein haben, um in der Liebe glücklich zu werden.[116] Wie aber wird man »selbständig«, »erwachsen«, »mündig« und »partnerschaftlich«? Das Grimm'sche Märchen meint, wohl nicht zu Unrecht, dies könne man nur werden durch einen anderen Menschen, der durch seine Liebe all die uralten Wahrheiten des eigenen Wesens hervorlockt, die vor lauter Angst bisher verschwiegen und verheimlicht werden mussten und die doch wiedergefunden werden müssen, damit die ständige

Flucht vor sich selbst endlich aufhören kann. Würde der »Prinz« in der Grimm'schen Erzählung nicht Abend für Abend seiner »Tänzerin« »nachgehen« – sie käme nie bei sich selber an.

Es ist mithin schlechterdings entscheidend, dass der »Königssohn« jetzt darauf besteht, das »Aschenputtel« mit Hilfe des festgeklebten Pantoffels zu identifizieren. Als seine Braut, erklärt er, komme nur die Frau in Frage, »an deren Fuß dieser goldene Schuh passt«. Äußerlich gesehen, geht es darum, dass das »Aschenputtel« sich zu seinem »Schuh«, mithin zu seiner Weiblichkeit wirklich bekennt, indem es sich hineinfügt in das, was es wirklich ist; in der Dramaturgie des Märchens aber kommt es an dieser Stelle vor allem darauf an, dass das »Aschenputtel« aufhört, sich immer wieder in die Rolle der »Küchenmagd« zu flüchten, nur aus Angst, in seiner »eigentlichen« Wirklichkeit für die Augen des »Königssohnes« gewiss nicht »passend« zu sein.

Die Frage stellt sich jetzt wirklich: Zu wem »passt« der Schuh, in dem das »Aschenputtel« auf den Ball gegangen ist? Welch eine Form seines »Auftritts« mit anderen Worten »passt« überhaupt zu ihm? Bislang hatte es stets Angst, von dem »Königssohn« als ein bloßes »Aschenputtel« entlarvt zu werden, und gerade diese Angst zwang es immer wieder in die Rolle der »Küchenmagd« zurück; doch solange es bei dieser Aufspaltung zwischen der Zwangsform der Vergangenheit und der Form seines Anspruchs in der Gegenwart bleiben sollte, würde der »Prinz« niemals eine Chance haben, seine Geliebte wiederzufinden. Nur wenn das »Aschenputtel« sich ihm so zeigt, wie es »wirklich« seiner »Herkunft« nach ist, wird es auch die leer gebliebene »Form« seines »Auftritts« in Gestalt des goldenen Pantoffels ausfüllen können; in dieser Notwendigkeit allein liegt die ganze Lösung der Problematik einer Aschenputtel-Existenz. Anders gesagt: Das »Aschenputtel« kann zu seinem Auftreten als strahlende »Tänzerin« nur stehen, wenn es die »Küchenmagd« zum Vorschein bringt, die in ihm auch lebt; es wird nur dann eine wirkliche »Königin« werden, wenn es sich zu dem »Aschenmädchen« bekennt, das es doch auch ist beziehungsweise das es über viele Jahre hin für sich und andere darstellen musste.

Die jetzt folgende Szene wird jedes Kind beim ersten Hören des Aschenputtel-Märchens mit Genugtuung und innerer Befriedigung aufnehmen: Endlich jetzt werden die bösen Stiefschwestern ihrer Bosheit überführt und durch ihren eigenen falschen Ehrgeiz gründlich bestraft! Doch betrifft ein solches Verständnis nur die Außenseite der

Geschichte. Es mag bisher ausreichend erschienen sein, die Gestalt der (Stief)Schwester(n) »objektal« als die ältere(n) Schwester(n) eines »Aschenputtels« zu interpretieren; viele Formen verschobener Schuldgefühle, ersatzweiser Quälereien und Schikanen, verhaltener Eifersüchteleien und verzweifelter Unterwerfungsgebärden lassen sich im Leben eines »Aschenputtels« denn auch wohl mit großem Gewinn auf dieser Ebene verstehen; – insgesamt taugt die Deutung auf der »Objektstufe« vorzüglich dazu, die Wechselbeziehung unter den zentralen Kontaktpersonen im frühen Erleben der Kindheit psychoanalytisch bewusst zu machen. Je älter aber jemand wird, desto mehr zeigt sich, dass er all die einmal »objektiv« existierenden Personen in gewissem Sinne subjektal auch in sich selber trägt;[117] die verstorbene Mutter, die »böse« (Stief)Mutter, den fehlenden beziehungsweise ängstigenden Vater, die zänkische(n) (Stief)Schwester(n) … sie alle haben ihre Spuren in der eigenen Psyche hinterlassen, und sie werden daraus nur verschwinden, wenn man sich die Einstellungen bewusst macht, die sich unter ihrem Einfluss geformt haben. So unglaublich es sich zunächst also auch anhören mag – man wird die Ängste und Konflikte eines »Aschenputtels« erst vollständig begreifen können, wenn man ein Stück weit achtgibt auch auf die »Stiefschwestern«, die in ihm selber hausen.

Psychoanalytisch ist gerade die innere Dialektik aller seelischen Äußerungen, die sich wechselseitig bedingende Widersprüchlichkeit zwischen gehemmten Triebimpulsen und entsprechenden Haltungen,[118] von größter Bedeutung. Ein Mensch zum Beispiel, der in seinem Bewusstsein so anspruchslos wie nur irgend möglich zu sein sich bemüht, kann doch im Hintergrund erhebliche Erwartungen an seine Umwelt richten. Ein »Aschenputtel« insbesondere wird sich in dem Gefühl seiner Rechtlosigkeit gewiss sehr schwer tun, auch nur seine kleinsten Wünsche einem anderen Menschen mitzuteilen; doch um so größer wird seine unausgesprochene Hoffnung sein, der andere werde von selber merken, was es braucht und möchte. Es wird gewiss niemals so »grob« und so »frech« sein, einem anderen Menschen an seiner Seite Vorwürfe zu machen, doch seine Trauerattacken können weit quälender und vorwurfsvoller wirken als alle offen geäußerten Beschwerden. Ein »Aschenputtel« wird in aller Bescheidenheit den anderen zu Diensten sein, so gut es nur geht, und doch wird hinter diesem Bemühen auch ein gewisser Anspruch spürbar werden, in gewissem Sinne mit der eigenen Demutshaltung ein besserer Mensch zu sein.

Um mögliche Missverständnisse zu vermeiden: Es geht an dieser Stelle nicht darum, Menschen, die sich ohnedies schon seelisch in der »Küche« oder im »Keller« fühlen, jetzt auch noch zu beschuldigen, sie seien im Grunde nach dem Vorbild ihrer (subjektal gedeuteten) »Stiefschwestern« hochnäsig, überanspruchsvoll und eingebildet – selbst wenn sie in ihrem Leben solche Vorwürfe jemals zu hören bekommen hätten, so wären sie ihnen vermutlich ganz unverständlich geblieben und gewiss als sehr ungerecht erschienen; jedenfalls hätten sie nur die mitgebrachten Haltungen verstärkt, nicht verändert. Worum es in psychoanalytischer Absicht geht, ist nicht eine neue Anklage, sondern eine längst fällige Erlaubnis: Es soll, im Bild des »passenden« »Schuhs« gesprochen, dem »Aschenputtel« jetzt endlich möglich werden, das eigene Format zu finden und dabei jede Art der Zwangsanpassung und der Selbstverstümmelung aufgeben. Freilich, solange die »Stiefmutter« das Leben bestimmt, inklusive all der Ängste und Minderwertigkeitsgefühle, die von ihr ausgehen, kann das »Aschenputtel« nur verzweifelt bemüht sein, sich so zurecht zu schneiden, dass es den Erwartungen des »königlichen« Maßes entsprechend wird; es wird selbst im Eigensten nicht das Eigene wiedererkennen; es wird immer noch glauben, sich passend machen zu müssen, statt zu seiner »Aschenputtel«-Existenz in Wahrheit zu stehen und zu erleben, dass es gerade so, wie es wirklich ist, einzig »passend« sein kann; immer wieder wird es versuchen, in den Augen des »Königssohnes« als »passend« zu erscheinen, um mit ihm »hoch zu Roß« in sein »Schloß« zu gelangen; doch selbst wenn es gelingen würde, allen Schmerz solcher Selbstverstümmelungen zu verbeißen und sich nicht anmerken zu lassen, so würden doch die »Täubchen« auf dem »Haselbaum« des mütterlichen Grabes den (Selbst)Betrug offen verkünden: Die Stimme des eigenen Wesens und die Gefahr, nach und nach an den eigenen Verletzungen zu verbluten, sind Indizien genug, dass es »falsch« wäre, auf solche Weise die »Braut« des »Königssohnes« werden zu wollen.

Wie kommt es überhaupt jetzt zu dieser blutigen Episode der »Selbstbeschneidung« und »Selbstverstümmelung« im Bilde der »Stiefschwestern«?[119] – Um sich klarzumachen, mit welch einem Verwirrspiel es der »Königssohn« an dieser Stelle zu tun haben wird, muss man sich die Situation verdeutlichen, in welcher die Beziehung des »Prinzen« zu dem »Aschenputtel« nunmehr geraten ist. So oft das verschüchterte Mädchen aus seiner Rolle als einer königlichen Tänzerin auch zu »entwischen« suchte, es »klebt« seit jenem »dritten« Tage mit der Art seines Auftrittes fest: – Eine Verbindlichkeit ist in die Beziehung getreten, die das »Aschenputtel« zwar die ganze Zeit über sich von Herzen ersehnt und gewünscht, gleichwohl in seiner Angst aber nicht eigentlich »gewollt« hat. Was es hindert, sich zu seinem »goldenen« Schuh zu bekennen und bewusst zu wollen, was es wünscht, das ist, wie wir wissen, die nach wie vor bestehende Scheu, sich in den Hintergrundgefühlen seiner »Aschenputtel«-Existenz dem »Königssohn« zu offenbaren; immer noch besteht ja die Angst, von ihm brüsk abgelehnt zu werden, erführe er die ganze Wahrheit. Von sich selbst her kann ein »Aschenputtel« daher wirklich nur wünschen, den Kontakt zu seinem »Prinzen« in der Schwebe einer vollendeten Zweideutigkeit zu halten: Die Rolle einer »Königin« der Bälle tänzerisch zu spielen – das möchte es schon; aber diese Rolle der eigenen Sehnsucht in der Wirklichkeit nun auch zu leben – das erscheint nach wie vor unmöglich. Dass es selber eine wirkliche Königin ist, das kann ja von ihm überhaupt nur glauben, wer es in Wahrheit gar noch nicht kennt. Diese immer noch bestehende negative Gewissheit ist der Preis des bislang nur geliehenen Lebens, des verdoppelten Daseins, der das »Aschenputtel« jetzt teuer zu stehen kommt. Denn: Der »Königssohn« glaubt, was er bisher zu sehen bekam. Er sieht gerade in der Frau, die er zu lieben gelernt hat, all die Anmut, die Schönheit, die Gewandtheit, den Liebreiz verwirklicht, nach dem er selber sich sehnt, und in all dem erblickt er ihr wahres Wesen; er möchte seine Geliebte gerade so, wie sie ihm begegnet ist – unterhaltsam, unkompliziert und lustig; eine andere Frau kennt er nicht, eine andere vermutet er in seiner »Einfalt« bislang nicht einmal. Von der Lebens- und Todesangst seines »Aschenputtels« hat er gerade nur so viel mitbekommen, dass sich seine neue Geliebte immer wieder »irgendwie« vor seinen Augen »unsichtbar« gemacht hat, so dass er sie nicht zu erreichen vermochte. Und doch liegt ihm mittlerweile genug an ihr, um von ihr zu erwarten, sie werde trotz allem Tag um Tag zu ihm zum Tanze zurückkehren, und er hält sich im Moment geradewegs etwas darauf zugute, diese Schöne der Festlichkeiten auf die Art ihres »Auftritts« immerhin doch schon festgeschrieben oder, besser, »festgeleimt« zu haben. Für das »Aschenputtel« jedoch ist genau dies jetzt, subjektal betrachtet, die Stunde des Auftritts seiner »(Stief)Schwester(n)«, indem es alles, was ihm bislang von außen an Demütigungen zugefügt wurde, nunmehr in der Regieanweisung des

»Königssohnes« innerlich gegen sich selbst gerichtet fühlen muss. Was dabei herauskommt, ist eine schmerzhafte Travestie der Liebe, aber ein neues Meisterstück der Selbstunterdrückung, das man, adressiert an den »Königssohn«, etwa so formulieren kann: »Nun, du möchtest mich als deine Königin, als deine Vorzeigedame, als dein lustiges Tanzgirl? Das kannst du haben. Zwar passt zu mir nicht, was du von mir willst, es passt in keiner Weise, weder ›vorne‹ noch ›hinten‹, aber wenn du es so haben willst – bitte, hier bin ich. Ich werde mich dir anpassen in jeder Form, ich werde mich für dich verstümmeln, ich werde an mir alles wegschneiden, was dir zu viel wird, ich werde für dich so sein, wie du mich möchtest. Ich möchte dafür nur eines: dass du mich liebhast! Und: Dass du mich zu deiner Königin erwählst.«

Eine solche Einstellung markiert selbst innerhalb einer »Aschenputtel«-Haltung ein Extrem; doch kommt darin auch etwas von dem Verhaltensmuster zum Ausdruck, das in einer patriarchalisch dominierten Gesellschaft von »Königen« den Frauen insgesamt auferlegt wird. Im Rahmen der FREUDschen Psychoanalyse ist die Verstümmelung des Fußes natürlich als ein Kastrationssymbol zu lesen;[120] das Abschneiden der großen Zehe beziehungsweise der Hacke wäre, so betrachtet, als ein Bild für den Vorgang der Defloration oder, allgemeiner, als ein Symbol für die Beschaffenheit der Frau als eines »kastrierten« Mannes zu verstehen.[121] Das psychoanalytische Konzept, das einer solchen Interpretation zugrundeliegt, entstammt unzweifelhaft selber den Anschauungen einer patriarchalen Gesellschaft;[122] doch umso besser ist es geeignet, die Situation einer Frau zu verstehen, die sich unter den gegebenen Umständen selber als ein durch und durch ohnmächtiges, seiner Rechte und Möglichkeiten »beschnittenes«, in seiner Eigenständigkeit behindertes Wesen betrachten muss und soll. »Ich werde nicht geliebt für das, was ich bin, sondern für das, was ich von mir preisgebe« – nach dieser »Aschenputtel«-Devise definiert sich das Leben vieler Frauen auch außerhalb der speziellen Problematik des Grimm'schen Märchens; sie führen objektiv in ihrer gesellschaftlichen Rollenzuweisung bereits ein rechtes »Aschenputtel«-Dasein, ohne dass für sie subjektiv die Psychologie eines »Aschenputtels« charakteristisch sein müsste; sie müssen, um auch nur geduldet, geschweige denn geliebt zu werden, sich ihrer Anerkennung jeweils erst mit enormen Vorleistungen und Selbsteinschränkungen verdienen. Die Tragik all dieser »Opfer« zur Gewinnung von Anerkennung und Liebe indessen liegt allemal darin, dass sie verhindert, was sie ermöglichen soll: Alle »Herrschaft« zerstört die Liebe, und Menschen können nicht zueinander finden nach den Spielregeln der Verehrung grausamer Gottheiten, die sich in ihrem Grimm erst versöhnen und zu »Gnade« bestimmen lassen, wenn man ihnen blutige Gaben auf den Altar legt und sich vor ihnen von dem Besten und Liebsten trennt, was man besitzt. Die Liebe gilt der Wahrheit der Person eines anderen Menschen, oder sie ist nicht.

Von daher droht es auf einen Lebensirrtum hinauszulaufen, wenn das »Aschenputtel« auch jetzt noch glaubt, gewiss nicht als es selber, wohl aber vielleicht in der aufgesetzten Gefälligkeitsrolle seiner »Stiefschwestern« geliebt zu werden und zur »Königin« erhoben zu werden. Weder in der Rolle dienstbarer Unschuld (im »Taubenhaus«) noch in der Rolle der »Nur«-Mutter (im »Birnenbaum«) noch in der Rolle äußerlicher Anpassung (in der Selbstamputation der »Stiefschwestern«) besitzt in Wahrheit das »Aschenputtel« eine Chance, geliebt zu werden; einzig indem es wagt, sich selber so zu zeigen, wie es in Wirklichkeit ist, kann der Wunsch seines Lebens in Erfüllung gehen, einen Menschen zu finden, der seinem Dasein die Schönheit und Größe verleiht, die in ihm angelegt sind. Doch was gehört unter den gegebenen Voraussetzungen dazu!

Sein ganzes Leben lang hat das »Aschenputtel« gelernt, dass man es niemals lieben wird: nicht dafür, dass es da ist – es ist den anderen zu viel, dass es da ist; nicht dafür, dass es so ist, wie es ist – es ist den anderen lästig in der ganzen Art seines Wesens; nicht für die Demütigungen, die man ihm auferlegt und die es erträgt – man wird es ganz einfach verächtlich finden für die Schändlichkeit, in der es erniedrigt wird. Es darf nicht einmal andeuten, wie es wirklich um es steht – das hat es gelernt. Wenn es sich hätte beklagen wollen – wer je wäre bereit gewesen, ihm zuzuhören? Seine »gute« Mutter war tot, seine »Stiefmutter« fühlte sich stets als die Überlegene – immer war sie »im Recht«, und der Vater war all die Zeit über irgendwie abwesend und unerreichbar. Es war niemals möglich, mit den Menschen zu sprechen, die eigentlich »ansprechbar« hätten sein müssen; und umso weniger scheint es jetzt möglich, mit demjenigen Menschen zu reden, den man eigentlich am meisten liebt.

Eine sonderbare Wirkung jeglicher Erniedrigung liegt darin, dass sie innerlich als Gefühl, wirklich »niedrig« zu sein, sich verfestigt; aus der Schändung wird die Schande, aus der Strafe – die Schuld![123] Wie oft hat das »Aschenputtel« mit all seiner »Erbsenzählerei« ergrübeln müssen, warum es überhaupt derart misshandelt wird? Immer musste es »verstehen«, was eigentlich niemals zu verstehen war! Und den anderen vor sich selber zu entschuldigen, war stets weit wichtiger, als ihn all seiner Lieblosigkeit wegen offen zu beschuldigen. Wie könnte ein »Aschenputtel« da jemals glauben, es dürfte dem Menschen, dessen Zuneigung ihm am meisten auf Erden bedeutet, die Wahrheit gestehen? Wenn es jemals versuchte, mit seiner (Stief)Mutter oder mit seinem Vater zu reden, wurde eher alles noch schlimmer – das war seine Erfahrung; wenn es schlimm wurde, lag die einzige noch verbleibende Rettung stets im Verschweigen – das hat es gelernt; in die Einsamkeit zu fliehen und darin solange durchzuhalten, bis es den anderen wieder »tragfähig« und »zumutbar« sein würde – darin lag für das »Aschenputtel« am Ende der letzte Rest eines gewissen Stolzes. Jetzt wäre es schon von daher unsäglich beschämend, dem anderen, an dessen Urteil doch so viel liegt, die eigene Ohnmacht und Hilflosigkeit eingestehen zu sollen.

Insofern erzählt das Grimm'sche Märchen außerordentlich treffsicher, wenn es berichtet, dass es dem »Aschenputtel« von sich selbst her keineswegs gelingt, den ersten Schritt auf den »Königssohn« zuzugehen und sich ihm vorbehaltlos zu öffnen. Gegen einen solchen Schritt steht verständlicherweise nach wie vor die Dauerangst, dem anderen lästig zu werden. Das »Aschenputtel« kann über lange Zeit hin durchaus nicht sehen, dass es mit seiner Rücksichtnahme des Schweigens, in der Absicht, nur niemandem »lästig« zu werden, in Wahrheit gerade in die Gefahr gerät, dem anderen wirklich zur Last zu fallen. Zum Beispiel möchte der »Königssohn« natürlich, dass seine geliebte »Tänzerin« glücklich ist; doch nicht einmal entfernt auch nur kann er ahnen, wie unglücklich sie in Wahrheit ist und wie schmerzhaft es für sie sein muss, sich in die Passform einer heiteren Wunschprinzessin zu zwängen. Auf diese Weise teilt der »Königssohn« mit seiner Geliebten ständig ein Glück, das er als »fertig« voraussetzt, während es für das »Aschenputtel« in der Rolle seiner (Stief)Schwester(n) eine nicht endende, quälende Selbstverstümmelung darstellt. Was der andere zu sehen bekommt, soll ja nichts anderes sein als ein schönes, fröhliches, le-benslustiges, heiteres, unterhaltsames, munteres und aufmunterndes

Wesen, das nichts lieber tut als sich zu amüsieren. Wie könnte der »Königssohn« unter diesen Umständen jemals die Wahrheit erraten: wie zutiefst traurig, gezeichnet von Tränen und geprägt von Leid, »seine« Tänzerin wirklich ist? Wieder und wieder wird er sie seiner Liebe versichern. Aber kann denn ein »Aschenputtel« jemals solchen Versicherungen Glauben schenken? »Er liebt mich, ja«, wird es denken, »solange ich ihm so erscheine, wie es zu seinen prachtvollen Bällen passt. Aber mich selber kann er doch gar nicht wirklich lieben. Mich kennt er ja nicht einmal. Wenn er mich kennenlernen würde, wäre bestimmt alles aus. Schon weil ich ihn so liebhabe, darf ich ihm deshalb niemals zumuten, die Wahrheit über mich herauszufinden.«

Das Paradox entsteht, dass bei einer solchen Regie, wie die Angst sie gebietet, das »Aschenputtel« von sich her ganz genau zu wissen glaubt, wie sehr es den »Königssohn« liebt, doch genau so gut wird es wissen, dass der »Königssohn« es von sich her eigentlich gar nicht lieben kann, schon weil niemals jemand so etwas »Schmutziges« und »Verbuttetes« (Flachgedrücktes, Plattes, Dummes)[124] wie ein »Aschenputtel« wird liebgewinnen können. Der »Königssohn« wiederum kann seiner »Tänzerin« von seiner Liebe, seinem Glück, seiner Treue vorreden, was immer er will, er kann an Beweisen für seine Ehrlichkeit so viel an demonstrativen Gesten und Zeichen aufführen, wie nur möglich, er wird die Ängste, die Minderwertigkeitsgefühle, die Niedergeschlagenheiten und Depressionen der Frau, die er wirklich liebt, so wenig erreichen wie jemand, der eine verdorrende Blume zu begießen sucht, die man, um sie vor Ungewittern zu schützen, unter einen Glassturz gestellt hat. All seine Anstrengungen, der Geliebten näherzukommen, müssen bei dieser Konstellation wortwörtlich verlorene Liebesmüh' bleiben, ist es doch gerade die wachsende Vertrautheit und Nähe, die das »Aschenputtel« sich zwar über alle Maßen ersehnt und erhofft, die es im Grunde aber noch weit mehr fürchtet und abwehrt. Alle guten Worte vermögen nicht den Hohlraum der Angst zu schließen, der im Erleben eines »Aschenputtels« die Außenseite der »Tänzerin« von der Realität der »Küchenmagd« trennt. Die Furcht, als »lästig« empfunden zu werden, wenn erst einmal das ganze Ausmaß an »Schmutz«: an Trauer, an Einsamkeit, an Hilflosigkeit, bekannt würde, kann jetzt wirklich die einfachsten Dinge in eine schwer erträgliche Last für den »Königssohn« verwandeln: – es fällt schwer, sich eine mühseligere Aufgabe vorzustellen, als jemandem »beweisen« zu sollen, dass man ihn liebhat, während er selber sich gar nicht glauben darf, dass so etwas auch nur von ferne möglich sei.

Insofern hilft jetzt wirklich nichts anderes, als dass der »Königssohn« selber den Königspalast verlässt und sich auf die Suche nach seiner verschwundenen Geliebten begibt, in der Hand die Passform ihres eigenen »Auftritts« und im Ohr die Erklärung des Vaters: »Nein, ... das kann unmöglich die Braut sein«, nebst den Worten der Mutter: »Ach nein, das ist viel zu schmutzig.« »Er wollte es aber durchaus haben.« »Da wusch es sich erst Hände und Angesicht rein, ging dann hin und neigte sich vor dem Königssohn.« Was hier – wie üblich scheinbar in einem einzigen Augenblick, in Wahrheit zumeist im Verlauf vieler Jahre[125] – geschieht, kommt wirklich einer Umkehrung des gesamten Lebensgefühls gleich. Es ist im Grunde ein ungeheurer Vorgang, dass das »Aschenputtel« jetzt endgültig nicht mehr vor der Ankunft des Geliebten Reißaus nimmt, sondern sich als »gereinigt« dem »Königssohn« zeigt. Es ist das erstemal, dass das »Aschenputtel« zu glauben beginnt, der »Königssohn« wolle und meine es selber; ihm liege nicht an dem nur äußerlichen Amüsement und Pläsier seiner Ballbekanntschaft; ihm gehe es wirklich um die Person seiner Geliebten. Die Pflicht zur Selbstverachtung gerät zum ersten Mal hier ins Wanken: Vielleicht ist es doch möglich, sich »das Gesicht zu waschen« und die fremden Übermalungen von Minderwertigkeit und Schande abzustreifen? Vielleicht ist es doch erlaubt, schön zu sein und zu sich selber zu stehen? Vielleicht muss man gar nicht länger sich die Duldung des anderen erkaufen durch ein immer gleiches Ritual der Unterwerfung und der Fügsamkeit? »Und als es sich in die Höhe richtete und der König ihm ins Gesicht sah, so erkannte er das schöne Mädchen, das mit ihm getanzt hatte.« Wie richtet ein »Aschenputtel« sich in die Höhe? Alles hängt davon ab, dass der »Königssohn« seine wunderschöne »Tänzerin« in einem Anflug erwachenden Selbstbewusstseins wiedererkennt in dem Stiefkind und Küchenmädchen, das buchstäblich aus der »Asche« zu ihm kommt. Doch es gehört so viel dazu, diese Einheit beider Gestalten: des »Aschenputtels« und der »Tänzerin«, sich einzugestehen und dem anderen zuzugestehen.

Viele Märchen seit uralten Zeiten kennen das Motiv von der »falschen« und der »rechten« Braut.[126] Die Bibel zum Beispiel erzählt davon, wie Jakob freite um Rahel, seine Liebste, wie er aber in der Brautnacht von seinem Schwiegervater Laban betrogen wurde mit der Rahel-Schwester Lea (Gen 29,23).[127] Wann, möchte man sich bei der Lektüre solcher Erzählungen fragen, weiß schon eine Frau, weiß schon ein Mann, wer der- oder diejenige »wirklich« ist, in dessen oder deren Person alle Liebe sich sammelt? Es gibt wohl nur einen einzigen Weg, um die ständige Zerspaltenheit zwischen dem Sein-für-Andere und dem Sein-für-sich-Selbst zu beenden: Er besteht darin, sich nach und nach dem Anderen zu zeigen, indem man Worte lernt für all die Gefühle und Eindrücke, die bislang ganz unsagbar waren. Gespräche zwischen Niedergebeugtheit und Selbstaufrichtung, wie sie jetzt zwischen dem »Königssohn« und einem »Aschenputtel« geführt werden, hören sich dann etwa so an:

»Ich will doch nicht schon wieder weinen.« – »Aber wenn du dich doch traurig fühlst? So weine doch all die Erinnerungen fort, die dich damals gequält haben. Erzähle sie mir.«

»Aber es könnte doch jetzt alles so schön sein. Es passt doch schon gar nicht mehr zu uns. Ich will das nicht.« – »Aber es passt doch alles zu uns, was für dich, was für uns einfach richtig ist. Wir müssen einander gar nichts mehr vorspielen. Glaub mir, am schönsten ist es auch für mich, wenn wir ganz ehrlich zueinander sind.«

»Aber es müsste doch irgendwann mal vorbei sein; das ist doch alles schon so lange her. Ich kann doch nicht immer wieder nur in der Vergangenheit leben.« – »Die Vergangenheit regt sich doch nur, weil sie sich heute endlich getrauen darf. All Deine Tränen sind wie geschmolzene Schneekristalle. Es wird langsam Frühling, sagen sie mir. Drum musst du nicht fürchten, mich zu belasten mit deiner Traurigkeit. Ich bin froh, dass du endlich zu weinen wagst. Wir müssen und dürfen den alten Kummer nur einfach geduldig überlieben, Stunde um Stunde, Tag um Tag mehr.«

»Ja, aber ich schäme mich so. Ich bin so schwach, und es ist so demütigend.« – »Nein, im Gegenteil, du warst und bist sogar sehr, sehr tapfer. Du hast so vieles durchstehen müssen. Du musstest so früh schon so viel Verantwortung tragen. Du hast überhaupt keinen Grund, dich zu schämen. Du hast im Gegenteil sehr viel Grund, auf dich stolz zu sein. Ich jedenfalls kenne niemanden, der so etwas durchgemacht hat wie du. Und ich liebe dich auch und gerade für all das, was du als Kind schon erlebt hast. Denn all das hat dich zu dem Menschen gemacht, der du heute bist und den ich über alles liebe. Vor allem: Du musst nie mehr in die Einsamkeit flüchten, wenn die Traurigkeit dich überfällt. Du wirst niemals mehr gänzlich allein sein.«

So oder ähnlich mögen Hunderte von Tagen und Nächten eines endlosen jetzt beginnenden Dialogs dahingehen, in denen das Antlitz des »Aschenputtels« langsam sich aufhellt und die Farbe der Trauer verliert. Ja, es wird nach und nach wirklich »sich aufrichten« und einen »geraden« Standpunkt in seinem Leben einnehmen. »Ich bin gar nicht so dumm, wie man mir immer gesagt hat«, kann das Bekenntnis zu dieser neu gewonnenen Haltung zum Beispiel lauten. »Ich habe auf einmal so viele Interessen. Ich könnte endlos lesen und fragen. Ich bin richtig neugierig auf alles Mögliche. Auch verstecke ich mich jetzt nicht mehr vor den Blicken der Anderen. Früher trug ich nur die weitesten Kleider oder solche, die man von mir jeweils erwartete. Ich hatte überhaupt keinen eigenen Geschmack, allenfalls dass ich manchmal traurig vor einem Schaufenster stand und dachte: Das kommt für dich ja doch nicht in Frage. Heute beginnt es mir schon etwas Freude zu machen, mich selber anzuschauen.«

Natürlich ist eine solche Entwicklung wachsender Einheit mit sich selber nicht gradlinig vorstellbar; eher wird sie einer Springprozession ähneln. Immer wieder wird es zu vermeintlichen »Rückschlägen« kommen, die doch in Wirklichkeit nichts anderes sind als Vertiefungen, Wiederholungen, Neuanknüpfungen und Umwandlungen. Kein Mensch kann einem anderen die verlorene Kindheit zurückschenken; doch alles, was war, erhält ein neues Gesicht in der Liebe. Unvermeidbar dabei ist lediglich, dass all die alten Empfindungen noch einmal hervorgeholt werden; sie melden sich, schmerzhaft oft, noch einmal, das heißt zum ersten Mal wirklich zu Wort, um endlich Abschied nehmen zu können. Und an jeder Zone uralter Ängste wird jetzt eine Zone neuen Vertrauens zu wachsen beginnen. Alles, was früher als »schlimm« und als »ganz unmöglich« erschien, gewinnt jetzt die Farbe von Erlaubnis und Zulassung, ja, von Erwünschtheit und Warten. In vielem lernt das »Aschenputtel« das Leben noch einmal von vorn. Es lebt jetzt im Bilde gesprochen, eine Zeit lang wohl noch wie eine jener Versuchsmäuse, denen man auf der Suche nach dem chemischen Träger der Dunkelangst mittels elektrischer Stromstöße beigebracht hat, die schattigen Bereiche ihres Käfigs, in denen sie instinktiv Schutz suchten, zu meiden und in die (objektiv für Mäuse gefährlichen) hellen Bezirke auszuweichen:[128] Um wieder eine »normale« Maus zu werden und sich so zu verhalten, wie es »vernünftigerweise« für Mäuse »passend« ist, gilt es, das gesamte verkehrte Angstprogramm der Mäuse-Kindheit umzukehren und alles anders zu machen, als es damals mit viel Druck und Leid beigebracht wurde. Aber wieder: Wie viel kostet es, alles das jetzt mit »Freude« zu tun, was früher unter so viel Schmerzen auf immer verboten schien?

Als am meisten hilfreich erweist es sich jetzt, dass dem »Aschenputtel« nicht länger mehr fremde Maßstäbe zur »Anpassung« abverlangt werden, sondern dass ihm nichts weiter mehr angetragen wird als sein eigenes »Format«. Gegenüber dem »Königssohn« darf, ja, muss fortan nur das genügen, was das »Aschenputtel« in Wahrheit ist – nicht mehr, nicht weniger. Es wird daher nie mehr darum gehen können, sich so zu drehen und zu wenden, wie andere es haben wollen; es gilt jetzt, der inneren Gestimmtheit Ausdruck zu verleihen, so wie sie sich darstellt, und wenn schon zu tanzen, dann nach einer Musik, die im eigenen Herzen erklingt. Nach all dem Schweren, was das »Aschenputtel« bereits erlebt hat, mag es ihm jetzt gewiss als das Allerschwerste erscheinen, all seine bisherigen Sicherungsmechanismen der Selbstunterdrückung und Selbsteinschränkung der »stiefschwesterlichen« »Selbstbeschneidung« fahren lassen zu sollen, um sich ganz ungeschützt dem Anderen gegenüberzustellen; und doch kann im Grunde jetzt alles nur immer leichter werden. So schwer jeder einzelne Schritt des Vertrauens im Moment auch noch fallen mag, er belohnt sich doch spürbar schon durch sich selbst. Noch mag jedes offene Wort viel zu spät, viel zu leise und viel zu vorsichtig über die Lippen des »Aschenputtels« kommen, immer noch eher von außen erzwungen als von innen errungen, und doch wird das eigene Wesen nach und nach stärker vernehmbar sein; und immer deutlicher wird sich dabei zeigen, dass es einen Rückzug in die Kälte der Einsamkeit, wie früher, um keinen Preis mehr geben wird. Immer entschiedener wird sich das »Aschenputtel« jetzt auch von innen her bekennen wollen zu dem Maß und der Form seines »Schuhs«; der »König« aber wird ihm »ins Gesicht sehen« und es »erkennen«, liebend und ohne Scham.

Ein einziges »Hindernis« existiert jetzt noch zwischen dem »Aschenputtel« und seinem »Prinzen« – das ist die »Verneigung«, mit der es sich (immer wieder) vor dem »Königssohn« verbeugt. Eine ganze Weile lang wird das »Aschenputtel« geneigt sein, den Geliebten, der sich zu ihm und zu seiner Wahrheit bekennt, mit einer ehrlich gemeinten, tiefen Dankbarkeit zu überhäufen; denn es stimmt schon: Von sich aus, allein, hätte es niemals auch nur den Hauch einer Chance gehabt, sich aus dem »Staub« zu erheben. Ohne den Willen des »Königssohnes«, auf die Suche zu gehen nach seiner anmutigen »Tänzerin« und sie wiederzufinden in der Trauer der »Dienstmagd«, hätte das »Aschenputtel« trotz all seiner Sehnsucht niemals hingefunden zu seiner wahren Gestalt. Gleichwohl steht das Übermaß seiner Dankbarkeit in gewissem Sinne sich selbst noch im Wege. Damit der »Königssohn« sein »Aschenputtel« »aufs Pferd heben« und mit ihm »fortreiten« kann, muss es selber sich ein wenig bereits schon als eine »Königin« fühlen. Nicht allein, was es dem »Prinzen« verdankt, mehr noch, was es selber verkörpert, muss jetzt entscheiden. Die Liebe des »Prinzen« hat dem »Aschenputtel« geholfen, sein Gesicht vom »Schmutze« zu reinigen, doch das Bildnis seiner Schönheit hat er nicht erschaffen, dafür ist er selbst zutiefst dankbar mit all dem Glück, endlich »gefunden« zu haben, wonach er sich sehnte. Alle wirkliche Liebe bringt nichts hervor, sie gestaltet das Leben einfach durch ihre Anwesenheit, »enzymatisch«, indem sie verstärkt, was schon ist. Am Ende werden wir stets am meisten denjenigen lieben, der uns lehrte, uns selber zu lieben, und wir werden am tiefsten uns verneigen vor demjenigen, der uns behilflich war, uns selber aufzurichten.

Ein wunderbares Bild der Einheit entsteht an dieser Stelle des Märchens: Das »Aschenputtel« in einem »königlichen« Gefühl seiner Schönheit und Souveränität sitzt hoch zu Roß an der Seite seines »Prinzen«.[129] Würde und Anmut, Kraft und Schönheit, Wahrheit und Erscheinung, Männliches und Weibliches, Trieb und Vernunft, Innen und Außen – alles kommt hier zusammen in einem einzigen Symbol der Identität, wie es die Mythen und Märchen immer wieder gerne verwenden. Das »Aschenputtel« als eine »königliche« »Reiterin« – was so manches Mädchen in seiner Jugendzeit sich auf den Sportanlagen und auf dem Parcours eines Reitstalles erträumt –, hier wird es zur Wirklichkeit allein durch die Liebe. Durchmessen ist dabei ein überaus felsiger Weg: Zu Ende die Zeit, da jede Empfindung von Glück gewaltige Schuldgefühle bereitete; zu Ende auch die ständige Überverantwortung; zu Ende die Unfähigkeit, freimütig die eigenen Wünsche zu äußern; zu Ende die Angst vor der Tiefe des eigenen Leids und die stets gegenwärtige Sorge, verstoßen zu werden für so viel Elend; zu Ende vor allem der Zwang zum Unglück, das »Aschenputtel« zu sein und zu bleiben und alle Freude im besten Falle als »Tarnung« oder als »Werbung« zu nehmen, nie aber als Wahrheit. Jetzt endlich ist es vorüber, der Spuk eines ganzen Lebens.

Eine gewisse Grenze findet die Erzählkunst der Märchen leider immer von Neuem an ihrer Einfachheit – sie sind strukturell nicht imstande, ein und dieselbe Geschichte, wie im Roman, aus der unterschiedlichen Sicht verschiedener Personen zu erzählen.[130] Immerhin mag man sich auch und gerade bei der Lektüre des Aschenputtel-Märchens längst schon gefragt haben, was es eigentlich die ganze Zeit über mit dem »Prinzen« auf sich hat. Muss er denn seinerseits gar nichts dazulernen? Liegt alle Entwicklung wirklich einzig beim »Aschenputtel« – frei nach der Lieblingsdevise so mancher »Herrenabende«, wonach wohl die Frauen sich »ändern« müssen, die Männer aber so bleiben können, wie sie nunmal sind?

Das Märchen vom »Aschenputtel« trägt den richtigen Titel – es ist keinesfalls ein Märchen von dem »Prinzen und der rechten Braut«, es ist einzig die Geschichte eines Mädchens, das aus einem unerhörten Maß an Traurigkeit, Selbstunterdrückung und Einsamkeit hinfindet zu einem Vertrauen, das es erlaubt, in der Liebe eines anderen glücklich zu werden. Und doch gibt es in der Grimm'schen Erzählung immerhin einige Hinweise, die helfen können, zumindest ansatzweise dieselbe Geschichte einmal aus der Perspektive des »Prinzen« zu betrachten.

Dass er kein »König« im eigentlichen Sinne sein kann, wissen wir schon. Gleichwohl enthält allein diese Feststellung bereits einen gewissen politischen Sprengstoff, wenn man bedenkt, was es am Anfang des 19. Jahrhunderts bedeuten konnte, von »Königen« zu sprechen, ohne Könige zu meinen.[131] Welch einen Machtverfall in politischem Sinne muss es bedeuten, wenn es erst einmal möglich wird, unter einem »König« nicht länger mehr den Throninhaber einer Nation zu verstehen, sondern den Menschen, dessen Liebe das ganze Leben verändert![132] Weithin wird immer noch die Geisteshaltung der Romantik als »unpolitisch«, ja, als »reaktionär« beurteilt; in Wahrheit zeigt sich allein schon an dem kleinen Beispiel, wie die Märchen von »Königen« zu sprechen pflegen, welch eine Befreiung vom »politischen Prinzip«[133] die Welt der Sehnsucht und der Träume in den »Feenerzählungen« der Menschheit zu bieten vermag. Ein »König«, so verstanden, ist nicht jemand, der äußerlich, durch seine Macht, über Menschen das Sagen hat, sondern derjenige, dessen Nähe alles Glück bedeutet; er, wie von selbst, verfügt über alle »Macht«, die ein Mensch über einen anderen irgend nur haben kann, doch er besitzt diese »Macht«, eben weil er keinerlei Macht für sich beanspruchen möchte. Was er will, wenn er wirklich ein »Königssohn« ist, besteht einzig darin, das Leben des anderen zu fördern.

Was aber treibt einen solchen »Prinzen« dazu an, immer wieder von Neuem auf die Suche nach seinem »Aschenputtel« zu gehen? – Mit einiger Wahrscheinlichkeit kann man die Regel aufstellen, dass jemand einen anderen Menschen nur liebgewinnen wird, wenn in dessen Person etwas aufscheint, das er unbewusst selbst in sich trägt. Ein wichtiges Motiv der Liebe liegt darin, den anderen zu brauchen, um zu sich selbst zu finden.[134] »Subjektal« gelesen, ist jede Liebe, die zwei Menschen miteinander verbindet, immer auch so etwas wie eine Verschmelzung des Ichs mit dem eigenen Unbewussten.

Bezogen auf das Märchen vom »Aschenputtel«, verkörpert insbesondere die Gestalt der »minderrangig« scheinenden Geliebten den Bereich der »anima« im Mann. Gemeint sind mit diesem Kunstwort der JUNGschen Tiefenpsychologie all diejenigen seelischen Inhalte, die auf dem Weg der Anpassung an die soziale Berufsrolle als unbrauchbar oder störend liegengeblieben sind.[135] Die Sphäre der »anima« geht über das »persönliche Unbewusste«, über den Bereich des »Schattens«, weit hinaus. Ihre Dynamik gewinnt die Anima-Gestalt gerade aus dem Gefälle zwischen den kollektiven, überindividuellen Forderungen der gesellschaftlichen Rollenvorschriften und den im Hintergrund versperrten persönlichen Lebensbereichen. Kein Wunder also, dass in den Erzählungen der Völker die Dramaturgie derartiger Anima-Beziehungen ihres Spannungsreichtums wegen sehr geschätzt und von alters her sehr verbreitet sind. So sehen wir im Neuen Testament zum Beispiel Jesus zu einem »Freund der Dirnen« werden[136] – ein unerhörter spannungsreicher Kontrast entsteht da zwischen dem »Heiligen« und dem vermeintlich »Verworfenen«. Doch nicht minder im wirklichen Leben: Da sehen wir etwa einen hochgestellten Kirchenmann sich verlieben in eine weit jüngere Mitarbeiterin seiner Gemeinde, einen Arzt in seine Sprechstundenhilfe, einen betagten Politiker in eine zwanzigjährige Büroangestellte. Stets ist eine solche Anima-Liebe durch den sozialen und psychischen Kontrast gekennzeichnet, der indessen nicht, wie der »gesunde Menschenverstand« es wohl anraten möchte, als Warnung, sondern umgekehrt gerade als Ansporn und Einladung empfunden wird.

Nach außen hin mag es für den »Königssohn« als ein »Abstieg« erscheinen, wenn wir hören, dass er sich ausgerechnet in ein »Aschenputtel« verliebt; in Wahrheit aber stellt eine solche Beziehung aufseiten des »Königssohnes« immer auch so etwas dar wie eine Expedition in die unbewussten Bezirke seiner eigenen Seele. Gewiss, dem Wortlaut des Märchens nach verliebt sich der »Königssohn« zunächst ahnungslos in die strahlende Schönheit seiner anmutigen »Tänzerin«; man darf aber voraussetzen, dass er von Anfang an geahnt haben wird, welch ein magischer Reiz gerade von dem Unausgesprochenen, Abgründigen und Hilflosen im Wesen seiner Geliebten ausging. Wohl wird er nicht entfernt auch nur haben abschätzen können, wie tief die Traurigkeit und die Angst in der Seele seines »Aschenputtels« wirklich geht, und doch verleiht gerade dieser »Hintergrund« oder »Abgrund« verdeckter Lebensinhalte und -erwartungen im Leben der fliehenden Geliebten der ganzen Beziehung die zusätzliche Faszination eines geheimnisvollen Wagnisses. Ein Abenteuer seiner ganzen Existenz steht hier dem »Königssohn« bevor; doch je tiefer er in das Leben seines »Aschenputtels« hineingezogen wird, desto mehr wird er bemerken, dass er mit der Erlösung ihrer Angst im Grunde zugleich sich selber erlöst. Nicht etwas Fremdes begegnet ihm hier, sondern etwas durchaus Vertrautes, das sich nur niemals bisher hat öffentlich vorwagen dürfen.

Indem der »Königssohn« sich derart auf die Konflikte seines »Aschenputtels« einlässt, beginnt er mithin eine Art stellvertretenden Lebens, in dessen Verlauf er ersatzweise, in einem anderen, durchzuarbeiten und zu verstehen bemüht ist, was in ihm selber an eigener »Andersartigkeit« wie etwas Fremdes und Nichtzugehöriges seiner Annahme harrt. In der Liebe zu seinem »Aschenputtel« lernt der »Königssohn« all diejenigen Seiten an sich selber zu lieben, die er bislang sich niemals hat zugeben dürfen. Es ist demnach im letzten nicht »Güte« und »Mitleid«, es ist nichts »Königliches« und »Hoheitsvolles«, es ist weit mehr ein Stück Wahrheitsliebe gegenüber dem eigenen Wesen, das den »Prinzen« den Fluchtwegen seines »Aschenputtels« nachfolgen lässt. Gibt es denn das alles nicht auch in ihm selber: – das Verbot jedes eigenen persönlichen Wortes? Gewiss, es sah und sieht bei ihm womöglich alles weit erfolgreicher, tüchtiger und irgendwie »majestätischer« aus, aber ist er bei Lichte besehen nicht selber oft noch weit hilfloser als sein »Aschenputtel«, wenn es darum geht, sich persönlich einem anderen Menschen mitzuteilen? Ist es nicht, dass er stellvertretend, indem er dem »Aschenputtel« die Erlaubnis anbietet, von sich selber zu reden, indirekt auch sein eigenes Inneres zu offenbaren lernt? Und würde er wohl all die Traurigkeit seines »Aschenputtels« jemals verstehen, lebte diese Traurigkeit nicht selber zutiefst auch in ihm? Und überhaupt jetzt all diese Emotionen! Gerade ein Mann, der bislang sehr eng in eine Berufsform der rationalen Planbarkeit aller Entscheidungen gebunden war, trägt unbewusst allemal in sich eine Seelengestalt voller verdrängter Gefühle. Es ist möglich, als Frau sich selber in all seinen Ängsten zu übertanzen wie das »Aschenputtel«; doch derselbe Effekt kann auch eintreten, indem man, zum Beispiel als »Chef«, anderen Leuten auf dem Kopf herumtanzt.

Entscheidend indessen ist dies: Alle Macht, die jemand ernsthaft über andere Menschen auszuüben sucht, ist stets eine Übermächtigung ganzer Teile auch seiner eigenen Psyche; und umgekehrt: Wer ein »Aschenputtel« hinaufbegleitet zu der wahren Größe und Schönheit seines eigenen »Formats«, der befreit zugleich in sich selbst ganze Bereiche, die bisher unentdeckt brachliegen mussten und niemals wirklich zum Leben zugelassen waren. Anders gesagt: Wo zwei Menschen nach der Art des »Aschenputtels« und des »Prinzen« zueinander finden, da schließt sich in ihnen beiden zugleich auch ein Urgegensatz des eigenen Wesens zwischen dem, was lediglich nach außen hin die anderen sahen und sehen sollten, und dem, was in der eigenen Selbstwahrnehmung Geltung besaß. Nur ist die Ausgangslage bei dem »Aschenputtel« genau umgekehrt (»spiegelsymmetrisch«) als bei dem »Königssohn«: Das »Aschenputtel« weiß sich als eine Küchenmagd, während es träumt von der Gestalt eines Königs; der Königssohn aber weiß sich als »Prinz«, während in ihm eine »Küchenmagd« schläft. Beide aber bedürfen einander, um in ihrer Einheit eins mit sich selber zu werden. Dieser Lohn winkt am Ende aller Mühen der Liebe: Die Verschmelzung ihrer Personen wird zugleich die Einheit der eigenen Seele mit sich selber sein.

Das klassische Symbol für diese Erfahrung ist in der Religionsgeschichte ebenso wie in den Märchen das Bild der Heiligen Hochzeit.[137] Wie sehr der Grimm'schen Erzählung selber an dieser Stelle an der Betonung seelischer Einheit gelegen ist, zeigt sich bereits an dem Eingangsbild: Als das »Aschenputtel« hoch zu Roß an der Seite des »Prinzen« an dem »Haselbäumchen« vorbeikommt, treten statt des bisher einen »weißen Täubchens« gleich zwei weiße Tauben als Chiffren der Unschuld auf, die sich niederlassen auf der rechten und linken Schulter der »rechten« Braut. Das »Haselbäumchen«, sagten wir schon, steht in gewissem Sinne für das »Aschenputtel« selber; die linke und die rechte Seite aber symbolisieren, wie wir gleichfalls schon sahen, die zwei Seiten der menschlichen Psyche: das Unbewusste und das Bewusstsein.[138] Beide sind eins, besagt dieses Bild; es gibt fortan kein »Aschenputtel« und keine »Tänzerin« mehr; was es nunmehr gibt und nurmehr geben wird, ist eine bezaubernde Frau und eine liebenswerte Partnerin, eine »Königin« des Herzens, würdig ihres Liebsten.

Gegen Ende des Märchens bedeutet es, äußerlich gelesen, vor allem für das »Gerechtigkeitsgefühl« kindlicher Hörer wohl noch einmal eine große Befriedigung, wenn wir hören, wie die beiden Täubchen auf »Aschenputtels« Schulter den beiden (Stief)Schwestern, als sie an dem Glück der »rechten Braut« teilhaben möchten, die Augen auspicken, auf dass sie erblinden. Doch auch hier geht es im Grunde um einen letzten Schritt seelischer Reifung. Rein theoretisch bestünde im Leben eines »Aschenputtels« wohl auch jetzt noch die Gefahr, selbst in diesem Moment, wo das Glück der Liebe zum Greifen nahe ist, noch einmal alles zu vertun und zu verspielen durch das Wiedererwachen eines bloßen Rollenspiels ehrpuzzeliger Eitelkeiten nach dem Vorbild der »Stiefschwestern«.[139] Es hat keinerlei Aussicht, will das Märchen sagen, es wäre »blinde« Torheit, auch nur im Ansatz selbst jetzt noch glauben zu wollen, mit dem Anschein äußerer Gefälligkeit und zur Schau getragener Fröhlichkeit sei irgend das Glück der Liebe zu fördern. Allerdings, die Neigung zu einem solchen Irrtum ist niemals ganz von der Hand zu weisen: Manches, was vor der Ehe noch sich entwickeln konnte, um inwendig zu reifen, droht in nicht wenigen Ehen sich vom Hochzeitstag an zu verfestigen: Von da an glaubt man, einander sicher zu sein, von da an fühlt man sich sicher – und schon steht womöglich das Schema des alten Rollenverhaltens wieder auf und belebt sich von Neuem. Eine solche Gefahr würde alles Erreichte zunichte machen und muss daher gänzlich getilgt werden. Denn in alle Zeit muss es jetzt als »Blindheit«, ja, als wirkliche »Bosheit« gelten, die ihre Strafe in sich selbst trägt, wollte man auch jetzt noch im Gegenüber der Liebe je wieder etwas anderes zu sein scheinen, als was man in Wahrheit ist. Denn eben: Endlich und ein für allemal wirklich zu sein und wirklich leben zu dürfen, darin besteht alles Glück, das die Liebe uns schenken mag.

Eine häufig gestellte Frage im Anschluss an die Interpretation eines solchen »Frauenmärchens« wie der Geschichte vom »Aschenputtel« lautet mit Regelmäßigkeit, ob es eine vergleichbare Erzählung nicht auch für Männer gibt. Rein philologisch beziehungsweise literarhistorisch betrachtet wohl nicht; psychologisch gesehen aber ja. Eine Geschichte, die der Thematik nach von einem »männlichen« »Aschenputtel« handelt, indem sie erzählt, wie ein »dummer« Hans in seinem »alten«, »lumpigen« Kittelchen als bloßer Kleinknecht von zwei »klugen« Burschen verspottet wird, ist das Märchen *Der arme Müllerbursch und das Kätzchen* (KHM 106).[140] Im Unterschied zu dem Aschenputtel-Märchen betont diese Erzählung freilich weit stärker die Erlösungsbedürftigkeit auch der »Königin«: Sie tritt dem »Müllersburschen« sieben Jahre lang als eine verwunschene »Katze«(!) entgegen, der er dienen muss, bis er von ihr ein »Pferd« geschenkt bekommt und mit ihr in das »Schloß« einzieht, das er in seiner »Dienstzeit« bereits als ein »kleines Häuschen« selber errichtet hat. In dieser Geschichte wird ein »Müllersbursche« also zu einem »König«, indem es ihm gelingt, eine offenbar sehr vornehm sich gebärdende und recht verschmuste »Katze« von Frau von ihrer »Verwunschenheit« zu befreien; zu dieser Befreiungstat gehört aber untrennbar die (Rück)Gabe seines eigenen männlichen Selbstbewusstseins ebenso wie seiner eigenen männlichen Vitalität (seines »Pferdes«); mit anderen Worten: Die Frau wird erst aufhören, eine »Katze« zu sein, wenn er aufhört, ein impotenter Hausdiener zu sein. In dieser Erzählung gewinnt die Frau ihr »menschliches« Wesen zurück, indem der Mann seine Selbstachtung wiederfindet bis hin zum Wiedererwachen seiner »Animalität«. Wie man sieht, kommt die Struktur dieses Märchens der Geschichte vom »Aschenputtel« sehr nahe, seine nähere Thematik aber weicht dann doch auf spezifische Weise von ihm ab; aber eben darin: In vergleichbaren Bildern Unvergleichliches zu sagen, liegt die bezaubernde Eigenart der Erzählgattung: Zaubermärchen.

II. Schneewittchen oder: Von der Leben rettenden Macht der Liebe

Es war einmal mitten im Winter, und die Schneeflocken fielen wie Federn vom Himmel herab, da saß eine Königin an einem Fenster, das einen Rahmen von schwarzem Ebenholz hatte, und nähte. Und wie sie so nähte und nach dem Schnee aufblickte, stach sie sich mit der Nadel in den Finger, und es fielen drei Tropfen Blut in den Schnee. Und weil das Rote im weißen Schnee so schön aussah, dachte sie bei sich: »Hätt ich ein Kind so weiß wie Schnee, so rot wie Blut und so schwarz wie das Holz an dem Rahmen.« *Bald darauf bekam sie ein Töchterlein, das war so weiß wie Schnee, so rot wie Blut und so schwarzhaarig wie Ebenholz, und ward darum das Sneewittchen (Schneeweißchen) genannt. Und wie das Kind geboren war, starb die Königin.*

Über ein Jahr nahm sich der König eine andere Gemahlin. Es war eine schöne Frau, aber sie war stolz und übermütig und konnte nicht leiden, dass sie an Schönheit von jemand sollte übertroffen werden. Sie hatte einen wunderbaren Spiegel, wenn sie vor den trat und sich darin beschaute, sprach sie:

»Spieglein, Spieglein an der Wand, wer ist die Schönste im ganzen Land?«

So antwortete der Spiegel:

»Frau Königin, Ihr seid die Schönste im Land.«

Da war sie zufrieden, denn sie wusste, dass der Spiegel die Wahrheit sagte.

Sneewittchen aber wuchs heran und wurde immer schöner, und als es sieben Jahr alt war, war es so schön wie der klare Tag und schöner als die Königin selbst. Als diese einmal ihren Spiegel fragte:

»Spieglein, Spieglein an der Wand,
wer ist die Schönste im ganzen Land?«,

so antwortete er:

»Frau Königin, Ihr seid die Schönste hier,
aber Sneewittchen ist tausendmal schöner als Ihr.«

Da erschrak die Königin und ward gelb und grün vor Neid. Von Stund an, wenn sie Sneewittchen erblickte, kehrte sich ihr das Herz im Leibe herum, so hasste sie das Mädchen. Und der Neid und Hochmut wuchsen wie ein Unkraut in ihrem Herzen immer höher, dass sie Tag und Nacht keine Ruhe mehr hatte. Da rief sie einen Jäger und sprach: »Bring das Kind hinaus in den Wald, ich will's nicht mehr vor meinen Augen sehen. Du sollst es töten und mir Lunge und Leber zum Wahrzeichen mitbringen.« *Der Jäger gehorchte und führte es hinaus, und als er den Hirschfän-*

ger gezogen hatte und Sneewittchens unschuldiges Herz durchbohren wollte, fing es an zu weinen und sprach: »Ach, lieber Jäger, lass mir mein Leben; ich will in den wilden Wald laufen und nimmermehr wieder heimkommen.« Und weil es so schön war, hatte der Jäger Mitleiden und sprach: »So lauf hin, du armes Kind.« »Die wilden Tiere werden dich bald gefressen haben«, dachte er, und doch war's ihm, als wär ein Stein von seinem Herzen gewälzt, weil er es nicht zu töten brauchte. Und als gerade ein junger Frischling dahergesprungen kam, stach er ihn ab, nahm Lunge und Leber heraus und brachte sie als Wahrzeichen der Königin mit. Der Koch musste sie in Salz kochen, und das boshafte Weib aß sie auf und meinte, sie hätte Sneewittchens Lunge und Leber gegessen.

Nun war das arme Kind in dem großen Wald mutterselig allein, und ward ihm so angst, dass es alle Blätter an den Bäumen ansah und nicht wusste, wie es sich helfen sollte. Da fing es an zu laufen und lief über die spitzen Steine und durch die Dornen, und die wilden Tiere sprangen an ihm vorbei, aber sie taten ihm nichts. Es lief, solange nur die Füße noch fort konnten, bis es bald Abend werden wollte, da sah es ein kleines Häuschen und ging hinein, sich zu ruhen. In dem Häuschen war alles klein, aber so zierlich und reinlich, dass es nicht zu sagen ist. Da stand ein weiß gedecktes Tischlein mit sieben kleinen Tellern, jedes Tellerlein mit seinem Löffelein, ferner sieben Messerlein und Gäblein und sieben Becherlein. An der Wand waren sieben Bettlein nebeneinander aufgestellt und schneeweiße Laken darübergedeckt. Sneewittchen, weil es so hungrig und durstig war, aß von jedem Tellerlein ein wenig Gemüs und Brot und trank aus jedem Becherlein einen Tropfen Wein; denn es wollte nicht einem allein alles wegnehmen. Hernach, weil es so müde war, legte es sich in ein Bettchen, aber keins passte; das eine war zu lang, das andere zu kurz, bis endlich das siebente recht war: Und darin blieb es liegen, befahl sich Gott und schlief ein.

Als es ganz dunkel geworden war, kamen die Herren von dem Häuslein, das waren die sieben Zwerge, die in den Bergen nach Erz hackten und gruben. Sie zündeten ihre sieben Lichtlein an, und wie es nun hell im Häuslein ward, sahen sie, dass jemand darin gewesen war, denn es stand nicht alles so in der Ordnung, wie sie es verlassen hatten. Der erste sprach: »Wer hat auf meinem Stühlchen gesessen?« Der zweite: »Wer hat von meinem Tellerchen gegessen?« Der dritte: »Wer hat von meinem Brötchen genommen?« Der vierte: »Wer hat von meinem Gemüschen gegessen?« Der fünfte: »Wer hat mit meinem Gäbelchen gestochen?« Der sechste:

»Wer hat mit meinem Messerchen geschnitten?« Der siebente: »Wer hat aus meinem Becherlein getrunken?« Dann sah sich der erste um und sah, dass auf seinem Bett eine kleine Delle war, da sprach er: »Wer hat in mein Bettchen getreten?« Die andern kamen gelaufen und riefen: »In meinem hat auch jemand gelegen.« Der siebente aber, als er in sein Bett sah, erblickte Sneewittchen, das lag darin und schlief. Nun rief er die andern, die kamen herbeigelaufen und schrien vor Verwunderung, holten ihre sieben Lichtlein und beleuchteten Sneewittchen. »Ei, du mein Gott! Ei, du mein Gott!«, riefen sie. »Was ist das Kind so schön!« Und hatten so große Freude, dass sie es nicht aufweckten, sondern im Bettlein fortschlafen ließen. Der siebente Zwerg aber schlief bei seinen Gesellen, bei jedem eine Stunde, da war die Nacht herum.

Als es Morgen war, erwachte Sneewittchen, und wie es die sieben Zwerge sah, erschrak es. Sie waren aber freundlich und fragten: »Wie heißt du?« »Ich heiße Sneewittchen«, antwortete es. »Wie bist du in unser Haus gekommen?«, sprachen weiter die Zwerge. Da erzählte es ihnen, dass seine Stiefmutter es hätte wollen umbringen lassen, der Jäger hätte ihm aber das Leben geschenkt, und da wär es gelaufen den ganzen Tag, bis es endlich ihr Häuslein gefunden hätte. Die Zwerge sprachen: »Willst du unsern Haushalt versehen, kochen, betten, waschen, nähen und stricken, und willst du alles ordentlich und reinlich halten, so kannst du bei uns bleiben, und es soll dir an nichts fehlen.« »Ja«, sagte Sneewittchen, »von Herzen gern«, und blieb bei ihnen. Es hielt ihnen das Haus in Ordnung; morgens gingen sie in die Berge und suchten Erz und Gold, abends kamen sie wieder, und da musste ihr Essen bereit sein. Den Tag über war das Mädchen allein, da warnten es die guten Zwerglein und sprachen: »Hüte dich vor deiner Stiefmutter, die wird bald wissen, dass du hier bist; lass ja niemand herein.«

Die Königin aber, nachdem sie Sneewittchens Lunge und Leber glaubte gegessen zu haben, dachte nicht anders, als sie wäre wieder die Erste und Allerschönste, trat vor ihren Spiegel und sprach:

»Spieglein, Spieglein an der Wand, wer ist die Schönste im ganzen Land?«

Da antwortete der Spiegel:
»Frau Königin, Ihr seid die Schönste hier,
aber Sneewittchen über den Bergen
bei den sieben Zwergen
ist noch tausendmal schöner als Ihr.«

Da erschrak sie, denn sie wusste, dass der Spiegel keine Unwahrheit sprach, und merkte, dass der Jäger sie betrogen hatte und Sneewittchen noch am Leben war. Und da sann und sann sie aufs Neue, wie sie es umbringen wollte; denn solange sie nicht die Schönste war im ganzen Land, ließ ihr der Neid keine Ruhe. Und als sie sich endlich etwas ausgedacht hatte, färbte sie sich das Gesicht und kleidete sich wie eine alte Krämerin, und war ganz unkenntlich. In dieser Gestalt ging sie über die sieben Berge zu den sieben Zwergen, klopfte an die Türe und rief: »Schöne Ware feil! feil!« Sneewittchen guckte zum Fenster heraus und rief: »Guten Tag, liebe Frau, was habt Ihr zu verkaufen?« »Gute Ware, schöne Ware«, antwortete sie, »Schnürriemen von allen Farben«, und holte einen hervor, der aus bunter Seide geflochten war. »Die ehrliche Frau kann ich hereinlassen«, dachte Sneewittchen, riegelte die Türe auf und kaufte sich den hübschen Schnürriemen. »Kind«, sprach die Alte, »wie du aussiehst! Komm, ich will dich einmal ordentlich schnüren.« Sneewittchen hatte kein Arg, stellte sich vor sie und ließ sich mit dem neuen Schnürriemen schnüren; aber die Alte schnürte geschwind und schnürte so fest, dass dem Sneewittchen der Atem verging und es für tot hinfiel. »Nun bist du die Schönste gewesen«, sprach sie und eilte hinaus.

Nicht lange darauf, zur Abendzeit, kamen die sieben Zwerge nach Haus, aber wie erschraken sie, als sie ihr liebes Sneewittchen auf der Erde liegen sahen; und es regte und bewegte sich nicht, als wäre es tot. Sie hoben es in die Höhe, und weil sie sahen, dass es zu fest geschnürt war, schnitten sie den Schnürriemen entzwei: Da fing es an, ein wenig zu atmen, und ward nach und nach wieder lebendig. Als die Zwerge hörten, was geschehen war, sprachen sie: »Die alte Krämerfrau war niemand als die gottlose Königin: Hüte dich und lass keinen Menschen herein, wenn wir nicht bei dir sind.«

Das böse Weib aber, als es nach Haus gekommen war, ging vor den Spiegel und fragte:
»Spieglein, Spieglein an der Wand,
wer ist die Schönste im ganzen Land?«
Da antwortete er wie sonst:
»Frau Königin, Ihr seid die Schönste hier,
aber Sneewittchen über den Bergen
bei den sieben Zwergen
ist noch tausendmal schöner als Ihr.«
Als sie das hörte, lief ihr alles Blut zum Herzen, so erschrak sie, denn

sie sah wohl, dass Sneewittchen wieder lebendig geworden war. »Nun aber«, sprach sie, »will ich etwas aussinnen, das dich zugrunde richten soll«, und mit Hexenkünsten, die sie verstand, machte sie einen giftigen Kamm. Dann verkleidete sie sich und nahm die Gestalt eines andern alten Weibes an. So ging sie hin über die sieben Berge zu den sieben Zwergen, klopfte an die Türe und rief: »Gute Ware feil! feil!« Sneewittchen schaute heraus und sprach: »Geht nur weiter, ich darf niemand hereinlassen.« »Das Ansehen wird dir doch erlaubt sein«, sprach die Alte, zog den giftigen Kamm heraus und hielt ihn in die Höhe. Da gefiel er dem Kinde so gut, dass es sich betören ließ und die Türe öffnete. Als sie des Kaufs einig waren, sprach die Alte: »Nun will ich dich einmal ordentlich kämmen.« Das arme Sneewittchen dachte an nichts und ließ die Alte gewähren, aber kaum hatte sie den Kamm in die Haare gesteckt, als das Gift darin wirkte und das Mädchen ohne Besinnung niederfiel. »Du Ausbund von Schönheit«, sprach das boshafte Weib, »jetzt ist's um dich geschehen«, und ging fort. Zum Glück aber war es bald Abend, wo die sieben Zwerglein nach Haus kamen. Als sie Sneewittchen wie tot auf der Erde liegen sahen, hatten sie gleich die Stiefmutter in Verdacht, suchten nach und fanden den giftigen Kamm, und kaum hatten sie ihn herausgezogen, so kam Sneewittchen wieder zu sich und erzählte, was vorgegangen war. Da warnten sie es noch einmal, auf seiner Hut zu sein und niemand die Türe zu öffnen.

Die Königin stellte sich daheim vor den Spiegel und sprach:
»Spieglein, Spieglein an der Wand,
wer ist die Schönste im ganzen Land?«
Da antwortete er wie vorher:
»Frau Königin, Ihr seid die Schönste hier,
aber Sneewittchen über den Bergen
bei den sieben Zwergen
ist doch noch tausendmal schöner als Ihr.«

Als sie den Spiegel so reden hörte, zitterte und bebte sie vor Zorn. »Sneewittchen soll sterben«, rief sie, »und wenn es mein eignes Leben kostet.« Darauf ging sie in eine ganz verborgene einsame Kammer, wo niemand hinkam, und machte da einen giftigen, giftigen Apfel. Äußerlich sah er schön aus, weiß mit roten Backen, dass jeder, der ihn erblickte, Lust danach bekam, aber wer ein Stückchen davon aß, der musste sterben. Als der Apfel fertig war, färbte sie sich das Gesicht und verkleidete sich in eine Bauersfrau, und so ging sie über die sieben Berge zu den sieben Zwergen.

Sie klopfte an, Sneewittchen streckte den Kopf zum Fenster heraus und sprach: »Ich darf keinen Menschen einlassen, die sieben Zwerge haben mir's verboten.« »Mir auch recht«, antwortete die Bäurin, »meine Äpfel will ich schon loswerden. Da, einen will ich dir schenken.« »Nein«, sprach Sneewittchen, »ich darf nichts annehmen.« »Fürchtest du dich vor Gift?«, sprach die Alte. »Siehst du, da schneide ich den Apfel in zwei Teile; den roten Backen iss du, den weißen will ich essen.« Der Apfel war aber so künstlich gemacht, dass der rote Backen allein vergiftet war. Sneewittchen lusterte den schönen Apfel an, und als es sah, dass die Bäurin davon aß, so konnte es nicht länger widerstehen, streckte die Hand hinaus und nahm die giftige Hälfte. Kaum aber hatte es einen Bissen davon im Mund, so fiel es tot zur Erde nieder. Da betrachtete es die Königin mit grausigen Blicken und lachte überlaut und sprach: »Weiß wie Schnee, rot wie Blut, schwarz wie Ebenholz! Diesmal können dich die Zwerge nicht wieder erwecken.« Und als sie daheim den Spiegel befragte:

»Spieglein, Spieglein an der Wand,
wer ist die Schönste im ganzen Land?«,
so antwortete er endlich:
»Frau Königin, Ihr seid die Schönste im Land.«

Da hatte ihr neidisches Herz Ruhe, so gut ein neidisches Herz Ruhe haben kann.

Die Zwerglein, wie sie abends nach Haus kamen, fanden Sneewittchen auf der Erde liegen, und es ging kein Atem mehr aus seinem Mund, und es war tot. Sie hoben es auf, suchten, ob sie was Giftiges fänden, schnürten es auf, kämmten ihm die Haare, wuschen es mit Wasser und Wein, aber es half alles nichts; das liebe Kind war tot und blieb tot. Sie legten es auf eine Bahre und setzten sich alle siebene daran und beweinten es, und weinten drei Tage lang. Da wollten sie es begraben, aber es sah noch so frisch aus wie ein lebender Mensch und hatte noch seine schönen roten Backen. Sie sprachen: »Das können wir nicht in die schwarze Erde versenken«, und ließen einen durchsichtigen Sarg von Glas machen, dass man es von allen Seiten sehen konnte, legten es hinein und schrieben mit goldenen Buchstaben seinen Namen darauf, und dass es eine Königstochter wäre. Dann setzten sie den Sarg hinaus auf den Berg, und einer von ihnen blieb immer dabei und bewachte ihn. Und die Tiere kamen auch und beweinten Sneewittchen, erst eine Eule, dann ein Rabe, zuletzt ein Täubchen.

Nun lag Sneewittchen lange, lange Zeit in dem Sarg und verweste nicht, sondern sah aus, als wenn es schliefe, denn es war noch so weiß als Schnee, so rot als Blut und so schwarzhaarig wie Ebenholz. Es geschah aber, dass ein Königssohn in den Wald geriet und zu dem Zwergenhaus kam, da zu übernachten. Er sah auf dem Berg den Sarg und das schöne Sneewittchen darin und las, was mit goldenen Buchstaben darauf geschrieben war. Da sprach er zu den Zwergen: »*Lasst mir den Sarg, ich will euch geben, was ihr dafür haben wollt.*« *Aber die Zwerge antworteten:* »*Wir geben ihn nicht um alles Gold in der Welt.*« *Da sprach er:* »*So schenkt mir ihn, denn ich kann nicht leben, ohne Sneewittchen zu sehen, ich will es ehren und hochachten wie mein Liebstes.*« *Wie er so sprach, empfanden die guten Zwerglein Mitleiden mit ihm und gaben ihm den Sarg. Der Königssohn ließ ihn nun von seinen Dienern auf den Schultern forttragen. Da geschah es, dass sie über einen Strauch stolperten, und von dem Schüttern fuhr der giftige Apfelgrütz, den Sneewittchen abgebissen hatte, aus dem Hals. Und nicht lange, so öffnete es die Augen, hob den Deckel vom Sarg in die Höhe und richtete sich auf, und war wieder lebendig.* »*Ach Gott, wo bin ich?*«*, rief es. Der Königssohn sagte voll Freude:* »*Du bist bei mir*«*, und erzählte, was sich zugetragen hatte, und sprach:* »*Ich habe dich lieber als alles auf der Welt; komm mit mir in meines Vaters Schloss, du sollst meine Gemahlin werden.*« *Da war ihm Sneewittchen gut und ging mit ihm, und ihre Hochzeit ward mit großer Pracht und Herrlichkeit angeordnet.*

Zu dem Fest wurde aber auch Sneewittchens gottlose Stiefmutter eingeladen. Wie sie sich nun mit schönen Kleidern angetan hatte, trat sie vor den Spiegel und sprach:

»*Spieglein, Spieglein an der Wand,*
wer ist die Schönste im ganzen Land?«

Der Spiegel antwortete:

»*Frau Königin, Ihr seid die Schönste hier,*
aber die junge Königin ist tausendmal schöner als Ihr.«

Da stieß das böse Weib einen Fluch aus, und ward ihr so angst, so angst, dass sie sich nicht zu lassen wusste. Sie wollte zuerst gar nicht auf die Hochzeit kommen; doch ließ es ihr keine Ruhe, sie musste fort und die junge Königin sehen. Und wie sie hineintrat, erkannte sie Sneewittchen, und vor Angst und Schrecken stand sie da und konnte sich nicht regen. Aber es waren schon eiserne Pantoffeln über Kohlenfeuer gestellt und wurden mit Zangen hereingetragen und vor sie hingestellt. Da musste sie in die rotglühenden Schuhe treten und so lange tanzen, bis sie tot zur Erde fiel.

Jeder, der diese Geschichte zum ersten Mal (wieder) hört, wird erschrocken sein von ihrer Grausamkeit. Eine (Stief)Mutter, welche, in Salz gekocht, die Lunge und die Leber ihrer eigenen Tochter verzehrt – das ist, äußerlich gelesen, ein so krass kannibalistisches Motiv, dass man es nicht einmal bei den südamerikanischen Tupinambas[1] vermuten dürfte, und das ist nur erst der Anfang dieses »Kinder- und Hausmärchens«! Vergiftet zum Tode ist alles, was von dieser Frau ausgeht, und es scheint keinen anderen Schutz vor ihr zu geben, als auf jeglichen Kontakt zu anderen Menschen insgesamt voller Angst zu verzichten. Aber dann auch ihr Ende! Dass man sie zu Schneewittchens Hochzeit bloß einladen müsse und die Hasserfüllte werde mit Gewissheit erscheinen, glaubt offenbar jeder; doch dass man sie einlädt nur, um sie, tanzend, in rotglühenden eisernen Schuhen zu Tode zu quälen, – das ist, selbst in Würdigung der rohesten »Recht«sprechung barbarischer Zeiten, ein schwer hinzunehmendes archaisches »jus talionis«.

Gleichwohl erfreut sich gerade das Grimm'sche Schneewittchen bei Alt und Jung der größten Beliebtheit und ist bei Weitem bekannter[2] als beispielsweise die mittelalterliche Sage von der schönen Blanca, die unter den Volksmärchen der Deutschen von MUSÄUS erzählt wurde[3] und die unmittelbar der Fassung der BRÜDER GRIMM zur Vorlage diente.[4] Es gibt im »Schneewittchen« allem Anschein nach etwas, das menschlich tiefer rührt als all das Grausig-Gräßliche seiner äußeren Handlung und das uns selbst zeigen kann, wie es zu lesen ist: eben nicht als »historisches« »Faktum« einer fernen, wenn auch noch so »sagenhaften« Vergangenheit, sondern als Seelenbild einer äußerst gefährdeten Reifung zur Liebe, als eine Einladung zum Verstehen gerade und auch der unheimlichen Möglichkeiten des menschlichen Erlebens und als ein Versuch, statt auf die Hände der Handelnden, in ihre Herzen zu schauen. Deshalb vor allem ist das Märchen in seiner Wirkung der Sage stets überlegen, weil es dem, was in Menschen geschieht, weit näher steht als dem Geschehen der menschlichen Geschichte.[5] Nicht was einmal war, sondern was immer ist, meint das »es war einmal«, mit dem auch das Grimm'sche »Schneewittchen« beginnt.

1. Die Frau am Fenster

Märchen als Motivation, mit Menschen mehr Mitleid zu zeigen – das gilt als Erstes nicht nur für Schneewittchen selbst, sondern vor allem für seine Mutter – Richilde, wie MUSÄUS sie nennt; nur wer sie begreift, wird das Schicksal eines Schneewittchens begreifen.

Erstaunlich erscheint, wie wichtig manche Grimm'schen Märchen bereits die Gestalten der Mutter und des Vaters eines einzelnen Menschen nehmen. Ein ganzes Jahrhundert noch wird dahingehen, bis die Psychoanalyse die Bedeutung der frühen Kindheit und damit den überragenden Einfluß der Eltern auf den Charakter einer Person herausstellen wird, da beginnen die BRÜDER GRIMM ihre Erzählungen mit Vorliebe mit der Vorgeschichte ihrer eigentlichen Geschichte, so als wenn sie bereits wüssten oder doch wollten zu ahnen geben, dass die Rätsel im Erleben eines Menschen allesamt in seinen ersten Lebensjahren im Kontext seiner Ahnen gründen. Wie seine Mutter, wie sein Vater lebte, oder wie diese eben nicht – noch nicht, nicht mehr, noch niemals leben konnten, leben durften, das wird den Hintergrund und Grund auch seines eigenen Lebens und Erlebens bilden.

Doch nicht nur aus der Sicht eines »Schneewittchens«, auch um ihrer selbst willen verdient die rätselhafte Gestalt dieser Königin alle Beachtung. Zwar haben die BRÜDER GRIMM ihre Vorlage auf das Allernotwendigste zusammengestrichen, – wo MUSÄUS sich fast zwanzig Seiten lang über die Gräfin von Brabant und ihre Tochter Richilde, die Mutter der schönen Blanca, verbreitet, da genügen dem Grimm'schen Schneewittchen-Märchen wenige Sätze zu ihrer Schilderung; doch was sie durch ihre Kürzung erreichen, ist eine Verdichtung auf wenige holzschnittartige Züge, die jeder für sich als Hinweis und Beweis einer höchst eigenartigen Persönlichkeitsmalerei verstanden sein wollen. Im Märchen wird insbesondere deutlich, was in einer Sage sich eher verschleiert: dass bestimmte einander zeitlich ablösende Gestalten psychisch nichts weiter sind als verschiedene Seiten ein und derselben Persönlichkeit,[6] mit anderen Worten: dass die »Stiefmutter« eines »Schneewittchens« nur die Kehrseite einer bestimmten Art, Mutter zu sein, darstellt und offenbart.

Die »Mutter« in dem Grimm'schen Schneewittchen-Märchen wird wesentlich als eine Frau voller Verlangen geschildert. Sie selbst lebt nicht wirklich, sie wirkt nurmehr wie eine verkörperte Sehnsucht nach

Leben. Sie sitzt am Fenster, sie näht, sie sticht sich in ihren Finger, sie sieht ihre eigenen Blutstropfen in den Schnee fallen, und sie träumt von einem Kind, geformt nach gerade diesen Gegensätzen: weiß und rot, schneekühl und leidenschaftlich, asketisch rein und vital weltgewandt.[7] Was aber sagt eine solche Sehnsucht über die Frau selber aus, die in ihr lebt?

Wir müssen uns Schneewittchens Mutter als eine Frau voll eben solcher Widersprüche vorstellen. »Rot« und »Weiß« bilden bereits in dem wohl am meisten harmonischen Märchen aus der Feder von WILHELM GRIMM, in *Schneeweißchen und Rosenrot* (KHM 161), einen Urgegensatz,[8] nur dass durch den Vergleich beider Märchen gerade der Unterschied um so deutlicher wird: Schon dem Titel nach gehören in *Schneeweißchen und Rosenrot* die Kontraste von Schneekühle und Sommerwärme, von Zurückgezogenheit und Erlebnishunger, von scheuer Blässe und Erfahrungsreichtum in irgendeiner Art zusammen; der Zauber dieses Märchens liegt demnach gerade darin, dass es den Leser glauben macht, es könne der Liebe gelingen, das scheinbar einander so Widerstrebende in eine um so spannungsreichere Beziehung zu setzen: Keinesfalls hebe die glutvolle Erfahrung von Liebeslust und Leidenschaft die Reinheit und die Einheit von Gesinnung und Gesittung auf, sondern im Gegenteil, sie führe sie erst durch die Sinnlichkeit des Glücks zu ihrem Sinn und eigentlichen Ziel. Das Märchen von Schneewittchen hingegen lässt schon der Überschrift nach eine solche Einheit schmerzlich vermissen: Vor dem Hintergrund von »Schneeweißchen und Rosenrot« wirkt es wie ein halbiertes Leben, das kaum dazu kommt, sich seines fruchtbaren Gegenteils als einer Aufgabe ganzheitlicher Entwicklung auch nur zu erinnern.

Dieser Eindruck wird noch verstärkt durch die Eingangsvision der Königin, die sich gerade kein »Schneewittchen« gewünscht hätte, sondern »ein Kind so weiß wie Schnee, so rot wie Blut«. Gewiss, die Farben beziehen sich äußerlich mitsamt dem dunklen Ebenholzrahmen auf die Vorstellung einer anmutigen Tochter, deren vornehm-weiße Haut von Gesundheit und Frische durchpulst wird, so dass ihr rotweißes Gesicht noch effektvoll umrahmt wird von tiefschwarzer Haarpracht; – überall, wo dieses Motiv auftaucht, steht das Schwarz-Weiß-Rot für dieses Wunschbild sinnlicher Schönheit.[9] Aber es spricht sich darin zugleich auch eine bestimmte Erwartung an die Person einer Frau aus, es möchten in ihr Vornehmheit und Hingabe, Anmut und

Würde, moralisches Regiment und weibliches Temperament auf stilvolle Weise einander ergänzen; und es ist eben diese Erwartung, die schon in der Person der Königin missrät, ja, die wie ein Kontrast zu ihrer wirklichen Situation wirkt, so als suche sie mit ihrer Wunschphantasie nur die Erlebniskälte zu kompensieren, in die sie selber eingeschlossen ist.

Man braucht sich die ersten Sätze des Schneewittchen-Märchens nur einmal als eine Szene vorzustellen, die eine Frau in einer Psychotherapie als den Traum der vergangenen Nacht erzählen würde, und man begreift sogleich die Wehmut und die Trauer, die dieses Eingangsbild umgibt. In einem Traum ist es natürlich nicht egal, ob die Handlung in der Wärme des Sommers oder, wie hier, »mitten im Winter« spielt. Es ist, so müssen wir auch für das Märchen denken, ein frierendes, unterkühltes Leben, das die Königin da führt, und die »Schneeflocken« fallen darein wie Tränen, die der Himmel in ihre Kälte und Einsamkeit weint. Unmöglich scheint es, mit diesem Bild Gefühle von Wärme und Zärtlichkeit zu verbinden. Von dem Gatten der Königin hören wir an dieser Stelle bezeichnenderweise durchaus noch kein Wort – an seiner Seite wird späterhin einzig Schneewittchens Stiefmutter ihr Unwesen treiben, während die Wesensgestalt dieser Frau einer vorzeitig Sterbenden gleicht. Wie das sein kann?

»Wenn ich zurückdenke«, schilderte vor einer Weile eine Frau die Geschichte ihrer Ehe, »so habe ich im Grunde geheiratet, weil ich ein Kind haben wollte. Es war, als ob ich eine Frau nur geworden wäre, um Mutter zu sein. Mein Mann war dazu notwendig, aber ich lebte eigentlich nicht mit ihm, sondern mit meinem Kind. Ich war überglücklich, dass es ein Mädchen war, denn in ihm sah ich mich selbst wieder. Ich wollte ihm das Leben ermöglichen, das ich selber nie kennengelernt hatte.«

Tatsächlich hatte sie unter ihrer eigenen sehr strengen Mutter seit Kindertagen gelitten. Insbesondere über das Aufblühen ihrer Jugend war bald schon der Frost starrer moralischer Verbote gefallen. Es war, wie wenn mitten im Mai über die duftenden Dolden des Flieders die Eisheiligen kommen: Die Schönheit der Blüten bleibt äußerlich wohl noch bestehen, doch darinnen erstirbt das Leben. So war sie, ein ursprünglich lebenslustiges, anmutiges Mädchen, bei den ersten Regungen eines feineren Fühlens durch das Veto der Mutter zu Tode erschrocken: Alles, was sie bis dahin gelernt hatte über Keuschheit und

Unkeuschheit, über Tugend und Laster, über Sittlichkeit und Sünde, gewann jetzt einen wirklichen, schrecklichen Inhalt: Sie war, kaum zwölfjährig, eine Verdammte.

Es fällt vielen vor allem jungen Leuten inzwischen wohl schwer, sich die Folgen einer Moral vorzustellen, die, wie die katholische Kirche noch heute, unter einer Fülle verklausulierter Worte erklärt, dass jegliche sexuelle Gefühlsregung, wofern freiwillig, sei es in Gedanken, sei es in Blicken, sei es in Taten, mit Bewusstsein herbeigeführt, außerhalb der Ehe als eine »Todsünde« zu betrachten sei.[10] Die Subtilität dieses Denkens lässt kein Entrinnen: Ein zwölfjähriges Mädchen kann ohne Zweifel wissen, was gut und was böse ist; es ist ebenso zweifelsfrei auch schon imstande, von seiner eigenen Freiheit Gebrauch zu machen; wenn es nun trotzdem in einer »wichtigen Sache«, wie es nach kirchlicher Meinung die menschliche Sexualität unter allen Umständen ist, etwas Sittenwidriges tut, so schließt es sich damit selber durch die »Ungeordnetheit seiner bösen Begierden« von der göttlichen Ordnung eigenmächtig aus, es fällt aus der Liebesgemeinschaft mit Gott durch sein eigenes schuldhaftes Streben nach verbotener Liebe selber heraus, es wird, wenn es unbußfertig in diesem Zustande sterben sollte, in die ewige Gottesferne, das ist: in die Hölle verbannt werden.[11] Und ist es denn auch Sehnsucht nach Liebe, die in der Unmoral einer verdorbenen Jugend in Erscheinung tritt oder nicht vielmehr nur »fleischliche Wollust«, »delectatio venerea«, wie es moraltheologisch hieß? Und des Schlimmen damit noch nicht genug! Man muss die böse Begierde gar nicht erst sündhaft selbst stimulieren, es genügt schon, ihr nicht durch rechte Ernährung, geistige Zucht, schickliche Kleidung und maßvollen Lebenswandel gebührend entgegenzutreten; es ist bereits möglich, andere, schon durch die Zurschaustellung der eigenen Schönheit, zu unkeuschen Blicken und begehrlichen Gedanken anzustacheln. Andere zu »sollicitieren« – auch das kann für ein blühend heranwachsendes Mädchen, ja, für ein solches erst recht, eine noch weit schlimmere Sünde bedeuten als alle allein mit sich selber verübten Gedanken und Taten.

Wohlgemerkt, es gibt auch heute noch Kinder, die im Schatten einer solchen (kirchlichen) Ethik aufwachsen müssen, – schließlich sind alle Stimmen, die ernsthaft dagegen hätten ihr Wort machen wollen, bis in die jüngste Zeit vom kirchlichen »Lehramt« mit »disziplinarischen Maßnahmen« zum Schweigen gebracht worden; doch selbst wenn den

Worten nach eine solche Moral nicht mehr »verkündigt« wird, verbreitet sie sich gleichwohl »atmosphärisch«: Es genügt, dass bestimmte Verhaltensweisen mit Schweigen, mit Wegsehen, mit Übersehen belegt werden, und ein Kind weiß, was es für »unaussprechbar« und »unansehnlich« zu halten hat; es genügt, dass ihm sehr früh schon am Beispiel der eigenen Eltern gezeigt wird, was sich »gehört« und was sich »nicht gehört«, und es wird gefühlsmäßig sein Leben lang an die entsprechenden Wertungen gebunden sein. In den Tagen, da die BRÜDER GRIMM ihr Märchen schrieben, stellte das »sechste Gebot«, das eigentlich nur den Ehebruch unter Verbot setzt, einen Hauptgegenstand bereits der Kinderbeichte dar.[12] Und hat sich diese Denkungsart je geändert? Wie viele Frauen der älteren Generation gibt es, die sich noch deutlich daran erinnern, dass sie alle vier Wochen in dem »Beichtstuhl« einer katholischen Kirche »Reue und Leid« über Taten zu »erwecken« hatten, deren Sinn sie durchaus nicht verstanden und die sie überhaupt nur »beichteten«, um als ein gutes, als ein »bußfertiges« Kind zu erscheinen? Spätestens jedoch mit dem Beginn der ersten »Tage« hub eine Zeit nicht endender Scham für sie an. Man musste sich verstecken; man musste die Spuren verwischen; man durfte es niemandem sagen. Irgendwann, gewiss, kam die Mutter dahinter, doch sagte sie dazu kaum ein Wort; es war von Glück zu sagen, wenn sie, immerhin, das »sanitäre Material« zur Verfügung stellte und die Tochter davor warnte, mit einem Kind nach Hause zu kommen: – Ab jetzt konnte so etwas ja passieren! Fortan galt es, auf sich »aufzupassen« wie auf eine Verschlusssache! Auf eine solche Weise Frau werden zu sollen war eine Zumutung.

Doch half es auch nichts, sich, eine Weile lang, am liebsten alles wegzuwünschen. Es kam wieder, es ging weiter, es entwickelte sich immer mehr. Man stand vor dem Spiegel, um zu sehen, wer man war, doch durfte man stolz sein, wo man sich schämen musste? Wie hatte ein Mädchen in diesem Alter sich selber zu sehen: War es reizend oder aufreizend, schön oder schamlos, hübsch oder verführerisch? Und an welcher Stelle endete das eine und begann das andere? Wie eine Grenze ziehen bei einem Erleben, das so verwirrend hin- und hertaumelte zwischen Vorzug und Vorwurf, Achtung und Verachtung, Dankbarkeit und »Dünkel«, wie sie dann sagten?

Man muss sich die Mutter eines »Schneewittchens« auf diese Weise als eine Person vorstellen, die vor allem in ihrer Rolle als Frau zutiefst verunsichert ist: stets sich sehnend nach einer Liebe, die ihr im Grunde verboten ist, stets sich ausstreckend nach der Nähe eines Mannes, den sie doch die Pflicht hat, jeweils von sich zu weisen, damit er ihr nicht zu nahe komme, stets unter dem Zwang, zerstören zu müssen, was ihr im Grunde Glück und Geborgenheit zu schenken vermöchte.

»Meine Mutter«, erinnerte sich eine Frau, die das Schneewittchen-Märchen als Schlüssel zum Verständnis ihres eigenen Lebens entdeckt hatte, »konnte noch viele Jahre nach dem frühen Tod meines Vaters mit einem sonderbaren Funkeln in ihren Augen erzählen, wie sie ihn anfangs, als sie ihn kennenlernte, absichtlich in die Schranken gewiesen hat. Mein Vater war bestimmt alles andere als ein Hallodrie, doch Mutter fand es vor der Ehe – und, ich glaube auch, in der Ehe – für nötig, ihn auf Distanz zu halten. ›Eine Frau, das ist eine Burg, die will erobert sein‹, sagte sie manchmal, so als wenn die Liebe eine Art Belagerungskrieg wäre. Ich habe sie in diesem Punkte nie ganz verstanden; und ich nehme es ihr heute noch übel, dass sie meinen Vater so sinnlos gequält hat. So erzählte sie, dass sie ihn mehr als eine halbe Stunde lang buchstäblich im Regen hat stehen lassen – sie wusste, dass er auf sie wartete, aber sie ging nicht hin, nur um ihn ›abzukühlen‹. Und sie schien selbst dreißig Jahre danach noch mit sich sehr zufrieden zu sein, dass sie es ihm nicht so leicht gemacht hatte, sie zu ›erobern‹. Dabei hatte sie ihn doch geliebt! Sie kam fast um vor Trauer, als er starb! Wie kann man so etwas verstehen?«

Nun, man kann so etwas ganz gut verstehen, wenn man voraussetzt, dass eine bestimmte kirchliche oder gesellschaftliche Moral ein großes Interesse daran hegt, gerade diejenigen Erlebnisräume zu kontrollieren, an denen die Lust und die Liebe den einzelnen Menschen Freiheit und Selbstvertrauen verleihen könnten. »Tu' niemals das, was du eigentlich möchtest, denn eben: Schon dass du selbst etwas möchtest, zeigt das Selbstische, das Verkehrte; richtig ist nur, was du als ein Opfer dir abringst, wo du Verzicht auf dich selbst übst, wo du dich überwindest.« So oder ähnlich lauten die Kerngebote einer solchen Moral.[13] »Liebe – das ist, sich selber ganz hinzugeben, das ist, von sich selber ganz abzusehen…« Liebe – das ist, folgt man solchen Tiraden und Attitüden, die Pflicht, das Glück einfacher Nähe und Vertrautheit zu zerstören zugunsten gewisser höherer Zwecke, zum Beispiel der Zeugung von »Nachkommenschaft«[14] oder der Einrichtung eines »Hausstandes«. Nie sollen zwei Menschen nach solcher Auffassung einander genießen wie in einem Spiel, hingegeben einzig dem Augenblick, ein jeder des anderen Grund und Gestalt allen Glücks, alles andere ringsum vergessend. Dass da ein Mensch nichts weiter mehr kenne als einen anderen Menschen als Sinn und »Endzweck« allen Strebens und aller Bestrebungen, – das gerade wird von einer solchen Moral nicht als Ausdruck der Liebe gelten gelassen, eine solche Liebe wird vielmehr als »Egoismus zu zweit« diffamiert, als »Hedonismus« gebrandmarkt, als »Anarchismus« für »pflichtvergessen« erklärt. Die Kirche, der Staat, die Gesellschaft machen in einer solchen Moral sich geltend gegen das Individuum und gegen die Liebe; denn die individuelle Liebe, so weiß man, ist das Unkontrollierbare, – das ist die Welt der Wurzel aus minus Eins, – ein Rechnen mit komplexen Zahlen, auf imaginären Ebenen, das ist das Verwirrende, das Unberechenbare, das Irrationale an sich selber. Darum: Wehret den Anfängen!

Das Opfer einer solchen »Moral« hat als Frau stets das Zeug, eines »Schneewittchens« Mutter zu werden. Vor einem solchen geistigen Hintergrund »stimmen« auf das genaueste alle Details schon in der Einleitung der Grimm'schen Geschichte.

Als Erstes: die winterliche Stimmung selbst und das Fallen der »Schneeflocken«.

Schneeflocken

schrieb die österreichische Dichterin CHRISTINE BUSTA,[15]

wieviel Heimkehr
ausgesendeter Wärme
Kristalle aus Wasseratem,
Erdatem, Menschenhauch,
frostverdichtet und löslich.
Botschaften,
windhin,
sternher...

Da kommt im Bilde der Schneeflocken wie aus dem Himmel etwas zurück, das auf der Erde einmal Hoffnung und Zärtlichkeit war, doch es gerann zu gefrorenen Tränen; wohl, gerade sie besitzen ihre eigene kristalline Schönheit, gerade sie zeichnen sich aus durch die filigrane

Symmetrie ihrer Muster,[16] und doch sind sie nichts als leise geflüsterte Worte, die, ungehört, der Wind von den Lippen nahm und sie weit verwehte, ein Funkeln von fern in dunkelen Nächten... Ein solches Leben wird still; es wagt kaum noch irgendeine Art von Kontakt, aus Sorge, die Dinge zu stören – nach so viel Zerstörung! Unter dem Titel Im Winter fährt BUSTA denn auch fort:[17]

> *Rühre nicht an den Schnee,*
> *lass die Kristalle schweben!*
>
> *Wo die Flocke dich heimsucht,*
> *wirst du bis unter die Haut*
> *von Vergänglichkeit brennen.*

Es ist wie ein Rühren an altem Schmerz, die schwebenden Schneekristalle zu spüren, sie lösen sich auf in der Wärme des noch verbliebenen eigenen Lebens, sie werden wieder die alten Tränen, sie erwecken wieder die Qual der Erinnerung an ein unerträgliches Leid, das doch, in diesem Falle, die Erfüllung einer heiligen Vorschrift war: Man hatte die Liebe zu meiden!

Ist es in diesem »Traumbild« eines ungelebten Lebens dann noch für »zufällig« zu halten, wenn wir die »Königin« von einem schwarzen Fenster aus Ebenholz umrahmt sehen? Es ist wie das Bild einer Totenanzeige, auf dem, schwarz umrandet, das blühende Portrait einer lebend Toten zu sehen ist, – so diese Frau am Fenster. Es gibt keine Hoffnung mehr, die sie für ihr eigenes längst schon zerstörtes Dasein noch hegen dürfte; all ihre Zuversicht richtet sich deshalb aus einer verlorenen Vergangenheit in die einzig noch mögliche Zukunft, die ihres Kindes: möchte dieses so sein, dass es den Totenrand seines Lebens aufsprengen könnte zu einem Dasein, in dem »Rot« und »Weiß« eine Einheit bildeten...

Man kann eines »Schneewittchens« Mutter nur verstehen aus dem Geflecht eines solchen ersatzweisen Lebens heraus. Da trägt ein Mädchen, noch bevor es zur Welt kommt, bereits all die Widersprüche in sich, die für seine Mutter keine Auflösung gefunden haben, und ja, es wird geradezu mit dem Auftrag geboren, das scheinbar Unversöhnliche im Leben seiner Mutter in seinem Leben doch noch zu vereinbaren. Die Umstände freilich könnten diesem Ziel ungünstiger nicht sein.

Nicht wenige Frauen werden als Mädchen allein an der Seite ihrer Mutter haben aufwachsen müssen, – der Vater verstarb: Er blieb im Krieg, er erlag einer Krankheit, er war beruflich verhindert, zu Hause zu leben; in all diesen Fällen kann ein Kind mittelbar doch erleben, dass es einen Vater hat: Die Mutter sehnt sich nach seiner Gegenwart, sie erzählt ihm von ihm, sie betet mit der Tochter um seine Wiederkehr, sie malt ihr die Freude aus, die seine Nähe bedeuten könnte, und so entsteht auch in dem Kinde ein starkes Verlangen nach diesem Unbekannten und doch so Bekannten, nach diesem Abwesenden und doch um so mehr Anwesenden, nach diesem so schmerzhaft vermissten, fehlenden Vater. Deutlich anders verhält es sich in der Kindheit eines »Schneewittchens«. Für seine Mutter ist der Vater kein Ort, sich in der Kälte zu wärmen, er hat durchaus nicht teil an ihren winterlichen Träumereien, im Gegenteil: Das Kind als Inhalt aller mütterlichen Wünsche soll gerade den Platz füllen, den der Gatte leer lässt oder verlässt, und zwar, wie wir jetzt denken müssen, nicht weil es ihn nicht gäbe, sondern weil eine bestimmte Moral seine Nähe unwünschbar macht.

Ein Kind, das so aufwächst, entbehrt nicht des Vaters, es lernt als Erstes, den eigenen Vater zu meiden, zu fürchten, – auch er ist ein Mann! Wie aber soll es bei solcher Belastung ein Problem lösen, an dem schon das Leben seiner Mutter auseinanderzubrechen droht?

Wie eines »Schneewittchens« Mutter die Liebe empfindet, verrät uns jedenfalls gleich schon das Eingangsbild dieses Grimm'schen Märchens: sie sitzt am Fenster und näht und sticht sich mit der Nadel dabei in den Finger, so dass drei Tropfen Bluts in den Schnee fallen, und als sie die sieht, entsteht ihr der Kinderwunsch…!

Der »Stich in den Finger« ist ein Motiv, das aus dem Märchen vom Dornröschen geläufig ist (KHM 50).[18] Diese Geschichte unterhält eine bemerkenswerte Gemeinsamkeit mit dem Schneewittchen in dem Motiv vom Schlaf der Prinzessin: Wie Schneewittchen schließlich in dem gläsernen Sarg der Zwerge aufgebahrt ruht, so schläft das Dornröschen, als es im fünfzehnten Lebensjahr von einer Spindel gestochen wird, einen schicksalhaften hundertjährigen Schlaf, während dessen die ganze Welt den Atem anhält und nicht einmal mehr der Wind in den Blättern der Bäume sich regt. Für das Dornröschen wie für das Schneeweißchen bedeutet die Begegnung mit der männlichen Sexualität offenbar nicht nur eine schmerzhafte, sondern eine geradezu lähmende, beinahe tödliche Erfahrung, die freilich das »Schneewittchen« nur mittelbar betrifft, indem es dort die Mutter ist, die sich mit der Nadel den Finger blutig sticht.

Tatsächlich wird man nicht fehlgehen, wenn man in der Mutter eines »Schneewittchens« selber eine solche 15-jährige Königstochter erblickt, die den Beginn ihrer Entfaltung zur Frau wie einen schmerzhaften Gewaltakt erfahren haben wird. Man mag sich wundern, wie so bald in der Grimm'schen Erzählung der Stich in den Finger von der Geburt des ersehnten »Schneeweißchens« gefolgt wird, und man darf denken, das eine folge nicht nur dem andern, es sei dessen »Erfolg«; mit anderen Worten: Der Stich in den Finger sei nichts anderes als die symbolische Beschreibung der Empfängnis eines »Schneewittchens«.[19] Es ist ein Akt nicht der Freude, vielmehr eine kalte, freudlose Zufügung von außen, eine Verletzung, die doch nur offenbart, was es überhaupt heißen kann, eine Frau zu sein. Wurde nicht wie eine Wunde bereits der Eintritt ins Frausein erlebt? Nur: So ging es dann weiter, denn was dieses eine Mal angeht – es war niemals anders! Es gab diese häusliche Pflicht: zur Handarbeit und zum Handhinhalten, in beidem tüchtig: fleißig wie fruchtbar, und doch gedemütigt und gequält, ein blutiger Schmerz in einer schneekalten Welt, ein Leben, buchstäblich, in ganz kleinen Stichen, ein Zusammennähen von etwas, das nicht zusammenhalten will.

Märchentexte verdichten wie Traumbilder in wenigen Sequenzen ein ganzes Menschenleben mit all seinen Widersprüchen und Lösungsansätzen. Bei der Interpretation des Märchens von dem Mädchen Schneewittchen sind wir in der glücklichen Lage, schwarz auf weiß zeigen zu können nicht nur, was die BRÜDER GRIMM selber von dem Inhalt ihrer Geschichte gewusst haben, sondern was ihnen sogar in schriftlicher Fassung schon vorlag und was sie alles weglassen mussten, um aus der Sage von Richilde und Blanca bei MUSÄUS ihr Schneewittchen zu formen; überraschenderweise – oder vielmehr: naturgemäß! – stoßen wir dabei expressis verbis auf die gleichen Problemstellungen, die wir in nuce bereits in der Anlage des Grimm'schen Märchens aufspüren konnten, nur dass MUSÄUS uns die Konstellationen eines Dramas beschreibt, dessen psychischen Inhalt und Zusammenhang er selber noch nicht auch entfernt nur zu ahnen scheint.

MUSÄUS nämlich erzählt, wie Richilde zur Welt kommt als das Kind des Grafen von Brabant, des frommen Gunderich, dessen Gottesminne von solcher Art war, dass seine Gemahlin, die edle Gräfin, darüber ursprünglich sich zur Unfruchtbarkeit verurteilt fand. Zwar wähnte der Graf darin eine Strafe des Himmels für den allzu weltlichen Sinn seiner Gattin erkennen zu sollen, doch, wie MUSÄUS richtig bemerkt, ist »die Fruchtbarkeit ... nicht eben eine Prämie der weiblichen Tugend«. Es wäre bei allen Fastenübungen und Kasteiungen der Eltern niemals eine Richilde geboren worden, hätte nicht Albertus Magnus, auf der Durchreise zum Konzil zu Lyon, als Beichtvater sich des Kasus angenommen, und zwar solchermaßen erfolgreich, dass Vater Gunderich, obwohl er lieber einem männlichen Erben das Leben geschenkt hätte, den gelehrten Geistlichen, weil die kleine Richilde ein so niedliches, unschuldsvolles Geschöpf war, mit Wohltaten schier überhäufte, so dass man im Volke schon munkelte, des Kindes Vater sei – ja, wisse man, wer? Die Gräfin jedoch erbat sich von dem ehrwürdigen Dominikaner beim Abschied noch ein Andenken für ihr Töchterlein und empfing von ihm einen metallischen Spiegel, gefasst in einen Rahmen von gediegenem Gold; diesem Spiegel hatte der Heilige die Gabe verliehen, in deutlich redenden Bildern alle Fragen zu beantworten, die man an ihn richtete, allerdings drohte er im Falle eines lasterhaften Lebens seines Besitzers nach und nach zu erblinden. Das Glück am Hof zu Brabant währte indessen nicht lange. Gunderich verschied, mit Mönchskleidern angetan, das ewige Leben als sichere Anwartschaft hoffend; und seine Gemahlin, fortan ganz der Erziehungsfürsorge ihrer Tochter obliegend, zog sich selber zum Witwenaufenthalt in ein Kloster zurück. Richilde, erzählt uns MUSÄUS weiter, war eben erst 5 Jahre alt, als auch ihre Mutter verstarb und ihr als letzte Kostbarkeit jenen Zauberspiegel überreichte, in dessen Verwendung sie ihre Tochter sorgfältig unterwies. In Trauerkleidern, untröstlich über den herben Verlust der zärtlichen Mutter, verweinte Richilde »eins der schönsten Lebensjahre zwischen den Mauern der klösterlichen Klausur«. Dann aber, heimgesucht von Sehnsucht und Langeweile, lernte sie es, »mit den Tanten und Vettern der Nonnen zu kosen« und sich von manch stattlichem Ritter viel Schönes durch das eiserne Gitter des Sprechzimmers sagen zu lassen. Dies, meint MUSÄUS, habe den ersten Grund ihrer späteren Eitelkeit gelegt; wir aber sollten wohl eher sagen: es sei eine latente weibliche Homosexualität in der Seele Richildens zu bemerken[20] als Folge der strengen Frömmigkeit ihres Vaters und des steten Verbots eines einfachen glücklichen Lebens als Frau.

Noch wissen wir von eines »Schneewittchens« Mutter nicht gerade viel, da verfügen wir doch bereits über Material genug, in ihr diese »Frau am Fenster« zu sehen, die ausschaut nach einem Leben, das in Ruhe zu genießen ihr aus gewissermaßen moralischen Gründen niemals vergönnt sein wird. Es wird sehr wichtig sein, diesen Hintergrund nicht zu vergessen, denn bald schon wird das Bild von Schneewittchens Mutter verdrängt werden von dem Gegenbild der bösen Stiefmutter.

2. Die Frau im Spiegel

Wie in so vielen Märchen und Mythen nämlich verstirbt Schneewittchens Mutter unmittelbar nach der Geburt ihres Kindes. Gewiss, in Zeiten, da das Kindbettfieber, noch vor dem Engagement von Dr. Semmelweis in den Kliniken Wiens,[21] als eine gefürchtete Seuche die Niederkunft zahlloser Mütter heimsuchen konnte, war ein solches Schicksal als brutum factum nicht ungewöhnlich; in psychologischer Absicht indessen sind wir sicherlich wohlberaten, in dem »Tod der Mutter« an dieser Stelle des Märchens nicht ein äußeres Ereignis, sondern ein Symbol für den Wechsel im Wesen ein und derselben Person an der Seite ihrer Tochter zu erblicken. Freilich, diese Möglichkeit auch nur zu erwägen scheint dem »gesunden Menschenverstand« vorerst absurd. Wie denn: Es sollte diese so wehmütige, sehnsüchtige und unschuldige »Frau am Fenster«, als die wir bisher Schneewittchens Mutter kennengelernt haben, identisch sein mit jener anderen bösartigen und intriganten »Frau vor dem Spiegel«, die fortan als Schneewittchens Stiefmutter das Leben ihrer Tochter derart unheilvoll überschatten wird?

Um es vorweg zu sagen: Gerade so verhält es sich!

Immer wieder bereitet es im Umgang mit anderen Menschen ebenso wie mit sich selbst die größten Schwierigkeiten, sich vorzustellen, dass eine einzelne Person nie nur das ist, was sie unter einem bestimmten Gesichtspunkt zu sein scheint; sie ist in aller Regel stets auch ihr eigenes Gegenteil, an dessen Widerspruch ihre Eigenarten und Charakterzüge allererst sich formen. Alles hängt davon ab, dieses Paradox in der Erzählung eines Märchens ebenso wie im wirklichen Leben zu erkennen und anzuerkennen.

Eine Hilfe dabei kann der Dichter HERMANN HESSE sein. In erschütternder Weise hat er die Erfahrung der Vielschichtigkeit und Vielseitigkeit des Ichs in seinem Roman *Der Steppenwolf* gestaltet: »In Wirklichkeit«, schreibt er, »ist kein Ich, auch nicht das naivste, eine Einheit, sondern eine höchst vielfältige Welt, ein kleiner Sternhimmel, ein Chaos von Formen, von Stufen und Zuständen, von Erbschaften und Möglichkeiten.«[22] »Die Täuschung beruht auf einer einfachen Übertragung. Als Körper ist jeder Mensch eins, als Seele nie.«[23] »Nur von ferne erst und allmählich dämmert die Ahnung in einzelnen, dass das vielleicht alles eine billige Oberflächenästhetik ist, dass wir irren, wenn wir auf unsre großen Dramatiker die herrlichen, uns aber nicht eingeborenen, sondern bloß aufgeschwatzten Schönheitsbegriffe der Antike anwenden, welche, überall vom sichtbaren Leibe ausgehend, recht eigentlich die Fiktion vom Ich, von der Person erfunden hat. In den Dichtungen des alten Indien ist dieser Begriff ganz unbekannt, die Helden der indischen Epen sind nicht Personen, sondern Personenknäuel, Inkarnationsreihen.«[24] »... der Mensch ist eine aus hundert Schalen bestehende Zwiebel, ein aus vielen Fäden bestehendes Gewebe.«[25]

In der Tat bieten die Märchen und die Mythen der Völker immer wieder eindrucksvolle Beispiele für diese ihre »indische« Erzählweise, indem sie die Facetten ein und derselben »Person« auf eine Reihe verschiedener einander ablösender Handlungsträger verteilen, und es ist zu ihrem Verständnis sehr wichtig, sich auf eine solche Zerlegung einer einzelnen Person in die oft genug so widersprüchlichen »Inkarnationen« ihres Wesens gefasst zu machen. Wann denn schon handeln wir, wie wir wohl wünschten, »ganz« und »geschlossen«, und müssten nicht, um uns als eines zusammenzuschließen, ein anderes, das wir doch auch sind, durch immer neue »Entschlüsse« ausschließen? Schneewittchens »Mutter« – wer ist das: die stille, wehmütig träumende »Königin« am Ebenholzrahmen ihres Fensters oder jene mörderisch eifersüchtige Vettel von »Stiefmutter«, in deren Hände das Mädchen vom Tage seiner Geburt an gerät? Schon dass eine solche »Wahl« sich überhaupt stellt, scheint schlimm genug; wie aber, wenn wir allen Ernstes denken sollten, diese beiden Frauengestalten bildeten nur die zwei Seiten ein und derselben Person, ja, sie fügten sich nicht nur in der psychischen Wirklichkeit zu ein und demselben Wesen zusammen, sondern sie bedingten einander wechselseitig, so dass die eine nicht wäre ohne die andere? Dann müssten wir unser eingangs in Aussicht gestelltes Versprechen über die Märchen im folgenden Schritt für Schritt einlösen, indem wir zu zeigen versuchen, wie es möglich ist, selbst und gerade das Grässliche in der menschlichen Seele verstehbar zu machen und im Verstehen seiner Vermenschlichung zuzuführen. Wie kann ein und dieselbe Frau sich sehnen nach einem Kind, dem sie am Ende trotz allem, ja, wie wir denken sollen, sogar gerade deshalb den Tod wünscht, um nur ja selber »die Schönste« zu bleiben? Wer dieses Rätsel nicht löst, erläutert nicht das »Kinder- und Hausmärchen« der BRÜDER GRIMM von Schneewittchen.

Eines wissen wir schon: Mit dem Verlangen nach einem Kinde »so weiß wie Schnee, so rot wie Blut und so schwarz wie das Holz an dem Rahmen« sucht die »Königin« ein Problem zu lösen, das in ihrem eigenen Leben allem Anschein nach keine Auflösung zulässt. Sie selber sehnt sich nach einer Weiblichkeit, die ihr im eigenen Leben endgültig verwehrt ist – aus »moralischen« Gründen, so nahmen wir an. Aber jetzt: Eben diese triebgehemmte, verschüchterte, ganz und gar in sich gekehrte Frau soll ein und dieselbe sein, die in geckenhafter Eitelkeit immer wieder vor ihrem Spiegel posiert, um sich ihrer, wie sie wähnt, unvergleichlichen »Schönheit« zu versichern? Gewiss, das kann sein, muss man wohl antworten, sobald man paradoxerweise die Unsicherheit in Rechnung stellt, die beiden Frauengestalten im Untergrunde gemeinsam ist.

»Wer bin ich eigentlich?« Diese Frage ergab sich für »die Frau am Fenster« bereits aus einer ständigen Irritation von Schuldgefühlen und Ängsten gegenüber der eigenen Weiblichkeit, und wir halten fest, dass es zum Lebenskonzept einer derart unerfüllten, weil immer neu an starren Verboten scheiternden Sehnsucht nach wirklichem Leben gehört, eine Lösung des an und für sich unlösbaren Konfliktes allenfalls in einem anderen Dasein, in der Gestalt der eigenen Tochter, für denkbar zu nehmen, ganz gewiss aber nicht für sich selbst, nicht unter den Bedingungen des eigenen Selbstbewusstseins und eigenen Selbstwertgefühls. Da liegt die Selbstunsicherheit dicht unter der Oberfläche. Was aber soll man von einer Frau halten, die sich immer erneut vor den Spiegel stellt und sich kritisch prüft, ob ihr künstliches Konterfei ihr sagt, was zu hören sie wünscht: sie sei die absolut »Schönste im ganzen Lande«?

Der »gesunde Menschenverstand« gibt sich sicher: Eine solche Frau frönt einem der größten unter den sieben sündigen Lastern: der Eitelkeit.[26] Ihre unablässige »Selbstbespiegelei« macht sie geradewegs zu einem Muster an narzisstischer Selbstbezogenheit und Ichverliebtheit,[27] eine Besessene scheinbar, der Manie verfallen, schön sein zu müssen um jeden Preis, ja, nicht nur schön, nicht nur makellos schön, sondern unvergleichlich schön, am allerschönsten auf Erden.

Man kann diesen unbedingten Willen zu Einmaligkeit und exklusiver Geltung wohl ebenfalls nur verstehen auf dem Hintergrund eines tiefen Minderwertigkeitsgefühls. Da weiß ein Mädchen durchaus, dass es schön ist; moralisch aber muss es lernen, dass es eben deshalb »gefährlich«, ja, schlecht, eben: minderwertig gerade wegen seiner Schönheit ist, mit der Folge, dass diese Verfälschung des Ästhetischen ins vermeintlich Ethische alle Formen natürlicher Selbstwahrnehmung verwirren wird.[28] Irgend etwas in ihm wird sich wehren gegen das Unrecht, für einen so offensichtlichen Vorzug seines Wesens sich angeklagt und angeschuldigt zu sehen, und so kann es unter den gegebenen Umständen nicht ausbleiben, dass der mutwillig minderbewertete Wert der Schönheit den Mut gewinnt, seine wahre Wertschätzung sich zu erkämpfen. Ein unheilvoller Krieg im Bewusstsein erhebt sich auf diese Weise, der im Grunde nie zu gewinnen, aber auch nie gänzlich zu verlieren ist, schon weil es zu einer offenen Austragung des Konfliktes nimmermehr kommen wird. Beides ist subjektiv nicht vorstellbar: Man kann nicht der gesamten öffentlichen Moral Hohn sprechen und sich für rein erklären, wo sie ihr »unrein« spricht, man kann nicht mit Stolz sich in die Brust werfen, wo die gesellschaftliche Moral den demütigen Verzicht auf alles Prunken und Sich-zur-Schau-Stellen gebietet; doch kann man auch nicht einfachhin auf das eigene Wesen Verzicht tun. Vor sich selbst, insgeheim, wird man nur um so stärker versucht sein, die öffentlich geschändete Ehre in der persönlichen Wertung wiederherzustellen: Sich selber ist man den Beweis geradwegs schuldig, trotz allem nicht schuldig, sondern in Wirklichkeit schön und rein und liebenswert zu sein.

Eine solche »Selbstanschauung« im Verborgenen – das bedeutet als Erstes diese unbedingte Selbstreflexion vor dem Spiegel. Was, bitte schön, heißt da »Narzissmus«, wenn ein Mädchen wie verzweifelt darum ringt, unter dem Druck seiner ganzen Umgebung sich wenigstens einen Rest an Selbstachtung zu bewahren?

»Wer bin ich?« Diese Frage lässt eine Frau dieser Art ihr Lebenlang nicht mehr los. »Ich bin schön. Ich bin schlecht. Ich bin schlecht, weil ich schön bin. Ich darf nicht schön sein, wenn ich gut sein will.

Liebenswert bin ich nur, wenn ich gut bin. Ich bin aber nicht liebenswert, wenn ich nicht zugleich schön bin. Also muss ich versuchen, schön zu sein, ohne zu wissen, dass ich schön bin. Aber ich weiß, warum ich nicht wissen darf, wie schön ich bin. Ich bin etwas, das ich nicht sein darf. Ich weiß etwas, das ich nicht wissen darf. Woher also soll ich wissen, wer ich in Wirklichkeit bin?«

So geht das, so dreht sich das tagaus, tagein. Die verleumdete Schönheit wird zur verleugneten Schönheit und diese wieder zur süchtigen Suche nach einem Selbst, das nur als ein Etwas für andere wirklich ist und deshalb allein schon nie dazu kommt, in Ruhe selber zu sein – in Identität von »An sich« und »Für-Sich«.

Erst unter dieser Voraussetzung versteht man die zwei wichtigsten Merkmale im Leben und Erleben der (Stief)Mutter eines »Schneewittchens«: die enorme Bedeutung des Seins für andere sowie die rigorose Reduktion dieses Seins auf die reine Außenseite ästhetischer Körperlichkeit. Statt noch länger von »Laster« und »Schuld« zu sprechen, begreifen wir an dieser Stelle bereits die Anfangszüge und Anfangsgründe einer vollendeten Tragödie.

In der Terminologie der Psychoanalyse handelt es sich bei dem Grimm'schen Portrait von »Schneewittchens« (Stief)Mutter um einen ausgesprochen hysteriformen Charakter; doch braucht man ein Wort wie »Hysterie« im alltäglichen heutigen Sprachgebrauch nur zu erwähnen, und man wird sogleich damit Assoziationen von weiblichen Nervenkrisen, Exaltationen und Extravaganzen aller Art erwecken, nicht zu vergessen die Unterstellung einer Durchsexualisierung des Lebens in allen Beziehungen und Daseinsbereichen?[29] Ganz falsch sind derartige Vorstellungen in der Tat nicht, doch wird alles ganz falsch durch die simple Tatsache, dass der bloße Begriff »Hysterie« in sich bereits wie ein Schimpfwort empfunden wird; er ist als psychologisches Wort im Grunde so wenig weiterverwendbar wie im Munde von Theologen ein Wort wie »Sünde« oder »Buße«. Worum es uns gehen muss, kann nicht, wenn auch noch so versteckt, das Verteilen von Vorurteilen sein, sondern worum wir uns bei der Interpretation eines Märchens gerade bemühen müssen, ist der Abbau des Vorwurfsanteils, der auch im Psychologenjargon sich mitteilen kann, und so dürfen wir die psychoanalytische »Diagnose«: Hysterie allenfalls dazu verwenden, eine bestimmte Form existentiellen Unglücks in der Innenansicht menschlicher Not aufzuzeigen und aufzuzeichnen:[30] Wie fühlt sich eine Frau, die so empfindet, wie die BRÜDER GRIMM sie in der Gestalt von »Schneewittchens« (Stief)Mutter uns schildern: eine Sucherin nach dem, was sie nicht sein darf, eine Versucherin durch das, was sie ist, eine Verlegene ebenso wie eine Verwegene? Was bedeutet es für eine solche Frau, wenn sie von ihrer »Wirkung« auf andere Menschen sich derart abhängig macht, wie es zum sogenannten »hysterischen« Erleben klassischerweise gehört?

Der österreichische Schriftsteller STEFAN ZWEIG hat in seinem biographischen »Bildnis« der Marie Antoinette einmal eine psychologisch äußerst sensible, um Verständnis werbende und schon deshalb zeitlos gültige, weil menschlich gütige Fragestellung dieser Art vorgelegt.

Die letzte Königin Frankreichs in den Tagen der Revolution erscheint in seiner Darstellung geradezu als die Verkörperung jeder nur möglichen Äußerlichkeit und Eitelkeit des weiblichen Wesens; diese Königin des Rokoko dachte, so schreibt er, »nicht daran, die Zeit zu verstehen, sondern einzig, sich die Zeit zu vertreiben«,[31] und er meint: »Dies war der verhängnisvolle Fehler Marie Antoinettes von allem Anbeginn: Sie wollte als Frau siegen statt als Königin, ihre kleinen weiblichen Triumphe zählten ihr mehr als die großen und weithin reichenden der Weltgeschichte, und weil ihr verspieltes Herz der königlichen Idee keinen seelischen Inhalt zu geben wusste, sondern nur eine vollendete Form, schrumpfte ihr unter den Händen eine große Aufgabe in ein vergängliches Spiel, ein hohes Amt in eine schauspielerische Rolle. Königin sein heißt für Marie Antoinette fünfzehn leichtsinnige Jahre lang ausschließlich: als die eleganteste, die koketteste, die bestangezogene, verwöhnteste und vor allem die vergnügteste Frau eines Hofes bewundert zu werden…, die tonangebende Mondäne jener vornehm überzüchteten Gesellschaftswelt zu sein, die sich selbst für die Welt hält.«[32] »Aber wie arm bleibt das Repertoire dieser Gesellschaftskomödie: ein paar kleine flüchtige Koketterien, ein paar dünne Intrigen, sehr wenig Geist und sehr viel Tanz.«[33]

Wie sah, kann man fragen, Marie Antoinette rein äußerlich wirklich aus? Wir besitzen etliche Bilder von ihr. STEFAN ZWEIG beschreibt ihre äußere Erscheinung wie folgt: »Zart, schlank, anmutig, liebreizend, spielerisch und kokett, wird die Neunzehnjährige (sc. bereits, d. V.) von der ersten Stunde an die Göttin des Rokoko, der vorbildliche Typus der Mode und des herrschenden Geschmacks; wenn eine Frau als schön und anziehend gelten will, bemüht sie sich, ihr ähnlich zu sein. Dabei hat Marie Antoinette eigentlich weder ein bedeutendes noch ein besonders eindrucksvolles Gesicht ... Etwas Kühles und Leeres wie von glattfarbenem Email geht von diesem unausgeformten, noch auf sich selbst neugierigen Mädchengesicht aus, dem erst die späteren fraulichen Jahre eine gewisse majestätische Fülle und Entschlossenheit hinzutun. Einzig die weichen und im Ausdruck sehr wandelhaften Augen, die leicht in Tränen überströmen, um dann sofort wieder in Spiel und Spaß aufzufunkeln, deuten auf Belebtheit des Gefühls ...: Man spürt nur eine weiche, nachgiebige Natur, die von Stimmung sich führen lässt und, durchaus weiblich, immer nur den Unterströmungen ihres Empfindens folgt. Dieses Zärtlich-Anmutige ist es auch, was alle an Marie Antoinette vor allem bewundern. Wahrhaft schön ist an dieser Frau eigentlich nur das wesentlich Weibliche, das üppige, vom Aschblonden ins Rötliche schimmernde Haar, das Porzellanweiß und die Glätte ihres Teints, die füllige Weichheit der Formen, die vollendeten Linien ihrer elfenbeinglatten und zartrunden Arme, die gepflegte Schönheit ihrer Hände, all das Blühende und Duftende einer erst halb aufgefalteten Mädchenschaft, allerdings ein zu flüchtiger und sublimierter Reiz, als dass er sich aus den Nachbildungen ganz erahnen ließe.«[34]

Doch gerade diese weiche, biegsame und schmiegsame Königin stellt sich wie mutwillig unter den Zwang, im Mittelpunkt der Spiegelsäle ihres »Trianon« zu stehen;[35] sie muss die »Schönste« sein, um nicht nichts zu sein. Warum? Es ist erneut STEFAN ZWEIG, der die bereits erwähnte Schneekälte der »Frau am Fenster« gerade und auch im Leben der Königin Marie Antoinette genial richtig heraushört: – die eisige Zeremonie etwa, mit der man die damals noch vierzehnjährige Habsburgerin als ein kleines verschüchtertes Mädchen aus rein diplomatischen Gründen in einer »Orgie der Etikette«[36] in Straßburg an die französische Seite zur Hochzeit mit dem Bourbonen-Prinzen Ludwig XVI. übergibt; die sieben entsetzlichen Jahre insbesondere, in denen der zum ehelichen Einssein unfähige König in über 2000 Nächten sich vergebens abmüht, mit seiner ungeliebten Staatsgemahlin »fruchtbar«, wie es international erwartet wird, »zusammenzukommen« und einen Thronnachfolger zu zeugen – hier vor allem sieht STEFAN ZWEIG den Grund zu jener »krampfigen, krankhaften und vom ganzen Hof als skandalös empfundenen Vergnügungswut, gegen die (sc. ihre Mutter, die Kaiserin, d.V.) Maria Theresia und alle Freunde vergebens anzukämpfen suchen. Wie sich beim König (sc. Ludwig XVI., d.V.) die unerlöste Männlichkeit in grobe Schmiedearbeit und Jagdleidenschaft, in dumpfe und ermüdende Muskelanstrengung umsetzt, so flüchtet bei ihr die falsch eingesetzte und unverwertete Gefühlskraft in zärtliche Freundschaft zu Frauen, in Kokketterien zu jungen Kavalieren, in Putzsucht und ähnliche unzulängliche Temperamentsbefriedigungen. Nächte um Nächte meidet sie das eheliche Bett, den traurigen Ort ihrer weiblichen Erniedrigung, und treibt sich, während ihr Gatte und Nicht-Gatte seine Jagdmüdigkeit breit ausschläft, bis vier Uhr, fünf Uhr morgens auf Opernredouten, in Spielsälen, bei Soupers und in zweifelhafter Gesellschaft herum, sich wärmend an fremden Feuern, unwürdige Königin, weil an einen unwerten Gatten geraten. Dass aber diese Frivolität eigentlich freudlos ist, ein bloßes Übertanzen und Überamüsieren einer inneren Enttäuschtheit, das verrät mancher Augenblick zorniger Melancholie.«[37]

Wie lebt man als Frau mit einem Ludwig XVI.? Es treten im Fall der Marie Antoinette noch andere Widersprüche zwischen dem Sein für sich und den Pflichten der Rolle, dem Sein für andere, hinzu. STEFAN ZWEIG schreibt: »Dem Titel nach Frau, in Wirklichkeit noch Kind, soll Marie Antoinette bereits Würde und Rang majestätisch vertreten, andererseits noch auf der Schulbank die untersten Kenntnisse einer Volksschulbildung nachlernen; bald behandelt man sie als große Dame, bald wird sie gerüffelt wie ein kleines, unmündiges Kind; die Hofdame verlangt von ihr Repräsentation, die Tanten Intrigen, die Mutter Bildung; ihr junges Herz aber will nichts als leben und jung sein, und in diesen Widersprüchen des Alters und der Stellung, des eigenen Willens und jenes der anderen entsteht in diesem, sonst durchaus gerade gewachsenen Charakter jene unbändige Unruhe und Ungeduld nach Freiheit.«[38] »…. mit wem heiter sein in diesem grausam feierlichen Haus aus kaltem Marmor, mit wem hier spielen?«[39] fragt STEFAN ZWEIG. »Von der ersten Stunde bis zur letzten kämpft der freie, natürliche Mensch in Marie Antoinette gegen die Unnatürlichkeit dieser erheirateten Umwelt, gegen das preziös Pathetische dieser Reifrock- und Schnürbrusthaltung«[40] – und doch, muss man hinzufügen, wird die »Herrscherin« von gerade dieser Welt, in der »nur die Sumpfpflanzen der Intrige und Galanterie« üppig blühen, wo nicht »die Leistung entscheidet, sondern die Kabale, nicht das Verdienst, sondern die Protektion«,[41] sich nach und nach vollständig beherrschen lassen.

Doch um die Zusammenhänge in dieser Weise zu sehen, muss man die Welt in der Tat mit den Augen eines so hellsichtigen Biographen wie STEFAN ZWEIG betrachten; nur so wird man die Trauer, die Resignation und den Schmerz wahrzunehmen vermögen, der in der Unwahrheit all des gleißenden Glücks einer Königin vor dem Spiegel, wie Marie Antoinette eine war, sich verbirgt, dieser »Schönsten im Lande«, die doch gerade in der Pose der »Königin« buchstäblich die erste »Dienerin« der Eitelkeit ihrer Zeit war und wurde, indem diese Zeit in ihr ebenso Gestalt gewann wie sie ihr Gewalt antat.

Freilich, um nicht missverstanden zu werden: Eines »Schneewittchens« (Stief)Mutter, wie die BRÜDER GRIMM sie uns schildern, ist keinesfalls ohne Weiteres eine »Marie Antoinette«; die Gestalt der Ersten Dame in den Spiegelsälen des Rokoko schenkt uns nur erst eine vorläufige Annäherung an die am meisten widersprüchlichen Seiten im Wesen jener rätselhaften »Frau vor dem Spiegel«, von der die BRÜDER GRIMM in ihrem Märchen erzählen und die wir doch mit jener »Frau am Fenster« ineins denken müssen. Wir begreifen auf diese Weise, was es bedeutet, als Frau eine Ehe zu führen, die keine ist; wir erfahren, wie das Verbot, sich selber zu leben, zu einer Sucht nach fremder Bestätigung führen kann; und wir lernen vor allem, wieviel an Leid nicht nur hinter einer blendenden Fassade von Selbstgefälligkeit und Selbstbespiegelung stecken kann, sondern auch hinter den psychoanalytischen Kunstwörtern »Hysterie«, »Narzissmus« und »kompensatorischer Schönheitswahn« sich verborgen hält. – Marie Antoinette, allerdings, war in gewissem Sinne wohl noch zu sehr Frau, sie kämpfte noch zu sehr um den Rest ihrer Natürlichkeit, um in vollem Umfang der Tragödie einer »Richilde«, wie das Grimm'sche Märchen sie schildert, gemäß zu sein.

Deren Problem liegt noch weit stärker als bei STEFAN ZWEIGS Marie Antoinette darin, dass sie all die seelischen Konflikte einer (moralisch bedingten) Selbstunterdrückung und Selbstablehnung in ihr Körper-Ich projiziert und in einem phantastischen Perfektionsideal makelloser ästhetischer Vollkommenheit abzuarbeiten sucht. »Ich bin gerade so viel wert, wie ich an Wertschätzung vonseiten der anderen erfahre«, so lautete die unausgesprochene Lebensdevise einer solchen Frau schon bisher; »aber«, so muss man jetzt fortfahren, »ich werde nur anerkannt werden, wenn ich durch meine Ausstrahlung als Frau alle anderen so verzaubere, dass ihnen gar nichts anderes übrig bleibt, als mich anzuerkennen und für etwas Unvergleichliches, Absolutes zu halten.«

Das offensichtliche Paradox einer solchen Grundhaltung ergibt sich von vornherein aus dem verzweifelten Willen, alle Anerkennung und alle Selbstachtung in gerade dem Punkte zu suchen, der ursprünglich am meisten gekränkt und geschändet wurde, dem weiblichen Körper. Kein Blick in den Spiegel, der insgeheim nicht von der bloßen Angst vor Verneinung, Kritik oder skeptischem Zweifel zu einem Übermaß getrieben würde und eben deshalb immer neu kränkbar und verletzbar bliebe.

Der Spiegel! Natürlich steht er als ein symbolisches Bild für das Nachdenken eines Menschen über sich selbst.[42] Was wir aber im Falle der (Stief)Mutter eines Schneewittchens vor uns haben, ist ein ständiges qualvolles Experiment auf Wert oder Unwert, auf Sein oder Nichtsein der gesamten eigenen Existenz: der Spiegel als Ort eines immer neu ergehenden Urteils auf Leben und Tod, der Spiegel als Bühne der Aufrichtung oder der Hinrichtung von allem, was man ist.

Um wie vieles gelöster und freier etwa konnte noch RAINER MARIA RILKE in den Sonetten an Orpheus die Spiegel betrachten:[43]

Spiegel: noch nie hat man wissend beschrieben,
was ihr in euerem Wesen seid.
Ihr, wie mit lauter Löchern von Sieben
erfüllten Zwischenräume der Zeit.

Ihr, noch des leeren Saales Verschwender –,
wenn es dämmert, wie Wälder weit...
Und der Lüster geht wie ein Sechzehn-Ender
durch eure Unbetretbarkeit.

Manchmal seid ihr voll Malerei.
Einige scheinen in euch gegangen –,
andere schicktet ihr scheu vorbei.

Aber die Schönste wird bleiben –,
bis drüben in ihre enthaltenen Wangen
eindrang der klare gelöste Narziss.

Da sind die Spiegel so etwas wie neutrale Fächer des Reifens, die in ihren Falten die verschiedenen Facetten des Werdens abbilden, unbeteiligt daran, was oder wen sie als Bild in sich aufnehmen und dem

Betrachter zurückgeben; sie selber sind nichts als objektive Aufnahmeplatten, und sie kümmern sich nicht darum, ob das, was sie dem fragend Suchenden zeigen, für ihn den Himmel bedeutet oder die Hölle; gewiss, manch ein Bild, in dem sie den Schauenden sich selbst zurückschenken, mag auf diesen zufriedenstellend und beruhigend wirken, – dass er mit diesem Portrait im Vorübergang sich selbst, das bessere Bild seiner Erscheinung wie auf Dauer gestellt sieht: So sieht er, so sieht sie aus! Nach diesem Bild wird er, wird sie sich künftighin messen! Was aber wird, wenn wir einen Mann, eine Frau vor uns haben, die voller Angst und Unsicherheit in den Spiegel schauen, weil sie wissen möchten, wissen müssen, wer sie in den Augen der Menge noch sind?

Wieder war es R. M. RILKE, der auch diese Szene der »Dame vor dem Spiegel« in einem seiner Gedichte beschrieben hat:[44]

Wie in einem Schlaftrunk Spezerein
löst sie leise in dem flüssigklaren
Spiegel ihr ermüdetes Gebaren;
und sie tut ihr Lächeln ganz hinein.

Und sie wartet, dass die Flüssigkeit
davon steigt; dann gießt sie ihre Haare
in den Spiegel und, die wunderbare
Schulter hebend aus dem Abendkleid,

trinkt sie still aus ihrem Bild. Sie trinkt,
was ein Liebender im Taumel tränke,
prüfend, voller Misstraun; und sie winkt

erst der Zofe, wenn sie auf dem Grunde
ihres Spiegels Lichter findet, Schränke
und das Trübe einer späten Stunde.

Inniger und insgeheim verzweifelter lässt sich das Examen einer solchen Selbstprüfung vor dem Spiegel im Leben einer alternden Frau nicht schildern: Der eigene Anblick, ungeschminkt, wenn doch noch wider Erwarten bestätigend, wirkt wie ein Nektar, er durchpulst das Ich wie Ambrosia, er verheißt etwas, das beinahe aussieht wie eine Anwartschaft auf göttliche Unsterblichkeit.

Und doch hat RILKE vollkommen Recht: Was da so sehnsüchtig, so gierig, wie ein Medikament gegen den Verfall, mit jeder Bewegung, mit jeder Körperwendung aus diesem grausam wahrhaftigen Spiegel gesaugt wird, gilt einer Versicherung, die nur ein Liebender einer derart an sich Leidenden zu geben vermöchte. All die Versuche, das Grundgefühl der Selbstunsicherheit in das Körper-Ich hineinzuverlegen und durch den Anspruch strahlender Schönheit und unwiderstehlichen Charmes vor den Augen aller zu widerlegen, werden niemals Bestand finden vor der unbestechlichen Kritik der angstgeschärften eigenen Augen: Sie sehen alles, jedes Grau in den einstmals goldblonden Haaren, jede Falte, – mit den Krähenfüßen an den Augenrändern beginnt es, jede Furche auf der immer stärker gezeichneten Stirn, die Strafheit der Form, die jugendliche Spannkraft des Gewebes, – was hilft alle Diät, alle Gymnastik, alle Kosmetik gegen das unaufhaltsame Altern? – Das Altern ist tödlich in einer Welt, die das Fehlen der Liebe durch den Zwang zur Selbstdarstellung zu kompensieren nötigt; – kein Kampf ist aussichtsloser, als das Diktat von Jugend und Schönheit zur Lebensgrundlage zu nehmen.

Wir sprechen bei all dem immer noch von eines Schneewittchens (Stief)Mutter, wir fragen uns nach wie vor, was eine Frau dazu bestimmt, wie eine Ertrinkende nach ihrem eigenen Spiegelbilde zu greifen, als wäre dort ihre Rettung, wo nichts ist als ein vorüberhuschender Schimmer ihrer selbst, – zu welch einem Schemen macht sie sich da? Was für ein Spuk an Künstlichkeit und Unwirklichkeit muss zunehmend dem mit ungesundem Quecksilber bestrichenen Glase entsteigen? Jeder weiß um die Tödlichkeit eines solchen »Lebens«-entwurfs, und doch weiß ein jeder auch, wie ausgeprägt stark gerade in unserer Gesellschaft der Zwang ist, sich in ein solch wahnhaftes Frausein vor dem Spiegel zu verwandeln.

Das Rokoko der Marie Antoinette, ja gewiss, es wartete förmlich auf das große Gewitter einer reinigenden Revolution. Worauf aber warten wir, über 200 Jahre danach, die wir, wie damals, nur nicht mehr allein für einen eigenen adligen Stand, sondern für die Anonymität der gesamten Menge des »Volkes«, repräsentiert in einigen wenigen seiner Starletts und Stars, den Preis für Charakter und Schönheit durch das Prêt à porter kurzlebiger Laufstegmodels und skandalumwitterter Leinwandbarbies ersetzt haben,[45] – ein Voyeurismus des Publikums, der sich trifft mit dem Exhibitionismus des Schöneinmüssens auf der

Bühne? Man amüsiert sich; doch die Muse der Zärtlichkeit scheint wie erstorben; man genießt – sich und andere; doch das Glück der Gemeinsamkeit geht so zugrunde; man nimmt in Besitz, bereits mit den Augen; doch es bleibt nur der Augenblick, der dem derart »Besitzenden« alsbald wie ein Schatten entgleitet. Die Frau vor dem Spiegel – das ist ein verzweifeltes, hilfloses, trostloses Nichts, ein ewiges Mädchen, das die Wandlung, das Werden, das Reifen stets fürchtet, als laure der Tod gerade dort, wo allein auf Erden das Leben wohnt.

Und doch: So »leben« heute fast unentrinnbar beinahe alle; es scheint fast unmöglich, sich diesem Muss und Maß der Mode zu entziehen. Wie eine Frau zu sein hat – ihr Äußeres, ihre Frisur, ihre Kleidung; ihre Maße, ihre Deos, ihre Dessous; ihre Cremes, ihr Teint, ihre Tuschen und Lacke; ihre Puder, ihre Haarfestiger, ihre Haarfärbemittel – alles, alles, von den Haarspitzen herunter bis zu den Zehen, von den Fingerspitzen hinauf bis zu den intimsten Zonen ihres Körpers, ist da normiert, klassifiziert, rubriziert – mit einem Wort: mechanisiert und kommerzialisiert. Die Frau vor dem Spiegel, MUSÄUS' Richilde, es ist nicht zuviel gesagt, ist unsere Zeitgenossin und Zeitgestalt.

Ein einziges Beispiel für diese These genügt.

Die Gazetten, zur Zeit, da ich diese Zeilen schreibe, sind voll von dem tragischen Tode der Enkelin des großen amerikanischen Schriftstellers ERNEST HEMINGWAY. Der amerikanische Dichter, mit den deutlich nekrophilen Zügen der Kultur seines Landes,[46] erschoß sich 1961 in tiefen Selbstwertzweifeln und Depressionen mit einer Schrotflinte. Fast genau auf den Tag, 35 Jahre danach, verstarb Margaux Hemingway, »einst teuerstes Fotomodell auf der Welt und ›Playboy‹-Nacktstar auf zehn Seiten«, wie die Bild-Zeitung vom 3. Juli 1996 vermeldet.[47] Schon die Berichterstattung spricht für sich selbst: Man zeigt das Bild der Verstorbenen: »41., links, und ihre kleine Schwester Mariel (34) im Partyrausch. Der Träger von Margaux' Satin-Kleid verrutscht, eine Brust schaut heraus – die Paparazzi fotografieren wie wild...« Das »blonde Riesenbaby (1,83 m, Schuhgröße 43)« war groß geworden einzig im American Way of Life: Ein Mann muss stark sein und tapfer, unbesiegbar, bereit zum Töten, wenn nötig; eine Frau muss sein sexy und hexy, willig und wild, naturverbunden und gebärfreudig – ein einziger Widerspruch also. »›Sie hat die Schönheit einer Muschel, die Schönheit reinsten Goldes‹, schrieb das Nachrichtenmagazin Time vor 20 Jahren über Margaux Hemingway.«[48] Sie selbst aber, zehn Jahre später, sagte von sich: »Wenn ich mich im Spiegel sah, hatte ich das Gefühl, ich muss mich übergeben. Was ich da sah, war ein Sack voller Fett und Dreck.« Alkoholismus und Freß-Brech-Sucht (Bulimie) waren die Folge; Entziehungskuren die immer wieder notwendige Antwort auf so viel Selbsthass. Es genügte das Wissen, nicht mehr die Schönste im Model-Business zu sein, um diese Frau mit System in den Abgrund zu treiben. Vergebens legte sie den künstlich gewählten Vornamen »Margaux« ab und nannte sich wieder nach ihrem Taufnamen Margot. »›Ich rühre keinen Tropfen mehr an‹«, erklärte sie. »Deshalb ist es absurd, wenn ich wie ein berühmter Wein heiße.‹«[49] Im Unbewussten sah sie sich indessen weiter als das Wesen, das auf Männer wirkt wie eine psychodelische Droge, und sie verzieh es sich nie, so nicht mehr zu sein. Noch wenige Tage vor ihrem Tode »wirkte sie geradezu euphorisch. In einem weißen Kaftan und enger weißer Hose sprang sie auf die Bühne des Prominenten-Clubs ›Czikada‹ und schmetterte einen Jazz-Song.« Danach aber wartete auf sie die Rückkehr in ihr unansehnliches Apartment, der Abstieg zurück in Armut und Elend. »Sie litt in den letzten Wochen verzweifelt unter Geldmangel und setzte ihre ganze Hoffnung auf einen Werbespot für Strümpfe. Auf dem Anrufbeantworter ihres Produzenten hinterließ sie die Message: ›Ich brauche diesen Auftrag dringend, ich brauche Geld. Ich habe so viele Rechnungen und Steuern zu bezahlen…‹«[50] Die Mediziner, als sie die Schwerkranke, Verzweifelte, Tage nach ihrem Tode in ihrer Wohnung fanden, rätselten über die Ursache: Drogenabusus, Suicid mit Medikamenten, ein epileptischer Anfall – irgendwann verträgt kein Körper das Rauf und Runter von Rausch und Ausnüchterung, von Abhängigkeit und Entzug, von »Fettsack« und »Bohnenstange«; woran aber Margot Hemingway wirklich starb, hat sie selber so klar wie nur irgend möglich formuliert: »›Der amerikanische Körper- und Schönheitskult macht Millionen Menschen verrückt, depressiv, unglücklich.‹«[51]

Jeder kann wissen, dass es so ist. Was aber lässt sich gegen ein Gesellschaftssystem, das so viel an Wahn und Zerstörung, an Krankheit und Tod in sich trägt, tun? In Bausch und Bogen so gut wie gar nichts. Es ist möglich, allein durch die Eindringlichkeit eines solchen Beispiels, allein durch die Interpretation eines Grimm'schen Märchens wie der Geschichte von Schneewittchens (Stief)Mutter ein Stück weit zur Psychohygiene unserer »Kultur« beizutragen: – ihre Wertvorstellungen infrage zu stellen, ihre Selbstverständlichkeiten im Umgang mit Menschen zu erschüttern und, zumindest im Kontrast, gewisse »Optionen« eines weniger unglücklichen Daseins zu formulieren. Doch wirklich helfen lässt sich nur jedem Einzelnen. Es ist kein anderer Weg denkbar, um eine »Richilde« von ihrem Spiegel zu erlösen, als ihr gerade das Vertrauen entgegenzubringen, das ihr zerbrochenes Selbstvertrauen bei keinem Blick in den »Spiegel« zu finden vermag. Sie, die sich selbst nicht zu lieben imstande ist, die mit jedem ihrer Auftritte bettelt um eine Anerkennung wenigstens für die Ansehnlichkeit ihres Äußeren, sie bedürfte unbedingt eines Gegenübers, in dessen Augen es möglich wäre, die eigene Seele zu »spiegeln«. Sie müsste erzählen dürfen von all den Stunden der Einsamkeit inmitten der beifalljubelnden Menge, von ihrer Verlorenheit unter den Lobsprüchen ebenso wie der Häme einer auf Schritt und Tritt neugierig gaffenden Journaille, von ihrer abgrundtiefen Angst, für den kleinsten Mangel ihrer äußeren Erscheinung, für das winzigste Gebrechen am Ideal einer makellosen Schönheit in das vollkommene Nichts, in Missachtung, Vergessen und Gleichgültigkeit gestoßen zu werden; und sie müsste gegen die Kälte der fallenden »Schneeflocken« nach und nach eine spätsommerliche Wärme auch in ihrem Leben verspüren.

Was sie nie bisher glauben konnte, gerade das müsste ihr immer von Neuem gesagt werden: »Ich liebe dich, nicht allein weil du zauberhaft schön bist, – das bist du, das bleibst du, immer, so wie ich dich sehe. Doch ich liebe dich, weil du als Mensch, als Person, gerade so bist, wie du wirklich dich fühlst. Wie oft hast du gelächelt, wo du weinen wolltest; aber bei mir ist es nicht schlimm, wenn du weinst. In deinen Augen sind selbst die Tränen wie Perlen, und auch deine Traurigkeit mindert in nichts die Faszination, die von dir ausgeht. Im Gegenteil. So lange du dich zwingst, nach außen den schönen Schein zu bewahren: Deine unerschütterliche Contenance, das vorgeschriebene Keep Smiling in jedem Augenblick drohender Traurigkeit, die Cheese-Grimasse der Zahnpasta-Reklame in jedem Moment von Verlegenheit, so lange hältst du dich auf am Rande ständiger Verlogenheit, so lange bleibst du für dich selbst und für jeden, der dich wirklich in sein Herz geschlossen hat, unauffindbar und unerreichbar, so lange vermeidest du gerade die Nähe, nach der du so sehr verlangst und die allein es dir erlauben würde, zu sehen, wie schön du in Wirklichkeit bist. Schau doch, Richilde, in meine Augen. Sieh meine Liebe. Sie ist dein Zauberspiegel, der deinen Zauber zurückwirft. Schau dich an, so wie ich dich sehe.

Für mich bist du ein unglaubliches Geschenk. Du belebst meine Träume. Du erfüllst meine Sehnsucht. Du bist mein Verlangen, du meine Richilde. Einzigartig und einzig bist du.« Es sind dieselben Worte, die später ein »Königssohn« seinem wie tot daliegenden »Schneewittchen« wird sagen müssen.

Nur die Liebe kann einem Menschen vermitteln, was kein Konkurrenzkampf beim Dauervermarkten von »body« und »beauty« zu geben vermag: ein Gefühl für den Wert, der nur in ihm selbst liegt, ein Gespür für die kostbare Einzigartigkeit seiner Eigenart, die beginnende Freude am eigenen Dasein. »Unvergleichlich«, »absolut«, die »Nummer eins« wird keine Frau (und kein Mann) im »Leistungsvergleich« perfekter »Schönheit«; es ist von vornherein absurd, mit »objektiven« Maßstäben »messen« und für eine »objektive« Tatsache ausgeben zu wollen, was so sehr von den subjektiven Faktoren des ästhetischen Geschmacks bestimmt wird. Aber einen Menschen, den man liebt, wird man immer tiefer als schön entdecken, schon weil er sich selber erst gegenüber dem Liebenden langsam erschließt.

Eine Liebe dieser Art freilich müsste auf eine gewissermaßen väterliche Weise alle Ängste noch einmal aufwecken, begleiten und durchgehen, die im Erleben einer Frau wie Schneewittchens Stiefmutter seit Mädchentagen grundgelegt wurden. Nur ein Mann, der Schneewittchens (Stief)Mutter alles sein wollte: Vater und Freund, Gefährte und Bruder, Liebender und Geliebter, vermöchte die Frau am Fenster wiederzufinden und die Dame im Spiegel von ihren »hysterischen« Verkrampfungen zu lösen; er müsste dabei selber freilich frei sein von Eitelkeit; er müsste auf eine fast absichtslose Weise zu lieben imstande sein; er müsste gerade dem Bilde entsprechen, nach dem eine Frau wie Schneewittchens (Stief)Mutter innerlich, wie ohne es selber zu wissen, am meisten sich sehnt.

Interessant ist in diesem Zusammenhang, was uns MUSÄUS von Richildens Liebe erzählt. Die BRÜDER GRIMM haben in ihrem Märchen die Rolle des Königs an der Seite seiner Gemahlin vollkommen von jedem Inhalt entleert; er spielt für sie schlicht keine Rolle. Seine erste Frau ist gestorben, eine zweite Frau hat er sich genommen, seine Tochter aus erster Ehe ist somit »versorgt«, er hat seine »Pflicht« getan – mehr erfahren wir in dem Märchen der BRÜDER GRIMM von ihm nicht. Dass Schneewittchen von ihrer Stiefmutter um ein Haar ermordet wird, dass das Kind zu den »Zwergen« fliehen muss, um sein Leben zu retten, dass es von der »bösen« »Stiefmutter« nach mehrfachen Versuchen schließlich doch noch beinahe umgebracht wird – von all dem hört in der Grimm'schen Erzählung auch dieser Monarch von Vater anscheinend kein Sterbenswörtchen; es geht ihn nichts an; die ganze Tragödie eines Schneewittchens spielt einzig zwischen (Stief)Mutter und (Stief)Tochter; der Vater ist nichts als der Erzeuger des Kindes; alles weitere vollzieht sich in seiner Abwesenheit.

Nun ist es freilich eines, dass ein Kind seinen Vater kaum kennt, und ein anderes, dass eine Frau ihr Kind großziehen soll wie eine Halbwaise, als eine »alleinerziehende« Mutter, als eine Stiefmutter noch obendrein. Wir haben bisher schon vermutet, dass die Rolle »der Frau am Fenster« ebenso wie »der Frau vor dem Spiegel« aus starken Triebeinschränkungen und schweren Schuldgefühlen entsteht; wir könnten und müssten indessen, psychoanalytisch genauer, auch sagen: aus Elementen des Ödipuskomplexes; doch müsste eine solche »Diagnose« bei den enormen Kürzungen der Grimm'schen Märchenfassung eine reine Spekulation bleiben, stünde uns als Beleg und Beweis im Hintergrund nicht erneut MUSÄUS zur Seite, und zwar in diesem Zusammenhang um so glaubhafter, als er sich über seine »Richilde« eher moralisch mokiert und amüsiert, als dass er sich auch nur die geringste Mühe gäbe, ihre menschliche Not verständlich zu machen. Was er denn doch de facto erzählt, muss allerdings jeden psychologisch Interessierten nur um so mehr aufhorchen lassen.

Nach MUSÄUS' Meinung – wir wissen es schon – entstammte die Eitelkeit seiner Richilde der klösterlichen Erziehung, die sie als Kind »genoß«, insbesondere dem Liebesgeflüster und wollüstigen Getuschel an jenem Gitter, das zwischen Wunsch und Erleben in der Vorstellung des heranwachsenden Mädchens so unglücklich trennte und schon dadurch all sein natürliches Verlangen nach Liebe unter dem Fluch des Verbotenen ins Überdimensionale, ins schlechthin Phantastische hinwegheben sollte. Doch als erst einmal Richilde den »Käfig hinter dem eisernen Gitter« verließ, erzählt uns MUSÄUS weiter, begann sie, als Gräfin von Brabant, umschmeichelt von ihren Bediensteten als die schönste Frau ihrer Zeit, sich ihres mütterlichen Spiegels zu erinnern, dessen Urteil über ihre Wohlgestalt sie fortan »als einen rechtmäßigen Tribut« einforderte, während sie »auf alle Jungfrauen des Landes« mit Stolz und Verachtung herabsah. Unter diesen Umständen konnte es nicht ausbleiben, dass eine Vielzahl von Bewerbern und Verehrern um ihre Hand anhielten und dabei nach alter Sitte ihre Kräfte im Lanzenreiten Mann gegen Mann zu messen suchten, so als sollte nur der im phallischen Demonstrieren Kräftigste, Gewandteste und Tapferste des Liebreizes der schönen Richilde teilhaftig werden dürfen. Schon mancher junge Rittersmann hatte sein Leben auf solche Weise eingebüßt. Jedoch: »Die grausame Schöne weidete sich insgeheim an den Opfern, die sie ihrer Eitelkeit täglich schlachtete, und die Martern dieser Unglücklichen ergötzten sie mehr als die sanften Gefühle der beglückenden Liebe«, so schreibt MUSÄUS.

Allein, man missverstünde an dieser Stelle wohl alles, wollte man das sonderbare Gebaren Richildens als puren Ausdruck eines kalten Sadismus deuten. Es gibt einen tieferen Grund, warum diese schönste Frau ihres Landes mit keinem unter ihren Liebhabern sich je zufriedengeben mochte, das ist: Sie verlangte einzig den schönsten Mann von Brabant in die Ehe zu führen. Der Zauberspiegel, befragt, wer das sei, hielt ihr in der Tat das Bild eines stattlichen Ritters in vollem Harnisch entgegen; – der Himmel selber, erklärte Richilde, habe diesen Gemahl in einem Traumgesicht für sie auserkoren und ihn im Beisein der Heiligen Jungfrau ihr angetraut. Das Wappen des Harnisch freilich, den ihr der Spiegel zeigte, ließ in jenem trefflichen Ritter untrüglich den Grafen Gombald vom Löwen erkennen; der aber war allerorten bekannt als der treue Gemahl der Tochter seines Onkels Botho. Mit dieser Frau war er am Hofe seines Vaters Theobald als Kind bereits gemeinsam aufgewachsen; nie hatte er in seinem Leben eine andere herzlicher lieben und kennengelernt als sie. Jedoch jetzt, als die Kunde von dem wundersamen Traume Richildens ihn erreichte und er erfuhr, der Himmel selber habe gerade ihn als Gatten und Gefährten der spröden Schönen auserwählt, da verlosch die so lange gehegte Zuneigung gegen seine Gemahlin in ihm, und er besann, wie er auf legalem Wege sich von ihr zu trennen vermöchte. Ein passender Vorwand ward bald gefunden: Es beschwerte fortan sein Gewissen der Umstand, dass seine Ehe, rechtlich und rechtens betrachtet, den Tatbestand der Blutschande, mithin einer garstigen Sünde erfüllte, so ungeheuer, dass sie weder in dieser noch in jener Welt je zu vergeben sein würde – eine Heirat zwischen Cousin und Cousine, das galt ihm so viel fast wie zwischen Schwester und Bruder. Die arme Tochter Bothos mochte dagegen so viel und vernünftig reden als möglich, nicht einmal ihr herzliches Flehen fand bei dem Herzlosen Erhörung; und selbst als er erfuhr, es stehe seine Gemahlin gerad im Begriff, aus seiner erstorbenen Liebe einem neuen Leben das Dasein zu schenken, ließ sich sein harter Sinn nicht erweichen. Der Bischof von Mecheln hatte die Ehe zu scheiden, die Gattin verbannte Graf Gombald ins Kloster, und dort, schon ersterbend, brachte diese die kleine Blanca zur Welt. So also wurde unser »Schneewittchen« geboren. Der Graf gab das Kind an der Seite etlicher »Dirnen und Hofzwerge« einer Gouvernante zur Aufzucht, dann begab er sich selber wonnetrunken an den Hof seiner neuen Geliebten, der schönen Richilde, die mit ihrer Heirat ohne Weiteres auch zur Stiefmutter seiner Tochter Blanca wurde.

So weit also die Sage. Sie zeigt uns Richilde, noch weit mehr als bisher, als eine klassische Femme fatale; doch verrät sie uns zusätzlich auch etwas Wichtiges über den Hintergrund ihres Erlebens, – über die Sehnsucht nach ihrem Vater! Wer war er?

Aus der Richilde-Sage wissen wir von »Gunderich dem Pfaffenfreund«, wie MUSÄUS den Grafen von Brabant ironischerweise bezeichnet, im Grunde nur, dass er im Zusammenleben mit seiner Frau die eigentümlichsten Schwierigkeiten erkennen ließ, indem die Forderung frommer Keuschheit sich in seiner Ehe augenscheinlich nicht gut verpaarte mit seiner fürstlichen Pflicht, einem Kinde, das heißt einem Sohne, das Leben zu schenken. Dass dann, immerhin, Richilde doch noch zur Welt kam, ging, wie wir hörten, auf das ebenso segensreiche wie sonderbare Wirken des heiligen Albert zurück. Wir wollen an dieser Stelle, Gott bewahre, natürlich auch nicht von ferne nur unterstellen, was damals der Volksmund sich als Möglichkeit dachte – das lose Maul der Menge kann objektiv als Beweis nicht für irgend etwas gelten; jedoch verweist uns die Tätigkeit der Phantasie subjektiv in eine Welt geheimer Leiden, Wünsche und Laster zurück, die man durchaus nicht übersehen darf, wenn man begreifen will, wie Menschen in Wirklichkeit sich verhalten.

Es tut gewiss Albert dem Großen keinen Tort an, wenn wir sagen, die Sage von Richilde versichere uns geradewegs, dass es eine Richilde nie gegeben hätte ohne den Einfluss dieses »Heiligen«. Von dem überliefert die Legende des Weiteren, er sei ein Magier gewesen und habe es mit seiner Zauberkunst vermocht, im Beisein Kaiser Friedrichs II. zum Beispiel, im Winter, im Eismonat zu Köln, in seinem Klostergarten Hyazinthen und Tulpen blühen zu lassen, so dass Nachtigallen und Grasmücken sich im Gezweig hören ließen und Weintrauben gar am

Geländer prangten. Nehmen wir, statt der Verleumdung Recht zu geben, es deshalb einmal wirklich für eine Befähigung des Heiligen, die Schneekälte jener »Frau am Fenster« abzutauen, in der wir schon Schneewittchens Mutter gefangen sahen, dann dürfen wir wohl glauben, dass bereits Richilde selber ihre Existenz allein der Tatsache verdankte, dass die Sexualangst ihrer Mutter gegenüber ihrem Gatten durch den Einfluss der gänzlich absichtslosen, väterlichen Gestalt des Pater Albert, den wir hierin wirklich nun als einen »Großen« doch erkennen sollten, für den Moment sich aufhob und dem Leben öffnete. Was von Albertus Magnus als ein Stück Magie vor den Augen der Mächtigen uns überliefert wird: den Winter fortzuzaubern und den Sommer aufzuführen, dieses Beweisstück seiner Heiligkeit scheint sich im privaten, ganz intim, noch einmal im Leben und Erleben der Gräfin von Brabant zugetragen zu haben, so dass alles, was er in Köln vollbrachte: das Blühen der Blumen, das Zwitschern der Vögel, das Prangen der Trauben im Garten, nichts weiter war als ein symbolisches Vorspiel für das Erwachen der Liebe in Richildens Mutter. Es bedurfte für sie augenscheinlich in der Person des heiligen Albert eines höchst autoritären, väterlich-gütigen Freispruchs von jeglichem Schuldgefühl, um ihren Gemahl, den »Pfaffenfreund« Gunderich, auch als Frau lieben zu können; nur eine solch ödipale Gestalt war imstande, den Widerspruch ihrer Ehe zwischen kirchlicher Moral und menschlicher Erfüllung zu überbrücken; oder sagen wir es noch klarer: Nur indem Richildens Mutter als Vaterersatz den heiligen Albert lieb gewann, fand sie in dieser überirdischen Verklärung all ihrer Gefühle den Mut, sich ihrem ganz gewöhnlichen irdischen Gatten ehelich hinzugeben. Richilde, mit anderen Worten, war ein reines Erzeugnis dessen, was wir psychoanalytisch als Ödipuskomplex bezeichnen: der Bindung einer Frau an ihren Vater, den sie als himmlischen in Keuschheit verehren muss, während sie nach seiner Nähe auf Erden sich unentwegt sehnt.

Verhält es sich dergestalt also bereits mit Richildens Mutter, so gewiss noch weit mehr mit dem Erleben ihrer Tochter. Dass sie als die Schönste im Lande sich sehnt nach einem Gemahl, der selbst weithin als der Schönste zu gelten hat, möchte man vielleicht erneut als Ausdruck des fatalen Narzissmus dieser Frau deuten; doch ist es wohlgemerkt der Spiegel, den Albertus Magnus der Mutter geschenkt hat, der nun, wie in einem Traume, Richilde den Mann ihrer Sehnsucht immer von Neuem vor Augen stellt. Kann man in der Sprache von Sage und

Märchen deutlicher sagen, dass sich in dem Verlangen Richildens nach ihrem Wunschgemahl im Grunde die Sehnsucht ihrer Mutter nach ihrem »geistlichen Berater« an Vaters Statt von Neuem zu Wort meldet? Um die Situation möglichst korrekt zu beschreiben, sollten wir sagen: So wie Richildens Mutter unter dem sittenstrengen Sexualtabu der katholischen Kirche ihren Mann erst »lieben« konnte und durfte unter dem Segen eines Mannes, der für sie beides verkörperte: die Institution des Verbotes wie die Instanz einer alle Schuldgefühle lösenden Bestätigung, so sehnt sich auch ihre Tochter Richilde nach einem »väterlichen« Mann, der in seinem Übermaß (in seiner »Schönheit«) alle anderen Männer vergessen macht. Allerdings erscheint ihr Verhalten wie ein vollkommenes Umkehrbild der Beziehung, die ihre Mutter zu dem heiligen Albert unterhielt; während dieser in geistlichem Stande für alles Begehren der frommen Frau Gräfin unerreichbar blieb und sie allem Anschein nach sogar dahin führte, ihre in bloßer Pflicht erstorbene Ehe noch einmal neu zu beleben, da übernimmt Richilde das mütterliche Vorbild ihrer Gefühle in sozusagen säkulärer Form und ganz entsprechend der »Psychologik« der zweiten Generation: Wo ihre keusche Mutter nicht einmal ihren Gatten recht zu lieben wagte, da demonstriert die »Frau vor dem Spiegel« ein so ungestümes liebeheischendes Werben und Kokettieren, dass ein oberflächlicher Betrachter wohl kaum darauf kommt, es könne all das hysterische Gebaren einer Richilde auf dieselbe Strenge von Gebot und Verbot in Fragen der Liebe zurückzuführen sein, wie sie schon die Mutter am Leben hinderte.

Und doch kommt es darauf an, das Verhalten einer Richilde als das einfache Spiegelbild, als eine einfache Seitenverkehrung des Lebens ihrer Mutter zu verstehen: Während diese von ihrem väterlichen Freund über das Verbot der Liebe hinweg in ihre Ehe zurückgeleitet wird, wertet Richilde von vornherein jede »normale« Beziehung zu einem Manne als für sie erniedrigend ab, und sie scheint dabei nicht zu ahnen, dass sie damit im Grunde nur die alte Erniedrigung der Liebe im Schatten der kirchlichen Verbotemoral fortsetzt: Während ihre Mutter von der Gestalt des väterlichen »Heiligen« in die Sphäre des moralisch »Erlaubten« zurückgetragen wird, bis sie ihre Erfüllung auf »legalem« Wege findet, da drängt diese Sehnsucht nach einem »väterlichen« Traumgemahl ihre Tochter Richilde gerade dahin, eine schon bestehende Ehe wie mutwillig zu zerstören und den Grafen Gombald vom Löwen dahin zu bestimmen, dass er sich der Forderungen der Legalität einzig zu dem Vorwand bedient, eine im Grunde illegitime Liebschaft zu pflegen.

Und sogar für diesen Grafen selbst und seine »inzestuöse« Vetternheirat müssten wir ein ähnliches »ödipales« Motiv annehmen: so wie Richilde in ihm ihren Vater(ersatz) liebt, so er in ihr seine Mutter!

Das ist es, was sich hinter der Botschaft des »Spiegels« verbirgt: dass Richilde einen Mann nur ansehen kann mit denselben Augen, mit denen ihre Mutter den heiligen Albert zu sehen vermochte. Und das ist der Hintergrund, den wir brauchen, um in dritter Generation schließlich das Erleben eines »Schneewittchens«, der schönen Blanca in der Sage des MUSÄUS, verstehen zu können.

Denn deutlich ist, in welch eine unheilvolle »Ehe« dieses Mädchen als Stiefkind hineinwachsen muss. Anders als ihre Mutter, verfügt ja Richilde, die Frau vor dem Spiegel, über keinen Albertus Magnus. Sie hat niemanden, der durch seine Liebe in ihre Zerrissenheit Ruhe, Selbstvertrauen, Selbstachtung und innere Freiheit zu tragen vermöchte, und ihr Graf Gombald vom Löwen ist viel zu eitel, als dass er von ferne auch nur bemerken könnte, es sei nicht sowohl seine Vortrefflichkeit, als der ödipale Konflikt seiner Gattin, der ihn als den schönsten Mann im Lande erscheinen lasse. Ein Albertus Magnus wäre gerad jetzt wohl vonnöten, doch ist für eine Richilde das ganze kirchliche Gehabe inzwischen zu einer bloßen Galanterie verkommen; sie sucht keinen Mönch mehr als Vaterersatz, sie will einen Mann, doch wird sie nicht aufhören, diesen Mann so zu verehren, wie die Mutter den Heiligen, und sie wird nie merken, dass dieser Mann ihr nicht geben kann, was nur ein wirklich »großer« Mensch ihr zu geben vermöchte: ein Gefühl für den Wert ihres eigenen Wesens. Statt dessen wird sie nicht aufhören, nach einer Bestätigung und Anerkennung zu suchen, die ihr ein »Graf Gombald« schon deshalb nicht geben kann, weil es ihm in den Kopf steigt, von einer so schönen Frau als der Schönste geliebt zu werden. Narzissmus, Hysterie, Ödipuskomplex, Vater- und Mutterübertragung, Symptomtradition und innere Zwiespältigkeit in allen Beziehungen, ein Verlangen nach absoluter Liebe bei gleichzeitig absolutem Verbot der Liebe – noch wissen wir vom Leben eines »Schneewittchens« nicht gerade viel, da begreifen wir doch die Größe des Problems, das es in seinem Leben wird lösen müssen, wenn irgend es je zum Leben kommen und am Leben bleiben will.

3. Der tödliche Neid auf die Jugend

Die Sage von Richilde und das Märchen von »Schneewittchen« stimmen in einem wichtigen Punkt überein: Gleich nach der Niederkunft stirbt die fromme gräfliche Mutter der kleinen Blanca, und ebenso verstirbt unmittelbar nach Schneewittchens Geburt die verträumte Königin am Fenster. Beide Frauen haben sich über die Maßen gesehnt nach einem Kinde; und doch führt ihr vorzeitiges Verscheiden in beiden Fällen dazu, dass ihr ursprünglich so erwünschtes Töchterchen am Ende für die Frau, die es hernach großziehen soll, höchst unerwünscht, ja, tödlich verhasst werden wird.

Wir sahen schon, dass das Motiv von dem frühen Tod der »guten« Mutter und dem Auftreten der »bösen« Stiefmutter in den Märchen und Mythen sehr häufig vorkommt und sich am einfachsten als ein Bild der Zwiespältigkeit ein und derselben Person in ihrer Einstellung zu sich selbst und zu ihrem Kinde verstehen lässt. Während die meisten Märchen jedoch keinen weiteren Grund für die Feindschaft der »bösen« (Stief)Mutter gegenüber ihrem Kinde zu nennen wissen, schildert das Schneewittchen-Märchen ebenso wie die Richilde-Sage einen solchen Grund sogar besonders betont und ausführlich: die »Eitelkeit« der (Stief)Mutter! Und dieser Grund allerdings besitzt vor allem im hysterischen Erleben eine derartige Eigendynamik, dass wir noch ein Stück weit genauer darauf eingehen müssen.

Stellen wir uns zur Erklärung des Todes der »guten« Mutter bei der Geburt ihrer Tochter einmal vor, wie eine Frau, für die es (infolge schwerer Minderwertigkeitsgefühle) nichts Wichtigeres im Leben gibt, als »schön« zu sein, auf die Geburt eines Kindes antworten wird. Sie wünscht sich dieses Kind über alles, gewiss, doch kennzeichnet die Richilde-Sage an dieser Stelle die Art dieses Wunsches überraschend genau: Es ist, so hören wir, nicht so sehr das persönliche Verlangen der Frau als vielmehr die gesellschaftliche Rollenerwartung, die danach drängt, dass die Gräfin von Brabant nach langer Unfruchtbarkeit schließlich doch noch ein Kind zur Welt bringt; übertragen auf das alltägliche Leben: Von so mancher Frau wird erwartet, dass sie nicht nur jugendlich schön, attraktiv und temperamentvoll sei, sondern dass sie darüber hinaus möglichst rasch zur Mutter werde und alsbald auch mütterliche Gefühle zeige. Beiderlei Erwartungen, natürlich, stehen im Widerspruch zueinander, doch wer will das schon wissen und wer, wenn er es wüsste, wollte es zugeben? Das Verhalten eines ewigen Beaus und Charmeurs von Mann vereinbart sich für jeden erkennbar ganz miserabel mit den Pflichten eines getreuen Gatten und Vaters seiner Kinder – aufseiten der Männer erscheint es gemeinhin fast schon als ein Unrecht des Schicksals, sollten ihnen wirklich zwei so unterschiedliche Erwartungen wie die eines Liebhabers und eines Vaters angetragen werden; von einer Frau indessen verlangt man in unserer Gesellschaft mit der größten Selbstverständlichkeit, dass sie ein vollkommenes »Weib« und eine ebenso vollkommene Mutter sei, ohne sich um die Unvereinbarkeit der entsprechenden »Ideale« weiter Gedanken zu machen. »Normalerweise« mag es einer Frau dann auch wohl gelingen, irgendwann eine »mittlere« Einstellung zwischen den Gegensätzen zu finden; je extremer aber die Forderung der »Schönheit« empfunden wird, desto schwieriger wird es sich gestalten, das Desiderat der Mutterschaft damit zu vereinbaren.

Extrem stark jedenfalls erscheint bereits der Kinderwunsch selbst im hysterischen Erleben, und er entspricht in dieser Form ganz und gar nicht dem natürlichen Bedürfnis einer Frau. Wohl wird insbesondere die römische Kirche in unserer Kultur nicht müde, entgegen allem »Zukunftspessimismus« (angesichts der dramatischen Überbevölkerung auf dieser Erde) den Wunsch nach Kindern immer von Neuem zu proklamieren und zu propagieren;[52] doch ist das Verlangen einer Frau, ein Kind zu bekommen, keinesfalls so selbstverständlich und »naturgegeben«, wie es die Ideologen der »Fruchtbarkeit« zu sehen belieben. Schon SIGMUND FREUD fand in seinen Arbeiten über die weibliche Sexualität den Kinderwunsch der meisten Frauen einer Erklärung bedürftig, die er schließlich in seiner recht bizarr anmutenden Theorie vom »Penisneid« zu finden suchte:[53] Schon durch den anatomischen Geschlechtsunterschied, meinte er, gelüste es das heranwachsende Mädchen nach einem Ersatz für das vermisste männliche Genitale, und als solcher gelte ihm am Ende das Kind, das es als Frau von einem Manne empfange. Übersetzen wir die stark verkürzte organgebundene Sprache FREUDS in das hysterische Erleben zurück, das sie begründen sollte, so müssen wir sagen: Jede Frau, die sich als nicht-liebenswert empfindet, wird desto stärker danach streben, trotz allem geliebt zu werden; zur Hysterie aber gehört das Gefühl, schon durch die Tatsache, »nur« als ein Mädchen zur Welt gekommen zu sein, gegenüber den Männern mit ihren Chancen und Möglichkeiten etwas Minderwertiges, Zweitrangiges zu sein – das steht hinter der Auffassung FREUDS von der Frau als einem »kastrierten Mann«: Die psychoanalytische Konstruktion gibt sehr gut wieder, wie sich viele Frauen in einer patriarchalen Gesellschaft vorkommen müssen, und der »Fehler« der FREUDschen Konstruktion, wenn denn davon die Rede sein kann, bestand einzig darin, dass sie die Hysterie nicht als eine Folge der Männerherrschaft in der bestehenden Kultur auffasste, sondern in ihr eine Naturtatsache der biologischen Ausstattung des »Weibes« zu erkennen wähnte.

Doch wie dem auch sei, – was kann eine Frau tun, die sich als Frau für nicht »vollwertig« empfindet und sich schon deshalb im Extrem danach sehnt, es den Männern in irgendeiner Weise gleichzutun? »Ich bin doch schön und liebenswert, ja, ich bin, gerade weil ich eine Frau bin, allemal unendlich viel schöner als alle Männer«, – dieser an sich nicht unberechtigte Triumph der Weiblichkeit kann bereits das »exhibitionistische« Gebaren der »Frau vor dem Spiegel« begründen und bildet regelmäßig einen starken Antrieb zu jeder Form hysterischer Koketterie. Wie aber soll eine Frau jetzt dem Vorwurf begegnen, sie sei halt zu nichts anderem tauglich, als sich vor dem Spiegel zu drehn und zu wenden und damit den Männern den Kopf zu verdrehn, sie sei eben »nur« schön und mit all ihrer Schönheit halt zu nichts nutze?

Die patriarchale Moral erlaubt keine Liebe, die zu nichts weiter führt als zu Freude und Lust; sie braucht eine Legitimation jeglichen Tuns in dem »Erfolg«, der aus ihm folgt. Eine Frau wird da erst »wertvoll« als Mutter, durch die »Produktion« von »Nachkommenschaft«, als ein Gefäß zum Zeugen von Kindern, in denen ihr Erzeuger sich wiedererkennt. Also muss zur »Schönheit« ein Kind hinzukommen, denn erst als »reizende Mutter«, als »die Schöne mit dem Baby«, erfüllt eine solche Frau das gesellschaftliche Widerspruchsideal der Weiblichkeit.[54] Daraus ergibt sich: Den hysterisch gesteigerten Kinderwunsch bestimmt nicht die ursprüngliche Liebe einer Frau zu einem Kind; ging es bisher schon in der Betonung weiblicher Schönheit wesentlich um das Verlangen nach Anerkennung und Geltung, so jetzt auch im Folgenden: Man bekommt ein Kind, weil alle Welt es so will, weil es »dazu« gehört, weil man sonst keine »richtige« Frau wäre...

»Ich weiß noch«, erinnerte sich vor einer Weile eine schon dem Äußeren nach auffallende, betont mode- und körperbewusst auftretende Frau, »wie ich mich nach der Geburt meines Kindes gefühlt habe. Alle kamen und lobten mich. Ich war stolz; ich wurde bewundert, es war wunderbar. Ich trug mein Kind vor mir her wie eine Ikone. Ich hatte es geschafft. Ich brauchte mein Kind nur hervorzuholen und herumzuzeigen, dann stand ich im Mittelpunkt, dann richtete sich alle Aufmerksamkeit auf mich.«

Dabei hatte sich bereits die Geburt ihres Vorzeigekindes als überaus schwierig erwiesen, und man konnte unschwer verstehen, warum. Es war eben der Anspruch auf makellose Schönheit gewesen, der für diese Frau die Zeit ihrer Niederkunft zu einem wahren Drama gestaltet hatte. Jeder Besuch bei ihrem Frauenarzt zuvor schon bedeutete für sie ein Ereignis von sehr gemischten Gefühlen. Sich als Frau vor einem an sich unbekannten Manne ausziehen zu müssen, um sich von ihm »untersuchen« zu lassen, stellt wohl auch heute noch für viele Frauen ein nicht geringes Problem dar – LEO TOLSTOI erblickte darin vor 120 Jahren einen frivolen Skandal, der ihm nur durch den Materialismus der Mediziner erklärbar zu sein schien.[55] Auch diese Frau empfand bei jeder Untersuchung die stereotype Aufforderung ihres Arztes: »Machen Sie sich frei«, im Grunde als eine Zumutung, und doch gelang es ihr regelmäßig, ihre Angst mit dem koketten Lächeln einer »erfahrenen« Frau zu überspielen. Wo ihr Arzt gerade auf objektive Distanz und emotionslose Professionalität den größten Wert legte, da rätselte sie unentwegt an der Frage herum, wie sie ihm als Frau wohl gefallen möge, und sie genoss es dann nicht wenig, wenn sie ihn ob ihres bloßen Anblicks jedesmal einen kurzen Moment lang verwirrt fand, und dies um so mehr, als sie nur allzu deutlich die Entfremdung spürte, die sich mit dem Verlauf der Schwangerschaft zwischen ihr und ihrem Mann bemerkbar machte.

Mit einer ähnlichen Einstellung begab sie sich schließlich auch in den Kreißsaal, – nicht im Geringsten war sie auf die Katastrophe vorbereitet, die sie dort erwartete. Alles begann damit, dass sie von sich selber vollkommene Beherrschung im Auftreten verlangte. So empfand sie es als eine nicht wiedergutzumachende Schande, als eine persönliche Niederlage, dass sie beim Einsetzen der Wehen von der Macht der Natur vollständig überwältigt wurde. »Da kann man nichts machen«, stöhnte sie Jahre danach noch in der Erinnerung. Im Grunde hatte sie sich vorgestellt, ihr Kind so anmutig strahlend zur Welt zu bringen wie auf manchen Weihnachtsbildern die Mutter Maria das Jesus-Kind; sie dachte nicht, dass sogar die römische Glaubenslehre es für ein reines

Wunder erachtet, wenn es einer Frau gelingt, »jungfräulich« zu bleiben selbst im Augenblick ihrer Niederkunft...[56] Wo sie, immer noch lächelnd, immer noch schön, als eine vollendete Frau mit Grandezza und Grazie ihr Kind zur Welt bringen wollte, da erlebte sie nun schreiend, schwitzend und schmerzverzerrt die Schwäche und Schmach dieser »blutigen Gemeinheit«, als die sie ihr Frausein all die Zeit zuvor schon, seitdem sie 12 Jahre alt geworden war, hatte erleben müssen. In jener Stunde wurde sie äußerlich zur Mutter; doch wie sollte sie als Frau sich dabei bewahren?

Die Biologen glauben, dass jede Säugetiermutter in der Stunde ihrer Niederkunft von besonderen Hormonen dahin gedrängt werde, trotz aller Schmerzen ihr Kind zu lieben und zu liebkosen;[57] von dieser Frau aber muss man mit der Sprache der Märchen ganz wörtlich sagen, dass sie mit der Geburt ihrem Kinde als Mutter verstarb, um ihm als die »Frau vor dem Spiegel« in Gestalt seiner »Stiefmutter« wiederzubegegnen.

An dieser Stelle erneut ist die Sage von MUSÄUS psychologisch ein Stück weit genauer als das Märchen der BRÜDER GRIMM, indem sie davon berichtet, dass es eigentlich gar nicht Richilde war, die sich der Erziehung ihrer (Stief)Tochter annahm, sondern, wie wir hörten, eine Gouvernante des Grafen Gombald mitsamt ihren »Hofzwergen«; demgegenüber stellt das Märchen der BRÜDER GRIMM es so dar, als hätte es je in dem Verhältnis zwischen einem »Schneewittchen« und seiner (Stief)Mutter eine Zeit des ungetrübten Einvernehmens geben können, indem alle Konflikte sich erst mit der reifenden Schönheit des Mädchens eingestellt hätten. Davon indessen kann nur bedingt die Rede sein; denn zwar stellt »Schneewittchen« für die »Eitelkeit« seiner Mutter auf Jahre hin, solange es noch ein Kind ist, keine Gefahr dar; dafür aber ist es die Aufzucht des Kindes selbst, die von einer schönheitsbewussten Frau unter Umständen sehr wohl bereits als höchst problematisch empfunden werden kann.

»Ich habe«, erzählte jene Frau weiter, »mein Kind nie gestillt – aus kosmetischen Gründen. Ich fürchtete ohnedies schon, durch die Schwangerschaft unnötige Pfunde zugelegt zu haben, und ich wollte nicht, dass er erschlaffte.« Sie sagte das schuldbewusst, mit dem Vorwurf, eben doch keine gute Mutter gewesen zu sein. Wie aber soll eine Frau sich verhalten, wenn gerade das Organ, das biologisch einmal zur Aufzucht von Kindern bestimmt war, in der Wertschätzung der Männer als Inbegriff weiblicher Schönheit gilt? Was soll sie tun, wenn sie, mit MUSÄUS gesprochen, in dem »Blütenmond« ihrer Jugend bereits nach weiblicher Schönheit sich ebenso sehnt wie sie aus »moralischen« Gründen gehalten ist, sich in gewisser Weise eben dafür zu schämen? Diese Frau liebte sich seit jeher für ihren hochgewachsenen Busen und hasste sich zugleich dafür, sie hatte von Anfang an Angst gehabt, »zu sehr« eine Frau zu sein, nur um sich dann wieder zu ängstigen, als Frau womöglich »zu wenig« zu haben, und diese lebenslange Verwirrung der Gefühle brach bei der Geburt ihres Kindes nun völlig unvorbereitet über sie herein. So sehr sie nach einem Kinde verlangt hatte, so sehr fürchtete sie jetzt, durch ihr Kind in ihrer Schönheit geschädigt zu werden. Es war das erste Mal, dass sie ihrem Kinde damit als Mutter »starb« und sich ihm gegenüber in die Frau vor dem Spiegel verwandelte.

Dabei muss man allerdings sagen, dass dieser »Spiegel« weitgehend identisch war mit dem Schönheitsideal der Gesellschaft, das, ganz wie diese Frau es erlebte, sich in ständigem Widerstreit mit den Regeln von Anstand und Sitte befand. Was darf eine Frau zeigen, wann, wieviel und wo? Die Pflicht, als Frau aufzufallen, und die Gefahr, dabei reinzufallen, dieser Kontrast zwischen Beachtung und Verachtung ein und desselben Gebarens, dieser Widerspruch zwischen Selbstdarstellung und Selbstverstellung kann sehr leicht das gesamte Erleben einer Frau mit Ängsten und Unsicherheiten aller Art infizieren und sie zu immer hilfloseren und sinnloseren Exaltationen hintreiben. Während der »Spiegel« in der Richilde-Sage einmal das mittelalterliche Weisheitsbild eines Heiligen war, das seine Zauberkraft einbüßte, sobald es gar zu eitel befragt wurde, genügt es zum Verständnis des Schneewittchen-Märchens, wenn wir im Spiegel ein Instrument des Zerrbildes erkennen, in dem die Wahrnehmung der Gestalt einer Frau in unserer Gesellschaft mittlerweile zwischen Komödie und Tragödie verkommen ist.

Dabei treten, wie um die Lage der Frauen vollends zu verwirren, zu den ethischen und ästhetischen Widersprüchen noch die Expertisen der Diätetiker, Hygieniker und Mediziner hinzu. Wenn eine Frau ihr Kind stillt, sagen die einen (neuerdings wieder), so mache sie es damit unter anderem immun gegen allerlei Krankheiten, so bewahre sie es unter Umständen vor Allergien, so biete sie ihm eine Nahrung von geradezu idealer Ausgewogenheit;[58] nein, erklären dagegen die anderen, eine Frau in der westlichen Industriegesellschaft sei mit Schadstoffen so hoch belastet, dass man vergleichbare Nahrungsmittel, verpackt in anderen Behältern, über keine Grenze Europas mehr ins Land lassen würde[59] – nur die künstliche Ernährung eines Kindes erlaube unter so unnatürlichen Verhältnissen noch eine gewisse Natürlichkeit. Wie soll eine Frau wissen, was sie tun soll, wenn sie, um eine »gute« Mutter zu sein, sich durchaus nicht nach sich selber, sondern nach dem Trend aller möglichen modisch wechselnden Expertenmeinungen richten soll? Auch so erstirbt einem Kind schon bei der Geburt seine Mutter, nur um es der Ersatzgestalt eines schönen Scheins zu überlassen.

Im Leben jener Frau hatte nach der Geburt ihres Kindes dabei erstaunlicherweise zunächst eine Phase des Stolzes und des demonstrierten Selbstbewusstseins begonnen: Sie hatte es geschafft: Sie war Mutter geworden, und doch hatte sie sich als Frau zu erhalten gewusst! Sie lebte ihrem Kinde, und sie lebte in ihrem Kinde, als sei dieses erst wenige Wochen alte Wesen die »bessere« Ausgabe ihrer selbst. Wie schön dieses Kind war, wie klug es schon war, zu wie vielen Hoffnungen es bereits berechtigte! Wer dieses Kind lobte, der anerkannte zugleich seine Mutter. Dieses Kind war ihr Ebenbild und ihr Abbild, ihr anderer Spiegel, wenn man so will, in dem sie sich selbst sah und in dem sie gesehen sein wollte. Ihre Ansehnlichkeit war jetzt eine Zeit lang ihr Kind, – zumindest, solange es sich so verhielt, wie es zur Respektabilität seiner Mutter beitrug.

Bis zu diesem Punkt haben die BRÜDER GRIMM so unrecht nicht, wenn sie die gesamten Jugendjahre ihres »Schneewittchens« wie etwas im Ganzen doch Unproblematisches und deshalb keiner weiteren Erwähnung Bedürftiges einfach übergehen. Man muss in der Tat die psychische Realität eines »Schneewittchens« schon genauer betrachten, um bereits in den ersten Lebensjahren die Vorboten der späteren Katastrophe wahrzunehmen. Dann freilich wird man bemerken, dass es auch in der scheinbar »harmonischen« Zeit der Beziehung zwischen einem »Schneewittchen« und seiner (Stief)Mutter des Konfliktstoffs durchaus nicht Mangel leidet. Zum Beispiel reicht es vollkommen aus, dass das Kind, wohl spürend, wozu es herhalten soll, eine Nacht lang weinend und schreiend die vermisste Zuwendung seiner Mutter einfordert, und wir werden unfehlbar erleben, wie ungehalten, ja, erbost auf ihre klagende Tochter dieselbe Frau antworten wird, die in der Öffentlichkeit als ein Muster der Mütterlichkeit sich zu erweisen pflegt.

Ihr Kind kann noch so klein sein – es droht seine Mutter unsterblich zu blamieren, sollte es eines Tages in einem Café oder in einer Eisdiele eine ähnliche Vorstellung seiner Unbeherrschtheit und seines Egoismus abgeben; dagegen also muss jetzt schon mit aller Entschiedenheit eingeschritten werden. Und so in jedem Punkte, der für das öffentliche Ansehen der Mutter von Belang sein könnte.

Dabei dürfen wir nie vergessen, dass die (Stief)Mutter eines »Schneewittchens« im Grunde eine alleinerziehende Mutter ist; an keiner Stelle des Grimm'schen Märchens lässt sich erkennen, dass der uns als »König« vorgestellte Vater in irgendeiner Weise als hilfreich oder überhaupt als handelnd in Erscheinung träte; und nicht anders in der Sage vom Grafen Gombald. Die weiß sogar zu vermelden, das Feuer der Liebe, in welcher der Graf zu der schönen Richilde entflammt gewesen, sei sehr bald schon verglommen, und so habe er, in späten Gewissensqualen um den schnöde verschuldeten Tod seiner ersten Gemahlin, zur Buße sein Heil in der Beteiligung an einem Kreuzzug gesucht, bei dem er jedoch durch eine epidemische Krankheit vor der Zeit sei dahingerafft worden. Auch damit verhalte es sich, wie es wolle –, eines steht fest: Ein »Schneewittchen« wächst stets wie vaterlos auf, es hat zwischen sich und dem Leben als Hilfe oder als Hindernis allein seine Mutter, einzig mit dieser ist es verbunden und an diese gebunden.

Zu einer solchen Konstellation bedarf es aus der Sicht der (Stief)Mutter selbst durchaus nicht der physischen Abwesenheit ihres Gatten; es genügt vollauf, wenn wir uns in angegebener Weise vorstellen, dass eine »Richilde« ihrer ganzen Natur nach einen Ehegemahl an ihrer Seite nicht wohl verträgt. Zwar verehrt sie ihren Gatten nach außen hin gewiss stets über die Maßen, doch nur, um desto sicherer an ihm enttäuscht zu werden; zwar trägt sie nach ihm alle Zeit das größte Verlangen, doch nur, um ihn jedesmal mit moralischem Abscheu aus ihrer Nähe zu verbannen; zwar braucht sie ihn unbedingt als Erzeuger ihres Kindes, doch danach, darf man denken, ist er bald schon seiner Dienste ledig. Wir dürfen keinen Augenblick lang vergessen, dass der Wunsch nach einem »Schneewittchen« sich wesentlich aus dem Leiden schon jener Frau am Fenster ergab, die den inneren Zwiespalt ihres Frauseins auch in ihrer Ehe niemals zu überwinden vermocht hat; gerade deshalb sehnt sie sich danach, diesen Konflikt in ihrer Tochter gelöst zu finden. Nur vor diesem Hintergrund werden wir die geradezu verzweifelte Dramatik der folgenden Auseinandersetzung verstehen.

Graf Gombald vom Löwen, hat uns MUSÄUS berichtet, verstarb auf seinem Kreuzzug im Morgenland an der Pest; doch kaum, dass die angemessene Zeit, die der Anstand dem Trauern gebietet, vorüber gewesen, da sei, so heißt es, Richilde sogleich der alten Koketterie anheimgefallen: Als eine noch so junge Witwe vor den Augen aller, als eine ewige Witwe dem Wesen nach, habe sie wieder in ihrer widersprüchlichen Weise darum geworben, von einer Vielzahl von Männern nicht wahrhaft geliebt, doch liebreich umworben zu werden. Die Symbolsprache der Sage selber ist hier deutlich genug, um das Schicksal der Ehe einer Richilde und ihr Verhalten in der Ehe zu beschreiben: Der Mann kann in einer solchen Beziehung nicht weit genug in die Ferne, am besten ins Morgenland weggerückt werden, wenn er nur einer »heiligen« Sache obliegt, wenn er es nur büßt, eine Richilde überhaupt als Frau begehrt und erobert zu haben. Das Schuldgefühl, das die Ehegatten hier auseinandertreibt, ist so wahnhaft wohl nicht, wie MUSÄUS es darstellt, wenn wir es aus Richildens Sicht würdigen: Ist sie nicht wirklich auch gegenüber ihrem Gemahl als Gattin gestorben, um in der Ehe als eine ganz andere, Strahlende, vor den Augen der Menge zu erscheinen? Ist nicht eine Ehe tatsächlich Schuld, zu der eine Frau einen Mann verlockt, nur um ihm alles schuldig zu bleiben? Liegt nicht notwendig der Schwarze Tod über einer Beziehung, die niemals Erfüllung noch ruhige Befriedigung finden darf, damit eine Frau paradoxerweise nicht »schuldig« dadurch wird, dass sie ganz einfach lebt, was sie als Frau leben möchte?

Wann je sich zeigt, dass eine bestimmte »Moral« außerstande ist, die Probleme zu lösen, die sie in der Seele gerade der Gutwilligen selber erschafft, so ist es an dieser Stelle des Schneewittchen-Märchens: Der Gatte ist inzwischen wirklich weit über Landes, er ist in wörtlichem oder übertragenem Sinne tatsächlich »gestorben«, da beginnt das Leben »Richildens« noch einmal, und jetzt erst richtig, als ein fahriges Suchen nach dem Verlorenen, weil immer Verbotenen. Jetzt ein für allemal wird aus der Frau am Fenster die Frau vor dem Spiegel.

Vor einem muss man an dieser Stelle indessen sich hüten: Wer in »Richilde« sogleich schon den Typ der »bösen« (Stief)Mutter erkennen wollte: der Menschenfresserin, der Verfolgerin, der Mörderin, der täte der Grimm'schen Erzählung ebenso Unrecht wie allen Frauen in vergleichbarer Lage, der setzte zugleich auch sich selbst außerstande, die wahre Not eines »Schneewittchens« zu begreifen. Wir müssen vielmehr im Gegenteil sagen: Es könnte eine »Richilde« von Mutter auf ihre Tochter niemals einen solch schicksalhaften Einfluss gewinnen, läge in dieser ganzen so unglückseligen Beziehung nicht auch ein hohes Maß von wirklicher Liebe und Anhänglichkeit bei Mutter wie Tochter verborgen; eine nur »hexenähnliche« Frau besäße niemals die Kraft, im Leben ihrer Tochter immer wieder, wie die BRÜDER GRIMM es erzählen, als »Marktfrau« mit wunderschönen, nur leider vergifteten Gaben zu erscheinen. Selbst Neid, Missgunst und Hass sind doch nur die Kehrformen einer gescheiterten Liebe. Worin eine »Richilde« als Frau scheitern muss, wissen wir schon; woran aber liegt es, dass sie auch als Mutter in ihrer Art nicht glücklich sein kann? Die Antwort auch darauf kennen wir eigentlich; sie besteht nach allem Gesagten in der Identifikation der Mutter mit ihrer Tochter, in der unterschiedslosen Verschmelzung zwischen »Richilde« und »Blanca«.

Zweierlei ist uns bereits geläufig: Schneewittchens Mutter möchte ein Kind haben, das anders ist als sie selbst – nicht die Frau am Fenster soll in ihm wiedererscheinen, sondern ein sinnenfrohes, sinnliches Mädchen soll in ihm zum Leben erblühen; auf der anderen Seite aber soll »Schneewittchen« auch genau so werden wie seine (Stief)Mutter: Genau so schön, genau so außengewandt, genau so begehrt, genau so umworben ... und beides soll eins sein! Die Frau am Fenster und die Frau vor dem Spiegel, die beide nur eins sind im Widerspruch, sollen sich versöhnen in der Gestalt des »Schneewittchens«, – nur dazu ist es auf Erden; doch eben daraus ergibt sich sein beinahe lebensgefährliches Dilemma, denn die einzige Frau, mit der es von früh bis spät konfrontiert ist, besteht in der bloßen Vordergrundseite seiner (Stief)Mutter, in der Frau vor dem Spiegel – in einer »Richilde«!

Eine Frau identifiziert sich mit ihrer Tochter, ein Mädchen »identifiziert« sich mit seiner Mutter; – jeder, der einen solchen Satz liest, wird glauben, ihn zu verstehen. Und doch wird erst klar, was er meint, wenn man die Dynamik der Angst sich vor Augen stellt, die den »Abwehrmechanismus« der »Identifikation« auf den Plan ruft. »Ich bin nichts wert außer durch die Anerkennung der anderen«, so lautete bereits die Devise der Frau vor dem Spiegel; »ich bin so viel wert, wie meine Tochter an Anerkennung findet«, so lässt sich jetzt die Einstellung der (Stief) Mutter eines »Schneewittchens« beschreiben. Konkret bedeutet das: An jeder Stelle, da das Kind nicht zur Ehre und zum Ruhm seiner Erzeugerin beiträgt, wird eine Mutter von der Art einer »Richilde« sich selber wie tödlich gekränkt empfinden. – Das Kind lernt nicht gut genug in der Schule; es hat seine Kleider zerrissen, es hat sich mit anderen Kindern gestritten, es macht Verdacht, nicht am meisten beachtet zu werden – all solche Zeichen von Versagen und Schwäche können die alte Angst einer »Richilde« wachrufen, selber in ihrer Person unwert zu sein. Da hat eine Mutter alles getan für ihr Kind, und nun dieses! Es ist zum Verzweifeln!

Eine Mutter, die mit ihrer Tochter in angegebener Weise identifiziert ist, wird schon auf das bloße Anzeichen möglichen Versagens hin bei ihrer Tochter mit entsprechender Heftigkeit reagieren: Was werden die Leute sagen! Es gibt dabei keine Unterschiede in der Gewichtung einzelner »Fehler« – stets steht alles auf dem Spiel; es gibt auch keine Unterschiede in den jeweiligen Antworten – »immer« und »überhaupt« ist die Tochter »ganz und gar« »unmöglich«... So kann das gehen, tagaus – tagein, und doch hat man es hier nur erst mit vereinzelten Wärmegewittern in einem schwülwarmen Frühlingsklima zu tun. Alles in allem, werden wir denken müssen, hat »Schneewittchen« in der Anfangszeit seines Lebens, in der Phase des Stolzes und der Freude seiner Mutter, immerhin noch ein Leben, in dem es als das »Wunsch-« und »Vorzeigekind« seiner Mutter wie auf Händen getragen wird. Die eigentliche Krise allerdings wird eben deswegen nur um so sicherer und unvermuteter eintreten.

Alle Auseinandersetzungen bisher fanden in der geschilderten Weise statt, solange die Identifikation zwischen Mutter und Tochter noch in voller Stärke bestand; die Zeit aber wird irgendwann kommen, da die Mutter erkennen muss, dass ihre Tochter ihr zunehmend entgleitet und ein eigenes Leben beginnt, – spätestens mit dem Beginn der Reife zur Frau wird das der Fall sein; eines »Schneewittchens« Mutter wird aber gerade dagegen natürlich auf das heftigste ankämpfen; wenn es ihr indessen nicht gelingt, den Eintritt ihrer Tochter in ein eigenes Leben zu verhindern, wird sie sich in eine unerbittliche, lebensbedrohliche Verfolgerin verwandeln, die doch mit allem, was sie an Arglist und Hinterhältigkeit aufführen wird, im Grunde nur darum bettelt, genau so sein zu dürfen wie ihre junge, blühende Tochter...

Um den entsprechenden Konflikt auszulösen, bedarf es durchaus keiner besonderen aggressiven Entladungen. Weder hören wir davon, dass sich »Schneewittchen« seiner Mutter womöglich bockig und trotzig widersetzt habe, noch erfahren wir etwas von Schelte und Schläge als mütterlichen »Erziehungs«mitteln, wie sie in anderen Stiefmutter-Geschichten fast stereotyp geschildert werden – man denke nur an *Frau Holle* (KHM 24)[60] oder an *Brüderchen und Schwesterchen* (KHM 11).[61] Nicht die offen ausgetragene Auseinandersetzung, nicht der klar geäußerte Vorwurf, sondern der versteckte Neid aufseiten der Mutter, die schleichende Vergiftung des Lebens bringt ein »Schneewittchen« an den Rand des Todes. Der Grund dafür aber liegt nicht etwa darin, dass ein »Schneewittchen« am Ende doch womöglich seine Mutter enttäuscht hätte und hinter ihren Erwartungen zurückgeblieben wäre; der Grund ergibt sich paradoxerweise daraus, dass »Schneewittchen« mehr und mehr genau so wird, wie seine Mutter es haben möchte. Nicht dass es anders wäre als seine Mutter, sondern dass es dieselbe ist wie seine Mutter und doch in eigener Existenz eine andere, verwandelt eine Frau wie »Richilde« zunehmend in eine tödliche Gefahr für ihre Tochter und lässt das »Schneewittchen« über lange Zeit hin als ein hilflos agierendes, ahnungslos blindes Opfer erscheinen.

Worauf eigentlich ist »Schneewittchens« Mutter so neidisch? Auf die Schönheit ihres Kindes, gewiss; doch was in dieser einfachen Feststellung sich verbirgt, ist die endgültige Tragödie einer gesamten Lebenseinstellung.

Gehen wir noch einmal von der Richilde-Sage aus; mühelos feierte ursprünglich die Gräfin von Brabant da ihre Triumphe im Vergleich mit allen anderen Frauen des Landes: sie war die schönste, so sagten es alle! Und doch sahen wir schon, wie angstgeprägt dieses hysterische Konkurrierenmüssen mit allen Frauen im Grunde ist. Ständig wird da mit jedem Blick in den Spiegel eine jederzeit drohende Katastrophe gerade eben noch abgewendet. Und wehe, wenn der »Spiegel« einmal auch nur der so verunsicherten Gräfin einen weniger günstigen Bescheid geben sollte! Es bedeutete für sie einen jähen Sturz in den Abgrund. Und doch breitet im Untergrund, trotz aller einstweilen noch gegenteiligen Versicherungen, die untrügliche Gewissheit sich aus, dass genau diese Entdeckung über kurz oder lang nicht aufzuhalten sein wird. Denn selbst wenn es gelingen sollte, den Kampf um die Schönheit gegen alle Frauen im Lande, räumlich also, immer neu zu gewinnen, so wird doch der Kampf gegen die Zeit mit jedem Tag immer ein Stückchen weiter verloren gehen. Eine Weile lang mag die »Kultur« und der Kult künstlicher Verschönerungsformen über diese sichere Tatsache hinwegtäuschen, einen gewissen Ausgleich mag für eine gewisse Zeitspanne wohl auch der Glaube bieten, als Persönlichkeit reifer und schon dadurch beliebter zu werden, doch je bedingungsloser das fortschreitende Alter verleugnet, statt integriert wird, desto steiler muss der Abfall von der Bühne der Eitelkeit eines Tages werden.

Um nicht missverstanden zu werden: Natürlich kann ein Mensch, gleich, ob als Frau oder Mann, mit dem Fortschritt des Alters buchstäblich schöner werden, wofern mit »Schönheit« eine harmonische Einheit von Seele und Körper gemeint ist; jeden Tag mehr prägt sich die Haltung einer Person: ihre Art, die Welt zu sehen, ihre Weise zu sprechen, ihre Form zu denken, die gesamte Lebensgestaltung, sichtbar in die körperliche Gestalt ein; es wird einfach mehr und mehr für die Augen anderer bemerkbar, was für ein Mensch jemand ist; sein Geist verleiblicht sich im Stoff; – was wir »Altern« nennen, ist im Grunde nichts anderes als eine solche »Spiritualisierung« des Stücks Materie, das wir sind. Nicht um eine notwendige Einbuße an »Schönheit« also handelt es sich; was mit fortschreitendem Alter zweifellos zurückgeht, ist allein die sexuelle Signalwirkung, die in jungen Jahren vor allem von der weiblichen Schönheit ausgeht. Die Angst, älter zu werden und dadurch an Zuneigung zu verlieren, meint eigentlich nur die Furcht, eines Tages als Frau an sexueller Ausstrahlung einzubüßen. Doch gerade diese Sorge ist es, die eine »Richilde« beherrscht und die das hysterische Dilemma, in dem sie sich befindet, besonders deutlich offenbart: die Durchsexualisierung des gesamten Lebens beziehungsweise die Reduktion all ihrer Wünsche nach Liebe auf die Sexualität, so als sei diese die einzige nur denkbare Liebesbedingung.

Damit aber schließt sich im Erleben einer »Richilde« der Teufelskreis. Wie ist es möglich, dass eine Frau ihrer eigenen (Stief)Tochter nachstellt und sie auf das Tödliche beneidet einzig ihrer Schönheit wegen? Das ist die entscheidende Frage, die das Märchen der BRÜDER GRIMM oder die Sage des MUSÄUS zur Lösung uns aufgibt. Die vorläufige Antwort darauf lautet jetzt: Eine derartige Mischung aus Eitelkeit und Neid ergibt sich notwendig bei einer Frau, in deren Leben das »Schönsein« den einzigen Trost gegen das Grundgefühl darstellt, im letzten unwert und unberechtigt zu sein, und für die gleichzeitig eine ruhige Freude an der eigenen Weiblichkeit von Kindheit an in den Bereich des Ungehörigen und Unanständigen gestellt wurde. Unter diesen beiden Voraussetzungen kann es nicht anders sein, als dass einer Frau unter dem Diktat schwerer Ängste und Schuldgefühle die besten

Jahre ihrer Jugend in einem bloßen Halbleben gestohlen werden, ständig hin- und hergerissen zwischen Verlockung und Verbot; und so wird in ihr das Verlangen, ja, die Gier, das Verlorene nachzuholen, später nur um so größer sein. Das aber ist natürlich nicht möglich, und so wird der Neid auf die Jugend von Tag zu Tag wachsen, ja, es wird sich ein regelrechter Hass zunehmend auf alles richten, was jung ist. »So wie ihr lebt, möchte auch ich gelebt haben. So wie ihr seid, möchte auch ich noch einmal sein. Das aber kann ich nicht. Deshalb seid ihr allein schon durch eurer Dasein ein lebender Vorwurf für mein Unleben. Deshalb seid ihr der unwiderlegliche Spiegel, der meine Hässlichkeit bekundet und kundtut. Wie sollte ich euch da nicht hassen, eurer Jugend wegen, eurer Schönheit wegen, eures Glücks wegen? Deshalb werde ich euch zerstören, so wie ihr mich zerstört.« In solchen Bahnen kreisen alle Gedanken einer »Richilde«, sobald sie selbst in die Jahre kommt, das heißt, in solchen Bahnen würden ihre Gedanken kreisen, fielen sie nicht augenblicklich der Verdrängung anheim.

Auch und gerade in dem Schneewittchen-Märchen der BRÜDER GRIMM verhält es sich ja keineswegs so, dass die (Stief)Mutter einfach hingeht und ihre Tochter umbringt; alles, was sie tut, geschieht vielmehr verkleidet, unter bestimmten Vorwänden und Vortäuschungen, – indirekt also. Wohl scheint bei oberflächlicher Betrachtung gerade darin erneut ein Hinweis auf die Hinterhältigkeit, Verlogenheit und Gemeinheit dieser Frau zu liegen. Wie aber, wenn wir die »Verkleidungen« der Königin ganz ernst nehmen müssten? Dann hätten wir anzunehmen, dass eines »Schneewittchens« Mutter all das gar nicht wirklich »will«, was sie objektiv anrichtet; es geschähe ihr vielmehr unbewusst, es ereignete sich in der Dynamik des verdrängten Materials uralter Wünsche, Ängste und Aggressionen. Mit anderen Worten: Es wäre bei Weitem zu einfach, einer Frau wie »Richilde« zu unterstellen, sie merke nicht selber, wie sinnlos ihre Neid- und Hassgefühle gegen ihre eigene Tochter sind; ganz im Gegenteil sollten wir annehmen, dass sie sich vor sich selber schämt, so zu empfinden, wie sie es tut, und dass sie mit allen Kräften dagegen ankämpft. Wozu auch sonst das Versteckspiel der Maskeraden bei all den Anschlägen auf das Leben ihrer Tochter? Wozu sonst die merkwürdige Form der »Vergiftungen«? Nein, »Schneewittchens« (Stief)Mutter will gerade das nicht, was sie dann schließlich doch wie unter einem schicksalhaften Zwang zum Bösen tut.

»Die eigene Tochter beneiden«, »die eigene Tochter vergiften« – es scheint kaum eine Verhaltensweise zu geben, die eindeutiger die Bezeichnung »Rabenmutter« verdienen würde als diese. Und doch merken wir gerade, dass die schlimmsten Zerstörungen im menschlichen Leben womöglich nicht einmal diejenigen sind, die offen heraus, mit erhobener Hand, verübt werden. Die unheimliche und unheilvolle Wirkung einer »Richilde« auf ihre »Blanca« lässt sich in ihrer Dramatik und Tragik wohl erst verstehen, wenn wir den Todesbefehl der Königin an den »Jäger« in dem Grimm'schen »Schneewittchen«-Märchen nebst den drei folgenden »Heimsuchungen« als das Ergebnis einer Grundeinstellung verstehen, die, einmal getroffen, Stufe um Stufe in der seelischen Entwicklung eines »Schneewittchens« sich auswirkt. Nichts geschieht da »punktuell«, »absichtlich«, als eine »kriminelle Einzeltat«, wie die Symbolsprache des Grimm'schen Märchens es uns zu glauben nahelegt; vielmehr langsam, unmerklich fast, wird da ein Gift infiltriert, das nach und nach das Leben einer noch jungen Frau, eben weil sie noch jung ist, in das Dasein einer »Untoten« verwandeln wird. Und all das geschieht, wohlgemerkt, gegen die bewusste Absicht der Mutter, von der diese Wirkung ausgeht! All das ereignet sich im Widerspruch zu den Zielen, die sie sich eigentlich setzt: den Widerspruch ihres eigenen Lebens im Dasein ihrer Tochter aufzulösen!

Sagen wir es einfacher: Könnte »Schneewittchens« (Stief)Mutter ihre Angst, ihren Neid, ihre Abneigung gegenüber der erblühenden Schönheit ihrer Tochter sich offen eingestehen, so verfügte sie immerhin über die Möglichkeit, sich bewusst damit auseinanderzusetzen. Wie aber soll eine »Richilde« sich ihre latente Unsicherheit eingestehen, nachdem sie ein Leben lang alles getan hat, Konflikte dieser Art mit der demonstrierten Pose ihrer Schönheit zu kompensieren? Gerade weil dieses Konzept so viele Jahre über erwiesenermaßen erfolgreich war, fällt es jetzt fast unmöglich schwer, davon Abschied zu nehmen. Und demgemäß ist es auch nicht möglich, der Tochter zu sagen: »Wie wunderschön du bist! Du warst mein Stolz, und du bleibst es. O wie ich dich beneide! Du hast noch dein ganzes Leben vor dir. Mach etwas daraus! Erobere all die Länder, die ich nie betreten durfte. Lebe du das Leben, das mir nie vergönnt war. Du trägst alles in dir, was einst meine Hoffnung war. Reite du auf dem Pferd meiner Sehnsucht in die erfüllte Wirklichkeit deines Glücks. Reife als Frau, und lass dich von den Grenzen meiner Persönlichkeit dabei nicht hindern.« Eine »Richilde« hat keine Grenzen. Eine »Richilde« ist nicht nur vollendet schön, sie ist perfekt auch als Mutter. Sie ist eben makellos in der Erfüllung beider Ideale, die sich in unserer Gesellschaft an eine Frau richten. Und so muss eines »Schneewittchens« (Stief)Mutter darauf bestehen, dass sie auch weiterhin die treusorgende, die bewundernswert aufopfernde, die in ihrer Tochter ganz und gar »aufgehende« Mutter ist. Alle negativen Gefühle von Angst, Konkurrenz, Ärger und Eifersucht haben da keine Rolle zu spielen; und nur an einer gewissen Überfürsorge und Überaktivität lässt sich unter solchen Umständen wohl auch schon für einen nicht besonders sorgfältigen Beobachter erkennen, wie »gemischt« alles sich anfühlt, was eine solche Frau ihrer Tochter sagt und tut. Nur weil alle menschlich an sich so verständlichen Gefühle von Selbstmisstrauen und Selbstverachtung ein Leben lang in den Hintergrund gedrängt werden mussten, kommen sie jetzt auf so hinterhältige Weise als Gefühle von Neid, Hass und Eifersucht in Bezug zu der eigenen Tochter wieder zum Vorschein; nur weil der gesamte Gefühlsbereich im Leben einer Frau seit Kindertagen vergiftet wurde, ist sie jetzt dabei, mit allem scheinbar guten Bemühen das Leben ihres eigenen Kindes zu vergiften. »Ich lebe ganz in meiner Tochter. Ich bin nur für meine Tochter da. Meine Tochter ist mein Ein und Alles.« Welch eine Chance besteht, dass eine Frau, die sich so sehr mit ihrer Tochter identifiziert, es irgendwann doch noch merkt, sie könne nur als eine selbständig lebende, in sich selber glückliche Frau auch das Glück und das Selbstbewusstsein ihrer Tochter günstig beeinflussen? Und wann in unserer »gesellschaftlichen« »Moral« hätten die Ideologen der »Selbstverleugnung«, des »Opfers« und der »Hingabe« es je erlaubt, dass eine Frau so denken, so fühlen und so leben dürfte?

»Ich habe doch alles getan, was ich konnte«, berichtete einmal eine Frau von dem Ende einer leidenschaftlichen Liebesbeziehung ihrer Tochter. »Ich habe den Jungen zu uns eingeladen, ich habe mit ihm gesprochen, habe ihm Geschenke gemacht, er sollte sich bei uns wie zu Hause fühlen.« Sie verstand absolut nicht, dass ihre Tochter ihr vorwarf, sie selber hätte ihr mit ihrem »Geturtel« den Jungen »ausgespannt«. »Wie kommt die nur darauf?«, fragte sie, erbost über die Missdeutung von so viel mütterlicher Fürsorge. Dabei ließ es sich nicht übersehen, wie sehnsüchtig sie jedesmal auf den Besuch dieses jungen Mannes gewartet hatte. Sie hatte sich besonders schön gemacht, wenn er kam. Es hatte ihr geschmeichelt, wenn er ihr als einer »modernen« Frau, »ungemein jugendlich«, »frisch und erfrischend«, Komplimente machte. Ja, es blieb nichts anderes übrig, als sich nach und nach einzugestehen, dass sie selber diesen jungen Mann als ihre »blaue Blume«, als Wunderdroge gegen das Altern, liebgewonnen hatte. Ob sie ihn nicht jetzt, wo es mit ihrer Tochter »aus« sei, einfach mal in seinem Heimatort überraschend besuchen sollte? Ihr Mann würde schon nichts dagegen haben, und außerdem könnte sie ja noch ihre Freundin mitnehmen, damit nichts »passierte«... So ähnlich muss man sich den Neid und die Eifersucht einer »Richilde« vorstellen, so die Form, in der sie imstande ist, das Leben ihrer Tochter buchstäblich zu vergiften, während sie für sich selber und in den Augen aller für die Güte, die Verantwortung und das Wohlwollen selbst zu halten ist. Ästhetisch wie ethisch, als Frau wie als Mutter haben wir in einer »Richilde« eine Persönlichkeit vor uns, die ganz und gar von außen gelebt wird und die eben deshalb, ohne es zu merken, mit allen guten Absichten ihre Tochter nicht zum Leben zulassen kann. Was die anderen sagen werden, sagen könnten – die Angst davor bestimmt die ganze »Moral« und »Frömmigkeit« einer solchen Frau, und diesem Götzen, der möglichen Meinung der anderen, wird sie, gleich einem Moloch, nicht zögern, jederzeit ihre Tochter zu opfern.

4. »Gefressen« vor »Liebe«

So sieht die Welt aus, wenn wir in ihren Mittelpunkt einzig eines »Schneewittchens« (Stief)Mutter stellen. Diese Sichtweise einzunehmen war bislang unerlässlich, um die Tragödie einer Frau zu begreifen, die nach dem Urteil des Märchens der BRÜDER GRIMM (und nicht anders nach dem Urteil des »gesunden Menschenverstandes«) für die Inkarnation des Bösen an sich gelten muss; es war sehr wichtig, die innere Widersprüchlichkeit und Gegenfinalität in dem Wesen und dem Charakter dieser Person zu verstehen, die an sich selber als Frau zuinnerst leidet und die nur deshalb den Eindruck einer »eitlen«, »narzisstischen«, »egoistischen« und »gefühlskalten« Person in den Augen ihrer Umgebung hinterlässt, weil sie in Wahrheit für äußerst unsicher, in sich zerbrochen und zerbrechlich gelten muss. Nur indem wir die Eigenart dieser Frau uns verdeutlichten, konnten wir lernen, unter welch einem Stern – oder Unstern – das Dasein eines »Schneewittchens« sich im Folgenden wird vollziehen müssen. Freilich wird es inzwischen hohe Zeit, die Perspektive zu wechseln und die Welt aus dem Blickwinkel eines Kindes von »Schneewittchen«-Art zu betrachten: Wie erlebt ein solches Kind eine (Stief)Mutter, die sich bedingungslos mit ihm identifiziert und sich zugleich doch eben deshalb von ihm aufs Tödliche bedroht fühlt?

Zum Verständnis einer »Königin« nach dem Portrait einer »Richilde« haben wir uns bisher an Personen wie Marie Antoinette und Margot Hemingway orientiert; für das Schicksal eines »Schneewittchens« gibt es indessen wohl kein stimmigeres Vorbild als die autobiographischen Aufzeichnungen der Christina Crawford, der Adoptivtochter der berühmten Filmschauspielerin Joan Crawford. In ihrem Buch »Meine liebe Rabenmutter«[62] hat sie, ein Jahr nach dem Tod ihrer Stiefmutter, die 1977 im Alter von angeblich 69 (tatsächlich 73) Jahren verstarb, sich all ihr Leid von der Seele geschrieben und in erschütternder Weise geschildert, was es, im Bilde gesprochen, bedeuten kann, von der eigenen Mutter »gefressen« und »vergiftet« zu werden; es ist ein Bericht, der uns zugleich zeigt, wieviel an wirklicher Liebe in eben jener Frau auch lebt, die ihrer Tochter beides ineins ist: Engel und Dämon, Fee und Verderberin, das absolut Gute und das absolut Böse, und die gerade in dieser ungeheuerlich scheinenden Mischung so menschlich anrührend auf uns wirkt.

Für Frau Crawford war es eines Tages nicht länger genug, ein bewunderter, allseits begehrter Hollywood-Star zu sein, eine Filmleinwand-Berühmtheit, ein Dauerthema auf den Hochglanzseiten der Boulevard-Presse, sie musste der gesellschaftlichen Erwartung zuliebe auch die Rolle der Mutter verkörpern, der Frau mit Herz, der mildtätig sich Erbarmenden, der Schönen und Guten, des vollkommenen Menschen, der Göttin auf Erden..., und so adoptierte sie im Jahre 1939 als erstes von vier Kindern kurz nach seiner Geburt das Waisenkind Joan, das sie Christina nannte, die Tochter einer Studentin und eines Seemannes, die beide nicht imstande waren, sich um das Neugeborene zu kümmern.[63] Frau Crawford hatte zu dieser Zeit bereits zwei spektakuläre Ehen hinter sich, die ihr genügend Geld und sogar den Anschein von Bildung eingebracht hatten;[64] als eine mittlerweile schon wieder alleinstehende Frau hatte sie ihre Stieftochter nur adoptieren können, weil die Gesetze des Staates Nevada einen solchen Schritt erlaubten, wofern die materielle Zukunft des Kindes als gesichert erschien,[65] und diese Bedingung, zweifellos, war erfüllt.

Man kann nicht sagen, dass Joan Crawford die kleine Christina nur zu sich nahm, um erneut in die Schlagzeilen zu gelangen. Schon in ihrer ersten Ehe hatte sie von dem reichen Douglas Fairbanks ein Kind empfangen, das jedoch durch Fehlgeburt oder durch Abtreibung nicht zur Welt gekommen war.[66] Das war 1932 gewesen, – danach war ihre Ehe bald auseinander gegangen. Jetzt gehörte ein gewisser Mut dazu, ein fremdes Kind zu adoptieren. Es war damals fast unvorstellbar, dass eine Actrice, die auf sich hielt, tatsächlich selber ein Baby zur Welt brachte, das, wenn es groß genug sein würde, sie eines Tages unfehlbar zur »Großmutter« degradierte. Ewige Jugend zu verkörpern – darin bestand die Hauptaufgabe einer Schönheit im Rampenlicht des Films jener Tage; – noch als Tote wird Joan Crawford einbalsamiert werden wie ein unsterbliches Kunstwerk, das sie selbst schuf, indem sie »ihr ganzes Leben peinlichst reglementiert hatte, um zu verhindern, dass ihr Dasein in wirkliches Leben ausartete.«[67] Auch die Adoption eines Kindes bildete nur ein weiteres Arrangement täuschender Annäherung an die Wirklichkeit, eine Schein-Mutterschaft, doch getragen war dieser Schritt ursprünglich wohl von der echt gefühlten Sehnsucht, von wenigstens einem Menschen wirklich geliebt zu werden. In ihm sollte die ganze eigene Kindheit ersatzweise noch einmal durchlebt werden.

Bis dahin hatte Joan Crawford in einem Spiel erbarmungsloser Konkurrenz um die Anerkennung der Filmemacher sich von Bett zu Bett hocharbeiten müssen; sie hatte inzwischen all die schmutzigen Tricks gelernt, mit denen es möglich war, Aufsehen um jeden Preis zu erringen und sich die Gunst einer Nacht vonseiten der Männer zu erkaufen, die beim Emporklettern der Karriereleiter ihr irgendwie hilfreich sein konnten. Hemmungen, Moral, Fairness – das alles hatte sie als etwas Kleinstädtisches abgelegt, um der »großen Welt« als »groß« zu erscheinen und »sich aus dem grauen Meer der anderen hervorzuheben. Der Schein«, schreibt CHRISTINA, »war nicht nur wichtiger als die Wirklichkeit, er war selbst Wirklichkeit geworden.«[68] Jetzt aber wünschte sich die auch in der zweiten Ehe mit dem Schauspieler Franchot Tone kinderlos gebliebene Schauspielerin ein Mädchen, gerad wie sie selber es einst hätte sein mögen: ein glückliches, strahlendes und: schönes Kind. CHRISTINA schreibt in Erinnerung über die ersten Jahre ihrer Kindheit:

»Mutter und ich waren damals untrennbar. Sie nahm mich mit, wohin sie auch ging. Oft schlief ich in ihrer Garderobe, oft im Auto, während Mutter zu Aufnahmeterminen unterwegs war. In den kommenden Jahren bewahrte sie jede Haarlocke auf, die mir abgeschnitten wurde, und jeden Milchzahn, der mir ausfiel. Sie wurden als Erinnerungsstücke in Umschläge gesteckt und von Mutter in ihrer großzügigen Handschrift etikettiert. Schon als ich wenige Monate alt war, erhielt ich wertvolle Geschenke. Die kleinen Briefe, die den Geschenken beigelegt waren, bekam ich erst viele Jahre später zu sehen. ›Ich liebe dich, mein wunderhübsches Kind‹, stand auf einem dieser Zettel. Sie verwahrte die Briefe, als ob sie von einem Fremden gesandt worden waren.«[69]

Es ist deutlich, dass diese Briefe an ihre Tochter in der Tat nicht eigentlich von der erwachsenen Filmschauspielerin Joan Crawford geschrieben sind, sondern dass es sich in gewissem Sinne um die Wunschbriefe handelt, die ihre eigene Mutter ihr hätte schreiben müssen, als sie noch die kleine unbekannte Lucille Le Sueur war und noch nicht der »Flußkrebs« (crawfish), zu dem die Werbeabteilung von Metro-Goldwyn-Mayer sie gemacht hatte;[70] eben deshalb offenbar sind diese Briefe so unzeitig-zeitlos adressiert, wie an ein ewiges Kind, wie an ein längst verstorbenes oder doch bald schon zum Sterben verurteiltes...

Dabei betont CHRISTINA an der gleichen Stelle durchaus im Einklang dazu: »In meiner frühen Kindheit empfing ich all jene Liebe und Zuneigung, die meine Mutter seit vielen Jahren in ihrem Herzen trug. Sie fühlte sich mir besonders nahe, weil sie meine Gegenliebe mit niemandem zu teilen hatte. Ich gehörte ihr allein. Ich nannte sie ›Mommie dearest‹, seit ich sprechen konnte. Sie war für mich die Quelle alles Guten, und ich war für sie der goldlockige Engel, auf den sie so lange gewartet hatte. Es war kein Zufall, dass sie mir zunächst den gleichen Vornamen gab, den sie selbst trug (sc.: Joan jr., d.V.). Weil es in ihrer Kindheit ärmlich zugegangen war, überschüttete sie mich mit all den Dingen, die sie selbst als Kind vermisst hatte. Ich war das beste Kind auf der Erde, das hübscheste, das intelligenteste, das mutigste. Ich bekam mehr Spielzeug und mehr Kleider, als ich je hätte benutzen können. Meine Puppen bekamen echten Schmuck. Wieder und wieder nahm sie mich in den Arm, wiegte mich zärtlich, kraulte mir das schüttere blonde Haar, von dem sie hoffte, dass es mir bald in vollen Locken über die Schultern fließen würde. Wenn sie im Filmstudio zu tun hatte, so nahm sie mich mit und fütterte mich zu den Essenszeiten, wechselte meine Windeln, badete mich. Wenn ich schlafen sollte, sang sie Wiegenlieder.«[71]

Und doch bricht gerade in dieses Paradies einer scheinbar ungetrübten Dualunion zwischen Mutter und Tochter spätestens im Alter von vier Jahren der Schrecken vollständiger Ablehnung im Falle auch nur der geringsten Abweichung vom mütterlichen Vorbild ein. Der äußere Anlass ist denkbar geringfügig, doch um so sprechender. Christina hatte mit drei Jahren bereits Schwimmen gelernt, als es ein Jahr später zu einer Art Wettschwimmen mit ihrer Mutter kam, in dem diese ihrer Tochter bewies, dass sie jederzeit gegen das kleine Mädchen antreten und gewinnen konnte, wann immer sie wollte;[72] es war das erste Mal, dass es zwischen Tochter und Mutter zu einer solchen Machtprobe kam, zu einem »Zwergenaufstand«, wie CHRISTINA selber diese Begebenheit nennt,[73] doch ist es der Anfang eines Konfliktes, der nie mehr enden sollte. Joan Crawford duldet es nicht, dass ihre (Stief)Tochter etwas anderes ist als die Zierde ihrer selbst, als der Spielball ihrer Launen, als das Püppchen ihrer Eitelkeit. Wer denn erkennt schon in dieser allseits bewunderten Frau das Kind wieder, als das sie sich selber in dem Leben ihrer geliehenen Tochter noch einmal heranziehen möchte?

Als Schauspielerin macht sie gerade zu dieser Zeit eine schwere Krise durch. Sie war 37 Jahre alt, als sie erleben musste, wie die kriegsbegeisterten USA beim Eintritt in den Zweiten Weltkrieg zum Aufputschen des Kampfeswillens ihrer Soldaten lieber die Maße von Pin-up-Girls wie Lana Turner bevorzugten, – selbst MGM, dessen Chef Louis B. Mayer für sie wie ein Vater gewesen war, begann sie zum alten Eisen zu zählen. »Es war ein Schock, ein Verlust«, erzählt CHRISTINA, »den meine Mutter nie mehr ganz verwunden hat. Sie hatte es hingenommen, dass man sie in Filmkreisen als ›box-office-poison‹, als Kassenschreck, verunglimpfte. Nun aber wurde sie von all jenen verraten und gedemütigt, mit denen sie viele Jahre lang zusammengearbeitet und denen sie sich nahegefühlt hatte. Eine Leere tat sich auf, die bei allem Erfolg, den Joan Crawford später einheimsen sollte, nie mehr wieder ausgefüllt wurde. Sie verbarg den Schmerz, den man ihr zufügte – aber sie vergaß ihn nicht… Allmählich bildete sich eine kämpferische, ja streitsüchtige Grundhaltung heraus, mit der sie Menschen und Situationen anging. Sie war davon überzeugt, dass alle es nur darauf abgesehen hatten, sie zu hintergehen und ihr Schaden zuzufügen. Ihr weiteres

Leben war ein einziger Kampf gegen die wirklichen oder eingebildeten Feinde. Damals, als sich ihre berufliche Ehe mit MGM dem Ende zuneigte, begann sie zu trinken.«[74]

Der Alkoholismus der Joan Crawford musste späterhin alles entschuldigen, was sie sich selbst, ihren vier Adoptivkindern und darunter vor allem dem ersten: Christina, an hilfesuchender Liebe ebenso wie an hilflosem Hass blind, impulsiv und unbelehrbar zufügen sollte. Tatsächlich aber überspielte die chronische Alkoholkrankheit der Grande Dame des amerikanischen Films nur ihre lebenslängliche Kränkung und Kränkbarkeit gegenüber einer erbarmungslos veräußerlichten und verlogenen Umwelt; denn trotz aller Berühmtheit war und blieb Joan Crawford eine Einsame inmitten einer vereisten Welt, ihre Tochter aber begann sie zu verfolgen für gerade die Eigenschaften, um derentwillen sie das Mädchen einmal über alles geliebt hatte.

Das Märchen der BRÜDER GRIMM von »Schneewittchen« erzählt, die Königin, weil »Neid und Hochmut« »wie ein Unkraut in ihrem Herzen immer höher« wuchsen, habe eines Tages einen Jäger gerufen und ihm befohlen, das Kind im Walde zu töten und ihr zum Wahrzeichen Lunge und Leber mitzubringen; und wirklich habe der Jäger gehorsam das Mädchen auch in den Wald geführt, doch da, als er gar schon den Hirschfänger gezogen, hätten die Tränen des unschuldigen Mädchens ihn zu Mitleiden gerührt, so dass er das »arme Kind« habe laufen lassen, um an seiner Statt einen jungen Frischling zu erlegen; dessen Lunge und Leber habe der Koch in Salz zubereiten müssen, auf dass »das boshafte Weib«, im Wahne, damit Schneewittchens Organe zu essen, diese in seiner Roheit verzehrt habe; der Jäger indessen habe vermeint, sehr bald wohl werde das Kind den wilden Tieren anheimfallen, und diese Erwartung habe ihn beruhigt bei dem Gedanken, mit seinem Tun den Befehl seiner Königin zu hintergehen.

Diese ganze ungeheuerliche Szenenfolge wirkt um so schrecklicher, als sie in der Sage von Richilde keinerlei Vorlage findet, – die BRÜDER GRIMM haben sie, allerdings im Einklang auch mit anderen Märchen (vgl. z.B. *Das Mädchen ohne Hände*, KHM 31[75]; *Die Nelke*, KHM 76, u.a.), an dieser Stelle nach eigenem Gutdünken eingefügt; was ihnen damit jedoch gelungen ist, kommt einer außerordentlich komplexen Verdichtung des Grundgefühls eines »Schneewittchens« gegenüber seinem gesamten Leben gleich. Es ist, um den Sinn dieser Szene zu verstehen, indessen nichts weiter vonnöten, als die entsprechende Bilderkette zu lesen wie die Sequenz eines immer wiederkehrenden (Alp)Traums, der auf verschiedenen Ebenen, »überdeterminiert« in der Sprache SIGMUND FREUDS, das ganze Unheil eines »Schneewittchen«-Daseins in mindestens drei Aspekten offenbar macht.

Am krassesten, natürlich, wirkt auf den Leser beim ersten Blick das kannibalistische, das »orale« Motiv: eine (Stief)Mutter, die ihr eigenes Kind »frisst«! Wir sind auf die Bildbedeutung einer solchen Horrorszene allerdings bereits durch die These von der Identifikation einer »Richilde« mit ihrer »Blanca« ein Stück weit vorbereitet. Wir brauchen dazu nicht erst auf die psychoanalytischen Theorien über die »oralsadistische« Komponente bei Identifikations- und Introjektionsvorgängen zurückzugehen;[76] es genügt, sich das Erleben eines Kindes vorzustellen, das sich von seiner Mutter wie verschlungen fühlt, weil es schier unauflöslich mit ihr verschlungen ist.

Das Wichtigste: Es gibt kein Recht auf ein eigenes Fühlen, ein eigenes Denken, ein eigenes Sein. Seit altersher gilt insbesondere die Leber, die von Schneewittchens schrecklicher (Stief)Mutter verzehrt wird, als Sitz der Gefühle, näherhin der unausgesprochenen aggressiven Gefühle.[77] »Eine Laus ist ihm über die Leber gelaufen«, sagt man im Deutschen, wenn man das Empfinden eines Menschen beschreiben will, der sich ärgert, ohne recht zu wissen, warum. Er ist beleidigt, aber es gibt scheinbar keinen wirklichen Grund dafür, er ist »griesgrämig« und verbittert, aber er kann seinen Kummer nicht äußern, er erscheint »gallig« gelaunt, er wirkt »ätzend«, doch ist aus ihm nicht recht schlau zu werden. Eine Mutter, welche die Leber ihrer (Stief)Tochter verzehrt – das ist ein Bild vor allem für eine Beziehung, die jeglichen Protest, jede Kritik, jeden Widerstand eines Mädchens gegenüber seiner Mutter bereits im Keime erstickt. Es ist nicht etwa nur, dass grundsätzlich keine Erlaubnis bestünde, der Mutter gegenüber einen eigenen Standpunkt geltend zu machen, es wird vielmehr jedes Aufbegehren durch den Druck schwerer Schuldgefühle schon im Ansatz ins Unbewusste abgedrängt. Am Ende verfügt ein solches Kind tatsächlich über kein »Organ« mehr, das »Fett« zu verdauen, das seine Mutter ihm vorsetzt. An die Stelle der Fähigkeit, sich abzugrenzen oder gar sich zu wehren, tritt ein stetes Nagen nach innen, ein Sich-selber-Zerfressen, ein Gefühl, in diese Welt, die doch nur die Welt seiner Mutter ist, nicht eigentlich zu gehören.

Und nicht viel anders mit dem »gefressenen Herzen«.[78] Da ist ein

Mädchen, dem die »Antriebsquelle« seines eigenen Daseins förmlich aus dem Leibe gestohlen wird, indem all seine Gefühle nur dazu da sind, seine (Stief)Mutter zu »ernähren«. Was dieser Frau guttut, was dieser Frau nützt, was dieser Frau helfen könnte, mit ihren Problemen fertig zu werden, – das ist das Zentrum, um das alles sich dreht.

Es gibt in der Autobiographie CHRISTINA CRAWFORDS ein Detail, das auf geradezu klassische Weise belegt, was es bedeuten kann, »Herz« und »Leber« von der eigenen (Stief)Mutter »aus dem Leibe« »herausgeschnitten« zu bekommen. »Ich erinnere mich«, schreibt sie, »an einen abendlichen Spaziergang am Meer … Nur das Geräusch unserer Schritte und das Rauschen der Wellen war zu hören.« »Mutter sah im Mondlicht so wunderschön … aus … Sie sprach über die Wünsche, die sie in ihrem Innersten hegte, und auch darüber, dass es so schwierig sei, im Leben das zu bekommen, was man sich vorstellte. Es sei so schwierig, glücklich zu werden, sagte sie. Ja, ich, ihre Tochter, mache sie glücklich, aber was ihr Leben angehe, so sei sie nicht gerade auf Rosen gebettet. – Sie erzählte mir, in welcher Armut ihre Kindheit verlaufen sei. Sie sei damals sehr einsam gewesen. Sie sprach sehr lange, und die ganze Zeit bemühte ich mich zu begreifen, was sie sagte. Es gab da viele Dinge, die ich nicht verstehen konnte. Ich war erst sieben. Oft verstand ich nicht einmal, wovon sie redete, geschweige denn, dass ich den tieferen Sinn ihrer Worte hätte erfassen können. In meiner Ratlosigkeit drückte ich ihr ganz fest die Hand und sah ihr in die Augen. Wie gern hätte ich ihr geholfen. Aber es war so schwer. Sie begann zu weinen. Nein, traurig sei sie nicht, es sei nur so schön hier, dass sie weinen müsse. Ich legte ihr die Arme um den Hals und küsste sie. Mit dem ganzen Herzen betete ich, dass sich für Mutter alles zum Guten wenden werde. – ›Ich liebe dich, Mutter‹, war alles, was ich hervorbrachte. Sie sah mich aus tränenschimmernden Augen an, dann lächelte sie. Mit einer Geste voller Liebe, voller Sanftheit streichelte sie meine Stirn, als gälte es, eine Sorgenfalte von dort zu vertreiben.« »Wäre ich in jener Nacht schon älter und verständiger gewesen, hätte ich meine Mutter in den Jahren, die nun folgten, vielleicht besser begreifen können. Unser Zusammenleben wäre wahrscheinlich anders verlaufen.«[79]

Allein eine solche Konstellation bereits mag hinreichend sein, um sich vorzustellen, wie eine Mutter das Herz ihres Kindes verzehrt: Sie tut es aus Liebe! Ihr »gehört« das Herz ihrer Tochter! Und es ist, mehr noch als all ihr Wünschen und Bedürfen, ihr eigenes ungelebtes Leben, das auch ihre Tochter daran hindern wird, ein eigenes Leben sich aufzubauen. Nicht was sie von ihrer Tochter verbal verlangt, sondern was ihr im eigenen Leben misslang, ihr Unglück, ihre Frustrationen, ihre Selbstmissachtung und ihr Selbstmitleid – die erzeugen das Vakuum, in das hinein ein »Schneewittchen« unaufhaltsam gesogen wird. Wie könnte ein Kind, welches so sichtbar das Glück seiner Mutter ist, auch wohl so herzlos sein, dieser liebenden und liebenswürdigen Frau in ihrem Unglück nicht alles zu schenken, was es besitzt – sein ganzes Inneres, all sein Gefühl! Nur dass es zu unfertig und zu unfähig, zu klein noch und unvermögend sich fühlt, seiner Mutter eine wirkliche Hilfe zu sein, ist sein Unglück, sein Vorwurf, sein Schuldgefühl – und der Grund seiner Selbstmissachtung! Es hat in der alles entscheidenden Aufgabe seines Lebens ein für allemal versagt. Es hat nicht verstanden, auch nur seine eigene Mutter zu trösten!

So sähe es aus, wenn die Szene des »Verzehrs« von »Herz« und »Leber« der Tochter in einer rein depressiven Symbolsprache verschlüsselt bliebe. Doch ist das in der Geschichte der BRÜDER GRIMM von Schneewittchen ganz offensichtlich nur begrenzt der Fall, und so verhält es sich auch nur zum Teil in der Biographie der Christina Crawford, deren Schicksal uns dieses grausige Märchenmotiv wie kein zweites erschließen kann.

Es lässt sich nicht leugnen, dass an der Stelle, da »Schneewittchen« verstoßen wird, ein ausgesprochen anal-sadistischer Zug zu der oral-depressiven Motivation hinzutritt. Wie da der Jäger sein Messer zückt, wie das Kind, um sein Leben fürchtend, zu weinen beginnt, wie der Jäger dann doch, statt dem Mädchen das Leben zu retten, in gewissem Sinne der grausigen Königin trotz allem gehorsam bleibt, indem er das Kind anonym, statt der Mutter, den wilden Tieren zum Fraß überlässt, all das weist unverkennbar in seiner Grausamkeit einen deutlich zwangsneurotischen Charakter auf, der sich zugleich mit schweren Sexualängsten mischt. Der Mann als Jäger, der Mann mit dem Messer, der Mann als blutrünstiger Mörder – derartige »Blaubart«-Phantasien (vgl. KHM, Anhang 9) zählen zu dem bevorzugten Inventar aller weiblichen Sexualangst:[80] Das Umworbenwerden von einem Mann wird da empfunden als eine Art Treibjagd, und es ist im Grunde nicht ein Mann, es ist der Mann überhaupt, der in seinem »Hunger« von dem heranwachsenden Mädchen als derart lebensbedrohlich empfunden wird; sein »Messer« vor allem symbolisiert dabei das an sich so erstrebenswerte Zusammensein der Geschlechter als ein unfehlbar mörderisches Erstochenwerden, als ein Aufgeschlitztwerden, als ein »Aufgebrochenwerden«, waidmännisch ausgedrückt, gleich einem Wildschwein.

Die Frau als ein scheues Tier, das der Mann hetzt, bis es seiner Zudringlichkeit verblutend erliegt, – dieses Horrorgemälde der Liebe zwischen den Geschlechtern ergibt sich in der Grimm'schen Erzählung indessen nicht einfach »naturgemäß«, metaphysisch gewissermaßen aus dem Kampf der Geschlechter,[81] es entsteht vielmehr einzig aus der Weisung der Mutter – aus ihrer eigenen Sexualangst müssten wir sagen.

Wir brauchen uns nur noch einmal daran zu erinnern, wie bereits Schneewittchens Mutter, die Frau am Fenster, die Liebe (nach dem Dornröschenmotiv) als einen »Stich« in den »Finger« empfand, als ein Blutvergießen inmitten einer schneekühlen und schneereinen Welt, und wir begreifen den Zusammenhang, der zwischen dem Weltbild der Mutter und dem Welterleben der Tochter besteht, nur dass sich jetzt, in der zweiten Generation, der Konflikt erheblich ausgedehnt hat: Aus der Furcht vor dem »Stich« mit der »Nadel« ist die Angst geworden, mit dem »Messer« ermordet zu werden, das »Bluten« der Mutter hat sich zur Vorstellung vom »Verbluten« im Erleben der Tochter gesteigert, und wo jene immerhin noch gelassen am Fenster sitzend die Empfängnis ihres Kindes über sich ergehen ließ, da sehen wir ihre Tochter richtungslos fliehend voller Angst im »Walde« umherirren. Was für die Mutter immerhin nur eine begrenzte »Schwierigkeit« darstellte, ist zur vollkommenen Ausweglosigkeit des Kindes geworden.

In der Richilde-Sage war es MUSÄUS, der uns von dem Klosteraufenthalt der Königin berichtete, und wir sahen bereits, wie stark bestimmte moralische, womöglich religiös bedingte Schuldgefühle das Leben einer Frau wie »Schneewittchens« (Stief)Mutter verstellen können; es verwundert daher wohl nicht, wenn wir auch von Christina Crawfords Mutter erfahren, dass sie in die Klosterschule von St. Agnes geschickt und dort »mit blankem Hass auf die Klosterschwestern« erfüllt wurde;[82] vor allem das Schrubben der Fußböden und der Abwasch in der Küche scheinen sich für Joan Crawford zu einem wahren Trauma ausgeweitet zu haben, zu dessen Abreaktion sie später mit wilden Schikanen ihre (Stief)Tochter wieder und wieder quälen wird, indem sie diese stundenlang auf das penibelste zum Putzen zwingt. Ein größerer Kontrast lässt sich kaum denken als der zwischen den Moralauffassungen jener klösterlichen Erziehung und dem Weg, den die damalige Billie Cassin (wie Joan Crawford damals noch hieß) zum Tanz- und Showgirl und, wie Gerüchte besagten, zur Prostituierten hinter sich bringen musste. Noch Jahre danach fällt Christina der Widerspruch auf, der die Einstellung ihrer (Stief)Mutter zu allen Fragen der Sexualität durchzieht. Dieselbe Frau, die persönlich »eine ganze Reihe von Beziehungen gleichzeitig« unterhalten konnte und sich ständig mit einer Schar von »Onkels« umgab, zeigte sich andererseits prüde genug, ihre geheimen erotischen Träume in wörtlichem Sinne »unter Verschluss« zu halten.

Nicht ohne den schadenfrohen Stolz einer erfolgreichen Schnüfflerin berichtet CHRISTINA davon, wie sie, Mutters Verbot zum Trotz, eines Tages während der Weihnachtszeit das Empfangszimmer betritt, das, angeblich wegen der vielen aufbewahrten Geschenke, von den (Adoptiv)Kindern nicht aufgesucht werden durfte. Während sie die Schränke entlang geht, fallen ihr eine Reihe von Kästchen aus Porzellan auf: »Sie waren mit ländlichen Szenen bemalt. Es gab feine Damen in langen Gewändern, die Männer trugen Samthosen und spitzenverzierte Hemden. Ich fragte mich, was das alles zu bedeuten hatte.«[83] Das Rätsel lüftet sich erst einige Jahre später – sie ist bereits zu einem jungen Mädchen herangewachsen; da nimmt sie allen Mut zusammen, sich diese sonderbaren Kästchen des Näheren anzusehen. »Vorsichtig nahm ich eines aus dem Schrank und hob den Deckel hoch. Mein Herz schlug wie wild, und meine Hände zitterten. Jeden Augenblick konnte Mutter kommen und mich ertappen. Als erstes entdeckte ich eine Reihe französischer Inschriften, deren Bedeutung ich nicht verstand. – Was ich dann zu sehen bekam, war nicht gerade das, was ich bis dahin mit dem Namen ›Antiquitäten‹ verbunden hatte. Die gleichen Damen und Herren, die auch auf dem Deckel abgebildet waren, zeigten sich hier nackt und in obszönen Stellungen. Eine der Frauen hielt ihre Schenkel gespreizt… Auch die übrigen Kästchen, die ich öffnete, waren innen mit erotischen Szenen ausgemalt, die an Deutlichkeit nichts zu wünschen übrigließen. Ein Motiv ist mir besonders in Erinnerung geblieben. Ein Marktplatz war dargestellt. An einem der Stände gab es Penisse aller Größen und Formen zu kaufen. Eine Lady mit einem großen Korb stand davor und traf ihre Wahl. Ein lüsternes Lächeln spielte auf ihren Lippen. Die Szene erschreckte mich, zugleich erfüllte sie mich mit unbändiger Heiterkeit. Ich lachte, bis mir die Tränen kamen.«[84]

Wie lächerlich steht eine Frau da, die sich nach außen hin als eine großzügige, souverän handelnde, selbstbewusste Persönlichkeit zur Schau stellt, während sie gleichzeitig derartige »Heimlichkeiten« und Peinlichkeiten pflegt! Kein Zweifel: Christina war es gelungen, in einem zentralen Punkt ihres Lebens die Autorität ihrer (Stief)Mutter ein für allemal zu erschüttern. Was für ein Recht auch sollte diese Frau künftighin haben, ihrer Tochter »Moral« und »Anstand« zu predigen? Doch je deutlicher ihr die (Stief)Tochter zu entgleiten drohte, desto schrecklicher wütete der unbeherrschbare Jähzorn dieser Frau gegen das Mädchen, das sie allenfalls als Kreatur ihrer Größe, nicht aber als ein eigenständiges Wesen betrachtete.

Tiefenpsychologisch wird für gewöhnlich bei der Interpretation entsprechender Märchenmotive darauf verwiesen, dass die bloße Ablösung eines Kindes von seiner Mutter als eine innere Gewalttat: als ein Verstoßen- und Verjagtwerden, auch als ein Verstümmelt- und Getötetwerden erlebt werden könne[85]; doch wird diese im Allgemeinen nicht unberechtigte Auslegung den Konflikten eines »Schneewittchens« in keiner Weise gerecht: Dieses Mädchen wird nicht von seiner Mutter verjagt, es wird gejagt, nur um es desto sicherer sich einverleiben zu können; es wird von der Mutter verfolgt durch einen Mann, den diese selber als Mörder gedungen hat; und es kann nur entrinnen, indem statt seiner einem jungen Wildschwein das Herz und die Leber herausgeschnitten werden. Ein derartiges Bündel sadistischer Grausamkeit lässt sich nicht anders verstehen denn als ein Ensemble schwerer sexueller Ängste und massiver Hassgefühle vonseiten der Mutter: Man vermag in ihrem Schatten einzig zu überleben, wenn man den »Frischling« in sich selber tötet und auswaidet; um den gespenstischen Ängsten der Mutter zufolge nicht selber von einem Manne »erlegt« zu werden, gilt es, den mütterlichen Obsessionen bereits im Voraus alles zu opfern, was eigentlich dazu bestimmt sein könnte, vorerst noch eine ganze Weile lang munter drauflos im »Walde« zu wühlen und sich auszutoben. Noch wissen wir im Einzelnen nicht, in welcher Weise die Sexualangst der Mutter ihre Tochter »heimsuchen« wird, da steht doch dieses Ergebnis einer kompletten Triebunterdrückung als Überlebensstrategie schon fest: Alle zärtlichen Gefühle gehören fortan einzig der Mutter; es käme einem todeswürdigen Verbrechen gleich, sich anderen Menschen neben ihr zuzuwenden; und sollte ein Junge gar eine gewisse Aufmerksamkeit der Tochter erringen, so würde gewiss der geballte

Zorn der Mutter sich über diese Schamlose und Schändliche wie ein Gewitter entladen.

So erzählt CHRISTINA CRAWFORD, wie es ihrer Mutter gelang, nach und nach bereits ganz normale Jugendfreundschaften zu hintertreiben. Gefragt, wie sie heiße, bestand Joan Crawford darauf, von den Mädchen, die zu Besuch kamen, als »Tante Joan« angeredet und von ihnen als »Stinky« benannt zu werden.[86] Es mag gewiss sein, dass dahinter wieder bestimmte Erinnerungen an die eigene als unwürdig empfundene Jugend sich zu Wort meldeten, da die arme Billie Cassin mit elf Jahren nichts weiter war als die Stieftochter eines Variete-Theater-Managers und, als die Ehe ihrer Mutter ein zweites Mal zerbrach, die Tochter einer mittellosen Frau, die sich und ihr Kind als Wäscherin durchzubringen suchte; was sie jetzt jedoch mit ihren Eskapaden für ihre Tochter erreichte, war die schwer erträgliche Tatsache, dass ihre Freundinnen Christina als die Tochter von »Stinky«, als Stinktier also, bezeichneten. Es kam noch hinzu, dass sie als Kind ohne Vater angesehen wurde; und zudem wollte der Klatsch nicht verstummen, dass auch ihre Adoptivmutter ursprünglich eine Hure gewesen sei. Kontakte zu anderen Kindern mussten unter solchen Umständen zu bloßen Dekorveranstaltungen verkommen – Joan Crawford hielt Hof, besonders zu Weihnachten, – sie hatte Kinder ja so überaus lieb! Doch um so dankbarer hatten ihre vier aus dem Nichts adoptierten Kinder sich dafür zu zeigen, dass sie ihr Leben bei einer solch guten und tüchtigen Frau verbringen durften. Eine freie Entwicklung der Gefühle eines Mädchens hin zu offenen Jungenfreundschaften ist bei einer derartigen Überfrachtung mütterlicher Ansprüche von vornherein kaum vorstellbar. – Nicht die Loslösung von der Mutter, die Versklavung unter die Mutter stellt das Lebensproblem eines »Schneewittchens« dar.

CHRISTINA CRAWFORD erzählt des Weiteren auch von dem gewalttätigen Erleben, das der Sexualität als Triebmacht im Umkreis der Mutter grundsätzlich anzuhaften schien.

Auch hier lautet bei der Auslegung von Märchen und Mythen die tiefenpsychologische Auskunft zumeist, die bloße Unerfahrenheit eines heranwachsenden Mädchens schon bringe es mit sich, die erste Begegnung mit einem Manne als etwas Unheimliches, Blutrünstiges, aggressiv Überwältigendes zu imaginieren.[87] Auch daran, natürlich, ist etwas Richtiges, doch lässt es sich nicht beziehen auf die Todesangst eines »Schneewittchens« im Angesicht seines »Jägers«.

CHRISTINA berichtet ausführlich, wie sie, gerade in der Zeit ihres ersten Gestaltwandels als Frau, zur Zeugin der brutalen Zudringlichkeit eines der »Onkels« gegenüber ihrer Mutter wurde; vergeblich versuchte sie, der Mutter beizustehen und sich seiner Schläge zu erwehren. »Ohne lange nachzudenken, begann ich mit meinen kleinen Fäusten auf Onkel Vincent (sc. einen der Filmregisseure, d. V.) einzutrommeln. Ich schrie ihn an, er solle gefälligst meine Mutter in Ruhe lassen. Immer noch wurde ihr Körper vom Schluchzen geschüttelt. Auch ich weinte, der Schreck über das Erlebte suchte sich seinen Ausweg. Ich hatte schon einige Male gehört, wie sich Mutter mit irgendwelchen Liebhabern schlug. Aber gesehen hatte ich es noch nie. Schließlich gelang es Onkel Vincent, meine Arme mit seinen Händen wie mit einem Schraubstock zu umklammern. Mutter duckte sich in ihren Sessel. Ich schrie, Onkel Vincent schrie, Mutter weinte.«[88] Das Schlimmste an dieser Szene weiblicher Hilflosigkeit gegenüber männlicher Aggression aber war es, bald danach schon miterleben zu müssen, wie derselbe Mann, so als sei nichts weiter gewesen, in aller Freundlichkeit von der Mutter wieder eingeladen wurde und Joan Crawford darüber hinaus sogar von ihrer Tochter verlangte, sie solle sich für ihr Verhalten bei Onkel Vincent entschuldigen. Da ist es offenbar für einen Fehler zu halten, wenn eine Frau sich gegen die Gewalttätigkeit ihres »Liebhabers« zur Wehr setzt und wenn ein Mädchen seiner Mutter dabei zu helfen sucht! »Ich bedauerte in diesem Moment«, schreibt CHRISTINA verbittert, »dass ich die Prügelszene unterbrochen hatte! Ich bedauerte, dass ich ihn nicht einfach hatte weiterschlagen und Mutter jene Dinge antun lassen, die für sie zu solchen Prügelszenen zu gehören schienen. Ich bedauerte, dass ich mir jemals Sorgen gemacht hatte, wenn Mutter sich den Gewalttätigkeiten ihrer Liebhaber hingab. Seit meinem siebten Lebensjahr ging das so. Kreischen, Schreien, Heulen, Schlagen – und am nächsten Morgen nichts. – Ich beschloss in jenem Moment, dass ich Mutter nie wieder zu Hilfe eilen würde, wenn ein Mann sie schlug. Nicht einmal wenn es sich anhörte, als würde er sie umbringen. Ich war es leid, für meine bereitwillig gewährte Hilfe auch noch gedemütigt zu werden. An den Gewalttätigkeiten, in die sich Mutter mit seltsamer Regelmäßigkeit verstricken ließ, gab es etwas, das ich nicht verstand. Ich stand vor einem Zimmer, in dem ungeahnte Dinge vor sich gingen. Es war besser, die Tür zu diesem Zimmer nicht aufzustoßen.«[89]

Es lässt sich vermuten, dass das Geheimnis um die gewalttätigen Auseinandersetzungen im Liebeskampf zwischen Joan Crawford und ihren Anbetern mit der erwähnten Widersprüchlichkeit ihres Wesens zusammenhängt, indem sie durch ihr Verhalten ihren jeweiligen Liebhaber geradewegs dazu provozierte, eben die Dinge an ihr zu tun, die sie dann empört und verängstigt zurückwies, während dieser sich schließlich im Recht glaubte, wenn er verärgert und wütend auf seinen Eindruck reagierte, wieder einmal »reingelegt« oder ganz einfach zum Narren gehalten worden zu sein. Es ließe mit dieser Annahme sich jedenfalls gut die sonderbare Nachgiebigkeit und Verständnisbereitschaft erklären, die Joan Crawford der Zudringlichkeit ihrer zu »Keilern« entarteten Verehrer entgegenbrachte; – irgendwie schien sie dafür eine gewisse Verantwortung anzuerkennen. Für ihre Tochter aber bedeutete dieses undurchschaubare Hin und Her gerade so viel, wie dass eine Frau durchaus kein Recht besitzt, sich des männlichen Ungestüms zu erwehren, ja, dass es für ein Zeichen wirklicher Zuneigung zu erachten ist, wenn ein Mann sich derart »ins Zeug« legt. Der Zorn auf den Wüstling von Mann verschiebt sich unter diesen Umständen schließlich auf die Mutter selbst, die sich ihren eigenen »Jäger« bestellt. Wie soll es unter diesen Voraussetzungen vermeidbar sein, dass die Sphäre der Sexualität von vornherein in das blutrote Zwielicht männlich-sadistischer Gewalt und weiblicher Selbstauslieferung getaucht wird?

Es kommt im Falle der Crawfords freilich noch ein Moment hinzu, von dem das Grimm'sche Märchen ganz unverhüllt berichtet, das ist die mütterliche Aggressivität und Rachsucht. Zu dem sexuellen Erleben einer so zwanghaft-hysterischen Persönlichkeit wie Joan Crawford muss es gehört haben, in dem Austausch der Liebe zwischen Mann und Frau etwas Schleimig-Schmutziges, Schmierig-Schäbiges zu erblicken, von dem man sich wie von etwas Ekligem reinigen müsse. Frau Crawford, wie ihre Tochter sie schildert, wurde von einem unstillbaren Putz- und Sauberkeitswahn getrieben, in den sie auch ihre Kinder hemmungslos einbezog. Immer wieder konnte es geschehen, dass sie Christina mitten in der Nacht aus dem Schlaf holte, um ihren Waschzwang, ihre »krankhafte Pedanterie« und ihr »Kommandiergehabe«[90] an ihr auszulassen, stets begleitet von maßlosen Bestrafungsaktionen im Fall der kleinsten Unkorrektheit. Vergeblich fragt sich CHRISTINA in ihrer Autobiografie nach dem Grund dieser exzessiven nächtlichen

Drangsale, doch wiederum verweist sie, wie ohne es selber zu merken, auf eine mögliche Antwort, wenn sie, über die klösterliche Erziehung der Mutter hinaus, von dem unausgefüllten Liebesleben dieser latent homosexuellen Frau berichtet: »Eine berühmte Filmschauspielerin betrank sich, weil sie keinen Mann hatte, weil sie sich einsam fühlte. Wenn sie sich genügend Mut, genügend Wut angetrunken hatte, ließ sie ihre Frustrationen an Menschen aus, die sich nicht wehren konnten, an Dienstboten und Kindern.«[91] Man muss in der Tat denken, dass Frau Crawford zu ihren »Reinlichkeitsattacken« durch eben jene nächtlichen Phantasien verleitet wurde, die sie in ihrer frustrierenden Einsamkeit als »unrein« verwarf. Aus lauter Hass auf sich selbst kommt es da zu unglaublichen Situationen, in denen Christina irgendwelcher eingebildeten Streifen auf dem Linoleumfußboden wegen mit dem Scheuerpulver-Behälter derart zugerichtet wird, dass sie über und über mit dem Waschmittel bedeckt ist und es in dem ganzen Raum aussieht, »als hätte es geschneit«;[92] die ganze Nacht über wird die Neunjährige arbeiten müssen, um die »Ordnung« wiederherzustellen. Und so geht das wieder und wieder; – ersatzweise werden da zwangsneurotische Orgien und Ekstasen gefeiert, um das eigene ungeliebte Leben vergessen zu machen.

Darüber hinaus tritt in Joan Crawfords Betragen auch das oral-sadistische Moment deutlich zu Tage. Strafen setzt es nicht nur für mangelnde »Sauberkeit«, sondern genau so streng und maßlos für mangelnde Eßbereitschaft bei Tisch. Da gab es insbesondere ein Gericht, das Christina nicht ausstehen konnte, »das war bluttriefendes, nur wenige Minuten angebratenes Fleisch«.[93] Man könnte meinen, es müsse ein leichtes sein, einem Kind eine andere Mahlzeit vorzusetzen. Doch nicht so bei einer Frau von Prinzipien, mit dem Willen, ihr Kind »ordentlich« zu erziehen. Es ist gerade in der Kriegszeit, die Fleischpreise liegen sehr hoch, und wie viele Kinder leiden Hunger in Europa! Schon weil »drüben« so viele hungern, hat ein anständiges Kind die Pflicht, voller Dankbarkeit für so viel Wohltat seinen Teller leer zu essen; außerdem weiß jeder, wie gesund es ist, halbrohes Fleisch, das noch seinen ganzen Nährwert in sich enthält, zu verzehren. – Natürlich sieht Frau Crawford nicht, wie unsinnig ihre Umwandlung von Geschmacksfragen in Argumente der »Erziehung«, ja, der Weltanschauung nach den Gesetzen der Logik ausfallen muss: Ginge es wirklich um die hungernden Kinder in Europa, so sollte man ihnen unbedingt alles rohe Fleisch der Welt zukommen lassen, und wenn das Fleisch schon so teuer ist, dass man dankbar sein muss, es auf dem Tisch zu sehen, warum dann nicht billigeres Fleisch auf dem Markte erstehen? Und die Gesundheit? Seit wann wäre ihr damit gedient, einem Kinde zur Strafe anstelle einer verträglichen Nahrung am anderen Morgen dasselbe Stück Fleisch aus dem Kühlschrank, mit kaltem Fett überzogen, wieder vorzusetzen, und ebenso am Mittag, ebenso am Abend, nur um ihm schließlich das Fleisch in den Mund zu zwingen, bis dass es sich vor Ekel erbricht?

So viel ist klar: Hier geht es nicht um »gesunde Ernährung«, hier geht es darum, den Widerstandswillen eines Kindes, seinen »Trotz«, seine »Starrköpfigkeit«, »Selbstsucht« und »Undankbarkeit« zu brechen; hier wird, mit dem Zwang, »richtig« zu essen, das eigene Dasein eines Kindes von seiner eigenen Mutter »gefressen«.

Doch wohlgemerkt: Nie würde eines »Schneewittchens« (Stief)Mutter nach der Art der Joan Crawford den Vorwurf verstehen, sie misshandelte auf sadistische Weise sich selbst noch einmal in ihrem Kind beziehungsweise sie gäbe nur ungehemmt all die Misshandlung weiter, an welcher sie selber als Kind schon gelitten hätte. Sie meint es, im Gegenteil, so gut mit dem Mädchen! Sie opfert sich auf für die Undankbare, um ihr den Himmel auf Erden zu schenken! Sie tut doch in Wirklichkeit alles, ihre Tochter glücklich zu machen! Und da wagt diese Undankbare, sich bockig zu stellen! Da leistet sie Widerspruch! Da begehrt sie auf gegen all diese Fürsorge! Es ist nicht zu fassen!

Will man die eigenartige Liebe dieser »Frau am Fenster«, dieser »Dame vor dem Spiegel«, dieser Königin vor der Kamera in ihrem oralen, »fressenden«, durch Überidentifikation zerstörerischen Anteil verstehen, so kann dabei eine Jugenderinnerung der Joan Crawford überaus hilfreich sein: Ihre Mutter, so erzählte sie einmal, hatte in einem schmutzigen Hof hinter dem Haus Hühner gehalten. Deren Küken fand die kleine »Billie« derart entzückend, dass sie eines dieser kleinen gelben Knäuel hochnahm, an ihre Brust kuschelte und es streichelte und drückte. »Als sich das Küken nicht mehr bewegte, legte sie es zu Boden und nahm das nächste hoch. Sie verstand nicht, dass sie das erste Tier erdrückt, getötet hatte. Auch das nächste Küken presste sie so fest an sich, dass es erdrückt wurde.«[94] Als bereits ein Dutzend toter Küken am Boden lag, kam ihre Mutter und sah, was geschah; sie bestrafte ihre Tochter streng und untersagte es ihr, jemals wieder ein

Küken anzufassen. Und doch scheint Joan Crawford nie aufgehört zu haben, sich und aller Welt zu beweisen, wie lieb sie doch war. – So viel ist klar: Nur wer sich von einer solchen Frau freimacht, kann an ihrer Seite überleben. Wie aber soll das gelingen?

5. Im Zwergenheim

Das Grimm'sche Märchen erzählt, es sei Schneewittchen, wider Erwarten des Jägers, dann doch gelungen, den »wilden Tieren« des »Waldes« zu entkommen; die »Tiere« hätten ihm ganz einfach nichts zuleide getan. Da erweist sich die Wirklichkeit offenbar als weit weniger wild, als wie sie in den Wahnideen der Sexualangst der »Mutter« sich darstellen mochte. Doch wird es dem Kinde in seiner Einsamkeit derartig bang, dass seine Angst sich malt im Zittern der Blätter der Bäume und jeder Schritt ihm wehtut wegen all der spitzen Steine und Dornen des Weges. Es ist ein Vorankommen nur äußerst mühsam. Dabei wird man eines »Schneewittchens« Flucht sich für gewöhnlich nicht als eine äußere Trennung von seiner Mutter vorstellen müssen; entscheidend ist die innere Lösung des heranwachsenden Mädchens. Gerade die aber gestaltet sich für ein Schneewittchen so außerordentlich problematisch.

Man sollte meinen, ein Mädchen, das sich von seiner eigenen Mutter tödlich bedroht fühlt, werde froh sein, endlich ins Freie zu finden. »Schneewittchen« hingegen sehen wir »mutterseelen allein«, widerstrebend, bedrückt, in eine für feindlich gehaltene Welt aufbrechen, und wir spüren sein Heimweh und seinen Wunsch, trotz allem am liebsten zu Hause zu bleiben. Nie wäre ein solches Streben nach »rückwärts« verständlich, wäre die »Königin« nur jene Hexe, als welche das Märchen sie schildert. Wir finden vielmehr unsere bisherige Meinung bestätigt, dass die extreme Abneigung, die diese Frau gegen ihre (Stief)Tochter richtet, im Grunde einer tiefen Zuneigung entspringt – dem Geflecht einer Hassliebe, die Mutter wie Tochter wechselseitig aneinander kettet. Kommen denn diese beiden bis gegen Ende des Märchens voneinander los? Die eigentliche Spannung der ganzen Geschichte aber entdecken wir erst, wenn wir das »Zwergenheim« tief hinten im »Walde«, in das Schneewittchen am »Abend« gelangt, uns durchaus nicht räumlich abseits gelegen vorstellen, sondern als eine neue

»Standort«bestimmung in dem Leben des Mädchens verstehen: Ganz so fühlt sich »Schneewittchen« jetzt an der Seite seiner Mutter! So muss es sich einrichten, um nicht hingerichtet zu werden! Nur wenn es all seine Lebensansprüche auf Zwergenformat miniaturisiert, kann es im Schatten der Königin – für eine Weile wenigstens – überleben! Die Flucht ins »Zwergenheim«, mit anderen Worten, ist nur eine neue angstbedingte Anpassungsform an die Welt der Mutter, der Wunsch, unter ihrer Schirmherrschaft – oder »Fuchtel« – ein ewiges Mädchen zu bleiben, oder umgekehrt: die erzwungene Preisgabe des Verlangens, jemals erwachsen zu werden.[95]

Ein »Schneewittchen«, so verstanden, unternimmt auf seine Weise ein Äußerstes, sich an die Vorschriften seiner Mutter zu halten. Ihr ganz und gar gehorsames Kind wird es fortan sein, und sei es auch nur aus Erschöpfung und »Müdigkeit«. Dafür wird es jetzt ein winziges »Häuschen« bewohnen, in dem »alles klein« und »so zierlich und reinlich« erscheint, »dass es nicht zu sagen ist«. Eine ganz und gar überschaubare Welt aus Angst und Bravheit entsteht da, in der nur die Maßstäbe, um wirklich zur Ruhe zu kommen, nicht recht passen wollen: Die im »Zwergenhäuschen« aufgestellten »Bettchen« erweisen sich im Verhältnis von eins zu sieben als entweder zu kurz oder zu lang. Ähnlich wie in der griechischen Sage von Prokrustes,[96] muss das Schneewittchen, je nachdem, sich stauchen und strecken lassen, ehe es den Gegebenheiten »passend« wird. Und vor allem: Es muss den zwei Tatbeständen Rechnung tragen, die wir soeben als oral-depressiv und anal-sadistisch kennengelernt haben: In dem Zwergenhäuschen herrscht peinlichste Sauberkeit, jedes Detail befindet sich »in der Ordnung« und unterliegt strengster Kontrolle, und insbesondere ist jeder winzige Bissen Brot, jedes Stückchen Gemüse, jeder Tropfen Wein dieser (offenbar vegetarisch lebenden) »Zwerge« genauestens abgezählt.[97] Davon zu essen oder zu trinken mutet von vornherein an wie ein Diebstahl. Ja, selbst das Betreten des Zwergenheims muss als Einbruch gegenüber den »Herren von dem Häuslein« erscheinen, und so lustig sich deren siebenfaches Klagen und Fragen auch liest: »Wer hat auf meinem Stühlchen gesessen?«, »Wer hat von meinem Tellerchen gegessen?«, so quälend in moralischer Absicht muss diese inquisitorische Federfuchserei ein kindliches Gemüt beeindrucken, vor allem wenn wir uns vorstellen, dass dieser Ton nun im Zwergenhaus von früh bis spät jeden Schritt und Tritt eines »Schneewittchens« begleitet.

Und zudem, merke es wohl: Es sind diese Zwerge, die mit ihrem Fleiß durch ihr Tagewerk all das Geld erst beschaffen, das diesen bescheidenen Haushalt ermöglicht! Man gewinnt Tag um Tag mehr an Grund, ihnen dafür dankbar zu sein, bei ihnen Obdach und Bleibe gefunden zu haben. Wohl zählt es in Märchen und Sagen zum klassischen Handwerk der Zwerge, in den engen Gängen der Berge nach verborgenen Schätzen zu graben,[98] – sind doch gerade die Silber- und Goldvorkommen, eingetragen von heißem Wasserdampf über vulkanischem Magma, in dem harten Gestein so aderndünn, dass es einen unschätzbaren Vorteil für jeden Bergmann in einer Erzgrube bedeuten müsste, an Körpergröße ein Winzling zu sein;[99] doch in der Grimm'schen Erzählung ist es nicht weiter wichtig, was die »Zwerge« tun, dass sie so fleißig sind und die härteste aller Arbeiten auf Erden: die unterirdische Arbeit von Bergleuten auf sich nehmen, macht ihren Anspruch gegenüber einem »Schneewittchen« geltend: Auch es selber muss sich als tüchtig, ordentlich, sauber, adrett und fleißig erweisen. Nur wenn es den Haushalt versieht: wenn es kocht, wäscht, näht, strickt und die Betten bereitet, und das alles, wohlgemerkt, »ordentlich und reinlich«, pünktlich und zuverlässig, darf es mit einem Bleiberecht bei den »Zwergen« rechnen.

Sagen wir es in der Sprache der Psychoanalyse: »Schneewittchen« flieht vor der Angst, eine Frau zu werden, in die eigene Mädchenunschuld zurück. Um nicht von der Mutter »gefressen« zu werden beziehungsweise um nicht den »wilden Tieren« zum Opfer zu fallen, bleibt ihm nur der Rückzug ins »Zwergenheim« oder, wie man im Deutschen auch sagt: ins Schneckenhaus. Ein Mädchen von der Art eines »Schneewittchens« besitzt an der Schwelle zum Frausein keine andere Wahl, als voller Angst vor der Hassliebe seiner Mutter förmlich zu geloben, dass es sich ihren Vorstellungen von »Reinheit«, »Anstand« und »Ordnung« voll und ganz unterwirft. Ihm bleibt, um geduldet zu werden, nur das Versprechen, das kleinliche Weltbild seiner Mutter voll und ganz zu übernehmen. Ausdrücklich erklären die »Zwerge«, welch eine Gefahr das Schneewittchen bedroht, sobald es ihre Anweisungen nicht sorgsam befolgt: Die böse (Stief)Mutter wird augenblicklich zurückkehren. Es gibt, so erklären sie weiter, gegenüber dieser vernichtenden Möglichkeit zur Rettung einzig die totale Vermeidung aller Kontakte nach draußen. Aus Angst vor der Mutter hat Schneewittchen mithin bei den »Zwergen« zu leben wie in einem unentrinnbaren Gefängnis, sozial vollständig isoliert und in ständiger Furcht vor der Wiederkehr der Mutter, im Falle es wagen sollte, irgend jemandem bei sich Eintritt zu gewähren.

Es ist nicht zuviel gesagt, wenn wir angesichts all dieser Einzelmomente behaupten, die »Zwerge« verkörperten in dem Schneewittchen-Märchen die »kleingeistigen« Gedanken der eigenen (Stief)Mutter, nur in scheinbar freundlichem Gewande: Solange das Schneewittchen bei ihnen Zuflucht nimmt, wird es eine Stätte zum Überleben finden; es muss sich »nur« in die Enge dieser Kleinkinderwelt aus zwanghaften Ordnungsvorstellungen, endlosen Schuldgefühlen und sexualfeindlichen Kontakttabus fügen; es wird vermeiden, von der »bösen« (Stief)Mutter »gefressen« zu werden, wenn es auf ewig das kleine verschüchterte Mädchen bleibt, das schon aufgrund seiner Gehemmtheit und Lebenseinschränkung keine Gefahr für das so sensible Selbstwertgefühl seiner Mutter darstellt.

Alles in allem können wir die Flucht des Schneewittchens ins »Zwergenheim« psychoanalytisch nicht anders verstehen denn als Regression auf eigentlich schon überwunden geglaubte Positionen der Ichentwicklung.[100] Weit entfernt von manchen Auslegungen, die in Schneewittchens Flucht eine Art Aufbruch und Ausbruch aus der Welt seiner Mutter vermuten,[101] einen ersten Schritt wirklicher Ablösung also, beobachten wir an dieser Stelle in Wirklichkeit den Zusammenbruch bereits der ersten Ansätze zu einem eigenen Leben in Selbstbewusstheit und weiblicher »Schönheit«. Nicht der unvermeidliche Schmerz des Abschieds von der Mutter bei der notwendigen Entfaltung der individuellen Persönlichkeit steht hier zum Thema, im Gegenteil, mit seiner Flucht zu den »Zwergen« kehrt das Schneewittchen zu seiner Rolle als eines vorsexuellen, »unschuldigen« Kindes zurück. Unter dem Bannstrahl der mütterlichen »Moral« beantwortet es die Angst vor den ersten Triebregungen damit, dass es in die gehorsame Miniaturausgabe seines Ichs wiedereintaucht. Wollte man für ein solches Leben als Frau, statt von einem Zwergenheim zu sprechen, den Ausdruck verwenden, den HENRIK IBSEN in seiner Nora dafür gefunden hat, so wäre es völlig korrekt, von einem Puppenheim zu reden.[102] Ein solcher Vergleich wäre durchaus nicht unangemessen. Denn der »Entwurf« einer Frau als »Schneewittchen bei den sieben Zwergen« erscheint dem heutigen Leser allenfalls deshalb als ziemlich kurios und nicht ganz so ernst, weil er entweder die Geschichte der BRÜDER GRIMM als eine bloße Kinderidylle betrachtet, die als Aussage über ein Menschenleben nicht weiter ernst zu nehmen ist, oder, was auf dasselbe hinausläuft, weil er die Tragik schlicht übersieht, die darin liegt, sein Dasein nach Art einer Marionette verbringen zu müssen.

Doch klingt mit der »Flucht zu den Zwergen«, gerade wenn wir darin eine angstbedingte Hemmung der weiblichen Sexualentwicklung erblicken, auch noch ein anderes Motiv an, das sich als ein undifferenzierter Wunsch nach Männlichkeit bezeichnen lässt. Die fleißigen Zwerge sind ja nicht nur eine kindlich verkleinerte Ausgabe des Menschseins an sich, sie stellen auch eine asexuelle, also ungefährliche Form des Mannseins gegenüber einer Frau dar.[103] Beides mag da ineins gehen: das Verlangen eines »Schneewittchens«, in einer Welt zu leben, da Männer nichts sind als kleinwüchsige Bartträger – als allzu früh vergreiste Kinder, mit einem Wort, und der Wunsch, selber ein solcher ewiger »Junge« zu sein.

Ein Mädchen, dem der Weg zum Frausein verstellt ist, wird von sich schwerlich anders denken können, als dass es bereits verkehrt war, mit weiblichem Geschlecht zur Welt gekommen zu sein; – wir haben dieses Problem bereits im Erleben einer Richilde gestreift. Was aber wäre dann darum zu geben, ein Mann zu sein, das heißt nicht richtig ein Mann, wohl aber ein bißchen davon, ein Junge eben, keine Frau jedenfalls. Wenn SIGMUND FREUD in (manchen Formen) der Homosexualität eine Umlenkung des ursprünglichen Triebziels der Sexualität einer Frau aus Angst erblickte,[104] so lässt sich ein entsprechender Zug im Wesen eines »Schneewittchens« gewiss nicht übersehen.

Die »Zwergengeschichte« jedenfalls verdient in dem Märchen der BRÜDER GRIMM eine besondere Aufmerksamkeit bereits deshalb, weil sie bei MUSÄUS keine eigentliche Parallele besitzt. In der Richilde-Sage ist zwar die Rede von »Hofzwergen«, doch sind damit lediglich die diensttuenden Schranzen in der Nähe der Königin gemeint. Gleichwohl lässt sich auch von daher ein anderer, nicht länger »subjektaler«, sondern »objektaler« Zugang zu dem Grimm'schen Märchen gewinnen: Wie, wenn es der »Königin« gelingen könnte, alle Menschen, mit denen ihr »Schneewittchen« in Kontakt kommt, in bloße »Zwerge« zurückzuverwandeln? Zwar stehen in dem »Schneewittchen«-Märchen die »Zwerge« eindeutig aufseiten des verängstigten Mädchens, und sie tun alles, das allzu harmlose Kind schon im voraus vor den tückischen Nachstellungen seiner (Stief)Mutter zu warnen, und doch erscheinen sie letztlich als außerstande, aktiv gegen die üblen Machenschaften der Königin vorzugehen; sie sind hilflos und wehrlos – das ist der Tatbestand; allenfalls reaktiv können sie von Fall zu Fall das Schlimmste noch gerade verhüten. Es ist auch an dieser Stelle äußerst lehrreich zu lesen, wie CHRISTINA CRAWFORD ihr »Zwergenheim« als eine solche gewissermaßen objektive Größe erlebt und beschrieben hat. Ein Beispiel aus ihrer Autobiographie möge genügen.

Eines Tages etwa, so schildert sie, wandte sie sich verzweifelt an einen Fürsorgebeamten, der sie im Auftrag ihrer Mutter zur »Raison« rufen sollte; wahrheitsgemäß erzählte sie ihm, dass ihre Mutter sie in der eben zurückliegenden Nacht habe umbringen wollen, sie sagte ihm auch, dass diese Frau lüge, wenn sie diesen ungeheuerlichen Vorfall als eine bloße Reaktion auf eine Insubordination ihrer Tochter hinzustellen suche; der Beamte hingegen erklärte ihr »in wohlgesetzten, vorsichtigen Worten«, es »stehe nicht in seiner Macht, mir zu helfen. Ich müsse versuchen, besser mit Mutter auszukommen. Wenn Mutter noch einmal die Behörde zu Hilfe rief, so sagte er, würde ich der Fürsorge unterstellt.«[105] Zu Recht fragte sich Christina damals, in welch einer Welt sie eigentlich lebte: »Ich wurde bestraft, weil sie (die Mutter, d.V.) verrückt war. Oder waren vielleicht alle, die mich umgaben, verrückt?«[106] Personen, die eigentlich das Interesse der Betroffenen vertreten sollten, wurden gerade bei dem Versuch möglicher Hilfe zu dienstbaren Gnomen der Hexe im Hintergrund degradiert. Sie taten nicht, was sie für richtig erkannten; sie wagten es nicht aus lauter Angst.

Der Aufenthalt im »Zwergenheim« bedeutet, innerlich gelesen, ein Leben in einer Welt voller Angst, in Gehorsam und Gefügigkeit, ein geducktes, gedemütigtes Dasein, in dem es schon viel ist, wenn es gelingt, durch genaueste Anpassung den jeweiligen Tag zu überstehen: Heute ist sie noch nicht zurückgekehrt!

Das äußere »Zwergenheim« erlebte Christina vollends mit ihrer Einlieferung in die Klosterschule. Soeben erst hatte sie sich an die Verhältnisse in der Chadwick School gewöhnt und dort vor allem endlich ein paar Freundinnen gewonnen, als ihre Stiefmutter sie in eine Klosterschule bei Pasadena zwang. Der eigentliche Grund dafür waren wohl gewisse finanzielle Schwierigkeiten, in denen sich die Schauspielerin befand; nach außen hin aber musste sie mit ihrer Maßnahme eine großangelegte Bestrafungsaktion inszenieren: Ein Junge hatte es gewagt, ihre Tochter im Internat zu besuchen! Die von katholischen Ordensschwestern geleitete Flintridge Sacred Heart Academy, in die Christina nun kam, glich bereits äußerlich »einem alten spanischen Fort«, die »Schule konnte sich rühmen, dass es noch nie einem Mädchen gelungen war, von hier fortzulaufen. Was nicht unbedingt für die pädagogischen Qualitäten, wohl aber für das Überwachungssystem der Anstalt sprach.«[107] Natürlich war es verboten, das Schulgelände zu verlassen, unkontrolliert Briefe zu schreiben oder über eigenes Geld zu verfügen. CHRISTINA CRAWFORD weiß offenbar selbst bei Abfassung ihrer Autobiographie noch nicht, dass es sich bei diesen Regeln um die ganz »normalen« Auflagen für das Leben von Frauen handelt, die als »Bräute Christi« entsprechend den Statuten des heiligen Dominikus ihr Leben dem »Heiligsten Herzen« geweiht haben;[108] als Kind damals jedenfalls fühlte sie sich zu Recht wie »unter Hausarrest... Die Verbindung mit der Außenwelt war mir untersagt. Ich war ins Exil befördert worden.«[109] »Ich war eine Gefangene an diesem Ort, wo ich niemanden verstand, weder die Religion, die gelehrt wurde, noch die Gebete, die man sagte. Im Unterricht war die Rede von Sünde, von den Höllenstrafen, die man erleiden musste, wenn man sündigte, von der ewigen Verdammnis. Im Religionsunterricht der Christlichen Wissenschaften (sc. deren Gemeinschaft Joan Crawford trotz ihrer Mitgliedschaft in der katholischen Kirche angehörte, d.V.) hatte ich immer nur von der Güte Gottes reden gehört. Ich sagte der Ordensschwester, dass ich nicht getauft war, und erlebte, wie sich das blanke Entsetzen auf ihrem Gesicht abzeichnete. Bedeutete das, dass ich in die Hölle käme, fragte ich sie. Sie antwortete nicht und wich meinem Blick aus. Ich hatte das Gefühl, als sei ich mit einer Zeitmaschine ins Mittelalter zurückbefördert worden.«[110] Eine schwere Erkrankung, Magenkrämpfe, wochenlange Fieberträume und der Wunsch zu sterben sind die Folge für diese Versetzung in die Vorhölle. Wie ein kleines Kind muss Christina gefüttert werden, während die Schwestern sie ihres fürsorglichen Gebetes versichern und ihr Bett mit Rosenkränzen in den Händen umstehen. In der Schule erlebt sie bei einem Referat über ein Buch aus der Chadwick School, wie die Nonne, die den Unterricht erteilt, ihr nach einer peinlichen Pause mit hochrotem Kopf zu verstehen gibt, dieses Buch stehe auf dem Index der von Rom verbotenen Bücher, sie habe künftig nur noch Bücher aus der Schulbibliothek zu lesen...[111]

Das also heißt es, seine Zuflucht bei den »Zwergen« zu nehmen. Es heißt, sein Leben in Träumen und Alpträumen zu verbringen, in endlosen Wiedergutmachungen für nie begangene »Frevel«, in Schuldgefühlen und Skrupeln für den bloßen Wunsch, einen Jungen zum Freund zu gewinnen; es heißt, zu vergehen in einer ohnmächtigen Wut, die man nicht empfinden darf, denn man hat die Pflicht, sich als »Versagerin« zu fühlen, als jemand, der auf Kosten eines anderen lebt, dessen Belastung und Zumutung man ist, undankbar, schwer erziehbar, missraten und nur mühsam besserungsfähig...

Alles das stellt jedoch, wie wir früher schon sahen, nur die Kehrseite dessen dar, was in der Sprache der Tiefenpsychologie als »Überidentifikation« bezeichnet wird – eine Folge der Selbstunsicherheit und der mangelnden Identität einer Frau, die immer wieder in den »Spiegel« ihrer Umgebung schauen muss, weil sie selber nicht weiß, wer sie eigentlich ist.

Das Leben im »Zwergenheim« – das ist unter diesen Umständen so viel wie die Einwilligung, niemals selber erwachsen zu werden, um nur ja nicht die »Größe« der »guten Mutter«, der »Frau vor dem Spiegel« zu gefährden, und es ist zugleich ein stetes Suchen nach einer Mutter, wie man sie eigentlich brauchte und wie sie im Hintergrund in der (Stief)Mutter auch lebt: einer Frau, die ihr Kind wirklich liebt. Doch dazu müsste eine solche Frau sich selbst lieben können. »Mutter«, erklärt dem gegenüber CHRISTINA CRAWFORD in erschütternder Deutlichkeit, »war für mich die Loreley, die mein Schifflein in den Abgrund lockte. Ich hörte ihre verführerische Stimme, auch wenn sie weit entfernt von mir weilte. Ich hörte, wie sie mir ein Wiegenlied sang. Die Erinnerungen der frühesten Kindheit kamen zurück. Sie hatte mich in ihren Armen gewiegt, mich geküsst, mir die Wärme ihres Körpers geschenkt. Sie hatte mir ihre Liebe gegeben. Sicher, das war lange her. Aber konnte es nicht wieder so sein? Lohnte es sich, den Kampf um die Zukunft in die eigenen Hände zu nehmen? Ich merkte, wie mein Schifflein aus dem Ruder lief. Entsetzt hatte ich die Vision, wie Mutter mich mit ihrem süßen Wiegenlied in jenen Strudel lockte, wo mein kleines Gefährt an den Untiefen zerschellen musste ...«

Wie kann ein Mädchen, das derart widersprüchlich an seine Mutter gebunden ist, zu einer Frau heranreifen? Wie wird es insbesondere seine eigene Entwicklung zur Weiblichkeit erleben? Die Antwort des Grimm'schen Märchens auf diese Frage ist eindeutig: Es wird eine Geschichte voller Ängste, verwirrter Angebote und tödlicher Gefahren sein.

6. Das vergiftete Leben

Die BRÜDER GRIMM sehen richtig, wenn sie an dieser Stelle ihr erzählfreudiges Vorbild MUSÄUS gleich dreifach korrigieren. Der wusste zu vermelden, es habe am Hofe der Gräfin Richilde einen jüdischen Arzt, Sambul mit Namen, gegeben, der für fünfzig Goldstücke einen gezuckerten Granatapfel zu präparieren wusste, und zwar so, dass die eine Hälfte ganz giftig, die andere aber gänzlich ungefährlich gewesen sei; mit diesem habe die Gräfin sich zu dem abgelegenen Hof ihrer Stieftochter begeben und während eines Mahles die tödliche Frucht mit ihr geteilt. Tatsächlich verfiel Blanca denn auch alsbald in Todesstarre und wurde bereits in der Schlosskapelle aufgebahrt; es hatte aber Sambul listigerweise ein Gift gewählt, das nur für eine Weile den Anschein des Todes herbeiführte, nicht aber wirklichen Tod. Nicht anders verfährt er bei der Herstellung einer wohlriechenden, doch giftigen Seife; diese überbringt, als Krämerin verkleidet, Richildens Amme der schönen Blanca, mit dem Versprechen, die Kraft dieser Seife werde die Feinheit und Reinheit der Haut bis ins hohe Alter konservieren. Das Mädchen nimmt zwar die Seife, doch bleibt es auch diesmal vom Tode verschont, und bald schon vermeldet ein gaskonischer Ritter, er habe das Fräulein Blanca vom Löwen als die schönste Dame von Brabant in sein Herz geschlossen. Bebend vor Zorn lässt Richilde daraufhin den jüdischen Arzt in den Turm werfen und in Ketten schließen, doch bedenkt sie sich nach einer Weile, dass sie nur mit Sambuls Hilfe erfolgreich sein könne; sie gibt ihm in Auftrag, zum dritten und endgültigen Tod und Verderben in einen Brief einzuschließen. Ein reitender Bote überbringt das tödlich vorbereitete Schreiben, wieder wird Blanca von den trauernden Hofzwergen in der Totengruft beigesetzt, doch hat, allen Drohungen zum Trotz, der Arzt Sambul als »ein frommer Israelite, der an keiner Büberei Gefallen trug«, auch diesmal sich einer nur narkotischen Essenz bedient, freilich von solch gewaltsamer Wirkung, dass die Erstarrung des Körpers sich nunmehr noch länger hinzog, als es vordem der Fall war.

Diese recht komplizierte Erzählung der Sage vereinfachen die BRÜDER GRIMM in ihrem Märchen mit genialer Leichtigkeit, und es gelingt ihnen dabei ein psychologisches Meisterstück. Zum einen konzentrieren sie die drei Anschläge der »Königin« auf ein einziges Thema: die Schönheit der Tochter, und bringen von daher die Abfolge der Handlung in einen zwingenden Zusammenhang: Der vergiftete Apfel (der Liebe) kann nicht am Anfang stehen, er muss den Abschluss in der Geschichte einer dreifachen Verführung bilden. Zudem muss es die (Stief)Mutter selbst sein, die ihr Gift herstellt und überbringt, sie muss es sein, die sich bis zur Unkenntlichkeit vor ihrer arglosen Tochter verkleidet, und ihre Worte müssen es sein, die die Schöne umschmeicheln, nur um sie zu töten, und natürlich ist ihr Gift an sich tödlich. Was das »Schneewittchen« zum Dritten deshalb immer wieder rettet, ist nicht ein chemischer Kunstgriff, der aus »Richilde« eine betrogene Betrügerin macht, sondern einzig die Hilfe der »Zwerge« und schließlich das Auftreten des Königssohnes. Freilich nehmen die BRÜDER GRIMM mit diesen Änderungen eine logische Ungereimtheit in Kauf: Soll man wirklich glauben, die Gräfin verfüge an ihrem Hofe nur über derart schwächliche Ingredienzien, dass sie es regelmäßig nur bis zum Scheintod ihrer Tochter, statt bis zu dem geplanten »ordentlichen« Mord bringe? Doch dieses logisch ganz Unwahrscheinliche in der Grimm'schen Erzählung enthält psychologisch gerade das Raffinement dieser hochsymbolischen Darstellung.

Denn genau das, was die BRÜDER GRIMM berichten, haben wir in der Beziehung zwischen einem »Schneewittchen« und seiner (Stief)Mutter für die Wirklichkeit zu nehmen: Da ist ein Mädchen, das von seiner Mutter immer wieder mit Komplimenten seiner Schönheit wegen überschüttet wird; ja, die Mutter zeigt ihm, wie man den zu weiblichen Formen sich entfaltenden Körper auf das vorteilhafteste für eine Frau zu schnüren und zur Schau zu stellen vermag, und doch geschieht das alles nur, um das Mädchen in Wahrheit so zusammenzuschnüren, dass es keine Luft mehr bekommt und an der Enge des Schnürleibs erstickt. Die Mutter zeigt ihm desgleichen, wie die natürliche Schönheit der Haare sich ins Bild setzen lässt, doch ist der Kamm, mit dem sie ihre weiblichen Künste der Tochter zu vermitteln sucht, tödlich vergiftet. Es ist am Ende auch wirklich die Mutter, die ihre Tochter zum Genuss der Liebe einlädt, und doch ist die »Frucht« der Verlockung zur Hälfte vergiftet, und zwar gerade auf der rot gefärbten Seite. Jedesmal erscheint dabei die Mutter selbst wie eine Krämerin, wie ein altes Weib, wie eine Bauersfrau – niemand erkennt mehr in ihr die stolze »Königin«, die Landesherrin und Landesschönste; es ist vielmehr offenbar diese Mischung aus Selbstdemütigung und Selbstdurchsetzungswillen aufseiten seiner Mutter, die für ein »Schneewittchen« derart gefährlich ist.

Soeben noch hörten wir von Christina Crawfords Angst, im »Zwergenheim« des Dominikanerinnenklosters bei Pasadena unter den Machenschaften ihrer Mutter den Tod herbeizuwünschen. Tiefenpsychologisch hat GREGORY BATESON vor fast vierzig Jahren schon mit seiner Theorie von der »Doppelbindung«, vom double bind, die tragische Psychodynamik im Hintergrund einer schizophrenen Psychose zu beschreiben versucht. Auf der Grundlage der Kommunikationstheorie erklärten BATESON und seine Mitarbeiter die Schizophrenie als das Ergebnis einer logischen Diskontinuität in der Beziehung von Mutter und Kind, – als »Vergiftungen« aus dem Unbewussten.[112] Vorausgesetzt ist eine Situation, die konstant durch einen Widerspruch gekennzeichnet ist. Offenbar erweist sich psychisch das Prinzip der Strafvermeidung als noch stärker denn das Verlangen nach Belohnung, und so ist von der Existenz eines primären negativen Gebotes auszugehen: »Tu dies oder jenes nicht, oder ich bestrafe dich.« »Wenn du dies oder jenes nicht tust, werde ich dich bestrafen.« An einem solchen Gebot könnte ein Kind sich orientieren; »verrückt« aber wird die Lage, wenn gleichzeitig ein sekundäres Gebot existiert, das mit dem ersteren in Konflikt steht und dessen Übertretung ebenfalls unter Strafe steht. Dieses sekundäre Gebot wird für gewöhnlich nicht verbal, sondern eher durch Körperhaltung, Tonfall, bedeutungsvolle Verhaltensweisen etc. vermittelt. Psychoanalytisch ergibt sich ein solcher Widerspruch aus dem Gegensatz von Hemmung und Haltung in der Persönlichkeitsstruktur des entscheidenden Beziehungspartners. Es ist die (neurotische) Angst der Mutter, die ein bestimmtes Verhalten bei ihrer Tochter mit Verbot und Strafe belegt, während unbewusst sich gerade der unterdrückte Wunsch bemerkbar macht, das Verbotene möge doch geschehen; und umgekehrt: Den Worten nach wird etwas als wünschenswert, ja, als unbedingt notwendig ausgegeben, was, wenn es geschieht, unter dem Druck unbewusster Abwehrängste mit Liebesentzug und persönlicher Ablehnung bestraft wird. Entsprechend der psychischen »Schichtenlehre« der Psychoanalyse kann man auch von einem Widerspruch zwischen dem Über-Ich und dem Es in der Persönlichkeit der Mutter sprechen: Sie wünscht eigentlich etwas, das sie selber nicht wünschen darf, und sie muss etwas wollen, das sie eigentlich nicht wollen kann, und dieser Widerspruch wird nun auf die Tochter übertragen, die ihrerseits in ein unentwirrbares Geflecht von Identifikationen und Projektionen hineingezogen wird.

Wir müssen zur vollständigen Kennzeichnung der »Doppelbindung« hinzufügen, dass es prinzipiell unmöglich ist, dieser Situation durch Flucht zu entkommen; – allein das System aus Bedrohung und Strafe wirkt so übermächtig, dass ein Kontaktabbruch vonseiten der Mutter als eine Vernichtung des eigenen Ich erlebt wird. Von beiden Seiten her, von der Mutter wie von der Tochter her, ist also alles darauf angelegt, die unheilvolle Beziehung immer wieder zu erneuern. Der »Wahn«, die Psychose entsteht, wenn das Muster der einander widerstreitenden Gebote sich schließlich von der ursprünglichen Situation löst und sich auf die ganze Welt ausdehnt, indem entweder an sich »neutrale« Personen oder Gegebenheiten den alten Konflikt bis hin zu entsprechenden Panik- oder Zornesreaktionen übernehmen oder gar halluzinatorische Stimmen die widersprüchlichen Redensarten der Mutter fortsetzen.

Zur Charakterisierung einer double-bind-Situation gehört demnach dreierlei:

1) »Das Individuum steckt in einer intensiven Beziehung, das heißt, in einer Beziehung, in der es als lebenswichtig empfindet, ganz genau zu unterscheiden, welche Art von Mitteilung ihm kommuniziert wird, damit es angemessen reagieren kann«; – stets herrscht da das Gefühl, dass es ganz und gar darauf ankomme, nur ja keinen Fehler zu machen, da der kleinste »Fehler« über alles entscheiden kann.

2) »Das Individuum ist in einer Situation gefangen, in der sein Gegenüber zwei Arten von Mitteilungen ausdrückt und eine davon die andere leugnet.«

3) »Und das Individuum ist unfähig, sich mit den geäußerten Mitteilungen auseinanderzusetzen, um zu unterscheiden, auf welche Art der Mitteilung es reagieren soll, d.h. es kann keine metakommunikative Aussage machen.« Eine Folge davon ist die ständige Verwechselung des Wörtlichen und des Metaphorischen in den eigenen und fremden Mitteilungen; es ist nicht mehr klar, was »eigentlich« gemeint ist, was Bild, was Bedeutung ist; man lebt vielmehr in einer Welt, in der das gerade nicht gesagt werden darf, was gemeint ist, und in der man das nicht meinen darf, was man sagt. Mit anderen Worten: Man weiß nie, »woran man ist«, obwohl doch alles darauf ankommt, eben das herauszufinden ...

Von einer solchen Angst, von einer solchen Verwirrung der Gefühle, von einer solchen Mischung aus verzweifelter Anpassung und ständiger Verfolgung müssen wir sprechen, um die Erlebnisse eines »Schneewittchens« in seinem »Zwergenheim« zu verstehen; sie sind gerade in ihrer wahnhaft anmutenden Zuspitzung von beiden Seiten her vorgezeichnet: von der Einstellung der Mutter her ebenso wie von der Haltung der Tochter.

Von Schneewittchens Mutter und Stiefmutter hörten wir schon, wie in sich gebrochen und widersprüchlich wir uns »die Frau am Fenster« und »die Frau vor dem Spiegel« mit ihrem »Kinderwunsch« werden vorstellen müssen; es liegt auf der Hand, dass diese Frau ihre innere Problematik in vollem Umfang auch an ihre Tochter weitergeben wird, gerade bei dem Versuch, ihre Schwierigkeiten in ihr und an ihr zu lösen; von »Schneewittchen« aber sagten wir soeben noch, dass es zwischen der Flucht vor seiner Mutter und der Zuflucht zu seiner Mutter sich nicht zurechtfinden könne – sein Aufenthalt im »Zwergenheim« sei beides ineins. Trifft das aber zu, so ergibt sich alles Weitere folgerichtig: auf der einen Seite die Geschichte eines Mädchens, das eine Frau werden muss und nicht werden darf, das eine Frau werden soll und es nicht wagen darf, eine Frau zu sein, und daneben die Geschichte einer Frau, die, schon weil sie selber im Grunde unglücklich ist, alles daran setzt, dass ihre Tochter glücklich sei, die aber wiederum dazu verurteilt ist, das Unglück ihrer Tochter zu betreiben, weil sie weder sich noch anderen zugeben kann, dass ihre Form des »Glücks« in Wahrheit das pure Unglück ist. Es gibt nichts, was auf das menschliche Leben derart vergiftend einwirken könnte wie die Lüge; eines »Schneewittchens« Mutter aber ist die lebendige Lüge, und zwar nicht etwa weil sie hin und wieder die Unwahrheit sagen würde, sondern weil sie in ihrer Widersprüchlichkeit nach außen hin stets etwas anderes darstellen muss, als es in Wirklichkeit stimmt. Wie soll eine Frau als Mutter ihr Kind »glücklich« machen können, wenn sie selbst auf fatale Weise sich der Existenz vor dem »Fenster« und dem »Spiegel« verschrieben hat? Alles, was eine solche Frau ihrem Kinde zu »geben« hat, wird schon durch seine monströs demonstrierende Äußerlichkeit »vergiftet« sein; aber das wird sie, das darf sie nicht merken.

Liest man das Märchen der BRÜDER GRIMM, so muss es ebenso erschrecken wie verwundern, wie diese Frau aus lauter »Neid«, wie uns versichert wird, sich als »eine alte Krämerin« verkleidet, um ihrer Tochter die hübschen aus bunter Seide geflochtenen Schnürriemen anzubieten, mittels deren sie das Mädchen zu ermorden trachtet. Was auf

Erden sollte schrecklicher sein, als dass eine Mutter ihre Tochter aus Eifersucht bis in den Tod hinein hasst? Wie aber, wenn wir uns nach all dem Gesagten an dieser Stelle gar keinen einzelnen »Anschlag« auf Schneewittchens Leben vorzustellen hätten, sondern in dem Geschehen ein Symbol erblicken müssten, das die ganze Art der Beziehung zwischen Mutter und Tochter deutlich macht? Es entfiele dann wie von selbst das Verwundern über die merkwürdige »Mordwaffe«, mit der Schneewittchens (Stief)Mutter ihrer Tochter zu Leibe rückt, – alles ergäbe sich durchaus konsequent!

Da ist zunächst die äußerst unpräzise Ortsangabe, mit welcher der Spiegel verkündet, das für tot geglaubte Schneewittchen lebe in Wirklichkeit »hinter den Bergen« »bei den sieben Zwergen«, – kein Mensch, möchte man meinen, wäre aufgrund einer solchen Information imstande, seine Tochter »wiederzufinden«. Anders indessen die Königin des Grimm'schen Märchens. Sie ist nicht nur imstande, mit ihrem »Spiegel« zu reden, sie vermag auch aus den Worten des »Spiegels« die rechten Schlüsse zu ziehen. Deutlich ist, dass es auch hier nicht um eine Orientierung im Raum, sondern in der Psyche geht.

Fügen wir alle Details der Darstellung zusammen, so ergibt sich jetzt das folgende Bild eines vollendeten double bind: Da ist eine Mutter, die alles daransetzt, aus einem Mädchen die Frau zu machen, die sie selber sein möchte und nach außen hin auch verkörpert, ohne innerlich so zu sein, wie sie sich selbst gerne sähe; sie ahnt dabei nicht, dass dieselben Gründe, die ihr eigenes Leben einschränken, auch das Leben ihrer Tochter behindern werden. Schon hat sie es erreicht, ihre Tochter mit ihrer eigenen Sexualangst zu infizieren, bis dahin, dass ihr die Gestalt eines Mannes nur als die eines gedungenen »Jägers« mit dem »Messer« erscheint; alle vitale Ursprünglichkeit ist erstorben, seit das »Herz« und die »Leber«, die Organe von Liebe und Hass, aus dem »Frischling« geschnitten wurden, um sie der Mutter zu opfern. Die Frage jetzt erscheint mehr als berechtigt, wo denn »Schneewittchen« sich nunmehr aufhält. »Berge« liegen mittlerweile zwischen Mutter und Tochter und erschweren den Kontakt miteinander. Andererseits aber kann es der Mutter doch nicht verborgen bleiben, wie verschüchtert und zurückgezogen ihre Tochter dahinlebt, jetzt, wo doch alles danach drängt, sich zu entfalten und glücklich zu sein! Was also läge näher, als der Tochter zu zeigen, wie man als eine »richtige Frau« sich gibt? Die Mutter möchte stolz sein auf ihr schönes, fröhliches Kind, sie will keine Schneckenhausbewohnerin, die schon mit ihrem gedrückten Wesen wie ein lebender Vorwurf auf sie wirkt; kann man nicht erwarten, dass die Tochter nun endlich all die mütterlichen Mühen durch ein strahlendes Glücklichsein auch belohnt? Allein schon die Forderung, glücklich zu scheinen, kann einem Kinde indessen das Herz zusammenschnüren.

Besonders arg muss dieser Konflikt sich an einem so sensiblen Bereich wie der Sexualentwicklung eines heranwachsenden Mädchens festmachen. Es geht heute gewiss nicht mehr wie in dem Märchen der BRÜDER GRIMM um die »Schnürriemen« aus der Anfangszeit des 19. Jhs., mit denen vornehme Frauen damals zur Hervorhebung ihrer Schönheit sich derb dekorierte Hüftstützen umbanden, es geht auch nicht mehr um die Korsettagen, die ab 1880 in der viktorianischen Ära die Taille einer Frau so sehr einengten, dass erst erhebliche gesundheitliche Schädigungen dieser »Mode« ein Ende setzten, die doch vorgab, den Liebreiz einer Frau besonders effektvoll zu modellieren;[113] was heute in der Erinnerung vieler Frauen eine »schneewittchenhafte« Rolle von peinigenden Schamgefühlen und blamablen Zweideutigkeiten spielt, ist das erste Anprobieren und Tragen eines Büstenhalters, dieses Inbegriffs modischer Zweideutigkeit zwischen Einengung und Hervorhebung.[114]

Denken wir uns zur Verdeutlichung dieses Themas eine Mutter, die das »Problem« der »Sexualität« eigentlich meidet: – es existiert, es ist sogar »sehr wichtig«, doch redet »man« davon nicht. Eigentlich bestünde längst Grund, die Tochter nach Eintritt der ersten Regel »aufzuklären«, und das ist denn auch irgendwie geschehen – in Form einer praktisch-technischen Anweisung, keinesfalls als ein begleitendes Gespräch wechselseitigen Austauschs über lange Zeit hin; eigentlich waren Mutter wie Tochter gemeinsam froh, »es« vorerst hinter sich gebracht zu haben. Dann aber wurde es Zeit, die Kleidung der Tochter zu ändern; sie soll sich schön anziehen dürfen, aber sie soll auch nicht »billig« wirken... Je stärker die Gegensätze zwischen den Zielsetzungen einer einengenden Moral und eines freilassenden Glücks im Einzelfall sich gestalten, desto klarer wird der »Schneewittchen«-Konflikt an dieser Stelle hervortreten: Auf der einen Seite möchte die Mutter wirklich, dass ihre Tochter eine gutaussehende, fröhlich lebende Frau wird, und den Worten und Taten nach versucht sie alles nur Mögliche dafür auch zu tun; im Untergrund aber ist etwas ganz anderes spürbar:

eine tiefe Angst, ein geheimes Misstrauen und, genau besehen, auch wohl eine verschwiegene Missgunst: Soll dieses Mädchen es unverdientermaßen wirklich so viel besser haben, als man es selber erlebt hat? Soll ihm wirklich alles »so leicht« gemacht werden, wo »wir« uns so haben durchbeißen müssen?

Die Gegenläufigkeit der unterdrückten Gefühle zeigt sich am leichtesten in dem Überschießenden, Überbetonten der entsprechenden »Erziehungsmaßnahmen«: Es ist jetzt, auf der Stelle, unbedingt, dieses oder jenes Kleidungsstück anzuprobieren, es muss einen besonders ausgefallenen Schnitt, eine besonders auffallende Farbe aufweisen, – es muss am Ende so übertrieben wirken, dass es sich selbst karikiert und das Gegenteil von all dem erzeugt, was vordergründig beabsichtigt war: aus Freude wird Angst, aus Ermutigung Einengung – es ist buchstäblich wie in dem Grimm'schen »Schneewittchen«-Märchen: Da kommt eine Mutter, um ihre ängstliche Tochter in ihrem Schneckenhaus aufzusuchen: Sie, die »Königin« von einst, übernimmt die Rolle einer »alten Krämerin«; sie betont gerade, dass ihre Tochter es schöner haben soll als sie, die schon alt gewordene Frau, die mit jedem Tag Zeit und mit jedem Pfennig Geld inzwischen sorgfältig rechnen muss; und doch erstickt sie ihre Tochter förmlich mit ihrem demonstriert guten Willen, und man spürt deutlich auch das hintergründig sadistische Motiv: Diese Frau kann nicht wollen, dass ihre Tochter so wird wie sie selbst, sie kann aber auch nicht wollen, dass ihre Tochter so wird, wie sie selber niemals sein durfte. Und an diesen Widersprüchen im Leben seiner Mutter, an diesem double bind der entscheidenden Kontaktperson, wird ein »Schneewittchen« beinahe um den Verstand, um sein Leben gebracht werden.

Denn nicht nur wie die Tochter sich anzieht, auch wie sie sich kämmt und zurechtmacht, kann zu einem Thema fortschreitender Vergiftung werden. Immer wieder, müssen wir uns vorstellen, hat da eine Mutter bei ihrer Tochter noch etwas zu »verbessern«: da sind die Haare nicht lang genug, nicht richtig gestylt, nicht zum Typ passend getönt, und ebenso die Augenbrauen, der Teint, die Lippen ... und bei all den Ratschlägen, Hinweisen, Mahnungen, Tips geht der Tochter mehr und mehr jedes eigene Leben, jedes freie Atmen, jede Spontaneität und Ursprünglichkeit verloren ...

An konkreten Erfahrungen, wie eine solche »Vergiftung« eines Mädchens unter dem Einfluss der »liebsten Mutter der Welt«, unter der

Fassade von »mommie dearest«, sich gestalten kann, bietet erneut die Autobiographie der CHRISTINA CRAWFORD eine Fülle von Erinnerungen, deren detailgenaue Übereinstimmung mit den Szenen des Grimm'schen Märchens Stelle um Stelle erstaunen muss; es ist freilich zu bedenken, dass die »Doppelbödigkeit«, von der wir hier sprechen, natürlich nicht nur das Triebgebiet der Sexualität, sondern das ganze Leben durchzieht und in lediglich diesem besonders verletzbaren Bereich besonders deutlich bemerkbar wird.

Wie war es zum Beispiel, wenn Joan Crawford ihre Tochter »auf das Leben in der Außenwelt vorbereiten« wollte? Ein Leben, wie Frau Crawford es kannte, bestand vor allem in der Fähigkeit, zu lachen, wo es nichts zu lachen gab, und sich am meisten lustig zu geben, wo man am liebsten hätte weinen mögen. Für sie bedeutete das, »Humor« zu besitzen. »Ihr Humor«, bemerkt CHRISTINA dazu, »hatte etwas Demaskierendes, man fühlte sich nackt, zur Schau gestellt, preisgegeben. Meine Seele lag offen vor ihr, meine Schwächen, meine Verletzlichkeit ... Einmal sagte sie mir, sie sähe alles, weil sie auch hinten Augen hätte. Ich glaubte ihr. – Schmutzige Witze, zweideutige Anspielungen genoss sie, sowohl wenn sie von ihr selbst kamen als auch, wenn andere solche Bemerkungen machten. Wenn die Rede auf solche Dinge kam, versuchte ich immer, unbemerkt von der Bildfläche zu verschwinden. Ich tat das, um peinliche Situationen zu vermeiden, in die Mutter mich zu verwickeln pflegte. Der Trick war immer der gleiche. Sie selbst oder ein Gast brachte das Gespräch auf Zweideutigkeiten. Wenn ich dann lachte, fragte sie mich, warum. Ich musste dann den Witz und seine verborgene Bedeutung erklären. Lachte ich nicht, dann machte sie mich vor den Anwesenden herunter, indem sie darauf hinwies, dass ich noch keine Ahnung von Sex hätte. Ich sei in diesem Bereich nicht einmal so weit, dass ich eine Pointe verstehen könne. Die Bestimmtheit, mit der Mutter darauf bestand, dass wir über die Witze lachten, die auf unsere Kosten gemacht wurden, hatte etwas Lähmendes. Es war ein starres, hohles, mitleidloses Ritual.«[115]

Da wird ein Kind mit Hohn und Spott bestraft, weil es sexuell »unerfahren« ist und noch nicht über eine »schmutzige Phantasie« verfügt; dann aber wird es natürlich auf das Strengste bestraft, sobald es etwas »Schmutziges« tut und »Erfahrungen« sammelt. Und diese Form von Doppelbödigkeit durchzieht das ganze Leben einer Frau, die wie Joan Crawford im Rampenlicht der amerikanischen Öffentlichkeit steht.

Als Christina ihre erste Blutung hatte, warf sie sich auf den Boden und weinte; doch ihre Mutter lächelte und erklärte ihr, wie wunderbar es sei, vom Mädchen zur Frau zu reifen; sie aber bekam gerade unter diesen honigsüßen Erklärungen »fürchterliche Kopfschmerzen … der Arzt gab mir keine Medikamente, obwohl ich ihn darum bat. Niemand tat etwas für mich. Und Mutter lächelte jenes bizarre Lächeln, das andere so an ihr bewunderten. – Ich empfand damals einen wilden Hass auf alles, was mit der monatlichen Blutung zu tun hatte. Ich hasste es, dass ich in diesem Zustand nicht schwimmen gehen konnte, dass ich nicht Ball spielen, nicht mehr auf die Bäume klettern durfte, ich hasste die Binden, die ich zu tragen hatte. – Was wirklich schlimm war: Meine Mutter empfand das merkwürdige Bedürfnis, jeden Fremden über meinen neuen Zustand aufzuklären. Für sie war Menstruation eine Leistung. Ich aber wäre am liebsten in den Boden versunken, wenn sie vor Fremden davon sprach.«[116]

In dieser Widersprüchlichkeit geschieht es, dass ein »Schneewittchen« mit »Schnürbändern«, die seine Weiblichkeit hervorheben sollen, »erstickt« wird und dass der Kamm, mit dem seine Mutter seine Haare auf das Vorteilhafteste zu frisieren gedenkt, tödlich »vergiftet« ist.

Bis zur Groteske steigert sich diese Strategie der Doppelbotschaften anlässlich eines »Dankesbriefes« für ein Geburtstagsgeschenk, in dem Frau Crawford ihre Tochter fragt, ob sie auch die Büstenhalter bekommen habe, als deren Farben ja wohl nur Rosa oder Schwarz in Frage kämen; da aber das Modell von Christina in diesen Farben nicht hergestellt werde, wolle sie die Büstenhalter in Sonderanfertigung einfärben lassen, aber das lohne sich nur, wenn feststehe, dass die beiden übersandten Muster auch wirklich passten. Tatsächlich war in Christinas Augen die ganze Angelegenheit »geradezu lächerlich. Weil ich kein Geld für Unterwäsche hatte, hatte ich Mutter um die Zusendung solcher Unterwäsche gebeten und hatte dabei meine Größe angegeben. Sie aber hatte mir ganz einfach Büstenhalter von sich selbst geschickt, die mir natürlich nicht passten. Rosa oder schwarze Büstenhalter hatte ich nicht verlangt, dieser Passus kam mir so vor, als sei er vor versammeltem Publikum diktiert worden, um klarzustellen, wie rührend sich die große Joan Crawford um ihre Tochter kümmerte. Was hätte ich auch mit rosa oder schwarzen Büstenhaltern in der Klosterschule anfangen können? Ich lebte hier in vollkommener Isolation. Reizwäsche in ausgefallenen Farben war sicher das Letzte, was mir hier fehlte. Was ich brauchte, war ganz normale Unterwäsche. Aber Mutter schien nicht gewillt, mich damit zu versorgen.«[117]

Sie ist, muss man ergänzen, vor allem völlig außerstande, eine normale Bitte um Damenunterwäsche »normal« aufzunehmen. Die hysterische Durchsexualisierung aller Lebensbereiche, verwandelt die einfache Bitte eines Mädchens um Kleidung in eine dramatische Aktion, – dramatisch, weil widersprüchlich. Christina soll sich der Aufführung ihrer Mutter zufolge als eine große Frau fühlen, sie soll überaus schick und verführerisch aussehen, wie ihre Mutter, doch zugleich wird sie – und soll sie in Wahrheit! – an der Kleidung ihrer Mutter erkennen, ein wie dummes und kleines Kind sie noch ist, das sich nicht einbilden darf, jemals die Formen und das Format einer Joan Crawford zu erreichen. »Ich möchte, dass du so bist wie ich, doch ich will, dass du niemals erreichst, was ich bin. Ich liebe dich, ich hasse dich. Ich fördere dein Leben und damit deinen Tod.« Das ist double bind! Das bedeutet es, der Tochter einen »Schnürleib« zu schenken, nur um sie zu ersticken!

Dabei hat Christina die Probe auf die Tödlichkeit ihrer Mutter bei allen Fragen der Liebe in der Klosterschule der Dominikanernonnen eigentlich schon hinter sich: die Überreichung des vergifteten Apfels.

Welch ein Hass sich in die Liebe mischt, die Frau Crawford unbezweifelbar gegenüber ihrer ersten (Adoptiv)Tochter empfindet, gerade wenn es um die Rolle der Frau geht, zeigt sich, als Christina im Chadwick-Internat ihren Freund Walter empfängt. Ihre Mutter holt sie daraufhin aus dem Internat nach Hause und macht ihr dort das Leben zur Hölle. Der Konflikt eskaliert, als Christina während einer Autofahrt einmal einer mütterlichen Freundin auf Anfrage berichtet, eines der Mädchen sei der Schule verwiesen worden. Wer sie sei, fährt wütend daraufhin ihre Mutter sie an, so etwas zu erzählen, wo sie selber hinausgeworfen worden sei. Als Christina zu Hause dann ihre Mutter für diese absolut unrichtige Bemerkung zur Rede stellt, explodiert die Spannung zwischen beiden. Wie ein wildes Tier stürzt sich Joan Crawford auf ihre Tochter und beginnt sie zu würgen; sie lockert ihren tödlichen Klammergriff um den Hals nicht, ehe ihre Sekretärin dazwischentritt; um ein Haar hätte sie ihre Tochter ermordet. Auf den Genuss des »Apfels der Liebe«, den die Mutter selbst ihrer Tochter reichte, steht die Strafe des Todes!

Die Strafe richtet sich wohlgemerkt dabei nicht allein gegen das »Sexualleben« des Kindes; die erwachende Sexualität signalisiert vor allem das Erwachsenwerden der Persönlichkeit der Tochter – sie ist kein kleines Mädchen mehr! Damit aber zerbricht der Konsens der Beziehung zwischen Mutter und Tochter; damit beginnt das Thema der Konkurrenz und Eifersucht zwischen beiden. Erst sehr spät wird Christina klar, dass ihre Mutter im Grunde alle Männer hasst. »Zeit ihres Lebens war sie nicht in der Lage gewesen, eine befriedigende Beziehung zu einem Mann aufzubauen. Die ersten Erlebnisse mit Männern waren negativ verlaufen. Die Ehen der Mutter waren ein Desaster gewesen. Dreimal war der Vater auf und davon gegangen, hatte Frau und Tochter im Stich gelassen. Es blieb der Hass gegen den älteren Bruder, den meine Mutter schließlich in der Trinkerheilanstalt verschwinden ließ. Es blieb der Hass gegen die Männer, der sich dann in drei gescheiterten Ehen manifestierte.«[118]

Und Christina kann dagegen nichts tun. Sie kann nicht weglaufen – Mutter würde sie »jagen lassen«, bis sie gefunden war; sie kann aber auch nicht »den Panzer aufweichen, der sich um Mutters Herz gelegt hatte, ... das Gift neutralisieren«,[119] das die Beziehung zerstört; sie bleibt an eine Frau gekettet, die für sie schlimmer wirkt als der Tod: eine ewige Verfolgerin, ein Wesen in vielfachen Verstellungen und Verkleidungen, eine Alles-Gewährende und Alles-Zerstörende. »Ging man dem Faden ihrer Gedanken nach«, schreibt CHRISTINA im Rückblick, »so kam man alsbald an ein schwarzes Loch, aus dem einen das Chaos angähnte. Wie eine Drohne saß Mutter im Auge des Vulkans, ein Opfer ihrer Besessenheit, selbsternannte Königin über das Chaos, Sinnbild des Unglücks, Verkörperung der Missgunst: Mommie dearest.«[120]

7. Die Frau unter Glas

Das Leben, das im Schatten einer solchen Frau sich begibt, bringt das Grimm'sche Märchen grausam genau auf die symbolische Formel eines Lebens im gläsernen Sarg. Jeder Aspekt an diesem komplexen Bild besitzt eine erschütternde Aussagetiefe, denn wieder geht es nicht um die Momentaufnahme eines bestimmten einzelnen Ereignisses, sondern um die Zustandsbeschreibung eines völlig verzweifelten Daseins,

»verzweifelt« in eben dem Sinne, den der dänische Religionsphilosoph SÖREN KIERKEGAARD diesem Wort gegeben hat: leben zu müssen, ohne noch leben zu mögen, ein Ausgerichtetsein auf den Tod hin, ohne dass der Tod eintreten will, ein Dasein, bei dem ein Mensch sein muss, was er nicht ist, und nicht sein darf, was er ist ...[121]

Diese Definition der Verzweiflung traf bereits auf eine »Richilde« zu; um wie viel mehr jetzt auf ihre Tochter! Ihr Leben, je älter es wird, gerät zusehends in eine Sackgasse, aus der es mit eigenen Mitteln kein Entrinnen mehr gibt, und zwar um so weniger, als die Mutter eine ganz und gar glückliche Tochter zum Vorzeigen braucht.

Jedes Kind, das die Geschichte von »Schneewittchen« zum ersten Mal hört, wird erst erstaunt, dann entsetzt, dann empört sein über die unglaubliche Leichtfertigkeit, ja, die tumbe Blindheit dieses Mädchens: Wie kann es nur den wiederholten Rat der wohlmeinenden Zwerge so sträflich überhören? Und wie, wenn es schon ahnungslos genug der List der »alten Krämerin« bei ihrem ersten Auftreten erliegt, gibt es sich derart unachtsam auch noch ein zweites und ein drittes Mal in ihre Hände, unfähig, scheint's, die eigene Mutter in den Maskeraden solcher Hinterhältigkeit noch wiederzuerkennen?

Die Antwort darauf kann nur lauten, dass ein »Schneewittchen« irgendwann in einen Zustand gerät, der es ihm nicht mehr erlaubt, ein eigenes Urteil gegenüber seiner Mutter im eigenen Leben zu behaupten. Schon dass die »Zwerge« es so eindringlich verwarnen und ermahnen müssen, lässt an sich bereits nichts Gutes ahnen: Eigentlich dürfte die Kinderangst, die sich in diesen Miniaturwesen der Menschlichkeit spiegelt und die aus Gründen der Selbstsicherheit sich am liebsten in einer geschlossenen Kleinkinderwelt gegen alle Außenwelt einschließen möchte, im Leben eines heranwachsenden Mädchens nicht das letzte Wort behalten; die Verlockungen der »Alten« hingegen wären an sich durchaus geeignet, ins Leben zu führen, wären sie nicht durch die Widersprüchlichkeit im Wesen der (Stief)Mutter auf gefährliche Weise »vergiftet«.

Das Kernproblem eines »Schneewittchens« an dieser Stelle besteht offensichtlich darin, dass es zwischen den »Zwergen« und jener versucherischen »Alten« keinen eigenen Standpunkt zu formulieren vermag. Es gibt kein Ich, das die Gefahren der »Realität« abschätzen und entsprechend begrenzt beantworten könnte, es besteht keine Fähigkeit, zwischen Angst und Aufbruch einen einigermaßen tragfähigen Kompromiss zu finden; wir erleben vielmehr ein »Schneewittchen«, das nur noch von Fall zu Fall in buchstäblich »blindem Gehorsam« oder in blinder Verführbarkeit sich so verhält, wie es ihm von Augenblick zu Augenblick jeweils gesagt oder angetragen wird.

Warum das so ist, kann man leicht erraten, wenn man sich vorstellt, wie ein Kind »normalerweise« auf den manifesten »Mordversuch« seiner Mutter reagieren wird; schon am Beispiel der Christina Crawford haben wir die hilflose Empörung, das Aufbegehren und den Zorn des gequälten Mädchens gegenüber seiner Stiefmutter betrachten können, und etwas Ähnliches sollten wir auch bei einem »Schneewittchen« erwarten. Doch gerade davon kann bei dem Grimm'schen Märchen keine Rede sein! Nicht die geringste aggressive Regung ist hier zu erkennen; das Schneewittchen der BRÜDER GRIMM flieht, es zieht sich zurück, es lässt sich vergiften – ganz ohne Gegenwehr! Da bleibt, wie schließlich auch bei Christina Crawford, von einem bestimmten Augenblick an subjektiv offenbar nichts anderes übrig, als jede Form offener Auseinandersetzung zu meiden, und das nicht nur äußerlich, sondern vor allem innerlich. Das Denken muss an jeder Stelle arretiert werden, an der es zu kritischen Schlussfolgerungen verleitet werden könnte; bestehende Konflikte dürfen nicht erkannt, nicht eingestanden, nicht ausgetragen, nicht durchgearbeitet werden, sie müssen vielmehr, sobald sie in der Beziehung zur (Stief-)Mutter auch nur von Ferne auftauchen könnten, verdrängt werden. Diese Pflicht zur Konfliktvermeidung um jeden Preis führt zwar zu einer begrenzten äußeren Ruhe, sie rettet das Ich von Fall zu Fall wohl auch jeweils vor der »mörderischen« Mutter, zugleich aber nimmt sie auf die Länge der Zeit die Resignation, die Selbstverleugnung, ja, die Vergleichgültigung aller eigenen Lebensinteressen in das Überlebenskonzept auf.

Und das lässt sich längst schon erkennen! Ist es denn noch ein Leben, das »Schneewittchen« von jetzt an führt? Lieben zu wollen, ja, zu sollen und doch nicht zu dürfen, schön sein zu mögen, ja, zu müssen und dann doch gerade dafür vernichtet zu werden, »wie die Mutter« sein zu sollen und eben dann, wenn man es langsam wird, aufs Tödliche gerade dafür gehasst und verfolgt zu werden, andererseits aber auch wiederum kein Recht zu besitzen, abweichend von der Mutter ein eigenes Leben zu gestalten – dieses Gewirr von Widersprüchen der Angst bietet das psychologische Pendant zu dem, was KIERKEGAARD meinte, wenn er existenzphilosophisch von der Verzweiflung sagte, sie bestehe darin, »nicht man selbst sein« zu dürfen und unbedingt das sein zu müssen und zu wollen, was man nicht ist.

Was unter diesen Umständen einem »Schneewittchen« bleibt, ist eine tiefe Todessehnsucht, ein geheimer Vorwurf, überhaupt auf der Welt zu sein. Es war erneut RAINER MARIA RILKE, der in den »Ersten Gedichten« diesem Lebensgefühl jugendlicher Lebensverweigerung auf klassische Weise Ausdruck verlieh, indem er das »Leben im Sarg« als Wunsch, nie geboren zu sein, deutete; er schrieb:[122]

Ich wollt, sie hätten statt der Wiege
mir einen kleinen Sarg gemacht,
dann wär mir besser wohl, dann schwiege
die Lippe längst in feuchter Nacht.

Dann hätte nie ein wilder Wille
die bange Brust durchzittert, – dann
wärs in dem kleinen Körper stille,
so still, wie's niemand denken kann.

Nur eine Kinderseele stiege
zum Himmel hoch so sacht, – ganz sacht...
Was haben sie mir statt der Wiege
nicht einen kleinen Sarg gemacht? –

Da gilt der winzige Augenblick, in dem man das Leben ahnungsweise zu fühlen meinte, für ein unaussprechliches Verbrechen, das nie mehr zu sühnen ist; weit besser wäre es, gemessen daran, das »Zwergenheim« der Kindheit niemals verlassen zu haben. Ein ewiges Kind geblieben zu sein und den Schauer und Schauder einer heranwachsenden Frau nie verspürt zu haben, einzig das böte unter den gegebenen Voraussetzungen Entschuldigung und Freispruch. Jedoch: Als ein Mädchen zu leben, das niemals eine Frau werden darf, nennt man das »Leben«?

Die Bibel erzählt einmal von dem Mann Lazarus, der schon drei Tage tot war, ehe Jesus mit seiner Schwester Martha an sein Grab trat und ihn anrief: »Lazarus, Lazarus, komm heraus!« (Joh 11,43) Für den russischen Dichter DOSTOJEWSKI bot sich gerade die Gestalt dieser neutestamentlichen Legende in seinem Roman *Schuld und Sühne* dazu an, in der Person des jungen Studenten Rodion Raskolnikov ein Leben zu schildern, das an sich selber »stinkig« und eklig geworden ist.[123] »Herr, er riecht schon«, halten denn auch im Johannesevangelium die Leute Jesus entgegen, um ihm zu sagen, wie unrettbar »tot« sein Freund Lazarus ist. (Joh 11,39) Ein »Schneewittchen« indessen teilt zwar in gewissem Sinne das Schicksal eines »Lazarus« mit seinem Leben im Grabe, aber »stinkig« und unansehnlich ist es gerade nicht. Ganz im Gegenteil: Seine Existenzform ist keinesfalls das unterirdische Vermodern, sondern die Zurschaustellung, nicht das Bedecktsein mit Leichentüchern, sondern die vollkommene Transparenz in einem Sarg aus Glas, nicht das Versperrtsein in dunklen Grabeskammern, sondern das ständige Offenstehen für jeden noch so begehrlichen Blick – bei gleichzeitig vollkommener Unberührbarkeit und Unlebendigkeit. Das Schicksal eines »Schneewittchens« ist es nicht, bei lebendigem Leibe »begraben« zu werden, sondern vielmehr in ein lebendes Ausstellungsstück (seiner Stiefmutter) verwandelt zu werden.

Wie sich die Frau vor dem Spiegel in der Gestalt ihrer (Stief)Tochter in die Frau unter Glas verwandelt, zeigt in erschütternder Klarheit auch im Weiteren die Biographie der CHRISTINA CRAWFORD. Sie erinnert sich zum Beispiel, wie sie mit neun Jahren »Weihnachten« erlebte – als eine »endgültig zur Show« pervertierte Festveranstaltung. Natürlich wurden die Kinder überhäuft mit Geschenken, doch nicht um sich daran zu erfreuen, sondern um die Geschenke der Öffentlichkeit vorzuzeigen und anschließend demonstrativ an Hospitäler oder Waisenhäuser zu spenden. »So traurig wir waren«, schreibt CHRISTINA, »wenn wir Geschenke auspackten, von denen wir wussten, dass wir sie nicht behalten durften – auf Weisung von Mutter mussten wir auch noch in Entzückensschreie ausbrechen, wenn Gäste oder Reporter bei der Bescherung zusahen. Wir wurden dann oft gefragt, ob wir überhaupt wüssten, was für ein Glück wir hätten, die Kinder von Joan Crawford zu sein. Ich musste an mich halten, um nicht laut hinauszuschreien, dass dies alles Täuschung, Lüge, Theater war. Die Wahrheit war, dass es kein Weihnachten mehr gab in unserem Hause. Was wir erlebten, war ein Film mit dem Thema ›Joan Crawford und ihre vier wundervollen Kinder unter dem Weihnachtsbaum‹. Der berühmte Filmstar inmitten seiner Lieben … Wir wurden angezogen, aufgezäumt wie die Zirkuspferde, die Antworten, die wir zu geben hatten, wurden einstudiert, ebenso das stereotype Lächeln für die Fotografen. Mutter war das Ebenbild der Perfektion, so hatten wir denn der Spiegel dieser

Perfektion zu sein. Nachdem es Mutter gelungen war, sich aus den Niederungen von Hollywood zur Spitze durchzukämpfen, musste sie nachweisen, dass sie nicht nur erfolgreich, sondern auch moralisch überlegen war. Wir Kinder waren die Edelsteine in der Krone, die sie sich aufs Haupt drückte... Wenn die Reporter das Haus verlassen hatten, gingen wir in unser Zimmer und zogen uns um. Noch wenige Minuten zuvor waren wir von den Reportern mit der erlesenen Höflichkeit behandelt worden, die man gekrönten Häuptern entgegenbringt. Jetzt waren wir wieder Mutters Dienstboten, die auf den kleinsten Wink zu gehorchen hatten.«[124]

Entscheidend ist dabei die Selbstverdoppelung, die eines »Schneewittchens« Stiefmutter in ihrer Tochter vornimmt. Das Haupthindernis, das sich der Selbstentfaltung eines solchen Mädchens entgegenstellt, ist, wie wir nicht oft genug betonen können, die Tatsache, dass auch die Mutter nicht wirklich lebt; sie benötigt ihre Kinder als eine Art geliehener »Schönheit«: Die Kinder müssen das Nichts verdecken, als welches die Mutter sich fühlt. Drum müssen sie, um ihrer Mutter »Ehre« und »Ansehen« zu verschaffen, selber »schön« und »ansehnlich« sein, und doch dürfen sie niemals selbst etwas sein, da ihre Selbstständigkeit die Unselbstständigkeit ihrer Mutter offenbaren würde. Wie kann eine Mutter ihre Kinder ins Leben führen, wenn sie selber nicht leben kann? Das ist die Kernfrage im Leben einer »Richilde«, und sie negativ beantworten zu müssen ist der Grund für all ihre »Verbrechen«, die doch nichts sind als die Gebrechen ihres Mangels an eigenem Selbstbewusstsein.

Detail um Detail schildert CHRISTINA CRAWFORD, wie im konkreten das Leben einer »Untoten« im »gläsernen Sarg« sich gestaltet. Stets wenn die Reporter anrücken, muss sie die Kleider anziehen, die sie als das vollkommene Ebenbild ihrer Mutter erscheinen lassen, als die vollendete Partnerin der Grande Dame von Hollywood; wie am Schnürchen hat sie graziös die vorbereiteten Antworten in die Mikrophone zu sprechen oder, bei unvorbereiteten Fragen, das Wort ihrer Mutter zu überlassen; perfekt erfüllt sie so das erwartete Klischee von Mutters wohlerzogener Tochter, dem rührend braven Mädchen, die Rolle von Mutters bestem Stück.

CHRISTINA CRAWFORD bekennt sich im Rückblick ihrer Autobiographie sogar öffentlich dazu, im Interesse ihrer Karriere unter Mutters Anleitung gelogen zu haben.

Die Lüge im Leben der Christina Crawford besteht, wie sie richtig erkennt, nicht in der Unwahrheit eines einzelnen Wortes, sondern in der Unstimmigkeit ihres ganzen Daseins, in der Rolle der idealen Tochter ihrer Mutter: »Ich war ... Lehm in Mutters Krallen. Ich war so brav, wie Mutter es mir in früher Jugend eingebläut hatte. Ich sprach nur, wenn ich gefragt wurde. Ich gab die richtigen Antworten. Mit dem kleinen Schönheitsfehler, dass nur mein Körper vor der Kamera stand. Mein Wesen, mein Ich hatte ich aufgegeben, verpfändet, billig verkauft. Es gab keine Christina. Es gab nur Joan Crawfords Tochter. Ich kam mir vor wie eine Betrügerin, wie eine Hochstaplerin.«[125]

Gesehen zu werden als etwas, von dem man selbst weiß, dass man es nicht ist, – genau das bedeutet es, als »wunderschöne Tote« unter »Glas« existieren zu müssen. Es gäbe für ein »Schneewittchen« nur eine einzige Möglichkeit, um dieser Lage zu entkommen: Es müsste sich dem Programm seiner Mutter radikal verweigern, es müsste eine eigene Existenz aufbauen; doch diese Möglichkeit besteht nur rein theoretisch. Viel zu groß ist die Angst, ins Nichts zu fallen, wenn man den Halt bei der Mutter verliert. In der Sprache des Grimm'schen Märchens: Solange das Gift der (Stief)Mutter noch wirkt, ist es unmöglich, dass ein »Schneewittchen« sich aus seinem »Sarge« erhebt. Es wird weiter dem Alptraum seines »Todesschlafes« nachwandeln, sowohl das Opfer wie das Schmuckstück seiner Mutter zu sein.

Dabei darf man nicht vergessen, dass der »gläserne Sarg« für ein »Schneewittchen« den letzten Rückzugsort zum »Überleben« bildet: Solange dieser Zustand des Seins im Nichtsein sich erhält, wird die schreckliche »Königin« nicht noch einmal zurückkehren; – nur ein totes »Schneewittchen« stellt für sie keine Bedrohung dar. Wesentlich symbolisiert der »gläserne Sarg« somit den einzig verbleibenden Kompromiss zwischen den beiden widersprüchlichen Forderungen der »Eitelkeit« der Mutter, die einmal von ihrer Tochter verlangt, sich als ihr Prunkinstrument zur Schau zu stellen, und die es dann doch wieder untersagt, in dieser Funktion jemals das wirklich zu werden, was der Pose nach vor den Augen aller anderen als Wirklichkeit feilgeboten wird. Dabei liegt es, wie wir schon sahen, weder im Belieben einer »Richilde« noch einer »Blanca«, sich anders zu verhalten; beider Beziehung besteht darin, dass die Mutter ihre Identität erhält um den Preis der Nichtidentität ihrer Tochter, und diese wieder muss ihre Identität darin setzen, die Nichtidentität ihrer Mutter zu stützen. Niemand in dieser unglückseligen Symbiose lebt wirklich; aber es kann auch keiner der beiden das zerstörerische Wechselverhältnis verlassen. Und am schlimmsten für ein »Schneewittchen«: Es wird immer wieder erleben, dass dieselbe Frau, um deren Liebe es ringt und für die es sich bis zum Äußersten opfert, ihm jeden wirklichen Erfolg innerhalb der Sphäre der eigenen Selbstdarstellung auf Leben und Tod neiden wird. Der Stolz auf die Tochter und die Eifersucht auf die Tochter sind nur die zwei Seiten ein und derselben mütterlichen Grundhaltung; doch welch ein Kind soll dazwischen zurechtkommen und damit leben können?

Für die alternde Joan Crawford fing eine Zeit an, in der die »Starfuckers« sich, wie Schmeißfliegen um ein Aas, an ihrer Seite zu sammeln begannen, um ihr unter schmeichelnden Komplimenten möglichst viel Geld aus der Tasche zu ziehen und sich im Schein ihrer Berühmtheit, wie im Glanz einer untergehenden Sonne, noch ein wenig selbst zu vergolden; ihre Alkoholsucht nahm dramatische Formen an. Für ihre Tochter aber entstand dadurch eine »Lage«, die aufs Äußerste dem »Schneewittchen« im »gläsernen Sarge« glich: Sie musste sich mehr und mehr in Krankheit und Unfähigkeit flüchten, auf dass das kränkelnde Selbstbewusstsein ihrer Mutter nicht tödlich verletzt würde, sie musste sich selber totstellen, auf dass ihre Stelle von ihrer Mutter eingenommen werden konnte, sie musste sich selber bis zur völligen Unlebendigkeit zurücknehmen, auf dass ihrer Mutter beim Blick in ihren »Spiegel«: in die Zeitungen und Fernsehsendungen, die Illusion der konkurrenzlos Besten, Tüchtigsten, Berühmtesten, »Schönsten« erhalten blieb. Das von Anfang an bestehende Problem des »ersatzweisen beziehungsweise vertauschten Lebens«, der Identifikation statt der Identität, kam so zu seinem Höhepunkt: »Wenn ich Mutter und mich betrachtete«, schreibt CHRISTINA, »dann schien es mir, als betrachtete ich ein doppelt belichtetes Foto. Da waren zwei Menschen, deren Konturen untrennbar ineinander übergingen. Einer von diesen beiden war ich. Aber wer?«[126]

Indessen lässt sich das Leben selber natürlich nicht betrügen. Eine Frau wie Joan Crawford mag gegen das Altern ankämpfen, wie sie will, es wird doch nur um so rascher voranschreiten, als die Lösung dieser biologisch unabänderlich vorgegebenen Tatsache im Äußeren: im Ungeistigen, Unwahrhaftigen gesucht wird.

Andererseits führt die paradoxe »Austauschbarkeit« von Mutter und Tochter jetzt dazu, dass es eben wegen des gefürchteten Alterns der

Mutter für die Tochter nicht erlaubt ist, in Ruhe zu reifen und älter zu werden. Die Existenz im »Sarge« hat wesentlich auch den Sinn, jedes Werden zugunsten einer fiktiven Zeitlosigkeit zu vermeiden, – diesen Zusammenhang haben wir bereits als eine Folge moralisch bedingter Sexualangst und gesellschaftlich bedingter Rollenfixierung kennengelernt; wir sehen jetzt aber, dass es sich hier nicht nur um eine Weigerung handelt, zur Frau zu werden; entsprechend der Spiegelbildlichkeit des Lebens von Mutter und Tochter erscheint die Aufhebung der Zeit in diesem »Leben im Sarg« vielmehr in vollkommener Parallele zu der Altersverweigerung der Mutter. Ein »Schneewittchen« darf nicht reifen, es darf nicht »erwachsen« werden, weil sich die Mutter selbst in der Pose der ewigen Jugend gefällt und sich weigert, die natürliche Form des Reifens in Gestalt des Alterns zu akzeptieren.

Ein gewisses Indiz für das Leben einer Frau von »Schneewittchen«-Art ist wohl zumeist die erzwungene Kindlichkeit in Gebaren und Gebärde, die man am besten versteht, wenn man sich ein Mädchen vorstellt, das stets »auf dem Sprung« sein muss, um mit den Launen seiner Mutter zurechtzukommen. Dieses »kleine« Mädchen leidet unter einem außerordentlich großen Maß an Verantwortung für seine Mutter, es gelangt aber so gut wie nie dazu, eine gewisse Kontinuität in sein eigenes Erleben zu bekommen, mit der Folge, dass es nicht nur den »Temperaments«ausbrüchen seiner Mutter, sondern auch den Gefühlsstürmen seines eigenen Erlebens wie hilflos gegenübersteht, sie mehr erleidend als gestaltend. Noch als Frau später können die Gesichtszüge und die Körpermerkmale eines »Schneewittchens« die Statur einer »stehengebliebenen Kindheit« aufweisen – es wird Außenstehenden sehr schwerfallen, auch nur das Alter einer solchen Frau zu erraten. Was bei Frau Crawford eine absichtliche Irreführung ihrer Umwelt war – niemand sollte wissen, wie alt sie wirklich war, ein erbitterter Kampf der Täuschung um einen Zeitraum von ganzen vier Jahren! –, das wächst sich im Leben eines »Schneewittchens« wiederum zu einem Moment seines Wesens aus. Wir werden noch sehen, wie mühsam es unter diesen Umständen sich gestalten wird, eine Frau von der Art eines »Schneewittchens« aus dem Todschlaf der Zeitlosigkeit im »Sarg« »aufzuwecken«.

Für Christina Crawford wurde das unbewusste Verbot ihrer Mutter, jemals in Selbständigkeit erfolgreich zu werden, sehr bald noch schmerzhafter spürbar. Es begann damit, dass sie in einer Fernsehserie von Marcus Welby als Gaststar verpflichtet werden sollte. Voller Freude wollte sie die gute Nachricht am Telephon ihrer Mutter mitteilen, als sie erlebte, wie diese mitten im Satz den Hörer auflegte. Ein Freund der Mutter erklärte Christina wenig später den Grund: Joan Crawford hatte ihn um Mitternacht angerufen und ihm schreiend verkündet, ihre Tochter sei »der undankbarste Mensch der Welt«; seit Jahren habe sie sich um eine Rolle in der Marcus-Welby-Show bemüht, und jetzt komme ihre eigene Tochter und schnappe sie ihr weg.[127] Da gilt jeder »Erfolg« der Tochter als eine perfide Art und Weise, die doch so aufopfernde und rührend gute Mutter in den Schatten zu stellen. »Schneewittchen aber ist schöner als du …!«

»Was ging in solchen Nächten in den Tiefen und Abgründen von Mutters Seele vor?«, fragt sich CHRISTINA. »Warum war ich der Mittelpunkt ihrer Nachstellungen? … Ich begann … die Gesetzmäßigkeiten von Mutters wahnhaften (sc. und zum Teil drogeninduzierten, d.V.) Handlungen zu durchschauen. Entweder ich stand physisch zur Verfügung, wie es in dem Haus in Hollywood der Fall gewesen war. Dann konnte sie nach Herzenslust auf mir herumdreschen. Oder aber ich war von Mutter getrennt. Dann projizierte sie alle schlechten Eigenschaften, unter denen sie selbst litt, auf mich. Ihre Vorstellungskraft versetzte sie in die Lage, in mir den Teufel in Menschengestalt zu sehen.«[128]

Dann wieder ändert sich die Taktik der Mutter. Angeblich, um die Karriere ihrer Tochter zu fördern, schickt sie Christina als ihre »Stellvertreterin«, als ihr »charmantes Double« zu Unterredungen, die eigentlich nur zeigen sollen, dass sie jedes weitere Fortkommen im Grunde nur ihr, der überragenden Schauspielerin und bewundernswerten Mutter, zu verdanken hat. In solchen Momenten ist Joan Crawford wieder das Wohlwollen und die mütterliche Wärme selbst, doch was sie tut, ist einzig dazu bestimmt, ihre Tochter weiter an sich zu binden und sie durch Schuldgefühle für die eigenen Leistungen und durch erzwungene Gefühle der Dankbarkeit für die erbrachten Vorleistungen als Mutter auch in Zukunft »im gläsernen Sarg« gefangen zu halten.

Die gesamte ungeheuerliche Dramatik eines »Schneewittchen«-Lebens spricht sich in diesen wenigen Zeilen aus: das »Gefressenwerden« und »Verfolgtwerden« durch die (identifikatorischen) Totalansprüche der Mutter, das »Vergiftetwerden« mit Schuldgefühlen für jede eigene

Lebensregung bei gleichzeitig größter Unterstützung und Förderung vonseiten der Mutter, das Ersticktwerden durch die Verpflichtung, nie etwas anderes zu sein als die Schaufensterpuppe für Mutters Eitelkeit ... die »Glassargexistenz eines Schneewittchens«, – all das trägt jenen Namen, mit denen die Kinder ihre Mutter anreden mussten: mommie dearest. Doch ist es, jenseits jeden moralischen Vorwurfs, das als Glück maskierte strahlende Unglück dieser Frau, das die schrittweise »Tötung« ihrer Tochter nach sich zieht. »Mommie dearest« wird sich in masochistischem Trotz durch Boykott eines eigenen Engagements bei einem Filmproduzenten dafür rächen, dass er sich erdreistet hat, Christina eine Nebenrolle in einem Film mit Elvis Presley anzubieten;[129] »mommie dearest« wird für sich selbst die Gesetze des Alterns außer Kraft setzen und an der Fiktion festhalten, immer noch der jugendliche Star von Hollywood, »die Schönste im Lande«, zu sein; Ihre Scheinwelt wird, solange sie währt, auch die Welt ihrer Tochter in eine gläserne Totenkammer verwandeln; »mommie dearest« wird schließlich als die letzten Worte in ihrem Testament vermerken: »Mein Sohn Christopher und meine Tochter Christina sind von der Erbfolge ausgeschlossen. Beide kennen die Gründe.«[130] Doch diese Gründe werden nicht genannt und können auch nicht genannt werden, – sie existieren nicht, nicht jedenfalls aufseiten der Adoptivtochter Christina Crawford; denn diese existierte zu jenem Zeitpunkt selbst schon nicht mehr oder noch nicht. Zu diesem Zeitpunkt war sie nichts als »die Schöne im Sarg«, wartend auf ihren Erlöser.

8. Die Auferstehung der Liebe

Wie ist es möglich, unter solchen Umständen zu einem eigenen, wirklichen Leben zurückzufinden?

Psychologisch betrachtet, scheint das fast unmöglich. Zu überwinden ist ja nicht nur die zerstörerische Symbiose von Mutter und Tochter; es geht darum, der Ausstellungsexistenz eines »Schneewittchens«, seinem Wachsfigurendasein ein Ende zu bereiten, ohne es in die jederzeit drohende Psychose hineinzudrängen oder es der ebenso allgegenwärtigen Gefahr des Suizids auszusetzen. Positiv gesagt: Alles kommt darauf an, einer Frau wie »Schneewittchen« ein Gefühl für den Wert und die Berechtigung ihres eigenen Ichs zu schenken. Niemand aber vermag das außer einem Menschen, der ein »Schneewittchen« über alles, gegen alle äußeren wie inneren Widerstände, so liebt, wie es ist. Er muss und wird jedoch, ob er will oder nicht, mit seiner Liebe an gerade die Stelle treten, an der bisher die Mutter stand; – nur wenn seine Zuneigung und Verbundenheit als mindestens so tragfähig und zuverlässig erlebt wird, wie es die Liebe der Mutter trotz aller Brechungen und Ambivalenzen bislang war, wird sich ein »Schneewittchen« aus den Fesseln seiner Mutterabhängigkeit und seiner dadurch bedingten Fehlidentifikation herauslösen lassen. Wie aber soll das gelingen?

Die Standardantwort, wohin ein »Schneewittchen« sich wenden sollte, lautet in unserer Gesellschaft wohl nicht mehr, wie vormals in kirchengebundenen Zeiten: zum Pastor; sie lautet heute wohl eher: zum Therapeuten. Doch beide, der Pfarrer wie der Therapeut, werden außerstande sein, mit ihrer professionellen Dienstleistung, und sei sie noch so gut gemeint, den gläsernen Sarg eines »Schneewittchens« zu öffnen: Der Pastor nicht – er wird, im Falle er von »Selbstmordneigung« und »Verzweiflung« hört, in aller Regel »jene wahre Lebensfreude und Selbstbejahung vermissen«, die aus dem »rechten Glauben« kommt; dabei brauchte ein »Schneewittchen« sich mit seinem »Leben im Sarg«, als Ausstellungsstück im »Zwergenheim«, nur endgültig resignierend einverstanden zu erklären, und es hätte alles Zeug, eine Ordensschwester zu werden, die des Lobs ihres Pastors für so viel Demut, Opfergesinnung und edle Schönheit gewiss sein könnte; wenn es nur nicht an dieser seltsamen Schwermut litte... Ein Psychotherapeut wird geneigt sein, den »Hintergründen« des Verhaltens näherzukommen: Wie verlief die frühe Kindheit, wie entstanden die ausgedehnten Felder von Antriebsgehemmtheit und resignativen Grundhaltungen, woher rührt die Angst vor dem Leben als Frau, welcher Art sind die Übertragungsmechanismen, die Rationalisierungen, die Behandlungswiderstände... Wo der eine mit all seinem Loben und Mahnen im Grunde nur seine Hilflosigkeit eingesteht, wird auch der andere mit seiner Aufklärungsarbeit bald schon stecken bleiben: Es wird nicht gelingen, die nötige Energie zuzuführen, die erfordert wäre, um ein »Schneewittchen« aus der Bindung an seine Mutter zu lösen. Es ist in erzhaltigem Gestein nicht möglich, das Silber vom Kupfer zu trennen, ohne beide in die Schmelze zu geben; und ein vergleichbarer Energieaufwand wäre seelisch erforderlich, um das Urgestein der frühen Kindheit flüssig zu machen. Die nötige »Energie« aber – das wäre, von einem anderen Menschen mehr oder wahrer geliebt zu werden als in den Widersprüchen und Doppelbödigkeiten der eigenen Mutter.

Nur: Eine solche Liebe, wie sie hier gebraucht würde, lässt sich im Leben nicht wie ein Rezept verordnen. Die beste Psychotherapie vermöchte allenfalls die Hemmnisse bewusstzumachen, die im Schatten der Mutter wie ein Fluch jede Kontaktaufnahme als eine tödliche Gefahr erscheinen lassen; alles Weitere jedoch müsste sich finden. Am schwierigsten dürfte es fallen, den Zustand der »Leichenstarre«, der vollkommenen Passivität eines »Schneewittchens« in allen Belangen des eigenen Lebens, zu überwinden.[131] Eine Frau in dem Zustand der »Schönen im gläsernen Sarge« kann nicht von sich aus sagen, was sie braucht, was sie wünscht, was sie will, was sie sich ersehnt. Wenn sie spricht, redet sie vernehmlich einzig die Sprache der Anderen, ihre eigene Sprache demgegenüber wirkt eher wie ein verlöschender Atemzug, mehr gehaucht als geäußert, mehr geflüstert als gesprochen, – es bedarf hellhöriger Ohren oder, besser noch, aufmerksamer Augen, um die unhörbaren Worte hinter der Glaswand von den Lippen abzulesen; und dann gilt es, all die so lange verschwiegenen Wünsche gegen die überkommenen Schuldgefühle und Ängste für wahrer und wirklicher zu nehmen, als ein »Schneewittchen« selber in seinem Zustand dazu imstande ist, stets in geduldigem Ankämpfen gegen das innere Dreinreden der Mutter... Erst wenn das Wort des Geliebten mehr gilt als ihres, wird sich der Deckel des gläsernen Sargs langsam heben und frische Atemluft in die Kammer des Todes wehen.

Natürlich ließe sich praktischerweise auch ein »kürzeres« Verfahren denken, um ein »Schneewittchen« aus seinem gläsernen Sarg zu befreien: Man brauchte nur das Glas zu zersplittern, das die »Zwerge« so kunstvoll um das wie tot daliegende Mädchen gefügt haben.[132] Doch scheidet diese theoretische Möglichkeit ganz und gar aus, sie wäre, bei Lichte betrachtet, nicht nur riskant, sie wäre mörderisch. Immer wieder in menschlichen Beziehungen mag es vorkommen, dass einem der beiden Partner »alles zu langsam geht«, dass er, ungeduldig und unwirsch, »die Dinge zu beschleunigen« glaubt, indem er »dem Getue« oder »Geziere« ein für allemal ein Ende bereiten und »aufs Ganze gehen« möchte: Er fragt nicht mehr lange, was sein »Schneewittchen« will, er weiß es einfach und tut es; er wartet nicht länger, bis sie selber sich regt, er glaubt sie zu kennen, er erledigt es einfach; er ist es müde, immer nur dasitzen und zuschauen zu müssen, lauernd wie eine Katze, die doch gerade durch ihre Anwesenheit der Maus eine solche Panik bereitet, dass sie freiwillig niemals aus dem Loch hervorkommen wird, – er also nimmt sich das Recht und die Freiheit, den Kerker aus Glas zu zerbrechen ...

Es ist nur allzu verständlich, dass manchem solche Lust unwiderstehlich wird, der versucht, auf ein »Schneewittchen« sich einzulassen, doch wird er, falls er so tut, mit aller Sicherheit erleben, wie er mit seiner »schärferen Gangart« das »Schneewittchen« vollends zerstört. So wie Mumien, die zu lange im Grabe gelegen haben, bei unvorsichtiger Öffnung des Sargs vor den Augen des Betrachters zu Staub zerfallen, so bedroht ein »Schneewittchen« psychisch mit Selbstauflösung, wer sein Gefängnis aus Glas mit Gewalt aufsprengen wollte. Das Paradox besteht, dass ein »Schneewittchen« seinen gläsernen Sarg eben nicht nur als Kerker und Stätte des Todes erlebt, sondern auch als einen notwendigen Schutzraum; – es braucht die Abgeschiedenheit, die Unberührbarkeit, das Leben unter Glas, um zu überleben; nur so fühlt es sich »sicher«. Wie lockt man ein Vögelchen aus seinem Bauer, in das es auf bemitleidenswerte Weise eingesperrt ist, – nicht einmal seine Flügel kann es ausbreiten, doch traut es sich aus seinem Käfigdasein auch nicht heraus aus Angst vor einer ihm feindlichen Welt?

Dass so etwas im Falle eines »Schneewittchens« überhaupt gelingen kann, liegt an einer Merkwürdigkeit in der Biographie jeder Psychologie dieser Art: an dem Verlust des Vaters. Wir sahen bereits, welch eine bloße Nebenrolle der »König« in dem Märchen der BRÜDER GRIMM an der Seite von Schneewittchens »Stiefmutter« spielt, und desgleichen berichtete MUSÄUS von dem Verschwinden und Verscheiden des allzu bußfertigen Grafen Gombald vom Löwen in einem der vielen allzu christlichen Kreuzzüge; ohne Vater aufzuwachsen war auch Christina Crawford beschieden, deren Biographie sich bisher schon als ein außerordentlich treffender Kommentar zu den Bildsequenzen des Grimm'schen Märchens ausnahm. Niemals, so viel steht fest, könnte es zu der fatalen Bindung eines »Schneewittchens« an seine Mutter kommen, stünde seiner Mutter ein Vater zur Seite, der diesen Namen verdiente; statt dessen gehört es zu einer Grundbedingung der Psychogenese eines »Schneewittchens«, dass ihm der Vater fehlt: entweder ist er physisch – durch Tod, Krankheit oder berufliche Gründe – abwesend, oder er ist psychisch nicht da, wenn er gebraucht wird. Gerade die mangelnde Gegenwart des Vaters aber verdichtet sich in der Vorstellung eines solchen Mädchens nur um so intensiver zu dem dringenden Wunsch nach einem »Vater«. Überdeutlich spürt es, wie nötig es selber, nicht minder aber auch seine Mutter der Gegenwart eines Mannes als Vaters und Partners bedürfte.

Sehr deutlich etwa erinnert sich CHRISTINA CRAWFORD, wie wohltuend die Heirat ihrer Mutter mit dem Pepsi-Cola-Manager Alfred Steele sich auswirkte: Endlich war da ein Mann, mit dem sich reden ließ und der mit seiner ruhigen Übersicht die gröbsten Spitzen der zwangsneurotisch-hysterischen Exaltationen der Diva zu glätten wusste! Endlich war da so etwas wie Halt, Schutz und Verständnis zu finden! Doch wäre es einem Mädchen vergönnt, seinen Vater über eine längere Distanz seines Lebens als ein Gegenüber unbedrohter Geborgenheit zu erleben, so würde es sich nicht zu der Märchentypologie eines »Schneewittchens« entwickeln. Alfred Steele, so mächtig er auch in seinem weltweit agierenden Unternehmen sein mochte, wurde doch von Joan Crawford in die Rolle eines weiteren ihrer »Hofzwerge« gezwungen: Er verschuldete sich ihretwegen beim Bau eines Hauses, er geriet menschlich und wirtschaftlich an ihrer Seite immer mehr in die Klemme, ja, es zeigte sich, dass er insbesondere in den Fragen der »Erziehung« Christinas es nicht über sich brachte, sich den Seltsamkeiten und Launen seiner Frau wirksam zu widersetzen. Er, der es sonst gewohnt war, bei den Planungen von Pepsi-Cola mit Geld umzugehen wie ein Bauingenieur mit Stahlbeton, Glas und Elektrizität, wagte es allenfalls heimlich, seiner Tochter wenigstens eine kleinere Geldsumme zuzustecken;[133] schließlich erlag er im Alter von 54 Jahren der typischen Streßkrankheit so vieler Männer, die an alles mögliche eher denken als an sich selber: dem Herzinfarkt;[134] – für Christina das Ende der einzigen Phase eines relativen Glücks in ihrer Jugend, Ahnung genug aber immerhin auch von dem, was sie so sehr vermisste: einer väterlichen Führung in ihrem Leben.

Andere Mädchen von der Art eines »Schneewittchens« werden ihren Vater gar nie gekannt haben: Er fiel im Krieg noch vor der Geburt seiner Tochter, er erlag einer Krankheit, als sie gerade drei Jahre alt war, oder man sagte von ihm, er sei »ganz in seinem Beruf aufgegangen«, und das sollte heißen, er hatte stets etwas Anderes, Wichtigeres zu erledigen, als sich um die kleinlichen Kümmernisse seiner Familienangehörigen zu sorgen, – dass er sie versorgte, musste genug sein!

Von jeder Psychoanalyse und Seelsorge gilt, dass in ihrem Verlauf der Therapeut eine Weile lang die Stelle des Vaters einnimmt, während der kirchliche Seelsorger in den Augen der Gläubigen wohl schon von vornherein durch den Anspruch auf Gottesstellvertreterschaft von einer gewissen väterlichen Aura umgeben sein mag. Im Falle eines »Schneewittchens« aber genügt es nicht, die Rolle des Vaters probeweise »durchzuspielen« und »durchzugehen«; ein Mann, der seine Liebe zu einem »Schneewittchen« wirklich ernst meint, kommt nicht umhin, in eine »väterliche« Beziehung zu ihm einzutreten, indem er, zumindest vorübergehend, all die Erwartungen und Enttäuschungen auf sich zieht, die ursprünglich einmal dem ebenso gesuchten wie vermissten Vater gegolten haben. Insofern haben die Märchen der BRÜDER GRIMM psychologisch vollkommen Recht, wenn sie immer wieder als Retter ihrer verwunschenen Prinzessinnen, Müllerstöchter und Arme-Leute-Mädchen einen Königssohn auftreten lassen.

Für die Deutung der Gestalt eines solchen »Prinzen«[135] bedeutete es ein schweres Missverständnis, wollte man, wie zur Zeit der Hochblüte der sozialgeschichtlichen Interpretation der Märchen Ende der 60er-Jahre, in ihm das bloße Echo feudaler und fürstlicher Herrschaftsverhältnisse erblicken. Der »Märchenprinz« als ein Archetyp folkloristischer Erzählungen hat nichts zu tun mit den Fragen und Formen äußerer Herrschaft; er erklärt (und verklärt) vielmehr die Gestalt eines Mannes, der durch seine Liebe einer fast schon Verlorenen das Gefühl ihrer eigenen »Königswürde« zurückgibt. »Väterlich«? Ja, denn um nichts Geringeres geht es, als einer Frau die Chance zu schenken, in gewissem Sinne noch einmal von vorn auf die Welt zu kommen, nicht mehr als das Kind einer Mutter, die sie zum Leben nie wirklich kommen ließ, sondern als »neu gezeugt« von einem Vater, der es ihr ermöglicht, sich als eine selbstbewusste, erwachsene Frau zu entwerfen. In der Sprache der Märchen und Träume tritt eine solche Person deshalb nicht auf als König,[136] als ewiger Vater, vielmehr ist er selber nur eines Königs Sohn.[137] Das »Königliche«, mit anderen Worten, das ihn umgibt und in das er verheißungsvoll vorbildlich einrückt, verdankt er, psychologisch betrachtet, ganz und gar der Vatersehnsucht und Vaterübertragung seiner Geliebten; er selbst aber darf nie vergessen, dass er nur der »Sohn« ist: Zur Vollgestalt seiner selbst, zum »Königsein« wird er erst finden, wenn die Frau seiner Liebe an seiner Seite zur »Königin« reift. Bliebe er der »König« und sie lediglich seine neu erwählte »Tochter«, so ließe sich die Übertragungsdynamik der Vaterrolle ganz gewiss niemals auflösen.

Vonnöten ist also beides ineins: Ein Mann, der den Mut hat, gegenüber seinem »Schneewittchen« so etwas wie eine Vaterrolle zu übernehmen, und jemand, der zugleich weiß, dass er dieser »Rolle« nicht selber verfallen darf; es darf aber wiederum dieses sein Wissen ihn auch nicht dazu verleiten, in eine quasi »therapeutisch neutrale« Distanz zu seiner Geliebten zu treten; er muss vielmehr ein Liebender sein, der sich selbst und seine Geliebte in einer offenen, in keinem Betracht vorwegzunehmenden Entwicklung sieht, die doch überhaupt erst durch die wechselseitige Zuneigung zwischen ihnen beiden »energetisch« zustande kommt. Keine Form von Psychotherapie wird jemals eine wirkliche Liebe ersetzen; aber manchmal kann es geschehen, dass eine gelingende Liebe alles umschließt, was je »Therapie« heißen mag. Und davon eigentlich, nur davon handelt die Geschichte der »Auferstehung« eines »Schneewittchens«. Wenn es im Neuen Testament in der Geschichte von der Auferweckung des Lazarus heißt, dass Jesus den Verstorbenen liebte als seinen Freund, so dass er weinte an seinem Grabe (Joh 11,35–36), so lehrt uns das Märchen der BRÜDER GRIMM von Schneewittchen, dass es einzig der Liebe gelingen wird, einen lebendig Toten ins Leben zurückzurufen.

Worin aber liegt der Grund für den »Königssohn«, ein »Schneewittchen« lieb zu gewinnen? Die Frage scheint sonderbar, wo doch die Auskunft des Grimm'schen Märchens so klar wie nur möglich besagt, es sei eben die Schönheit des Mädchens gewesen, die den Prinzen bezauberte. Doch um was für eine »Schönheit« handelt es sich da? Das »Schneewittchen« sieht zwar aus wie lebend, so dass es die »Zwerge« nicht über sich bringen, es »in die schwarze Erde« zu senken, doch in Wirklichkeit ist es tot, so dass selbst die Tiere kommen, es zu beweinen: Die Eule als Seelen- und Totenvogel[138] macht den Anfang bei diesem schmerzlichen Trauerzug, gefolgt von dem schwarzgewandeten Raben,[139] dem mythischen Gefährten des Unglücks schlechthin; und endlich gesellt sich ein Täubchen[140] hinzu, wie um noch einmal symbolisch anzudeuten, was den »Tod« eines »Schneewittchens« eigentlich ausmacht: In der griechischen Antike einmal für ein geeignetes Sinnbild der Liebesgöttin Aphrodite selber gehalten, der allzeit liebreizenden, verführerisch betörenden,[141] hat sich die Taube unter christlichem Einfluss zur Verkörperung sexueller Unerfahrenheit und Unschuld gemausert, zu einem Bild göttlicher Schöpferkraft, die in ihrer autarken Allmacht keines weiblichen Gegenübers bedarf, um »fruchtbar« zu sein;[142] – für einen lebenden Menschen aus Fleisch und Blut bedeutet ein solches »Vorbild« – das Märchen hat Recht – so viel wie den Tod. Äußerlich findet der Prinz sein »Schneewittchen« so vor, wie seine Mutter es ehedem wünschte: Es ist die verkörperte Erfüllung ihres Verlangens nach einem Kinde, »so weiß wie Schnee, so rot als Blut und so schwarzhaarig wie Ebenholz« – eben das ist seine »Schönheit«; doch den Preis dafür kennen wir: Er besteht in der völligen Verdrängung des gesamten eigenen Antriebserlebens, in der gänzlichen Fremdsteuerung des Daseins, in einem Existieren wie unter Hypnose, wie in einem endlosen Schlaf. Aber nun das Paradox der Geschichte: In gerade diesem Zustand einer wie untot Daliegenden, gerade so, gewinnt der Königssohn sein »Schneewittchen« lieb!

Ja, es kommt noch merkwürdiger: Ganz als wenn es darum ginge, eine kostbare altägyptische Mumie im Auftrage eines Museums zur Geschichte des Alten Orients zu erwerben, glaubt der »Königssohn« allen Ernstes, (s)ein »Schneewittchen« bei den »Zwergen« kaufen zu können. Da soll der Leichnam einer Frau, weil er so »schön« ist, kommerziell erworben werden, um auch weiterhin unter Glas gut konserviert zu bleiben! Selbst wenn die BRÜDER GRIMM uns dieses Vorkommnis im Plauderton eines Märchens erzählen, – fragen müssen wir doch: Was ist mit einem Mann los, der sich in eine Tote derart verliebt, dass er sie wie bei einer Auktion auf dem Kunstmarkt käuflich zu erwerben gedenkt? Der Stoff an sich scheint derart morbid, dass er von OSCAR WILDE[143] oder LORD BYRON[144] nicht »genialer« erfunden sein könnte. Fragen wir deshalb noch anders: Was muss in einem Menschen getötet worden sein, dass er sich in eine Tote auf eine so seltsame Art zu verlieben vermag? Es muss da eine innere Verwandtschaft bestehen, die aus der tot daliegenden Schönen ein Bild für den Zustand der eigenen Seele formt; – in der Ausdrucksweise der Psychologie CARL GUSTAV JUNGS sollten wir die Gestalt der Toten in dem gläsernen Sarg als ein Symbol der Anima des Königssohnes bezeichnen;[145] wir würden dann unterstellen, dass er selbst sich so fühlt: als etwas nur scheinbar noch Lebendes, als etwas seit Kindertagen Ersticktes, als etwas in jeder natürlichen Freude durch Ängste und Schuldgefühle Vergiftetes, als etwas zeitlebens wehrlos Ausgeliefertes, der gesunden Atemluft Beraubtes, als ein Schaustück zum Bewundern, nicht zum Berühren…

Einzig eine solche Übereinstimmung von Außen und Innen, von Sichtbarem und Sinnbildhaftem macht die magische Faszination verständlich, die der bloße Anblick der schönen Verstorbenen auf den Königssohn ausübt. Es handelt sich um ein Motiv, das in der Romantik außerordentlich beliebt war, weil sich darin die Lage des Menschen in der Welt insgesamt zu spiegeln schien:[146] Ist nicht die Seele des Menschen inmitten dieser endlichen, trauerumdüsterten Welt von vornherein dazu verurteilt, ihr Dasein wie auf einem Friedhof verbringen zu müssen? Bewusst das irdische Leben anzunehmen – was heißt das anderes, als sich selber lebendig bereits in einem Sarg mit durchsichtigen Wänden liegen zu sehen? »Lebende – Sterbende«, mit diesen zwei Worten brachte bereits der griechische Philosoph HERAKLIT um 500 v. Chr. die unentrinnbare Tragik der menschlichen Existenz auf den Begriff, doch fügte er, religiös tröstend, im Erbe der Alten Ägypter die Hoffnung hinzu: »Sterbende – Lebende«.[147] Da enthüllt sich die gesamte irdische Existenz aufgrund ihrer Todverfallenheit als ein bloßes Scheinleben, und es ist nur die Frage, wer über Augen verfügt, die hellsichtig genug sind, durch die Mauern, die unser Leben wie Kerkerwände umstellen, hindurchzusehen wie durch Glas. Die romantische Melancholie bestand geradezu in der Weltsicht solcher sehend gewordenen Augen; doch die psychologische Frage, die uns das Märchen aufgibt, geht deutlich in eine andere Richtung; sie beantwortet sich nicht durch die religiöse Verheißungssymbolik eines Lebens jenseits des Todes, sondern sie nimmt ein Leben, das sich aus Angst der Liebe verweigert, für den Tod selber und lässt als Lösung einzig die Erlösung durch eine ganz und gar irdische Liebe gelten. Nicht jenseits des Todes, sondern hier und jetzt verheißt das Märchen ein lebendes Glück.

Ausgeschlossen ist es gleichwohl nicht, dass wir uns den jungen »Königssohn« beim Betrachten seines »Schneewittchens« als einen romantischen Helden vorstellen müssen, der an der Welt, wie sie ist, in ihrer Kurzsichtigkeit und Kurzlebigkeit zuinnerst leidet. Könnte es nicht sein, dass er bereits den »Ankauf« des »toten« »Schneewittchens« gegenüber den »Zwergen« als eine makabre Groteske inszeniert, um mit seiner Bitte eine Welt bloßzustellen, in welcher, wie er sie bisher kennengelernt hat, alles für Geld zu »bekommen« und zu »besitzen« ist?[148] Er brächte im Grunde dann nur zum Ausdruck, was in dieser Welt gilt, wenn er die »Zwerge« zu jenem absurden »Handel« auffordert, bei dem er sich bereit erklärt, jeden gewünschten Preis für den

Ankauf seines Seelenbildes, seiner Anima-Gestalt, zu bezahlen, im Wissen doch, dass schlechtweg unbezahlbar ist, was er da sieht.

»Nennt ihr das Seele…«, fragte in gleicher Weise kritisch RAINER MARIA RILKE einmal in einem seiner frühen Gedichte:[149]

Nennt ihr das Seele,
was so zage zirpt in euch?
Was, wie der Klang der Narrenschellen,
um Beifall bettelt und um Würde wirbt
und endlich arm ein armes Sterben stirbt
im Weihrauchabend gotischer Kapellen, –
nennt ihr das Seele?

Schau ich die blaue Nacht
vom Mai verschneit,
in der die Welten weite Wege reisen,
mir ist: ich trage ein Stück Ewigkeit
in meiner Brust. Das rüttelt und das schreit
und will hinauf und will mit ihnen kreisen…
Und das ist Seele.

Der Königssohn in dem Grimm'schen Märchen kann nicht leben, ohne »Schneewittchen« zu sehen; es ist der Inbegriff seiner eigenen Seele, das Gegenüber seiner Selbsterkenntnis, das Sinnbild seiner eigenen Wahrheit, und er weiß selbst: Das, worum es in seiner Liebe zu dieser Lebend-Toten geht, kann sich nur fügen als unerhörtes Geschenk; hier ist etwas, das sich nach keiner Art berechnen und verrechnen lässt. Nicht was jemand hat, es zu erwerben, »zählt« hier, sondern wie er es verdient, an der Seite dieser Frau selber zum Leben zu finden, darum geht es. Das »Unbezahlbare« und »Unschätzbare« sich zu »verdienen«, indem er es »ehren« und »hochachten« wird als sein »Liebstes« – dieses Versprechen des »Königssohnes« wird fortan den Inhalt seines Lebens bilden.

Gedacht ist dabei noch nicht einmal im eigentlichen Sinn an eine »Rettungstat«. Der Königssohn, als die »Zwerge« ihm als Liebenden das »Schneewittchen« überlassen, handelt nicht in einer bestimmten »Absicht«. Er will die Wunderschöne im Sarge nicht »therapieren« – er wüsste durchaus nicht, wie sie in ihrem »Zwergenheim« zum Leben aufzuerwecken wäre; er will und kann sie auch nicht »seelsorglich« »aufrichten« – auch dazu bestünde für ihn keinerlei Möglichkeit. Was er tut, geschieht vielmehr bedingungslos, wie etwas Schicksalhaftes, Unausweichliches, und es gibt dafür keinen anderen Grund als den aus dem Munde des Prinzen selber: »Ich kann nicht leben, ohne Schneewittchen zu sehen.« Sein ganzes Leben, so spürt er, ist verbunden mit dieser Frau. So wie er ist auch sie, so wie sie ist auch er – eine neue Form der Identifikation, der Verschmelzung, gewiss; doch nur so wird die unheilvolle Dualunion zwischen Schneewittchen und seiner Mutter geöffnet werden.

Wie aber kommt es, dass ein Mann in einer anderen Frau seine eigene »Seele« zu sehen meint? Die »Anima«, erklären die Psychologen der Schule JUNGs, spiegele wider, was in einer Gesellschaft kollektiv zugunsten eines bestimmten Männlichkeitsideals verdrängt werden müsse.[150] »Das Kostbarste im Leben lässt sich nicht kaufen«, hörten wir gerade; »die Liebe kennt keinen Preis«; »die Schönheit der Seele ist nicht mit Gold aufzuwiegen...« – schon solche Einsichten müssen irritierend wirken für die Nekrophilie«, die der amerikanische Psychoanalytiker ERICH FROMM bereits vor Jahrzehnten als das Kernübel unserer gesamten männlich dominierten Kultur beschrieb.[151] War nicht die gesamte romantische Suche nach der gestorbenen oder verlorenen Seele bereits ein solcher Protest gegen die heraufziehende Seelenlosigkeit des Zeitalters der Mechanisierung in der ersten industriellen Revolution im Europa des 19. Jhs.?[152] Ganz gewiss sprach sie hier das Verlangen nach einer wärmeren, gütigeren und mütterlicheren Welt aus.

Psychoanalytisch muss denn auch die hypnotische Magie, die das Bild einer toten Frau auf den »Prinzen« ausübt, ohne Zweifel als ein unbewusstes Verlangen nach der Verschmelzung mit der eigenen Mutter gedeutet werden, als ein ödipaler Traum, mit anderen Worten.

In einem kleinen Aufsatz über »ein religiöses Erlebnis« hat SIGMUND FREUD einmal eine vergleichbare Szene analysiert:[153]

Ein junger Arzt war von dem Anblick der unbekleideten Leiche einer alten Frau auf dem Seziertisch derart erschüttert, dass er die gesamte Welt für sinnlos erklärte, wenn in ihr so etwas wie der Tod dieser Frau sich ereignen könne, und obwohl er um Fragen der Religion, wie die meisten seiner Berufskollegen, sich bis dahin nur wenig gekümmert hatte, war er nach diesem Erlebnis unverzüglich zum

Christentum konvertiert und suchte nun mit seinem neuen Bekenntnis die FREUDsche »Glaubenslosigkeit« ins Wanken zu bringen. Zu Recht freilich wies SIGMUND FREUD auf das Widersprüchliche und Ungereimte des subjektiv wohl ehrlichen Geständnisses dieses Arztes hin: wie rasch hier die völlige Hoffnungslosigkeit umschlug in völlige religiöse Gewissheit!, und er fragte ebenso richtig danach, was eigentlich diesen Arzt beim Anblick einer toten Frau derart habe schockieren können – eigentlich passierten in der Welt noch ganz andere Dinge, als dass alte Leute friedlich sterben und ihre Körper alsdann routinemäßig von Pathologen zur genauen Bestimmung der Todesursache untersucht werden. Der Anblick der alten Frau, nackt auf dem Seziertisch, meinte FREUD, sei für den jungen Mann so aufwühlend gewesen, weil in seinem Unbewussten bestimmte sexuelle Wünsche gegenüber seiner Mutter sich zur Erinnerung gemeldet hätten; der Tod dieser Frau, so muss man ergänzen, erscheint unter dieser Voraussetzung wie eine endgültige Verneinung, ja, wie eine Strafe für eben diese Wünsche, die jetzt noch einmal mit neuerlichen Schuldgefühlen erlebt werden; die plötzliche Bekehrung jedoch, an Gott zu glauben, deutete FREUD nicht nur als Wiedergutmachung solcher uralten Schuldgefühle, sondern zugleich als eine sublimierte Dennochdurchsetzung der ödipalen Wünsche: Wenn es schon auf Erden nicht möglich war, mit der Mutter eins zu werden, so sollte die Verschmelzung mit ihr doch zumindest im Grabe, im Himmel, bei »Gott« möglich sein.

In ähnlicher Weise müsste man psychoanalytisch wohl auch die Gefühle deuten, die den jungen Königssohn am Sarg des Schneewittchens überkommen: Auch er sehnt sich, so scheint es, nach jener Mutter zurück, mit der er als Kind hätte glücklich sein mögen; wie das »Schneewittchen« selber wäre dann also auch er mit seiner Mutter verbunden und an sie gebunden, und eben in dieser »ödipalen« Gemeinsamkeit läge zugleich auch die Erklärung für die »Magie«, mit welcher die Tote im Sarg den Königssohn gefangennimmt. Für orthodoxe FREUDianer wäre mit einer solchen Deutung der Szene im wesentlichen alles gesagt; allenfalls würden sie noch betonen, dass die Bindungsenergie der Liebe zwischen Mann und Frau nach ihrer Auffassung sich überhaupt aus den Konstellationen des »Ödipuskomplexes« herleite: aus der Eifersucht zwischen Tochter und Mutter und dem Verlangen des Jungen nach seiner Mutter. Die Mythen und Märchen der Völker stellen nach diesem Verständnis lediglich in dramatischer Steigerung im Extrem dar, was in abgeschwächter Form auch für das ganz »normale« Liebesleben Gültigkeit besitzt.[154]

Indessen gibt das Schneewittchen-Märchen uns noch ein paar Fragen auf, die sich mit den typischen psychoanalytischen Standards nicht ohne Weiteres beantworten lassen. Dass das Schneewittchen keineswegs eine alte Frau ist, sondern dass es in jugendlicher Schönheit im Sarge liegt, bildet dabei noch die geringste Schwierigkeit; es spricht jedenfalls nicht ohne Weiteres gegen die Möglichkeit einer ödipalen Übertragung der muttergebundenen Gefühle eines Mannes auf seine Geliebte. Im Gegenteil, in zahlreichen psychotherapeutischen Sitzungen werden sowohl Arzt wie Patient immer wieder überrascht sein, wie leicht es möglich ist, dass ein um 30 oder 50 Jahre älterer Mann sich in eine Frau verliebt, die ihn trotz ihrer Jugend in manchen seiner Sehnsüchte und Ängste an seine Mutter gemahnt; oft spielt dabei gerade das eben erwähnte romantische Weltgefühl mit hinein: Alle zeitlichen Schranken heben sich auf, die bittere Tatsache des Alterns – dieser Alptraum jeder »Richilde« – wird einfach geleugnet, die Geliebte – und an ihrer Seite man selbst! – gilt für ewig jung, zeitlos schön, unverweslich und unvergänglich, für ein Stück leibhaftiger Ewigkeit in der Zeit, und auch diese Erwartung (oder Illusion) kann der »Sargexistenz« eines »Schneewittchens« in der geschilderten Weise auf das Genaueste entgegenkommen.

Wie aber kommt es zu einer derartigen Fixierung der Gefühle im Leben eines Mannes? Im Leben eines »Schneewittchens« ist, wie wir sahen, der Verlust des Vaters von überragender Bedeutung; gibt es dafür auch ein Äquivalent in der Biographie des »Königssohnes«? Auch dazu erteilt uns das Grimm'sche Märchen nicht die geringste Auskunft; und doch können wir die Lücke der notwendigen Information in etwa schließen dank der Fabulierfreudigkeit unseres auch hier nicht versagenden Gewährsmannes MUSÄUS.

Der nämlich erzählt in seinem »Volksmärchen«, es sei zu der Zeit, da das Hofgesinde den Leichnam der schönen Blanca in der Kapelle ausgestellt habe, der junge Graf Gottfried von Ardenne als ein frommer Pilger zur Zeit der Frühmesse zur Kirche gegangen. Dessen Vater, Teutebald der Wüterich, sei seiner Untaten wegen von der Kirche mit dem Bann belegt worden, so dass er nach seinem Tode sein Dasein im Fegefeuer habe fristen müssen. Gequält von den Flammen des »Reinigungsortes«, habe er von den Wächterengeln immerhin die Freiheit erlangt, sich draußen für eine Weile zu erholen, und diese Zeit habe er genutzt, seine verwitwete Frau innigst zu bitten, sie möge ihn mit der Kirche versöhnen und aus der Vorhölle erlösen; das mitleidige Weib habe daraufhin den jungen Gottfried ersucht, nach Rom zu wallfahren und vom Papst als dem »Heiligen« Vater einen vollkommenen Ablass für seinen unheiligen Vater zu erwirken; ein solcher sei ihm denn auch gewährt worden, unter der Bedingung allerdings, auf dem Heimwege in jeder Kirche, an der er vorüberziehe, eine Messe zu hören. An diese Weisung, natürlich, hielt sich Graf Gottfried auf das Getreueste, und so führte der Weg ihn unversehens zu dem als tot aufgebahrten Schneewittchen.

Stellen wir bei dieser obskuren Geschichte einmal ihre mittelalterlich-kirchliche Denkungsart von Fegefeuer, Kirchenbann, päpstlichem Ablass und der vermeintlichen Sühnewirkung kirchlicher Messfeiern gänzlich beiseite; dann bleibt uns psychologisch immer noch ein entscheidender Hinweis erhalten, der sich auf überraschende Weise mit der FREUDschen Konzeption vom »Ödipuskomplex« deckt, vorausgesetzt, wir betrachten die »ödipale« Konstellation nicht als ausschließlich »sexuell« begründet. Vor uns sehen wir einen »Wüterich« von Vater und gleich neben ihm eine grundgütige Mutter – und zwischen beiden einen Sohn, der seine Mutter liebt und seinen Vater hasst. Dieser Sohn aber hat nun die Pflicht, im Auftrag seiner Mutter den hassenswerten Vater zu lieben! Und so spaltet sich sein Vaterbild in einen »heiligen Vater«, in welcher Rolle bis heute der römische Papst sich gefällt, und in einen sündhaften, irdischen Vater. Kein Wunder deshalb, dass es zur Lebensaufgabe eines solchen Jungen wird, die beiden Seiten im Wesen seines Vaters miteinander, das heißt: in sich selber, in der eigenen Existenz, zu versöhnen.

Wichtig für uns ist vor allem die Parallelität, die sich zwischen dem »Königssohn« und dem »Schneewittchen« ergibt: Hier wie dort geht es um die Integration zweier einander vollkommen widersprüchlicher Bilder: der Mutter bei Schneewittchen, des Vaters bei dem jungen Grafen von Ardenne; beide, der »Königssohn« wie das »Schneewittchen«, stehen vor derselben nur geschlechtsspezifisch verschobenen Problematik. Ein gewisser Unterschied zwischen ihnen ergibt sich freilich gerade dadurch: Der Konflikt der Mutter eines »Schneewittchens« ist stärker sexuell bestimmt, während die Gewalttätigkeit eines »Wüterichs« von Vater wie des Grafen Teutebald deutlich aggressiv motiviert ist. In jedem Falle aber müssen wir uns die Schwierigkeiten des »Königssohnes« in ihrer Art wie in ihrem Umfang sehr ähnlich zu dem vorstellen, was wir aufseiten des »Schneewittchens« bereits kennengelernt haben. Wenn wir uns bislang über die eigentümliche Anziehungskraft gewundert haben, die das »tote« Schneewittchen auf den Prinzen ausübt, so finden wir eine zusätzliche Erklärung dafür jetzt in der spiegelbildlichen Gleichheit der Konflikte oder, besser: der Lebensaufgaben, die beide zu lösen haben und die sie doch nur miteinander werden lösen können.

Dabei dürfen wir nicht vergessen, dass ein Mann wie der junge Gottfried von Ardenne, anders als die schöne Blanca, seinen Vater wirklich kennengelernt hat. Er sehnt sich nicht einfach nur nach einem »guten« Vater im Kontrast zu den Entbehrungen seiner Mutter, er hat sich vielmehr als Erstes mit den sehr realen Widersprüchen im Leben dieses seines Vaters auseinanderzusetzen, und natürlich: Je weniger liebenswürdig der Vater dem Sohne erscheint, desto mehr wird dieser sich mit seiner Mutter verbunden fühlen; ihr zuliebe, weit stärker als aus Treue zu seinem Vater, sehen wir Gottfried denn auch das »Sühnewerk« für seinen Vater verrichten. Indem er die »Seele« seines Vaters aus dem (offenbar wohlverdienten!) »Fegefeuer« rettet, erweist er sich in Ewigkeit als der gute Sohn seiner Mutter, deren Bild er, wie wir jetzt wissen, zugleich in dem Seelenbild des toten »Schneewittchens« wiederzufinden wähnt.

Um sich in die Problematik eines solchen »Sohnes« als Retters einer »Toten« ein Stück weit hineinzudenken, müssen wir das Paradox für möglich halten, dass es gerade diese Bindung an die Mutter sein kann, die auf den Sohn ähnlich lähmend wirkt, wie wir es beim »Schneewittchen« bereits kennengelernt haben. Der Zusammenhang ist relativ einfach vorstellbar: Der Sohn empfindet Groll und Ärger über die Willkür und Wut seines Vaters, – so aber darf er nicht fühlen an der Seite seiner heiligmäßig liebenden Mutter; nach dem Maßstab ihres Vorbildes empfindet er sich vielmehr an all den Stellen für »schlecht« und »böse«, an denen er eigentlich seinem Vater »Schlechtigkeit« und »Bosheit« vorwerfen möchte; um die Liebe seiner über alles liebenswerten Mutter nicht zu verlieren, muss er es mithin lernen, seinen Vater zu »erlösen« – und damit seine eigenen Schuldgefühle für den Vaterhass abzuarbeiten. An die Stelle von Aggression und Zorn hat Verständnis und Mitleid zu treten, an die Stelle der offenen Auseinandersetzung eine ritualisierte »Ablasssuche«, an die Stelle des real frustrierenden Vaters das überhöhte Bild eines »an sich« gütigen, »heiligen Vaters«. Auch bei dem jungen Grafen kehrt sich unter diesen Umständen die gesamte Antriebsrichtung gegen sich selbst; auch bei ihm kommt es zu einer Art »Totstellreflex«; auch bei ihm wird die Bindung an die Mutter zu einer schweren Hypothek.

In idealtypischer Form hat einen solchen Konflikt im Jahre 1912 ERNST BARLACH in seinem symbolistischen Drama *Der tote Tag* dargestellt.[155] Vieles in diesem Theaterstück ist wohl aus autobiographischem Erleben genommen, erzählt es doch von dem verzweifelten Ringen eines Vaters um den »Besitz« seines Sohnes. So wenig wie in den Grimm'schen Märchen tragen bei BARLACH die handelnden Personen eigene Namen: Sie sind der Vater, die Mutter, der Sohn. Von Anfang an wird in dem Theaterstück die Mutter von der Sorge getrieben, den Sohn zu verlieren; sie verkörpert das Erdhafte, Erhaltende, Beharrend-Bewahrende, wohingegen der Vater für den Aufbruch in die Freiheit des Geistes steht. Eigentlich wäre der Sohn wohl geneigt, auf die Suche nach dem Sinn des Lebens zu gehen: »Es muss eine Wahrheit geben, geben muss es eine Wahrheit«,[156] so fragt und so klagt er; seine Mutter aber fürchtet, das Ross »Herzhorn« könne wirklich ihren Sohn in die Welt davontragen, und so geht sie im Morgengrauen, während alles noch schläft, in den Keller und tötet mit Hilfe des Gnoms »Besenbein« das Pferd, ja, sie bereitet es sogar für die anderen als Mahl zu. Doch um so schlimmer sind ihre Schuldgefühle, als gerade ihr Sohn sie für unschuldig hält, während er selber sich schuldig fühlt gegenüber seinem Vater. Mehr und mehr spürt an dem darauf folgenden verhangenen, »toten« Tag die Mutter, wie sie ihren Sohn verliert, nachdem der Gnom »Steißbart« ihm die Taten seiner Mutter zu offenbaren sucht. Schließlich entdeckt sie selber dem Sohn, was sie aus Liebe zu ihm getan hat; aber gerade mit diesem Geständnis treibt sie ihn in den Tod:... »Mein Ross ist ins Nichts gerissen, das mich, ich fühl's, aus meinem Tod in mein Leben tragen sollte.«[157] – Da tötet eine Mutter, um ihren Sohn bei sich zu behalten, alles in ihm, was »herzhaft« wäre an Vitalität und Verstand; sie verzehrt – wie Schneewittchens Mutter beim Töten des »Frischlings« – die ganze Zukunft ihres Kindes, und sie erreicht es am Ende aus Liebe, dass ihr Sohn unfähig wird, noch zu leben; sie selber wird durch den Gnom »Besenbein« von der guten Mutter zur »Hexe«; am Ende erweist sich eine solche unfreie Liebe einer Mutter noch als weit gefährlicher für die Entfaltung eines Kindes als die klare Auseinandersetzung mit seinem Vater. ERNST BARLACH hatte das Glück, dass ihm der Tod seines Sohnes aus Mutterbindung und Vaterabhängigkeit erspart blieb; doch in seinem Drama schildert er den »Alptraum« einer Gefahr, die er wohl nur vermied, indem er sie artikulierte.

Für den »Königssohn« des Grimm'schen Märchens ergeben ergänzende Geschichten wie die von MUSÄUS oder von BARLACH das Bild eines Mannes, der in der Bindung an seine Mutter den Hass gegen den Vater in Einfühlung, Verstehen und stellvertretendes Übernehmen fremder Schuld umzuwandeln hat; auch er ist wie das Schneewittchen ein lebendig Toter, und es ist in BARLACHschem Sinn ein solcher »toter Tag«, da er auf seiner Bußwanderung der toten Geliebten begegnet. Wer aber möchte nun unter derartigen Voraussetzungen glauben, dass aus einer solchen Beziehung zwischen zwei »Untoten« je etwas Gutes entstehen könnte? Und doch! Das Grimm'sche Märchen erzählt, genau das habe sich zugetragen, und es sei geschehen wie ein Wunder vor aller Augen!

Tatsächlich kennen wir bereits zwei Bedingungen, die ein solches »Wunder« ermöglichen. Als Erstes: Der »Königssohn«, so sahen wir, hat darin eingewilligt, nichts weiter zu tun, als sein Schneewittchen »anzusehen« in »Ehre« und »Hochachtung«, als sein »Liebstes«; die Geliebte wirklich kennenzulernen ist das Einzige, was er begehrt. Er setzt sich kein Ziel, weder für sie noch für sich; und eben das ist schon das Wichtigste. Denn man kann gewiss sein: Wenn es je dahin kommen sollte, dass ein »Schneewittchen« seine Angst verliert und den gläsernen Sarg seines Unlebens von innen her öffnet, so wird es nur geschehen in dem Klima eines solchen »Ansehens« ohne Vorleistung und Vorwurf; einzig weil der Königssohn überhaupt nichts mit seinem Schneewittchen »erreichen« will, einzig weil er es ganz einfach liebhat und liebhaben möchte, wird er womöglich alles erreichen: dass das »Schneewittchen« sich aus seiner Totengruft erhebt und ins Leben zurückkehrt! Und ein Zweites: Der Königssohn mag so viele eigene Probleme mitbringen, wie es sei, – wenn er es nur gelernt hat, im Gegenüber seines Vaters und seiner Mutter aus all den ungeklärten Aggressionen seiner Kindheit eine Klarheit des Verstehens und des Mitgefühls zu formen, so verfügt er damit über den wichtigsten Zugangsweg überhaupt, um mit jener »Frau unter dem Glas« in Kontakt zu treten.

Wie so oft erzählen uns die BRÜDER GRIMM das eigentlich Entscheidende in ihrer Geschichte fast nur wie nebenbei: wie denn die Rettung der »Toten« tatsächlich zustande kam. Ein »Dornröschen«, erzählen sie anderswo, wird aus seinem Todesschlaf »wachgeküsst« – nun ja, das versteht man; doch was ist es mit dem »Schneewittchen«? Dass die Diener des Königssohnes, als sie auf ihren Schultern das Mädchen davontragen wollen, ins Stolpern geraten und eben dadurch der vergiftete Apfel in seinem Halse sich löst, all das klingt denn doch (wieder!) höchst rätselhaft. Detailkundiger gibt sich da immerhin schon MUSÄUS; doch auch ihn kann man nur verstehen, wenn man seine Mitteilungen als Symbole übersetzt.

Er nämlich erzählt, Graf Gottfried, als er vom Bruder Küster in der Kapelle die Geschichte der schönen Blanca erfahren, habe sich erboten, das Mädchen »wohl wieder ins Leben« zu rufen, »wenn anders ihre Seele noch in ihr ist«. Grund zu dieser Zuversicht habe ihm der Besitz einer Reliquie vom »Heiligen Vater« geboten, eines Splitters vom Stabe des Propheten Elisäus, mit dessen Hilfe er »allen ... Eingriffen in die Gerechtsame der Natur« zu widerstehen und die zauberische List der ruchlosen Richilde aufzuheben sich getraut habe. Und wirklich, kaum legte Graf Gottfried die Reliquie auf das Herz der wunderschönen Blanca, da löste sich ihre Erstarrung, und der Geist kehrte ihr wieder; dem Gesinde freilich, um weitere Anschläge der Arglistigen zu vereiteln, ließ er in lakonischer Kürze bescheiden, der Leichnam ihrer Herrschaft werde »nimmer wieder erwarmen«, denn: »hin ist hin und tot ist tot.«

Es ist gewiss auch an dieser Stelle möglich, eine Totenauferweckung mittels päpstlicher Reliquien für ein weiteres Beispiel mittelalterlichen Humbugs zu erklären; die Sache selbst jedoch erscheint sogleich in anderem Gewande, wenn wir bedenken, dass selbst der Reliquienaberglaube der katholischen Kirche psychologisch nicht bar jeden Sinnes war. Die Pointe der Episode bei MUSÄUS jedenfalls scheint darin zu liegen, dass hier speziell der Stab des Propheten Elisa, des Schülers des großen Elia, für wunderkräftig gehalten wird. In der Tat werden schon im Alten Testament in einer größeren Legendensammlung aus dem Nordreich diesen beiden Propheten zahlreiche »Wunder« zugeschrieben,[158] darunter eines, bei dem der Prophet Elisa sich selber auf den Leichnam des Sohnes einer Witwe im Dorfe Schunem legte und den Jungen mit seinem Atem ins Leben zurückrief (2 Kön 4,8–37). Psychologisch lässt sich der »Tod« dieses Jungen ebenfalls als eine »Erstickung« unter den Erwartungen einer alleinstehenden Frau, einer Witwe, verstehen, seine »Auferweckung« aber bestünde dann gerade darin, dass der »Prophet« mit dem ganzen Gewicht seiner Persönlichkeit sich auf den Knaben legt und ihm den Vater zurückgibt, den er im Schatten seiner verwitweten Mutter niemals gekannt hat.[159]

Analog dazu müssten wir auch die Vorgehensweise des Gottfried von Ardenne bei MUSÄUS interpretieren: Was er in Wirklichkeit tut, als er die schöne Blanca mit einem Splitter aus dem Stabe des Propheten Elisa berührt, läuft darauf hinaus, dem Mädchen den Vater zu schenken, den es so sehr vermisst hat, und es zugleich damit aus der tödlichen Bindung an seine Mutter zu lösen.

Genauer noch: Ein »Prophet« ist entgegen landläufiger Meinung keineswegs ein Mann, der die »Zukunft« vorauszusagen vermag, er wird in der Bibel vielmehr als jemand geschildert, der das Herz eines Menschen so genau kennt, dass er daraus die weitere Entwicklung seiner Persönlichkeit wie eine göttliche »Vorsehung« »vorhersehen« kann.[160] Dementsprechend fehlt nicht viel, auch in der »Auferweckung« eines »Schneewittchens« so etwas wie eine »prophetische Tat« zu erkennen: Der Splitter vom Stab des Propheten Elisa, der das Herz der Geliebten berührt, lässt sich in der symbolischen Sprache der Märchen deutlicher sagen, dass es allein die Kraft eines absichtslosen Erkennens ist, die den Sieg über die Macht des Todes davonträgt?

Zu einer bloßen Nebensächlichkeit wird dabei das sexuelle Moment, das in der Symbolik des »Stabes« als eines phallischen Symboles psychoanalytisch gelesen, auch stecken mag.[161] Natürlich: Es ist nur möglich, ein »Schneewittchen« von den »Toten« aufzuerwecken, wenn es gelingt, über die Angst seiner Mutter vor der eigenen Weiblichkeit Herr zu werden; aber wie falsch wäre es, »die« »Sexualität« hier in den Mittelpunkt der Betrachtung zu rücken! Was die Richilde-Sage bei MUSÄUS und das Grimm'sche Schneewittchen-Märchen uns zeigen können, ist gerade die Tatsache, dass sich das Leben einer wie tot daliegenden Frau nicht regenerieren lässt, indem man ständig ihre »Sexualität« als Frau »thematisiert«, »analysiert« und »objektiviert«; wo das sexuelle Erleben nicht in ein tieferes Verstehen im Ganzen eingebettet ist, werden sich darin nur immer wieder die alten Verwundungen reproduzieren; und umgekehrt: Nur wo ein Verstehen ohne eine solche »methodische« Beschränkung wirksam wird, kann es gelingen, auch die uralten Widersprüche und Ängste, die schon im Erleben der Mutter gründeten, zu überwinden.

Für das Grimm'sche Schneewittchen-Märchen kann freilich, was MUSÄUS erzählt, nur mehr den Stoff der Geschichte zusätzlich vervollständigen helfen und dadurch bestimmte Deutungsansätze unterstützen oder einschränken: Durch den Hinweis auf den »Stab« des »Propheten Elisa« zum Beispiel erfahren wir ergänzend etwas über den Inhalt der Konflikte, mit denen seine Blanca auf dem Weg in sein Leben sich wird auseinandersetzen müssen. Die BRÜDER GRIMM hingegen sind an dieser Stelle weit weniger auskunftsfreudig; doch dafür ist das, was die erzählen, symbolisch eher noch stärker verdichtet: – man braucht die Szene nur als Bild für einen Prozess zu lesen, der sich in der »Realität« über lange Zeit hinziehen kann.

Da lässt der Königssohn die »tote« Prinzessin von seinen »Dienern« auf den »Schultern« tragen – sagen wir: Seine Beziehung zu dem »Schneewittchen« ist wesentlich geprägt von dem Willen, es zu »unterstützen« und es, wenn nicht gleich auf den »Schultern«, so doch »auf Händen zu tragen«. Ein Verhältnis äußerster Vorsicht und Rücksichtnahme lässt sich so beschreiben: – kein böses Wort, keine Vorwürfe, keine Mahnungen, keine Ungeduld, – die Geliebte soll es nach allem, was sie durchgemacht hat, so leicht haben wie nur möglich. Und doch, erzählt uns das Märchen, kommt es bei dieser »Vorgehensweise« zu einem »Stolpern«: Irgendwann, dürfen wir annehmen, geht es so »glatt« auf die Dauer nicht weiter; gerade diese Augenblicke einbrechender »Erschütterungen« in der Beziehung zwischen dem Königssohn und seiner Geliebten aber führen dazu, dass das »Schneewittchen« den giftigen Apfel der (Stief)Mutter ausspuckt.[162]

Übertragen wir diesen Vorgang in das subjektive Erleben, so gibt er den entscheidenden Moment wieder, durch den das »Schneewittchen« zum Leben erwacht: Es muss sich befreien dürfen von all dem, was ihm an »Gift« »im Hals stecken geblieben« ist. An vielerlei lässt sich dabei denken.

Da sind als Erstes all die ungeweinten Tränen, die wie ein Kloß im Halse sitzen können.[163] Wie oft wird eine Frau von Schneewittchen-Art in Kindertagen bereits geneigt gewesen sein, zu weinen, und hat doch gelernt, in gerade solchen Momenten besonders fröhlich und freundlich zu lächeln, auf dass niemand etwas von ihrer Traurigkeit merke; – schon deshalb verdient sie jetzt einmal, eine ganze Zeit lang selber getragen zu werden, weil sie ihr Leben lang versucht hat, anderen nicht »unerträglich« zu werden. Und sie muss jetzt weinen dürfen; nicht als wenn ihr eine Art »Erlaubnis« dabei helfen könnte, – sie wird einfach immer wieder anfallartig, ganz und gar unverhofft, von Weinkrämpfen geschüttelt werden. Da »bricht es aus ihr heraus«. »Anfälle« dieser Art werden ihr selber gewiss am meisten peinlich sein: – jetzt, wo doch alles »gut« ist, müssen diese »unsinnigen« Attacken sich melden! Sie sind so beschämend, man ist doch schließlich kein kleines Mädchen mehr…! Und doch regt sich in gerade diesen »Ausbrüchen« ein neu erwachendes wirkliches Leben. Der »Sargdeckel« hebt sich; der ständige Zwang zum Verschleiern und Posieren gleichzeitig findet ein Ende, es wird endlich möglich, zueinander auf eine Weise Zugang zu finden, die tatsächlich stimmt.

Wohlgemerkt ereignet sich bei der »Entgiftung« des »Schneewittchens« nach wie vor nichts absichtsvoll und planmäßig – anders als manche Psychotherapeuten es lieben, am Ende einer Reihe von Sitzungen eine »Prozessphasenanalyse« ihrer Gesprächssitzungen zu erstellen, die vor allem ihre meisterliche »Interventionsstrategie« ins rechte Licht heben soll. In den Märchen der BRÜDER GRIMM sind es gerade die unvorhersehbaren Stockungen, in denen der »Prozess« des »Auf-Händen-Tragens« an einem »Strauch« »ins Straucheln« kommt, durch die der vergiftete Apfel der Liebe in Schneewittchens Halse sich löst. Man kann auch sagen: Es ist einfach das Gefühl eines vollständigen »Angenommenseins«, das jetzt allererst die Möglichkeit »eröffnet«, die gläserne Decke aus Selbstkontrolle und Fremdbeobachtung »aufzuheben«; endlich ist es nicht länger mehr »schlimm«, in manchen erschütternden Augenblicken krampfartig und unkontrolliert all das Tödliche »auszuspucken« und auszuweinen.

Und nicht anders zum Zweiten die Worte. »Widerworte« waren gewiss nie im Leben eines »Schneewittchens« erlaubt, wohl aber gab es die Pflicht zu einem ständigen Reden wider sich selbst. Was den »Fortschritt« in der Beziehung des Prinzen zu der »toten« Prinzessin tatsächlich sehr »stockend« und »strauchelnd« machen muss, ist vor allem die angstbedingte Neigung eines »Schneewittchens« zur Flucht, zur Verdrängung kritischer Situationen. Stets wenn eine Frau von »Schneewittchen«-Art sich in einer Notlage befindet, hat sie bei ihrer Mutter gelernt, dass es alles nur verschlimmern muss, wenn man den anderen um Hilfe angeht; stets wenn es eigentlich nötig wäre, von bestimmten Enttäuschungen, Verletzungen, Missverständnissen oder unliebsamen Beobachtungen zu reden, hat ein »Schneewittchen« die Erfahrung gemacht, dass es sich besser zurückhält. Und schon gar die eigenen Wünsche! Besser ist es, davon gar nicht zu reden und sie am besten ganz zu vergessen. Entweder der andere merkt von allein, was einem fehlt, oder es hat »sowieso« keinen Zweck, ihn zu bitten. Sich zu fügen, sich anzupassen und bei Zeiten selber nicht mehr zu wissen, was man eigentlich gewollt hat, – so wird eine Frau sich verhalten, der nach »Schneewittchen«-Art jeder eigene Wunsch als »vergiftet« »im Halse stecken geblieben« ist.

Man kann sich leicht vorstellen, was da für »Sträucher« den »Dienern« des »Königssohns« den Weg verstellen. Der gute Mann wird oft genug beim besten Willen nicht verstehen, was seiner Geliebten fehlt, ja, dass ihr überhaupt etwas fehlt, – immer noch wird sie es nicht gewohnt sein, Gefühle der Traurigkeit oder Gedanken des Vorwurfs, ja, auch nur gewisse abweichende Wünsche und Pläne ihm mitzuteilen; erst an gewissen Anzeichen von Rückzug und Verstummen wird er deshalb merken können, dass etwas bei seiner Geliebten nicht stimmt; und immer wieder wird es erheblicher »Erschütterungen« bedürfen, um den »vergifteten Apfel« in ihrem Halse sich lösen zu lassen.

Nicht gering zu veranschlagen ist zum Dritten der Umstand, dass das »Schneewittchen« bei seinem »Erwachen«, indem es sich aus seinem gläsernen Sarge erhebt, durchaus nicht weiß, »wo« es sich befindet. All die Zeit des Unlebens, des »Zwergenhauses«, der »Glaspalast«-Existenz besaß doch wenigstens den Vorteil, zu wissen, »woran« man mit sich und den anderen war.[164] Die Freiheit eines eigenen Lebens aber beginnt zunächst einmal mit einer vollständigen Richtungslosigkeit: – man weiß nicht mehr, wohin man geraten ist, welch einen eigenen »Standpunkt« man einnehmen möchte, es herrscht eine vollständige Verwirrung, wie wenn jemand aus einem Alptraum erwacht und zwischen Wahn und Wirklichkeit sich erst langsam zurechtzufinden vermag. Niemand, das darf man mit Sicherheit sagen, wird dieses »Aufheben des Sargdeckels«, dieses neue »Erwachen« riskieren, ohne dass auf die Frage: »Wo bin ich?« eine Stimme wie in dem Grimm'schen Märchen ihm sagt: »Du bist bei mir.«[165] Nur die Liebe öffnet das Herz eines Menschen zum Leben, zur Freiheit, zum Glück. Der »Königssohn« aber, wenn er so spricht, sagt seinem »Schneewittchen« damit vor allem: »Du bist nicht länger bei deiner Mutter, du bist nicht länger mehr ohne deinen Vater. Ich bin da, wo du bist; denn ich bin für dich da, in gerade der Art, wie du es stets suchtest und doch nie gefunden hast.«

CHRISTINA CRAWFORD in ihrer Autobiographie deutet an, dass ihr Geliebter und Ehemann David für sie ein solcher »Prinz« war, der durch sein Da-sein ihr Dasein ermöglichte; sie verschweigt dabei allerdings all das »Stocken« und »Ausbrechen«, das gewiss auch bei ihr nötig war, um sich von dem vergifteten Apfel der Mutter zu befreien; freilich können wir uns jetzt ganz gut denken, was alles eine Frau durchmachen wird, ehe sie wie das tot daliegende »Schneewittchen« ihre Augen aufschlagen kann.

Denn nicht zuletzt geht es jetzt um die Aufhebung der grabähnlichen »Zeitlosigkeit«, von der wir gesprochen haben. Unter dem Diktat seiner Mutter konnte »Schneewittchen« eigentlich nur in einem Leben von Augenblick zu Augenblick existieren. Es gab keine eigenen Entwürfe für die Zukunft – alles konnte jederzeit durch die mütterliche Willkür vernichtet werden; es gab keine eigene Stellungnahme zu dem Erlebten – was die Vergangenheit bedeutete, bestimmte strikt die Auslegung der Mutter; es war deshalb keineswegs sicher, dass ein Ereignis in der Gegenwart irgendeine Konsequenz für die Zukunft zeitigte – gerade im Moment noch mochte etwas als ganz schön erschienen sein, doch schon im nächsten Moment konnte es einem wieder weggenommen werden!

Und vor allem: Die Angst vor dem Reifen zur Frau hat in der Gestalt eines »Schneewittchens« einen bestimmten Jungmädchenstatus auf immer eingefroren: – im Erleben einer solchen Frau hat es nie den Mut geben dürfen, sich selbst zu einer weiblichen, selbstbewussten Person zu entwickeln. Für jeden Mann, der sich auf eine Frau von »Schneewittchen«-Art einlässt, bedeutet insofern allein die Veränderung des Zeitgefühls, diese Rückkehr einer »Toten« in die Welt des Werdens, einen ständigen Anlass zu allen nur denkbaren Irritationen. Da hat er zum Beispiel soeben noch seiner Geliebten einen Blumenstrauß mitgebracht oder einen kleinen Ausflug mit ihr gemacht oder sonst etwas getan, von dem er glaubte, es könnte ihr gefallen, und tatsächlich war auch die Freude seiner Freundin über seine Aufmerksamkeit ehrlich und aufrichtig; doch schließt das keinesfalls aus, dass wenige Stunden danach schon die alte Angst sich wieder zu Wort meldet: Ob er mich auch noch liebt? Ob nicht gerade jetzt doch »alles schon aus« ist? Ob nicht doch seine Worte vorhin schon das Warnsignal waren? Eine Frau, die als Kind stets erleben musste, wie wetterwendig die Launen ihrer Mutter sein konnten, wird gerade in einer für sie wesentlichen Beziehung all die alten Ängste wieder in sich aufsteigen fühlen: Wann ist das Wort eines Partners wirklich zuverlässig, wann, wenn er etwas verspricht, darf man damit beginnen, sich auf die Erfüllung seiner Worte zu freuen…?

Für jemanden, der bei allem guten Willen unablässig derartigen Zweifeln und Unsicherheiten ausgesetzt ist, wird die Angst der Geliebten wie ein ständiges Misstrauen, wie ein ständiger Vorwurf wirken, und es wird ihm seiner Meinung nach dadurch chronisch Unrecht geschehen. Zudem muss er sich unter einen permanenten Verantwortungsdruck gestellt sehen; schließlich hat er den kompletten Planungsausfall seiner Geliebten mit eigenen Projekten zu kompensieren! Wie aber kann er überhaupt wissen, dass das, was er vorschlägt, auch wirklich ihren Wünschen entspricht? Und dann noch ihr Schweigen, ihre Neigung, bestehende Konflikte durch Rückzug zu »lösen«… Man kann sich gut denken, dass es recht oft in einer solchen Beziehung zu derartigen »Stockungen« kommen wird; und doch ist es möglich, dass es entsprechend dem Grimm'schen Märchen von Fall zu Fall besser gelingt, Stück um Stück mehr von dem »giftigen Apfel« der (Stief) Mutter zu entfernen.

Sexuell schließlich werden sich naturgemäß vergleichbare Probleme einstellen. Ganz wie CHRISTINA CRAWFORD es von sich als Mädchen schilderte, wird ein »Schneewittchen« geneigt sein, sich dem anderen von Anfang an als eine perfekte und erfahrene Liebhaberin zu präsentieren; doch wann erlebt es für sich selbst, was es in der Begegnung dem anderen vorspielt? Wann erhält es die Erlaubnis, selber als Frau das fühlen zu dürfen, was es den anderen fühlen lässt?

Die BRÜDER GRIMM berichten glaubwürdig, der Königssohn und die Prinzessin hätten all diese Hürden trotz allem genommen; es sei bei den Worten des »Prinzen« geblieben, mit denen er seinem »Schneewittchen« versicherte: »Ich habe dich lieber als alles auf der Welt«; er habe mit ihm schließlich in dem Schloss seines Vaters »Hochzeit« gefeiert.

9. Strafen oder Verstehen – von einer Möglichkeit mehr als ein Märchen

Alles stünde nach so viel Kummer und Leid somit endlich zum Besten, gäbe es da nicht noch ein Finale der besonderen Art, wie es die BRÜDER GRIMM freilich in vielen ihrer Märchen bevorzugen, wenngleich nicht immer in solch detaillierter Grausamkeit wie hier. Es geht um die Bestrafung der Stiefmutter, die in ihrer archaischen Roheit sich zunächst allein durch das barbarische Verbrechen selbst erklärt, das diese Frau verübt hat; zählen wir auf: Anstiftung eines Weisungsabhängigen zum Mord an der eigenen Tochter, versuchter Kannibalismus, versuchter heimtückischer Mord in drei Fällen – eine derartige kriminelle Energie findet sich zum Glück nur selten unter Menschen, und sie verlangt denn freilich wohl schon aus Gründen der Gerechtigkeit nach einem außerordentlichen Strafmaß. »Gerechtigkeit« aber – das war in alten Tagen (und ist es leider noch heute) die alte Verfahrensregel: Gleiches für Gleiches – das sogenannte Jus talionis.[166]

Bereits MUSÄUS berichtet, dass Graf Gottfried, nachdem er die schöne Blanca nach Ardenne zu seiner Mutter gebracht, sich selber, um Rache für seine Geliebte zu nehmen, unter dem Namen eines »Ritters vom Grabe« an den Hof Richildens begab und diese sogleich begann, den Jüngling »durch die verführerischen Netze der Koketterie zu bestricken«. Als freilich Richilde ihm ihre Zuneigung gestand, soll der Graf erklärt haben, keine Frau in die Ehe führen zu wollen, wenn er sie nicht von der Hand seiner Mutter empfange; es gebe daher kein Umhin, als sich gemeinsam nach Ardenne zu begeben und den Segen der Mutter einzuholen. Richilde, hören wir weiter, habe in den Plan eingewilligt, doch habe sie, bösartig wie sie war, noch einmal den Arzt Sambul reaktiviert, um mit dessen Hilfe zu gegebener Zeit sich der neuen Schwiegermutter zu entledigen; indessen sei der nicht zum Einsatz gekommen. Wie nämlich die Hochzeit zwischen Richilde und Gottfried im Verein mit zwölf anderen Paaren in aller Feierlichkeit gerade habe anheben sollen, da habe ein Page vermeldet, eine der Bräute, die schönste zumal, sei von ihrer eigenen Mutter ermordet worden. Welch eine Strafe, fragte da Gottfried Richilde, gebühre sich wohl für eine solche Person? Und die nun, weise wie weiland die Königin von Saba, als sie vom Hofe des großen Salomo zurückkehrte, sprach folgendermaßen: »Die grausame Mutter verdiente an der gemordeten Stelle den

Brautreihen mit dem unglücklichen Jüngling in glühenden eisernen Pantoffeln anzuheben..., denn die Rache ist süß wie die Liebe.« Nach dieser Weisung geschah's: Der »weibliche Engel, Fräulein Blanca«, entdeckte sich der Mutter als lebend, die Hochzeit ward geschlossen zwischen ihr und dem Grafen, und als nun der Brautzug durch den ganzen Tanzsaal begann, ward ein Paar Pantoffeln von blankem Stahl, in der Feuersglut hoch purpurrot erhitzt, von den Hofzwergen der alten »Giftnatter« anprobiert, so dass sie mit Gunzelin, einem knochenfesten gaskonischen Ritter, während die Musik all ihr Wehklagen weithin übertönte, tanzen und tanzen musste in unendlichen Wirbeln und Kreisen, einen wohlverwahrten Turm hinab, woselbst sie als »büßende Sünderin« »Zeit und Muße« genug erhielt, ihre Frevel zu sühnen. Nur Sambul der Arzt kochte noch köstliche Salben, ihre Schmerzen zu lindern. So, soll man denken, vergehen die Bösen.

Nicht gänzlich anderen Sinnes zeigen sich in ihrer Geschichte die BRÜDER GRIMM, nur verkürzen sie nicht allein die MUSÄUS-Vorlage, sie steigern absichtlich das Strafmaß der bösen Königin ins Grausam-Grässliche, ins wahrhaft Sadistische. Die fast schon groteske ödipale Bindung des »Helden« an seine Mutter übergehen sie ganz, – kein Wunder deshalb, dass wir einige Mühe hatten, sie in der Grimm'schen Erzählung wiederzufinden! Dann aber schildern sie die finalen Begebenheiten wie folgt: (Aus unerfindlichen Gründen!) zu der Hochzeit Schneewittchens eingeladen, sei die Stiefmutter zur Probe ihrer unvergleichlichen Schönheit wieder vor den Spiegel getreten und habe zu ihrem Entsetzen von diesem erfahren, dass ihre Tochter Schneewittchen immer noch lebe! Voller Angst habe sie erst zu den Hochzeitsfeierlichkeiten gar nicht erscheinen wollen, schließlich aber habe die Neugier in ihr die Oberhand gewonnen: Sie sei zu der Hochzeit gegangen! Doch wie sie beim Anblick Schneewittchens, von Schrecken gerührt, ganz starr dagestanden, seien sogleich eiserne Pantoffeln, rotglühend über dem Kohlenfeuer, mit Zangen hineingetragen worden, und in denen habe sie solange tanzen müssen, »bis sie tot zur Erde fiel«.

Eine solche Strafe schafft zweifellos einem primitiven Rachebedürfnis Genugtuung: Es ist nicht nur, dass die »gottlose« Stiefmutter stirbt, es ist vor allem die Art, in der sie ums Leben kommt: auf Schneewittchens Hochzeit, heimgesucht von der eigenen Eifersucht, in glühenden Pantoffeln sich zu Tode zu tanzen! Wer, muss man fragen, denkt nur derart ausgesuchte Quälereien sich aus?

Wieder versteht man den »Sinn« einer derart grässlichen Folter nur, wenn man ihre symbolische Bedeutung beachtet;[167] dann freilich bestätigt die Art dieser Strafe rückwärts noch einmal auf das Genaueste unser Verständnis des lebenslangen »Verbrechens«, das Schneewittchens Stiefmutter an ihrer Tochter verübt hat: War nicht dies die schlimmste Tortur, mit der sie das Mädchen zeitlebens traktierte, dass es für sie von früh bis spät »tanzen« musste, indem es sich nach ihrem Kommando zu drehn und zu wenden hatte? Und ging dieses »Tanzen« nicht immer wieder bis zum »Rotglühendwerden« vor Zorn, – und das unter der Zwangsmaske von Fröhlichkeit und Heiterkeit, von Beifallheischen in der Menge und schwungvoller »Animation« für die Umstehenden? O ja, es geschähe ihr recht, dieser Vettel, wenn sie selbst spüren würde, wie sich das anfühlt aufseiten des Opfers: diese »Überhitzung« aller Verhaltensweisen bei gleichzeitiger Leugnung der subjektiven Bedeutung, diese vollkommene Fühllosigkeit beim quietschvergnügten Herumtrampeln auf der Seele anderer, diese virtuose Solodarbietung beim Ausstechen aller... Einmal in ihrem Leben wenigstens sollte sie's merken – es geschähe ihr recht!

Dabei muss man die konkrete Bildsprache der »glühenden Pantoffeln« noch hinzunehmen: Schuhe oder Pantoffeln sind ihrer Form nach weibliche, vaginale Symbole,[168] – sie zum »Glühen« zu bringen, nur damit eine Frau sich wie eine Puppe im Kreise dreht, und alles an ihr schiene so überaus glücklich, während sie selber an ihrem Frausein zutiefst leidet, da es niemanden gibt, geben darf, der sie aus den »Fangeisen« ihres hysterischen Gebarens befreite, – es ist gerade diese Art von »Strafe«, in der das ganze Leben einer »Richilde« sich ausdrückt!

Doch wenn es so steht, muss man dann wirklich noch Schneewittchens Stiefmutter »fühlen« lassen, was sie selbst all die Zeit über doch längst schon gefühlt hat? Eine »Strafe«, wie die BRÜDER GRIMM sie erfinden, macht manifest, was immer war, was aber zugleich stets geleugnet wurde; eine symbolische »Strafe« wie diese muss deshalb sein, um alle Zweideutigkeit im Leben einer »Richilde« zu enden. Wie aber in der äußeren »Realität«? Die wichtigste Frage in diesem Zusammenhang bleibt selbst in der Schwebe: Kann man das Leben eines Menschen klären, indem man von außen ein bestimmtes Strafmaß über ihn erklärt?

Es war unser ganzes Bemühen bei der Deutung des Typs einer »Richilde«, für die Not einer Frau um Verständnis zu werben, die gezwungen ist, so zu leben wie sie. Ist denn ein solches Leben nicht in sich selber längst »Strafe« genug? Und was heißt da »Strafe«! Hat man ihr nicht in Kindertagen schon alles das angetan, was sie jetzt, eingebrannt in ihren Charakter, an andere, wider eigenes Wollen (!), weitergab, geben musste, einfach weil sie so ist, wie sie ist – ein »Ungeheuer«, gewiss, doch nur zu verstehen durch ein Ungeheueres an eigenem Leid?

DOSTOJEWSKI, als er in seinem großen Roman Schuld und Sühne über das Problem von »Gerechtigkeit« und »Strafe« nachdachte, gelangte zu der Überzeugung, dass »Sühne« für ein Vergehen nur zustande komme durch einen Prozess innerer Läuterung: Nur indem jemand überhaupt zu verstehen beginne, was für ein Mensch er im Augenblick seiner Tat wirklich war, welche Motive ihn dazu bestimmten, welche Ziele er damit verfolgte, könne er für das Getane so etwas wie »Reue« oder wie »Schamgefühl« empfinden. Eine »gerechte Strafe« sei nichts anderes als eine Weise der Selbsterkenntnis;[169] alle Höllen, alle »Fegefeuer« loderten einzig im Herzen der Menschen. Solange indessen Menschen sich anmaßten, über das Leben anderer zu urteilen, und nähmen sich das Recht und nennten es »recht«, andere zu verurteilen, und es wäre für sie »Gerechtigkeit« nichts weiter als der öde Formalismus ihrer Paragraphen und Gesetze sowie das kindische Nachäffen des begangenen Verbrechens mit staatlichen Mitteln, solange würden nicht Menschen zu einem Mehr an Menschlichkeit geführt, solange werde lediglich die Unmenschlichkeit mit unmenschlichen Mitteln vergrößert.[170] Jedes schwere Vergehen töte die Seele dessen, der es verübt, und er werde nur wieder zum Leben gelangen, wenn er jemanden finde, der in ihm die vollgelaufenen Schächte seines Selbsthasses leerpumpe. In Schuld und Sühne erfand DOSTOJEWSKI für den Studenten Raskolnikow deshalb die Dirne Sonja; denn einzig die Liebe vermag das.[171]

Aber, mag man skeptisch sich fragen, gibt es das wirklich: eine derart »selbstlose« Liebe? In dem Sinne, in dem das Wort »selbstlos« in zahlreichen Kirchentraktaten den Menschen als Vorbild auferlegt wird, gibt es sie nicht. Wenn jemand liebt, so begegnet er in dem Geliebten immer sich selbst, so wird er selber überhaupt erst in dem Geliebten. Nicht »selbstlos« ist daher die Liebe, eher selbstgründend, eher selbstgebend, denn gerade das ist sie: ein solches Suchen des Eigenen im Fremden, ein solcher Spiegel zugunsten einer Bestätigung, die jene einsame Eitelkeit einer »Richilde« endgültig überwindet. Graf Gottfried von Ardenne zum Beispiel in seinem Bemühen als Liebender! Indem er die schöne Blanca vom Tode befreit, befreit er sich selber zugleich auch von dem Komplex seines Vaters; ja, wir müssen jetzt sogar noch ergänzen: Indem er auf der Hochzeit mit der Geliebten den Alptraum ihrer (Stief)Mutter beseitigt, räumt er auch für sich selber die Negativanteile seiner eigenen Mutterbindung aus; da wird er selber geläutert durch die Liebe zu dieser Frau, der er sich selber künftig als Mann verdanken wird.

Auch für das »Schneewittchen« selber verhält es sich im Grunde nicht anders: Seine »Auferstehung« aus dem »Sarg« durch die Liebe des »Prinzen« kann zweifellos nur mit dem symbolischen »Tod« seiner (Stief)Mutter enden. Aber es würde ihm wenig nützen, an der Mutter äußerlich Rache zu üben. Wohl ist es psychotherapeutisch oft ein erster wichtiger Schritt, sich vorzustellen, es würde endlich einmal auch dem anderen zugefügt, was er einem selber im Leben angetan hat; es bedeutet psychisch gewiss eine große Erleichterung, die Aggressionen der Kindertage vom eigenen Ich weg auf die Person zu lenken, von der die tödliche Bedrohung ausging; eine solche Möglichkeit trägt zudem auch im gegenwärtigen Verhalten erheblich mit dazu bei, Konflikte nicht länger zu fliehen, sondern mutiger, mit größerem Selbstvertrauen und Selbstbewusstsein, durchzuarbeiten. Doch je mehr ein Mensch beginnt, sich selbst zu verstehen, desto sicherer wird er auch fähig werden, die Menschen zu verstehen, die ihn auf seinem Lebensweg positiv wie negativ begleitet und als Persönlichkeit mitgeformt haben.

Ein oft vorgetragener, vor allem in Theologenkreisen beliebter Einwand gegen die Psychoanalyse artikuliert sich konstant in dem Vorwurf, die Psychotherapie lehre die Menschen, immer wieder nur um sich selber zu kreisen, ständig in die Vergangenheit zu starren und nur sich selber gelten zu lassen; statt dessen komme es darauf an, endlich von sich abzusehen, die Vergangenheit auf sich beruhen zu lassen und hochherzig Vergebung und Verzeihung zu üben. Dass es in einer solchen »Verkündigung« an hehren Zielen nicht Mangel leidet, wird gewiss niemand bestreiten, und doch zeigt sich gerade vor dem Hintergrund auch nur eines Grimm'schen Märchens ganz deutlich der Schaden, der unvermeidlich entsteht, wenn man etwas Richtiges auf falschem, das heißt: zu »kurzem« Wege zu erreichen sucht. »Vergebung« lässt sich nicht herbeibeten noch herbeibefehlen; sie kann sich nur in der Weise ergeben, wie der »Sarg« eines »Schneewittchens« sich öffnet: von innen, nie von außen her, als das Ergebnis eines langsamen Reifens zu einer eigenen Persönlichkeit, die abgegrenzt genug ist, auch die Stellen einer gewissen Identität mit dem Wesen der Mutter anzuerkennen, ohne ihre alten »fressenden« Identifikationen noch länger fürchten zu müssen.

Dann freilich gilt es: Ein Mensch, der beginnt, selber zu sein, kann und wird damit aufhören, sich ständig voller Angst selbst zu betrachten; jemand, der beginnt, die eigene Kindheit an der Seite seiner Mutter zu verstehen, der wird, ähnlich wie CHRISTINA CRAWFORD es versucht und vermocht hat, zugleich auch verstehen, dass die Mutter ebenfalls ihre Kindheit hatte. Alles Verstehen kann nur bei sich selber beginnen; dann aber liefert es das Passepartout zum Öffnen auch des Kerkers, in den MUSÄUS seine Richilde verbannte; dann wird es überflüssig, Schneewittchens (Stief)Mutter nach dem Vorbild des Grimm'schen Märchens noch länger zu töten; dann genügt es, ihren Schatten im eigenen Leben durch ein klareres Erkennen und gütigeres Verstehen aufzuhellen. Erst dann wird eines »Schneewittchens« »Hochzeit«, dieses Bild der Einheit der Gegensätze, vollständig sein.

»Ich lebte damals«, erinnert sich CHRISTINA CRAWFORD an die Zeit ihrer ersten Wandlung zu einem innerlich ausgeglicheneren Dasein, »mit einem Mann zusammen, meiner ersten großen Liebe. Es war das erste Wesen, dem ich wirklich vertrauen konnte. Er zeigte mir, dass nicht alles im Leben Lüge, Verrat und Enttäuschung ist. – Es war, als hätte mich dieser Mann an ein Teleskop geführt, durch das sich mir der Blick in ein neues Universum eröffnete. Vielleicht gab es wirklich jenes Karma, von dem der Buddhismus spricht. Das Prinzip der Wiedergeburt, nach dem das gegenwärtige Schicksal eines Menschen durch seine früheren Taten bedingt war. Wenn man das Zusammenleben mit Mutter als die frühere Form meiner Existenz ansah, dann erklomm ich nun eine andere Daseinsstufe. Ich hatte den Schmerz durchlitten, ich war geläutert worden. Auch auf der nächsten Existenzstufe musste ich lernen. Aber ich war dem Nichts, der Verdammnis entronnen; ich war auf dem Weg nach oben. – Ich verstand damals, dass ich erst in meinem Inneren Ruhe und Frieden schaffen musste, bevor ich mich wieder ins Getümmel des Lebens warf. Ich musste vor mir Farbe bekennen. Erkenne dich selbst, hieß die Forderung. Es war das Schwerste, was ich mir abverlangen konnte. Ich sah in den Spiegel, zwang mich, die Augen offenzuhalten, die Frau zu betrachten, die mir dort entgegenstarrte. Ich selbst. Erstmals begann ich, die Verantwortung für mich selbst zu empfinden. Ich hörte auf, die Schuld für alles, was mir widerfuhr, auf Mutter abzuschieben. Zugleich billigte ich mir mehr Zeit, mehr Schonung zu. Es bestand kein Grund, die Maschine immer auf vollen Touren laufen zu lassen. Ich verstand, dass ich mein Leben neu aufbauen musste. Hysterie, Verfolgungswahn, Grausamkeit, Furcht, Überforderung – die Dinge, die bisher mein Leben bestimmt hatten, waren nur Schemen und Schatten, nichts, worauf man sein Glück errichten konnte. Es gab ein anderes Leben, für das es sich zu kämpfen lohnte. – Ich beschloss nachzudenken. Es war, wie ich glaube, dieser Weg nach innen, der mich damals vor dem letzten Ausweg, dem Selbstmord, bewahrt hat.«[172] – Man darf hinzufügen: auch vor dem Mord bzw. vor seiner juristisch legalisierten Form: dem Verlangen nach der Todesstrafe[173] für die Frau, die bis zum Mörderischen das Leben ihrer Tochter verwüstet hat. Am Ende erweist sich das Einverständnis mit sich selbst als identisch mit dem Verständnis aller Lebensumstände.

Ja, es zeigt sich, dass die wachsende Selbstsicherheit neue, freundlichere Reaktionen und Antworten auch auf seiten der (Stief)Mutter sowie aller anderen Menschen zulässt. Die ganze Welt mischt sich noch einmal neu: »Es war«, schreibt CHRISTINA CRAWFORD, »eine atemberaubende Erfahrung. Menschen, von denen ich bisher geglaubt hatte, es seien meine Freunde, fielen von mir ab wie Blutegel, die sich vollgesogen haben. Ich hatte verkündet, dass ich die Schauspielerei aufgab. Nun, dann war ich für diese Leute nicht länger von Nutzen. Man konnte keinen Vorteil mehr aus mir ziehen und musste sich ein neues Gasttier suchen. Zu sehen, wie sich vermeintliche Freunde von mir trennten, war schmerzlich. Ich brauchte einige Zeit, bis ich verstand, dass dies zu den notwendigen Folgen des Wechsels gehörte, den ich vollzogen hatte.«[174] »Es war Gott, der mir damals David, meinen jetzigen Mann, sandte. David besaß die Festigkeit, die mir fehlte. Er war es, der mir klarmachte, dass ich um meiner selbst willen geliebt wurde, nicht wegen irgendwelcher Dinge, die ich tat. Ich begann mein Leben in einem völlig neuen Licht zu sehen. Ich schöpfte frischen Mut, spürte, wie mich neue Kraft durchströmte.«[175] – »Schneewittchens« Sarg hatte sich endgültig geöffnet.

III. Marienkind oder: Die Wahrheit wird euch frei machen

Vor einem großen Walde lebte ein Holzhacker mit seiner Frau, der hatte nur ein einziges Kind, das war ein Mädchen von drei Jahren. Sie waren aber so arm, dass sie nicht mehr das tägliche Brot hatten und nicht wussten, was sie ihm sollten zu essen geben.

Eines Morgens ging der Holzhacker voller Sorgen hinaus in den Wald an seine Arbeit, und wie er da Holz hackte, stand auf einmal eine schöne große Frau vor ihm, die hatte eine Krone von leuchtenden Sternen auf dem Haupt und sprach zu ihm: »Ich bin die Jungfrau Maria, die Mutter des Christkindleins: Du bist arm und dürftig, bring mir dein Kind, ich will es mit mir nehmen, seine Mutter sein und für es sorgen.« Der Holzhacker gehorchte, holte sein Kind und übergab es der Jungfrau Maria, die nahm es mit sich hinauf in den Himmel. Da ging es ihm wohl, es aß Zuckerbrot und trank süße Milch, und seine Kleider waren von Gold, und die Englein spielten mit ihm. Als es nun vierzehn Jahre alt geworden war, rief es einmal die Jungfrau Maria zu sich und sprach: »Liebes Kind, ich habe eine große Reise vor, da nimm die Schlüssel zu den dreizehn Türen des Himmelreichs in Verwahrung: Zwölf davon darfst du aufschließen, und die Herrlichkeit darin betrachten, aber die dreizehnte, wozu dieser kleine Schlüssel gehört, die ist dir verboten: Hüte dich, dass du sie nicht aufschließest, sonst wirst du unglücklich.« Das Mädchen versprach gehorsam zu sein, und als nun die Jungfrau Maria weg war, fing es an und besah die Wohnungen des Himmelreichs: Jeden Tag schloss es eine auf, bis die zwölfe herum waren. In jeder aber saß ein Apostel, und war von großem Glanz umgeben, und es freute sich über all die Pracht und Herrlichkeit, und die Englein, die es immer begleiteten, freuten sich mit ihm. Nun war die verbotene Tür allein noch übrig, da empfand es eine große Lust zu wissen, was dahinter verborgen wäre, und sprach zu den Englein: »Ganz aufmachen will ich sie nicht und will auch nicht hineingehen, aber ich will sie aufschließen, damit wir ein wenig durch den Ritz sehen.« »Ach nein«, sagten die Englein, »das wäre Sünde: Die Jungfrau Maria hat's verboten, und es könnte leicht dein Unglück werden.« Da schwieg es still, aber die Begierde in seinem Herzen schwieg nicht still, sondern nagte und pickte ordentlich daran und ließ ihm keine Ruhe. Und als die Englein einmal alle hinausgegangen waren dachte es: Nun bin ich ganz allein und könnte hineingucken, es weiß es ja niemand, wenn ich's tue. Es suchte den Schlüssel heraus, und als es ihn in der Hand hielt, steckte es ihn auch ins Schloss, und als es ihn hineingesteckt hatte, drehte es auch um. Da sprang die Tür auf, und es sah da die Dreieinigkeit in Feuer und Glanz sitzen. Es blieb ein Weilchen stehen und betrachtete alles mit Erstaunen, dann rührte es ein wenig mit dem Finger an dem Glanz, da ward der Finger ganz golden. Alsbald empfand es eine gewaltige Angst, schlug die Türe heftig zu und lief fort. Die Angst wollte auch nicht wieder weichen, es mochte anfangen, was es wollte, und das Herz klopfte in einem fort und wollte nicht ruhig werden: Auch das Gold blieb an dem Finger und ging nicht ab, es mochte waschen und reiben, so viel es wollte.

Gar nicht lange, so kam die Jungfrau Maria von ihrer Reise zurück. Sie rief das Mädchen zu sich und forderte ihm die Himmelsschlüssel wieder ab. Als es den Bund hinreichte, blickte ihm die Jungfrau in die Augen, und sprach: »Hast du auch nicht die dreizehnte Tür geöffnet?« »Nein«, antwortete es. Da legte sie ihre Hand auf sein Herz, fühlte, wie es klopfte und klopfte, und merkte wohl, dass es ihr Gebot übertreten und die Türe aufgeschlossen hatte. Da sprach sie noch einmal: »Hast du es gewiss nicht getan?« »Nein«, sagte das Mädchen zum zweiten Mal. Da erblickte sie den Finger, der von der Berührung des himmlischen Feuers golden geworden war, sah wohl, dass es gesündigt hatte, und sprach zum dritten Mal: »Hast du es nicht getan?« »Nein«, sagte das Mädchen zum dritten Mal. Da sprach die Jungfrau Maria: »Du hast mir nicht gehorcht, und hast noch dazu gelogen, du bist nicht mehr würdig, im Himmel zu sein.«

Da versank das Mädchen in einen tiefen Schlaf, und als es erwachte, lag es unten auf der Erde, mitten in einer Wildnis. Es wollte rufen, aber es konnte keinen Laut hervorbringen. Es sprang auf und wollte fortlaufen, aber wo es sich hinwendete, immer ward es von dichten Dornhecken zurückgehalten, die es nicht durchbrechen konnte. In der Einöde, in welche es eingeschossen war, stand ein alter hohler Baum, das musste seine Wohnung sein. Da kroch es hinein, wenn die Nacht kam und schlief darin, und wenn es stürmte und regnete, fand es darin Schutz: Aber es war ein jämmerliches Leben, und wenn es daran dachte, wie es im Himmel so schön gewesen war und die Engel mit ihm gespielt hatten, so weinte es bitterlich. Wurzeln und Waldbeeren waren seine einzige Nahrung, die suchte es sich, soweit es kommen konnte. Im Herbst sammelte es die herabfallenden Nüsse und Blätter und trug sie in die Höhle, die Nüsse waren im Winter seine Speise, und wenn Schnee und Eis kam, so kroch es wie ein armes Tierchen in die Blätter, dass es nicht fror. Nicht lange, so zerrissen seine Kleider und fiel ein Stück nach dem anderen vom Leib herab. Sobald die Sonne wieder warm schien, ging es heraus und setzte sich vor den Baum, und seine langen Haare bedeckten es von allen Seiten *wie ein Mantel. So saß es ein Jahr nach dem andern und fühlte den Jammer und das Elend der Welt.*

Einmal, als die Bäume wieder in frischem Grün standen, jagte der König des Landes in dem Wald und verfolgte ein Reh, und weil es in das Gebüsch geflohen war, das den Waldplatz einschloss, stieg er vom Pferd, riss das Gestrüppe auseinander und hieb sich mit dem Schwert einen Weg. Als er endlich hindurchgedrungen war, sah er unter dem Baum ein wunderschönes Mädchen sitzen, das saß da und war von seinem goldenen Haar bis zu den Fußzehen bedeckt. Er stand still und betrachtete es voll Erstaunen, dann redete er es an und sprach: »Wer bist du? Warum sitzest du hier in der Einöde?« Es gab aber keine Antwort, denn es konnte seinen Mund nicht auftun. Der König sprach weiter: »Willst du mit mir auf mein Schloss gehen?« Da nickte es nur ein wenig mit dem Kopf. Der König nahm es auf seinen Arm und trug es auf sein Pferd und ritt mit ihm heim, und als es auf das königliche Schloss kam, ließ er ihm schöne Kleider anziehen und gab ihm alles im Überfluss. Und ob es gleich nicht sprechen konnte, so war es doch schön und holdselig, dass er es von Herzen liebgewann, und es dauerte nicht lange, da vermählte er sich mit ihm.

Als etwa ein Jahr verflossen war, brachte die Königin einen Sohn zur Welt. Darauf in der Nacht, wo sie allein in ihrem Bette lag, erschien ihr die Jungfrau Maria und sprach: »Willst du die Wahrheit sagen und gestehen, dass du die verbotene Tür aufgeschlossen hast, so will ich deinen Mund öffnen und dir die Sprache wiedergeben: Verharrst du aber in der Sünde und leugnest hartnäckig, so nehm ich dein neugeborenes Kind mit mir.« Da war der Königin verliehen zu antworten, sie blieb aber verstockt und sprach: »Nein, ich habe die verbotene Tür nicht aufgemacht«, und die Jungfrau Maria nahm das neugeborene Kind ihr aus den Armen und verschwand damit. Am andern Morgen, als das Kind nicht zu finden war, ging ein Gemurmel unter den Leuten, die Königin wäre eine Menschenfresserin und hätte ihr eigenes Kind umgebracht. Sie hörte alles und konnte nichts dagegen sagen, der König aber wollte es nicht glauben weil er sie so lieb hatte.

Nach einem Jahr gebar die Königin wieder einen Sohn. In der Nacht trat auch wieder die Jungfrau Maria zu ihr herein und sprach: »Willst du gestehen, dass du die verbotene Tür geöffnet hast, so will ich dir dein Kind wiedergeben und deine Zunge lösen: Verharrst du aber in der Sünde und leugnest, so nehme ich auch dieses Neugeborene mit mir.« Da sprach die

Königin wiederum: »Nein, ich habe die verbotene Tür nicht geöffnet«, und die Jungfrau nahm ihr das Kind aus den Armen weg und mit sich in den Himmel. Am Morgen, als das Kind abermals verschwunden war, sagten die Leute ganz laut, die Königin hätte es verschlungen, und des Königs Räte verlangten, dass sie sollte gerichtet werden. Der König aber hatte sie so lieb, dass er es nicht glauben wollte, und befahl den Räten bei Leibes- und Lebensstrafe, nichts mehr darüber zu sprechen.

Im nächsten Jahr gebar die Königin ein schönes Töchterlein, da erschien ihr zum dritten Mal nachts die Jungfrau Maria und sprach: »Folge mir.« Sie nahm sie bei der Hand und führte sie in den Himmel und zeigte ihr da ihre beiden ältesten Kinder, die lachten sie an und spielten mit der Weltkugel. Als sich die Königin darüber freute, sprach die Jungfrau Maria: »Ist dein Herz noch nicht erweicht? Wenn du eingestehst, dass du die verbotene Tür geöffnet hast, so will ich dir deine beiden Söhnlein zurückgeben.« Aber die Königin antwortete zum dritten Mal: »Nein, ich habe die verbotene Tür nicht geöffnet.« Da ließ sie die Jungfrau wieder zur Erde herabsinken und nahm ihr auch das dritte Kind.

Am andern Morgen, als es ruchbar ward, riefen alle Leute laut: »Die Königin ist eine Menschenfresserin, sie muss verurteilt werden«, und der König konnte seine Räte nicht mehr zurückweisen. Es ward ein Gericht über sie gehalten, und weil sie nicht antworten und sich nicht verteidigen konnte, ward sie verurteilt, auf dem Scheiterhaufen zu sterben. Das Holz wurde zusammengetragen, und als sie an dem Pfahl festgebunden war und das Feuer ringsherum zu brennen anfing, da schmolz das harte Eis ihres Stolzes, und ihr Herz ward von Reue bewegt, und sie dachte: »Könnte ich nur noch vor meinem Tode gestehen, dass ich die Tür geöffnet habe«, da kam ihr die Stimme, dass sie laut ausrief: »Ja, Maria, ich habe es getan!« Und alsbald fing der Himmel an zu regnen und löschte die Feuerflammen, und über ihr brach ein Licht hervor, und die Jungfrau Maria kam herab und hatte die beiden Söhnlein zu ihren Seiten und das neugeborene Töchterlein auf dem Arm. Sie sprach freundlich zu ihr: »Wer seine Sünde bereut und eingesteht, dem ist sie vergeben«, und reichte ihr die drei Kinder, löste ihr die Zunge, und gab ihr Glück für das ganze Leben.

Der erste Eindruck dieser Erzählung trügt nicht: Stünde die Geschichte vom »Marienkind« nicht in einer Sammlung von Märchen – man müsste sie eher für eine Legende denn für ein Märchen halten,[1] so sehr drängt sich sein religiöses und ethisches Anliegen in den Vordergrund.

»Weh dem, der lügt« – so möchte man mit Grillparzers Drama[2] seine »Moral« wiedergeben, die bis ins Göttliche hinein überhöht ist: Nicht nur die eigenen Eltern, die Mutter Gottes selbst straft Kinder, wenn sie nicht gehorsam sind und nicht die Wahrheit sagen. Ein Märchen, wie geschaffen, möchte man meinen, zur Einschüchterung gegenüber der elterlichen Autorität:[3] schon der kleinste Frevel wird grausam und auf Jahre hin geahndet, und nur die endgültige Kapitulation bewahrt vor dem Untergang; die himmlischen Mächte aber wissen alles, es hilft keine Lüge; und wer nicht gar als Hexe enden will, der unterwerfe sich bei Zeiten. Indessen, so ängstigend die Wirkung dieser Erzählung auf Kinder auch sein mag, manche unter ihnen werden eine Reihe von Fragen nicht unterdrücken können: Wie kann man in den Himmel zur Mutter Gottes gelangen, ohne vorher gestorben zu sein? Wieso ist es verboten, im Himmel, der doch nach der Meinung des Pfarrers gerade in der seligen Anschauung Gottes besteht,[4] die Gottheit anzuschauen? Wieso verfährt die Mutter Gottes derart streng mit einem kleinen Kind und seinem kleinen bisschen Neugier? Und wieso brennt sie selbst so neugierig darauf, dem Mädchen trotz allem das Geheimnis seiner »Sünde« zu entreißen? Wie ist es schließlich überhaupt möglich, im »Himmel« zu sündigen und noch einmal von dort auf die Erde verbannt zu werden? Vor allem jedoch: Warum lässt die Mutter Gottes nicht wenigstens nach ihrer furchtbaren Strafe das arme Mädchen in Ruhe? Warum muss sie der endlich auf Erden glücklich Gewordenen nachts wie eine gemeine Diebin auch noch die Kinder rauben und kann offenbar nicht eher Ruhe geben, als bis ihr Opfer unter Schmerz und Todesangst die Wahrheit eingesteht? Aber auch umgekehrt: Wieso sagt das »Marienkind« seine Wahrheit nicht viel eher? Man kann seine Lüge im Himmel verstehen, aber was muss das für eine Wahrheit sein, die man nicht einmal einzugestehen wagt, wenn man infolge der Unwahrheit alles verliert, woran man sein Herz hängt?

Fragen über Fragen, die gleich am Anfang nur eines zeigen: Man hat es in der Geschichte vom »Marienkind« mit stark legendenhaften, »erzieherisch« pointierten, christlich-katholischen Übermalungen von Motiven zu tun, die in ihrer geheimnisvollen Widersprüchlichkeit und Rätselhaftigkeit, in ihrer ambivalenten Mischung aus Grausamkeit und Güte, aus Angst und Vertrauen, aus Glück und Unglück, aus Wahrhaftigkeit und Verlogenheit ein emotionales Kolorit bilden, wie es für Legenden völlig untypisch, für Märchen hingegen geradezu charakteristisch ist. Alle im engeren Sinne »religiösen« Inhalte des Märchen vom »Marienkind« sind daher als sekundär zu betrachten, und tatsächlich gibt es Varianten der Erzählung, in denen statt von der »Mutter Gottes« von einer wunderschönen schwarzen Jungfrau die Rede ist, die ein junges Mädchen nicht gerade in den »Himmel«, immerhin aber in ihr Schloß entführt und hinter deren verbotener 13. Tür statt der Dreifaltigkeit Gottes sich »nur« eine Vierheit von Frauen befindet.[5]

Für die Auslegung der Erzählung vom »Marienkind« ergibt sich aus diesen Beobachtungen zweierlei: Auf der einen Seite wird man den Mut aufbringen müssen, selbst das Sprechen von Himmel, Gottesmutter und Dreifaltigkeit in diesem Märchen rein psychologisch zu interpretieren. Es mag sein, dass dieses Vorgehen manch einem Leser zunächst als fremdartig, pietätlos oder zu »psychologistisch« anmuten wird; aber ob ein Text wirklich religiös ist oder nicht, zeigt sich ja nicht daran, wie viele religiöse Vokabeln er verwendet, sondern wie die menschliche Wirklichkeit beschaffen ist, von der er spricht; diese menschliche Wirklichkeit muss man zunächst einmal psychologisch zu beschreiben versuchen; dann aber hat, wie bei jeder tiefenpsychologischen Märchendeutung, auch hier die Regel zu gelten, dass alle in der Erzählung auftretenden Gestalten, gleich ob im Himmel, auf der Erde oder unter der Erde, ob göttlich, menschlich oder tierhaft, als Symbole einer innerpsychischen Wirklichkeit aufzufassen sind; die religiösen Elemente des Märchens müssen mithin auf seelische Inhalte zurückgeführt werden.

Auf der anderen Seite würde man nicht das Märchen vom »Marienkind« interpretieren, wenn man nicht gerade seine legendären Züge eigens würdigen wollte. Auf Schritt und Tritt wird man sich daher die Frage vorlegen müssen, was für einen – freilich rein psychologischen – Sinn es haben mag, wenn in der Erzählung bestimmte psychische Gegebenheiten durchgehend in die Sprache der Religion überhöht werden. Mit anderen Worten: Man hat beim Märchen vom »Marienkind« sowohl die Gelegenheit als auch die Pflicht, diejenige Eigenart von Religiosität und Frömmigkeit zu untersuchen, die sich in eben den legendären Ausformungen des Märchens widerspiegelt – eine religionspsychologisch außerordentlich lohnende Aufgabe; und man hat die Art von Psychologie zu untersuchen, die eine derartige religiöse Überhöhung schafft.

Dabei darf freilich nicht vergessen werden, was das Märchen vom

»Marienkind« eigentlich erzählt. Wie bei vielen anderen Märchen handelt es sich in der Erzählung um die Entwicklungsgeschichte einer Frau von ihren Kindertagen bis zur Ehe; aber, anders als zumeist, bleibt dieses Märchen nicht bei dem glückseligen Abschluss der Hochzeit stehen, sondern es berichtet gerade von den Schwierigkeiten, die sich aufgrund einer bestimmten Jugend in der Ehe später notwendig ergeben müssen. Eben die weiträumige Geschlossenheit dieser Erzählung, die Kindheit und Erwachsenenalter gleichermaßen umfasst, lässt die Beschäftigung mit dem Märchen vom »Marienkind« menschlich als besonders wertvoll erscheinen. Man mag beim heutigen Stand der Pädagogik berechtigte Zweifel haben, ob man eine Geschichte wie diese *Kindern* vorlesen sollte; *Erwachsene* sollten sie lesen, denn um die Hintergründe ihrer Konflikte, wie sie besonders im Umkreis eines stark religiös geprägten Milieus von den ersten Eindrücken der Kindheit her entstehen und sich bis in die Ehe hinein fortsetzen können, ist es diesem Märchen am meisten zu tun. Seine Hauptfrage aber gilt dem Problem, wie es möglich ist, ein Leben der Verlogenheit zu beenden und ein vollendetes Getto religiöser Angst zu mehr Wahrhaftigkeit zu öffnen.

1. Der arme Vater und die Mutter Gottes

Um den zentralen Konflikt im Leben des »Marienkindes« zu verstehen, muss man das Augenmerk vor allem auf die »Einleitung« des Märchens richten, die von der Armut und Armseligkeit erzählt, unter der das »Marienkind« die ersten drei Jahre seines Lebens verbringt. Das Märchen trifft diese Mitteilungen ohne Kommentar; wir aber müssen uns fragen, was es für ein Kind bedeutet, Eltern zu haben, die »arm« sind.

Für unser Erleben heute ist die Vorstellung von Armut meist zu etwas Relativem, rein Soziologischem geworden: Arm ist, wer weniger besitzt als der Durchschnitt der Gesellschaft. Die Armut hingegen, von der die Märchen erzählen, ist absolut: Sie kann so schlimm sein, dass Eltern nicht mehr wissen, wie sie ihre Kinder ernähren sollen, und unter dem Druck einer solchen Armut ist der tragische Konflikt fast unvermeidbar, dass selbst die liebsten Kinder ihren Eltern zu viel werden. Nicht wenige Märchen erzählen davon, dass Eltern in ihrer Not sich nicht anders zu helfen wissen, als ihre Kinder fortzujagen, sie im

Wald auszusetzen oder sie gar zu schlachten und als kannibalische Speise zu verzehren. Andere Eltern wiederum nehmen auf Kosten ihrer Kinder zu einem Pakt mit dem Teufel ihre Zuflucht und opfern, ohne es zu wissen, wie unter einem bösen Fluch, das ihnen Teuerste dem Bösen.[6] All diese Varianten zeigen, wie Kinder die Armut ihrer Eltern erleben können, und dass nicht so sehr die materielle Not selbst als vielmehr die seelische Einstellung der Eltern dazu für das Selbstgefühl der Kinder letztendlich ausschlaggebend ist. Gewiss gibt es kein schrecklicheres Gefühl für ein Kind als das Empfinden, seinen Eltern bereits durch sein bloßes Dasein lästig zu sein, denn es bedeutet, im Grunde unberechtigt auf der Welt zu sein, und je mehr die Eltern sich aus Liebe, Verantwortungsgefühl oder Ehrgeiz Mühe geben, die objektive Notlage zu überbrücken, desto mehr kann dieses Gefühl unter Umständen sogar erst recht dramatische Formen annehmen. Das Märchen vom »Marienkind« stellt, schon dem Titel nach, kein einzelnes individuelles Schicksal dar,[7] es beschreibt vielmehr einen bestimmten seelischen Typus, einen bestimmten Charakter, und ließe man einmal Frauen sprechen, auf die die Beschreibung des »Marienkindes« zutrifft, so hätten sie gewiss alle am Anfang ihres Lebens von schweren äußeren oder inneren Notlagen zu sprechen, wie das Märchen vom »Marienkind« sie voraussetzt. Viele müssten erzählen von der Zeit der Bombenangriffe, der Evakuierungen, der Flüchtlingstrecks, der Hungersnot, der Demontage – Millionen Frauen der älteren Generation in Deutschland hatten als Kinder dieses Schicksal durchlitten. Andere müssten erzählen von der Zeit der Währungsreform, des Wiederaufbaus, des Einsatzes aller Kräfte für das, was später das »Wirtschaftswunder« hieß. Andere hätten, nur scheinbar weniger grausam, davon zu erzählen, wie ihr Vater durch Unfall oder Krankheit seine Stellung verlor, wie er als Kriegsinvalide zurückkehrte oder wie einfach ein Supermarkt das einst blühende Einzelhandelsgeschäft der Eltern ruinierte. Andere müssten schildern, wie eine seelische Erkrankung des Vaters oder der Mutter (Alkoholismus, Depressionen, Herzphobien, Paranoia, Nervosität oder dergleichen) jeden Freiraum einengte. Und alle müssten sie davon berichten, wie im Schatten derartiger äußerer und innerer Entbehrungen sie vor allem psychisch zu einem unerträglichen Maß an Rücksichtnahme auf die Notlage ihrer Eltern gedrängt wurden.

Es ist der normale Wunsch eines Kindes, sich zum Geburtstag oder zu Weihnachten etwas zu wünschen. Wenn aber die Eltern kein Geld haben, stehen gerade die wohlmeinenden unter ihnen in der Gefahr, den bloßen Wunsch ihres Kindes wie einen Vorwurf zu empfinden: Indem sie die Bitte des Kindes eigentlich als gerechtfertigt anerkennen, leiden sie darunter, ihr nicht entsprechen zu können; sie selbst bekommen Schuldgefühle, als Eltern versagt zu haben, weil sie ihrem Kind einen natürlichen Wunsch versagen müssen, und womöglich staut sich dieser Widerspruch von Liebe und Selbstvorwurf so stark, dass sie zornig ihrerseits dem Kind Vorwürfe machen, Wünsche überhaupt auch nur zu haben, geschweige denn zu äußern. In jedem Fall erlebt das Kind, dass es seinen Eltern bereits mit seinen ganz gewöhnlichen Wünschen zur Last und Zumutung wird; unvermeidlich rückt der bloße Umstand, auf der Welt zu sein, unter diesen Umständen mehr und mehr in die Zone des Unerwünschten, allenfalls Geduldeten, im Grunde deutlich Überflüssigen und Überzähligen. Auch die Bemerkung, dass das »Marienkind« das einzige Kind seiner Eltern ist, kann unter Umständen diesen Eindruck verstärken: Noch vor einem Jahrhundert war ein Einzelkind etwas sehr Seltenes, und es könnte sein, dass von vornherein die Eltern des »Marienkindes« glaubten, aus Not nur ein Kind haben zu dürfen; aber selbst ein solches einzelnes Kind muss sich dann fühlen wie das zweite oder dritte Kind einer indischen Familie heute, an deren Hauswand geschrieben steht: »Zwei Kinder sind genug«, oder: »(Nur) kleine Familien sind gute Familien«: Es muss versuchen, die eigenen Wünsche so weit als möglich zu unterdrücken und sich dafür umso strenger nach den Erwartungen der Eltern zu richten. Die Armut der äußeren Verhältnisse wird damit zur Armseligkeit des eigenen Ich und als solche verinnerlicht; und wenn es fortan noch eine Chance geben soll, die verlorene Selbstachtung zurückzugewinnen, so nur, indem man sich über die Maßen um die Wertschätzung der Eltern bemüht: Statt den Eltern lästig zu sein, muss man versuchen, ihnen durch Fleiß und Entgegenkommen nützlich zu werden; statt ihnen als unerwünscht zu erscheinen, muss man versuchen, ihnen durch Willfährigkeit und Gehorsam Freude zu bereiten, und um nicht in die Gefahr zu kommen, als schlechthin unerwünscht zu gelten, muss man die Wünsche der Eltern, so prompt es geht, vorweg zu erfüllen suchen. Aus lauter Angst vor Ablehnung und Missachtung entsteht so die Grundhaltung des »guten«, »braven« und »lieben« Kindes, das mit seinen großen, geweiteten Augen und seinem kleinen, etwas zusammengepressten Mund schon rein äußerlich der Darstellung mancher Heiligenbilder gleicht, auf denen ein solcher Gesichtsausdruck geradezu als die ideale Verkörperung von Rechtschaffenheit und Sittsamkeit zu gelten scheint.

Tatsächlich formen sich unter den Entbehrungen bereits der ersten Lebensjahre gerade diejenigen Einstellungen, die ein späteres »Marienkind« auch in seiner religiösen Haltung auszeichnen. Kein Kind wird auf seine eigenen Wünsche ohne schwere Depressionen verzichten können, wenn es nicht trotz allem auf eine gewisse Belohnung hoffen darf. Je aussichtsloser es sein kann, auf Erden Wertschätzung und Beachtung zu erringen, desto inniger mag ein solches Kind sich damit trösten, dass ihm wenigstens im Himmel für sein Wohlverhalten, seine Selbsteinschränkungen und seine ständigen unbemerkten Opfer ein gerechter Ausgleich zuteilwerde. Das Bild der Eltern verdoppelt sich auf diese Weise im Erleben des Kindes in ein Bild irdischer Entbehrung und in ein Bild himmlischer Belohnung, und wir begreifen an dieser Stelle zum ersten Mal, dass die religiösen »Überhöhungen« im Märchen des »Marienkindes« nicht einfach als äußere legendäre Übermalungen oder Verfremdungen zu verstehen sind, sondern sich aus dem inneren Erleben der »Marienkinder« im Umkreis schwerer Lebensbeeinträchtigungen wie von selbst ergeben können und müssen. Indem die eigene Selbstachtung auf Gedeih und Verderb an die Übereinstimmung mit den eigenen Eltern gebunden wird, umkleidet die Eltern fortan eine göttliche Aura: Jederzeit sind sie imstande, durch ihre Zustimmung oder Zurückweisung das Kind in den Himmel oder in die Hölle zu stoßen, und es sind vor allem die ganz normalen, ganz alltäglichen Reaktionen, an denen dieser ungeheure Pendelschlag zwischen Sein und Nichtsein, zwischen paradiesischem Glück und ewigem Inferno sich einschwingt. Eine bloße Handbewegung der Mutter, die Art ihres Tonfalls, das Schlagen einer Tür, irgendeine pädagogische Phrase – und der Boden bebt unter den Füßen eines so verängstigten »Marienkindes«. »Ich habe einmal zu meiner Mutter gesagt«, erinnert sich eine heute 40-jährige Frau, »›der Ball gehört doch mir, da hat sie ganz energisch zu mir gesagt: ›Dir gehört nicht einmal das Schwarze unterm Nagel‹, und sie hat dabei mit den Fingern geknipst; ›wenn Du die Augen zumachst, was Du dann siehst, das gehört Dir‹. Ich hätte in diesem Moment endlos weinen können, denn es war, als wenn mir alles genommen wurde: meine ›Bärbel‹ (die Lieblingspuppe), der ›Zotti‹ (der kleine Teddybär), meine zehn Murmeln, und ich wusste, dass ich nie wieder etwas bekommen würde.« Es hilft nicht viel, sich 35 Jahre später zu sagen, dass Mutter ihren Ausspruch so ernst gar nicht gemeint, sondern nur gesagt hat, was man seinerzeit ganz allgemein zu sagen pflegte – im Umkreis der angstdurchtönten Verunsicherung des Rechts zum Dasein überhaupt wirken solche Sätze wie endgültige Bestätigungen dessen, was man eigentlich schon immer wusste: Es wäre besser, wenn man nie geboren wäre, und man ist schuldig einfach dadurch, dass man auf der Welt ist.

Wirklich tödlich wirkt die äußere (bzw. innere) Armut der Eltern tatsächlich erst durch diese Verinnerlichung der Angst vor dem jederzeit möglichen »Verstoßen-« oder »Aufgefressenwerden«. Eltern, die so erlebt werden, sind wie Herrgötter, wie absolute Daseinsmächte, und um mit ihnen leben zu können, bedarf es göttlicher Gegenkräfte, die ihren Einfluss neutralisieren helfen. Was Wunder also, dass Kinder, die in einer solchen Umgebung heranwachsen, immer wieder vom Himmel träumen, um die Erde zu vergessen, dass sie an die Mutter Gottes und den himmlischen Vater denken, um sich über die alltägliche Strenge der irdischen Mutter und des irdischen Vaters hinwegzutrösten, und dass sie ständig eine Gegenwelt in der Vorstellung brauchen, um die Unerträglichkeit der realen Erfahrung nicht als endgültig setzen zu müssen? Psychoanalytisch mag man zur Deutung einer solchen seelischen Einstellung von oraler Gehemmtheit, von starker Identifikation mit den Eltern, von einer entsprechenden Introjektion der Elternimagines und von kompensatorischen Wunschphantasien sprechen, aber man beschreibt mit solchen Begriffen lediglich von außen, was die Bilder des Märchens vom »Marienkind« gerade von innen her mitzuempfinden und einzusehen lehren: Wie sehr Menschen der Idee Gottes bedürfen, um inmitten der ganz »normalen« Zumutungen der Welt die Kraft zum Leben zu gewinnen. Nur wenn sich über diese Welt des Leids ein Himmel wölbt, zu dem man wie zu seiner eigentlichen Heimat aufschauen kann, ist dieses Dasein auszuhalten. Ohne eine solche legendenhafte Verklärung des Daseins ist menschliches Leben wohl insgesamt nicht möglich, sobald es die Grenzen tierhafter Wohlversorgtheit verlässt.

Freilich gilt es zu beachten, dass die tröstliche Wahrheit des Religiösen im Leben des »Marienkindes« durch den Faktor der Angst von Anfang an höchst ambivalent wirkt. Vermutlich ist bei der Lektüre dieses Exposés bei manchem Leser bereits die Frage laut geworden, ob der einfache Hinweis des Märchens auf die »Armut« der Eltern nicht an sich alle möglichen, auch ganz andere Begründungen und Bearbeitungsversuche zulasse, weit abweichend von dem, was wir bisher erörtert haben. In der Tat lassen sich 1001 Gründe nennen, die eine Familie finanziell und psychisch in Existenznot bringen können, und gewiss wird es ebenso viele Möglichkeiten geben, auf Armut zu reagieren. Uns aber ist es anhand des vorliegenden Märchens darum zu tun, den »Typus« des »Marienkindes« tiefenpsychologisch zu verstehen, und dabei gilt es, die »Armut« und »Religiosität« des »Marienkindes« in einer wesenhaften Erlebniseinheit zu sehen, wie sie in der vorwiegend oral-depressiv getönten Grundstimmung des Märchens zum Ausdruck kommt. Nur im Umkreis dieser Struktur wird man im Fortgang der Erzählung die weiteren Charaktermerkmale, Verhaltensweisen und Schwierigkeiten des »Marienkindes« als in sich zusammengehörig verstehen können und auch die Ambivalenz des Religiösen in diesem Märchen begreifen. Denn auf der einen Seite vermag die religiöse Überhöhung der Eltern dem heranwachsenden Kind den auf Erden so sehr vermissten Schutz und Halt zu geben, auf der anderen Seite aber verhindert sie jede Art von aktiver und eigenständiger Auseinandersetzung mit den Schwierigkeiten des Lebens. Die Resignation gegenüber den eigenen Ansprüchen an das Leben geht im Märchen vom »Marienkind« so weit, in jedem Konfliktfall auf eine »magische« Hilfe des Himmels zu hoffen; der »Glaube« gerät auf diese Weise sehr in die Gefahr, breite Passivitäts- und »Bequemlichkeitshaltungen« festzuschreiben und die kindliche Abhängigkeit und Auslieferung an den Elternwillen ideologisch zu verfestigen; tatsächlich zeigt das »Marienkind« im ganzen weiteren Leben sich außerstande, irgendetwas von sich selbst her zu tun oder zu planen, und das einzige, was es selber tun wird, trägt augenblicklich das Merkmal einer offenbar unverzeihbaren Sünde an sich.

In gewissem Sinne darf man neben dieser resignativen Passivität auch einen ausgesprochen »narzisstischen« Zug im Charakter des »Marienkindes« nicht übersehen. Jeder, der in einem Klima der Angst und der Not aufwächst, wird die Umgebung unablässig daraufhin befragen, ob sie es noch erlaubt, dass man lebt, oder nicht; an die Stelle einer ruhigen Wechselseitigkeit im Umgang miteinander muss daher die Haltung einer dauernden egozentrischen Selbstbewahrung treten. »Hat mich der Andere lieb – das heißt: lässt er es zu, dass ich bei ihm lebe?« oder: »Verstößt mich der Andere und wirft mich in den Tod« –, das sind die Fragen, die ständig, bei jedem Kontakt, in jedem Gespräch, in jedem Spiel, an der Person des Anderen nach einer Antwort suchen. Hinzu kommt die Tatsache, dass das »Marienkind« *allein* bei seinen Eltern aufwächst. Selbst wenn man seiner Rolle als Einzelkind äußerlich keine allzu große Bedeutung beimisst, so ist es doch als sicher anzunehmen, dass seelisch das »Marienkind« sich als vollkommen »vereinzelt« in der Welt seiner Eltern empfindet. Seine Welt besteht ausschließlich in der Beziehung zu seinen Eltern; neben seinen Eltern existiert nichts sonst, und wollte man ein oberstes Gebot für den Umgang mit seinen absolut gesetzten Eltern formulieren, so müsste es wohl lauten: »Du sollst keine fremden Götter neben mir haben.« So wie das Mädchen ständig nach der uneingeschränkten Liebe seiner Eltern sucht, so vereinigen auch diese, ob sie es wollen oder nicht, im Felde der Angst alle psychische Energie des Kindes auf sich selbst. Jede andere Beziehung verflüchtigt sich neben der einen einzigen und alles entscheidenden Frage: Sind Vater und Mutter noch bereit, ihr Kind leben zu lassen oder nicht?

Jedoch im Alter von drei Jahren, erzählt das Märchen, tritt für das »Marienkind« eine Änderung ein, die nicht nur sein Verhältnis zu den Eltern, sondern seine gesamte weitere Entwicklung nachhaltig bestimmen wird: Der Vater übergibt seine Tochter der »Jungfrau Maria«. Ein Kenner der Märchen mag an dieser Stelle aufatmen – Gott sei Dank erwartet den armen Vater im Walde nicht, wie sonst üblich, der Teufel, eine Hexe oder sonst ein dämonisches Wesen.[8] Wer aber etwas von den psychischen Zusammenhängen in Märchen versteht, muss sich bei dieser Nachricht sehr beklommen fühlen; denn endgültig ergreift von dem »Marienkind« jetzt eine Macht Besitz, die, so gut zu meinen sie auch vorgibt, durchaus unheimliche, göttlich-dämonische Züge trägt: Erst von diesem Augenblick an wird das Mädchen zu einem eigentlichen »Marienkind«; erst hier beginnt die religiöse Überhöhung aller Lebensvorgänge sich auszuwirken, und alles, was in den ersten drei Lebensjahren bisher angelegt und vorbereitet war, mündet jetzt ein in den einen entscheidenden Vorgang: dass der Vater seine Tochter der geheimnisvollen »Muttergottes« anvertraut. Wer diese geheimnisvolle Frau ist, die das Leben des Mädchens mit einem Schlag von seiner irdischen Notdurft befreit und es hinüberführt in eine ganze andere himmlische Welt, das ist die erste entscheidende Frage.

Man mag an äußeren Umständen erneut sich ausdenken, was irgend passend scheint, um den Wechsel im Leben des »Marienkindes« von der »Vaterwelt« zur »Mutterwelt« glaubhaft zu machen. »Als ich etwa dreieinhalb Jahre alt war«, müsste manch eine Frau, die der Psychologie des »Marienkindes« nahesteht, mit Rückblick auf diese Zeit sagen, »da wurde ich von meinen Eltern der Großmutter anvertraut, einer sehr lieben Frau, die alles nur Erdenkliche für mich tat.« Oder: »Von einem bestimmten Zeitpunkt an habe ich meinen Vater (fast) gar nicht mehr gesehen; er muss damals einen neuen Beruf angefangen haben, der ihn räumlich und zeitlich von der Familie immer weiter entfernte, der aber finanziell sehr einträglich war. Ich lebte fortan fast nur mit meiner Mutter zusammen, und es war eine außerordentlich unbeschwerte, schöne Zeit.« Oder: »Damals haben meine Eltern mich in ein Kinderheim getan, das von Ordensschwestern geleitet wurde, die sehr gut zu mir waren.« – Was auch immer man sich an äußeren Details im Hintergrund der »Mutter Gottes« vorstellt, wichtig ist allein, dass das Märchen die Änderung der Lebensverhältnisse des »Marienkindes« wesentlich als einen quasi religiösen, in jedem Falle inneren Vorgang darstellt, durch den die Mutter des Kindes durch die »Mutter Gottes« ersetzt wird.

Im Grunde bedarf es daher eigentlich gar keiner äußeren Anlässe und Umstände, um das Auftreten und die Gestalt der »Mutter Gottes« zu verstehen; es genügt, dass die Gestalt der Mutter in der Sicht des Kindes sich in eine buchstäblich mythische Person verwandelt bzw. dass die bisher gehegte Wunschwelt sich auf das Engste mit der Gestalt der irdischen Mutter verbindet; und dazu gehört, dass der Vater sich (mehr oder weniger) freiwillig aus dem Gesichtsfeld des Kindes zurückzieht und die Mutter eine absolute Macht über ihr Kind erhält. Man braucht sich z. B. nur eine Mutter vorzustellen, die, selber zu Depressionen neigend, es herzensgut mit ihrer Tochter meint, aber mit ihrer eigenen Lebensangst, mit ihren Selbstmordphantasien, mit ihren Herzattacken oder ihren Asthmaanfällen die ständige Aufmerksamkeit des Kindes beansprucht: Ständig muss ein solches Kind seiner Mutter durch Liebe und Aufmerksamkeit ein Motiv schaffen, weiterzuleben; es muss sich selber opfern für das Leben der Mutter; aber zugleich wird es unter Umständen erfahren, dass es wirklich von der Mutter als ein opferbereites, gutes Kind geliebt wird und seelisch eine Art »Himmel auf Erden« als Gegenleistung empfängt. In jedem Falle beansprucht die

Mutter die ganze Zuwendung ihrer Tochter – der Vater spielt seelisch keine Rolle mehr. Erst von daher versteht man, dass der Mann, als er im Wald der »Mutter Gottes« begegnet, mit seiner Frau kein Wort über sein Abkommen zu verlieren braucht: Die Mutter Maria ist im Grunde keine andere Person als die ursprüngliche Mutter des Kindes, nur fortan in einer absoluten und ausschließlichen Dominanz über die Tochter. Auf Jahre hin wird das Leben des »Marienkindes« psychologisch jetzt von dieser Einheit mit seiner Mutter bestimmt werden. Der Vater existiert gewissermaßen nur noch in seiner Erinnerung bzw. in der bleibenden Rolle des »armen Vaters«, und je mehr das Ansehen der Mutter sich zu überirdischer Größe verklärt, als desto ärmer und geringer wird das Bild des Vaters im Bewusstsein des Mädchens ausfallen. Welch ein Mann vermag schon an der Seite einer »Gottesmutter« zu bestehen? Alle Schönheit, aller Adel, alle Macht und Weisheit umhüllt künftig nur sie, und man braucht sich nur konsequent genug ihr anzupassen und zu unterwerfen, so wird man selber eine unvergleichliche Ausnahmestellung bekleiden können, ganz so, als wäre man selber eine Art »Christuskind«, eine ganz und gar einmalige Erscheinung in und aus einer anderen Welt. Immer aber hängt dieser unerhörte Vorzug an der zentralen Bedingung, dass man mit der »Mutter Gottes« völlig übereinstimmt. Der Vater mag ein armer Wicht, ein kranker und unfähiger Patron, ein »Holzhacker« in bedrohlichem wie in verächtlichem Sinne sein – an der Seite der »Gottesmutter« wird (für das »Marienkind«) ein neues Leben beginnen, das durchtränkt ist von Glück und Überfluss, von innerer und äußerer Verwöhnung und von einer absoluten Hochachtung der »Gottesmutter«.

2. Das Paradies der »Mutter Gottes« und sein Preis

Dieser Aufstieg der Mutter zur Madonna ist umso erstaunlicher, als mit etwa vier Jahren ein Mädchen sich für gewöhnlich von seiner Mutter abzuwenden beginnt, um seine Gunst desto reicher an seinen Vater zu verschenken. Ein Mädchen, das derart an seine Mutter gebunden bleibt, wie das »Marienkind«, wird entweder zu viel Angst oder Verachtung für seinen Vater empfinden, um ihn lieben zu können, oder die für den weiblichen Ödipuskomplex notwendige Enttäuschung an der Mutter ist nicht nachhaltig genug gewesen, um sich von der Mutter weg dem Vater zuzuwenden. Von einer besonderen Angst oder Verachtung des »Marienkindes« gegenüber seinem Vater hören wir indes in dem Märchen kein Wort, es sei denn, dass man die Berufsangabe des Vaters als eines »Holzhackers« symbolisch nehmen wollte – tatsächlich gibt es Varianten des Märchens, die von einer Vergewaltigung des »Marienkindes« durch den Vater sprechen.

Umso mehr aber dürfen wir annehmen, dass die Bindung des »Marienkindes« an seine Mutter aus Angst wie aus Zuneigung von vornherein so stark ist, dass sie von Anfang an keine Loslösung erlaubt. Tatsächlich ist diese Annahme nicht unwahrscheinlich, wenn man bedenkt, dass Not und Entbehrung in Kindertagen die Gefühle der Abhängigkeit und der Anhänglichkeit gegenüber der Mutter von Geburt an übergroß anwachsen zu lassen pflegt. Immer ist es ja zunächst die Mutter, bei der ein Kind in seiner Angst Zuflucht suchen wird, während die Belastungen vor allem der wirtschaftlichen Not den Vater eher von seiner Familie entfernen, als ihn mit ihr zu verbinden; selbst wenn ein gewisser beruflicher Erfolg später die Situation der Angehörigen entscheidend verbessern sollte, kann es immer noch geschehen, dass der Vater seelisch unverändert wie fremd oder wie nicht vorhanden empfunden wird. Zu dieser untergeordneten Rolle des Vaters passt im Übrigen auch die Variante einer schwedischen Fassung des »Marienkind«-Märchens, in der das Mädchen von einem »Graumantel« entführt wird, den es zuerst im Traum und sehr viel später auch in der Realität als verzauberten König zu erkennen vermag[9] – ein Konflikt offenbar, in dem sich die dunklen Züge des Vaters verdichten.

Das zentrale Problem des »Marienkindes« aber stellt seine Mutter dar, indem die orale Angstbindung der frühen Kindheit jetzt in die extreme *orale Verwöhnung* übergeht, mit der die »Madonna« im »Himmel« das »Marienkind« umgibt. Während der »Holzhacker«-Vater sein Kind endgültig in die Hände der (Großen) Mutter legt, richtet diese ihm ein Leben ein, das sogar die Wonnen der Säuglingszeit bei Weitem übertrifft – ein Land buchstäblich, wo (süße!) Milch und Honig fließen. Eine Zeit lang möchte man vielleicht denken, es handle sich hier, wie in anderen Märchen, lediglich um eine kompensatorische Ersatzphantasie des »Marienkindes«, das sich über die Traurigkeit seiner Lage hinwegtrösten wolle; aber die »Mutter des Christuskindes«

scheint wirklich die Macht zu haben, in ihrer Nähe ein äußerstes Maß verwöhnenden Glücks zu bieten, und gerade auf diesem Umstand wird sich ihre übermenschliche Macht als »Madonna« gründen. Um ein solches Gefühl schon rein äußerlich zu verstehen, genügt es, sich auszumalen, was z. B. in der Zeit des sogenannten »Wirtschaftswunders« Millionen Kinder in der Bundesrepublik Deutschland erfahren konnten: dass nach einer langen Zeit oraler Entbehrungen plötzlich eine Zeit des Überflusses und der Maßlosigkeit anhebt, in der alles nur erdenklich Schöne mit einem gewaltigen Nachholbedürfnis gekauft und konsumiert wird. Mütterliche Liebe – das heißt jetzt wesentlich, so viel an Nahrung und Kleidung zu besorgen, wie es irgend geht; und ein Kind, das selber schon sehr früh unter Not und Mangel zu leiden hatte, wird mit Sicherheit sich als ein besonders dankbarer Empfänger solcher Gaben erweisen. Seine strahlenden Augen beim Erhalt eines Geschenkes werden die Mutter für alle Mühen belohnen und womöglich zu noch größeren Anstrengungen ermuntern, während umgekehrt es selber sich scheinbar problemlos in die Erwartungen und Hoffnungen seiner Mutter fügen wird. Keiner von beiden kann unter diesen Umständen merken, dass das »Marienkind« seine ängstliche Passivität vom Anfang seines Lebens unverändert beibehält: Es selber ist voll Freude über den unverhofften Gnadensegen, und die »Madonna« genießt den untertänigen Gehorsam und die prompte Pünktlichkeit ihrer Tochter. Unbemerkt von beiden besteht unter der Decke des glücklichsten Arrangements die alte orale Gehemmtheit des Mädchens uneingeschränkt fort, wenngleich nur ein genauer Beobachter der Wahrheit auf die Spur zu kommen vermöchte. Ein solcher freilich musste unfehlbar merken, dass etwa die Fröhlichkeit und Umgänglichkeit des Kindes im Kreis seiner »engelgleichen« Gespielinnen stets ein gewisses überdimensioniertes und reflexhaft zuvorkommendes Moment besitzt: Kaum dass ein anderer beggegnet, sucht ein besonders freundliches Lächeln seine Gutmütigkeit zu erhalten; kaum äußert ein anderer einen Wunsch, setzt augenblicklich das Bemühen ein, ihn zu erfüllen; kaum weicht ein anderer mit seinen Interessen vom eigenen Standpunkt ab, beginnt auch schon die Bereitschaft, ihm Recht zu geben. In allem wird deutlich, dass in dem Verhalten eines solchen »Marienkindes« nicht nur Menschenfreundlichkeit und Anpassungsfähigkeit am Werke sind, sondern stets eine abgründige Angst sich äußert, für die geringsten Abweichungen als ungeliebt, überflüssig und hinderlich verstoßen zu werden. Nach außen hin mag das »Marienkind« wie ein rechter »Sonnenschein« seiner Mutter wirken, und womöglich wird schon sein Anblick bei allen, die es sehen, ein Gefühl von Glück und Freude hinterlassen; aber die tiefere Wahrheit seines Erlebens besteht in einer ständigen Angst, für sich allein ein Nichts zu sein und jederzeit aus der Gunst der anderen heraus ins Nichts fallen zu können. Das »Marienkind« ist in diesem Sinne nicht nur der Name eines charakterlichen Typs, sein Name bezeichnet vor allem eine Lebensform, in der ein Mensch durchaus keine eigene Persönlichkeit entwickeln darf, sondern in der er bedingungslos zu tun, zu sagen und zu denken hat, was sein mütterliches (oder väterliches) Vorbild verkörpert und ihm abverlangt.[10]

Nur durch diese unbewusste Abhängigkeit von der Mutter wird es verständlich, dass das Märchen vom »Marienkind« den außerordentlich großen Zeitraum in der Entwicklung des Mädchens bis zu seinem 14. Lebensjahr ganz pauschal in einem einzigen großen Block zusammenfassen kann. Fragt man ein »Marienkind« Jahre später, wie es gelebt hat, so wird man erstaunt sein zu hören, dass selbst Personen mit einer recht hohen Intelligenz vorgeben, an ihre Kindheit keinerlei Erinnerung mehr zu besitzen. Bei vorwiegend zwangsneurotischen Persönlichkeiten begegnet man diesem Phänomen recht oft auf Grund des zwanghaften Perfektionsideals:[11] man ist gewissermaßen schon »fertig«, also mit etwa 20 Jahren, vollendet auf die Welt gekommen; die »Marienkinder« hingegen verbringen ihre Jugend gewissermaßen wie in einer traumhaften Welt, die wechselweise im »Himmel« oder in der »Hölle« spielen kann, in jedem Falle aber auf unheimliche Weise mit einer allmächtig wirkenden Person verschmolzen bleibt. Es ist, als wenn die frühkindliche Dualunion mit der Mutter eigentlich nie ganz aufgehört hätte, und in der Tat wird es für ein »Marienkind« keine größere Angst geben als die mögliche Katastrophe des Verlassen- und Verstoßenwerdens. Der »Himmel« der »Madonna«, so dürfen wir schon hier vermuten, ist der Ort einer mit strahlendem Glück überlagerten Angstliebe, und das »himmlische« »Glück« wiederum besteht in einer Art oraler Überversorgung und Verwöhnung, die, wie sich später noch zeigen wird, die kindliche Abhängigkeit eher fordert und fördert, als sie zu mehr Eigenständigkeit und Selbstverantwortung hin zu öffnen.

Vielleicht ist es auch möglich, in dem buchstäblich »himmelweiten«

Abstand zwischen der »Vaterwelt« und der »Mutterwelt« im Leben des »Marienkindes« noch inhaltlich einige Forderungen herauszuspüren, die zu dem Bereich der »Madonna« gehören. Wer im »Himmel« lebt, wird nicht nur in »golddurchwirkten Gewändern« spielen dürfen, er wird auch reinlich und säuberlich auf seine Kleidung und sein gesamtes Äußeres achtgeben müssen; wer gar mit »Engeln« spielt, wird gewiss niemals Streit und Zank anfangen dürfen, und käme es denn je zu einem ernsthaften Konflikt, so hätten in den Augen der »Madonna« bestimmt die »Engel« recht – eben deshalb kommt es darauf an, ständig so brav zu sein, dass es keine Konflikte gibt; und wer vollends der ärmlichen Welt des »Holzhacker«-Vaters im wörtlichen Sinne »enthoben« ist, darf sich gewiss nicht nur über die rohe und ungebildete Welt seiner Herkunft »erhaben« dünken, er muss auch mit Fleiß und Leidenschaft »höheren« Zielen der Bildung und Kultur obliegen. Dass das Märchen von all diesen Forderungen der Kindheit kein Wort überliefert, braucht keineswegs zu bedeuten, dass sie nicht bestanden hätten; es besagt lediglich, dass ein echtes »Marienkind« mit derlei Anforderungen für gewöhnlich keine Probleme hat. »Ich habe«, wird es später sagen, »in der Schule nie Schwierigkeiten gehabt«, oder: »Beim Spielen war es immer sehr schön, worauf wollen Sie mit Ihren Fragen hinaus?«, oder: »Ich habe mich immer mit allen vertragen; nein, Streit hat es nie gegeben – aber ich kann mich an all das nicht mehr erinnern.« Es ist, als finge das Erleben der »Marienkinder«, so frühentwickelt sie oft auch sein mögen, tatsächlich erst mit 13, 14 Jahren an und als wären sie wirklich erst in diesem Alter zur Welt gekommen. Ja, in gewissem Sinne trifft dieser Eindruck vollkommen zu, indem die »Marienkinder« nicht nur ganz früh schon schuldig werden dadurch, überhaupt auf der Welt zu sein, sondern zudem mit etwa 14 Jahren tatsächlich durch eine neue Schuld erst wirklich zur Welt kommen; doch diese zweite Schuld wird nicht mehr oraler Natur sein, sie wird darin bestehen, eine Frau (bzw. ein Mann) zu sein und eines Tages das Geheimnis des eigenen Geschlechtes zu entdecken.

3. Der Sündenfall der 13. Pforte

Bisher erzählte das Märchen die Geschichte vom »Marienkind« auf eine Weise, dass die bestehenden Konflikte mehr zu erraten denn zu beweisen waren; und dass eine solche tiefenpsychologische Rekonstruktion seiner Genese überhaupt gelingen konnte und möglich war, liegt allein daran, dass der spätere Zustand des »Marienkindes« uns all die aufgezeigten oral-depressiven bis zwanghaften Charakterzüge und Verhaltensweisen noch einmal unzweideutig verraten wird, die wir bereits in der frühen Kindheit und Jugendzeit (wenngleich oft gegen den Widerstand der selbstgeschaffenen Kindheitslegende) annehmen müssen. Doch so trügerisch ruhig wenigstens die »Himmelszeit« des »Marienkindes« auch erscheinen mag, der Zeitpunkt lässt nicht auf sich warten, wo das »Marienkind«, vermeintlich gerade auf dem Gipfel seines Glücks, einen jähen »Absturz« erleiden wird.

Die Welt der »Muttergottes« galt uns bisher vornehmlich als eine Welt oraler Verwöhnung und als die Sphäre einer unaufgelösten Dualunion von Mutter und Tochter. Aber dass dies allein nicht die ganze Wahrheit sein kann, zeigt sich bereits in der eigentümlichen Art, in der das »Marienkind« gerade in der Zeit der beginnenden »ödipalen Phase« von seinem Vater an die »Mutter Gottes« »abgegeben« wurde. Bislang mochte es genügen, für diesen Wechsel von der Welt des »Vaters« zu der Welt der »Mutter« gewisse äußere oder innere Gründe im Erleben der Eltern anzunehmen; aber auch so konnte nicht verborgen bleiben, dass dieser Wechsel auf eine Unterbrechung der normalen Sexualentwicklung des Mädchens hinauslief, indem die übergroße Bindung an die Mutter mit einer Fixierung bzw. einer Regression auf die orale Stufe der Entwicklung einherging. Die frühkindliche Angst vor dem Vater bzw. eine solche absolute Angstliebe zur Mutter bedeuten von vornherein, dass der Weg zur Liebe im späteren Lebensweg eines »Marienkindes« nicht unproblematisch verlaufen wird; gleichwohl kommt noch ein spezifisches Moment der Erzählung zu dieser oralen Thematik hinzu: die Jungfräulichkeit der »Mutter Gottes«. Oft genug hat man psychoanalytisch das christliche Dogma von der jungfräulichen Empfängnis und Geburt des Jesuskindes in den Verdacht gesetzt, eine durch und durch ödipale Phantasie zu sein:[12] aus lauter Sexualangst und aus sublimem Vaterhass werde die Rolle des Josef bei der Geburt Jesu verschwiegen und das Dogma von der jungfräulichen Geburt ohne das Dazutun eines Mannes an die Stelle der natürlichen Verhältnisse gerückt. Tatsächlich entstammt die Vorstellung von der Jungfrauengeburt indessen der durchaus nicht sexualfeindlichen oder »ödipal« gefärbten Welt des Matriarchats, in deren archaischem Glauben die Große Mutter als eine absolute Macht keines Mannes bedarf, um ein Kind zur Welt zu bringen;[13] außerdem kennt das Ritual der Heiligen Hochzeit, wie es z. B. bei der Geburt des Pharao in Ägypten begangen wurde, die »Jungfräulichkeit« der »Gottesmutter« nicht als eine biologische Aussage über den physischen Zustand der Mutter des späteren Gottkönigs, sondern man spricht von der »Jungfräulichkeit« der Mutter erst von dem Zeitpunkt an, da der neue Pharao festlich seinen Thron bestiegen hat – nicht um die Mutter, einzig um den neuen Herrscher geht es mithin bei der Vorstellung seiner jungfräulichen Geburt. Trotzdem hat die christliche Dogmatik und vor allem die Moraltheologie in Gestalt der sogenannten Mariologie viel dazu beigetragen, den alten psychoanalytischen Verdacht zu erhärten, die christliche Religiosität basiere auf einem gerüttelt Maß an ödipaler Sexualverdrängung, und es kann jedenfalls ehrlicherweise kein Zweifel daran bestehen, dass es für eine Frau psychologisch ein sehr widersprüchliches Ideal darstellt, religiös einem Vorbild nachstreben zu sollen, das selbst als Mutter »jungfräulich« blieb.

Was das Märchen vom »Marienkind« angeht, so lässt sich der Typ der jungfräulichen »Madonna« als Mutter vom Kontext der bisherigen Erzählung her ein Stück weit präzisieren, und man wird dann noch besser verstehen, wieso eine derart lange und enge Verbindung zwischen Mutter und Tochter, wie das Märchen sie schildert, überhaupt zustande kommen konnte. Man kennt das Schicksal zahlreicher Frauen, die z.B. wegen der Rohheit ihres Mannes oder infolge ihrer eigenen Ängste oder auch einfach aufgrund gewisser unüberbrückbarer Gegensätze in der Ehe einer wirklichen Liebe entraten müssen; die Frustrationen einer solchen Ehegemeinschaft ließen sich vielleicht ohne tiefere Zerrüttungen kompensieren, wenn vor allem die Frauen offen genug wären und sein dürften, ihre Erfüllung geistig und seelisch in einer tief erfahrenen Freundschaft anderswo zu finden. Aber gerade das wird meistens von Kirche und Gesellschaft untersagt. Für gewöhnlich liegt es besonders in streng religiösen Kreisen scheinbar immer noch weit näher, gewisse Enttäuschungen am eigenen Ehepartner mit einem Ausweichen in das Ideal der Madonna zu beantworten, als dem Bedürfnis nach Liebe, Verständnis und geistiger Einheit Recht zu geben: Der Gatte wird innerhalb einer solchen Zwangsgemeinschaft dann notgedrungen vom »Partner« zum »Versorger«, und an die Stelle des ehemals Geliebten tritt in einer solchen »Josefsehe« nun das Kind. Ihm gilt ersatzweise fortan die ganze Liebe der treusorgenden Mutter – auch ein solcher Rückzug des Vaters von der seelischen Verbundenheit mit der Mutter und seinem Kind verträgt sich gut mit der Bemerkung des Märchens, dass der Vater von sich aus die Verantwortung für das »Marienkind« an die »Muttergottes« delegiert. Die Frau aber, die eine solche Rolle als »Madonna«, als Mutter ohne Mann, »erwählt«, muss künftig vor allem ihren Wunsch nach partnerschaftlicher Liebe in sich unterdrücken, und indem sie den Mann durch ihr Kind, besonders ihre Tochter, ersetzt, muss sie von diesem unbewusst die gleiche »Lösung« erwarten, die sie sich selbst zu eigen gemacht hat: Niemals darf ihr Kind kennenlernen, was sie in Zukunft am meisten in sich selbst bekämpfen muss: die Sehnsucht nach Liebe; und dieses Ideal der Madonna, der jungfräulichen Mutter, muss für die Tochter umso verführerischer und faszinierender sein, als die Mutter in der Tat womöglich wie eine »Heilige« selbstlos und opferbereit für ihr Kind, ihr einziges zumal, sich einzusetzen bemüht.

Die »Dualunion« von Mutter und Tochter beruht insofern auf einem Ergänzungssyndrom zweier komplementärer Haltungen: Die Mutter wünscht sich ein Mädchen, das es ihr erlaubt, auf mädchenhaft-jungfräuliche Weise die Rolle der »ewigen Mutter«, der »Demeter«, zu übernehmen; und die Tochter wünscht sich eine Mutter, die es ihr erlaubt, die Rolle der »Persephone«, der ewigen Tochter, beizubehalten;[14] und dieses Arrangement, an sich dazu bestimmt, unauflöslich zu währen, hätte in der Tat alle Aussicht auf ewige Dauer, wäre da nicht die fatale Energie der Entwicklung mit der allmächtigen Sprengkraft der Liebe, die es nicht gestattet, auf immer kindlich zu bleiben, nur um die kindliche Regression der Mutter zum Status der »Madonna« aufrechtzuerhalten. Alles beginnt, wie es in den Märchen häufig beginnt: Die Madonna geht auf eine »große Reise«, d.h., ihr unmittelbarer Einfluss, ihre ständige Gegenwart im Bewusstsein, ihre freundlich-einengende Kontrollaufsicht lässt nach. Der Zeitpunkt dafür ist recht gewählt: Das »Marienkind« ist 14 Jahre alt, es steht am Anfang der Pubertät, und es muss, koste es, was es wolle, lernen, seine eigene Welt zu entdecken. Dabei verstünde man die himmlische Macht der »Madonna« gründlich falsch, wenn man sich darunter das Terrorregime einer zänkischen Vettel vorstellen wollte; sehr im Gegenteil behauptet die »Madonna« ihren Einfluss gerade durch ihre objektive Güte und entgegenkommende Großzügigkeit. So auch jetzt: Man sollte annehmen, dass die »Mutter Gottes« wohl weiß, worauf sie ihre Tochter vorbereitet, wenn sie ihr die »Schlüssel des Himmels« anvertraut und sie mithin förmlich einlädt, in ihrer Abwesenheit sich nur ja recht umzuschauen. Dennoch ist es bezeichnend, dass sie mit keinem Wort verrät, was hinter den Pforten des Himmels im Einzelnen auf ihre Tochter wartet; sie geht einfach fort und überlässt das Mädchen sich selbst – eine Zeit ungeahnter Freiheiten und Möglichkeiten tut sich auf; eine Phase unerhörter Entdeckungen und nicht zu bändigender Neugier beginnt für das 14-jährige Mädchen, das sich eine ganze Zeit lang um die Mutter offensichtlich nicht mehr zu kümmern braucht; die »Madonna« (bzw. das Vorbildideal des »Marienkindes«) ist buchstäblich »weit weg«, und es geschieht objektiv sogar in voller Duldung und in vollem Einverständnis mit der »Mutter«, wenn das Mädchen, im Vollbesitz seiner himmlischen »Schlüsselgewalt«, eine Pforte nach der anderen für sich »erschließt«.[15] Tatsächlich hebt für das Mädchen mit dem Weggang der Mutter eine Zeit der ungetrübten sexuellen Neugier an, denn nichts anderes wird man in dem Aufschließen der zwölf Himmelspforten erblicken müssen. Freilich ist die Szenerie von Anfang an gespalten genug: Keinesfalls genügt es für ein »Marienkind«, wie sonst unter den Sterblichen, einfach einen jungen Mann kennenzulernen und sich mit ihm anzufreunden; im »Himmel« der »Madonna« bedeutet die erste Erfahrung im Umgang mit dem anderen Geschlecht etwas gewissermaßen »Mystisches« und »Heiliges«, und nur in dieser überirdischen religiösen Verklärung scheint es erlaubt zu sein, an einen Mann auch nur zu denken.

    Wohlgemerkt gibt es im Herzen eines Menschen gewiss nichts, das so heilig, beseligend und göttlich sein könnte wie die Liebe; aber eines ist es, in der beseligenden Gegenwart eines Menschen, den man von Herzen liebt, zu Gott getragen zu werden und durch seine Person hindurch das Tor zum Himmel offen zu sehen, und etwas ganz anderes ist es, wenn man, wie das »Marienkind«, von vornherein den möglichen Partner der Liebe in ein heiliges Wesen, in einen »Apostel« verwandeln muss, nur um ihn in einer derart unberührbaren und unerreichbaren Ferne zu halten, dass er vielleicht ein Gegenstand der Verehrung und Bewunderung bleibt, aber sicher nicht der Liebe zugänglich wird. Wohl bedeutet es für das »Marienkind« einen wichtigen Fortschritt, sich immerhin am Anblick der »Apostel« in ihrer »Pracht« und »Herrlichkeit« zu erfreuen, aber es ist deutlich, dass es im Grunde keinen Kontakt, kein Gespräch, keine wirkliche Beziehung zu diesen vergöttlichten Mannesgestalten geben kann noch darf. Auch die »Englein«, d. h. die geistigen Einstellungen und Wertungen der Kindertage,[16] freuen sich nur solange mit dem Marienkind, als es den Zustand seiner träumend-sehnsüchtigen Unschuld bewahrt. Es ist eine Zeit, von der manch ein »Marienkind« später berichten wird, dass es in wörtlichem Sinne vor lauter Sehnsucht und Einsamkeit die Pfeiler der Heiligenstatuen in der Kirche umarmt habe oder dass es jeden Tag in die Messe gegangen sei, um der Person Christi oder des Priesters, der sie verkörpert, nahe zu sein, oder geheime Liebesbriefe an den Kaplan der Mädchengruppe in sein Tagebuch geschrieben habe. Es ist die äußerste Grenze, bis wohin ein »Marienkind« sich vorwagen darf, ohne die Sympathie der »Mutter Gottes« und der »Englein« zu verlieren; es ist der äußerste Versuch eines Kompromisses zwischen Es und Über-Ich, zwischen dem natürlichen Verlangen nach Liebe und der überirdischen Moralität der »Madonna«, und um so furchtbarer ist es, dass selbst dieser Kompromiss von vornherein an der Starrheit der »Mutter Gottes« scheitern muss.

Die grausame Wahrheit nämlich besteht darin, dass die »Mutter Gottes« nur scheinbar die Freiheit und das Glück ihrer Tochter will, im Grunde verlangt sie ein Leben, das frei und ungezwungen und glücklich scheint, um es in Wirklichkeit niemals zu werden. Die »Madonna« selbst ist viel zu klug und auch selber wohl in der Tat viel zu verständig und wohlmeinend, als dass sie ihrer Tochter den Weg zur Liebe von vornherein untersagen könnte oder wollte; aber sie kann ihrer Tochter nicht mehr gestatten, als sie sich selbst erlaubt, und unbedingt muss sie ihr daher die Erfüllung der Liebe versagen. Alles ist für sie nur solange noch richtig und gut, als es sich ausschließlich im Bereich von Vorstellung, Traum und Phantasie abspielt und durch entsprechende religiöse Überhöhungen legitimiert scheint; alles hingegen ist verboten und sündhaft, was den Traum in die Wirklichkeit setzen würde: Die 13. Pforte, der Abschluss von allem, die »Anschauung Gottes«, der wirkliche Inbegriff des Himmels, muss unter absolutes Tabu gestellt werden.

Gewiss mag man sich fragen, ob es angehen kann, selbst in dem Bild der Heiligsten Dreifaltigkeit noch sexualsymbolische Inhalte aufzufinden, und eine bestimmte Art von Religiosität und Theologie wird unzweifelhaft die Gelegenheit nicht verstreichen lassen, hier von perversen, obszönen, sakrilegischen, pansexualistischen und geradewegs blasphemischen Insinuationen zu reden. Indessen wird man mit solchen Abwehrversuchen doch nicht vergessen machen können, dass es im Menschen nur eine Kraft der Liebe gibt, die prinzipiell alles umfasst, vom Kleinsten bis zum Höchsten, vom Atom bis zum Spiralnebel, vom Regenwurm bis zu den Engeln, vom geliebten Du eines Menschen bis zum Du Gottes, und es beleidigt gewiss nicht die Ehre des Allerhöchsten, wenn man seinen Theologen versichert, dass wir den Ursprung unseres Lebens im Hintergrund der Welt mit der gleichen Intensität und Sehnsucht lieben wie unseren besten Freund. Wohl aber ist es an dieser Stelle des Märchens nicht zu übersehen, dass das Märchen von »Gott« auf eine Weise spricht, die keines Theologen Zustimmung erringen kann, indem die 13. Pforte, die Tür zu »Gott«, von der »Mutter Gottes« ausdrücklich verboten wird. Ein solches Verbot muss so lange als geradezu absurd erscheinen, als man unterstellt, dass es dem Märchen hier wirklich in theologischem Sinne um Gott zu tun ist. Selbst wenn man religionsgeschichtlich an die alte Vorstellung erinnert, dass es tödlich sei, die Gottheit anzuschauen,[17] so weist doch das Verbot der »Mutter Gottes« in völlig andere Richtung. Nicht der Tod, die Vertreibung aus dem Himmel steht als Strafe auf die Übertretung des mütterlichen Verbotes, die 13. Pforte zu öffnen, und theologisch gesehen kann es nie und nimmer ein Verbot geben, Gott anzuschauen.[18] Gerade die Mutter Gottes ist es, die man im Gebet der Kirche immer wieder anfleht, sie möge uns verbannten Kindern Evas nach der Zeit des Exils in diesem Tal der Tränen ihren Sohn Jesus Christus zeigen.[19] Theologisch betrachtet kann gerade die Mutter Gottes demnach kein Interesse daran haben, ihrer Adoptivtochter den Anblick der Dreifaltigkeit zu untersagen, und folglich ist von »Gott« an dieser Stelle nur in uneigentlichem Sinn die Rede. Es bleibt mithin nichts übrig, als das Verbot, »Gott« anzuschauen, in der gleichen Weise zu interpretieren wie den Anblick der »12 Apostel«: Auch die »Dreifaltigkeit« dient hier »nur« der Verschleierung für den Wunsch und zugleich für das Verbot der Liebe, allerdings so, dass sich in ihr als Erfüllung und Ziel verdichtet, wovon die »Apostel« nur vorbereitend Zeugnis ablegen konnten: die Gestalt eines Partners der Liebe.[20]

Man braucht, um diese Gleichung von »Dreiheit« und »Männlichkeit« tiefenpsychologisch zu belegen, durchaus nicht nur an die objektalen Deutungen SIGMUND FREUDS zu erinnern, der das Symbol der Dreizahl unmittelbar von der Gestalt des männlichen Genitales ableitete,[21] es zeigt sich auch subjektal, dass die Dreizahl eine »männliche« Einheit darstellt,[22] und sie zu »sehen«, ist entwicklungspsychologisch äußerst wichtig, denn es gibt keinen anderen Weg für ein heranwachsendes Mädchen, als sich der Neugier am anderen Geschlecht vertrauensvoll zu überlassen und damit über den anderen zu sich selber hinzufinden. Recht hat in gewissem Sinne daher die oben bereits erwähnte Märchenvariante von der »schwarzen Frau«, in der hinter der 13. Tür sich *vier Frauen* verborgen halten: Die Vierzahl steht symbolisch für die Vollendung der Weiblichkeit,[23] und in der Tat tritt die göttliche Dreiheit an dieser Stelle zur weiblichen Vierheit in ein Verhältnis von Bedingung und Ergebnis: Einzig der »Anblick« der Männlichkeit ist es, der das »Marienkind« zu einer vollendeten Frau machen könnte, und allein die 13. Pforte führt in die Kammer des eigenen Herzens.

Umso mehr muss dann das Gebaren der »Mutter Gottes« wundernehmen. Wenn sie ihre Tochter wirklich daran hätte hindern wollen, die 13. Pforte zu öffnen, wäre es ihr bestimmt ein Leichtes gewesen, den Schlüssel der Tür bei sich zu behalten. Wieso überreicht sie dem »Marienkind« ausdrücklich den Schlüssel auch zu dieser Tür, nur um seinen Gebrauch unter strengstes Verbot zu stellen? Die Lösung dieses höchst widersprüchlichen Verhaltens kann gewiss nicht darin liegen, dass die »Mutter Gottes« einfach den »Gehorsam« ihrer Tochter auf die Probe stellen möchte; niemals geht es in wirklichen »Sündenfallgeschichten« um rein formale Gehorsamsforderungen, deren Inhalt völlig willkürlich wäre und sein müsste, um desto eindrucksvoller die Machtwillkür eines bestimmten Gesetzgebers zu bestätigen. Selbst in der biblischen Sündenfallerzählung von Gen 3,1-7 trifft die oft geäußerte Ansicht nicht zu, Gott habe sein Gebot nur erlassen, um den »Gehorsam« des Menschen zu prüfen und seine eigene Überlegenheit unter Beweis zu stellen.[24] Wenn die Götter etwas verbieten, so sprechen sie nur aus, was unvermeidbar verboten werden muss, selbst wenn der Sinn des Verbotes oft verborgen und geheimnisvoll bleibt. Von der »Mutter Gottes« in unserem Märchen wissen wir allerdings, dass sie nur allzu menschlich ist; ihr ist es durchaus zuzutrauen, dass sie etwas verbietet, das objektiv gar nicht verboten werden dürfte, das aber von ihrer eigenen Persönlichkeit her unbedingt unter Verbot gestellt werden muss, und es ist deshalb sehr die Frage, welch ein Interesse sie selbst daran haben mag, ihrer Tochter bestimmte »göttliche Einsichten«, symbolisiert im Geheimnis der 13. Pforte, vorzuenthalten.

Deutlich geworden ist bereits, dass der Inhalt dieses Geheimnisses sexueller Natur sein muss, aber sein engerer Sinn, vor allem die Verbindung, die dieses Verbot mit der »Mutter Gottes« unterhält, ist damit noch nicht geklärt. Die Frage lässt sich indessen unschwer beantworten, wenn wir darauf achthaben, dass es im Grunde nur das Sehen ist, das die Mutter dem »Marienkind« verbietet; die Frage stellt sich dann, was an der »Mutter Gottes« selber unter Strafe eines totalen Liebesverlustes für das »Marienkind« zu sehen verboten ist.

Tatsächlich läuft das Verbot der »Mutter Gottes« letztlich auf eine Einschränkung des sexuellen Schautriebes hinaus, so wie umgekehrt das gesamte Sexualverhalten des »Marienkindes« sich im Wesentlichen auf das »Sehen« beschränkt. Wenn man will, mag man die Einstellung des Mädchens als »voyeuristisch« bezeichnen; aber was bleibt einem Mädchen in seiner Sehnsucht anders als das Sehen, wenn jeder wirkliche Kontakt zu einem anderen Menschen, den es lieben könnte, durch die verbietende Haltung seiner Mutter blockiert ist? Das »Schauen« bildet das letzte Refugium seines Verlangens nach Liebe, Freiheit und Unabhängigkeit von seiner Mutter, und in gewissem Umfang wird dieses Streben von seiner Mutter nicht nur toleriert, sondern sogar aktiv unterstützt. Umso mehr muss man sich fragen, was für ein Geheimnis sich hinter der 13. Tür verbirgt.

Die Einschränkung der Schaulust wird psychoanalytisch zumeist auf das Tabu der »Urszene« zurückgeführt, auf das Verbot mithin, die Eltern beim Austausch der Liebe zu belauschen.[25] Fast immer wird dabei angenommen, dass der Vater den Sohn mit der »Kastration« bedroht, weil er den Platz an der Seite seiner Frau gegen jeden männlichen Konkurrenten verteidigen will, und dass umgekehrt die Mutter ihre Tochter daran hindern will, sie von der Seite ihres Mannes zu verdrängen.[26] Dieser ödipale Hintergrund existiert in der Entwicklung des »Marienkindes« unzweifelhaft: Um den Mann als absolut überwertig und unerreichbar in der Rolle eines »Gottes« bzw. in der Position der »Heiligen Dreifaltigkeit« zu »sehen«, bedarf es unbedingt der Sichtweise, mit der ein kleines Mädchen zu seinem Vater aufblickt. Vom Ödipuskomplex her versteht man auch, dass es der »Mutter Gottes« relativ gleichgültig sein kann, wenn das »Marienkind« den »Aposteln«, also allen möglichen Männern nachschaut, aber dass sie mit aller

Macht den Blick auf (Gott-)Vater, also ihren Mann, verhindern muss. Indessen geht es jetzt, mitten in der Pubertät, nicht eigentlich mehr um das Verbot des Inzests – es ist mehr als drei Jahrzehnte her, dass der Vater seine Tochter an die Mutter »abgegeben« hat. Was hingegen die »Mutter Gottes« um ihrer selbst willen mit Nachdruck verbieten muss, ist die »Einsicht« in die Göttlichkeit der Liebe: Sie ist die einzige Erkenntnis, die endgültig die Rolle der Mutter als »Madonna« gefährden kann. Die Mutter, die selbst um des jungfräulichen Ideals willen ihre eigene Fähigkeit zur Liebe wie etwas »Unansehnliches« zu bekämpfen sucht, kann unmöglich dulden, dass ihre eigene Tochter die überwältigende Schönheit der Liebe nicht nur in der Sehnsucht, sondern in der Wirklichkeit kennenlernt – ihr eigenes Ichideal, geprägt von Selbstunterdrückung und Selbstaufopferung, drohte dann endgültig als ein sublimer Betrug entlarvt zu werden; ja, es ließe sich mit Bezug zu der »Urszene« schließlich die Entdeckung doch nicht mehr verhindern, dass zu einer bestimmten Zeit sogar der »Madonna« die Liebe nicht nur in jungfräulicher Gleichgültigkeit widerfahren sein kann. Und eben dies scheint die »Eröffnung« zu sein, die die »Mutter Gottes« jetzt um »Gottes willen« verhindern muss, indem sie ihrer Tochter die Öffnung der 13. Türe rigoros untersagt.

Erst von diesem recht eigennützigen Motiv her versteht man, dass die »Mutter Gottes« absolut unversöhnlich auf die Übertretung ihres Verbotes reagiert.[27] Im Grunde handelt es sich um einen ausgesprochen narzisstischen Beweggrund, und nur er allein erklärt die Unerbittlichkeit der bis dahin so gütigen »Mutter Gottes«: Der Liebesentzug, mit dem sie ihre Tochter verstößt, beantwortet eigentlich das Gefühl, selber gewiss nicht mehr liebenswert zu sein, wenn sie zur Liebe Ja sagen würde; das »Marienkind« ereilt nach seiner Entdeckung an der 13. Pforte somit ein strenges, archaisches Jus talionis, das deutlich zeigt, dass die »Mutter Gottes« ihrer Tochter nicht vergeben kann, was sie sich selber nicht vergibt.

Damit scheint der psychologische Sachverhalt objektiv hinreichend beschrieben, aber es kommt, wie stets, darauf an, sich von innen her in die Wirklichkeit eines solchen Erlebens einzufühlen. Welch eine Tragödie für eine Frau, die es ihr Leben lang mit ihrer Tochter, wie man so sagt, »nur gut gemeint« hat, und welch ein Erschrecken für den Leser eines solchen Märchens, erkennen zu müssen, wie wenig im Leben oft die »gute Meinung« genügt! Dass man sich irren kann, ist schlimm;

aber welch eine Rechtfertigung bleibt noch, wenn selbst das subjektiv gute Wollen derart in Zweifel gezogen werden kann, wie es bei dieser Betrachtung des Märchens geschieht? Alles gute Bemühen der »Mutter Gottes«, ihrer Tochter ein Paradies auf Erden zu bereiten, scheitert, und statt des erhofften Glücks zeigt sich im Gegenteil, in welchem Umfang das Problem des »Marienkindes« im Ursprung ein Problem der »Mutter Maria« selber ist, indem diese ihre eigenen Ambivalenzkonflikte in vollem Umfang an das »Marienkind« abgibt. Auf ihre Weise liebt die »Mutter Gottes« ihre Tochter, kein Zweifel; aber sie muss sie schließlich hassen, weil sie sich selbst als Frau nicht zu lieben vermag – dies ist die eine Seite des Konfliktes; auf der anderen Seite muss die »Mutter Gottes« ihre Tochter als Frau dazu verführen, eine Frau zu werden; aber sobald diese das Terrain jungfräulicher Empfindungslosigkeit wirklich verlässt, hat sie als »Jungfrau Maria« offenbar die Pflicht, ihre Tochter zu verstoßen. So widersprüchlich die »Mutter Gottes« selbst zwischen Selbsthass und Selbstaufopferung hin- und hergerissen wird, so ambivalent zwischen Hass und Liebe ist und bleibt auch ihre Tochter notgedrungen an sie gebunden. Diese Ambivalenz der Gefühle ist das eigentliche Problem. – Meisterlich beschreibt das Märchen die entscheidende Versuchungsszene selbst, in der die vermeintliche »Sünde« des »Marienkindes«, das endgültige Erwachen seiner Weiblichkeit, geschildert wird. Vielleicht gibt es keine Zone des menschlichen Erlebens, wo die Magie der Angst, die hilflose Auslieferung an das eigene triebhafte Verlangen im Getto von Verbot, Angst und Unterdrückung, wo die Ohnmacht des moralischen Wollens derart deutlich zutage tritt wie im Umgang mit der eigenen Sexualität. Vorsichtig tastend, immer noch um einen letzten Kompromiss mit dem schlechthin Unversöhnbaren bemüht, versucht das »Marienkind« das Verbot der »Mutter Gottes« zunächst zu umgehen und dabei doch den Anschein aufrecht zu erhalten, es habe der mütterlichen Weisung Genüge getan.[28] Fast rührend bittet es die »Englein«, die Stimmen seiner eigenen Kindlichkeit, um Verständnis und erläutert ihnen seinen Plan, nur »ein wenig durch den Ritz« der Tür zu schauen; aber vergebens: Eindringlich warnen die »Englein« vor dem verbotenen Tun, und sie sehen ganz richtig voraus, dass das »Marienkind« beim Öffnen der »Tür« endgültig das Glück seines »Himmels«, die Einheit mit der »Mutter Maria«, verlieren wird. Doch was hilft's? Das »Marienkind« wird von dem eigenen Drang der »Lust« und Neugier unablässig weiter vorangedrängt; deutlich spürt es, dass all seine bisherigen Entdeckungen an den 12 Pforten der »Apostel« vergebens wären ohne die entscheidende »Öffnung« der 13. Türe. Wohl muss es darauf verzichten, seine Empfindungen und Gedanken den Gefühlsregungen und Geistern der eigenen Kindlichkeit, den »Englein«, begreifbar zu machen; aber der Zeitpunkt kommt, an dem die kindlichen Gefühle der Angst einen Moment lang ebenso verschwunden sein werden wie die »Mutter Gottes«, und in diesem Augenblick widerfährt dem »Marienkind«, was der »Jungfrau Maria« zufolge nie und nimmer geschehen dürfte und was doch menschlich unvermeidbar ist.

Wohl jeder, selbst wenn er vor anderen niemals davon gesprochen hat, wird sich an den Moment erinnern können, da er das erste Mal die Regung seiner Sexualität bis zur höchsten Empfindung hin gespürt hat, und so streng er auch erzogen worden sein mag, war das naturhafte Glück dieser Entdeckung in ihm doch so stark, dass im Augenblick des Tuns es ihn, statt mit Schuldgefühlen, vielmehr mit Staunen, Faszination und Stolz erfüllte, eine Frau bzw. ein Mann zu sein; als ob die endlosen Versuche der Annäherung sich wie Wassertropfen in einem Glase gesammelt hätten, das nun in einer letzten Bewegung die Oberflächenspannung durchbräche, um endlich sich unaufhaltsam ausgießen zu können, so verdichten sich jetzt all die vorangegangenen »Einsichten« und »Eröffnungen« beim Anblick der »Heiligen Dreifaltigkeit«. Die Symbolsprache des Märchens ist hier so deutlich, dass sie unstreitig von einem onanistischen Tun spricht: der »Schlüssel« und das »Schloss« ist ein geläufiges phallisches und vaginales Symbol,[29] der »kleine« Schlüssel vor allem, der die 13. Tür öffnet, darf als Symbol der Klitoris gelten, die »Tür« bzw. die spaltweise »Öffnung« ist ohne Zweifel als die weibliche Körperöffnung zu verstehen,[30] den »Anblick« der »Heiligen Dreifaltigkeit« aber wird man gewiss als die zugehörige unwiderstehliche Sexualphantasie des onanistischen Tuns deuten müssen.[31] Gewiss: Dem Märchen liegt daran, all diese Erfahrungen als ungeheuerliche Vermessenheit, als Frevel gegenüber der »Mutter Gottes«, als »Beleidigung Gottes« hinzustellen, und es macht sich gewissermaßen damit die Sichtweise der »Englein« zu Eigen. Aber kann denn erlaubterweise ein Mädchen dabei stehenbleiben, ein Mädchen zu bleiben? Folgt das »Marienkind« nicht insgeheim der Aufforderung der »Mutter Gottes« selbst, die ihm den »Schlüssel« auch zur »13. Pforte« übergab? Und war es nicht in eigentlichem Sinne eine echte »Doppelbindung« (double bind),³² wenn die »Gottesmutter« dem Kind den »Schlüssel« nur gab, um seinen Gebrauch zu untersagen? Jedenfalls spiegelt die Erzählung auf einer tieferen Ebene, unterhalb seiner legendär-moralisierenden Tonlage, außerordentlich einfühlend die innere Zwangsläufigkeit im Tun des »Marienkindes« wider: Das Gesetz der allmählichen quantitativen Steigerung von Empfindung, Neugier und Begierde, den plötzlichen Umschlag zur Erfahrung einer neuen Wirklichkeit, die beseligende Verzauberung bei ihrem ersten Eindruck, die überwältigende Ausgeliefertheit an das übermächtige Glücksgefühl und die zaghaft-mutige, wie hypnotische »Berührung« der göttlichen »Pforte«. Nur schwerlich wird man eine Erzählung finden, die den inneren Zwiespalt der Sexualität, ihre Mystifikation zu einem überirdischen Erlebnis im Umkreis von Verbot und Verleugnung, mit wenigen Sätzen so prägnant und verständnisvoll schildert, wie diese Geschichte des »Marienkindes«.

Das unauflösbare Dilemma des »Marienkindes« indessen ergibt sich gerade aus dieser Mystifikation der Sexualität selbst. Durch das apodiktische Verbot überwertig geworden, wird die Sexualität, einmal erlebt, eine wahre Obsession, eine Zwangsvorstellung, die um so weniger abzustreifen ist, je mehr man sie mit Angst und Schuldgefühlen bekämpft. Kaum hat das »Marienkind« mit seinem Finger den »Glanz« hinter der verbotenen »Türe« berührt, als sein Finger sich »vergoldet« und es trotz aller Anstrengung von diesem »Goldglanz« sich nicht mehr »reinzuwaschen« vermag. Zwar schlägt es die verbotene Pforte sogleich »heftig zu« und läuft fort, – es will sein Tun auf der Stelle ungeschehen machen,³³ doch seine Flucht hilft nicht mehr: Die Erfahrung des einmal Geschauten und Berührten wird es wie ein unauslöschliches Merkmal begleiten. Von Heroinsüchtigen sagt man, sie hätten einen goldenen Arm, um damit das Organ ihres magischen Glücksfetischs zu bezeichnen; nicht anders wird man auch die Mitteilung des Märchens verstehen können, das »Marienkind« habe von der Berührung der verbotenen »Türe« einen »goldenen Finger« behalten: Das einmalige Tun, gerade weil es wie ein Sündenfall ein absolutes Tabu durchbricht, bleibt im Umkreis von Angst und Verdrängung, von Überwertigkeit und Verlangen, von Glücksgefühl und Schande, als zwanghafte Fixierung erhalten, ja es wird zu einer Erfahrung, die alle anderen Glücksmöglichkeiten absorbiert³⁴ und sich schließlich zur einzigen und einzig verbotenen Quelle von Freude und Lust verdichtet.

Der »goldene Finger« des »Marienkindes« ist fortan das Symbol einer Sucht, bei der das Verbotene nach und nach alles Erlaubte aufsaugt und damit eine Allmacht gewinnt, die das eigene Ich trotz (oder gerade infolge) aller Reue, aller Angst, aller Selbstreinigungsversuche, aller Fluchtbestrebungen wie ein Tier in der Falle gefesselt hält; und die Fangleine zieht sich nur desto unerbittlicher zusammen, je ruckhafter und verzweifelter das Opfer ihr zu entkommen sucht.

4. Das Kleid aus Tränen und aus Träumen

Eine Zeit lang mag es sein, dass ein heranwachsendes Mädchen (oder ein Junge) sein »Geheimnis« vor sich selbst und anderen erfolgreich verborgen hält. Sollte es wirklich sein, dass eine Tat, durch die man sich derart als »richtige« Frau (oder als Mann) erlebt, die sich aus der gesamten inneren Entwicklung wie folgerichtig ergibt und die aus den Tiefen der Natur wie zwangsläufig aufsteigt, als etwas Ichfremdes, Verbotenes und schlechthin Inakzeptables beiseitegeschoben werden muss? Die verzweifelte Hoffnung wird sich anfangs erhalten, vielleicht doch noch einen Ausweg zu finden, der es ermöglicht, mit den neu gewonnenen Energien zu leben. Aber wie?

Gar nicht lange, so kam die Jungfrau Maria von ihrer Reise zurück, erzählt das Märchen und deutet damit an, dass die Verbote und Warnungen vor der Tat unabweisbar nunmehr als Vorwürfe und Schuldgefühle zurückkehren. Ein inquisitorisches Verhör beginnt, das eigentlich nur den Zweck verfolgt, das merkwürdige Wissen der »Mutter Gottes« um die Schuld des »Marienkindes« zu bestätigen. Es geht dabei tatsächlich nicht darum, herauszufinden, ob das Mädchen sich »schuldig« gemacht hat oder nicht, – dass dies der Fall ist, scheint der »Mutter Gottes« von vornherein offenbar; allein ob das »Marienkind« seine Schuld einzugestehen vermag, ist ihre Frage. Wie der Gott Jahwe in der biblischen Sündenfallerzählung in das Paradies der Welt kommt, um die Menschen, die sich voller Scheu und Angst vor ihm verkrochen haben, zu einem Geständnis ihrer Schuld zu bewegen,[35] so kehrt die »Mutter Gottes« als verkörpertes schlechtes Gewissen zu dem armen »Marienkind« zurück, und es zeigt sich ebenso wie in der Bibel, dass man eine »Sünde«, die aus Angst begangen wurde, aus Angst auch nicht gestehen kann.[36] Wohl dass alles – die eigene Verlegenheit und

Unruhe, die innere Verkrochenheit und Angst – objektiv, wie unter der Registratur eines Lügendetektors, das Gefühl der Schuld mit lauter Zunge ausspricht und verkündet, aber man selber fürchtet die angedrohte Strafe, den absoluten Verlust der mütterlichen bzw. göttlichen Liebe so sehr, dass man sich und dem anderen die Wahrheit nicht einzugestehen vermag. Insbesondere das »Herzklopfen« des »Marienkindes«[37] ist als psychosomatisches Symptom nicht selten ein Hinweis auf verdrängte sexuelle Schuldgefühle im Umkreis der Onanie-Problematik und vermag zusätzlich eine »Herzensangst« zu erzeugen. Aber wann immer es als tödlich empfunden wird, die Wahrheit zu sagen, bleibt kein anderer Weg, als das ganze Leben in eine Lüge zu verwandeln. Und so wie die jahwistische Urgeschichte am Anfang der Bibel die Lüge mit Recht als ein noch schlimmeres Übel darstellt als die »Sünde« selbst, so zeigt auch das Märchen vom »Marienkind« in unheimlicher Weise auf, wie das Gewebe von Angst und Schuld in Gestalt der Lüge sich immer engmaschiger zusammenknotet.

Das Paradox besteht darin, dass das »Marienkind« glaubt, einzig durch die Unwahrheit die Zuneigung seiner Mutter (bzw. der verinnerlichten Mutterimago, des Über-Ichs) sich erhalten zu können – unvorstellbar ist ihm der Gedanke, man könnte der »Mutter Gottes« zutrauen, sie würde für die als so schrecklich dargestellte »Schuld« jemals so etwas wie Verständnis aufbringen oder gar ihrer Tochter womöglich erlauben, in dem vermeintlich »Schuldhaften« eine mitunter unabweisbare Möglichkeit des eigenen Lebens zu erblicken. Aber diese subjektive Gewissheit existiert nur im Bannkreis der Angst des »Marienkindes« – wer weiß, am Ende vertrüge die »Mutter Gottes« die Wahrheit noch eher als die Lüge? Jedenfalls wird das »Marienkind« schließlich darin wirklich schuldig, dass es aus lauter Angst vor seiner »Mutter« eine Tat verlügt und verleugnet, die im Symbol des »vergoldeten Fingers« unabtrennbar zu seinem Ich gehört. Dass es trotz aller Verbote das Wagnis einging, seine eigene Sexualität zu entdecken, mag man unter Umständen als eine mutige Tat anerkennen; aber dass es aus Angst, die Liebe seiner Mutter zu verlieren, nicht mehr wagt, zu seiner eigenen Tat und damit zu sich selbst zu stehen, macht sein ganzes Leben zu einer Lüge, und dieser »Ausweg« der Angst kann, je länger er dauert, sich nur immer mehr als eine Sackgasse erweisen. Die Lüge löst nicht, sondern verewigt den Teufelskreis von Angst und Schuld. Nur: wie sollte ein 14-jähriges, 18-jähriges Mädchen unter diesen Umständen anders handeln? Es müsste, um wahrhaftig zu sein, die eigene Mutter (bzw. den eigenen Vater) der Lüge und Unwahrhaftigkeit zeihen; es müsste erklären, dass die »Mutter Gottes« mit ihren Idealen sich selbst betrügt und kein Recht hat, ihr eigenes ungelebtes Leben der Tochter als Pflicht aufzuerlegen; dass man Verständnis und Dankbarkeit für die Mühe und das Glück zeigen kann, das die »Mutter Gottes« unter schwierigsten Umständen trotz allem ihrer Tochter geschenkt hat, aber dass es nicht angeht, sich selber moralisch zu opfern, um die moralische Selbsteinschränkung der Mutter zu rechtfertigen oder doch zumindest nicht infrage zu stellen. Kein Kind, kein Mädchen vermag so zu einer Mutter zu sprechen, die es verehrt (hat) wie eine Himmelskönigin. Eher wird es selber lügen, als das Leben der geliebten Mutter eine Lüge zu nennen, und so geht die wechselseitige Ergänzung im Leben von Mutter und Tochter auf unglückselige Weise weiter; denn fortan muss die Tochter mit dem Unglück seiner Verlogenheit und Verborgenheit der Mutter beweisen, dass diese im Recht ist. Mit anderen Worten: Die Mutter, die so streng die Lüge ihrer Tochter straft, hat ein großes Interesse, belogen zu werden. Gleichwohl braucht die »Mutter Gottes« in ihrer strafenden Verurteilung nur noch auszusprechen, was das »Marienkind« selbst am meisten fühlt: dass es gerade infolge seiner Unwahrhaftigkeit die Einheit mit seiner Mutter bzw. mit seinem Gewissen, den Zustand des »Himmels«, endgültig verwirkt hat.

Dennoch muss man noch einmal beachten, dass das, was man »Lüge« nennt, im Leben des »Marienkindes« infolge gerade seiner besten Kräfte: seines Schamgefühls und seiner Moralität, obschon in Angst zustande kommt. Oft genug ist ja die »Lüge« nur das Bekenntnis zu einem Ideal, das man nicht erreichen kann, das man aber unbedingt glaubt leben zu müssen, um lebensberechtigt zu sein, bzw. es ist die Lüge das Ergebnis eines Ideals, das in sich selbst verlogen ist, ohne dass man die Möglichkeit besäße, es von sich selbst her zu korrigieren; und statt einem Menschen seine »Lüge« vorzuwerfen, käme es vielmehr darauf an, ihn in seiner Wirklichkeit so lieb zu gewinnen, dass er den Mut zur Wahrheit findet; gerade das aber vermag die »Mutter Gottes« nicht, und so zwingt sie ihre Tochter zu einer Lüge, die ein beredtes Zeugnis ablegt von der Tragik des moralisch guten Willens im Status der Angst und des Schuldgefühls.[38] Wenn irgendjemand bisher noch denken mochte, die Haltung der »Mutter Gottes« zu ihrer Tochter sei an sich harmlos, gutmütig und aller Anerkennung wert, so wird er spätestens an dieser Stelle, angesichts der verheerenden Folgen chronischer Verlogenheit und schamvoll-peinlicher Verlegenheit im Leben des »Marienkindes«, unzweifelhaft eines Schlimmeren belehrt werden. Indessen wird der Kreis der Leser möglicherweise inzwischen in zwei recht verschiedene Lager gespalten sein.

Die einen werden, nach dem Vorbild der »Mutter Gottes« und der »Englein«, verschreckt und empört sein, dass das Thema der Onanie überhaupt in dem vorliegenden Beispiel zum Gegenstand einer Märcheninterpretation erhoben wird, und sie werden, statt sich die Problematik einzugestehen, insbesondere auf die Gefahr hinweisen, die der Moral von Kindern und Jugendlichen durch derartige Betrachtungen erwachsen könnte. Ihnen muss man – leider – sagen, dass das Märchen vom »Marienkind« selbst, entgegen seiner eigenen bewussten Aussageabsicht als einer Legende, in psychologischer Betrachtung auf erschütternde Weise den Schaden dokumentiert, den Kinder davontragen müssen, wenn man sie voll guten Willens und doch voll eigener Angst bedingungslos auf ein Ideal der »Jungfräulichkeit« festlegt, das nicht der Integration, sondern nur der angstvollen Abwehr der eigenen sexuellen Triebkräfte dienlich sein kann. Zwar sind wir noch lange nicht am Ende des Leidensweges eines echten »Marienkindes« angelangt, aber es ist doch bereits deutlich, wie das Klima einer bestimmten Form von religiöser Enge, von Bigotterie und Prüderie, das ganze Leben eines heranwachsenden Jungen oder Mädchens in bittere Selbstvorwürfe, suchtartige Fixierungen, ohnmächtige Abwehrkämpfe und schließlich in das Gefühl unentrinnbarer Verlorenheit in Lüge, Angst und Schuld deformieren kann.

Andere wird es geben, die nur schwer verstehen können, dass es derartige sexualfeindliche Einstellungen wie die der »Jungfrau Maria« überhaupt noch geben soll, und sie werden geneigt sein, das Märchen bzw. die Legende vom »Marienkind« als eine restlos verstaubte Stilblüte der viktorianischen Ära beiseitezuschieben. Ihnen muss man entgegenhalten, dass es vor allem im Raum der katholischen Kirche, aber keineswegs nur dort, nach wie vor ungezählte »Marienkinder« gibt, die zu ihrer Rolle als Frau oder Mann, wenn überhaupt, nur durch ein Getto unsäglicher Schuldgefühle finden. Ganz wie in dem Märchen vom »Marienkind« glaubt man immer noch, dass heranwachsende Jungen oder Mädchen an sich »unschuldig« seien und am besten vor den Verlockungen sexueller »Ausschweifungen« bewahrt werden müssten; die ausgesprochene Anpassungsfähigkeit, Gutwilligkeit und entgegenkommende Freundlichkeit der »Marienkinder« vermag auch durchaus den Eindruck einer solchen problemlosen Kindheit und Jugendzeit zu erwecken, und die aus unbewusster Angst geborene Verdrängung jeder sexuellen Regung kann in der Tat so weit gehen, dass die vermeintlich »Begnadeten« unter den »Marienkindern« auch subjektiv anscheinend keinerlei Schwierigkeiten mit ihrer Sexualität verspüren. Zumal wenn die Gestalt des Vaters in der gezeigten Weise als roh, primitiv, ängstigend, unfähig oder schwächlich empfunden wurde, kann die Bindung insbesondere der Mädchen an die Mutter – vor allem, wenn diese zudem noch narzisstisch, gütig-fordernd bzw. fürsorgend-verschlingend genug ist – jede Beziehung zu anderen Männern frühzeitig unterbinden, und innerhalb eines bestimmten geistigen Milieus, das nicht wahrhaben will, welche charakterlichen Schäden schwere sexuelle Verdrängungen anrichten müssen, mögen solche Entwicklungsrichtungen womöglich sogar als wünschenswert begrüßt und gefördert werden. Was aber geschieht, wenn viel später, vielleicht mit 30 oder 35 Jahren, z.B. anlässlich einer zufälligen »Freundschaft«, eine Ordensschwester, ein angesehener Pfarrer oder eine unbescholtene Ehefrau die lang aufgestauten Triebenergien wie einen Katarakt über sich hereinbrechen sieht? Dann werden derartig vehement und plötzlich sich meldende Bedürfnisse, entsprechend der ideologisch vorgefassten Meinung, gern als bedauerliche Schwäche der menschlichen Natur, keinesfalls aber als Widerlegung einer überspannten und in sich verlogenen Art von Moralität gewertet, und immer wieder findet die »Mutter Gottes« dann ihr Opfer.[39] Unmittelbar in die Rolle des »Marienkindes« werden von Anfang an besonders diejenigen unter ihren »Pflegekindern« gedrängt, die schon in der Pubertät – oder bereits als Kinder im Grundschulalter – den Mut aufbrachten, ihrer Sehnsucht nach Liebe und Leben, wenn auch noch so verborgen, wenigstens »einen Spalt breit« Raum zu gewähren. Über ihr Leben fällt unter der Herrschaft der »Mutter Gottes« der Frost, kaum dass die ersten Blüten sprießen könnten.

Vielleicht machen sich nicht einmal diejenigen, die es offiziell so verkünden, eine Vorstellung davon, was in der Seele eines neun, zwölf oder vierzehn Jahre alten Mädchens vor sich geht, das sich bestimmter heimlicher Blicke, Gedanken oder Berührungen wegen allen Ernstes, wie es die Kirche lehrt und gelehrt hat, als im »Zustand der schweren

Sünde« befindlich glauben muss und sensu stricto dazu angeleitet wird zu denken, es werde für ewig in die Hölle kommen, wenn es seine »schlimmen Fehler« künftig nicht bereue und wiedergutmache. Besonders schlimm gestaltet sich die Lage eines solchen »Marienkindes«, wenn es selbst in endlos wiederholten Beichten, wie immer wieder glaubwürdig in der Psychotherapie berichtet wird, nicht einen einzigen Priester, Lehrer oder Vorgesetzten gefunden hat, der ihm die Angst davor hätte nehmen können, einmal eine richtige Frau (bzw. ein richtiger Mann) zu werden. Unter dem Ideal der »Madonna« müssen vor allem die Mädchen infolge des jedermann sichtbaren Gestaltwandels ihre Schönheit, so gut es geht, verleugnen und wegdrücken; sie müssen sich hassen für das, was liebenswert an ihnen ist, sich verachten für das, was beachtenswert, und sich schämen für das, was fraulich an ihnen ist und seiner Vollendung entgegenreifen möchte. Manche von diesen »Marienkindern« findet man später als Nonnen in einem Kloster wieder, wo sie in wörtlichem Sinne ihr Leben der »Mutter Gottes« unterstellen; andere wagen zwar den Sprung in die Ehe, aber nur, um als freudlose Pflicht auferlegt zu finden, was als Freude zuvor pflichtweise verboten war.[40] Wer ahnt das Maß der masochistischen Selbstquälereien, asketischen Peinigungen und büßenden Selbstbestrafungen, die insbesondere den »gefallenen« bzw. »fallengelassenen« »Marienkindern« auferlegt sind? »Als ich im Alter von etwa 9 Jahren damit begann, mich selber zu befriedigen«, äußerte in der Therapie z.B. ein solches »Marienkind«, »wusste ich nicht, was ich tat, und kannte auch noch keinen Namen dafür. Es war zu der Zeit, wo es für mich feststand, dass ich eines Tages in einen Orden eintreten würde (d.h., die Schuldgefühle unbewusst eine ewige Wiedergutmachung durch Verzicht und Buße forderten, d.V.). Ich muss doch wohl gewusst haben, dass die Selbstbefriedigung etwas Schlechtes darstellt, denn ich habe mich gleichzeitig für mein Tun bestraft, indem ich mir z. B. eine Kordel so fest um die Taille schnürte, dass es weh tat; dabei stellte ich mir vor, dass ich diese schönen wie schmerzhaften Gefühle Gott darbrachte. Weil die Tätigkeit keinen Namen für mich hatte, war sie trotzdem für mich wie nicht vorhanden. Überhaupt war ich in dem Punkt, der die Sexualität betraf, so dumm, dass ich die Witze von Gleichaltrigen nicht begriff, und ich fühlte mich von ihnen ausgeschlossen. Man sprach in meiner Gegenwart nicht von solchen Dingen, man lachte nur über mich, ohne dass ich wusste, warum.«

Eine solche sehr ehrliche und aufrichtige Mitteilung, die für unzählige andere stehen mag, beschreibt neben den angstbesetzten Erniedrigungen der Liebe die größte Schwierigkeit im Leben der »Marienkinder«: ihre *Unfähigkeit, von sich zu reden.* Gerade das Erlebnis der »Sprachlosigkeit« stellt das Märchen vom »Marienkind« in das Zentrum der ganzen nachfolgenden Problematik, und es hat absolut Recht damit. Man kann aus Angst gegenüber der »Mutter« die Wahrheit nicht äußern – das ist der Hintergrund der *Lüge*; aber die »Mutter«, die den »Himmel« verschließt, begegnet in der Folgezeit in jedem anderen Menschen wieder, und am Ende der angstbesetzten Lüge steht stets und unausweichlich der Rückzug in die Doppelbödigkeit des Schweigens und *Verstummens.*[41] Niemandem kann man im Umkreis der Angst in Zukunft mehr zutrauen, dass er verstehen würde, in welch einem Zwiespalt von tödlichem Schuldgefühl und ohnmächtigem gutem Willen man lebt. »Seit meinem 8. Lebensjahr«, erklärte ein anderes »Marienkind« in einem Rückblick von über 35 Jahren, »stand es mir fest, verloren zu sein. Wenn ich des Sonntags mit der Familie zur Kirche ging, wusste ich, dass ich unwürdig die Kommunion empfing; natürlich durfte ich niemandem etwas davon sagen, weder dem Priester noch meiner Mutter, niemandem. Wenn die anderen beim Mittagessen lachten, wenn sie feierten oder wenn ich Geburtstag hatte – immer fühlte ich mich ausgestoßen und eigentlich nicht dazugehörig. Des Nachts, bevor ich einschlief, legte ich mich auf meine Hände, um nichts Böses zu tun; tagsüber bemühte ich mich, freundlich und fleißig zu sein, aber innerlich wich niemals das Gefühl, in die Hölle zu gehören.« Um ihre Schuld wiedergutzumachen, trat diese Frau mit 18 Jahren in einen Orden ein, aber obwohl sie dort Hervorragendes leistete, vermochte sie ihr Grundgefühl, verdammt zu sein, niemals wirklich zu korrigieren. Der Grund für die Hartnäckigkeit ihrer Angst- und Schuldgefühle lag in der Unfähigkeit, über ihre vermeintliche Sünde auch nur zu sprechen, und eben diese »Sprachlosigkeit« ist ein wesentliches Kennzeichen der »Marienkinder«. Das Tabu der 13. Pforte, das ursprünglich jedes Betrachten und Berühren sexuellen Inhaltes verbot, wandelt sich nach seiner Übertretung zu einem Sprechtabu; der gesamte Themenbereich, angst- und schuldgeschwängert wie er ist, gilt fortan buchstäblich als etwas »Unaussprechliches«,[42] und dieser Abbruch jeder verbalen Kommunikation, diese Isolation in Verstummen und Schweigen, schafft und bestätigt immer wieder den Eindruck, unter lauter »Engeln« und »Heiligen« das einzige schwarze Schaf zu sein. Wäre es nur ein einziges Mal möglich, ein offenes Gespräch zu führen, so würde man bald mit Erleichterung feststellen können, wie einfachhin menschlich und normal das nur in der Wertung der »Mutter Maria« so furchtbar erscheinende Tun in Wirklichkeit ist. Wer jedoch sich mit den Augen der »Mutter Gottes« wie ein »gefallener Engel«, wie ein vom Teufel Besessener vorkommt, kann und darf sich nicht mitteilen. Das Dämonische ist das Stumme – diese Erkenntnis SÖREN KIERKEGAARDS[43] trifft den Kern dieser entsetzlichen Ichabgeschlossenheit und stummen Einsamkeit der »Marienkinder«.

In ergreifenden Bildsymbolen schildert das Märchen vom »Marienkind« des Näheren den Zustand, in dem das Mädchen sich nach seiner jähen Vertreibung aus dem »Himmel« vorfindet. Aufgrund seines wohlangepassten Gehorsams bislang auf Händen getragen, muss es jetzt erleben, dass die uralte Angst sich bewahrheitet, im Grunde »verstoßen«, ungeliebt und von allen verlassen zu sein. Sein Leben verbringt es wortwörtlich wie in einem »langen Schlaf« – eine Zeit des traurigen Verdämmerns inmitten eines Feldes von Unbegreifbarkeiten beginnt, eine Phase bleierner Müdigkeit und Niedergeschlagenheit, die immer wieder um das Gefühl kreist, die Liebe der »Mutter Gottes«, die Anerkennung seiner eigenen moralischen Persönlichkeit für immer verloren zu haben. Im Grunde wird das Leben des »Marienkindes« jetzt zu einem einzigen langgezogenen Hilferuf,[44] aber es ist ein Schrei ohne Worte, ein Weinen ohne Tränen, und niemand kann von außen seinen wirklichen Zustand auch nur ahnen, so gut versteckt es sich hinter allen möglichen Masken, von denen die Rolle der Fröhlichkeit, der Freundlichkeit, der »Spontaneität« und der gesellschaftlich angepassten Gewandtheit gewiss nicht die seltenste ist. Die meisten »Marienkinder« findet man im Umkreis derer, die ständig in »fröhlicher Gesellschaft« sind, und das Leben in ständiger »Gemeinschaft« ist stets die beste Tarnung ihrer Einsamkeit.

In Wahrheit umgibt das »Marienkind« eine »dichte Dornenhecke«, die jede ernstgemeinte Bindung verhindert. Auch dieses Bild ist außerordentlich zutreffend. Denn jeder, der einem »Marienkind« näherkommt, wird erleben, dass er sich von einer bestimmten Grenze der Beziehung an in einem undurchdringlichen und undurchsichtigen Gestrüpp von Vorwänden und Einwänden verhakt, die keinen tieferen Kontakt zustande kommen lassen. Kontakt – das würde ja für das

»Marienkind« bedeuten, in seiner »Schuld« entdeckt zu werden und damit erneut alle Liebe verlieren zu müssen; wohl träumt es in seiner Einsamkeit von Liebe, aber es flieht sie sogleich, wenn sie sich zu verwirklichen »droht«, und es gibt aus diesem Hin und Her, dieser Flucht in alle Richtungen, kein Entrinnen. Die angstvolle Unaufrichtigkeit moralischer Strenge durchtränkt sein ganzes Leben mit dem Gift der Unwirklichkeit und des Scheinlebens, einer ständig bemühten »Als-ob-Fassade«,[45] hinter der die eigene Armseligkeit sich bis ins Verzweifelte zu tarnen sucht. »Einöde« und »Eingeschlossenheit« kennzeichnen aufs Wort dieses entfremdete Dasein, das unter den anderen sich selbst wie etwas »Wildes«, »Tierisches« und »Asoziales« aussperren zu müssen meint – ein »jämmerliches«, »verkrochenes« Leben voller Kälte und Frost, voller Schutzlosigkeit und Ausgesetztheit – ein »armes Tierchen«, wie das Märchen sagt. Selbst sein Äußeres erscheint dem »Marienkind« jetzt offenbar gleichgültig und nichtig: Die Kleider fallen ihm vom Leibe, aber es tut nichts zu seiner Pflege und zu seinem Schmuck. Wenn schön zu sein und den Körper einer Frau zu haben Gefahr und Sünde ist, was soll man dann anderes tun, als sich bis in die Körperpflege hinein zu vernachlässigen oder zu verunstalten?[46] Und doch: Der Gegensatz im Erleben des »Marienkindes« könnte in der ganzen Folgezeit nicht krasser sein: auf der einen Seite die sehnsüchtige Erinnerung an die Zeit der kindlichen Unschuld vor dem »Sündenfall«, auf der anderen Seite das schmerzhafte Bewusstsein, immer wieder, gemessen an dem Ideal der »Madonna«, zu versagen. Der »Jammer und das Elend der Welt« bilden den einzig gültigen Aspekt dieses Lebensgefühls, und so gehen die besten Jahre der Jugend dahin ohne eine andere Aussicht, als dass alles so bleiben wird. Sommer und Winter mögen einander ablösen – das melancholische Einerlei von idealistisch-wehmütigen Träumen und resignierten Scheinwahrheiten im Leben des »Marienkindes« aber wird sich niemals auflösen. Ein Vegetieren, kein Leben mehr.

5. Die Hochzeit der Stummen

Lange kann dieses »Höhlendasein«, dieses Dahindämmern auf menschlich primitivem Niveau andauern; denn es ist nirgends ersichtlich, was das »Marienkind« von sich her dazu beitragen könnte, seine Lage zu verbessern. An dieser Stelle erst zeigt sich in ganzem Umfang, wie wichtig es war, dass wir eingangs die oralen Gehemmtheiten und komplementären Verwöhntheiten des »Marienkindes« im Umkreis der »Armut« und des »Himmels« so ausführlich beschrieben haben; denn erst von daher wird die eigentümliche Passivität und traurige Lethargie verstehbar, die das Mädchen in seiner Verlassenheit jetzt ergreift. Das »Marienkind«, so haben wir vorhin gesehen, hat niemals gelernt, seine eigenen Wünsche und Vorstellungen zu verteidigen und durchzusetzen, vielmehr musste es sich daran gewöhnen, die Ansichten und Ansprüche der anderen bedingungslos zu erfüllen, um akzeptiert und gemocht zu werden; in dem Moment nun, wo es tragischerweise nicht möglich ist, den Schritt vom gehorsam-»unschuldigen« Kind zu einer werdenden Frau rückgängig zu machen, scheitert das einzige Konzept im Umgang mit Konflikten und Schwierigkeiten, das es routiniert beherrscht. Weder hat das »Marienkind« den Mut, der »Mutter Gottes« gegenüber sich offen zu seiner Tat zu bekennen und ihre Verurteilung mindestens zu überprüfen, wo nicht durch eigenes Urteil zu revidieren, noch vermag es, reumütig von seinem geheimen »Laster« Abschied zu nehmen; eingeklemmt zwischen Triebwunsch und moralischem Anspruch, dämmert es resigniert dahin, ohne auch nur irgendetwas zu unternehmen, das seine masochistische Lage als trotzig-büßendes Opfer verbessern könnte. Bis an die Grenze der Verwahrlosung vernachlässigt es sich, und wie vordem die »Mutter Gottes«, so muss nun »Mutter Natur« ihm Wohnung und Nahrung bereitstellen.

Will man das Denken des »Marienkindes« in seiner verängstigten Passivität und stummen Vereinsamung sich vorstellen, so wird man erneut die Strukturen des oral-depressiven, zum Teil auch zwanghaften Erlebens zugrunde legen müssen. Ein bestimmter Wunsch regt sich, da bricht sogleich die Angst aus, ob es in den Augen der anderen auch richtig, rücksichtsvoll, verantwortlich und akzeptabel sein kann, sich so zu geben oder zu verhalten, wie man möchte; und kaum erheben sich derartige Zweifel, da werden die Selbsteinwände, statt vom Ich her einer Kompromisslösung zugeführt zu werden, auch schon auf bestimmte Leute der Umgebung projiziert, die sich fortan aus möglichen Freunden in sichere Verfolger verwandeln. – Oder: Das Betragen des Vaters, der Mutter, eines Verwandten erregt Kritik, Widerspruch und Empörung; aber statt sich für die eigene Meinung stark zu machen, verformen sich die ursprünglichen Anklagen und Vorwürfe gegen die anderen in endlose Selbstbezichtigungen, so als bestünde geradezu eine Pflicht, sich in jedem Konfliktfall als schuldig, dumm oder unfähig zu betrachten und dem anderen die Initiative zu überlassen. Ständig vergittern und vergattern die eigenen Gedanken sich unter diesen Umständen in eine undurchdringliche »Dornenhecke«, die weder einen eigenen Gedanken noch ein eigenes Wort unverfälscht nach außen dringen lässt. Analytisch betrachtet, ist es dabei vor allem die Person der »Mutter Gottes«, die mit ihrem strengen Urteil jede eigene Gedanken- und Gefühlsäußerung verstellt und im Grunde den Weg zu sich selbst genauso untersagt wie den Weg zu anderen. Solange dieser »Madonnenkomplex« mit seinen moralischen Überansprüchen, Ängsten, Verdrängungen und Lügen andauert, wird das »Marienkind« unter dem Mantel der »Mutter Gottes« bzw. im Verhau der »Dornenhecke« wie eine Gefangene bleiben, und wenn es irgendeine Erlösung aus diesem Zustand geben sollte, so musste sie schon von außen kommen. – Um so tragischer mutet es an, dass selbst dieser vermeintliche Weg einer Lösung von außen, als er im Folgenden endlich beschritten wird, die innere Gefangenschaft des »Marienkindes« in gewissem Sinne noch steigert und erst endgültig zu ihrem sadistischen Höhepunkt führt.

An einem Tag im »Frühling«, erzählt das Märchen vom »Marienkind«, geschieht es, dass der »König des Landes« in den Wald kommt, um ein »Reh« zu »jagen«, und da es ins »Gebüsch« geflohen ist, bahnt er sich mit seinem »Schwert« einen Weg, findet aber (statt des Rehs) darin verkrochen das »Marienkind«. Die sexualsymbolische Bedeutung auch dieser für die Märchen typischen Sprachbilder ist nicht zu übersehen: Der »jagende König« steht immer wieder für die »Nachtstellungen« des Partners der Liebe, den die eigene Wertschätzung mit einer Würde, Größe und Machtfülle umkleidet, wie sie für gewöhnlich nur einem königlichen Monarchen zufiele, während das »Reh« als das anmutig-scheue Opfer der männlichen Verfolgung zu betrachten ist.[47] Damit die ganze Szene jedoch als ein psychologisch glaubwürdiges Symbol innerhalb der Entwicklungsgeschichte des »Marienkindes« denkbar ist, bedarf das Mädchen einer gewissen Veränderung seiner seelischen Einstellung. Wohl trifft es nach wie vor nicht die geringsten Anstalten, sich aus seiner Gefangenschaft zu befreien, aber es hat doch mit einem Mal den Eindruck, von einem bestimmten Mann umworben zu werden. Seine ängstliche Scheu und verkrochene Schamhaftigkeit lassen ihm die Annäherungsversuche des Anderen zwar wie eine tödliche Bedrohung, wie eine Verfolgungsjagd auf Leben und Tod, erscheinen; aber man kann nicht übersehen, dass die Rolle des »Rehs« zu den beliebtesten Traumvorstellungen heranwachsender Mädchen von sich selber zählt: Wie schön wäre es, wenn man, kaum auf die Lichtung des Lebens getreten, einmal die Aufmerksamkeit solch eines königlichen »Jägers« erringen und ihn schon durch den bloßen Anblick zu abenteuerlichen Nachstellungen hinreißen könnte?[48] So schutzlos und ausgesetzt ein Mädchen in der Rolle des »Rehs« sich auch fühlen mag und sosehr es die Verwundung durch den Pfeil des »Jägers« an sich auch zu vermeiden trachtet, schließlich käme die »Jagd« nicht zustande, wenn das »Reh« aus Neugier und Verlangen nicht seine Angst besiegen und das Risiko wagen würde, sich ins offene Leben zu getrauen. Freilich geschieht dieser Schritt nicht bewusst – es ist nur die Tiergestalt des eigenen Ich, das Nagual gewissermaßen,[49] das sich dem abenteuerlichen Spiel der Liebe zwischen Anziehung und Verfolgung, zwischen Wunsch und Angst auszusetzen wagt; zudem geht es im Falle des »Marienkindes« durchaus nicht so zu wie etwa im Märchen von »Brüderchen und Schwesterchen«, wo das »Brüderchen« (das alter ego des »Schwesterchens«) gerade wegen seiner Verzauberung durch die dämonische Mutter gar nicht genug bekommen kann von Jagd und Jagdgeschrei.[50] Gleichwohl ist dem »Marienkind« bei aller Verkrochenheit, Verschwiegenheit und Einsamkeit die Natur des »Rehs« nicht gänzlich abhanden gekommen, und glücklicherweise, anscheinend, findet sich denn auch eines Tages ein Jäger, der seiner Spur nachzusetzen vermag.

Wie aber dringt man durch die »Dornenhecke« des »Marienkindes«?

In dem Märchen von »Brüderchen und Schwesterchen« stellt sich die Aufgabe relativ leicht: Dort bringt ein »Jäger« des »Königs« in Erfahrung, mit welchen Worten das Schwesterchen die Rehgestalt seines »Brüderchens« in seinem »Hause« empfängt, und indem der »König« diese Worte nachspricht, öffnet ihm das Schwesterchen zwanglos die Tür; der Zugang zu der rehscheuen Schönen erschließt sich mit anderen Worten, sobald man die Sprache ihres Herzens vernommen, verstanden und sich zu eigen gemacht hat. Wie aber, wenn die »Stummheit« der Geliebten, wie im Märchen vom »Marienkind«, in allen wichtigen Angelegenheiten den Zugang von vornherein versperrt?

Wer einmal genauer betrachtet, wie Menschen »normalerweise« in der »Ehe« zueinander finden, wird seines Lebens als Menschenfreund wohl niemals wieder froh. Man mag es als das rechte Zeichen eines echten Mannes rühmen, dass der »König« mit seinem »Schwert« sich »einen Weg« durch das »Gestrüpp« bahnt – ein Bild, das tiefenpsychologisch von solcher Direktheit ist,[51] dass man unausweichlich an eine Art von Vergewaltigung denken muss. Gewiss, nur so scheint der »König« an das »Mädchen« »heranzukommen«; aber es gäbe auch einen weniger forsch-«männlichen« Weg, dem »Reh« zu folgen: Man brauchte nur seine Spur aufzunehmen und würde sicher bald merken, wo die »Dornenhecke« einen gewaltfreien Einlass bietet – an non-verbalen Signalen böte das »Marienkind« gewiss genügend Zugangswege an. Gleichwohl scheint der »König« mit seiner Dragonermentalität zunächst sehr erfolgreich zu sein, und man wird seiner staunenden Bewunderung angesichts der Schönheit des Mädchens eine gewisse Liebe nicht absprechen können. Immerhin ist er offenbar ehrlich bemüht, das Mädchen in seiner Einsamkeit näher kennenzulernen, wenngleich er dieses Bemühen schon bei der ersten Schwierigkeit wieder einstellt. »Wer bist du?« – diese Frage sollte als die wichtigste, beharrlichste, zärtlichste und behutsamste aller Fragen die Liebe zweier Menschen tagaus, tagein begleiten. Hier indessen stellt der »König« sie nur wie im Vorübergehen; auch seine Verwunderung über den Kontrast zwischen der Schönheit und der Zurückgezogenheit des »Marienkindes« bringt ihn keinesfalls auf die Fährte eines tieferen Nachdenkens über den Angsthintergrund im Erleben der Geliebten. Die Feststellung, dass das Mädchen »stumm« ist, genügt ihm, um zur »Tat« zu schreiten, indem er das »Marienkind« wegen seiner »holdseligen Schönheit« auf dem Arm in sein Schloss trägt, woselbst er ihm »alles im Überfluss« zur Verfügung stellt und sich kurz danach schon mit ihm vermählt. Wie schön für die arme Holzhackerstochter, soll der Leser des Märchens wohl denken; wer aber bisher aufmerksam dem Gang der Handlung gefolgt ist, wird sich über das weitere Schicksal der jungen Braut keine allzu optimistischen Vorstellungen machen können.

Im Grunde ist *die Motivwahl* des Märchens an dieser Stelle glaubwürdiger als seine verbale Darstellung. Die Bilder von der Jagd auf das »Reh«, von der im Dornenbusch eingeschlossenen Schönen mit den goldenen Haaren sowie von dem späteren Raub der Kinder entstammen allesamt der stets unglücklichen »Liebesgeschichte des Himmels«,[52] die in den alten Mythen gern davon erzählt, wie Sonne und Mond in ihrer Liebe einander immer wieder suchen und sich nach einander sehnen, ohne jemals wirklich zueinanderfinden zu können; denn je näher der Sonnengott der Mondgöttin kommt, desto mehr verliert diese an Glanz, bis sie sich mit der goldenen Pracht ihrer Haare endgültig in das dunkle Versteck des Himmels zurückzieht. Gerade nach dem Vorbild einer solchen unglücklichen Liebe wird man sich die eigentliche Wahrheit in der Beziehung zwischen dem »König« und dem »Marienkind« denken müssen. Denn wohl schildert das Märchen den Worten nach ein vollendetes Eheglück, und äußerlich betrachtet mag das Arrangement dieser Ehe auch in der Tat einen sehr zufriedenstellenden Eindruck hinterlassen; aber schon bald werden die Unstimmigkeiten und Widersprüche in dem Verhältnis dieses sonderbaren Liebespaares ihre tragische Wirkung entfalten.

Das schließt nicht aus, dass das »Marienkind« nach der langen Zeit der Einsamkeit und Ausgesetztheit sich subjektiv bei seiner Heirat mit dem »König« zunächst am Ziel seiner kühnsten Wünsche wähnen muss. Endlich darf es hoffen, den verlorenen »Himmel« der »Mutter Gottes« auf Erden wiedergefunden zu haben, und zwar ohne dass sich an seiner passiven Grundeinstellung irgendetwas hätte ändern müssen. Im Gegenteil, es wird dem »König« geradezu schmeicheln, die Rolle des Retters und allmächtigen Mäzens gegenüber seiner Frau so unangefochten und souverän einnehmen zu können: Je abhängiger das »Marienkind« in seiner Armseligkeit sich von dem königlichen Wohlwollen seines Gatten fühlt, desto gönnerhafter und »königlicher« vermag dieser aufzutreten; das »Marienkind« selbst hingegen wird froh sein, ohne aktives Bitten und Wünschen, ganz wie im »Himmel« der »Madonna«, alles nur erdenklich Schöne wie von selbst erhalten zu können, und unbemerkt wiederholt sich zwischen »König« und »Königin« auf diese Weise die gleiche Beziehung, wie sie zwischen dem »Marienkind« und der »Mutter Gottes« bestand. Unter der »himmlischen« Decke oraler Verwöhnung breitet sich ein Terrain von Ängsten, Schuldgefühlen und Gehemmtheiten aus, das nach wie vor nicht wirklich aufgearbeitet ist. Ein aufmerksamer Beobachter müsste daher erneut feststellen, dass das »Marienkind« seine Liebe sich mit entgegenkommender Unterwürfigkeit und wohlangepasster »Holdseligkeit« erkauft – seine »Stummheit« hat schließlich auch die Bedeutung, dass es seinem »König« niemals widersprechen wird, und wie bei der »Mutter Gottes« wird es voller Dankbarkeit sein müssen für all die Wohltaten, die es unverdientermaßen Tag für Tag empfängt. In der Tat: Je näher der »Sonnenkönig« seiner Gemahlin zu kommen versucht, desto geringer muss diese sich selbst fühlen; aber das bemerkt der sonnengleich entflammte »König« nicht.

Es ist nach all dem Gesagten indessen gewiss nicht nur die Ebene oraler Gehemmtheiten, die das Verhältnis zwischen dem »Marienkind« und dem »König« im Untergrund problematisch gestaltet; überlagert wird die orale Problematik durch die Ambivalenzkonflikte des sexuellen Triebbereiches.

Auf der einen Seite stellt die Heirat mit dem »König« zunächst unter anderem wohl auch eine Art Beruhigung gegenüber der Angst dar, sexuell zu verwahrlosen. Das eigentliche Problem der Onanie, an dem das »Marienkind« chronisch leidet, liegt ja nicht in der sexuellen Betätigung selbst, sondern in der Überwertigkeit und Grenzenlosigkeit der Phantasie, die nicht nur eine enorme Verwöhnung gegenüber der Realität ermöglicht, sondern, nicht ganz zu Unrecht, auch die Angst zu vertiefen vermag, sexuell sich selbst immer mehr zu entgleiten.[53] Insofern mag der Rat des Apostels in solcher Lage wie eine Weisung des Himmels erscheinen, es sei »besser zu heiraten als zu brennen« (1 Kor 7,9). So egozentrisch ein solches Heiratsmotiv auch immer erscheinen mag – man kann die Hoffnung gut verstehen, endlich den inneren Kampf, das ständige Auf und Ab von Widerstand und Vergeblichkeit, hinter sich lassen zu können. Wofern die Onanie es fertigbringt, durch die Totalverurteilungen des Madonnenideals das Vertrauen in die eigene moralische Persönlichkeit gründlich genug zu unterminieren, wird die Flucht in die Ehe einen Moment lang als eine überzeugende Antwort auf das Gefühl einer fortschreitenden sexuellen Verwahrlosung erscheinen können. *Auf der anderen Seite* aber wird man erleben, dass diese Beruhigung nicht wirklich trägt, sondern sich alle Konflikte vor der Ehe auch in der Ehe noch einmal wiederholen müssen.

Gerade in der Überschätzung des königlichen Ehegemahls als eines Garanten oraler und sexueller »Sicherheit« nämlich ist der tragische Konfliktpunkt dieser Angstbindung des »Marienkindes« an den »König« bereits von vornherein angelegt. Ohne Zweifel lebt in dem »König« nicht nur die Gestalt der »Mutter Gottes« wieder auf, sondern es verdichten sich in ihm auch die Erinnerungen an den eigenen Vater.

So wie die Mutter mit ihrem »Madonnenideal« sich von ihrem Mann abwandte und zugleich ihre Tochter von ihrem Vater entfremdete, so muss auch das »Marienkind« seinen Gatten auf höchst widersprüchliche Weise erleben. Wohl kommt ihm unter anderem auch die Aufgabe zu, das »Marienkind« aus seiner sexuellen Bedrängtheit zu befreien, aber kaum dass er diesem Anspruch nachzukommen sucht, wird er, gemessen an dem Vorbild der »Jungfrau Maria«, zu einem Verführer und Unhold bzw. zu einem Nachfahren des »Holzhacker«-Vaters. Die einzige Liebe, die das »Marienkind« bisher erfahren hat, war eben die Liebe der »Mutter Gottes«, und so muss es zwangsläufig der Vorstellung folgen, dass man es nur lieben könne, wenn es mit dem jungfräulichen Ideal der »Madonna« übereinstimme.

Statt also aus der Ambivalenz des sexuellen Erlebens herausgeführt zu werden, gerät das »Marienkind« durch seine Heirat im Gegenteil in eine noch viel widersprüchlichere Lage, als sie zuvor bestand: Es muss dem »König« gegenüber fortan zwei völlig unvereinbare Rollen vorspielen, indem es sowohl die »Reinheit« der »Madonna« als auch die Vitalität einer verheirateten Frau an den Tag legen muss; wie die »Jungfrau Maria« muss auch das »Marienkind« das Widerspruchsideal der »jungfräulichen Mutter« zu verkörpern suchen, und sein Dilemma ist es, dass keine der beiden Seiten dieses Ideals wirklich stimmt. Wenn der »König« von dem »Marienkind« »Liebe verlangt«, muss es eine Hingabefähigkeit und ein Glück vorspielen, die schon deshalb der Wahrheit nicht entsprechen können, weil sie nur als erzwungene Rollen, auf Kommando von außen, dargestellt werden; umgekehrt darf eine eigene Gefühlsregung gar nicht gezeigt noch zugegeben werden, weil sonst wiederum das Ideal der jungfräulichen Unberührtheit verletzt würde. Beide Rollen müssen gespielt werden, weil nur beide gleichzeitig in der Sicht des »Marienkindes« eine gewisse Liebenswürdigkeit seitens des »Königs« ermöglichen helfen; aber in dem Widerspruch beider findet das »Marienkind« selber sich nicht zurecht, und die kompromisslose Härte dieses Gegensatzes schafft immer neue Frustrationen, Ängste und Schuldgefühle. Da es fiktiv beides zugleich sein muss: Madonna wie Ehefrau, verurteilt das »Marienkind« sich dazu, keins von beidem wirklich zu sein. Mit anderen Worten: Die »alte« »Lüge« setzt sich fort.

Das Schlimmste an all dem aber ist die vollkommene »Stummheit«, in der die innere Unwahrhaftigkeit des »Marienkindes« sich niederschlägt. Man kann verstehen, dass der »König« seine Gemahlin äußerlich mit allem nur erdenklichen Komfort ausstattet und versorgt – schließlich bestätigt und bestärkt dieses Gehabe seine monarchische Machtfülle gegenüber dem »Marienkind« außerordentlich und verleiht ihm das narzisstische Gefühl, als »Retter« und »Wohltäter« ein wirklich guter und treusorgender Gatte zu sein; aber was man menschlich nicht verstehen kann, ist die Tatsache, dass dieser »König« von einem Ehemann sich offenbar vollkommen damit zufrieden gibt, dass seine Gattin »stumm« ist. Allem Anschein nach genügt es ihm, zu sehen, wie ausnehmend schön seine Gemahlin ist, und wo er noch spürt, wie entgegenkommend und fügsam sie außerdem sich gibt, gilt ihm die Sache für ausgemacht: Er »liebt« sie. Nur: Was ist das, muss man sich fragen, für eine Art von Liebe, die sich außerstande zeigt, die Seele der Geliebten zum Sprechen zu bringen? Und was ist das für eine »Fürsorge«, die sich so oberflächlich und hohl im Äußerlich-Alltäglichen vergeudet? Und welch eine Art von Paschatum geriert sich hier, wenn dieser »Königsgatte« es nicht nötig findet, auch nur ein Stück weit die Angst herauszuspüren, die den Hintergrund der »Stummheit« seiner Gattin bildet? Zugegeben: Das »Marienkind« macht es ihm nicht gerade leicht, der Wahrheit seiner Lügen auf die Spur zu kommen; aber das nassforsche »Jägertum« des »Königs«, die Art, wie er mit dem »Schwert« das »Gebüsch durchdrang«, und der rasche Zugriff seines Heiratsentschlusses zeugen allesamt von einer Ungeduld und Grobheit der Empfindungen, dass man beim besten Willen nicht absieht, wie dieser Mann das nötige Vertrauen seiner Gattin erringen könnte oder auch nur wollte.

So bleibt nichts übrig, als dass »König« und »Königin« die »Stummheit« gewissermaßen zur Grundlage ihrer Ehe nehmen:[54] das »*Marienkind*«, weil es viel zu resigniert und verängstigt ist, um sich auch nur entfernt vorstellen zu können, man würde es in den »Himmel« der Liebe (wieder) aufnehmen, wenn man von dem Unheil des »goldenen Fingers« erführe; der »König«, weil er im Grunde gar nichts anderes will, als eine Frau zum Repräsentieren, zum Kuscheln und zum Kuschen – auf jeden Fall kein »Problemmädchen«. Das »Marienkind« ist froh, seine Vergangenheit verschweigen zu können, der »König« ist froh, vermeintlich seine Ruhe zu haben; so oder so erleben wir mithin eine Ehe von Analphabeten, mit allem Pomp und fürstlichem Gepräge nebst all dem unausgesprochenen Unglück und stummen Leid, das zu einer solchen »Ehe« gehört. Nur: Wo eigentlich reden Eheleute so miteinander, dass ihr Wort den verschlossenen Mund wieder öffnet und der ängstlich verborgenen Vergangenheit ihre Unschuld zurückgibt? Und wo findet man Formen des Umgangs und der Liebe, die den Anderen nicht in den eigenen Machtbereich einzwängen, sondern sein geheimes Königtum an den Tag bringen? Erst eine Liebe, die so stark ist, dass sie den Anderen gegen alle Angst froh macht darüber, leben zu dürfen, und gegen alles Schuldgefühl beruhigt darüber, eine Frau (oder ein Mann) zu sein, verdient es, dass man ein Leben zu zweit darauf gründet. Aber für gewöhnlich ist die Egozentrik der Angst und der Narzissmus der Schuldgefühle stärker, und das Portrait einer »Hochzeit der Stummen« besitzt eine Realitätsschärfe von grausamer Prägnanz.

6. Die Rückkehr der »Madonna« oder: Das erzwungene Geständnis

In der Magie mag die abergläubische Regel gelten, dass man heraufbeschwört, wovon man spricht. Im menschlichen Leben gilt umgekehrt, dass man gewiss heraufbeschwört, wovon man nicht zu sprechen wagt. Alles kommt wieder, was man vergessen will, statt es durch Arbeit zu erledigen, und so bietet das Schweigen des »Marienkindes« gegenüber seiner Vergangenheit die sichere Gewähr dafür, dass alles, was war, sich unvermeidbar wiederholen muss. Virulent wird die bittere Hypothek des »Marienkindes« bezeichnenderweise nicht eigentlich in seiner Beziehung zu dem »König« – es bleibt in der Tat erstaunlich, wie sehr das Märchen sich die »Ehelegende« selber einzureden versucht, die »Hochzeit der Stummen« eröffne einen Raum vorbildlicher Liebe, verzeihenden Verständnisses und vollendeter Harmonie. Offenbar vermögen das »Marienkind« und der »König« ihre Arrangements des Vordergrundes wirklich bravourös zu spielen, und alles würde wohl tatsächlich auf unabsehbare Zeit so weitergehen können, wenn nicht nach einem Jahr schon die Ankunft eines Sohnes die Lage völlig ändern würde.

In vergangenen Zeiten bedeuteten viele Kinder, vor allem Jungen, den Stolz einer Frau; an sich wäre daher nichts Ungewöhnliches an dem Umstand, dass das »Marienkind« gleich vom Beginn seiner Ehe an Jahr für Jahr ein neues Kind zur Welt bringt. Und dennoch wird man den Verdacht nicht los, als wenn der neuen »Königin« an einer reichen Kinderschar weit mehr gelegen wäre als an der Beziehung zu ihrem Gemahl. Mit ihrem Mann auch nur ein einziges Wort zu reden, ist schlechterdings unmöglich; was Wunder also, wenn das »Marienkind« in seiner glänzend dekorierten Einsamkeit sich nach Kindern sehnt, die es schon wegen ihrer »Unschuld« ungehemmter, weil unbelastet von Schuldgefühlen, lieben kann, während die Beziehung zu dem »König« unter dem Anschein einfachen Glücks sich »unaussprechlich« kompliziert gestaltet; außerdem kann der Kindersegen mit seinen Gefahren, Ängsten und Schmerzen ein Stück weit die Schuldgefühle und Selbstvorwürfe wirksam beruhigen, die das Zusammensein mit einem Mann dem »Marienkind« unweigerlich bereiten muss, solange es an dem Ideal der »Madonna« festhält. Ohne es zu merken, wählt die junge Braut mithin bald schon den gleichen Ausweg aus der stillen Krise ihrer Ehe, den wir auch bei der »Mutter Maria« vermuten mussten: Sie ersetzt die Liebe zum Gatten durch die Liebe zu den Kindern, um bei ihnen die Zuneigung und Zärtlichkeit zu binden und zu finden, die sie bei ihrem Gemahl so sehr vermisst, und unvermerkt bringt sie damit ihre Kinder in die gleiche Situation, in der sie selber sich als Mädchen gegenüber der »Mutter Gottes« befand. Das Hauptproblem jeder Kindererziehung besteht darin, dass alle Eltern einmal Kinder waren und, ob sie es wollen oder nicht, ihre eigenen Kinder zunächst genauso behandeln, wie ihre Eltern es getan haben. Gerade die besonders wohlmeinenden und verantwortlich denkenden Eltern stehen in der Gefahr, dass sie im Bestreben, das Beste für ihre Kinder zu tun, unbewusst dieselben Idealvorstellungen, Lebenserwartungen und Leistungsansprüche ihrer Erziehung zugrunde legen, nach denen auch ihr Charakter sich geprägt hat. Insbesondere unterläuft in der Art des Sprechens, in den Nuancen des Ausdrucks, in den Details des Verhaltens, wenn es »erzieherisch« wirken soll, immer wieder der gleiche Habitus und Gestus, den in vergleichbaren Situationen auch die eigenen Eltern einzunehmen pflegten. Einem jeden, der mit Kindern umgeht, wird dies so widerfahren, am meisten aber denjenigen, die selber als Kinder im Umkreis starker Ängste, Zwänge und Schuldgefühle haben leben müssen. Gerade sie werden wünschen, dass ihren Kindern erspart bliebe, was sie selber durchzumachen hatten, und tragischerweise werden gerade sie mit großer Wahrscheinlichkeit dieselben Konflikte heraufbeschwören, an denen sie bereits in den eigenen

Kindertagen zu leiden hatten. Vor allem wenn die gesamte eigene Vergangenheit, wie im Fall des »Marienkindes«, aus Angst und Schamgefühl wie fluchtartig gemieden und wie etwas Beschämendes verschwiegen werden muss, ist der Zwang zur Wiederholung der unaufgearbeiteten eigenen Konflikte kaum abzuwenden. Das Märchen von »Brüderchen und Schwesterchen«, das eine Parallele zum »Marienkind« ist, erzählt, dass die Person des »Schwesterchens«, ebenfalls unmittelbar nach der Niederkunft, von der bösen Stiefmutter im Bad erstickt und gegen die hässliche Tochter der Hexe eingetauscht wird; besser lässt sich nicht beschreiben, dass in der Begegnung mit dem neugeborenen Kind das »Schwesterchen« als Mutter offenbar in einer ganzen anderen, von seiner »Stiefmutter« arrangierten Rolle auftritt, die sehr von der Art abweicht, wie es dem eigenen Ich nach sich verhalten würde. Im Märchen von »Brüderchen und Schwesterchen« bringt dieser dämonisch wirkende »Rollentausch« für den »König« immerhin gewisse Veränderungen mit sich, auf die er, endlich aufmerksam geworden, »wachsam« zu reagieren versteht, bis er hinter der Zauberlarve der »falschen Braut«[55] seine »richtige« Frau, sein »Schwesterchen«, wiederentdeckt. Das Märchen vom »Marienkind« schildert im Grunde denselben Sachverhalt, nur mit dem wesentlichen Unterschied, dass der Ehemann (der »König») von all den furchtbaren Krisen und Nöten seiner Gattin nicht die geringste Ahnung hat. Für ihn ist das »Marienkind« nach wie vor eine »schöne« Frau, die er »liebt« und auf die er stolz ist, deren Herz er aber nicht im Geringsten kennt noch in Wahrheit kennen möchte. Das ganze Debakel spielt sich daher subjektiv zunächst allein zwischen dem »Marienkind« und seinen Kindern ab und wird erlebt als ein Erziehungskonflikt, nicht als einen Beziehungskonflikt. Auch diese Tatsache spricht noch einmal dafür, dass im Märchen vom »Marienkind«, anders als z.B. beim »Brüderchen und Schwesterchen«, die tragische Beziehung von Mutter und Kind tatsächlich die Folge und den Ersatz eines verschobenen Konfliktes zwischen den Eheleuten darstellt. Wie aber muss man sich die »Rückkehr der Madonna« innerhalb eines solchen »Generationskonfliktes« inhaltlich denken?

Vom eigenen Empfinden her wird das »Marienkind« den Eindruck haben, als ob seine Kinder, Mal um Mal, eigentlich gar nicht seine Kinder wären. Tatsächlich existieren sie für das »Marienkind« nicht als etwas, woran es selber seine Freude haben oder worin es ein Stück von sich selbst verkörpert finden dürfte; sie verkörpern vielmehr eine Erziehungsaufgabe, einen Anspruch auf vollendete Mütterlichkeit; sie sind ein Gegenstand makelloser Pflichterfüllung. Vom ersten Tag an leben die Kinder der »Königin« insofern durchaus nicht mit ihrer Mutter, sondern mit der Pflegemutter ihrer Mutter, mit der »Madonna« zusammen; nicht das Ich, sondern das Über-Ich des »Marienkindes« ist es, das mit ihnen lebt und sich ihnen zuwendet. Aber damit ist nur die psychodynamische Seite dieser eigentümlichen Beziehung von Mutter und Kind erfasst. Thematisch kristallisiert sich das Problem entscheidend in der Sexualität; sie ist der Punkt der tiefsten Selbstentfremdung des »Marienkindes«, und sie bewirkt zugleich vom ersten Tage an die Entfremdung auch der Kinder von ihrer Mutter; nur um die Frage der Sexualität dreht sich denn auch der Auftritt der »Jungfrau Maria«.

Vornehmlich im kirchlich-religiösen Raum herrscht nach wie vor die Meinung, es sei möglich, das Erleben der Sexualität rein biologisch auf die Zeugung von Nachkommen hin zu interpretieren.[56] Vergebens, dass von Biologen immer wieder entgegengehalten wird, dass schon im Tierreich die »Sexualität« sehr verschiedenen Zielsetzungen, vor allem der Rangdemonstration und der Paarbindung, dient,[57] dass zudem auch im Tierreich ausgeklügelte Mechanismen der Geburtenbeschränkung existieren und schließlich der Mensch das einzige Lebewesen dieses Planeten ist, das überhaupt ein ausgedehntes, auch für die Frauen befriedigendes Liebesleben kennt,[58] das zudem mit Beginn der Pubertät an keine bestimmten Zeiten oder Phasen des Lebens gebunden ist. All diese Argumente setzen sich nur mühsam in der offiziellen Denkweise von Moraltheologie und Kirchenrecht durch. Nirgendwo indessen führt sich die Abrichtung der Liebe auf die Erzeugung von Nachkommen, wie sie von der Kirche jahrhundertelang propagiert wurde, so erschreckend und krass ad absurdum wie im Erleben einer Frau, die wirklich ein Kind zur Welt bringt. Bereits die letzten Monate der Schwangerschaft führen für die Mutter zu einer äußerst intensiven Körperempfindung, die sehr im Widerspruch zu der sexual- und körperfeindlichen Abwertung und Vernachlässigung des Leibes steht, die man sie gelehrt hat und die daher nicht selten wie eine unaufhaltsame Überwältigung durch eine ichfremde Naturmacht erfahren wird; vollends aber nach der Entbindung zeigt es sich, dass die asketische Unterdrückung jeder sexuellen Empfindung auch den Kontakt des

Kindes beim Stillen oder beim Austausch von Zärtlichkeiten nachhaltig stört.[59]

Wieder stimmt die christliche »Marienlegende« auch an dieser Stelle mit der Wirklichkeit nicht überein, wenn auf zahlreichen Heiligenbildern die Madonna gezeigt wird, wie sie als liebevolle Mutter, doch stets in »jungfräulicher Reinheit«, sich dem Christuskind zuwendet, ganz so als sei es möglich, eine Mutter zu sein, ohne eine Frau zu werden.[60] Eben dieses »Wunder« aber muss ein »Marienkind« vollbringen, solange es an seinem Madonnenideal festhält und vor sich selbst und anderen hartnäckig jede sexuelle Gefühlsregung verschweigt. Stets wenn der Körperkontakt zu dem eigenen Kind gefühlsstärker wird und eigentlich die natürliche Symbiose von Mutter und Kind ihre Befriedigung und Erfüllung finden könnte, unterbricht die moralische Zensur den Strom der Empfindung, so dass sich im Kind bereits vom ersten Augenblick des Lebens an der Eindruck verfestigen muss, für seinen Wunsch nach Nähe und Geborgenheit immer wieder mit Liebesentzug bestraft zu werden. Gewiss wird eine Mutter von der Art des »Marienkindes« den moralisch erzwungenen Mangelzustand an affektiver Wärme durch besondere Sorgfalt in allen äußeren Belangen wiedergutzumachen versuchen; aber das Ergebnis kann nicht anders ausfallen, als das Märchen es schildert: Kaum geboren, gehören die Kinder des »Marienkindes« nicht mehr zu ihrer Mutter, sondern sie befinden sich im »Himmel der Madonna«, einer Stätte äußerer Überversorgung und zugleich monströser Schuldgefühle von fast paranoischem Umfang gegenüber allen anderen.

Man erfasst das oral-depressive Erleben niemals vollständig ohne den Faktor der Fremdenfurcht. Was andere sagen oder, richtiger, was andere sagen könnten, schafft einem Depressiven nicht endende Beunruhigungen und Qualen, indem er seinen eigenen Selbsthass (bzw. den verinnerlichten Hass auf seine Eltern) in die anderen projiziert; um den als wirklich geglaubten Nachstellungen und Vorwürfen der anderen den Wind aus den Segeln zu nehmen, muss er sich daher in jeder nur denkbaren Hinsicht so verhalten, dass jeder Laut einer möglichen Kritik von vornherein erstirbt. Die dadurch geschaffene Überbeanspruchung aber erzeugt im Untergrund eine ständige Abwehr und Rebellion, die sich wiederum in einer passiv-schweigenden Vorwurfshaltung und einer unermüdlichen Kontaktabwehr bemerkbar macht; am Ende entsteht das Paradox, dass der Depressive wirklich vorgeworfen bekommt, was er am meisten fürchtet: dass man mit ihm nicht zurechtkommt, dass er »alles falsch macht«, und vor allem: dass er alles ringsum mit seinen Schuldgefühlen »auffrisst«. Während das »Marienkind« alles unternimmt, um so selbstlos und aufopfernd wie nur möglich dem Wohl seiner Kinder zu dienen, sehen die Außenstehenden, je länger desto klarer, dass die »Madonnenhaltung« des »Marienkindes« die Kinder »verschlingt«, noch ehe sie zum Leben kommen können, und dass die Maßlosigkeit seines eigenen angstbesetzten Vollkommenheitsanspruchs die Kinder buchstäblich »auffrisst«. Es ist, als wenn das »Marienkind« mit seiner Besorgtheit und Fürsorge die Eigenständigkeit seiner Kinder durchaus nicht zu akzeptieren vermöchte, ja, als wenn es in seiner Überidentifikation mit den Kindern wieder in den eigenen Leib zurückholen wollte, was im Geburtsvorgang daraus hervorgekommen ist;[61] denn nur als Teil seiner selbst kann es seiner Kinder wirklich sicher sein. Immer aber erweist sich dabei die »Stummheit« des »Marienkindes« als das furchtbarste moralische Mittel, um die Kinder in die Welt der eigenen Vorstellungen »einzuverleiben«.

Wohl jede Mutter wird besorgt sein, wenn sie sieht, dass eines der Kinder krank ist, nicht essen will, des Nachts schreit oder irgendwelche sonstigen Störungen aufweist. Eine Mutter von der Art des »Marienkindes« aber wird das an sich Normale, wie in den Tagen der »Armut« der eigenen Eltern, als einen Vorwurf empfinden und sich schuldig fühlen; genau besehen geht es dabei nicht eigentlich (nur) um das Wohl des Kindes, sondern vor allem um die eigene Gewissensruhe und moralische »Unschuld«, und so muss das »Marienkind« schon geringfügige Unregelmäßigkeiten mit übermäßiger Angst verfolgen. Nichts darf sich seiner Aufmerksamkeit entziehen, und es gibt im Grunde nur eine Weise, etwas richtig zu machen: die eigene; jede Abweichung von der eigenen Wesensart wirkt erneut wie eine Infragestellung, die nicht geduldet werden darf, und angesichts eigener Aktivitäten der Kinder wird stets die mahnend-warnende Stimme der Mutter ertönen, die vorschreibt, wie es einzig richtig und gut zu machen ist. Die Kinder selbst müssen sich unter diesen Umständen wie von einer unsichtbaren Glocke umschlossen fühlen, einem Mutterleib der Fürsorge, dem sie nie entrinnen können, denn sie dürfen nur sein, wenn sie so sind wie die Mutter selbst, also wenn sie selber nicht sind. Falls sie es dennoch unternehmen, von der Art der Mutter abzuweichen, so müsste sie eigentlich jedes Mal ein jähzorniges mütterliches Donnerwetter ereilen, wäre das »Marienkind« in seiner »Stummheit« (bzw. infolge seiner oralen Gehemmtheiten) nicht gänzlich außerstande, sich verbal durchzusetzen. Viele Depressive wissen im Verstande wohl, dass ihre Vorwürfe, die sie eigentlich machen möchten, den anderen als maßlos oder absurd vorkommen würden, und sie fürchten in jedem Falle die Gegenkritik ihrer Umgebung. Ihre Vorzugswaffe ist daher das Schweigen – ein Instrument, das heranwachsende Kinder um den Verstand bringen kann, weil es keinerlei Auseinandersetzung oder Gegenwehr zulässt. »Bei uns zu Hause«, sagte eine Patientin, »wurde oft tagelang (von Seiten der Mutter, d.V.) geschwiegen, und man sprach erst wieder mit uns, wenn wir uns entschuldigten und taten, was gewünscht wurde.« Noch heute, Jahrzehnte später, empfindet diese Frau jedes Nicht-Reden eines anderen als schwersten Vorwurf, und bezeichnenderweise versteckt sie ihre Mutter bei kritischen Bemerkungen immer noch lieber hinter allgemeinen unpersönlichen Wendungen, als sie direkt anzugreifen. Die »verschlingende« Wirkung eines »Marienkindes« auf seine Kinder kann kaum deutlicher zutage treten.

Gleichwohl wird es nur schwerlich eine Erkenntnis geben, die das »Marienkind« mehr fürchtet und zu vermeiden trachtet, als die Einsicht, dass es mit seiner übermenschlichen Anstrengung, den Kindern eine Art Himmel auf Erden zu bereiten, die Kinder nicht zum Leben kommen lässt und sie in Wahrheit für den Narzissmus der eigenen madonnengleichen Fehlerlosigkeit aussaugt wie ein Vampir. Auf furchtbare Weise wiederholt sich in ihm noch einmal die Tragik seiner eigenen Mutter, aber diese Entdeckung mutet umso grausamer an, als das »Marienkind« gewiss alles getan hat, um seinen Kindern so gut zu sein wie irgend möglich. Wie schwer muss es ihm daher fallen zu begreifen, dass es seinen Kindern zur Gefahr wird, gerade weil diese Kinder buchstäblich sein Ein und Alles sind und sein sollen? Dass es gerade mit dem Ideal der »Madonna« seinen Kindern eher zur »Pietà« denn zur »Mutter der Gnade« gerät? Und dass seine »Stummheit«, geboren aus Selbstanklagen, auch andere weit schwerer belasten muss, als es unmittelbare Vorwürfe jemals könnten? Dabei sind die Kinder zweifellos das Hauptmotiv, um die Lebenseinstellung eines »Marienkindes«, wenn überhaupt, trotz allem noch einmal von Grund auf zu ändern – die Rücksichtnahme auf das eigene Glück vermöchte es wohl kaum. Nur, wie soll überhaupt eine Wandlung zum Besseren möglich sein, wo doch alles in dieser Ehe von »König« und »Königin« nach außen hin so gut geregelt und geordnet scheint?

Befragt man das Märchen vom »Marienkind« daraufhin, was es als »Therapievorschlag« bereithält, so wird man eine teils unbefriedigende, teils entmutigende Auskunft erhalten. *Unbefriedigend* ist die Antwort des Märchens, weil es, entsprechend der erzieherischen Absicht seiner legendären Übermalung, gar nicht an einem psychologisch umfassenden, sondern nur an einem vorwiegend »moralischen« Abschluss interessiert ist; dieses Problem teilt das Märchen indessen mit den meisten Legenden, die von der archetypischen Symbolsprache des Unbewussten gern einen idealtypischen Gebrauch machen und, psychodynamisch betrachtet, nicht die Integration des Unbewussten im Ich, sondern vielmehr die Unterwerfung des Ichs unter bestimmte Dressate des Über-Ichs anstreben. *Entmutigend* hingegen wirkt der Abschluss des Märchens, weil es gegen die Angst des »Marienkindes« als einziges Heilmittel nur den Leidensdruck noch größerer Angst zu setzen weiß. Unter den gegebenen Umständen erscheint gerade eine solche »Katastrophentherapie« indessen als am meisten wahrscheinlich.

Das einzige Mittel, um die Angst des »Marienkindes« zu beruhigen und ihm seine eigene Sprache wiederzugeben, bestünde in einer Liebe, die mütterlicher ist als die »Mutter Gottes« und absichtslos genug, um das sexuelle Dilemma aus Schuldgefühl und Ohnmacht durch das Glück einer tiefen seelischen Verbundenheit und den Einklang innigen Verstehens vergessen zu machen. Aber ein Teil der Ehetragödie des »Marienkindes« besteht gerade darin, dass es offenbar nur einen »König« als Gemahl »erobern« konnte, der für das Lösen seelischer Schwierigkeiten so viel Sinn aufbringt wie etwa Ludwig XVI. für seine Gemahlin Marie Antoinette.[62] Nicht genug, dass er mit der Stummheit seiner Gattin als Grundlage seiner Ehe sich gleich zu Beginn ohne Weiteres einverstanden erklärte – jetzt verzichtet er zudem auf seine Kinder ebenso widerspruchslos wie seinerzeit der Vater des »Marienkindes«. Nach wie vor scheint es für ihn im Umgang mit ehelichen Schwierigkeiten nur eine Strategie zu geben, die der »Stummheit« seiner Gemahlin auffallend parallel ist: das Sprechverbot. Längst drängen seine »Ratgeber«, sein eigener Verstand also, darauf, den unheimlichen »Kindesentführungen« seiner Gattin nachzugehen, aber offenbar meint der »König« seine Gemahlin am besten zu schützen, wenn er so tut, als wenn nichts geschehen wäre, und die Ruhe zur obersten Bürgerpflicht erklärt. Jedoch umsonst – der Spielraum wird nur immer enger, und bald schon liefert auch der »König« den Beweis, dass ihm mehr als an allem anderen, mehr auch als an der Liebe zu seiner Frau, ausschließlich an der Gunst der öffentlichen Meinung gelegen ist; ihr beugt er sich mit achselzuckendem Widerstreben, selbst wenn seine Gattin dafür durchs Feuer muss – ein ohnmächtiger »Regent«, dessen Wunsch nach »Ruhe« die wahre Quelle nicht endender Beunruhigungen darstellt.

Aus der Sicht des »Marienkindes« hingegen wird man den »Prozess« der Volksmeinung nicht anders verstehen können denn als ein ständiges Anwachsen der Schuldgefühle, die es, nach außen projiziert, in allen anderen auf sich zurückkommen sieht. Diese Frau, die ständig in der Gestalt der »Mutter Gottes« auf der Flucht vor ihren eigenen Gewissensqualen lebt, muss sich, je länger desto aussichtsloser, als Opfer fremder Nachstellungen fühlen, und, was das Schlimmste ist, sie muss innerlich mehr und mehr anerkennen, dass die Vorwürfe, die sie allseits zu spüren glaubt, nicht völlig unberechtigt sind: Solange sie selbst es nicht wagt, zu ihrem Leben zu stehen, solange wird sie dem Leben ihrer Kinder im Wege stehen. Aber was ist zu tun, wenn die Zuständigkeit für das eigene Leben in dem Eingeständnis einer Schuld besteht, die man mehr denn die Hölle zu fürchten gelernt hat?

Dem Märchen selber scheint es kaum begreifbar zu sein, wie jemand derartig »stolz« und »verstockt« sein kann wie das »Marienkind«, und natürlich soll der Leser diesen Eindruck von ganzem Herzen teilen; unmittelbar muss er sich von daher zu einer geheimen Komplizenschaft all derer eingeladen fühlen, die über das »Marienkind« verurteilend den Stab brechen und sich von ihm als einer »menschenfressenden Hexe« voller Grausen und Verachtung lossagen möchten, nur um sich selber zu bestätigen, dass sie an seiner Stelle gewiss reumütig und zerknirscht der »Madonna« ihre Schuld gebeichtet hätten. Doch gemach! Nur den oberflächlichen Gemütern fällt die Reue leicht, weil sie die unverwüstliche Gabe besitzen, die Sünde nicht so schwer zu nehmen. Wem es indessen in seiner Schuld buchstäblich um Himmel und Hölle geht, kann nicht gestehen ohne die Gewissheit eines gnädigen Erbarmens, und je schwerer seine Schuld ihn dünkt, desto aussichtsloser muss ihm gerade die Vergebung scheinen; ein solcher geht lieber freiwillig in die Hölle, als sich durch fremde Verurteilung in die Hölle stoßen zu lassen. Wohl ist es wahr, dass eine solche Haltung nach außen hin als »Stolz« und »Starrsinn« erscheinen mag; wer aber tiefer hinsieht, wird unter der Maske äußerer Perfektionsroutine und fehlerloser Unangreifbarkeit eine äußerst verwundete Seele entdecken, für die der kleinste menschliche Fehler bereits eine Katastrophe ohnegleichen bedeutet. Wenn hier von »Stolz« die Rede sein kann, so liegt er ganz und gar in den unmenschlichen und überheblichen Anforderungen des Über-Ichs begründet, also er geht nicht zu Lasten des »Marienkindes«, sondern einzig zu Lasten der »Madonna«.[63]

Eben deswegen gäbe es eine menschenwürdige Auflösung der Gewissensnot des »Marienkindes« nur durch ein Verständnis, das es inmitten seiner Schuld die Unschuld wiedersehen lehrte und ihm zu einer Wahrheit verhülfe, deren es sich nicht länger mehr zu schämen brauchte. Wer aber ein menschliches Gegenüber solchen Verstehens nicht an seiner Seite hat, wird wirklich nur die »Reinigung« des »Fegfeuers« auf dem Wege der Erlösung übrigbehalten; in solcher Lage wird die Depression zur Bedingung der Wahrhaftigkeit, und Recht hatte vermutlich SIGMUND FREUD, als er feststellte, dass man in gewissem Sinne immer erst depressiv sein müsse, um zur Wahrheit über sich selbst fähig zu werden.[64]

Es ist am Ende sehr die Frage, ob das Geständnis des »Marienkindes« wirklich, wie es das Märchen glaubhaft machen will, einen Akt der Einsicht und der Buße darstellt. Eher sollte man nach allem, was wir gehört haben, denken, dass es von einem bestimmten Grenzpunkt der Qual und der Vergeblichkeit an dem »Marienkind« sozusagen »egal« wird, was die »Mutter Gottes« sagt und macht. Wenn es übermenschlich schlimm ist, »gesündigt« zu haben, so ist es schließlich nur menschlich, ein Sünder zu sein. Was vorher wie ein Zusammenbruch der eigenen moralischen Persönlichkeit erlebt wurde, führt jetzt zu einem Zusammenbruch des Über-Ich-Standpunktes. Wenn die Heftigkeit des Schuldgefühls einen »Hitzegrad« erreicht, dass darunter das Leben »verbrennt«, so kann sich das Ich nur noch erhalten, indem es »kühler« dem Urteil des Über-Ichs gegenübertritt. Schrecklicher als es ist, kann es für das »Marienkind« gewiss nicht mehr kommen, und es gibt jetzt nur noch einen Ausweg: sich auf Gedeih und Verderb dem Urteil der »Madonna« zu überlassen. In dieser Quintessenz einer Entwicklung des Negativen zeigt sich in äußerster Zuspitzung die Ambivalenz des ganzen Märchens.

Der Zusammenbruch einer starren Über-Ich-Moral kann, als Bilanz der Angst, sehr leicht dazu führen, den latenten Selbsthass, die Selbstverachtung und den Hang zur Selbststrafung lediglich mit andern Mitteln weiterzuführen, um, nach einem genial-richtigen Worte DOSTOJEWSKIS, fortan »ein Recht auf Schande« für sich in Anspruch zu nehmen.[65] Der ganze hochkompensierte Aufbau der bisherigen Persönlichkeit zerbirst unter solchen Umständen wie in einer Explosion des Unerträglichen, und zurück bleibt ein Leben, das förmlich ein Bedürfnis verrät, sich selber so gemein zu machen, wie man sich fühlt. Die Neurose schlägt dann um in den Genuss des Perversen, und die perverse Unmenschlichkeit der bisherigen Moral reklamiert nun die Unmoral als Attribut des Menschlichen. Neben dieser äußerst gefährlichen Entwicklungsmöglichkeit kann es aber auch sein, dass die endgültige Kapitulation der rigorosen und rigiden Moral des Über-Ichs einen Standpunkt vertiefter Menschlichkeit heraufführt, und eben dies ist es, wovon das Märchen vom »Marienkind« am Ende eigentlich erzählen will, nur dass es gerade an dieser alles entscheidenden Stelle versäumt, deutlicher zu werden.

Berichtet wird, dass die »Mutter Maria«, während der Mob bereits dem »Marienkind« das Feuer schürt, wie eine Retterin erscheint, die nach erfolgtem Geständnis mit dem Regen des Himmels die Flammen löscht und der unglücklichen »Königin« die Kinder zurückgibt. Erst jetzt also, wo es gar nicht anders mehr geht, erweist es sich, dass die »Mutter Gottes« jene Sünde der 13. Pforte selbst gar nicht so streng ahnden wollte und dass in ihren Augen einzig die Unwahrhaftigkeit keine Gnade fand. Sie, die vordem in ihrer jungfräulichen Tugend wie ein Racheengel erschien, gewinnt jetzt überraschenderweise ihre mütterlichen Züge zurück, und, paradox genug, es erweist sich nun, dass man nicht so sehr schuldig war durch das »Laster« der »Unkeuschheit« als durch das mangelnde Vertrauen in eine Vergebung, deren man unbedingt bedurft hätte, um die eigentliche Schuld: die Doppelbödigkeit einer ständigen existenziellen Verlogenheit im Umfeld nicht endender Angst, zu vermeiden. »Die Wahrheit wird euch frei machen« (Joh 8,32) – dieser Satz der Bibel enthält die tiefe Wahrheit des Märchens vom »Marienkind«. Sich selbst zurückgegeben, fängt das Leben des »Marienkindes« noch einmal von vorne an; der »Spuk« der »Madonna« ist beendet, und es wäre jetzt die Zeit gekommen, wo das »Marienkind« im Wiederbesitz seiner Sprache seinen eigenen Namen zum ersten Mal so aussprechen könnte, dass er zum Ort und Erfahrungsraum für eine Liebe würde, die in sich rein und »königlich« ist und ihm die unverdorbene Schönheit des Herzens zurückzugeben vermöchte – tatsächlich deutet das Märchen einen solchen Abschluss an.

7. Zwischen Angst und Glaube, oder: Welch eine Art von Religion?

Aber kann man nach allem, was vorausgegangen ist, sich mit diesem »Happy-End« des Märchens zufriedengeben? Man kann es weder theologisch noch psychologisch.

Wohl enthält die »Therapie« der Aussichtslosigkeit und der Verzweiflung, die das Märchen vom »Marienkind« am Ende schildert, unzweifelhaft eine tiefe religiöse Wahrheit. Jedes Menschen Leben steht vor der »Wahl« zwischen Angst und Vertrauen, und zunächst wird ein jeder die Angst, unberechtigt auf der Welt zu sein, wie das »Marienkind« mit einer unendlichen Anstrengung beantworten, seinem Dasein den absoluten Charakter von Rechtschaffenheit und Notwendigkeit zu verleihen. Bis zum Zusammenbruch wird er versuchen, im moralischen Sinne so gut wie nur irgend möglich zu sein. Die inneren Abspaltungen, Verdrängungen, Triebdurchbrüche, Verleugnungen und Doppelbödigkeiten, die er mit einer solchen Angstmoral in Kauf nimmt, treiben ihn jedoch notgedrungen nur immer weiter in die Enge, und die Angst, die ursprünglich durch eine kritikfreie Rechtschaffenheit beruhigt werden sollte, zieht in Wahrheit immer unheimlichere Kreise; am Ende muss man entdecken, dass man auf diese Weise nicht nur mit mörderischen Schuldgefühlen sein eigenes Leben ruiniert, man wird auch zum Mörder an allen, die einem anvertraut sind. Ja, man kann schließlich nur wünschen, dass ein solches Unleben der Angst, des verinnerlichten Todes, möglichst bald zusammenbricht; denn erst jenseits der Katastrophe kann sich der Freiraum öffnen, in dem sich das Dasein als bedingungslos berechtigt und bejaht und als von Grund auf »königlich« entdecken kann. Theologisch ist diese Erfahrung unnachahmlich klar in der jahwistischen Urgeschichte ausgesprochen worden, die auch der christlichen Erbsündenlehre zugrunde liegt,[66] auch was im Neuen Testament Paulus zur Deutung seines Damaskus-Erlebnisses zu sagen weiß, ist getragen von dieser grundlegenden Alternative einer tödlichen Moralität der Angst oder einer lebenspendenden Güte des Vertrauens. In gewisser Weise schließt sich ebenso das Märchen (bzw. die Legende) vom »Marienkind« dieser großen Perspektive christlicher Daseinsdeutung an; es verdirbt aber die Klarheit seiner möglichen Botschaft durch Beimischungen der Angst und des moralischen Rigorismus, die eine Reihe von Nachfragen unvermeidbar machen.

Es ist gewiss nicht die Schuld des Märchens, dass es auf Erden ein unsägliches Maß an Angst und Leid gibt, und es zählt zu dem Realitätssinn vieler Märchen, dass sie, wie die Erzählung vom »Marienkind«, die Schilderung seelischer Not mit hoher Sensibilität in allen möglichen Nuancen zu variieren suchen. Es ist auch als wahr zu erachten, wenn die christliche Legende die Meinung durchblicken lässt, dass die Abgründe menschlicher Angst nur in einem Vertrauen zu dem Urgrund allen Daseins jenseits der grausam zerrissenen Menschenwelt überbrückt werden können.

Die Ansicht mancher Religionspsychologen, dass die Religion aus Angst und Hilflosigkeit des Menschen entstanden und deshalb als haltlose Illusion zu betrachten sei, verkennt, dass es zum Menschen wesentlich gehört, Ängste zu haben, die unendlich sind und im Endlichen nie eine Antwort finden, und dass es zudem auf eine Verwechslung von Ursache und Wirkung hinausläuft, das Heilmittel einer Krankheit als Produkt der Krankheit zu interpretieren. So wie der Durst eines Menschen in gewissem Sinne ein Beweis für die Existenz des Wassers ist, oder wie etwa die Flugunruhe der Vögel um Anfang Oktober beweist, dass es wärmere Länder im Süden der Erde geben muss, so ist die Sehnsucht des Menschen nach Gott ein Beweis für die Existenz des Göttlichen. »Du würdest mich nicht suchen, wenn du mich nicht schon gefunden hättest«, lässt Blaise Pascal in den »Pensées« Christus zum Menschen sprechen.[67] Wir Menschen sind auf dieser Welt die einzigen Lebewesen, die sich ängstigen können und müssen vor der Nichtigkeit und Zufälligkeit alles Existierenden; wir sind die einzigen, denen die Welt erscheint wie ein Meer, über das sie nur zu schreiten vermögen mit dem Blick auf eine Gestalt, die vom anderen Ufer uns entgegenkommt.[68]

All diese Aussagen haben ihre Gültigkeit indessen nur innerhalb eines wesentlichen Sprechens vom Menschen. Die Gefahr ist groß, die philosophische, transzendentale Ebene der Reflexion mit der Ebene der psychologischen, kategorialen Erfahrung zu verwechseln. Die Masse ist nicht Philosoph, und es besteht immer eine starke Versuchung, das Wesentliche mit dem Unwesentlichen zu vermengen, indem man die Inhalte von Angst und Vertrauen im Sprechen von Gott mit innerweltlichen Gegebenheiten identifiziert. Gerade die Literaturform der Legende als einer frommen Erzählung fürs Volk ist dieser Gefahr ausgesetzt, und das Märchen vom »Marienkind« ist ihr unzweifelhaft erlegen.

Es mag im Leben eines Menschen unter Umständen einen großen Vorteil darstellen, wenn er die Angst und die Bedrohtheit des Daseins bereits in Kindertagen intensiv zu spüren bekommt; aber wie bei allem, was neurotisch macht, liegt das Übel im Übermaß. Ein Zuviel an Angst, von den eigenen Eltern verursacht, kann die wesentlichen Fragen des Daseins eher verdecken als lösen, und leicht entsteht dann eine Art von Frömmigkeit, die bei einem Höchstmaß an subjektiv gutem Willen objektiv doch einer Travestie des Religiösen gleichkommt. Immer wo Eltern ihr Kind mit einer Angst überziehen, die es auf Sein oder Nichtsein bedroht, absorbieren sie selbst die archetypische Macht des Göttlichen im Herzen ihres Kindes. Statt in ihrer Rolle als Eltern den Archetypus des Vaters und der Mutter für eine weitere Entwicklung offenzuhalten und schließlich an die Transzendenz des Weltenhintergrundes zu delegieren, zwingen sie im Bannkreis der Angst ihr Kind dazu, sich in absoluter Weise an seine Eltern zu klammern, als wenn sie Götter wären. Das Bild von Vater und Mutter spaltet sich auf diese Weise in einen (un)menschlichen Vordergrund realer Erfahrung und einen göttlichen Erwartungshorizont irrealer Sehnsucht auf, und eben diese Vergöttlichung des Menschlichen bzw. diese Absolutsetzung menschlicher Ambivalenzgefühle im Umkreis einer als absolut erfahrenen Menschenfurcht bildet den eigentlichen Kern jeder Neurose. Anders als Freud meinte, entsteht die Religion nicht aus dem Ödipuskomplex, aus der Verewigung von Mutterliebe und Vaterhass, sondern umgekehrt: Wenn ein Kind in seiner Angst die Eltern wie Herrgötter erlebt, wird es ihnen und all ihren Nachfolgern eine Macht zuschreiben, die sie nicht besitzen, indem es alle religiösen Sehnsüchte nach absoluter Liebe und Geborgenheit in sie hineinprojiziert.[69] Erst so beginnt die Dämonisierung des Menschlichen und die Mythisierung des Göttlichen in der Unentrinnbarkeit der Angst.

Alle archetypischen Symbole, die von der Religion zur Beschreibung einer Welt ohne Angst als Chiffren der Erlösung verwendet werden, geraten im Umkreis neurotischer Erlebnisstrukturen in die Gefahr, von dem Bild der eigenen Eltern her sich ihrerseits mit Angst aufzuladen; was als Wegmarke seelischer Integration Kraft und Weisheit besitzen könnte, verwandelt sich dann in ein moralisches Ideal, das dem Ich wie etwas Fremdes und Entfremdendes gegenübertritt. Statt von Angst zu erlösen, wird aus der Religion dann selbst eine Stätte der Angstverbreitung. Wenn unter diesen Umständen von Gott als Vater die Rede ist, verstellt das ängstigende Bild des eigenen Vaters die göttliche Wirklichkeit, und indem das Vaterbild fortan den Namen »Gott« erhält, rechtfertigt es jeden Zwang, jede Entwürdigung, jede Unterwerfung; wenn von der Jungfrau Maria bzw. der Mutter Gottes die Rede ist, verschmilzt der Archetyp der Madonna sogleich mit den Erinnerungen an die eigene Mutter und an ihre moralischen Bemühungen um ein »jungfräuliches Leben«. Während so aus den Menschen Götter werden, verwandelt sich das Göttliche in ein Ensemble von Spukgestalten, gerade so, wie wir es im Märchen vom »Marienkind« erlebt haben; und eben weil man der Märchen-Legende vom »Marienkind« das subjektive Bemühen um Frömmigkeit und Wahrhaftigkeit bei aller Skepsis schlechthin glauben muss, erscheint eine bestimmte Art von Angstfrömmigkeit bei der Lektüre dieser Erzählung in einem umso gespenstischeren Licht.

Denn es muss zutiefst beunruhigen, wenn man in dem Märchen mit ansehen muss, wie das Sprechen von Gott, von den Engeln, den Aposteln, der Muttergottes, vom Himmel und der Dreifaltigkeit lediglich dazu missbraucht wird, ein kleines Kind, ein Mädchen noch, seiner natürlichsten Regungen wegen mit lebenslangen Schuldgefühlen zu martern, es in Einsamkeit und Traurigkeit gefangen zu halten, seine Schönheit und Würde zu zerstören, seine Sehnsucht nach Leben und Liebe als etwas Widerrechtliches zu unterdrücken und am Ende sein Herz in ein Verlies von Depressionen, Zwängen, Ängsten, vergeblichen Idealen und unaussprechlichen Schuldgefühlen zu verwandeln. Es ist zutiefst empörend, mitzuerleben, wie aus der Liebe zweier Menschen ein stummes Nebeneinander vordergründiger Äußerlichkeiten wird, wie das Glück sich zur Pflicht, die Freude zum Opfer deformiert, wie die Fürsorge in verschlingenden Zwang, die Mutterliebe in fressenden Anspruch sich verkehrt und wie im Ganzen das Feld des Religiösen bis hinein in seine mütterlichsten und wärmsten Symbole zu einem mörderischen Alptraum pervertiert, indem »Gott« oder die »Mutter Gottes« zum Inbegriff einer rigiden Über-Ich-Moral erstarrt. Man mag abwiegelnd entgegnen, es handle sich in der Erzählung vom »Marienkind« doch »nur« um ein Märchen; aber ein solcher »Trost« verfängt nicht. »Wenn wir Schatten euch beleidigt, / O so glaubt – und wohl verteidigt / Sind wir dann: ihr alle schier / Habet nur geschlummert hier / Und geschaut in Nachtgesichten / Eures eignen Hirnes Dichten.« So einfach wird bereits SHAKESPEARES »*Ein Sommernachtstraum*«[70] nicht los, wer zuvor erlebt hat, wie in der Welt des Tages die äußeren Rücksichtnahmen auf die Konstellationen von Macht, Geld und Geltung den Menschen um sein Glück bringen und wie hilflos er des Nachts den Mächten des Unbewussten preisgegeben ist. Wer das Märchen vom »*Marienkind*« recht verstanden hat, wird die quälende Möglichkeit nie wieder vergessen, dass alles Sprechen von Gott unter Umständen lediglich die verinnerlichten Ängste aus Kindertagen widerspiegelt und ein Leben in Schuldgefühlen verstrickt, die sehr viel mit Menschenfurcht und kindlichen Abhängigkeiten, wenig aber mit Gott zu tun haben. »Nicht jeder, der den Namen Gottes (›Jahwe Gott‹) in den Mund nimmt, ist Gott wirklich nahe, sondern nur, wer tut, was Gott will, im Vertrauen darauf, dass er unser wahrer Vater sei«, so möchte man ein Wort Jesu (Mt 7,21) in diesem Zusammenhang paraphrasieren. Ein für allemal kann man von einem Märchen wie dem »*Marienkind*« lernen, dass man die menschliche Wirklichkeit verstehen muss, um zu einem wahren Sprechen von Gott zu gelangen oder, besser, um zu verstehen, was Gott uns in Wahrheit zu sagen hat. Wenn irgend die Psychoanalyse für die Theologie einen Wert besitzt, dann vor allem dadurch, dass sie den komplexbedingten Anteil aus der Gottesbeziehung zu entfernen vermag. Wie die Naturwissenschaft die dämonischen Identifikationen des Göttlichen mit dem (aus menschlicher Sicht) willkürlichen Wirken der Kräfte der äußeren Natur zu überwinden vermochte, so vermag die Psychoanalyse wirksam voneinander zu unterscheiden, was angstvoll ins Absolute gesteigerte Menschenfurcht und was wirkliche Ehrfurcht vor dem Göttlichen ist.

Der Maßstab für diese Unterscheidung ist im Grunde leicht zu gewinnen. Nur in der *Angst* fühlen Menschen sich so sehr an den Abgrund gedrängt, dass sie sich in absoluter Weise an andere Menschen gebunden fühlen, die über sie eine göttliche oder dämonische Macht erlangen können; alles Religiöse im Umkreis der Angst also ist ambivalent und kann sowohl Heil wie grausame Zerstörung bewirken, je nachdem, ob es die Angst in einem größeren Vertrauen besiegt oder selbst von der Angst in Richtung unendlicher moralischer Anstrengungen zur Selbstvervollkommnung und Selbstrechtfertigung benutzt wird. Umgekehrt ist es allein die Liebe, durch die das Sprechen von Gott seine Zweideutigkeit verlieren kann. Nur die Liebe fuhrt vom Abgrund weg ins Herz der Dinge, und Menschen verfügen über diese wunderbarste aller Fähigkeiten, einander so zu begegnen, dass sie nicht länger mehr dem Göttlichen im Wege stehen, sondern einander wechselseitig in ihrer Liebe ein Weg sind ins Unendliche. Nur die Liebe entdeckt den anderen in seiner königlichen Würde wieder, erlöst ihn ohne Gewalt von seinen Beengtheiten und schenkt den Stummen die Sprache zurück; sie ermöglicht es, die Doppelbödigkeit von Angst und Schuld mit ihren ständigen Selbstüberforderungen und Verleugnungen aufzugeben und zur Wahrheit hinzufinden. Nur in der Liebe können Menschen darauf verzichten, sich selbst als Götter zu entwerfen oder sich anderen als Göttern zu unterwerfen, weil es in dem Vertrauen, das die Liebe lehrt, endgültig genügen kann, ein Mensch zu sein. Die Religion verfügt über so wunderbare Bilder wie die Gestalt der Madonna, diesen Archetyp der Ewigen Frau; doch erst wenn das Göttliche nicht länger mehr als ein moralisches Ideal, sondern, weit ursprünglicher, als Hintergrund eines nicht endenden mütterlichen Erbarmens verstanden wird, gewinnt das Bild der ewig jungfräulichen Mutter Gottes seine Wahrheit wieder und öffnet sich zu Gott, der uns als seine Kinder, nicht aber als »Marienkinder« wollte.

Anmerkungen

»Aschenputtel«

1   J. Bolte – G. Polivka: Anmerkungen zu den Kinder- und Hausmärchen der Brüder Grimm, 1. Bd., Leipzig 1913, 182.
2   W. Scherf: Lexikon der Zaubermärchen, Stuttgart 1982, 12; K. Ranke (Hrsg.): Enzyklopädie des Märchens, 1. Bd., Berlin 1977, Stichw. Cinderella.
3   Vgl. Brüder Grimm: Kinder- und Hausmärchen. Ausgabe letzter Hand mit den Originalanmerkungen der Brüder Grimm, hrsg. v. H. Rölleke, Bd. 3: Originalanmerkungen, Herkunftsnachweise, Nachwort, Stuttgart 1980, 36: »Dies Märchen gehört zu den bekanntesten und wird aller Enden erzählt.« Vgl. aber den Einwand von S. Singer: Artikel Aschenputtel, in: J. Bolte – L. Mackensen: Handwörterbuch des deutschen Märchens, 1. Band, Berlin–Leipzig 1930–33, S. 126.
4   Vgl. H. Gunkel: Das Märchen im Alten Testament. Religionsgeschichtliche Volksbücher für die deutsche christliche Gegenwart, II. Reihe: Die Religion des Alten Testaments, Heft 23/26, Tübingen 1917, 122: »Gern erzählt man ... von mehreren Brüdern, unter denen der Jüngste der Bevorzugte, der beneidete Günstling des Schicksals, der Liebling Gottes ist, ›der sich dann aber auch als der Klügste oder Beste erweist... Dies Motiv wiederholt sich im Märchen unendlich oft‹ und tritt auch nicht selten im Alten Testament auf, wo es dann zum Beweis des frommen Satzes dient, dass Gottes Kraft in der Schwachheit mächtig ist« (2 Kor 12,9). Vgl. auch 1 Sam 2,11 ff.: die Berufung Samuels, oder Ri 6,15: Gideons Berufung aus dem schwächsten Geschlecht in Israel, aus Manasse, oder vgl. die Geschichte von Joseph und seinen Brüdern, wo der Jüngste und Verachtete am Ende zum Retter seiner Brüder wird.
5   Zur Auslegung der Stelle vgl. H. W. Hertzberg: Die Samuelbücher, ATD 10, Göttingen 1960, 107–110.
6   Vgl. H. Wöller: Aschenputtel. Energie der Liebe, Zürich 1984, 32: »Man hat das Märchen Aschenputtel den ›Glückstraum der sozial Entrechteten‹ genannt, und nicht zu zählen sind die Mädchen und Frauen, die sich mit dieser Gestalt identifizieren.« Leider vertut die Autorin das psychologische Thema des Aschenputtel-Märchens, das wesentlich unter Frauen (Stiefmutter, Stiefschwestern) spielt, indem sie es partout als den »Mythos von der großen Muttergöttin« (S. 21) und der Trauer um ihren Untergang zu lesen versucht. Aus dem psychologischen Drama macht sie eine Kritik an der Rolle der Frau inmitten einer patriarchalen Gesellschaft; eine solche Kritik ist gewiss überaus berechtigt, findet sich aber durchaus nicht in der Grimmschen Erzählung, die einzig von der erlösenden Kraft der Liebe eines Mannes, gerade nicht von dem Ende der Männerherrschaft spricht. Allerdings: Liebe ist mit »Herrschaft« nicht vereinbar; s. u. 4.: Die Suche nach Identität. – Anklänge an die Herdgöttin, der die Vestalinnen dienten, meint B. Bettelheim: Kinder brauchen Märchen, übers. v. L. Mickel – B. Weitbrecht, Stuttgart 1977, 242–243 zu erkennen, doch wird das Aschenputtel erst zum »Herd« verurteilt durch den Tod der Mutter; es ist nicht die Anhängerin einer (verstorbenen) Göttin, die am Herd verehrt wurde. Weit eher trifft B. Stammer (Hrsg.): Märchen von

Dornröschen und dem Rosenberg, Frankfurt (Fischer Tb. 10466) 1985, 150, die Wahrheit, wenn sie im Vergleich des »Aschenputtels« und des »Erdkühleins« die Überzeugung feststellt, »dass dem Menschen aus der Rückverbindung zur Ahnenwelt entscheidende Lebenshilfe zukommt«, und meint, dieses Motiv sei »auf den weitverbreiteten Ahnen- und Totenkult archaischer Kulturen zurückzuführen«. Freilich muss man den »Totenkult« des »Aschenputtels« psychologisch interpretieren.

7   Zur Auslegung der Stelle vgl. H. Schürmann: Das Lukasevangelium, 1. Bd., Freiburg – Basel – Wien ³1984, 70–80.

8   Zur Psychodynamik der Gattung Märchen im Unterschied zur Gattung Sage und Legende vgl. E. Drewermann: Tiefenpsychologie und Exegese, 1. Bd., Olten 1984, 132–154; 393–428.

9   S. Freud: Die Zukunft einer Illusion (1927), Ges. Werke XIV, London 1948, 323–380.

10 K. Aland (Hrsg.): Luther Deutsch. Die Werke Luthers in Auswahl, 5. Bd.: Schriftauslegung, Göttingen 1991, 274–340: Das Magnificat verdeutscht und ausgelegt, 1521.

11 A. a. O., S. 288–289, wo Luther die ersten beiden Jungfrauen als den »unreinen, selbstsüchtigen« Geist deutet bzw. als einen Geist, der Gott dienen will, doch »nicht ohne Eigennutzen«. Die Psychodynamik des Aschenputtel-Motivs erfaßt F. Tegethoff: Französische Volksmärchen, I. II. Jena 1923, Anm. zu I Nr. 27 sehr genau, wenn er spricht von »dem großen Märchenkreis der erhöhten Niedrigkeit … ein echtes Traummärchen«. M. Lüthi: Deutung eines Märchens. Aschenputtel in: Süddeutsche Zeitung, Nr. 24, 28. /29. 1. 67, verweist daneben auch auf »die liebenswürdige, biedermeierlich-bürgerliche Tendenz, Fleiß, Sauberkeit, Reinlichkeit … zu preisen und den Neid, die Bosheit, die Faulheit der Stiefschwestern zu geißeln«.

12 S. Singer: Schweizer Märchen, Teil 1/2, Pullach – Berlin 1906; ²1917; Ders.: Aschenputtel, in: J. Bolte – L. Mackensen: Handwörterbuch des deutschen Märchens, Bd. 1, Berlin – Leipzig 1930–1933, 125–126.

13 W. Scherf: Lexikon der Zaubermärchen, Stuttgart 1982, 10–11. Historisch gesehen, könnte es sein, dass das Aschenputtel-Märchen (neben Anklängen an bestimmte Jahreszeitenriten und Hochzeitsbräuche) auf die Rolle zurückgeht, »die der männliche Aschenputtel, der Jeschpoder in Siebenbürgen bei den Aschermittwochsbelustigungen spielt …: Zwei Knechte kommen als Jeschpoder, mit Säcken am Halse, die fast ganz mit Asche gefüllt sind. Sie sind lustig verkleidet und bewerfen Jung und Alt mit Asche. Widerstrebenden wird der Mund mit Asche gestopft. Denn der Aschermittwoch hat im Bewusstsein des Volkes völlig den Charakter des Bußtages verloren und ist zum Tage der höchsten Lustbarkeit geworden.« S. Singer: Aschenputtel, in J. Bolte – L. Mackensen: Handwörterbuch des deutschen Märchens, Bd. 1, Leipzig – Berlin 1930–33, S. 126, Anm. 12. – Das Motiv von »Aschenputtel« oder »Allerleirauh« wurde naturmythologisch von R. Saintyves: Les Contes de Perrault et les récits parallèles. Leurs origines, Paris 1923, 187 ff. auf den Jahreszeitenwechsel im Frühjahr gedeutet. A. Nitschke: Soziale Ordnungen im Spiegel der Märchen, 2 Bde., Stuttgart – Bad Cannstatt 1976, 1. Bd.: Das frühe Europa, S. 51–58, ordnet das »Aschenputtel«-Märchen nebst seinen Varianten den

»Jägern und Hirten nach der letzten Eiszeit« zu und begründet diesen Zeitansatz vor allem mit dem Schwund der Überlegenheit der Tiere: »Dem Menschen werden nicht mehr die Kräfte zuteil, über die das Tier verfügt. Das Tier hält nicht mehr gesund, es lässt nicht wachsen, es macht nicht stark, geschwind oder weitsichtig. Statt dessen lässt es dem Menschen einzelne Gaben zukommen..., die der Mensch dann dazu benutzen kann, Kontakte zu anderen Menschen herzustellen. So ist es auch nicht die Nähe des Tieres, die von diesen Menschen gesucht wird. Die Nähe allein hilft dem Menschen nicht mehr. Hilfe wird ihm nur durch die Gaben zuteil.« (52) »Alles, was über die Tiere hier berichtet wird, ist uns aus den Märchen des Jungpaläolitikum vertraut. Sie sind dem Menschen überlegen, sie helfen ihm, und sie strafen feindlich gesonnene Personen.« (53–54) »Das Tier ist zwar noch Träger der Aktivität, aber es hat etwas von seiner überragenden Stellung eingebüßt. An seinem Platz steht – im Zentrum der Geschichte – nun die junge Frau.« (57) »Wenn man nun annimmt, dass die Menschen bisher ganz von der Überlegenheit des Tieres durchdrungen waren und diesem Tier die Fähigkeit zuschrieben, sich in andere Lebewesen zu verwandeln, so ist es vielleicht nicht so erstaunlich, dass das Aufkommen der neuen früchtetragenden Bäume als Verwandlung der mächtigen Tiere in Bäume gedeutet wurde, die gewissermaßen in neuer Gestalt dem Menschen halfen. Das spräche ganz entschieden dafür, dass die Märchengruppe der beschenkten jungen Frau in die Gesellschaft gehört, die nach dem Ende des Eiszeitalters in Europa lebte.« (58) »Frauen standen im Zentrum der Gesellschaft. Dabei wurde den geschlechtlichen Beziehungen zwischen Mann und Frau wenig Bedeutung beigemessen. Die Stellung der Frau leitete sich aus anderen Funktionen ab: Sie konnte von Tieren und Pflanzen Geschenke empfangen, und sie vermochte, wenn sie Kleider anfertigte, gesammelte Früchte weitergab und ihre Kinder stillte, Geschenke zu verteilen.« (78) Nicht der »Tod des Matriarchats« also, eher die Eigenart der matriarchalen Gesellschaft des Neolithikum werden in dem Märchen geschildert. Vgl. S. 194–195.

14 Vgl. A. B. Rooth: The Cinderella Cycle, Lund 1951, 38 führt das Märchen von »Einäuglein, Zweiäuglein, Dreiäuglein« als Typ A des »Aschenputtel«-Märchens auf, das sie in dieser Form vorwiegend im Slawischen und Baltischen Raum verbreitet findet. Den B-Typ verbindet sie vor allem mit den dreimaligen Besuchen des (königlichen) Festes oder der Kirche in drei verschiedenen schönen Gewändern; hinzu kommt das Motiv von dem verlorenen Schuh und der Schuhprobe; das Stiefmutter-Motiv sei vom Typ A durch den Typ B übernommen worden, in dem vor allem das Motiv der hilfreichen Tiere seltener auftaucht als im Typ A. Typ A sei so zur Einleitung des B-Typs geworden, »und in dieser Gestalt begegnet es in Finnland, Schweden, Norwegen, Dänemark, Island und auf den Färöer« (S. 98–99). Vgl. dies.: Motive aus griechischen Mythen in einigen europäischen Mythen, in: W. Siegmund (Hrsg.): Antiker Mythos in unseren Märchen, Kassel 1984, 35–42. M. R. Cox: Cinderella. Three Hundred and Forty-five Variants of Cinderella, Catskin and Cap o'Rushes, abstracted and tabulated with a Discussion of Mediaeval Analogues and Notes (1892), Reprint: Nendeln/Liechtenstein 1967 klassifiziert drei Gruppen: A) eine misshandelte Schöne wird durch die Pantoffelprobe erkannt;

B) hinzutritt das Motiv von dem Vater, der seine Tochter unsittlich belästigt, so dass sie vor ihm Reißaus nimmt; C) das King-Lear-Motiv: der Vater verstößt zu Unrecht seine Tochter, weil das Bekenntnis ihrer Liebe ihm nicht genügt. – Es wird sich in der Interpretation zeigen, wie wichtig die Beziehung des »Aschenputtels« zu seinem Vater ist und wie unterschwellig auch das B)- und C)Motiv dabei eine Rolle spielt. – M. Lüthi: Der Aschenputtel-Zyklus, in: J. Janning – H. Gehrts – H. Ossowski (Hrsg.): Vom Menschenbild im Märchen, Kassel 1980, 39–58 unterscheidet »vier verschiedene Grundtypen …, die zusammengenommen den sogenannten Aschenputtel-Zyklus bilden: Aschenputtel-Typ im engeren Sinn, Erdkühlein-Typ, Allerleirauh-Typ und König-Lear-Typ.« »Märchen von männlichen Aschensitzern, wie sie besonders gern in Skandinavien und in Rußland erzählt wurden, rechnet man aus verschiedenen Gründen meist nicht zum Aschenputtel-Zyklus« (39). – Das Märchen von Erdkühlein überliefert M. Montanus: Ein schön History von einer Frawen mit zweyen Kindlin, in: Ander theyl Gartengesellschaft, Straßburg 1560; bei B. Stamer (Hrsg.): Märchen von Dornröschen und dem Rosenberg, Frankfurt (Fischer Tb. 10566) 1985, 91–98. – Zum King-Lear-Typ vgl. S. Studer-Frangi (Hrsg. u. Übers.): Märchen aus Italien, Frankfurt (Fischer Tb. 10946) 1992, 42–47. Zu der weiten Verbreitung des Märchens vom »Aschenputtel in der Gegenwart vgl. W. Scherf: Aschenputtel in aller Welt, in: Westermanns Monatshefte, 105; 1964, Nr. 12., 66–75. Vgl. auch H. Lüdeke: Das Aschenbrödel als griechische Volksballade, in: Zeitschrift für Volkskunde, 46, Göttingen 1938, 87–91. Über moderne chinesische Aschenputtel-Varianten berichtet A. Walley: The Chinese Cinderella story, in: Folklore, 58, London 1947, 1, 226–238. Vgl. auch P. Goswami: The Cinderella motif in Assamese-folk-tales. In: Indian historical quarterly, 23, Calcutta 1947, 311–319.

15 Schon J. Bolte – G. Polivka: Anmerkungen zu den Kinder- und Hausmärchen der Brüder Grimm, 1. Bd., Leipzig 1913, 168–169 haben den Stoff des Aschenputtelmärchens in eine feste Abfolge von fünf bzw. sechs verschiedenen Handlungsmotiven zerlegt, die in sich wiederum bestimmte Spielarten aufweisen: »A_1 Die Heldin wird von Stiefmutter und Stiefschwestern misshandelt, oder A_2 flieht vor dem Vater, der sie heiraten will, in einer entstellenden Kleidung, oder A_3 wird vom Vater verstoßen, weil sie erklärt, sie liebe ihn wie das Salz, oder A_4 soll von einem Diener getötet werden. B Während eines Magddienstes (daheim oder bei Freunden) wird sie B_1 von der verstorbenen Mutter, einem Baume auf ihrem Grab oder einem überirdischen Wesen, B_2 von Vögeln oder B_3 einer Ziege, Schaf oder Kuh beraten, unterstützt, gespeist; B_4 als die Ziege geschlachtet ist, entsprießt aus ihren Eingeweiden ein Wunderbaum. C_1 Sie tanzt in prächtiger Kleidung mehrmals mit einem Prinzen, der vergeblich sie festzuhalten sucht, oder wird von ihm in der Kirche erblickt; C_2 macht Anspielungen auf die Misshandlungen, die sie als Magd erduldet hat; C_3 wird in ihrem Schmucke in ihrer Kammer oder in der Kirche vom Prinzen erblickt. D_1 Sie wird entdeckt durch die Schuhprobe oder D_2 durch den Ring, den sie in die Brühe des Prinzen wirft oder in sein Brot einbäckt. D_3 Sie allein vermag die Goldäpfel zu pflücken, die der Ritter begehrt. E Sie heiratet den Prinzen. F Sie lässt ihrem Vater ungesalzene Speisen vorsetzen und zeigt so den Sinn ihrer früheren Antwort.« Ein solches Schema erlaubt eine rasche Übersicht

über vergleichbare andere Märchen.»Unsere Nr. 21 (der Grimmschen Märchen) besteht aus den Motiven $A_1 B_{1,2} C_1 D_1 E$, Allerleirauh (KHM 65) aus $A_2 C_1 D_2 E$, Einäuglein (KHM 130) aus $A_1 B_{1,3,4} D_3 E$, die Gänsehirtin (KHM 179) aus $A_3 B_1 C_3 E$.« Doch was ist mit solchen Schemata gewonnen? Man könnte versuchen, mit ihrer Hilfe nach den Spuren des historischen Ursprungs des Aschenputtel-Märchens zu suchen; doch ist eine solche Suche literarhistorisch gewiss von erheblichem Interesse, befriedigend abschließen aber lässt sie sich so gut wie nie, und für die Interpretation der Geschichte selbst ist sie in aller Regel nicht sehr belangvoll. So lassen sich die Quellen für die Grimmsche Geschichte vom Aschenputtel in der Fassung von 1812 unschwer nachzeichnen: Da ist einmal nach H. Rölleke die Erzählung der sog. Marburger Märchenfrau: H. Rölleke: Die Marburger Märchenfrau. Zur Herkunft der KHM 21 und 57, in: Fabula 15, 1974, 87–94: Aufmerksam geworden durch C. Brentano, besuchte W. Grimm im Sept. 1810 im Marburger Elisabeth-Hospital eine ältere Frau, deren Erzählungen sich die beiden Märchen vom »Aschenputtel« und »Der goldene Vogel« verdanken. Zur Urfassung vgl. F. Panzer (Hrsg.): Kinder- und Hausmärchen der Brüder Grimm. Vollständige Ausgabe in der Urfassung, 2 Bde., München 1913, 1. Bd. Nr. 21. Unübersehbar ist der Einfluß der Geschichte bei Charles Perrault: »Aschenputtel oder der gläserne Pantoffel«: Histoires ou Contes du temps passé, avec des moralités (1697); vgl. Contes de Fées. Die Märchen, dtv zweisprachig, dt. übers. v. U. F. Müller, München 1977, 76–93: Cendrillon ou La Petite Pantoufle de Verre; vgl. dazu W. Scherf: Lexikon der Zaubermärchen, Stuttgart 1982, 47–50, bes. S. 48–49 zu dem Verhältnis zu der Grimmschen Erstfassung von 1812; und ferner das böhmische Märchen von Laskopal und Miliwka. Vgl. R. Hagen: Der Einfluß der Perraultschen Contes auf das volkstümliche deutsche Erzählgut und besonders auf die Kinder- und Hausmärchen der Brüder Grimm, 2 Bde., Dissertation, Göttingen (Maschinenschrift); P. Saintyves: Les contes de Perrault et les récits parallèles, Paris 1923, 113–164. Bes. (R. Hagen): Sagen der böhmischen Vorzeit aus einigen Gegenden alter Schlösser und Dörfer, Prag 1808, 1–66. In der zweiten Auflage von 1819 tilgten die Brüder Grimm die sekundären Übernahmen aus Perrault »und erweiterten zugleich erheblich um allerlei Motive aus drei anderen, hessischen Fassungen – darunter einer aus Zwehren, die also vermutlich von Dorothea Viehmann, geb. Pierson, stammt.« W. Scherf: Lexikon der Zaubermärchen, 9. Hinzugefügt wird jetzt »der dritte Absatz, wonach der Vater verreist und die Jüngste sich das Reis ausbittet, das zuerst im Wald an seinen Hut streifen würde.« J. Bolte – G. Polivka: Anmerkungen, I 165. Das Motiv erinnert an Das singende springende Löweneckerchen (KHM 88; AT 425 A), doch geht die Geschichte gänzlich anders weiter als dort: Aschenputtel pflanzt das Reis »in die Erde, und daraus wächst das Bäumchen, woraus sich das Gold und Silber schüttet… Neu ist ferner der Schluss von den Versen der Tauben an. Auch bleibt in der älteren Fassung Aschenputtel am ersten Abend daheim und sieht dem Tanze von ihrem Taubenschlag aus zu, den die eine Schwester am anderen Morgen aus Missgunst niederreißen lässt; an den beiden folgenden Abenden wird sie von einem Wagen zum Fest abgeholt; die beiden Tauben kommen ungerufen zu ihr und geben ihr Ratschläge; die kostbaren Kleider empfängt sie aber vom Bäumchen selber, nicht von einem Vogel darauf.« J. Bolte – G. Polivka: Anmerkungen, I 165. – »Eine ... Erzählung aus dem Paderbörnischen, die ... den Brüdern Grimm schon vor 1822 mitgeteilt ward, leitet so ein: Eine schöne Gräfin hatte in der einen Hand eine Rose, in der anderen einen Schneeball und wünschte sich ein Kind so rot als die Rose und so weiß als der Schnee. Gott erfüllte ihren Wunsch« – ganz wie im Schneewittchen-Märchen (KHM 53). »Wie sie einmal am Fenster steht und hinaussieht, wird sie von der Amme hinabgestoßen. Das gottlose Weib aber erhebt ein Geschrei und gibt vor, die Gräfin habe sich selbst hinabgestürzt. Dann berückt sie durch ihre Schönheit den Grafen, dass er sie zur Gemahlin nimmt. Sie gebiert ihm zwei Töchter, und das schöne rote und weiße Stiefkind muss als Aschenputtel dienen. Es soll nicht in die Kirche, weil es keine Kleider hat; da weint es auf seiner Mutter Grab, die reicht ihm einen Schlüssel heraus und heißt es einen hohlen Baum aufschließen; er öffnet sich wie ein Schrank, und es findet darin Kleider, Seife, sich zu waschen, und ein Gebetbuch. Ein Graf sieht es, und um es festzuhalten, bestreicht er die Kirchenschwelle mit Pech. Es entwickelt sich nun alles wie in den anderen Erzählungen.« J. Bolte – G. Polivka: A.a.O., I 166–167. – Im Hintergrund vieler Formen des Aschenputtelmärchens steht neben der Fassung von Ch. Perrault (Cendrillon) die Nouvelle Ponce de Léon von Madame D'Aulnoy (Finette Cendron); vgl. P. Delarue – M. L. Teneze: Le conte populaire français, Bd. 2, Paris ²1977, 245–255; 278–280; sowie vor allem die Erzählung in Giambattista Basile's Il Petamerone: La gatta cennerentola (Giambattista Basile: Lo cunto de li cunti, trattenemiento de li peccerille, 2 Bde., Napoli 1634–1636; dt.: v. F. Liebrecht: Der Pentamerone, 2 Bde., Breslau 1846); vgl. M. R. Cox: Cinderella. Three Hundred and Forty-five Variants of Cinderella a.o., Nendeln/Liechtenstein 1967, 159–161, eine Fassung, die (wie bei Perrault, wie bei Grimm) der Szenenabfolge $A_1 B_1 C_1 D_1 E$ entspricht; allerdings erscheint das »Aschenputtel« hier zunächst wesentlich widerspenstiger: es tötet die erste Stiefmutter durch Zuschlagen der Truhe, wird aber von der zweiten nur noch ärger misshandelt; »sie pflanzt eine Dattel, die ihr Vater aus Sardinien mitgebracht hat, ein und erhält von dem Bäumchen Kleider, Wagen und Dienerschaft.« J. Bolte – G. Polivka: A.a.O., I 173. Die Übereinstimmung mit der Grimmschen Fassung ist im weiteren fast perfekt.

16 Vgl. J. Bolte – G. Polivka: Anmerkungen zu den Kinder- und Hausmärchen der Brüder Grimm, 1. Bd., Leipzig 1913, 187, die auch an den germanischen Verlobungsbrauch des Schuhanziehens erinnern.
17 W. Scherf: Lexikon der Zaubermärchen, Stuttgart 1982, 12.
18 Vgl. A. Wesselski: Deutsche Märchen vor Grimm, Bd. 2, Brünn – München – Wien 1938, entnommen aus: M. Montanus: Gartengesellschaft, Straßburg 1559: Ein schön History von einer Frawen mit zweyen Kindlin. Vgl. W. Scherf: Lexikon der Zaubermärchen, 102–104.
19 Vgl. W. Scherf: Lexikon der Zaubermärchen, 103.
20 Aulnoy: Contes des fées, 1702, I 83 (Finette Cendron). Vgl. Französische Märchen von Charles Perrault und Madame Marie-Catherine d'Aulnoys, Hanau 1979, 94–123. Das Märchen geht zurück auf Marie De France (Lai von Ywenec): Lais (Versnovellen), um 1175. Vgl. K. F. K. Krüger: L'oiseau bleu, in: Krüger: Die Märchen der Baronin Aulnoy, Diss. Leipzig 1914, 55–57. W. E.

Peuckert: Blauer Vogel, in: J. Bolte – L. Mackensen: Handwörterbuch des deutschen Märchens, I 270. W. Scherf: Lexikon der Zaubermärchen, 30–37. M. R. Cox: Cinderella. Three Hundred and Forty-five Variants of Cinderella, Catskin and Cap o'Rushes, abstracted and tabulated, with a Discussion of Mediaevel Analogues and Notes, Nendeln/Liechtenstein (Neudruck von 1892) 1967, Nr. 56, S. 23.

21 Zur tiefenpsychologischen Deutung von Märchen vgl. E. Drewermann: Tiefenpsychologie und Exegese, 1. Bd., Olten 1984, 141–154; 393–443.

22 Zu der »Realisierungsregel« der Interpretation archetypischer Erzählungen vgl. E. Drewermann: Tiefenpsychologie und Exegese, 1. Bd., Olten 1984, 218–230.

23 Die Not einer ganzen Generation vaterloser Familien hat H. Böll: Haus ohne Hüter, Frankfurt-Berlin (Ullstein 185) 1962 am Schicksal der Kriegerwitwen und Kriegswaisen nach 1945 exemplarisch geschildert.

24 Vgl. S. Freud: Der Untergang des Ödipuskomplexes (1924), Ges. Werke XIII, London 1947, 393–402; ders.: Über die weibliche Sexualität (1931), Werke XIV, London 1948, 515–537.

25 Zur »Zeitzerdehnung« der Interpretation archetypischer Erzählungen vgl. E. Drewermann: Tiefenpsychologie und Exegese, 1. Bd., Olten 1984, 218–230.

26 Allgemein zum Mutterverhalten bei Säugetieren vgl. M. H. Klaus – J. H. Kennell: Mutter-Kind-Bindung. Über die Folgen einer frühen Trennung, aus dem Amerik. übers. v. K. H. Siber, München (dtv 15033) 1987, 35–62. Bes. J. Goodall: Ein Herz für Schimpansen. Meine 30 Jahre am Gombe-Strom, übers. v. I. Strasmann, Hamburg 1991, 134–146 zeigt das Verhältnis von Söhnen und Müttern bei Schimpansen auf; S. 144 schildert sie die aggressive Verzweiflung eines Jungtieres in der Zeit der Entwöhnung. D. Fossey: Gorillas im Nebel. Mein Leben mit den sanften Tieren, übers. v. E. M. Walther, München 1989, 241–243 schildert die psychischen Folgen, die der Tod der Mutter bei einem 38 Monate alten weiblichen Jungtier hinterlässt. Zu der »Angstbindung (sc. des Kindes an die Mutter, d.V.) nach Androhung von Verlassen oder Selbstmord« der Mutter vgl. J. Bowlby: Trennung. Psychische Schäden als Folge der Trennung von Mutter und Kind, aus dem Engl. übers. v. E. Nosbusch, München (Kindler Tb. 2171) 1976, 276–287. Zur Furcht vor Trennung vgl. a.a.O. 221–225; insbesondere die Mischung von (unterdrückter) Wut, Ambivalenz und Angst bei Trennungsandrohung verdient Beachtung: a.a.O., S. 306–310. Vgl. besonders E. Schmalohr: Frühe Mutterentbehrung bei Mensch und Tier. Entwicklungspsychologische Studie zur Psychohygiene der frühen Kindheit, München (Kindler Tb. 2092), 3 (durchges.) 1980, 130–135: Verhaltensstörungen durch Mutter-Kind-Trennungen bei Äffchen, wo die »katatonen« Gewohnheiten und die Bereitschaft zur Selbstaggression erschütternd genau beschrieben werden. K. Asper: Verlassenheit und Selbstentfremdung, Olten 1987; München (dtv) 1990, schildert auf diesem Hintergrund an Recht das »Aschenputtel« als »narzisstisch verwundeten Menschen« (68).

27 Vgl. E. Drewermann: Kleriker. Psychogramm eines Ideals, Olten 1989, 85–96, zum Aufbau einer entsprechenden Opferideologie.

28 S. Freud: Die Verdrängung (1915), Ges. Werke X, London 1946, 247–261.

29 R. M. Rilke: Advent (1897), in: Sämtliche Werke, hrsg. vom Rilke-Archiv durch E. Zinn, 1. Bd., Frankfurt 1955, 133.
30 Vgl. dazu E. Drewermann: Kleriker. Psychogramm eines Ideals, Olten 1989, 387–398.
31 Vgl. dazu a. a. O., 499–525.
32 Vgl. E. Drewermann – I. Neuhaus: Marienkind. Grimms Märchen tiefenpsychologisch gedeutet, Bd. 5, Olten 1984.
33 Vgl. R. Stang: Edvard Munch der Mensch und der Künstler, aus dem Norwegischen übers. v. E. Neumann, Königstein 1979, S. 35: Die tote Mutter und das Kind (1894).
34 S. Schulze (Hrsg.): Munch in Frankreich. Katalog. Schirn Kunsthalle Frankfurt, Stuttgart 1992, 181: Die tote Mutter, 1893; G. Fahrbecker-Sterner (Red.): Edvard Munch. Aus dem Munch Museum Oslo. Gemälde – Aquarelle – Zeichnungen – Druckgraphik – Fotografien, München 1987, 218: Die tote Mutter und das Kind (1901).
35 M. Arnold: Edvard Munch, Reinbek (rm 351) 1986, 12.
36 Laura Munch starb 1926 geisteskrank. M. Arnold: Edvard Munch, Reinbek 1986, 152.
37 M. Arnold: Edvard Munch, a. a. O., 13.
38 A. Eggum: Edvard Munch. Gemälde, Zeichnungen und Studien, aus dem Engl. übers. v. G. u. K. Felten, C. Buchbinder-Felten, Stuttgart 1986, 16. Vgl. auch M. Arnold: Edvard Munch, a. a. O., 13.
39 Vgl. W. F. Otto: Die Manen oder von den Urformen des Totenglaubens. Eine Untersuchung zur Religion der Griechen, Römer und Semiten und zum Volksglauben überhaupt, Darmstadt ²1958, 102–104: Die Furcht vor den Toten. – Zum Thema der Himmelfahrt vgl. E. Drewermann: Ich steige hinab in die Barke der Sonne. Alt-Ägyptische Meditationen zu Tod und Auferstehung in bezug zu Joh 20/21, Olten 1989, 80–95.
40 Der Trost, der für die Hinterbliebenen in ihren Schuldgefühlen von dem Auferstehungsglauben ausgeht, wird christlich vor allem in der Verknüpfung von Auferstehung und Vergebung deutlich. Vgl. dazu E. Drewermann: Ich steige hinab in die Barke der Sonne, a. a. O., 184–204: Verklärung und Vergebung; ders.: Milomaki oder vom Geist der Musik. Eine Mythe der Yahuna-Indianer, Olten 1991, 36–40.
41 R. M. Rilke: Larenopfer (1895), Sämtliche Werke, a. a. O., I 32.
42 Vgl. W. Scherf: Aschenputtel in aller Welt, in: Westermanns Monatshefte, 105. 1964, 12, 66–75, der die allseitige Beliebtheit des Märchens zu Recht darauf zurückführt, dass »jedes, auch das bestaufgehobene Kind, Einsamkeit und Verlassenheit« verstehen wird, »und sei es auch nur in der Vorstellung..., gedemütigt und erniedrigt zu sein.« (S. 66) Vgl. zu den Überlieferungsvarianten der Aschenputtel-Erzählung A. B. Rooth: The Cinderella Cycle, Lund 1951, 51, die den A-Typ der Geschichte in Ost-Europa festmacht.
43 M. Arnold: Edvard Munch, Reinbek (rm 351) 1986, 10; 13–15. Ausführlich schildert Munch z.B. die Diskussion, die er als Junge mit seinem Vater über die Frage führte, wie lange die Ungläubigen in der Hölle leiden müssten – ob »nur« 1000 Jahre, wie er dachte, oder, wie der Vater meinte, tausendmal tausend Jahre (a. a. O., 14).

44 Zur psychoanalytischen Deutung des Kain-und-Abel-Motivs der Geschwisterrivalität in den Mythen und Märchen vgl. E. Drewermann: Strukturen des Bösen, 3 Bde., Paderborn ⁶erw. 1988, II 267–294.

45 Es ist in aller Regel das ältere Geschwister, das dem jüngeren die Existenz streitig macht; vgl. E. Drewermann: A.a.O., II 279–280. In der Grimmschen Erzählung fällt besonders auf, mit welcher Selbständigkeit die »Stiefgeschwister« das arme »Aschenputtel« dominieren; der Altersunterschied wird hier zwar nicht betont, aber doch stillschweigend vorausgesetzt. In der Biographie vieler »Aschenputtel«-Frauen wird man dementsprechend ein Verhältnis antreffen, wie das Grimmsche Märchen es darstellt: aus der Sicht des älteren Geschwisters ist das Aschenputtel-Mädchen eine einzige Zumutung und Belastung für alle Beteiligten; in der Sicht des Aschenputtel-Kindes aber darf das ältere Geschwister alles, was ihm selber verboten ist; das Ältere erscheint auch in der Bewertung der (Stief-)Mutter als klug und zuverlässig, während das »Aschenputtel« den Eindruck eines ständigen Problemkindes gewinnen muss, das froh zu sein hat, wenn es mit durchgezogen wird.

46 Zur Symbolik von Drei und Vier vgl. E. Drewermann: Strukturen des Bösen, II 36–37; M. L. von Franz: Zahl und Zeit. Psychologische Überlegungen an einer Annäherung von Tiefenpsychologie und Physik, Stuttgart 1970; Frankfurt (st 602) 1980, 102–103; bes. C. G. Jung: Versuch einer psychologischen Deutung des Trinitätsdogmas (1942), Werke 11, Olten 1963, 119–218, S. 206. Vgl. K. J. Obenauer: Das Märchen. Dichtung und Deutung, Frankfurt 1959, 81–91: Das Gesetz der Dreizahl, der (S. 92) auf die viermalige Wiederholung der Dreizahl im Aschenputtel-Märchen hinweist: 3 Mädchen, 3 Festabende, 3 Kleider, 3 Schuhproben.

47 Zur methodischen Begründung der objektalen wie der subjektalen Interpretationsmethode vgl. E. Drewermann: Strukturen des Bösen, 1. Bd., S. XXXI–XLVI; ders.: Tiefenpsychologie und Exegese, I 154–158.

48 Die Geschwisterrivalität muss sich steigern im Feld des Mangels; vgl. zur Kain-und-Abel-Geschichte existenzphilosophisch E. Drewermann: Strukturen des Bösen, III 251–278.

49 Über lange Zeit hin scheinen die (älteren) Geschwister im Erleben des »Aschenputtels« eine weit größere Rolle zu spielen als die (Stief-)Mutter – eine Eigentümlichkeit der Erzählung, die in der Interpretation natürlich entsprechend beachtet werden muss. Bes. B. Bettelheim: Kinder brauchen Märchen, übers. aus dem Amerik. von L. Mickel und B. Weitbrecht, Stuttgart 1977, 225–264, hat (S. 226–229) die ganze Aschenputtel-Geschichte zentral von der Geschwisterrivalität her interpretiert; das ist richtig, wenn dabei nicht untergeht, worin die »Rivalität« selbst ihren Inhalt besitzt: in der Liebe der Mutter und dem Gefühl, liebenswert zu sein.

50 F. M. Dostojewskij: Die Erniedrigten und Beleidigten, aus dem Russ. übers. v. K. Nötzel, München (Goldmann Tb. 936–937), 4. Teil, 7. Kap., S. 330. Bes. die Pflicht zur Armut aufgrund der Identifikation Nellis mit dem Vorbild der erniedrigten Mutter wird in der Dostojewskischen Aschenputtel-Geschichte außerordentlich eindrucksvoll beschrieben.

51 B. Bettelheim: Kinder brauchen Märchen, 243 meint richtig: »›Asche zu Asche‹ ist nicht der einzige Spruch, der einen engen Zusammenhang zwischen dem

Toten und der Asche herstellt. Sich mit Asche bestreuen ist ... ein Symbol der Trauer; in schmutzigen Lumpen herumzulaufen ist ein Symptom von Depression. So kann der Aufenthalt in der Asche sowohl angenehme Zeiten mit der Mutter in der Nähe des Herdes als auch den Zustand tiefer Trauer um diese innige Gemeinschaft mit der Mutter bedeuten.« Zur Aschen-Urne der Antike vgl. H. Chantraine: Artikel Urna, in: K. Ziegler – W. Sontheimer – H. Gärtner (Hrsg.): Der Kleine Pauly, 5. Bd., München 1979, Sp. 1070.

52 Zur Dialektik von Herr und Knecht vgl. G. W. F. Hegel: Phänomenologie des Geistes, hrsg. v. J. Hoffmeister, Hamburg (Philos. Bibliothek 114) [6]1952, 146–150: »das arbeitende Bewusstsein kommt ... hierdurch zur Anschauung des selbständigen Seins als seiner selbst« (S. 149).

53 Zur »Zentrierungsregel« der Interpretation vgl. E. Drewermann: Tiefenpsychologie und Exegese, 1. Bd., Olten 1984, 212–218.

54 Zu dem Schema von Auszug und Rückkehr vgl. E. Drewermann: A.a.O., I 397–413: das Motiv der besonderen Tat – das Motiv des besonderen Endes.

55 Auf den ödipalen Charakter dieser Szene weist vor allem B. Bettelheim: Kinder brauchen Märchen, 237 richtig hin: »Die ödipalen Wünsche, die sich auf den Vater richten, werden verdrängt – außer der Erwartung, dass er ein zauberkräftiges Geschenk mitbringen wird.« »Aschenputtels Wunsch, die Mutter zu beseitigen, wird in den modernen Versionen (sc. des Aschenputtelmärchens, d.V.) völlig verdrängt und durch eine Verschiebung und eine Projektion ersetzt: es ist jetzt nicht mehr die Mutter, die im Leben des Mädchens die entscheidende Rolle spielt, sondern die Stiefmutter.« Dementsprechend muss man dann freilich zur Interpretation des Grimmschen Märchens von der stiefmütterlichen Behandlung des »Aschenputtels« als einer objektiven Bedingung für die Entstehung einer Aschenputtel-Psychologie ausgehen und darf nicht, wie Bettelheim es versucht, das Aschenputtel-Erleben als bloße Strafphantasie für die ödipalen Wünsche interpretieren; anderenfalls wird, wie bei Bettelheim, die für das Märchen sehr wichtige Ersetzung sogar der »Stiefmutter« durch die Stiefschwester(n) lediglich als eine uneigentliche Verstellung des ödipalen Zentralmotivs erscheinen. Gerade wenn man den Ödipuskomplex – zumindest in unserer Kultur – für eine notwendige Phase der seelischen Entwicklung ansieht, zeigt das Märchen von Aschenputtel die Sonderbedingungen auf, die im Unterschied zu dem »normalen« Erleben ein »Aschenputtel« hervorbringen; diese Bedingungen versteht man am besten, wenn man die Angaben des Märchens möglichst wörtlich nimmt: Armut, Tod, Trauer, Stiefmütterlichkeit, Geschwisterrivalität, Dienstmagddasein – man kann sich psychologisch nicht tief genug in das Ensemble dieser Angaben hineinversetzen.

56 Vgl. E. Drewermann – I. Neuhaus: Die Kristallkugel (KHM 197), Olten 1985, 48.

57 Zur Deutung der Stelle vgl. E. Drewermann: Das Matthäus-Evangelium. Bilder der Erfüllung, 1. Bd., Olten 1992, 592–596.

58 Vgl. zur Stelle E. Drewermann: A.a.O., I 571–578. Auf den zentral religiösen Faktor des Erlebens eines »Aschenputtels« weist vor allem R. Meyer: Die Weisheit der deutschen Volksmärchen, Stuttgart 1969, 180–181 hin: »Was ist Religion anderes als die Treue zum ›Grabe der Mutter‹? – Erinnerung an die

versunkene Weisheit in einer Zeit, da die Tiefen des ahnenden Gemüts von Weltenkälte und Verstandesdünkel zugedeckt sind; Glaube an die Allgegenwart der Seele der Welt, indes die Menschenseele im Staube der Vergänglichkeit zum Dienste gezwungen wird.« »Man findet im Märchen die bösen Seelenkräfte oft zwiefältig dargestellt. Es offenbart sich darin ein intuitives Wissen, dass das Menschenwesen nach zwei Richtungen abirren kann: sei es zu allem, was Stolz und was Liebe zum eitlen Scheine in der Seele bewirkt, oder sei es, was sie innerlich erstarren lässt, indem es sie den Stoffesmächten ausliefert. In der Sprache der Geistes-wissenschaft ist es die ›luziferische‹ und die ›ahrimanische‹ Verirrung.« Freilich gilt es, die »Frömmigkeit« des »Aschenputtels« nicht vorschnell zu idealisieren, sondern darin auch die Angstinhalte zu analysieren, die in dem depressiven Erleben des Kindes sich zu verfestigen drohen.

59 S. Kierkegaard: Furcht und Zittern (1843), übers. v. L. Richter, Reinbek (rk 89) 1961, 75–112: zur Differenzierung des Ästhetischen, Ethischen und Religiösen am Beispiel Abrahams.

60 Vgl. S. Kierkegaard: Die Krankheit zum Tode (1849), übers. v. L. Richter, Reinbek (rk 113) 1962, 31–33: die Verzweiflung der Endlichkeit. Vgl. dazu E. Drewermann: Strukturen des Bösen, III 460–479.

61 B. Bettelheim: Kinder brauchen Märchen, 244 meint: »Wir können aus der Geschichte schließen, dass Aschenputtel über seinen Vater sehr enttäuscht, wenn nicht zornig gewesen sein muss, dass er ein böses Weib geheiratet hat.« Und S. 245: »Der Baum, den Aschenputtel auf das Grab der Mutter pflanzt und mit seinen Tränen begießt, ist einer der poetisch rührendsten und psychologisch bedeutsamsten Züge des Märchens. Er ist ein Symbol dafür, dass die Erinnerung an die idealisierte Mutter der Kindheit dann, wenn sie als wichtiger Teil der inneren Erfahrung lebendig erhalten wird, uns selbst im schlimmsten Unglück stützt und trägt.«

62 S. Freud: Die Traumdeutung (1900), Werke II/III, London 1942, 383–387, S. 383.

63 S. Freud: A.a.O., II/III 365–366. K. Asper: Verlassenheit und Selbstentfremdung, Olten 1987; München (dtv) 1990, 154–155, sieht in dem »Hut« des Vaters ein »Symbol kollektiver Werte, die einer vertritt (Jägerhut, Bäckerhaube, Doktorhut)« und meint: »Narzisstisch versehrte Menschen … hüten sich unter alten Hüten, die einen Hut wert sind, um nicht die für sie quälende Forderung nach einer eigenständigen Sicht erfüllen zu müssen.« Doch dann müsste erzählt werden, dass »Aschenputtel« sich selber des Vaters Hut aufsetzen möchte; davon aber kann keine Rede sein, eher schon von dem Wunsch, den Vater zu »entmachten« und ihm seiner Überhöhung zu entkleiden. Richtig ist es, wenn K. Asper (S. 265–266) den Haselbaum später als »Selbstsymbol« des »Aschenputtels« deutet.

64 Diese Bedeutung klingt in dem Grimmschen Märchen nur an; sie entspricht aber der B-Variante des Erzählstoffes bei M. R. Cox: Cinderella, 53 ff.; s.o.: Von Quelle und Strömung, Anm. 14. Das Grimmsche Märchen Allerleirauh (KHM 65) ist dafür das klassische Vorbild. Doch ist auch der Unterschied deutlich: »Aschenputtel« ist schon die Verstoßene, ehe der Vater mit dem »Haselzweig« zu ihm kommt, während »Allerleirauh« erst durch die (ödipale) Liebe des Vaters in das Dilemma seines Lebens gestürzt wird.

65 Die Psychodynamik der Schlagephantasie hat S. Freud: Ein Kind wird geschlagen. Beitrag zur Kenntnis der Entstehung sexueller Perversionen (1919), Ges. Werke XII, London 1947, 195–226 klassisch beschrieben: »Das: Der Vater liebt mich, war im genitalen Sinne gemeint; durch die Regression (sc. der Libido auf die prägenitale, sadistisch-anale Organisation des Sexuallebens, d.V.) verwandelt es sich in: Der Vater schlägt mich (ich werde vom Vater geschlagen). Dies Geschlagenwerden ist nun ein Zusammentreffen von Schuldbewusstsein und Erotik; es ist nicht nur die Strafe für die verpönte genitale Beziehung, sondern auch der regressive Ersatz für sie, und aus dieser letzteren Quelle bezieht es die libidinöse Erregung... Dies ist aber erst das Wesen des Masochismus« (209). Auf diese Weise erklärt sich vor allem die Ersetzung aller Eigenaktivitäten durch die sonderbare Passivität des »Aschenputtels« sowie das, was Freud den »Kleinheitswahn der Neurotiker« nannte und von dem er meinte, er sei »bekanntlich auch nur ein partieller und mit der Existenz von Selbstüberschätzung aus anderen Quellen (sc. des Ödipuskomplexes, d.V.) vollkommen verträglich« (214).

66 Bes. J. M. Masson: Was hat man dir, du armes Kind, getan? Sigmund Freuds Unterdrückung der Verführungstheorie, Hamburg 1987 hat auf die »objektale« Realität der Erinnerungen vieler Frauen an die sexuelle Verführung durch ihre Väter hingewiesen. Die Problematik des sexuellen Missbrauchs von Jungen schildern N. Glöer – I. Schmiedeskamp-Böhler: Verlorene Kindheit. Jungen als Opfer sexueller Gewalt, München 1990.

67 M.-L. von Franz: Erlösungsmotive im Märchen, München 1986, 31, sieht in dem Haselstock ein Bild »unpersönlicher Wahrhaftigkeit und Objektivität« und erinnert an ein Königszepter als an ein »unpersönliches Autoritätsprinzip«; die »phallische« Bedrohung in dieser Symbolsprache übergeht sie. Zum Haselbaum meint F. Lenz: Bildsprache der Märchen, Stuttgart 1971, 166–167: »Alte Bauernweisheit pflanzte den Haselbusch in die vier Ecken des Gartens und längs der Zäune, weil er kosmische Kräfte hereinzieht, die der Erde not tun. Haselnüsse haben einen hohen Nährwert, sie stärken die Nerven und geben Lebenskraft. Es hat sicher auch seinen guten Grund, dass die Rutengänger gerade die Haselrute verwenden. Der lebenstrotzende, Lebenskraft hereinholende Haselbaum wurde zum Wahrbild des Lebensbaumes schlechthin. Ihn preisen die Volkslieder. Ein Zweig von ihm schützt z.B. vor der ›Schlange‹. Die keltische Mythologie erzählt: Der Salmo der Weisheit schwimmt in dem dunklen Gewässer unter den neun Haselnußbäumen.« H. von Belt: Symbolik des Märchens. Versuch einer Deutung, Bern 1952, 726, verweist darauf, dass Haselnüsse und Haselstöcke unter der Leiche und unter dem Totenbaum ... in »Gräbern zumal alemannischer Herkunft« gefunden wurden. R. Meyer: Die Weisheit der deutschen Volksmärchen, Stuttgart 1969, 180–181 erinnert an die »Wurzel Jesse« sowie an die Kinderlegende der Brüder Grimm Die Haselrute (Nr. 10), die erzählt, wie die Haselstaude die Madonna vor der Schlange rettet. Hier wird der Haselbaum zu einem (mütterlichen) Paradiesbaum, der alles Böse fernhält. – Historisch dürfte die hohe Wertschätzung des Haselbaumes auf die Nahrungsgewohnheiten der Altsteinzeit während der Kaltperioden zurückgehen: »Millionen von Haselnußschalen (sc. aus einer Zeit vor über 20000 Jahren, d.V.) machen deutlich, dass sich für

altsteinzeitliche Sammler und Jäger in den Kaltzeiten das Angebot an Frischkost außer auf Fleisch und Fisch auf Haselnüsse reduzierte. Diese letzten Vitaminträger konnte man ... immerhin längere Zeit aufbewahren. Zur Zeit der Renjäger (sc. um 15000 v. u. Z., d.V.) fand nicht einmal mehr der Haselstrauch Lebensmöglichkeiten.« G. Kehnscherper: Hünengrab und Bannkreis. Von der Eiszeit an – Spuren früher Besiedlung im Ostseegebiet. Leipzig – Jena – Berlin 1983, 51. – Zur Symbolik des Vogels als Seelensymbol vgl. E. Drewermann – I. Neuhaus: Der goldene Vogel (KHM 57), Olten 1982, 35–36; E. Drewermann: Tiefenpsychologie und Exegese, 2. Bd., Olten 1985, 511–541: Altägyptische Analogien zu den christlichen Jenseitshoffnungen, bes. S. 516: zum Bild des Ba-Vogels; ders.: Der Herr Gevatter. Der Gevatter Tod. Fundevogel, Olten 1990, 74–78. Zur näheren Bedeutung der Taube (s. u. 3). Die Hochzeit des Königs, Anm. 10 ff. F. Lenz: Bildsprache der Märchen, 167 weist auf den Zusammenhang von Gebet und reinem Gewissen in dem Bild des weißen Vogels hin: »Wenn die Seele Erinnerungen bewahrt an ihre mütterliche Ursprungswelt und Verinnerlichung pflegt im Gebete, dann wachsen in ihr Lebenskräfte wie ein Baum empor. Leise wird dabei auf ein wichtiges Gesetz hingewiesen, auf Wiederholung und Rhythmus. Nicht das einmalige Gebet gibt der Seele genügend Kraft, sondern das wiederholte. Wirkt doch alle Wiederholung stärkend auf den inneren Menschen. Betet man regelmäßig – dreimal täglich –, sagt das Märchen, so verleibt man sich eine geistige Kraft ein, die wie eine zweite, höhere Natur in uns sproßt und wächst, die ein Lebensbaum wird. Dann senkt sich die Gnade reiner Geistigkeit auf ihn herab, das weiße Vöglein. Dieses weiße Vöglein ist nichts anderes als die Taube im Bereich biblischer Erzählung.« – Zu erinnern ist auch an all die Varianten des Märchens, in denen nach dem Vorbild des Erdkühleins die verstorbene Mutter in der Gestalt eines helfenden Tieres wiederkehrt; s. o. Von Quelle und Strömung, Anm. 15. B. Bettelheim: Kinder brauchen Märchen, 247 meint: »Aschenputtels Weinen über dem eingepflanzten Zweig zeigt, dass die Erinnerung an die tote Mutter in ihm lebendig geblieben ist; aber so wie der Zweig wächst, wächst in Aschenputtel auch die internalisierte Mutter.« – »Aschenputtels Gebete ... zeugen davon, dass es voller Hoffnung ist ... das Urvertrauen stellt sich wieder ein ... Der kleine weiße Vogel ... ist der ... Geist der Mutter..., den sie ihrem Kind durch ihre Fürsorge übermittelt. Es ist der Geist, der dem Kind ursprünglich als Grundvertrauen eingepflanzt worden ist.« K. J. Obenauer: Das Märchen. Dichtung und Deutung, Frankfurt 1959, 135–147, bes. S. 142, verweist auf die weiße Taube als »Seelenvogel«. K. Asper: Verlassenheit und Selbstentfremdung (s.o. Anm. 26), 287, spricht sehr schön von einer »Orientierung aus Leiden« im Umkreis des »Aschenputtel«-Erlebens: »Tiefgefühlter Schmerz geht einher mit Sehnsüchten und Wünschen ... Wer jedoch Schmerz und Trauer wirklich fühlt, wird sich seiner Wünsche inne und kann diese wie Aschenputtel ... unter dem Baum ... ausphantasieren.«

68 Zur Psychologie des jus primae noctis vgl. S. Freud: Das Tabu der Virginität (1918), Ges. Werke XII, London 1947, 161–180, S. 174: »Dem Motiv des früheren (sc. ödipalen, d.V.) Sexualwunsches scheint die Sitte der Primitiven Rechnung zu tragen, welche die Defloration einem Ältesten, Priester, heiligen

Mann, also einem Vaterersatz ... überträgt. Von hier aus scheint mir ein gerader Weg zum vielbestrittenen Ius primae noctis des mittelalterlichen Gutsherren zu führen.«
69 Vgl. P. von Matt: Liebesverrat. Die Treulosen in der Literatur, München – Wien 1989, 67–78: Die Unvereinbarkeit von Liebe und Ehe, S. 67: »Im Feudalismus ist die Ehe, was die Chancen einer schlagartigen ökonomischen Verbesserung betrifft, nur mit den Aussichten eines Kriegszugs zu vergleichen. Die feudale Ehe wird, solange es feudalistische Sozialstrukturen gibt, mit der gleichen Umsicht, strategischen Planung und gegebenenfalls todesmutigen Tapferkeit vorbereitet, geschlossen und vollzogen wie eine militärische Kampagne.« S. 68: »Den vollen Durchbruch zur expliziten Forderung nach einem Zusammenfall von radikaler Liebe und Ehe markiert die Romantik.«
70 Zur Stelle vgl. H. W. Hertzberg: Die Samuelbücher, ATD 10, Göttingen ²1960, 53–57: »Der König, der in die private Sphäre der Untertanen eingreift und über Acker, Vieh, Gesinde, ja Söhne und Töchter zu verfügen ›berechtigt‹ ist, ist wirklich ein Herrscher, ›wie ihn alle (Heiden)völker haben‹.« Zum königlichen Harem als Privileg des Königs und als Zeichen von Reichtum und Macht vgl. R. de Vaux: Das Alte Testament und seine Lebensordnungen, übers. v. L. Hollerbach, 1. Bd., Wien – Freiburg 1963, 187–190.
71 Zur Stelle vgl. A. Weiser: Die Psalmen, 1. Bd., ATD 14, Göttingen ⁶1963, 242–246. Der Psalm ist »ein Preisgesang auf einen jungen König und seine Gemahlin, eine Prinzessin von Tyrus (V 13), der von einem Hofsänger zur Hochzeit des Herrschers gedichtet und vorgetragen wurde. Vermutlich galt das Lied einem König des Nordreichs« (S. 243). Der Segen Gottes (?) erweist sich nicht nur in der Schönheit der Gestalt des Prinzen, sondern mehr noch »in kriegerischen Erfolgen« (244).
72 Vgl. a.a.O., 245.
73 Vgl. E. Drewermann: Kleriker. Psychogramm eines Ideals, Olten 1989, 330; 499–525.
74 E. Drewermann: A.a.O., 381–385.
75 G. B. Shaw: Pygmalion, London 1913; dt. übers. v. S. Trebitsch, Berlin 1913.
76 Zu dem Unterschied zwischen »Gewissen« und »Sozialangst« in der Ichentwicklung vgl. A. Freud: Wege und Irrwege in der Kinderentwicklung (1965), Stuttgart 1968, 50: »Aus den Ängsten vor Objektverlust, Liebesverlust und Strafe, denen das hilflose Kind ausgesetzt ist, wächst die Erziehbarkeit der Kinder, die sich im erwachsenen Leben als ›soziale Angst‹ äußert. Die Gewissensangst, die aus der Internalisierung der elterlichen Autorität stammt, führt in direkter Linie zu den neurotischen Konflikten.«
77 Vgl. W. Richter: Art. Taube, in: Der Kleine Pauly, Lexikon der Antike in fünf Bänden, hrsg. v. K. Ziegler, W. Sontheimer, H. Gärtner, München (dtv 5963) 1979, V 534–535; F. Sühling: Die Taube als religiöses Symbol, 1930. – Zum Bild der Astarte vgl. M. H. Pope – W. Röllig: Syrien, in H. W. Haussig (Hrsg.): Wörterbuch der Mythologie, 1. Bd.: Götter und Mythen im Vorderen Orient, Stuttgart 1965, 250–252. Die Taube ist auch das Tier der »Herrin von Karkemisch«, der hethitischen Göttin Kubaba (E. von Schuler; Kleinasien, a.a.O., I 183) sowie der punischen Tinnit (Pope – Röllig, a.a.O., I 311–312). In Mekka gab es einen Gott Mut'im at-tair, dessen Namen bedeutet: »der die Vögel füt-

tert«; Tauben waren die heiligen Vögel von Mekka (M. Höfner: Nord- und Zentralarabien, a.a.O., I 456). Zum Fortleben der Astarte vgl. J. M. Blazquez: Die Mythologie der Althispanier, a.a.O., Bd. 2: Götter und Mythen im Alten Europa, Stuttgart 1973, 727–733.

78 Vgl. E. Simon: Die Götter der Griechen, München 1985, 229–254, S. 234; 239; 252. Tauben waren der Aphrodite bzw. der aphrodisischen Göttin »Dione« (der weiblichen Form des Zeus) heilig. Im dritten Schachtgrab von Mykene »wurden kleine Bilder einer nackten Göttin gefunden ... Die Göttin greift sich mit beiden Händen an die Brust, in einem für die orientalische Liebesgöttin wohlbekannten Gestus. Vögel umflattern sie...« (Abb. 225–26, S. 239). Im Kult der »Aphrodite Pandemos« zu Athen wurde das Heiligtum »rituell mit dem Blut einer Taube gereinigt. Im architektonischen Schmuck des Bezirks dieser Pandemos waren Tauben verwendet... Die heiligen Vögel der Göttin bilden einen zierlichen Fries und halten dicke, geknotete Kultbinden in den Schnäbeln.« – Bemerkenswert erscheint in diesem Zusammenhang auch der aus Ton gefertigte Vogelwagen von Dupljaja in Banat (Jugoslawien) aus dem 14.–13. Jh. v. Chr., »bestehend aus einem Wagenkasten mit einem eingeritzten Sonnenzeichen, einer plastischen Vogelfigur und zwei vorderen Vogelprotomen, zwischen denen ein Rad läuft.« Dieser Wagen steht offenbar in Verbindung mit dem Totenkult. H. Müller-Karpe: Das Vorgeschichtliche Europa, Baden-Baden 1968, 106 (Abb. 77); 111–113. Vgl. dazu auch L. Mackensen (Hrsg.): Handwörterbuch des deutschen Märchens, II Berlin 1934/1940, 368–369 zu dem »Fahrzauber« im Totenkult und der magischen Weggeleitung durch Vögel.

79 Vgl. L.-A. Bawden: The Oxford Companion to Film, London 1976; dt.: rororo Filmlexikon, ed. v. W. Tichy, 1. Bd., Reinbek 1978, 77–78: A. Hitchcock: The Birds, USA 1963.

80 Dass die Tauben »rein lesen«, bemerkten schon die Brüder Grimm: Kinder- und Hausmärchen, hrsg. v. H. Rölleke, Stuttgart 1980, Bd. 3: Originalanmerkungen, Herkunftsnachweise, Nachwort, S. 38.

81 Zum Motiv der Vögel als »Hilfstiere« vgl. K. Heckscher: Art. Geflügel, in: L. Mackensen (Hrsg.): Handwörterbuch, Bd. II, 352–388, S. 377–378. Vgl. auch K. J. Obenauer: Das Märchen. Dichtung und Deutung, Frankfurt 1959, 188–205: Der Tierhelfer und sein Gegenbild; bes. 137–139: zu dem Seelen- und Totenvogel.

82 Als Charaktereigenschaften der Taube galten seit dem Altertum »Furchtsamkeit, Zärtlichkeit, Gattenliebe und Treue zum Geschlechtspartner«. »Der ›zärtliche‹ und gewaltlose Charakter macht die Taube im Sprichwort zum Inbegriff von Liebe und Sanftmut, aber auch von Ängstlichkeit ... und naiver Leichtgläubigkeit ... Oft wird die Antithese Taube – Adler (Rabe) auf menschliche Verhaltensgegensätze übertragen.« W. Richter: Art. Taube, in: Der Kleine Pauly, s.o. Anm. 51, V 535–536.

83 Zur Stelle vgl. U. Luz: Das Evangelium nach Matthäus 1/2 (Mt 8–17), Zürich – Braunschweig – Neukirchen-Vluyn 1990, 109: »Die Taube war für Griechen und Juden ein Vorbild der Lauterkeit, Wehrlosigkeit und Reinheit.« Vgl. auch H. Greeven: Art. peristera, in: Theologisches Wörterbuch zum Neuen Testament, Bd. 6, hrsg. v. G. Friedrich, Stuttgart 1959, 63–72, bes. S. 69.

84 Vgl. W. Richter: Artikel Taube, in: Der Kleine Pauly, s. o. Anm. 51, V 536.
85 H. von Beit: Symbolik des Märchens. Versuch einer Deutung, Bern 1952, 729, sieht in der »Asche« die »Restmaterie« des »Mütterlichen« und in dem Sammeln der Linsen, einem Fruchtbarkeitssymbol, »ein Unterscheiden und Ausscheiden im Chaos des Unbewussten«. H. Wöller: Aschenputtel. Energie der Liebe, Zürich 1984, 58–63, S. 62 meint, es gehe bei dem Sortieren der Linsen und Erbsen aus der Asche um das »Unterscheiden von Totem und Lebendigem«. »Linsen und Asche haben eine ähnliche Farbe; wenn beide vermengt sind, ergibt das ein für das Auge ununterscheidbares Gemisch.« Und S. 58–59: »Linsen sind eine alte Kulturpflanze, schon seit dem 3. Jahrtausend vor Christus in Ägypten bekannt. Linsen sind Samenkörner, fruchtbare Keime, und wie alle Hülsenfrüchte gelten sie seit alters speziell als weibliches Fruchtbarkeitssymbol. Sie in die Asche zu schütten bedeutet, sie am Keimen zu hindern, das Saatgut zu vergeuden. Wenn die Stiefmutter Aschenputtel das weibliche Fruchtbarkeitssymbol in die Asche schüttet, entspricht das einem Todeswunsch: Du sollst sterben, bevor du zu leben begonnen hast. Immer wieder begleitet sie ihre Abwehr mit der Begründung: ›Du hast keine Kleider, und du kannst nicht tanzen.‹« Leider geht die Autorin auf die psychische Bedeutung dieser ihrer eigenen Feststellungen nicht weiter ein, indem sie im folgenden den sumerischen Mythos von Ischtars Höllenfahrt mit dem Aschenputtel-Märchen assoziiert und in der »Stiefmutter« die Todesgöttin Ereschkigal wiederzuerkennen meint; natürlich dreht sich damit der Sinn der ganzen Deutung ins Gegenteil: Ischtar geht in die Unterwelt, um den verstorbenen Vegetationsgott Dumuzi zu retten; demgegenüber ist das »Aschenputtel« der Grimmschen Erzählung weder das »Opfer« noch die »Erlöserin« »des« Mannes, – von »patriarchaler Abwertung des Weiblichen« (S. 63) ist hier beim besten Willen nichts zu sehen, es sei denn, man wollte die »Stiefschwestern« und die »Stiefmutter« für patriarchalisch korrumpierte Frauen und mithin für Agentinnen der »alle Überlieferungen weiblicher Religion« ausmerzenden patriarchalen Kultur erklären, wie die Autorin es in der Tat behauptet. Weit zwangloser erinnern auf der Suche nach Vorbildern die Brüder Grimm: Kinder- und Hausmärchen, Bd. 3, 38 zum Vergleich mit dem gedemütigten »Aschenputtel« an die Gudrun-Sage: »Gudrun muss im Unglück Aschenbrödel werden, sie soll selber, obgleich eine Königin, Brände schüren und den Staub mit dem eigenen Haar abwischen.« Zur Gudrun-Sage vgl. W. Wägner: Nordisch-germanische Götter- und Heldensagen, Leipzig 1934, 444–455. K. Simrock (Übers.): Kudrun, eingel. u. überarb. v. F. Neumann, Stuttgart (reclam 46567) 1958, 20. Abenteuer, Str. 995, S. 156: »Da sprach die Teufelinne (sc. Gerlind, d. V.) zu der schönen Maid (sc. Kudrun, d. V.): ›Willst du nicht Freude haben, so musst du haben Leid. Blick um dich allenthalben, ob wer das von dir wende. Du musst mein Zimmer heizen und musst nur selber schüren die Brände.‹« Und Str. 999, S. 157 »Du dünkest dich so vornehm, das ist leicht zu sehn, Dir muss davon hier oftmals Mühseligkeit geschehn. Deinen Sinn, den grimmen, will ich dir wohl verleiden. Von allen hohen Dingen will ich dich niederbringen und scheiden.«
86 Der »Sinn« der Misshandlungen des »Aschenputtels« durch die »Stiefmutter« liegt in der konsequenten Demütigung der »Königin« in dem Mädchen; hier

liegt tatsächlich eine gewisse Verwandtschaft zur Psychologie der Kudrun-Gestalt.
87 Vgl. dazu W. Scherf: Lexikon der Zaubermärchen, Stuttgart 1982, 415–419.
88 T. Williams: The Glass Menagerie, New York 1945; dt.: Die Glasmenagerie. Ein Spiel der Erinnerung, übers. v. B. Viertel, Bad Nauheim 1947; Neudruck: Frankfurt (Fischer Tb. 52) 1954.
89 J. Rapper (Regie): Die Glasmenagerie, USA 1950.
90 Vgl. H. Schultz-Hencke: Lehrbuch der analytischen Psychotherapie, Berlin 1951; Neudruck: Stuttgart 1965, 42–46: Härte und Verwöhnung als hemmende Faktoren.
91 H. von Beit: Symbolik des Märchens. Versuch einer Deutung, Bern 1952, 729–730, sieht in den Gewändern die »symbolische Darstellung der inneren Einstellungsänderung. Gewandwechsel bedeutet Erneuerung.« Zu der Farbe Golden vgl. I. Riedel: Farben. In Religion, Gesellschaft, Kunst und Psychotherapie, Stuttgart 1983, 89–90, die das Gold als Farbe der Sonne als Symbol der Ewigkeit und Unsterblichkeit, der Erfüllungszeit und der Endzeit versteht. Im Weiß sieht sie die Farbe des Totengeleits (S. 186), ein »Lichtsymbol, das, weiß über dem Sumpfwasser blühend, das Unreine überwindet«, ein »Auferstehungssymbol« (182), die »Farbe des Anfangs« und »der Initiation« (180), »das noch Undefinierbare, Schemenhafte« (180). C. G. Jung: Zur Empirie des Individuationsprozesses (1950), Werke IX 1, Olten 1976, 309–372, S. 325 meint: »Gold drückt Sonnenlicht, Wert, ja Göttlichkeit aus.« Vgl. a.a.O., S. 334, wo er »silbern« mit Mond und »golden« mit Sonne zusammenbringt.
92 W. Wickler: Stammesgeschichte und Ritualisierung. Zur Entstehung tierischer und menschlicher Verhaltensmuster, München (1970), dtv 4166, 1975, S. 164 f. beschreibt den Balztanz z.B. der Putzerfische; – so tief hinab, erdgeschichtlich bis ins Silur vor über 400 Millionen Jahren womöglich, reichen die Erbkoordinaten der Tanzbewegungen und -anlässe!
93 Vgl. I. Eibl-Eibesfeldt: Menschenforschung auf neuen Wegen. Die naturwissenschaftliche Betrachtung kultureller Verhaltensweisen, Wien – München – Zürich 1976, 250–253, zum Legong-Tanz auf Bali.
94 Vgl. I. Eibl-Eibesfeldt: Liebe und Hass. Zur Naturgeschichte elementarer Verhaltensweisen, München – Zürich 1970, 67–69: »Wie die tierischen Ausdrucksbewegungen, so sind auch die menschlichen Riten im Grunde Signale. Sie signalisieren Macht, Unterwerfung, Freundschaft und dergleichen mehr. Eine sehr wichtige Funktion der Riten ist die des Gruppenzusammenhaltes.« (69) Vgl. a.a.O., 225–228: zum Imponier- und Beschwichtigungstanz der Waika-Indianer.
95 R. M. Rilke: Advent (1897), in: Sämtliche Werke, hrsg. durch E. Zinn, 1. Bd., Frankfurt 1955, 99–141, S. 133–134.
96 Als erster hat O. Rank: Das Inzestmotiv in Dichtung und Sage. Grundzüge einer Psychologie des dichterischen Schaffens, Leipzig – Wien 1912 den Versuch einer Psychoanalyse der Literatur vorgelegt.
97 Vgl. dazu Voretzsch: Allerleirauh, in: L. Mackensen (Hrsg.): Handwörterbuch des deutschen Märchens, Bd. 1, Berlin – Leipzig 1930/33, 47–49, der die Geschichte »mit dem Gedanken der mittelalterlichen Schicksalsromane« vergleicht, »welche dem Helden wohl großes Unrecht und Ungemach widerfah-

ren lassen, ihn aber schließlich in seinen alten Stand zurückführen.« (48) Dabei geht freilich das psychologisch wichtigste Motiv völlig unter: die sexuelle Bedrohung der Tochter durch den Vater. B. Bettelheim: Kinder brauchen Märchen, s. o. 1): Der Tod der Mutter, Anm. 31, S. 251 spricht sehr richtig davon,»dass er (der Königssohn, d. v.) Aschenputtel nicht für sich gewinnen kann, solange es in einer ödipalen Beziehung an seinen Vater gebunden ist, und dass er es deshalb nicht selbst verfolgt, sondern Aschenputtels Vater bittet, es für ihn zu tun.« Das»ödipale« Motiv existiert wirklich; doch zeigt ein Märchen wie»Allerleirauh«, dass die»Verfolgung durch den Vater« keinesfalls nur eine subjektive Phantasie des Mädchens sein muss, die wach wird, sobald es versucht, seinen»Prinzen« liebzugewinnen, sondern es kann eben auch umgekehrt sein und stellt die reale Erinnerung vieler Frauen dar, die als »Aschenputtel« oder»Allerleirauh« haben leben müssen: es ist und war die Angst vor der sexuellen Bedrohung durch den Vater, die auch die Liebe zu einem anderen Mann als dem Vater mit Fluchttendenzen belegte. Das Paradoxe ist, dass am Ende die Flucht vor dem Geliebten (als Vaterstellvertreter) sich in eine Flucht in die Arme des Geliebten (und damit in die Anerkennung durch den Vater) verwandeln kann. Ehe eine solche Verwandlung der Gefühle nicht wirklich verstanden ist, hat man auch das»Aschenputtel«-Märchen noch nicht wirklich verstanden. Methodisch gilt: man sollte die Angaben der Märchen als erstes möglichst»real« zu lesen suchen, ehe man sie als allgemeine (»ödipale«) Phasenmomente einer»typischen« weiblichen (oder männlichen) Entwicklung zur Herausbildung der eigenen Identität interpretiert; zu viele spezifische Details einer Erzählung gehen sonst verloren.

98 Zum Spiralaufbau der Märchen vgl. E. Drewermann: Tiefenpsychologie und Exegese, 1. Bd., Olten 1984, 188–190; 378.

99 Vgl. W. Bauer – I. Dümotz – I. Golowin: Lexikon der Symbole, Wiesbaden 1980, 206; 209; 210; vgl. auch H. Greeven: Art. peristera, Thwnt, s. o. Anm. 83, Bd. VI 63–72.

100 B. Bettelheim: Kinder brauchen Märchen, 252 sieht richtig, wenn er meint: »Aschenputtels Weglaufen ... könnte man als einen Versuch ansehen, seine Jungfräulichkeit zu bewahren.« Doch bringt er diese Einsicht nicht in den Zusammenhang mit der Fluchtrichtung des»Aschenputtels«; vielmehr deutet er»Taubenhaus« und»Birnbaum« einfach als»die magischen Gegenstände, die bis dahin (?) Aschenputtel geholfen haben. ... Aschenputtel muss seinen Glauben an die magischen Gegenstände und sein Vertrauen auf ihre Hilfe aufgeben, wenn es sich in der Welt der Realität zurechtfinden will. Der Vater hat das offenbar begriffen, und so zerstört er Aschenputtels Verstecke.« Man versteht in dieser Deutung durchaus nicht, warum der»Vater« dem»Aschenputtel« gegenüber plötzlich derart hilfreich sein sollte, und vor allem: worin der Sinn dieser vermeintlichen»Magie« liegen könnte; zudem wird die innere Entfaltung nicht deutlich, die vom Versteck im»Taubenhaus« über den»Birnbaum« hinüberführt zu dem schließlichen Gefundenwerden und aufeinander Zugehen von»Aschenputtel« und»Königssohn«. Die Symbolik in den Fluchtorten und Fluchtarten des»Aschenputtels« bedarf einer eigenen Auslegung, um immerhin ein Drittel des ganzen Märchens richtig zu interpretieren! E. Berne: Was sagen Sie, nachdem Sie ›Guten Tag‹ gesagt haben. Psychologie

des menschlichen Verhaltens, übers. v. W. Wagmuth, München (Kindler Tb. 2192) 1975, 205 versucht, die Rollen von »Aschenputtel«, »Stiefmutter« und »Vater« in der Perraultschen Fassung so wiederzugeben: »Aschenputtel. Es hat eine glückliche Kindheit, muss dann aber so lange leiden, bis ein ganz bestimmtes Ereignis eintritt. Die entscheidenden Szenen sind jedoch zeitstrukturiert. Es kann das Leben genießen, wie es ihr gefällt, bis die Uhr Mitternacht schlägt, dann muss sie sich wieder in ihren früheren Zustand zurückverwandeln. Aschenputtel hat es vermieden, selbst mit ihrem Vater das Spiel ›Ist das nicht schrecklich?‹ zu spielen, und es ist einfach ein melancholisches, einsames Mädchen, bis die eigentliche Aktion mit dem Ball beginnt. Hier spielt es zunächst das Spiel ›Hasch mich!‹ mit dem Prinzen, und später dann, mit einem skriptgebundenen Lächeln, das Spiel ›Ich habe ein Geheimnis‹ mit seinen Schwestern. Der Höhepunkt wird erreicht mit einem rasanten Spiel: ›Jetzt sagt sie's uns aber!‹, dann nämlich, wenn Aschenputtel mit einem neckischen Lächeln den Spielgewinn für sein Gewinner-Skript ›kassiert‹. Der Vater. Vom Vater verlangt das Skript, dass er seine erste Frau verliert und dann eine herrische (und vermutlich auch frigide) Frau heiratet, die ihm selbst und seiner Tochter aus erster Ehe viele Leiden und Unannehmlichkeiten bereitet. Aber, wie sich bald zeigen wird, hat der Vater noch einen Trumpf in der Hand. Die Stiefmutter: Sie hat ein Verlierer-Skript. Auch sie spielt das Spiel: ›Jetzt sagt sie's mir aber‹, indem sie den Vater zuerst dazu verführt, sie zu heiraten, und indem sie ihre wahre boshafte Natur erst kurz nach der Trauung zu erkennen gibt. Sie lebt durch ihre Töchter, und sie hofft aufgrund ihres hinterhältigen Benehmens für ihre Töchter einen fürstlichen Lohn einzuheimsen. Aber letzten Endes ist sie dann doch Verliererin.« Der Vorteil einer solchen Rollen-Typisierung besteht darin, komplexe Verhaltensmuster in einfachen Schemata wiederzugeben; der Nachteil liegt darin, dass man darüber sehr leicht blind wird für die wirklichen Akteure solcher »Spiele.« Was übrig bleibt, ist ein Behaviorismus in Bildern und Szenen, ein Puppenspiel ohne einen wirklichen Grund seiner Aufführung, ein »Skript« ohne Innenansicht seines »Autors«: Welch einem »Aschenputtel« sollte es z.B. wohl helfen, sagte man ihm: »Sie müssen aber jetzt aufhören, das Spiel ›Hasch mich‹ weiterzuspielen«? – H. Wöller: Aschenputtel, Zürich 1984, 81–82 weist zu Recht auf die gewalttätige Art des Vaters beim Zerschlagen des »Taubenhauses« und des »Birnbaums« hin, spricht dann aber zu allgemein »von der weiblichen Seele« und ihren Misshandlungen durch den »patriarchalischen« Mann.

101 Zur Baumsymbolik vgl. E. Drewermann: Strukturen des Bösen, 3 Bde. Paderborn 1977–78, II 52–69.
102 A.a.O., II 61; 66–69.
103 A.a.O., II 66. K. Koch: Der Baumtest. Der Baumzeichenversuch als psychodiagnostisches Hilfsmittel, Bern – Stuttgart 1949.
104 E. Drewermann: Strukturen des Bösen, II 60–61.
105 Zum Zusammenhang von »oraler« Gehemmtheit und »Depression« vgl. a.a.O., II 62–66.
106 Die Vorstellung, dass Frauen auf der Flucht vor ihrem männlichen Verfolger selber in Bäume sich verwandeln, ist in den Erzählungen der Völker ein beliebtes Motiv; am eindrucksvollsten in der Erzählung des Ovid: Metamor-

phosen I 452–567 von Daphne, die, auf der Flucht vor Apoll, sich in einen Lorbeerbaum verwandelt. Vgl. J. Brosse: Mythologie der Bäume, aus dem Franz. übers. v. M. Jacober, Olten 1990, 167–175 mit weiteren Beispielen von Leuke der Silberpappel, Philyra der Linde, Pitys der Schwarzkiefer, Karya dem Nußbaum, Phyllis dem Mandelbaum usw. Zur Baumsymbolik vgl. auch H. W. Hammerbacher: Irminsul. Das germanische Lebensbaum-Symbol in der Kulturgeschichte Europas, Kiel 1984, 39–49 zu Ursprung und Gestalt der Irminsul, die »das Wunder des sich entfaltenden Lebens« ausgedrückt haben soll (46). M. Lurker: Der Baum in Glauben und Kunst unter besonderer Berücksichtigung der Werke des Hieronymus Bosch, Baden-Baden 1976 (2. erw. Aufl.), 94, verweist bei den Vogeldarstellungen auf die Tauben auf der Eiche zu Dodona.

107 H. Wöller: Aschenputtel. Energie der Liebe, Zürich 1984, 87–88 meint: »Ein Birnbaum voll saftiger, schwellender, süßer, goldener Früchte – auch heute hat wohl niemand Mühe, darin ein Gleichnis für Weiblich-Mütterliches zu sehen. Die Birne gilt als Fruchtbarkeitssymbol, und zwar immer als weibliches, während zum Beispiel der Apfelbaum auch den männlichen Geliebten symbolisieren kann. ... In der Schweiz gilt er als Kleinkinderbaum, und man trägt am Weißen Sonntag die Kinder unter ihn, damit sie gedeihen. Wenn der Birnbaum reiche Früchte trägt, so heißt es, werden im nächsten Jahr viele Mädchen geboren.« Alles das stimmt; doch kommt die Autorin nicht darauf, daraus den entscheidenden Schluss zu ziehen, dass das »Aschenputtel« mit seiner Flucht in den »Birnbaum« in die Vorstellung der »Mütterlichkeit« selbst hineinflieht; statt dessen geht es ihr erneut um den »Umgang mit dem Weiblichen« bis hin zu Thesen wie: »So wurden in patriarchaler Zeit in Kriegen schwangere und säugende Mütter samt ihren Kindern ermordet, während zum Beispiel Nomadenvölker bei ihren Kämpfen bis heute die Frauen schonen« (89). Wie »frauenschonend« z.B. die Mongolen unter Timur und Babur bei ihren Eroberungen in Indien sich verhielten, zeigt B. Gascoigne: Die Großmoguln. Glanz und Größe mohammedanischer Fürsten in Indien, aus dem Engl. übers. v. K. u. R. D. Habich, München 1973, 7–9; 11–38. In Wahrheit gibt es die »Grobheit« des »Vaters« im »Aschenputtel«-Märchen wirklich; doch sie müsste konkret bezogen werden auf das Verhalten des »Aschenputtels«, anstatt immer neu über die Schrecklichkeit des Patriarchalismus und den »Verlust weiblicher Weisheit« zu klagen in Wendungen wie: »Das Weibliche kann sich tiefer verhüllen, als der erobernde Mann meint. Er kann es vergewaltigen oder morden und wird der weiblichen Seele doch nicht ansichtig.« H. Wöller, S. 89: Gegen solche Deutungen steht: »Aschenputtel« ist nicht »das Weibliche«, sondern eine Möglichkeit im Leben einer Frau unter besonderen Umständen, die mit dem »Patriarchalismus« des Vaters wohl auch, doch weit mehr mit der »Stiefmütterlichkeit« der Mutter und der »Stiefgeschwisterlichkeit« der Schwester(n) zu tun haben. – Sehr viel prägnanter kennzeichnet B. Bettelheim: Kinder brauchen Märchen, 252–253 die (ödipale) Angst vor dem Vater und ihre Übertragung auf den Königssohn: »Die vielen Aschenputtel-Geschichten, in denen die Heldin flieht, um den Nachstellungen eines ›unnatürlichen‹ Vaters zu entkommen, sprechen dafür, dass es von dem Fest wegläuft, weil es verhindern möchte, verführt oder von seinem eigenen Begehren über-

wältigt zu werden. Auch zwingt das den Königssohn, es im Hause seines Vaters zu suchen, was eine Parallele dazu ist, dass der Bräutigam ins Elternhaus kommt, um um die Hand der Tochter anzuhalten.« Leider vermisst man auch in dieser Darstellung eine Analyse der konkreten Symbolik von »Taubenhaus« und »Birnbaum«: Warum flieht das »Aschenputtel« aus Angst vor dem Königssohn, hinter dem der Vater erscheint, in das Taubenhaus und in den »Birnbaum«? Das ist die Frage, die es zu beantworten gilt. – K. Anderten: Umgang mit Schicksalsmächten. Märchen als Spiegelbilder menschlichen Reifens, Olten 1989, 256–266 wertet die Geschichte von der »Prinzessin auf dem Baum« (Deutsche Märchen seit Grimm, Düsseldorf 1964) als »Individuationsweg«, doch ist diese Erzählung aus der Sicht des Mannes zu lesen; »Aschenputtel« hingegen beschreibt den Erlösungsweg einer Frau durch die Liebe eines Mannes vor dem Hintergrund einer angsterfüllten Kindheit und einer in endlosen Demütigungen erniedrigten Jugend.

108 Vgl. H.-A. Freye: Andere Murmeltiere, übrige Erd- und Baumhörnchen, in: B. Grzimek (Hrsg.): Grzimeks Tierleben. Enzyklopädie in 13 Bden., München (dtv) 1979, XI 266–269.

109 Zu der Symbolik des »Birnbaums« und dem Motiv von »Mütterlichkeit« und »Kindersegen« s. o. Anm. 61.

110 Vgl. J. Gründel: Die eindimensionale Wertung der menschlichen Sexualität, in: F. Böckle (Hrsg.): Menschliche Sexualität und kirchliche Sexualmoral, Düsseldorf 1977, 74–105.

111 Vgl. E. Drewermann: Der tödliche Fortschritt. Von der Zerstörung der Erde und des Menschen im Erbe des Christentums, Freiburg (Herder Spektrum 4032) 1991, 221–232, bes. S. 225–226.

112 Der erste, der psychoanalytisch auf die Bisexualität der Symbole hinwies, war W. Stekel: Die Sprache des Traumes. Eine Darstellung der Symbolik und Deutung des Traumes in ihren Beziehungen zur kranken und gesunden Seele für Ärzte und Psychologen, München ³1927, 58.

113 Vgl. B. Bettelheim: Kinder brauchen Märchen, 252: »Ein kleines Gehäuse, in welches ein Körperteil hineinschlüpfen und genau hineinpassen kann, kann man als Symbol für die Vagina auffassen. Etwas Zerbrechliches, das man (sc. wie im Gläsernen Pantoffel bei Perrault, d. V.) nicht dehnen darf, weil es sonst zerbrechen könnte, erinnert an das Hymen; und etwas, das am Ende eines Balles leicht verloren gehen kann, wenn der Liebhaber seine Geliebte festzuhalten sucht, erscheint als passendes Bild für die Jungfräulichkeit.« H. Bausinger: Aschenputtel. Zum Problem der Märchensymbolik, in: Zeitschrift für Volkskunde, 52, Göttingen 1955, 144–155, S. 152–153 anerkennt in dem Schuhsymbol die Bedeutung der Schönheit, warnt aber vor allen weiterreichenden Deutungen. Es ist ein ständiges Problem, dass die literaturwissenschaftliche Beschäftigung mit den Märchen psychoanalytischen Gedankengängen sich kategorisch verschließt.

114 Zu dem Symbol der Gold-Farbe s. o. Anm. 91.

115 Zur Symbolik von Links und Rechts im Sinne von »unbewusst« und »bewusst« vgl. J. Jaynes: Der Ursprung des Bewusstseins durch den Zusammenbruch der bikameralen Psyche, übers. aus dem Amerik. v. K. Neff, Reinbek 1988, 148–158.

116 Vgl. z.B. N. u. G. O'Neill: Die offene Ehe. Konzept für einen neuen Typus der Monogamie, aus dem Amerik. übers. v. E. Linke, Reinbek (rororo 6891) 1981, 25: »Die Ehe muss sich auf einer neuen Offenheit aufbauen – Offenheit gegenüber sich selbst, dem Partner und der Umwelt.« Richtig – aber wie? Dazu: »Richtlinie Nr. 6: Gleichberechtigung«, S. 97–109 und »Richtlinie Nr. 7: Eigene Identität«, S. 110–121, wo bes. die »persönliche Unabhängigkeit« empfohlen wird.

117 Zu den beiden Deutungsebenen vgl. E. Drewermann: Strukturen des Bösen, 3 Bde., Paderborn 1976, 1. Bd., S. XXXI–XLV.

118 Vgl. W. Schwidder: Hemmung, Haltung und Symptom (1961), in: Fortschritte der Psychoanalyse. Internationales Jahrbuch zur Weiterentwicklung der Psychoanalyse, 1. Bd., Göttingen 1964, 115–128.

119 Lapidar richtig meint F. Lenz: Bildsprache der Märchen, Stuttgart 1971, 169 von den beiden Stiefschwestern: »Sie leben ›auf zu großem Fuß‹!« In der Tat geht es um die Deutung dieses Motivs. Im folgenden freilich geheimnist der Autor alles mögliche in das Wesen der Stiefschwestern, das schwer mitvollziehbar ist. H. Wöller: Aschenputtel. Energie der Liebe, Zürich 1984, 112–113 verweist auf das aggressive Moment der Erzählung: »Mit dem Tanzen war es für die beiden Schwestern nun ein für allemal vorbei. In grausiger Weise wendet sich die Aggression gegen das Weibliche nun gegen die Schwestern selbst.« »Die Älteste muss sich den großen Zeh abhacken. Sie wird von da an auf den Fersen humpeln müssen, schwerfällig und plump. Verstümmelungen an Frauen sind noch bis in die Gegenwart üblich. Chinesinnen mussten sich schon im Kindesalter die Füße so eng einbinden, dass diese nicht wuchsen und sie nur trippeln konnten. Noch mehr erinnert das Abhacken der Zehe an die Beschneidung der Klitoris. Sie soll der Frau die Fähigkeit zum Orgasmus nehmen und würdigt sie damit herab zur Gebärmaschine. Das Unheimliche an diesen Riten ist, dass sie von älteren Frauen vorgenommen wurden, sie vollziehen die Rituale, die ihren Töchtern eine vornehme Ehe garantieren. Was in anderen Kulturen durch körperliche Torturen erreicht wird, wird in Europa durch die subtileren Methoden der Erziehung und der Moral bewirkt.« »Die jüngere der Schwestern muss sich die Ferse abhacken. Sie wird von da an auf Zehen laufen müssen. An ihr manifestiert sich das entgegengesetzte Erziehungsideal: die Frau als geschlechtsloses Wesen, das dem ›Höheren‹ zugetan ist. Ob sie dann das Leben einer schonungsbedürftigen, kränkelnden Frau, einer Nonne oder ›alten Jungfrau‹ zu führen hatte, hing von den Umständen ab, unter denen sie aufwuchs.« Diese an sich mögliche Interpretation scheitert daran, dass die Stiefschwestern die Verstümmelungen doch vornehmen, um den Königssohn heiraten zu können; ihre Eitelkeit und ihr Ehrgeiz, nicht ihre »patriarchalischen« Verbiegungen sind das Problem des Märchens.

120 So B. Bettelheim: Kinder brauchen Märchen, 254: »Etwas sehr Merkwürdiges, das in den meisten Versionen von ›Aschenputtel‹ vorkommt, ist, dass die Stiefschwestern sich die Füße verstümmeln, damit ihnen der zierliche Pantoffel passen soll. Während Perrault dieses Detail aus seiner Erzählung herauslässt, kommt es nach Cox (sc. Cinderella, Reprint: Nendeln/Liechtenstein 1967, d. V.) in sämtlichen Cinderella-Geschichten, außer den von Perrault abgeleiteten und ein paar anderen vor. Darin könnte man den symbolischen Ausdruck

gewisser Aspekte des weiblichen Kastrationskomplexes sehen.« S. 255: »Selbstverstümmelungen kommen in den Märchen nur selten vor, im Gegensatz zu Verstümmelungen durch andere, die als Strafe oder aus irgendwelchen anderen Gründen keineswegs selten sind. Als ›Aschenputtel‹ erdacht wurde, war es eine stereotype Gewohnheit, die Größe des Mannes der Zierlichkeit der Frau gegenüberzustellen, und Aschenputtels kleine Füße dürften sie daher besonders weiblich erscheinen lassen. Die Stiefschwestern, die so große Füße haben, dass sie nicht in den Schuh hineinpassen, erscheinen deshalb männlicher als Aschenputtel – und deshalb weniger begehrenswert. In ihrem verzweifelten Versuch, sich den Königssohn zu erobern, scheuen sie sich nicht, alles zu tun, um sich in zierliche weibliche Wesen zu verwandeln. – Die Bemühungen der Stiefschwestern, den Königssohn durch eine Selbstverstümmelung irrezuführen, wird durch das Bluten entdeckt. Sie haben versucht, sich dadurch weiblicher zu machen, dass sie einen Teil ihres Körpers abschnitten, was zur Blutung führte. So nahmen sie eine symbolische Selbstkastration vor, um ihre Weiblichkeit zu beweisen; dass der Teil ihres Körpers blutete, an dem sie diese Selbstkastration vornahmen, kann man als Demonstration ihrer Weiblichkeit auffassen, da es stellvertretend für die Menstruation stehen kann.«
121 S. Freud: Einige psychischen Folgen des anatomischen Geschlechtsunterschieds (1925), Werke XIV, London 1948,17–30, S. 28. – H. von Beit: Symbolik des Märchens. Versuch einer Deutung, Bern 1952, 732 meint, freilich recht allgemein: »Die Schuhprobe stellt die seelische Begegnung im Unbewussten dar… Die profanen Schwestern versuchen dabei eine Harmonie zu erzwingen, indem sie sich nicht natürlich geben, sondern ihren eigenen Animus künstlich anpassen und vergewaltigen, was ihn zerstört.«
122 Als erster widerlegte B. Malinowski: Geschlecht und Verdrängung in primitiven Gesellschaften (1927), übers. aus dem Engl. von H. Seinfeld, Reinbek (rde 139–140) 1962, 163 die Meinung,»dass der Ödipuskomplex die vera causa der sozialen und kulturellen Phänomene sei – anstatt nur deren Resultat«.
123 Zu diesem archaischen Zusammenhang vgl. R. Bilz: Das Syndrom unserer Daseins-Angst (Existenz-Angst). Erörterungen über die Misere unseres In-der-Welt-Seins (1969), in: Paläoanthropologie. Der neue Mensch in der Sicht einer Verhaltensforschung, Frankfurt 1971, 427–464, S. 434. Vgl. E. Drewermann: Strukturen des Bösen, 3 Bde., Paderborn 1977–78, II 223–226: Die Schuldangst.
124 Vgl. F. Kluge: Etymologisches Wörterbuch der deutschen Sprache, Berlin – New York [21]1975, 114: »norw. butt ›stumpf, plump‹«.
125 Zur Zeiterdehnungsregel der Auslegung vgl. E. Drewermann: Tiefenpsychologie und Exegese, 2 Bde., Olten 1984, I 226–228.
126 Zu dem vergleichbaren Motiv des (durch einen Fluch des Vaters/Zauberers) entstellten Antlitzes der Geliebten vgl. E. Drewermann – I. Neuhaus: Die Kristallkugel (KHM 197), Olten 1985, 38–44. – In der naturmythologischen Schule der Märchendeutung wurde das Motiv der rechten und der falschen Braut mit dem Gestaltwandel des Mondes in Verbindung gebracht; vgl. E. Siecke: Die Liebesgeschichte des Himmels. Untersuchungen zur indogermanischen Sagenkunde, Straßburg 1892, 7–17: Das Märchen von der weißen und der schwarzen Braut. Auch der Baumaufenthalt des Aschenputtels bzw.

seine Flucht ins »Taubenhaus«, vor allem aber das Motiv des »goldenen Schuhs« sowie der »Fußverstümmelung« nach vorn und hinten, endlich auch das Motiv der Flucht der Geliebten (Mondgöttin) vor dem Königssohn (dem Sonnengemahl) würden in dieses uralte Schema passen. Vgl. zu Allerleirauh a.a.O., S. 40. Vgl. auch E. Siecke: Über die Bedeutung der Grimmschen Märchen für unser Volksthum, Hamburg 1896, der (S. 17) auch das Motiv der bösen Hexe bzw. Stiefmutter entsprechend deutet; S. 20: Allerleirauh. – M. Lüthi: Der Aschenputtel-Zyklus in: J. Janning u.a. (Hrsg.): Vom Menschenbild im Märchen, Kassel 1980, 39–58 sieht zu Recht das »Auseinanderklaffen von Schein und Sein« als Zentralthema des Märchens an (S. 53) und deutet dementsprechend auch die Identifizierungsprobe des Schuhs nebst dem Ausschluss aller anderen Konkurrenten (40–41).

127 Zur Stelle vgl. H. Gunkel: Genesis (^{3}1910), Neudruck: Göttingen ^{8}1969, 327–329, der die Täuschung bei der Brautwerbung mit der Geschichte von der Gänsemagd (KHM 89) vergleicht.

128 Es geht um die Versuche, die Georges Ungar, der Pharmakologe an der Baylor-Universität in Houston, Texas, durchführte; beschrieben bei H. v. Ditfurth: Im Anfang war der Wasserstoff, Hamburg 1972, 308–309. – Die Frage bleibt, welche Quälereien an Tieren der Gesetzgeber immer noch glaubt hinnehmen zu können, sobald eine »medizinische« Notwendigkeit für den Fortschritt der Forschung angemeldet wird.

129 Zu diesem Bild vgl. E. Drewermann – I. Neuhaus: Der goldene Vogel (KHM 57), Olten 1982, 52–55. Vgl. auch E. Drewermann: Das Markus-Evangelium, 2 Bde., Olten 1988, II 166–187: Der Einzug Jesu in Jerusalem; K. J. Obenauer: Das Märchen: Dichtung und Deutung, Frankfurt 1959, 169–179: Zum Symbol des Pferdes, erinnert (S. 171) an die »stolzen Reiter der Frühzeit« in der Kentaurensage.

130 Zu der Frage der richtigen »Zentrierung« in der Auslegung archetypischer Erzählungen vgl. E. Drewermann: Tiefenpsychologie und Exegese, 2 Bde., Olten 1984, I 212 ff.

131 Es war H. Mann: Der Untertan (1916), Frankfurt (Fischer Tb. 10168) 1991, Kap. 4, S. 238, der als erster die Hochachtung vor »Königen« in das Märchen verwies. – Zur kulturgeschichtlichen Einordnung des Aschenputtel-Märchens hat A. Nitschke: Soziale Ordnungen im Spiegel der Märchen, 2 Bde., Stuttgart – Bad Cannstatt 1978, vorgeschlagen, die Entstehung der Erzählung aus dem Übergang von der Altsteinzeit zu den frühesten Stadtkönigtümern Mesopotamiens verständlich zu machen. Siehe 1. Bd: Das frühe Europa, S. 194–195: »Die Gesellschaft nach der Eiszeit achtete vor allem auf Frauen. Frauen sorgten für das Vieh, für die Obstbäume, und sie stellten Stoffe für Kleidung her. Die Arbeit hatte dabei Formen, die uns sehr kultisch anmuten. Jede Frau, die etwas Neues schuf, das den anderen zum Leben diente, musste in dieser Zeit einen todesähnlichen Zustand auf sich nehmen. Sie glich sich gewissermaßen dem Winter an, auf den der Frühling folgt, so wie sich die Menschen dieser Gesellschaft überhaupt mit dem Wechsel der Jahreszeiten identifizierten. Die Mutter hatte sich, solange sie ihr Kind stillte, also dessen Leben ermöglichte, wie eine Tote zu verhalten. Alle Frauen mussten, wenn sie Stoffe anfertigten, sich auch in einen todesähnlichen Zustand versetzen. Vielleicht spricht die

Aschenputtel-Überlieferung sogar dafür, dass sie sich bei Arbeiten, die Neues entstehen ließen, mit Ruß Gesicht und Hände schwärzten.«
132 Vgl. E. Drewermann: Das Matthäus-Evangelium, 1. Bd., Olten 1992, 92–101: In welchem Sinne Jesus doch ein König war.
133 Vgl. M. Buber: Geltung und Grenze des politischen Prinzips (1951), in: Werke, 3 Bde., München – Heidelberg 1962, I 1095–1108: »Sie (die Verweser des politischen Prinzips, d. V.) reden Rat und wissen keinen; sie streiten gegeneinander, und eines jeden Seele streitet gegen ihn selber. Sie brauchten eine Sprache, in der man einander versteht, und haben keine als die geläufige politische, die nur noch zu Deklarationen taugt. Vor lauter Macht sind sie ohnmächtig und vor lauter Künsten unfähig, das Entscheidende zu können.«
134 Vgl. E. Drewermann: Strukturen des Bösen, 3 Bde., Paderborn 1976–77, 1. Bd., Nachwort zur 3. Aufl., S. 335–392: Von dem Geschenk des Lebens oder: das Welt- und Menschenbild der Paradieserzählung des Jahwisten (Gen 2,4 b–25), S. 368–387: Von der Geborgenheit im Ring der Liebe.
135 Zum Begriff der anima vgl. C. G. Jung: Die Beziehungen zwischen dem Ich und dem Unbewussten (1928), Werke VII, Olten 1964, 131–264, S. 207–232.
136 Vgl. Mt 11,19; Lk 7,34; 15,1.
137 Vgl. C. G. Jung: Einleitung in die religionspsychologische Problematik der Alchemie, in: Werke XII, Olten 1972, 15–54, S. 53; H. Sauer: Art. Hieros Gamos, in: K. Ziegler – W. Sontheimer (Hrsg.): Der Kleine Pauly, München (dtv 5963) 1979, II 1139–1140 verweist auf die alljährliche Verbindung des Zeus »mit der durch ein Kultbad immer wieder jungfräulichen Göttin« Hera, die Kind, Nymphe und Jungfrau in eins war. Vgl. A. Klinz: Hieros Gamos, Halle 1933.
138 Zu Links und Rechts vgl. J. C. Eccles – H. Zeier: Gehirn und Geist. Biologische Erkenntnisse über Vorgeschichte, Wesen und Zukunft des Menschen, Frankfurt (Fischer Tb. 42225) 1984, 157–167.
139 M. Lüthi: Deutung eines Märchens: Aschenputtel, in: Süddeutsche Zeitung, Nr. 224, 28. /29. 1. 67 findet »die grausame Bestrafung der beiden Stiefschwestern« recht »anstößig«: »Ohne dass Aschenputtel den geringsten Einspruch erhebt, hacken die Tauben – ausgerechnet sie, die uns sonst ein Bild der Sanftmut sind – den bösen Schwestern die Augen aus, und es wird umständlich geschildert, wie sie auf dem Hinweg zur Kirche jeder der beiden Schwestern das eine, auf dem Rückweg das andere Auge auspicken.« Doch soll man diese Episode deshalb ganz weglassen und mit Perrault schildern, wie das gute Aschenputtel den bösen Schwestern verzeiht »und sie bittet, es immer liebzubehalten«? Zu Recht erkennt Lüthi hier eine Art jus talionis am Werk: »Sie (die Stiefschwestern, d. V.) hacken sich Zehe und Ferse ab, und dann werden ihnen von strafenden Mächten die Augen genommen; was sie selbst begonnen, wird von oben vollendet.« Dem im Grund einfachen Sinn der Stelle kommt F. Lenz: Bildsprache im Märchen, Stuttgart, 1971, 178 recht nahe: »Indem die Gegenmächte noch einen letzten Versuch machen, beim Gang in die Kirche, ziehen sie sich selbst die Folge ihrer Heuchelei zu: Sie verlieren für immer die Sicht, können nichts mehr durchschauen, sind ›mit Blindheit geschlagen‹. Die Taube des Geistes hat sie gerichtet.« H. Wöller: Aschenputtel. Energie der Liebe, Zürich 1984, 129 indessen findet hier den »Silberblick«

ausgerottet, »der nur die Embleme der Macht und des Geldes wahrnimmt«, die Strafe selber aber hält sie auch »trotzdem« für »erschreckend«. C. H. Mallet: Kopf ab. Gewalt im Märchen, Hamburg – Zürich 1985, 163 erinnert besonders an die Rache der (bösen) Mütter und Schwestern in den Märchen und meint: »Die Gewaltphantasien sind ebenso erfinderisch wie nicht wählerisch ... Es ist wohl so, dass wir uns in der grausamarchaischen Wunschwelt immer wieder recht wohl und wie zu Hause fühlen.« K. Asper: Verlassenheit und Selbstentfremdung, Olten 1987; München (dtv) 1990, 150, meint, es gehe hier um die »Depotentialisierung der negativen Sicht auf sich selber«, mithin um das Ende der »narzisstischen Verwundung« des Verlassenheitsgefühls des »Aschenputtels«. – Auffallend bleibt, dass die Stiefmutter gänzlich ungeschoren davonzukommen scheint; sie geht ein in das gemeinsame Erschrecken ihrer bösen Töchter und verschmilzt gewissermaßen mit ihnen; erzählt werden aber müsste eigentlich, wie das Bild der bösen Mutter nach der Bestrafung der »bösen« »Schwestern« die Chance erhält, in das Bild der guten Mutter integriert zu werden. – Naturmythologisch steht das Augenaushacken durch die »Tauben« wohl in Verbindung zu dem häufigen Motiv des Augenraubs in den Sonnen- und Mondmythen. W. Mannhardt: Germanische Mythen. Forschungen, Berlin 1858, 547, Anm. 1 verweist auf das deutsche Frühlingslied: »Stecht dem Winter die Augen aus.« Das »Weltauge« ist zumeist die Sonne. Doch dass beim Hin- und beim Rückweg je ein Auge den »Schwestern« genommen wird, paßt am besten zu den Phasen des zu- und abnehmenden Mondes. – A. Ussher: The slipper on the stairs. An Interpretation of Cinderella, in: World Review 25, London 1951, 50–52 meint von dem Augenauspicken der Stiefschwestern: »Die konventionellen Wertungen werden geblendet, denn sie sind immer schon blind gewesen.« (52)

140 Zu »männlichen« Aschenputtel-Märchen vgl. J. Bolte – G. Polivka: Anmerkungen zu den Kinder- und Hausmärchen der Brüder Grimm, 1. Bd., Leipzig 1913, 183–185, die in der Bibel auf Abel, Loth, Jakob, David u. a. verweisen und an die weitverbreitete Vorstellung erinnern, »nach der der jüngste von drei Söhnen für dumm gilt und verachtet wird, weil er seine erste Jugend im Schmutz und in der Asche der Küche zubringt; als endlich seine Zeit erscheint, tritt er auf, tut es seinen Brüdern weit zuvor und erreicht das höchste Ziel.« (183) Der Kontrast von dem armen Schweinehirten und der Königstochter bildet den Stoff des Märchens von der Prinzessin auf dem Baum; vgl. K. Anderten: Umgang mit Schicksalsmächten. Märchen als Spiegelbilder menschlichen Reifens, Olten 1989, 256–266. B. Stamer (Hrsg.): Märchen von Dornröschen und dem Rosenberg, Frankfurt (Fischer Tb. 10466) 1985, 108–113, erzählt das mecklenburgische Märchen Der Ritt auf den Glasberg, das sozusagen eine Aschenputtel-Variante männlicherseits zu dem Drei-Brüder-Märchen Die Kristallkugel (KHM 197) darstellt.

»Schneewittchen«

1 Zu den kannibalistischen Riten besonders der südamerikanischen Tupinambas vgl. A. Me´Traux: La religion des Tupinamba et ses rapports avec celle des autres tribus Tupi-Guarani, Paris 1928; zu den Praktiken des rituellen Kannibalismus, der wesentlich auf einer symbolischen Gleichsetzung von Mensch

und Pflanze basierte, vgl. O. Zerries: Die Religionen der Naturvölker Südamerikas und Westindiens, in: W. Krickeberg – H. Trimborn – W. Müller – O. Zerries: Die Religionen des alten Amerika, Stuttgart (Die Religionen der Menschheit 7) 1961, 269–384, darin S. 338–343; 345–346. – An einzelnen Motiven des Schneewittchen-Märchens unterscheiden J. Bolte – G. Polivka: Anmerkungen zu den Kinder- und Hausmärchen der Brüder Grimm, i. Bd., Leipzig 1913, S. 453: »A. Die Schönheit der Heldin, weiß wie Schnee, rot wie Blut; – B. Die Eifersucht der Stiefmutter, welche einen Zauberspiegel benutzt; – C[1]. Die Stiefmutter befiehlt einem Jäger, die Heldin im Walde zu erstechen, der sie indes verschont; – C[2–4]. Und sucht sie dann durch einen vergifteten Schnürriemen, Kamm und Apfel zu töten. – D. Die Zwerge (Räuber), welche Sneewittchen bei sich aufgenommen haben, vereiteln diese Versuche bis auf den letzten und legen das tote Mädchen in einen Glassarg. – E. Ein Königssohn sieht es und erweckt es zum Leben. – F. Die böse Stiefmutter wird bestraft.« Zu den einzelnen Varianten und Motiven vgl. bes. E. Böklen: Sneewittchenstudien, Bd. 1, Leipzig 1910. Deutlich ist der Einfluß besonders der Märchen von Hänsel und Gretel (KHM 15), Die sieben Raben (KHM 25), Dornröschen (KHM 50), Das Mädchen ohne Hände (KHM 31), Einäuglein, Zweiäuglein und Dreiäuglein (KHM 130) u.a. M. I. Shamburger – V. R. Lachmann: Southey and »The three bears«, in: Journal of American Folklore, 1946, 400–403, verweisen auf die Ähnlichkeit des Schneewittchen-Märchens zu C. C. Southey's Geschichte von den Drei Bären (R. Southey: The Doctor, ed. J. W. Warter, London 1849, P. 321). A. Wesselski: Versuch einer Theorie des Märchens, Hildesheim (Prager Deutsche Studien, Bd. 45) 1974, S. 116 kommentiert Bolte – Polivka mit den Worten: »Dass sich Johannes Rist 1666 erinnert hat, in seiner Jugend, also etwa in dem dritten Jahrzehnt jenes Säkulums, von englischen Komödianten eine Posse gehört zu haben, in der sich ein Schulmeister erbötig gemacht habe, eine Komödie ›von der schönen Frauen im Bergen mit ihren sieben Zwergen‹ aufzuführen..., bedeutet noch nicht, dass diese Komödie oder ihre Quelle etwa dieselbe oder eine ähnliche Fabel behandelt hätte, wie das Märchen von dem Schneewittchen.« K. Simrock: Die Quellen des Shakespeare in Novellen, Märchen und Sagen, Bd. 1, Bonn 1872, S. 255–288, weist (S. 274–275) auf die Verwandtschaft zwischen Shakespeares Cymbeline und dem Schneewittchen hin: 1) Eine böse Königin haßt ihre Stieftochter und will sie vergiften; 2) im 3. und 4. Akt sehen wir Imogen in der Höhle bei jenem herrlichen Brüderpaar, wie Sneewittchen im Hause der Zwerge; 3) auch Imogen wird in einen todähnlichen Schlaf versetzt, aber von den Jünglingen nicht in der Erde bestattet, sondern mit Blumen bestreut und später auferweckt. – A. Wesselski: Deutsche Märchen vor Grimm, München-Wien 1943, S. 73–124 überliefert ein Versdrama, das damit beginnt, dass Schneewittchen von der Königin bezichtigt wird, die schönen Blumentöpfe im Garten zertrümmert zu haben. Franz und Peter, die Schneewittchen ermorden sollen, verschonen das Kind und bringen es auf den gläsernen Berg ins Schloß der Zwerge; dort vergiftet die Königin sie mit schönen Feigen, doch gelingt es dem Zwergenkönig, das Kind aufzuwecken und die Königin damit zu strafen, dass sie selber 99 Jahre lang in seinem Schloß in einem Sarg von Glas »ohne Leben liegen« soll.

2   Zur Verbreitung des Märchens vgl. J. Bolte – G. Polivka, s.o. Anm. 1, S. 453–461. W. Schere: Lexikon der Zaubermärchen, Stuttgart 1982, S. 364–365, meint: »Das Märchen vom Schneewittchen ist in der ganzen Welt bekannt, jedenfalls so weit Buch und Massenmedien reichen. Nicht die kunstvolle Erzählung des Johann Karl August Musäus Richilde (1782) und nicht das Kinder-Märchenstück des Weinheimer Beiträgers zu Des Knaben Wunderhorn, Albert Ludwig Grimm (1809) – die rührend kindlich ausgemalte Erzählung der Brüder Jacob und Wilhelm Grimm verhalf Schneewittchen zu seiner außerordentlichen Verbreitung.« K. Ranke: Schleswig-Holsteinische Volksmärchen (ATh 670–960), aus den Sammlungen der Kieler Universitätsbibliothek und des germanistischen Seminars, Kiel 1962, S. 66–67 verweist darauf, dass den Brüdern Grimm »allein sechs Fassungen« des Märchens bekannt waren, dass die Grimmsche Fassung aber in der Folgezeit »wenig Einfluß auf das volkstümliche Erzählgut« genommen habe. Der Grund scheint darin zu liegen, dass die schriftliche Form die mündliche Überlieferung abgelöst hat. – Auf eine ältere isländische Fassung des Märchens wies K. Maurer: Schneewittchen, in: Germania, 1857, S. 489–490 hin und erwähnte eine Aufzeichnung von A. Magnusson etwa von 1709.

3   J. K. A. Musäus: Volksmärchen der Deutschen (1782–86), Zürich 1974.

4   W. Schere, s.o. Anm. 2, S. 365 meint zur Herkunft der Grimmschen Märchenvariante: »Mit Sicherheit lässt sich die Quelle der Grimmschen Fassung nicht angeben. Aber Jacob Grimms Niederschrift von 1808 geht möglicherweise auf eine Erzählung Marie Hassenpflugs (1788–1856) zurück. Die Erzählung von dem wegen seiner Schönheit mit tödlichem Haß verfolgten Mädchen, das weder wie Aschenputtel (AT 510 A) auf den heimlichen Beistand der toten Mutter vertrauen, noch wie das Margaretlein in das Haus der verborgen lebenden Mutter, des Erdkühleins, flüchten kann (AT 511), erschien 1812 im ersten Band der Erstausgabe als Nr. 53 und erfuhr in den folgenden Auflagen einige wesentliche Änderungen. So ist es ursprünglich die leibhaftige Mutter, die ihr Kind vernichten will. Wilhelm Grimm hat zu mildern versucht und eine Stiefmutter daraus gemacht.« Psychologisch ist es deshalb um so wichtiger, die Mutter und die Stiefmutter eines Schneewittchens als zwei Seiten ein und derselben Person zu betrachten, und eine Hauptschwierigkeit bei der Interpretation des Schneewittchen-Märchens liegt bereits in der extremen Widersprüchlichkeit im Wesen der Mutter eines solchen Kindes.

5   Zur Psychologie von Sage und Märchen vgl. E. Drewermann: Tiefenpsychologie und Exegese, Bd. 1: Traum, Mythos, Märchen, Sage und Legende, Olten 1984, 132–154; 393–428.

6   Siehe oben Anm. 4; E. Drewermann: Tiefenpsychologie und Exegese, Bd. 1, 187–200: Die archetypische Erzählung als Prozeß der Individuation.

7   Zu dem Farbgegensatz von Rot und Weiß vgl. M. Lüscher: Der Lüscher Test. Persönlichkeitsbeurteilung durch Farbwahl, Hamburg 1971, 54.

8   E. Drewermann – I. Neuhaus: Schneeweißchen und Rosenrot, Olten 1983, S. 48, Anm. 23

9   F. Lenz: Bildsprache im Märchen, Stuttgart 1971, 30–31 bemerkt richtig, dass das Motiv der drei Farben »an den drei bedeutsamsten Stellen des Märchens« auftaucht; dann aber verfehlt er die Problematik, die in diesem Bilde liegt,

indem er das »weiß wie Schnee« mit »Schneekristallen« und »kristallklarem Denken« assoziiert, während er in dem Rot »die Sphäre des Herzens« und in dem Schwarz »Hingabe und Opferkraft« symbolisiert findet. Th. Seifert: Schneewittchen. Das fast verlorene Leben, Zürich, 1983, 48 kommt der Sache näher, indem er den »düsteren Rahmen« betont, der die Wunschphantasie der Königin nach einem Kinde umgibt; zudem hebt er richtig den Winter hervor, mit dem das Märchen beginnt und den er als eine Phase »erstarrter Gefühle« deutet (29). O. Wittgenstein: Märchen, Träume, Schicksale. Autoritäts-, Partnerschafts- und Sexualprobleme im Spiegel zeitloser Bildersprache, München (Kindler 2114) 1973, S. 137–149, S. 139–40 meint zu Weiß, diese Farbe symbolisiere »das unbeschriebene Blatt«, »kalt, wie das Licht des Mondes und wie der Schnee«; Rot sei »Liebe und Leidenschaft«, »Wut« und »Scham«; Schwarz sei »die Farbe der Trauer. Schwarz ist der Ausdruck der Dunkelheit und Finsternis.« Richtig erkennt er, wie »widersprüchlich« die Zusammenstellung der drei Farben ist, und folgert für die Königin: »Sie wünscht sich ein Kind – und wünscht es nicht. Sie wünscht es sich so, wie ihr Blut es ihr sagt, und sie ersehnt es sich für die Kälte des Winters, der ihr bevorsteht. Das Kind soll rot und schwarz sein – errötend in Leidenschaft aufkeimender Liebe und gefährlich todesdrohend oder tot. Es wird schwarz und weiß gewünscht – als reines Kind oder tot. Das alles wünscht sich die Königin – bewusst oder unbewusst – für ihr vollkommenes Kind.« Das trifft in etwa zu; doch wird die Frage nicht gestellt, wie eine Frau sich selber fühlt, die so widersprüchlich wünscht, und von welcher Art ihre Beziehung zu ihrer Tochter sein wird. A. S. Macquisten – R. W. Pickford: Psychological Aspects of the Fantasy of Snow White and the Seven Dwarfs, in: The Psychoanalytic Review, 1942, Nr. 3, Vol. 29, S. 233–252, S. 235 meinen ganz richtig: »Das Fenster zeigt uns ihr (sc. der Königin) Sexualleben, und wir finden, dass es sehr kalt und verschneit ist, was nahelegt, dass sie frigid, jungferlich oder beides ist.« Auch vergleichen sie (S. 246) die schwarze Farbe des Rahmens mit der schwarzen Farbe der »Mutter Erde«, mithin des Grabes.

10   Katholischer Erwachsenen-Katechismus, 2. Bd.: Leben aus dem Glauben, herausgegeben von der Deutschen Bischofskonferenz, Bonn 1995, 378–384 versucht immerhin, von der Zentimetermoral alter Schule abzurücken; der katholische »Weltkatechismus« (Catechisme de l'Eglise Catholique), Paris 1992, § 2352 f. hingegen gibt den jahrhundertelangen Standpunkt der Kirche wieder, der da lautete: »Das sechste Gebot verbietet... alle unkeuschen Handlungen, mag man sie an sich oder an einem anderen verüben. Nicht minder verbietet es alle freiwilligen unkeuschen Gedanken und Begierden, alle unkeuschen Blicke und Reden, alles, was zur Unkeuschheit reizt und dieselbe befördert; alles, was die heilige Scham verletzt, sei es durch beschauen oder durch betasten.« H. Rolfus: Katholischer Hauskatechismus, Einsiedeln 1891, 432.

11   Zu den »Sünden« der »Unkeuschheit« nach der traditionellen Lehre der katholischen Kirche vgl. J. Mausbach: Katholische Moraltheologie, 3. Bd.: Spezielle Moral, 2. Teil: Der irdische Pflichtenkreis, Münster 6(vermehrt) 1930, 94–100: »...freiwillige (sc. sexuelle) Belustigung heißt delectatio morosa, weil der Wille dabei im sinnlichen Lustgefühl verweilt und ruht. Sie ist nach katholischer Moralauffassung – außerhalb der ehelichen Beziehung – objektiv

in jedem Falle schwere Sünde.« Vgl. H. Denzinger – A. Schönmetzer: Enchiridion Symbolorum, definitionum et declarationum de rebus fidei et morum, Freiburg [32]1963, Nr. 2060, die Erklärung von Papst Alexander VII. aus dem Jahre 1666.

12 Vgl. zum Verständnis der »Sündenmoral« der viktorianischen Ära katholischerseits H. Rolfus, s. o. Anm. 10, S. 605–606: »Um das Sakrament der Buße zu empfangen, genügt es nicht, dass wir die Sünden bereuen: die Vollendung der Reue ist die Beicht. Es ist aber die Beicht nicht ein einfaches Bekenntnis, sondern es ist die Selbstanklage vor einem von der Kirche dazu aufgestellten Priester, in der Absicht, durch die Schlüsselgewalt der Kirche die Verzeihung der Sünden zu empfangen.«

13 Zur »Opfermoral« katholischer Askese vgl. E. Drewermann: Kleriker. Psychogramm eines Ideals, Olten 1989, 277–286: Die Wiedergutmachung der Tatsache des Daseins.

14 Vgl. Catechisme de l'Eglise Catholique, Paris 1992, Nr. 2366 ff.

15 Ch. Busta: Wenn du das Wappen der Liebe malst…, Otto Müller Verlag, Salzburg 1995, 13.

16 Vgl. M. Eigen – R. Winkler: Das Spiel. Naturgesetze steuern den Zufall, München – Zürich 1975, S. 125, Abb. 22, nach: W. A. Bentley – W. J. Humphreys 2433 Photographien natürlicher Schneekristalle (Dover Publishing, New York 1931).

17 Ch. Busta, s. o. Anm. 15, S. 14

18 Zum Dornröschen-Märchen vgl. B. Bettelheim: Kinder brauchen Märchen (1975), aus dem Amerikanischen von L. Mickel und B. Weitbrecht, Stuttgart 1977, 216–224, bes. S. 221 f.: »An dieser Stelle fließt die Geschichte von Freudschen Symbolen geradezu über.«

19 A. a. O., 191–192: »Hier bereits werden die Probleme angedeutet, welche die Geschichte lösen soll: sexuelle Unschuld, das Weiße, im Gegensatz zum sexuellen Begehren, welches durch das rote Blut symbolisiert wird. Märchen bereiten das Kind auf ein sonst sehr aufregendes Erlebnis vor: die sexuelle Blutung bei der Menstruation und wenn später beim Geschlechtsakt das Hymen durchstoßen wird… drei Tropfen Blut (wobei drei die Zahl ist, welche im Unbewussten am engsten mit der Sexualität assoziiert wird…)…, ohne weitere Erklärung im einzelnen lernt das Kind, dass ohne Blutung kein Kind – auch es selbst nicht – hätte geboren werden können.« Das ist wahr; doch geht bei Bettelheim völlig unter, wie die »Königin« selber sich fühlt, als sie ihr Kind bekommt…! Th. Seifert: Schneewittchen, s. o. Anm. 9, S. 54–57 sieht in dem Stich in den Finger den Anfang einer schmerzhaften Entwicklung, die »Kälte und Gefühllosigkeit« überwinden werden; doch davon ist nicht die Rede. Richtiger sehen A. S. Macquisten – R. W. Pickford, s. o. Anm. 9, S. 235, die in dem Stich in den Finger »den Sexualakt«, »Defloration und Menstruation« symbolisiert finden. In den »Schneeflocken« wie »Federn« fühlen sie sich an das Bett gemahnt.

20 Zu den Formen einer moralisch bedingten Homosexualität vgl. E. Drewermann: Kleriker, s. o. Anm. 13, S. 580–602: Ein berufsspezifisches Tabu.

21 Dr. Ignaz Semmelweis (1818–1865): Ungarischer Arzt und Geburtshelfer, Begründer der Antisepsis. »Als Ursache des Kindbettfiebers erkannte er 1847

eine Infektion aufgrund mangelhafter Hygiene. Er entwickelte Desinfektionsmethoden, die die Sterblichkeitsrate der Wöchnerinnen deutlich senken konnten.« Harenberg Kompaktlexikon Bd. 3, Dortmund 1996, S. 2749. – O. Wittgenstein: Märchen, Träume, Schicksale, s.o. Anm. 9, S. 144 meint zu dem häufigen Auftreten von »Stiefmüttern« in Märchen, die Erklärung mit der hohen Sterblichkeit im Kindbett stamme von »Erwachsenen, die vergessen haben, wie es in ihrer Kindheit war«. Das ist wahr. A. S. Macquisten – R. W Pickford, s.o. Anm. 9, S. 237 betrachten den »Tod« der Mutter und das Auftreten der Stiefmutter zu Recht als Wechsel im Verhalten der Mutter, die mit der Geburt des Kindes einhergeht, begründen den »Wechsel« aber damit, dass eine Mutter zur Eifersucht tendiere, weil sie nun die Liebe ihres Gatten mit den Kindern teilen müsse. Davon freilich kann keine Rede sein; das Problem ist vielmehr, dass die »Königin« am Fenster im Grunde keinen Gatten kennt, – kennen darf!
22 H. Hesse: Der Steppenwolf (1927), Frankfurt (sv226) 1971, 66.
23 A.a.O., 66.
24 A.a.O., 67.
25 A.a.O., 67–68.
26 Zur Lehre von den sieben Lastern als »Zustandssünden« vgl. J. Mausbach: Katholische Moraltheologie, 1. Bd.: Die allgemeine Moral, Münster ⁵1927, 257f.
27 Th. Seifert: Schneewittchen, s.o. Anm. 9, S. 92–93 meint: »Der Blick in den Spiegel hat viele Funktionen. Selbstbeobachtung, Selbstbestätigung, Selbstbesinnung, Vergleich von früher und heute, womit die Erkenntnis der Veränderung verbunden ist, oder Selbstbespiegelung aus dem angstvollen Gefühl heraus, vielleicht doch nicht mehr der Erste und Beste zu sein.« »Begründen wir unsere Einmaligkeit ... mit der Entwertung anderer Menschen, so handelt es sich um eine isolierende, Gemeinschaft zerstörende Einstellung. Ich stelle mich abseits von der Gemeinschaft der Menschen, weil ich das ›So-wie-die-anderen-Sein‹ ablehne, statt dessen immer besser und schöner sein will. Diese Isolierung führt zur Vereinsamung, dann zu Angst und schließlich zu dem immer stärkeren Bedürfnis, besser und toller zu sein. Dies ist ein böser Kreislauf.« B. Bettelheim: Kinder brauchen Märchen, s.o. Anm. 18. S. 192 spricht korrekt von der narzisstischen Problematik der Königin: »Der Narzissmus dieser Stiefmutter wird dadurch demonstriert, dass sie sich von dem Zauberspiegel ihre Schönheit bereits bestätigen lässt, längst bevor Schneewittchen sie in den Schatten stellt. – Dass die Königin den Spiegel über ihren Wert – d.h. ihre Schönheit – befragt, stellt eine Wiederholung des alten Themas von Narziss dar, der sich selbst so sehr liebte, dass er von seiner Eigenliebe verschlungen wurde. Es sind narzisstische Eltern, die sich am meisten von ihrem heranwachsenden Kind bedroht fühlen, weil das bedeutet, dass sie selber altern müssen. Solange das Kind noch völlig abhängig ist, bleibt es sozusagen ein Teil der Eltern; es stellt keine Bedrohung des elterlichen Narzissmus dar. Fängt das Kind aber zu reifen an und verlangt nach Unabhängigkeit, so wird es von einer Mutter, wie sie in ›Schneewittchen‹ vorkommt, als Bedrohung empfunden.« Woher aber kommt ein so extrem zugespitzter Narzissmus und woher gewinnt er seinen speziellen Inhalt?

28 A. Adler: Menschenkenntnis (1926), Frankfurt (Fischer Tb. 6080) 1966, S. 170–193 bietet die wohl beste Charakterisierung der Eitelkeit, indem er (S. 176) auf die Entwertungstendenz hinweist, die in der Eitelkeit liegt: »Sie zeigt, was eigentlich für den eitlen Menschen den Angriffspunkt abgibt: es ist der Wert und die Bedeutung des andern. Es ist ein Versuch, sich das Gefühl der Überlegenheit dadurch zu verschaffen, dass sie den andern sinken lassen. Anerkennung eines Wertes wirkt auf sie wie eine persönliche Beleidigung.« Was aber bildet die Ursache einer solchen Haltung, wenn nicht die Tatsache, dass ursprünglich in der eigenen Biographie abgelehnt wurde, was eigentlich des höchsten Lobes wert gewesen wäre? In der Entwertung des anderen wiederholt der »Eitle« nur die ihm selber zugefügte Entwertung an gerade der Stelle, die an sich als besonders wertvoll empfunden werden müsste.

29 A. Dührssen: Psychogene Erkrankungen bei Kindern und Jugendlichen. Eine Einführung in die allgemeine und spezielle Neurosenlehre, Göttingen 1967, S. 108–109 geht besonders auf den »Geschwisterneid« ein, der später zu Eifersucht speziell in Fragen der eigenen Geschlechtsrolle führen kann. H. Schultz-Hencke: Der gehemmte Mensch. Entwurf eines Lehrbuches der Neopsychoanalyse (1939), Stuttgart ²1965, S. 157–163 sieht (S. 158) ganz richtig in der Eifersucht eine Form von Neid, dem die Komponente der Sexualität hinzugefügt wurde, und weist zu Recht auf den Suchtcharakter der Eifersucht hin: »So kann eine sexuelle und aggressive Gehemmtheit dazu führen, dass sich alle kaptativen Kräfte auf einen Partner stürzen, der infolge der Sexualhemmung gar nicht total geliebt wird. Ein recht verwickeltes Bild. Aber so erklärt sich dann die äußere Unverständlichkeit solchen Verhaltens. Der Betreffende verwechselt sein bloßes Habenwollen, weil es sich gewissermaßen auf seinen Partner richtet, der auch geliebt werden könnte, mit Liebe. ... In Wirklichkeit kämpft der Eifersüchtige seine misslungene Auseinandersetzung mit dem Leben auf dem Liebesgebiet aus.« (S. 161) Wieviel an widersprüchlicher Ungeliebtheit steht ursächlich dahinter?

30 So versucht es vorbildlich F. Riemann: Grundformen der Angst und die Antinomien des Lebens. Eine tiefenpsychologische Studie über die Ängste des Menschen und ihre Überwindung, Basel ⁷1972, S. 96–118, der (S. 117) die hysterische Persönlichkeitsentwicklung in diesen Etappen beschreibt: »narzisstisches Bedürfnis, immer und überall Mittelpunkt zu sein – überwertiger Geltungsdrang – Kontaktsucht – hysterische Verlogenheit aller Grade – ewige Backfische und Jünglinge – Demivierges – Dirne und Don Juan – schwere hysterische Erscheinungsbilder mit den zugehörigen körperlichen Erkrankungen.«

31 St. Zweig: Marie Antoinette. Bildnis eines mittleren Charakters (1931), Frankfurt (Fischer Tb. 2220) 1980, S. 87.

32 A.a.O., S. 87.

33 A.a.O., S. 88.

34 A.a.O., S. 79. Vgl. B. Vacha (Hg.): Die Habsburger. Eine europäische Familiengeschichte, verfaßt von W. Pohl und K. Vocelka, Bildredaktion H. Perz, Wien 1992, S. 344; 345.

35 St. Zweig: Marie Antoinette, s.o. Anm. 31, S. 99–109: Trianon.

36 A.a.O., S. 23.
37 A.a.O., S. 34.
38 A.a.O., S. 43.
39 A.a.O., S. 45.
40 A.a.O., S. 46.
41 A.a.O., S. 39.
42 Vgl. F. Lenz: Bildsprache der Märchen, s.o. Anm. 9, S. 32: »Die Stiefmutter kennt den großen Spiegel, jenes Weltenauge, das alles wahrnimmt. Es spiegelt uns alles wider und sagt uns die Wahrheit darüber. ›Man muss jemandem den Spiegel vorhalten‹, sagt die Sprache. Aber natürlich kann man sich auch ›selbst bespiegeln‹.«
43 R. M. Rilke: Die Sonette an Orpheus (1922), in: Sämtliche Werke, herausgegeben v. Rilke-Archiv, 1. Bd., Frankfurt/M. 1955, S. 727–771, 2. Teil, Nr. 3, S. 752.
44 R. M. Rilke: Dame vor dem Spiegel, in: Der neuen Gedichte anderer Teil (1808), in: Sämtliche Werke, herausgegeben v. Rilke-Archiv, 1. Bd., Frankfurt/M. 1955, S. 555–642; S. 624–625.
45 Vgl. den Film von R. Altman (Reg.): Pret-à-porter, USA 1994 (Hauptdarsteller: S. Loren, M. Mastroianni, A. Aimee), in dem der Gegensatz zwischen den Schauspielerinnen der 50er, 60er Jahre und den heutigen »Models« deutlich gemacht wird. Man vergleiche die Persönlichkeit etwa der Französin Brigitte Bardot mit der Deutschen Claudia Schiffer, das »Ergebnis« von R. Vadim mit den »Produkten« von Karl Lagerfeld!
46 Vgl. K. S. Lynn: Hemingway. Eine Biographie (1987), aus dem Amerikanischen von W. Schmitz, Hamburg 1989, Kap. 17: Mens morbida in corpore sano, S. 496–533: »In Afrika war Hemingway wie nie zuvor darauf aus, zu beweisen, dass er mehr Schneid als sein Vater besaß. Dabei hegte er auch eine Sehnsucht nach dem Tod. Die Wahrung eines männlichen Rufs vor dem Vorwurf der Feigheit – sollte er seinem Leben doch einmal ein Ende setzen wollen – hing demnach von seinem Talent ab, bei einem Unfall oder durch Feindeshand ums Leben zu kommen.« (S. 523)
47 Ch. Brossmann, H. Hoetzel, A. K. Schulze: Dokumentation: Margaux Hemingway: Das letzte Wort spricht die Autopsie, in: Bild, 3. Juli 1996, S. 4.
48 A.a.O.
49 R. le Viseur: Margaux Hemingway. Die Männer nutzten sie nur noch aus, in: Bild, 6. Juli 1996, S. 5.
50 Ch. Brossmann u.a., s.o. Anm. 47, S. 4.
51 R. le Viseur: s.o. Anm. 49, S. 5. Vgl. auch H. Hoetzel: Drogen, Alkohol und Depressionen. Margaux Hemingway lag tot in ihrer Wohnung – keine Hinweise auf ein Gewaltverbrechen, in: Die Welt, 3. Juli 1996, S. 10. – Wie eine einigermaßen lebensfähige Lösung aus einer vergleichbaren Problematik möglich ist, zeigt im Vergleich eine Frau wie Brigitta Cimarolli, die in manchen Medien als die »Königin der Nacht« bezeichnet wird. In der WDR III-Sendung B. trifft vom 19.7.1996 im Gespräch mit Bettina Böttinger erzählt sie, wie ihre Mutter bei ihrer Geburt nach einem Suizidversuch vier Tage im Koma lag. Die kleine Brigitta kam in ein Heim und wurde mit sechs Jahren in einer Klosterschule untergebracht. Ihre Mutter hatte fünf Kinder, doch stand

sie allein und wehrlos im Leben – sehr früh schon musste das Mädchen sich für seine Mutter einsetzen. Weil es auffallend schön war, wurde es von den Betreuern nach Hause genommen, und die Erfahrungen dabei prägten das ganze weitere Leben. Frau Cimarolli genießt es ganz offensichtlich, von den Männern begehrt zu werden, sie ziert die Titelseiten der Zeitungen, noch als Klosterschülerin machte sie die ersten Nacktfotos mit dem Playboy und wurde zum Playmate des Jahres; nach zu vielen Diäten und Abmagerungskuren ließ sie sich den Busen liften, ihren Körper betrachtet sie als ein Kapital, das sich durch schleichende Inflation langsam verbraucht; andererseits aber versucht sie, vollkommen kühl und verstandesgemäß auf ihre Umwelt zu reagieren, indem sie sich und den anderen beweist, dass sexuelle Attraktivität und Intelligenz sich nicht widersprechen – viermal avancierte die heute 37jährige zur österreichischen Landesschachmeisterin. Ihrem eigenen Geständnis nach hat sie Männer, braucht sie aber nicht. Die Männer, wenn sie sie sehen, sollen denken: Das ist die Frau mit dem großen Busen, aber dann sollen sie einer Frau mit viel Selbstbewusstsein und einem beachtlichen analytischen Verstand begegnen; sie haßt Männer, die eine Frau nur nach ihrer Schönheit einschätzen und denken, sie habe nichts im Kopf. Ein enges Zusammenleben mit einem Mann hält Frau Cimarolli noch heute für unmöglich, aus Angst, durch Gewohnheit könne die Beziehung an Spannung verlieren. Sechs Jahre lang war sie mit René Weller verheiratet, kürzer mit Anthony Delon, dem Sohn des Filmschauspielers Alain Delon, doch sucht sie trotz der starken Betonung eigener Selbständigkeit im Grunde nach Männern, die »stärker« sind als sie, ohne sich von ihnen abhängig zu machen oder ihnen untertänig zu werden. Lieber lebt sie mit einer Frau zusammen als mit einem Mann. Kinder möchte sie nur bekommen, wenn ein Kindermädchen sie aufzöge, sonst nicht. Entscheidend geworden ist es für Frau Cimarolli, ehrlich zu sich selbst zu stehen, keine Ausreden zu verwenden und immer durchzuspielen bis zum Ende, vor allem aber: nicht Dinge zu tun, die man im Grunde nicht will. Ihr Engagement gilt dem Tierschutz, vor allem streunenden Katzen…

52 Vgl. E. Drewermann: Der tödliche Fortschritt. Von der Zerstörung der Erde und des Menschen im Erbe des Christentums, Freiburg (Spektrum 4032) (erw.) 1991, S. 10–12; 47–50; 221–232.

53 S. Freud: Über Triebumsetzungen, insbesondere der Analerotik (1816), Ges. Werke X, London 1946, S. 402–410, S. 404–405:»der infantile Wunsch (sc. des Mädchens, d.V.) nach dem (se. fehlenden, d.V.) Penis… verwandelt sich … in den Wunsch nach dem Mann, er lässt sich also den Mann als Anhängsel an den Penis gefallen… Diesen Frauen wird hiermit ein Liebesleben nach dem männlichen Typus der Objektliebe ermöglicht, welches sich neben dem eigentlich weiblichen, vom Narzissmus abgeleiteten behaupten kann.« (S. 405) Vgl. auch S. Freud: Über die weibliche Sexualität (1931), Ges. Werke XIV, London 1948, 515–537, S. 526–529.

54 Das berühmteste Beispiel für diese Rollenerwartung wurde die französische Filmschauspielerin Brigitte Bardot, als sie 1959 ihren Sohn Nicolas zur Welt brachte. Damals schrieb L'Aurore unter dem Titel: Brigitte Bardot ist verschwunden – Sie wird in die Klinik gegangen sein:»Um Mitternacht jagte die Polizei die Photographen auf den Dächern des Hauses des Stars. Neuer Kra-

wall diese Nacht, im Haus von Brigitte Bardot auf der Avenue Paul Daumer. Nach der Schlägerei, die sich Samstagnacht der Ehemann des Stars, Jacques Charrier, mit zwei Photoreportern geliefert hatte, musste die Polizei um 23.45 Uhr einschreiten, um der (oft exzessiven) Neugier ein Ende zu setzen, die durch die bevorstehende Ankunft des Babys von B. B. ausgelöst wird. Grund der Aufregung: unerachtet all der Teleobjektive, die seit 10 Tagen sie ohne Unterlaß belauern, war es 20.30 Uhr gestern abend der werdenden Mutter gelungen, ihr Haus zu verlassen und einen ruhigeren Aufenthalt aufzusuchen, wie ihre Ärzte es angeordnet hatten. Niemand weiß, wo sie sich derzeit befindet. Aber nach aller Wahrscheinlichkeit muss Brigitte Bardot in eine der vier Kliniken in der Nähe ihrer Wohnung aufgenommen worden sein, wo seit Sonntagabend auf Ersuchen ihres Geburtshelfers, Dr. Laennec, ein Zimmer vorbereitet worden ist. Eine andere nicht nachprüfbare Version kursiert gleichwohl: nach verschiedenen Gerüchten hätte die Schauspielerin per Flugzeug Holland aufgesucht, wo sie ihr Kind zur Welt bringen würde. Indessen versicherten die Abfertigungsschalter des Flughafens Bourget (von wo die Verkehrsflugzeuge nach Amsterdam starten) in der Nacht, dass kein Billett auf den Namen Bardot oder Charrier ausgestellt oder benutzt worden sei. – Ein wirklicher Zeitungsroman. – Eins ist klar: Die Nachricht von diesem abenteuerlichen Verschwinden musste einen Run der Reporter zur Avenue Paul-Daumer auslösen. Schließlich, kurz vor Mitternacht, schickte die alarmierte Sicherheitspolizei einen Wagen mit einem Wachtmeister und acht Verkehrspolizisten los. Diese machten sich sogleich an die Aufgabe, das Gebäude zu durchsuchen, wo Brigitte Bardot (nebst ihren armen Nachbarn) wohnt. Man ging sogar so weit, die Dächer abzusuchen, auf der Suche nach Reportern, die dort womöglich auf der Lauer lagen. Das Ergebnis der Operation: ein Photograph, auf der Treppe von Ordnungshütern aufgegriffen, wurde ziemlich übel zugerichtet und hätte seine Reportage beinahe – im Kittchen beendet. Zankereien, Schlägereien, Flucht und Menschenjagd auf Dächern…, es fehlt endgültig nichts, um aus der Geburt dieses berühmten Kindes einen wirklichen Zeitungsroman zu machen.« (Übersetzung vom Verfasser). Brigitte Bardot selber sagte in France Soir Magazine vom 18. Dez. 1982 über die Hysterie, die von der Widerspruchserwartung der Schönen mit dem Kind bei der Geburt ihres Sohnes ausgelöst wurde:»Das war unmenschlich, was man mir zugemutet hat. Ich konnte mich nicht mehr bewegen, rausgehen oder meinen Arzt aufsuchen. Ich konnte mich nicht einmal zu meiner Niederkunft in die Klinik begeben. Man musste in meinen Räumen ein Zimmer für die Niederkunft einrichten, weil ich buchstäblich von der Presse aller Welt umzingelt war. Die Journalisten kletterten in die Zimmer des Personals. Sie hatten zu horrenden Preisen Zimmer angemietet, die zu meinem Wohnraum führten. Ich musste drei Monate lang hinter geschlossenen Vorhängen leben, ohne rausgehen zu können. Ich konnte nicht einmal gehen, mir mein Radio fertig machen zu lassen. Das war scheußlich, – die Geburt von Nicolas: eine Unmenschlichkeit! Die Leute haben sich mir gegenüber auf barbarische Weise aufgeführt, wirklich barbarisch.« Zitiert nach R. Boyer: Brigitte Bardot, Paris 1994, P. 90 (Übersetzung vom Verfasser). Natürlich gestaltete sich die Erziehung des so ersehnten Nicolas, als er endlich unter dem Blitzlichtgewitter der Reporter zur

Welt gekommen war, zu einer reinen Tragödie. Drei Monate nach der Niederkunft begannen unter Leitung von Henri-Georges Clouzot die Dreharbeiten zu dem Film Die Wahrheit, der den Großen französischen Filmpreis erringen sollte, dessen autobiographische Nähe Brigitte Bardot selbst aber bis zu einem Selbstmordversuch trieb. Vgl. P. Haining: Brigitte Bardot. Die Geschichte einer Legende (1983), aus dem Englischen übersetzt von D. Erb, Herford 1984, S. 102. Wie sie selbst zu der Geburt eines Kindes stand, offenbarte die heute prominenteste Tierschützerin Frankreichs in dem ersten Band ihrer Erinnerungen: B. Bardot: B. B. Memoiren, aus dem Franz. v. E. Hagedorn u. a., Bergisch Gladbach 1996. Mit Schrecken hatte sie bereits bei den Dreharbeiten zu ihrem ersten Film an der Seite von R. Vadim festgestellt, dass sie von ihm schwanger war; beide fuhren in die Schweiz, »wo ich auf einer Tischkante abtrieb... An den Folgen dieses Eingriffs wäre ich beinahe gestorben. Seither habe ich eine Schwangerschaft stets als Strafe des Himmels betrachtet.« (S. 108–110) Das war 1952, sie war gerade 18 Jahre alt. Als sie nach ihrer Ehe mit R. Vadim ungewollt erneut schwanger wird (es gab noch keine Pille und »die Knaus-Ogino-Methode war bekanntlich nicht unfehlbar«), wäre eine Niederkunft »eigentlich keine Katastrophe gewesen. Aber ich habe nie im Leben Lust gehabt, Mutter zu werden. Ich wollte kein Kind, lieber würde ich mich umbringen... Doch damals stand auf Abtreibung noch die Gefängnisstrafe. Ich fand jemanden in der schmutzigen Wohnung eines Arbeiterviertels. Dort ließ ich mich ohne die geringsten Hygienevorkehrungen ›behandeln‹. Mit Blaulicht musste ich in die Klinik gefahren und unverzüglich operiert werden.« (S. 134–136) Es war Jacques Charrier, der im Jahre 1959, während der Dreharbeiten zu »Babette zieht in den Krieg«, der Aktrice erklärte, was ihr noch fehle, sei ein Kind; als sie »wieder bei Sinnen« war, war es zu spät. »Ich wollte kein Kind. Ich schlug um mich wie der Teufel im Weihwasserbecken... (S. 328) Brigitte Bardot ließ nichts unversucht, die Schwangerschaft abzubrechen, doch alles war vergeblich. Um die Familienehre zu retten, musste sie schleunigst heiraten. (S. 333) Doch bald schon kam es wegen der Rollenbesetzung in dem Film »Die Wahrheit« zu einer Auseinandersetzung, die das Ende der Beziehung einläutete. »Jacques stand mit versteinertem Gesicht und geballten Fäusten auf (und sagte)...: ›Ich bin ihr Mann! Künftig werde ich entscheiden, welche Filme meine Frau dreht und welche nicht.‹ ... Eine gigantische Welle des Zorns überwältigte mich... Am liebsten hätte ich diesen Möchtegern-Macho, den ich zu allem Überfluß auch noch aushielt, umgebracht... Und ich musste sein Kind zur Welt bringen!« (351–352) »Ein anderes Leben in mir, das stärker war als ich, bemächtigte sich meines Körpers... Ich war zu einer nutzlosen Hülle geworden, die das ausschlüpfende Insekt verlässt. – Man legte mich auf den eiskalten Entbindungstisch, auf dem man sein Geschlecht wie auf einem Altar darbietet... Ausgerechnet ich, die so schamhaft war, wenn es um die Blöße meines Körpers, das Geheimnis meines Geschlechts ging, bot mich nun offen, blutig wie auf einer Schlachtbank der visuellen Sezierung dieser Unbekannten dar... Schreiend preßte ich meine Eingeweide aus mir heraus... Ich lag im Sterben... Man sagte mir, es sei ein Junge. ›Mir egal. Ich will ihn nicht sehen!‹ Dann kam der Nervenzusammenbruch ... doch verweigerte ich mich meinem Kinde. Für mich war es so etwas wie ein wuchernder Tumor, den ich mit meinem angeschwollenen Fleisch genährt hatte... Nun, da der Alptraum seinen Höhepunkt erreicht hatte, sollte ich für die Ursache meines Unglücks auch noch lebenslänglich Verantwortung übernehmen.« (384–385) Alle Welt aber brachte das Foto der schönen, strahlenden, glücklichen Mutter mit ihrem Kind. Ein neuer Mythos war mit der Geburt von Nicolas zur Welt gekommen: das Kontrastbild der Schönen mit dem Kind, der idealen Frau und der idealen Mutter. Dabei macht Brigitte Bardot den Konflikt, der in diesem Kontrast liegt, auf das genaueste deutlich: Die Schönheit ist ein Attribut der Person, sie gilt der Wertschätzung des Ichs; der Bruch tritt ein, indem die sexuelle Ausstrahlung weiblicher Schönheit in den Dienst der Fruchtbarkeit tritt. A. Schopenhauer: Parerga und Paralipomena, 2. Bd., nach der ersten von J. Frauenstädt besorgten Gesamtausgabe herausgegeben von A. Hübscher, Sämtliche Werke Bd. VI, Wiesbaden ²1947, § 365, S. 651 hat es gewusst, wenn er auf den Gegensatz von Individuum und Gattung hinwies, der in der Sexualität der Frau am deutlichsten in Erscheinung tritt:»Mit den Mädchen hat es die Natur auf Das, was man, im dramaturgischen Sinne, einen Knalleffekt nennt, abgesehen, indem sie dieselben, auf wenige Jahre, mit überreichlicher Schönheit, Reiz und Fülle ausstattete, auf Kosten ihrer ganzen übrigen Lebenszeit; damit sie nämlich, während jener Jahre, der Phantasie eines Mannes sich in dem Maaße bemächtigen konnten, dass er hingerissen wird, die Sorge für sie auf zeitlebens, in irgendeiner Form, ehrlich zu übernehmen; zu welchem Schritte ihn zu vermögen, die bloße vernünftige Überlegung keine hinlänglich sichere Bürgschaft zu geben schien. Sonach hat die Natur das Weib, eben wie jedes andere ihrer Geschöpfe, mit den Waffen und Werkzeugen ausgerüstet, deren es zur Sicherung des Daseyns bedarf, und auf die Zeit, da es ihrer bedarf; wobei sie denn auch mit ihrer gewöhnlichen Sparsamkeit verfahren ist. Wie nämlich die weibliche Ameise, nach der Begattung, die fortan überflüssigen, ja, für das Brutverhältnis gefährlichen Flügel verliert; so meistens, nach einem oder zwei Kindbetten, das Weib seine Schönheit; wahrscheinlich sogar aus dem selben Grunde.«

55 Vgl. L. N. Tolstoi: Anna Karenina (1878), aus dem Russischen von A. Scholz, München (Goldmann Tb. 692–694) 1961, 2. Teil, 1. Kap., S. 118:»Der berühmte Arzt, ein noch junger und sehr hübscher Mann, hielt eine körperliche Untersuchung der Kranken (sc. Kitty Schtscherbazkaja, d.V.) für notwendig. Er verfocht, anscheinend mit ganz besonderem Vergnügen, die Meinung, dass jungfräuliche Schamhaftigkeit nur ein Rest von Barbarei sei und dass es nichts Natürlicheres gebe, als dass ein noch jugendlicher Mann ein entblößtes junges Mädchen betastete. Er fand dies natürlich, weil er es jeden Tag tat und sich dabei nichts Schlimmes dachte..., so dass ihm die Schamhaftigkeit bei einem Mädchen nicht nur als ein Rest von Barbarei, sondern auch als eine Beleidigung seiner Person erschien... Nach eingehender Besichtigung und Beklopfung der von Scham betäubten und ganz verstörten Kranken stand der berühmte Arzt, nachdem er sich sorgfältig die Hände gewaschen hatte, im Empfangszimmer...«

56 Vgl. Catechisme de l'Eglise Catholique, Paris 1992, Nr. 496; 499, wonach Maria in biologischem Sinne»Jungfrau« blieb – nicht nur bei der Empfäng-

nis, die, wie man weiß,»ohne männlichen Samen« erfolgte, sondern sogar im Vorgang der Geburt.
57 Vgl. V. B. Dröscher: Nestwärme. Wie Tiere Familienprobleme lösen, Düsseldorf–Wien 1982, 11–30: Die Natur des Muttertriebes. Es war 1972, dass J. Terkel und J. S. Rosenblatt an der Rutgers-Universität in New Brunswick durch Übertragung des Bluts eines Rattenweibchens, das vor weniger als 24 Stunden Junge geworfen hatte, bei einer Rattenjungfrau mütterliche Verhaltensweisen auslösen konnten und in dem Blut das Hormon Prolaktin isolierten. Umgekehrt wurde in zoologischen Gärten immer wieder beobachtet, dass Löwen, Tiger und andere Raubkatzen ihre Neugeborenen fraßen, weil sie in dem viel zu engen Gehege keinen Ort fanden, um das Jungtier vor den Augen der Zuschauer zu schützen (a. a. O., 191).
58 Vgl. M. Leistner: Das kommt in die Flasche, in: Eltern, 1/1995, S. 41–42:»Für ein Baby gibt es nichts Besseres als Muttermilch. Darauf zu verweisen, wurden die Hersteller von Babymilch jetzt per Gesetz verpflichtet. Der Vermerk ›Stillen ist das Beste für Ihr Baby‹ auf Packungen und in Anzeigen soll Mütter ermuntern, ihrem Baby die Brust zu geben.«
59 Vgl. P. Farb: Die Ökologie (1963), übersetzt aus dem Amerikanischen von W. Bollkämper, bearb. v. J. Volbeding, Hamburg (rororo sb 63) 1976, S. 176; E. Drewermann: Der tödliche Fortschritt, s. o. Anm. 52, S. 19–20.
60 E. Drewermann – I. Neuhaus: Frau Holle. Grimms Märchen tiefenpsychologisch gedeutet, Olten 1982.
61 E. Drewermann: Brüderchen und Schwesterchen. Märchen Nr. 11 aus der Grimmschen Sammlung, Olten 1990.
62 Ch. Crawford: Meine liebe Rabenmutter (1978), aus dem Amerik. v. R. Jurkeit, München (Goldmann Tb. 12409) 1982; vgl. auch den Film von F. Perry (Reg.): Meine liebe Rabenmutter (Mommie Dearest), USA 1982, in der Hauptrolle: Faye Dunaway.
63 Ch. Crawford: Meine liebe Rabenmutter, s. o. Anm. 62, S. 27 f.
64 A. a. O., S. 24 f., zu der Ehe Joan Crawfords mit Franchot Tone in 1935
65 A. a. O., S. 29.
66 A. a. O., S. 23–24.
67 A. a. O., S. 15.
68 A. a. O., S. 20.
69 A. a. O., S. 28.
70 A. a. O., S. 21.
71 A. a. O., S. 28.
72 A. a. O., S. 36–37.
73 A. a. O., S. 37.
74 A. a. O., S. 32.
75 Vgl. E. Drewermann – I. Neuhaus: Das Mädchen ohne Hände. Grimms Märchen tiefenpsychologisch gedeutet, Olten 1981.
76 Vgl. K. Abraham: Versuch einer Entwicklungsgeschichte der Libido auf Grund der Psychoanalyse seelischer Störungen (1924), in: Ges. Schriften in 2 Bänden, hrsg. v. J. Cremerius, 2. Bd., Frankfurt (Fischer Wissenschaft 7319) 1982, S. 32–102, S. 53–61: Der Introjektionsvorgang in der Melancholie. Zwei Stufen der oralen Entwicklungsphase der Libido.

77 Vgl. E. Drewermann: Tiefenpsychologie und Exegese, s. o. Anm. 5, Bd. 2, S. 215–216. Seit alters her spielte die Leber eine Rolle im antiken Orakelwesen der Babylonier, Hethiter, Etrusker u. a.; vgl. W. Eisenhut: Haruspices, in: Der Kleine Pauly. Lexikon der Antike in 5 Bänden, hrsg. v. W Sontheimer, Bd. 2, München (dtv 5963), 1979, Sp. 945–947. Wohl in Abwehr dagegen spielt die Leber in der biblischen »Psychologie« eine geringe Rolle; vgl. W. Eichrodt: Theologie des Alten Testamentes, Teil 2, Stuttgart ^{5}(durchges.) 1964, S. 96.
78 Zur Psychosomatik von Herzerkrankungen vgl. N. Peseschkian: Psychosomatik und positive Psychotherapie. Transkultureller und inter-disziplinärer Ansatz am Beispiel von 40 Krankheitsbildern, Berlin ^{2}1992, S. 261–288; P. Christian: Herz und Kreislauf, in: E. Frankl – V. E. Gebsattel – J. H. Schultz (Hrsg.): Handbuch der Neurosenlehre und Psychotherapie, Bd. 2: Spezielle Neurosenlehre, Berlin 1959 S. 495–516. Zur Bedeutung des Herzens in der biblischen »Psychologie« vgl. W. Eichrodt, s. o. Anm. 77, S. 93–94: »Die Lebhaftigkeit der Affekte und ihren Einfluß auf alle inneren Vorgänge spiegelt die überaus weitgehende Bedeutung wieder, die das Herz... für den Ausdruck des Geistigen gewinnt.« – B. Bettelheim: Kinder brauchen Märchen, s. o. Anm. 18, S. 194 sieht in der Mordszene ein rein projektives Element im Erleben des heranwachsenden Kindes, das sich von seinen Eltern lösen möchte: »Der Wunsch, sich seiner Eltern zu entledigen, ruft starke Schuldgefühle hervor, wenn er auch noch so berechtigt sein mag, falls man die Situation objektiv betrachtet. Daher wird auch hier die Sache umgekehrt, und dieser Wunsch wird auf den betreffenden Elternteil projiziert, was das Schuldgefühl beseitigt. Daher kommen im Märchen Eltern vor, die sich ihres Kindes zu entledigen suchen, wie das beispielsweise in ›Schneewittchen‹ geschieht.« Doch das Problem des Märchens ist es, dass in der Wirklichkeit Eltern vorkommen, die ihre Kinder »zum Fressen gern« haben und sie zugleich loswerden möchten! Richtiger schon sehen A. S. Macquisten – R. W. Dickford, s. o. Anm. 9, S. 238 in der Attacke des »Jägers« mit dem Messer, »einem phallischen Objekt«, eine sadistische Sexualphantasie ausgebildet, die eine Bedrohung von seiten der Eltern, »besonders von seiten des Vaters« zum Hintergrund habe. Dann aber vertun sie die Chance dieses Ansatzes, indem sie von Streitereien und Disharmonien zwischen den Eltern ausgehen, statt bei der sexuellen Thematik zu bleiben. Die Flucht zu den Zwergen wird deshalb bei ihnen zu dem Traum von einer harmonischen Welt der Eltern (S. 239–240); davon aber steht in dem Märchen gerade nichts; es steht aber da, dass die Stiefmutter ihre Tochter zu fressen sucht, und dieses Motiv übergehen sie ganz, es ist in der von ihnen zitierten Version nicht enthalten.
79 Ch. Crawford, s. o. Anm. 62, S. 51–52.
80 Vgl. Voretzsch: Blaubart, in L. Mackensen (Hrsg.): Handwörterbuch des deutschen Märchens, Bd. 1, Leipzig-Berlin 1930/1933, S. 266–270, der »zwei Kernthemen« in dem Stoff erkennt: »die Vorstellung von dem Frauenmörder, der selbst das Opfer der letzten Frau wird, die er heimführt, und so seine vielen früheren Morde büßt, und die Vorstellung von der verbotenen Kammer, die aus einem anderen Märchentyp stammt (vgl. Marienkind).« – Nicht zu Unrecht sieht B. Bettelheim, s. o. Anm. 18. S. 194 in dem Jäger die Gestalt eines schwachen Vaters an der Seite der (Stief)Mutter abgebildet: »Wer anders als

377

ein Vatersubstitut würde sich scheinbar dem Willen der Stiefmutter unterordnen und trotzdem um des Kindes willen es wagen, gegen den Willen der Königin zu handeln? Das gerade möchte aber das ödipale oder adoleszente Mädchen von seinem Vater glauben.« Gleichwohl verschiebt Bettelheim den Akzent, wenn er den Jäger als beschützende Vaterfigur gegenüber den (sexualsymbolisch zu verstehenden) »Tieren« deutet: In dem Märchen rettet der »Jäger« das Mädchen nicht vor den wilden Tieren, sondern vor der (Stief) Mutter, und er tötet kein gefährliches Raubtier (wie den Wolf im Rotkäppchen-Märchen), sondern einen harmlosen »Frischling«!
81 Vgl. B. Eschenburg: Der Kampf der Geschlechter. Der neue Mythos in der Kunst 1850–1930, hrsg. v. H. Friedel, Lenbachhaus München, LB 3.–7.5.95, Köln 1959, S. 9–42. Der klassische Meisterdenker dieses Gefühlskomplexes ist A. Schopenhauer: Parerga und Parallpomena, s.o. Anm. 57, Nr. 366, S. 652–654; ders.: Die Welt als Wille und Vorstellung, 2. Bd., in: Sämtliche Werke, hrsg. v. A. Hübscher, Bd. 3, Wiesbaden 1949, Kap. 44: Metaphysik der Geschlechtsliebe, S. 607–651: »alle Verliebtheit, wie ätherisch sie sich auch geberden mag, wurzelt allein im Geschlechtstriebe, ja, ist durchaus nur ein näher bestimmter, spezialisirter, wohl gar im strengsten Sinn individualisirter Geschlechtstrieb.« (S. 610) Daher der Konflikt zwischen Person und Gattung, Geist und Materie, Gegenwart und Zukunft, der in der Geschlechterbeziehung zum Ausdruck kommt, aber auch das »schwindelnde Entzücken, welches den Mann beim Anblick eines Weibes von ihm angemessener Schönheit ergreift und ihm die Vereinigung mit ihr als das höchste Gut vorspiegelt«.
82 Ch. Crawford, s.o. Anm. 62. S. 80.
83 A.a.O., S. 101.
84 A.a.O., S. 101.
85 S.o. Anm. 78; vgl. auch Th. Seifert: Schneewittchen, s.o. Anm. 9, S. 99, der aus dem »Jäger« »jene Seite in uns« macht, »die vom Bewusstsein, seiner Ichhaftigkeit, seiner Norm und seiner eingeengten Sichtweise nur bedingt beeinträchtigt ist und noch mit der Weisheit der Natur und der Sicherheit der Instinkte in Verbindung steht.« Vgl. auch H. von Belt: Symbolik des Märchens. Versuch einer Deutung, Bern 1952, S. 585–789: Die Fahrt der Jungfrau, bes. S. 701–715, S. 706: »Ebenso ... verhalten sich auch hier die Animus-Gestalten kompensatorisch zu der bösen verfolgenden Mutter. Der Jäger ... ist eine Animus-Gestalt ... der Jäger tötet ... ein Tier, d.h. es wird nur der Triebaspekt wirklich abgetötet, während das eigentlich Seelische der wahren Persönlichkeit ins Unbewusste, für welches der Wald als bekanntes Symbol steht, abgedrängt wird.«
86 Ch. Crawford, s.o. Anm. 62. S. 79.
87 Vgl. K. Kerényi – C. G. Jung: Das göttliche Mädchen. Die Hauptgestalt der Mysterien von Eleusis in mythologischer und psychologischer Beleuchtung, Amsterdam-Leipzig (Albae vigiliae 8–9) 1941.
88 Ch. Crawford, s.o. Anm. 62, S. 130.
89 A.a.O., S. 131.
90 A.a.O., S. 67.
91 A.a.O., S. 170.
92 A.a.O., S. 73.

93 A.a.O., S. 54.
94 A.a.O., S. 272.
95 B. Bettelheim: Kinder brauchen Märchen, s.o. Anm. 18, S. 197 sieht in Schneewittchens »Flucht« zu den »Zwergen« einen Ausdruck des Wunsches eines heranwachsenden Mädchens, andere und bessere Eltern zu finden: »Manche Kinder gehen sogar noch über diese Phantasien hinaus und laufen tatsächlich weg, um sich ein ideales Zuhause zu suchen.« Doch davon kann in dem Grimmschen Märchen (anders als etwa bei Hänsel und Gretel!) nicht die Rede sein. Schneewittchen wechselt nicht einfach ein unerträglich gewordenes Elternhaus gegen ein anderes ein – es entgeht mit Mühe der tödlichen Gefahr von seiten seiner Mutter, und die »Zwerge« sind schon durch ihre Statur alles andere als »Elternrepräsentanten«; sie stehen vielmehr für die eigene (zu) klein gebliebene Menschlichkeit vor allem in der Entwicklung des Mädchens zur Frau.
96 Zur Sage von Prokrustes, dem »Ausstrecker«, vgl. K. Kerényi. Die Mythologie der Griechen, Bd. 2: Die Heroengeschichten, München (dtv 1346) 1966, S. 178–79. – Die Tatsache, dass die neue Welt Schneewittchens en detail vermessen und abgezählt ist, erweist sich in der Szene vom Zwergenhaus als weit wichtiger denn der Umstand, dass das Mädchen schließlich in dem einzig »passenden« »Bettchen« des siebenten der »Zwerge« schläft. Gleichwohl ist ein Moment des ursprünglichen Sexualwunsches dabei nicht zu überhören. Zu Recht bemerkt B. Bettelheim: s.o. Anm. 18, S. 198: »Angesichts der üblichen Überzeugung von der Unschuld Schneewittchens erscheint die Ansicht, es könne unbewusst riskiert haben, mit einem Mann in einem Bett zu schlafen, einfach empörend.« Doch heißt »unbewusst« hier so viel wie »vollkommen verdrängt«. Ein »Zwerg« ist eben kein Mann mehr! Nur so beruhigt sich die Angst.
97 Ein ähnliches Motiv findet sich in dem Märchen von dem Mädchen ohne Hände (KHM 31), das als die klassische Verkörperung oral-depressiver Charakterzüge unter den Gestalten der Grimmschen Erzählungen gelten kann. Vgl. E. Drewermann – I. Neuhaus: Das Mädchen ohne Hände, Olten 1981. Keinesfalls genügt es zum Verständnis der ständigen Schuldangst eines Schneewittchens, wenn B. Bettelheim s.o. Anm. 18, S. 197 lobend bemerkt, dass Schneewittchen »seine oralen Gelüste, so groß sie auch sein mögen, zu zähmen weiß«.
98 In der germanischen Mythologie entstanden die Zwerge aus dem Getier, das madengleich aus dem Fleisch und Gebein des erschlagenen Riesen Ymir hervorgekrochen war. Die Asen hatten daraus Zwerge oder Alfen geformt, »begabt mit trefflicher Kunde von Erz und Gestein und mit Geschick und wunderbarer Kunst, das Erz zu formen«. W. Wägner: Nordisch-germanische Götter- und Heldensagen, Leipzig 1934, S. 29. Vgl. bes. J. Grimm: Deutsche Mythologie (1835), 1. Bd., Frankfurt-Berlin-Wien (Ullstein 35107) 1981, Kap. 17: Wichte und Elfen, S. 363–428, bes. S. 369–390: »die meisten dvergar (sc. Zwerge, d.V.) (sind) kunstfertige schmiede ... daher scheint sich ihr schwarzes, rußiges aussehen ... am einfachsten zu erklären. ihre schmiede liegt in hölen und bergen: Svartálfaheimr wird also in eine gebirgige gegend zu setzen sein... Auch unsere deutschen volkssagen erwähnen allenthalben

379

das schmieden der zwerge in den gebirgen.« (370) »bleiben sie in ihrem stillen treiben ungestört, so halten sie friede mit den menschen, und erweisen ihnen, wo sie können, dienste durch schmieden, weben und backen.« (178) Bekannt sind die Zwerge ansonsten auch für ihren »unwiderstehlichen hang zu musik und tanz« (389), doch ist in dem Schneewittchen-Märchen von solcher Fröhlichkeit bezeichnenderweise nicht die Rede. – B. Bettelheim, s.o. Anm. 18, S. 198–199 denkt bei den sieben Zwergen an die sieben Planeten, die nach altem Glauben die Sonne umkreisten und den sieben bekannten Metallen zugeordnet waren; Schneewittchens »vollkommene Schönheit« stünde dann in einer entfernten Beziehung zur Sonne. Doch so ansprechend dieser Gedanke auch sein mag, so wenig kann er zutreffen: die Antike kannte zwar sieben Planeten, doch waren Sonne und Mond dabei mitzurechnen, im Verbund mit den römischen Göttternamen Saturn, Jupiter, Mars, Venus und Merkur, die man den ursprünglich babylonischen, dann griechischen »Planeten« verlieh. Nicht um die Sonne kreisten die Planeten, sondern um die Erde, die eben deshalb selber nicht als »Planet« galt. Vgl. E. Boer: Planeten, in: K. Ziegler – W. Sontheimer (Hrsg.): Der Kleine Pauly. Lexikon der Antike, Bd. 4, München (dtv 5963) 1979, S. 882–889.

99 Zur Entstehung der Erzadern im Berg vgl. R. Decker – B. Decker: Vulkane. Abbild der Erddynamik (1981), aus dem Amerik. von B. Klare, Heidelberg 1992, S. 177–186: Vulkanische Schatzkammern.

100 Th. Seifert: Schneewittchen, s.o. Anm. 9, S. 105 spricht von dem »Weg ins eigene Innere« und fügt hinzu: »Das eigentliche Leben scheint sich ins Unbewusste zurückgezogen zu haben.« Doch gibt diese Formulierung nur unzureichend die Tragödie wieder, die sich im Leben eines »Schneewittchens« hier anbahnt. Richtig bemerkt B. Bettelheim, s.o. Anm. 18, S. 200: »Nachdem Schneewittchen durch seinen früh-pubertären Konflikt und die Konkurrenz mit der Stiefmutter fast zugrunde gerichtet wurde, versucht es sich zurück in eine konfliktfreie Latenzperiode zu retten, in welcher die Sexualität noch schlummert und damit adoleszente Verwicklungen vermieden werden... Sobald Schneewittchen zum Adoleszenten wird, erwachen in ihm auch die sexuellen Wünsche, die während der Latenzperiode verdrängt waren. Damit erscheint auch die Stiefmutter, welche die unbewusst verleugneten Elemente in Schneewittchens innerem Konflikt repräsentiert, wieder auf der Szene und erschüttert seinen inneren Frieden.« Allerdings: was bedeutet es, wenn ein Mädchen aus Angst vor seiner Mutter in die verlorene Kindheit zurückflieht? Man wird auch therapeutisch ein »Schneewittchen« wohl kaum wirklich verstehen, wenn man sich auf den Standpunkt stellt, dass es die Zwiespältigkeit seiner Mutter sich durch die Projektion von an sich normalen pubertären Widersprüchlichkeiten selbst geschaffen habe.

101 Recht hat B. Bettelheim, s.o. Anm. 18, S. 197, wenn er feststellt: »Man kann sich dem Einfluß seiner Eltern und seinen Gefühlen gegenüber nicht dadurch entziehen, dass man von zu Hause wegläuft – wenn dies auch der einfachste Ausweg zu sein scheint. Seine Unabhängigkeit gewinnt man nur, indem man sich durch seine inneren Konflikte hindurcharbeitet, was die Kinder meist auf die Eltern zu projizieren pflegen.« Wie aber, wenn die Konflikte mit der Mutter nicht auf nur subjektiven »Einbildungen« basieren, sondern wenn sich

zeigt, dass man den Eindruck eines Schneewittchens uneingeschränkt teilen muss: so schlimm ist »sie« wirklich!
102 H. Ibsen: Nora oder Ein Puppenheim (1879) in: Dramen nach G. Brandes u. a. (Hrsg.): Sämtliche Werke in deutscher Sprache (1898–1904), 1. Bd., München (Winkler) 1973, 757–830.
103 B. Bettelheim, s. o. Anm. 18, S. 199 verweist zu Recht auf die phallische Nebenbedeutung, die den »Zwergen« symbolisch zukommt: »Männlein«, die »mit ihren im Wachstum zurückgebliebenen Körpern und ihrem Beruf als Bergleute – bei dem sie geschickt in dunkle Höhlen dringen«, offenbar gerade das verkörpern, was durch die Flucht in ihr »Heim« vermieden werden sollte: den weiblichen Sexualwunsch. »Aber die Zwerge sind frei von inneren Konflikten, und über ihre phallische Existenz hinaus haben sie nicht den Wunsch, intime Beziehungen einzugehen. Sie sind mit dem täglichen Kreislauf ihrer Tätigkeit zufrieden; ihr Leben besteht aus einem unveränderlichen Arbeitszyklus im Bauch der Erde, so wie die Planeten endlich in unveränderlicher Bahn am Himmel kreisen. Es ist das Fehlen jeder Veränderung oder jedes Wunsches danach, was ihre Existenz der des vorpubertären Kindes ähnlich macht.« Was aber heißt es, allen Wunsch nach Liebe in Arbeit und Ordnung zu verwandeln und alle Entwicklung auf der Stufe von »Zwergen« zu halten?
104 Der Vorteil dieser »Homosexualität« liegt darin, dass der Wunsch, (wie) ein Junge zu sein, das Mädchen selbst in gewissem Sinne autark macht; es braucht keine Beziehungen nach »draußen« einzugehen; es lebt mit den »Zwergen« und schließt alle anderen aus. S. Freud: Über die weibliche Sexualität, s. o. Anm. 53, XIV, 515–537, S. 527 zählt als Motive, welche die Analyse für die Abwendung von der Mutter aufdeckt, der Reihe nach auf, »dass sie es unterlassen hat, das Mädchen mit dem einzig richtigen Genitale auszustatten, dass sie es ungenügend ernährt hat, es gezwungen hat, die Mutterliebe mit anderen zu teilen, dass sie nie alle Liebeserwartungen erfüllt, und endlich, dass sie die eigene Sexualbetätigung zuerst anregt und dann verboten hat«. Er meint (S. 533), dass »mit der Abwendung von der Mutter auch die klitoridische Masturbation eingestellt (wird); oft genug wird mit der Verdrängung der bisherigen Männlichkeit des kleinen Mädchens ein gutes Stück ihres Sexualstrebens überhaupt dauernd geschädigt. Der Übergang zum Vaterobjekt wird mit Hilfe der passiven Strebungen vollzogen, soweit sie dem Umsturz entgangen sind«. – Zu der Cowboy-Phantasie vgl. Ch. Crawford, s. o. Anm. 62, S. 97.
105 Ch. Crawford, s. o. Anm. 62, S. 178.
106 A. a. O., S. 178.
107 A. a. O., S. 199.
108 E. Drewermann: Kleriker, s. o. Anm. 13, S. 427 ff., zu den Demutsforderungen des heiligen Benedikt aus dem 6. Jh., die von Dominikus einfach übernommen wurden und bis heute in seinen Ordensgemeinschaften Gültigkeit haben.
109 Ch. Crawford, s. o. Anm. 62, S. 200.
110 A. a. O., S. 201.
111 A. a. O., S. 202; 206. Der »Index der verbotenen Bücher«, der 1564 im Konzil von Trient von der katholischen Kirche festgelegt worden war (Denzinger,

s. o. Anm. 11, Nr. 1851–1853), bestand bis 1965 und umfaßte Schriften von B. Pascal, Voltaire, I. Kant, J.-P. Sartre, G. Greene ...
112 G. Bateson: Double bind (1969), in: Ökologie des Geistes. Anthropologische, psychologische, biologische und epistemologische Perspektiven (1972), aus dem Amerik. v. H. G. Holle, Frankfurt 1983, S. 353–361; ders.: Vorstudien zu einer Theorie der Schizophrenie (1956), A. a. O., S. 270–301; bes. S. 276–283.
113 Vgl. dazu D. Morris: Körpersignale. Bodywatching (1985), aus dem Engl. von M. Curths u. U. Gnade 1986, S. 161–172.
114 Vgl. A. a. O., S. 168: »Im Lauf der Zeit haben die Frauen auf vielerlei Weise versucht, den Eindruck fester, vorstehender, halbkugelförmiger Brüste zeitlich zu verlängern, um die urzeitlichen Brustsignale der menschlichen Spezies über einen längeren Zeitraum hinweg übermitteln zu können.« Der BH, obwohl er erst seit 1920 üblich geworden ist, lässt sich mittlerweile aus der Mode der westlichen Kultur kaum noch wegdenken. E. Thiel: Geschichte des Kostüms. Die europäische Mode von den Anfängen bis zur Gegenwart, Berlin O. 1980, S. 250–251 beschreibt, dass das Mieder des Kleides, »das sich dem Korsett genau anpaßte«, schon im 17. Jh. von frühester Jugend an getragen wurde und gegenüber der Zeit Ludwigs XIV. seine Form kaum veränderte. »Es konnte ... mit einer Schnürung geschlossen werden, die oft allerdings ein Scheinverschluss war. Junge Mädchen trugen den Schnürverschluss meist auf dem Rücken, was bei Frauen selten vorkam.« A. a. O., S. 401 wird vermerkt, dass der BH in den zwanziger Jahren den Busen der Frau »nicht betonen, sondern flach machen sollte und kaum mehr als ein schmales Band war. In den dreißiger Jahren stimmten die Formen des Büstenhalters wieder mit den Körperformen überein.« Verstärkte BH's kamen erst in den vierziger und fünfziger Jahren auf (S. 413). – B. Bettelheim: Kinder brauchen Märchen, s. o. Anm. 18. S. 201 meint: »Die Königin repräsentiert ... eine Mutter, der es zeitweise gelingt, ihre dominierende Stellung dadurch zu behaupten, dass sie die Entwicklung ihres Kindes aufhält. Auf einer anderen Ebene soll diese Episode auf Schneewittchens zwiespältigen Adoleszenten-Wunsch hinweisen, gut geschnürt zu sein, weil es sexuell attraktiv sein möchte. Dass es bewusstlos zu Boden sinkt, symbolisiert, dass es vom Konflikt zwischen seinen sexuellen Wünschen und seiner Angst davor überwältigt wurde. Da es Schneewittchens eigene Eitelkeit ist, die es dazu verführt, sich schnüren zu lassen, hat es mit seiner eitlen Stiefmutter vieles gemeinsam.« Da liegt alle Schuld auf dem heranwachsenden Mädchen; was aber soll es noch tun, als zu den »Zwergen« zu regredieren und so »unschuldig« zu sein, als es geht? Es ist die Mutter, die ihm den Tod bringt. Auch A. S. Macquisten – R. W. Pickford, s. o. Anm. 9, S. 243 sehen in den »Schnürriemen« ein Symbol für die (zu) enge Bindung, in der die Mutter ihre Tochter erstickt, doch geht dabei das Motiv der »sexuellen Attraktivität« verloren, das sie ganz richtig bemerken, ohne freilich seine Zwiespältigkeit zu würdigen; die Episode mit dem Kamm wiederum erkennen sie richtig als einen Versuch der Stiefmutter, »Schneewittchens Sexualentwicklung zu zerstören«. (244) Auch weisen sie zutreffend auf die Identifikation zwischen Mutter und Tochter hin (245).
115 Ch. Crawford, s. o. Anm. 62. S. 50–51.
116 A. a. O., S. 132.

117 A.a.O., S. 207.
118 A.a.O., S. 175–177, zu dem Mordversuch Joan Crawfords an ihrer Tochter; S. 150.
119 A.a.O., S. 194; 240.
120 A.a.O., S. 195.
121 S. Kierkegaard: Die Krankheit zum Tode (1849), aus dem Dänischen übers. v. L. Richter, Hamburg (rk 113) 1962, 1. Abschnitt, A. Dass Verzweiflung Krankheit zum Tode ist, S. 20: »verzweifelt sich selbst loswerden wollen ist die Formel für alle Verzweiflung ... Ein Verzweifelnder will verzweifelt er selbst sein. Aber ... Das Selbst, das er verzweifelt sein will, ist ein Selbst, das er nicht ist.«
122 R. M. Rilke: Traumgekrönt (1896), Nr. 7, in: Sämtliche Werke, hrsg. v. E. Zinn, 1. Bd., Frankfurt 1955, S. 78.
123 F. M. Dostojewski: Schuld und Sühne (1866), aus dem Russ. v. W. Bergengruen, München (Droemer V.) o. J., Vierter Teil, 4. Kap., S. 343–360, bes. S. 353, wo von der »stinkenden Jauchegrube« die Rede ist, in die es Sonja hineinzuziehen droht.
124 Ch. Crawford, s.o. Anm. 62, S. 113.
125 Ch. Crawford, s.o. Anm. 62. S. 264. Zum Thema der Lüge vgl. E. Drewermann: Ein Plädoyer für die Lüge oder: Vom Unvermögen zur Wahrheit, in: Psychoanalyse und Moraltheologie, 3. Bd.: An den Grenzen des Lebens, Mainz 1984, S. 199–236.
126 Ch. Crawford, s.o. Anm. 62, S. 299.
127 A.a.O., S. 314.
128 A.a.O., S. 316.
129 A.a.O., S. 280–281.
130 A.a.O., S. 333.
131 H. Schultz-Hencke: Lehrbuch der analytischen Psychotherapie (1951), Stuttgart 1957, S. 78–80 sprach sogar von dem »Genuß« der Passivität und der »Bequemlichkeit«, die sich als Folge der Gehemmtheit des Antriebserlebens ausbreite und ein Gefühl der Unterlegenheit und Entmutigung produziere; daneben stünden »Riesenansprüche« an den Partner, an das Leben und an sich selbst.
132 Wie nahe die Erwartung liegt, es müsse der »Prinz« in seiner »therapeutischen« Funktion doch irgendetwas tun, um sich zu der wie tot Daliegenden Zugang zu schaffen, zeigt Th. Seifert: Schneewittchen, s.o. Anm. 9, S. 129, der auf das Dornröschen-Märchen zum Vergleich hinweist: »In klassischer Form zeigt ›Dornröschen‹ diesen Vorgang (sc. der Erlösung, d. V), der Prinz durchbricht die jahrhundertealte Dornenhecke.« Doch was für ein Dornröschen richtig sein mag, wäre verhängnisvoll für ein Schneewittchen. Der Unterschied zwischen beiden wird in der Märchensprache sehr klar formuliert: während »Dornröschen«, verwundet von dem traumatischen Erleben der Sexualität, »nur« »schläft«, ist »Schneewittchen« selber die Tochter einer so verwundeten Frau und wird von ihrer Stiefmutter mit einer unheimlichen Folgerichtigkeit »verfolgt«, bis es (fast) tot ist. Vgl. zum Motiv der »Dornenhecke« auch das Märchen Marienkind (KHM 3); E. Drewermann – I. Neuhaus: Marienkind. Märchen Nr. 3 der Grimmschen Sammlung, Olten 1984.

133 Ch. Crawford: s. o. Anm. 62, S. 223 f.; vgl. bes. S. 233–234: die Eifersuchtsszene zwischen der Mutter, die ihren Mann »verteidigt«, und der Tochter, die in ihm ihren Vater sieht; S. 257–258; S. 271–272; S. 273–275.
134 A. a. O., S. 275.
135 Zur Gestalt des Prinzen vgl. E. Drewermann – I. Neuhaus: Das Eigentliche ist unsichtbar. Der Kleine Prinz tiefenpsychologisch gedeutet, Freiburg-Basel-Wien 1984, S. 15–20: Das königliche Kind.
136 Zur Gestalt des Königs vgl. E. Drewermann: Tiefenpsychologie und Exegese, Bd. 1: Traum, Mythos, Märchen, Sage und Legende. Olten 1984, S. 271–298; bes. S. 512–522.
137 Zur Gestalt des Königssohnes vgl. a. a. O., Bd. 1, 504–509: Von jungfräulichen Geburten und göttlichen Kindern. Th. Seifert: Schneewittchen, s. o. Anm. 9, S. 129–130 meint: »In der Sprache des Märchens sind es meist Prinzen, Jünglinge königlichen Geblüts, denen die Rolle des Erlösers zukommt… Der König war … der Träger des Bildes eines hohen inneren Wertes, des Selbst. Seine reale Macht war dadurch wesentlich mitbegründet… In psychologischem Sinne ist der junge Prinz der künftige König, das heißt, seine Potenzen sind die neuen und zukunftsweisenden Kräfte der Seele, das neue weitere Bewusstsein, das allerdings nur dann lebensfähig ist, wenn es sich mit dem im Unbewussten gewachsenen Potential wirklich verbindet.« Im Schneewittchen-Märchen verdichtet sich in dem »Königssohn« als erstes die Sehnsucht nach dem Vater, der im Leben eines »Schneewittchens« nie eine wirkliche Rolle spielte, der ihm nun aber, jenseits des Inzesttabus, entgegentritt als ein Mann, der in der Realität alles das zu erfüllen verspricht, was bisher nur der Traum eines unerfüllten Verlangens nach Liebe war.
138 Zur Eule vgl. W. Richter: Eulen, in: Der Kleine Pauly. Lexikon der Antike in 5 Bden., hrsg. v. W. Sontheimer – K. Ziegler, 2. Bd., München 1979, Sp. 421–423: »Der Aberglaube hat ihm (sc. dem Eulenvogel, d. V.) vielseitige Bedeutung verliehen: als Wetterprophet…, als Glücksbote, wenn er fliegt…, als Unglücksbote, wenn er sitzt oder schreit …, als Auguralvogel … und Traumerscheinung.« (Sp. 422).
139 Zu dem Raben vgl. J. Grimm: Deutsche Mythologie, s. o. Anm. 97. Bd. 2, Kap. 21, S. 559–560, der an die beiden Raben Huginn und Muninn erinnert, die als ständige Begleiter Odins gelten und deren Namen »Denkkraft« und »Erinnerung« bedeuten; »sie tragen ihm nachricht von allen ereignissen zu … er (sc. der Rabe, d. V.) hat nichts von der bösen teuflischen natur, die hernach diesem Vogel beigelegt wird.« (S. 559). Doch gerade in dieser (wohl »christlich« bedingten) Umprägung der ursprünglichen Bedeutung tritt der Rabe in dem Grimmschen Märchen im Zuge der Trauergäste an Schneewittchens Sarg auf.
140 Zur Taube vgl. W. Richter: Taube, in: Der Kleine Pauly. Lexikon der Antike in 5 Bden., s. o. Anm. 162, Bd. 5, Sp. 534–536: »Für die semitischen Völker ist die Taube (bes. die weiße) der heilige Vogel der Astarte und als solcher für Menschen tabuisiert. Von dorther übernahmen sie die Griechen kaum vor dem 4. Jh. in den Kult der Aphrodite, die Römer in den der Venus. In allen vom Orient beeinflußten Heiligtümern der Göttin wurden Tauben gehalten… Bei den Juden ist sie vor allem Opfertier. In christlicher Vorstellung wird sie zum

Symbol des heiligen Geistes ... sowie Seelensymbol und Personifizierung verschiedener Tugenden.«»Der ›zärtliche‹ und gewaltlose Charakter macht die Taube im Sprichwort zum Inbegriff von Liebe und Sanftmut, aber auch von Ängstlichkeit ... und naiver Leichtgläubigkeit ... Oft wird die Antithese Taube – Adler (Rabe) auf menschliche Verhaltensgegensätze übertragen.« B. Bettelheim: Kinder brauchen Märchen, s. o. Anm. 18, S. 202 meint: »Die Eule symbolisiert Weisheit, der Rabe – wie die Raben des germanischen Gottes Odin – vermutlich das reife Bewusstsein; und das Täubchen repräsentiert traditionsgemäß die Liebe. Diese Vögel deuten an, dass Schneewittchens todesähnlicher Schlaf im Sarg eine Periode ist, in der ein neuer Zustand ausgetragen wird, ihre letzte Vorbereitungsperiode zur Reife.« Das ist wahr, nur berücksichtigt es weder die Trauerarbeit, welche die »Tiere« leisten, noch die völlige Todesstarre, in welcher »Schneewittchen« sich in seinem »gläsernen Sarg« befindet. A. S. Macquisten – R. W. Pickford, s. o. Anm. 9, S. 247 sehen in den Tieren, speziell den Vögeln, »Boten von seiten des Vaters«, die eine Weisheit jenseits der menschlichen Grenzen vermitteln; näherhin ist für sie die Eule ein Symbol für Weisheit, der Rabe für Vorsicht, die Taube für Güte.
141 Zur Göttin Aphrodite vgl. W. Fauth: Aphrodite, in: Der Kleine Pauly. Lexikon der Antike in 5 Bden., hrsg. v. K. Ziegler – W. Sontheimer, Bd. 1, München 1979, Sp. 425–431. Als Wahrzeichen der Göttin galten »aus der marinen Sphäre« Delphin und Muschel, aber auch Taube, Sperling und Schwan in der caelestischen Sphäre, sowie Rose, Apfel und Mohn im pflanzlichen Bereich.
142 Vgl. Ph. Rech: Inbild des Kosmos. Eine Symbolik der Schöpfung, 1. Bd., Salzburg 1966, S. 280–307: Taube. Das griechische Wort für »Taube« (peristera) bedeutet wohl »Vogel der Istar« (283). Doch daraus wird »das Pneuma« und »der Christus selbst« (292).
143 Vgl. etwa O. Wilde: Lady Windemeres Fächer. Das Drama eines guten Weibes (1893), aus dem Engl. v. I. L. Pavia u. H. v. Teschenburg, Leipzig 1902; ders.: Salome (frz. 1893), übers. v. H. Lachmann, Leipzig 1903; in: Werke, 2 Bde., München 1970.
144 Vgl. Lord George Gordon Byron: Don Juan (1819), aus dem Engl. übers. v. W. Schäffer, A. Böttger u. R. Immelmann, in: Werke, hrsg. v. F. Brie, Bd. 2–3, Leipzig-Wien 1912. – Denken lässt sich auch an die Dichtungen von Giacomo Leopardi: Canzonen (1831), aus dem Italien. übers. v. E. Schaffran, Bremen (Dietrich 288) 1963.
145 So Hedwig von Beit: Symbolik des Märchens. Versuch einer Deutung, Bern 1952, S. 714: »Im Hinblick auf die symbolische Natur der Beziehung dieser Gestalten wird es unter Umständen angezeigter sein, sobald die Conjunctio-Problematik ins Zentrum der Handlung gerückt wird, die konsequente Deutung in einer oder der anderen Richtung vorübergehend aufzugeben und nurmehr von Animus und Anima zu sprechen, indem dabei diese Gestalten in ihrer archetypischen, überpersönlichen und absoluten Bedeutung belassen werden.«
146 Vgl. E. A. Poe: Das gesamte Werk in 10 Bden., hrsg. v. K. Schumann und H. D. Müller, Olten 1976, Bd. 9, S. 189–191, das Gedicht von Annabel Lee.
147 Vgl. H. Diels: Die Fragmente der Vorsokratiker, Hamburg (rk 10) 1957, S. 27,

Fragment 62: »Unsterbliche: Sterbliche, Sterbliche: Unsterbliche, denn das Leben dieser ist der Tod jener und das Leben jener der Tod dieser.«
148 B. Bettelheim: Kinder brauchen Märchen, s. o. Anm. 18, S. 202 geht zwar auf den »Kauf« des »Leichnams« durch den »Prinzen« nicht ein, meint aber: »Schneewittchens Geschichte lehrt uns, dass man auch dann, wenn man die körperliche Reife erlangt hat, intellektuell und emotional noch keineswegs für das Leben eines Erwachsenen bereit ist. Da klingt an, dass es auch aus der Sicht des »Schneewittchens« als ganz »normal« erscheint, wie ein käuflicher Gegenstand in die Ehe »gegeben« zu werden – als ein willenloses Tauschobjekt, das froh sein muss, wenn es infolge seiner Schönheit für einen »guten Preis«»gehandelt« wird.
149 R. M. Rilke: Advent (1897), in: Sämtliche Werke, hrsg. von E. Zinn, 1. Bd., Frankfurt 1955, S. 99–141, S. 107.
150 Zum Begriff der anima vgl. C. G. Jung: Die Beziehungen zwischen dem Ich und dem Unbewussten (1928), Gesammelte Werke, Bd. 7, Olten 1964, S. 131–264, S. 207–232.
151 Vgl. E. Fromm: Anatomie der menschlichen Destruktivität (1973), aus dem Amerik. v. L. u. E. Michel, in: Gesamtausgabe, hrsg. v. R. Funk, Bd. 7, Stuttgart 1980, S. 332–334. Der »Nekrophilie« steht gegenüber die »Biophilie«.
152 Vgl. W. u. A. Durant: Kulturgeschichte der Menschheit, Bd. 18: Die napoleonische Zeit (1975), aus dem Amerik. übers. v. H. R. Floerke u. D. Türk, Wien (Ullstein 36118) 1982, S. 360–369: Die romantische Ekstase: »…es war die ›Vernunft‹, die das Bild von Männern und Frauen, die im täglichen Zwiegespräch mit der Gottheit lebten, ersetzte durch ein Bild von ernüchterten Massen von Männern und Frauen, die sich tagtäglich mechanisch, stumpf, näher auf einen schmerzlichen, entwürdigenden und ewig dauernden Tod zubewegten.« (S. 361)
153 S. Freud: Ein religiöses Erlebnis (1928), in: Gesammelte Werke, Bd. 14 London 1948, S. 391–396.
154 S. Freud: Bemerkungen über die Übertragungsliebe (1915), Gesammelte Werke, Bd. 10, London 1946, S. 305–321.
155 E. Barlach: Der tote Tag (1912), in: Die Dramen, hrsg. v. F. Dross, München 1956.
156 A. a. O., S. 9–95; S. 32: (Kule): »Geben muss es eine Wahrheit, ein Wort muss da sein, aber freilich Gott-Mutter ist es nicht. Ein Wort das nicht klingt; es muss anders heißen.«
157 A. a. O., S. 55.
158 Vgl. E. Würthwein: Die Bücher der Könige. 1. Könige 17 – 2. Könige 25, Göttingen (ATD 11,2) 1984, S. 289–294.
159 Eine ähnliche »Erlösung« eines jungen Mannes von seiner Mutter durch die Begegnung mit dem »Gottesmann« berichtet Lk 7,11–17, die Geschichte vom Jüngling von Nain; vgl. E. Drewermann: Und legte ihnen die Hände auf. Predigten über die Wunder Jesu, hrsg. v. B. Marz, Düsseldorf 1995, S. 146–151.
160 E. Drewermann: Tiefenpsychologie und Exegese, 2. Bd.: Wunder, Vision, Weissagung, Apokalypse, Geschichte, Gleichnis. Olten 1985, S. 355–377: Prophetien und Propheten.

161 Vgl. S. Freud: Die Traumdeutung (1900), Ges. Werke, 1. Bd., London 1942, S. 395: »Alle in die Länge reichenden Objekte, Stöcke, Baumstämme, Schirme (des der Erektion vergleichbaren Aufspannens wegen!), alle länglichen und scharfen Waffen ... wollen das männliche Glied vertreten.«
162 B. Bettelheim: Kinder brauchen Märchen, s.o. Anm. 18, S. 203 meint: »Dass Schneewittchen jetzt den erstickenden Apfel ausspuckt – den schlechten Gegenstand, den es sich einverleibt hatte – beweist, dass es jetzt endgültig frei ist von der primitiven Oralität, die für seine gesamten unreifen Fixierungen steht.« Das gibt in psychoanalytischer Sprache die bestehende Problematik (Fixierung der Sexualentwicklung auf die Oralität) korrekt wieder, doch drückt es nicht aus, was ein Mädchen erlebt, für das eine solche »Diagnose« zutrifft, und es greift vor allem die »Vergiftung« durch die Mutter so gut wie gar nicht auf. A. S. Macquisten – R. W. Pickford, s.o. Anm. 9. S. 248 sehen in dem Ausspucken des Apfels ein Symbol für das »Zerbrechen des Hymens«, ein Ende des »Elektra-Komplexes«.
163 Zum Symptom des Globus hystericus vgl. O. Fenichel: Psychoanalytische Neurosenlehre, aus dem Amerik. v. K. Laermann, Olten 1975, 2. Bd., Kap. 12: Die Konversion, S. 57, der den »Kloß im Halse« auf eine unbewusste Fellatio-Phantasie zurückführt; – doch mutet diese »Erklärung« weit hergeholt an, und jedenfalls gibt sie nur einen von vielen möglichen Gründen wieder, wenn man sieht, wie sich das Gefühl der Atembeengung im Halse unter Weinkrämpfen aufzulösen pflegt.
164 Es war die Genialität von S. Kierkegaard: Der Begriff Angst (1844), aus dem Dänischen v. L. Richter, Hamburg (sk 71) 1960, Kap. 1, § 5: Der Begriff Angst, S. 40–43, als erster den Grund der Angst in der »Möglichkeit der Freiheit« (S. 43) entdeckt zu haben.
165 Es ist unmöglich, Angst zu überwinden durch Mut; einzig in einem tieferen Vertrauen hebt die Angst im Erleben eines Menschen sich auf. Vgl. G. Condrau: Angst und Schuld als Grundprobleme der Psychotherapie, Bern-Stuttgart 1962, S. 76–99: Angst und Existenz, S. 99: »Angst und Glaube schließen sich so aus, wie Glaube und Liebe sich je einschließen.«
166 Das Jus talionis erscheint bereits im Alten Babylon und stellt dort einen kulturgeschichtlichen Fortschritt gegenüber der Willkür privat geübter »Blutrache« dar; vgl. H. W. F. Saggs: Mesopotamien. Assyrer, Babylonier, Sumerer (1962), aus dem Engl. übers. v. W. Wagmuth, Zürich 1966, S. 295–346. Doch was damals ein Fortschritt war, bedeutet heute, bei Rückkehr zu ähnlichen Formen des Rechtswesens mitten im Atomzeitalter, einen Rückfall in Barbarei; so, wenn vor allem in den USA nicht nur allein in 1996 wohl mehr als 2000 Menschen in den Gaskammern und Hinrichtungsanstalten der Vereinigten Staaten auf legale Weise ermordet werden, sondern wenn zugleich, wie in den Tagen der Sklavenhaltung, Häftlinge mit Ketten an den Füßen Zwangsarbeit verrichten müssen oder wenn neuerdings sogar wieder der mittelalterliche Pranger eingeführt wird: »Die öffentliche Bloßstellung wird wieder als Mittel benutzt, um – so die Begründung – Gesetzesbrechern und Sündern eine Lehre zu erteilen, die sie nicht so leicht vergessen. Die Methode ist zweifellos billig und befriedigt auf einer (noch) milden Stufe die Rübeab-Mentalität aller gestrigen Stammtischbrüder und -schwestern. Unser neuzeitliches

387

Menschenrechtsverständnis, das die Würde eines jeden Menschen, unabhängig von seinem Tun, als unverrückbares Fundament versteht, wird dabei allerdings mit Füßen getreten.« U. Haese: Abstieg ins Mittelalter, in: Publik Forum, Nr. 18, 27. Sept. 1966, S. 4.
167 Vgl. C. H. Mallet: Kopf ab! Gewalt im Märchen, Hamburg 1985, 5.155–163, zu den Rachephantasien gegenüber Stiefmüttern und Stiefschwestern. – B. Bettelheim: Kinder brauchen Märchen, s. o. Anm. 18, S. 203 formuliert das Jus talionis dahin:»Ungezügelte sexuelle Eifersucht, die andere zu vernichten sucht, zerstört sich selbst.« A. S. Macquisten – R. W. Pickford, s. o. Anm. 9, S. 249 sehen zu Recht in den rot-glühenden Schuhen ein Symbol für die weiblichen Sexualorgane und in der »Strafe« der Stiefmutter eine »sexuelle Folter« dargestellt.
168 S. Freud: Die Traumdeutung, s. o. Anm. 161, Ges. Werke 11–111, S. 359: »Dosen, Schachteln, Kästen, Schränke, Öfen entsprechen dem Frauenleib, aber auch Höhlen, Schiffe und alle Arten von Gefäßen.«
169 F. M. Dostojewski: Schuld und Sühne, s. o. Anm. 123, 5. Teil, 4. Kap., S. 444–462: Raskolnikows Beichte bei Sonja.
170 A. a. O., 3. Teil, 5. Kap., S. 268–291, Gespräch zwischen Raskolnikow und dem Untersuchungsrichter Porfirij Petrowitsch; 4. Teil, Kap. 5, S. 360–393.
171 A. a. O., 4. Teil, 4. Kap., S. 343–360: Gespräch zwischen Raskolnikow und Sonja.
172 Ch. Crawford, s. o. Anm. 62, S. 282–283.
173 Vor allem F. Nietzsche: Also sprach Zarathustra. Ein Buch für alle und Keinen (1883–1885), München (Goldmann 403) 1960, 2. Teil, Von den Taranteln, S. 76–79 hat das Motiv der Rache in dem »Gerechtigkeitswillen« der »Gerechten« mit scharfen Worten bloßgestellt:»Denn dass der Mensch erlöst werde von der Rache: das ist mir die Brücke zur höchsten Hoffnung und ein Regenbogen nach langen Unwettern.«
174 Ch. Crawford, s. o. Anm. 62, S. 322.
175 A. a. O., S. 322.

»Marienkind«

1 K. J. Obenauer: Das Märchen. Dichtung und Deutung, Frankfurt 1959, 245–252, meint:»Unser Märchen vom Marienkind, das wahrlich keine flüchtige Übermalung ist, es ist in seinem ganzen Ethos christlich, weil es Gehorsam gegen Gott wie reuiges Bekennen einer Schuld fordert; es ist keine zerstörte, sondern eine vollendete Endform des Märchens; eines Symbolmärchens, das die alten Züge zu sinnhaltiger Schönheit überzeugend steigert.« (248) Den Weg des »Marienkindes« zur Madonna deutet Obenauer als Sterben des Kindes, seine Rückkehr zur Welt als Reinkarnation, der psychische Gehalt des Märchens bleibt in seiner Deutung hingegen unverstanden und unverständlich.

2 F. Grillparzer: Weh dem, der lügt!, Lustspiel in 5 Akten, Wien 1840; Stuttgart (reclam 4381) 1959, erzählt die Geschichte des fränkischen Bischofs Gregor, der seine eherne Forderung nach absoluter Wahrhaftigkeit angesichts der Wirklichkeit nicht durchhalten kann, während sein Küchenjunge Leon, der den Neffen des Bischofs, Attalus, mit List aus der Gefangenschaft des barbari-

schen Königs Kattwald zu erretten sucht, durch den Glauben an die Macht des Göttlichen zur Wahrhaftigkeit hin reift. Realismus und Sittlichkeit, Lüge und Wahrhaftigkeit versöhnen sich in Grillparzers Drama im Gottvertrauen und in der Liebe zwischen Leon und Kattwalds Tochter Evita, die sich der Flucht vor ihrem Vater anschließt und sich zum christlichen Glauben bekehrt. Die Welt, mit anderen Worten, widerspricht der Unbedingtheit der göttlichen Forderung, aber sie ist fähig zur Läuterung. – Liest man demgegenüber das Märchen vom »Marienkind«, so muss man den Eindruck gewinnen, dass hier die Forderung nach Wahrhaftigkeit zur absoluten Voraussetzung erhoben werde, ohne das tragische Scheitern des moralischen Rigorismus an der Angst weiter zu reflektieren. Zum Problem der Lüge vgl. E. Drewermann: Wege und Umwege der Liebe. Christliche Moral und Psychotherapie, Düsseldorf 2005.

3 B. Bettelheim: The Uses of Enchantment, New York 1975; dt.: Kinder brauchen Märchen, übers. v. L. Mickel u. B. Weitbrecht, Stuttgart 1977, 111–118, begründet die Notwendigkeit der Märchen zu Recht mit dem Hinweis auf die Entfaltung der Phantasie, die das Kind davor bewahrt, an der Realität zu scheitern, und es ihm ermöglicht, der Ambivalenz seiner Gefühle Ausdruck zu verleihen. Das trifft in etwa für den 1. Teil des Märchens vom »Marienkind« zu. Im 2. Teil des Märchens aber wird im Grunde ein rigoroser Über-Ich-Standpunkt vertreten, während die phantasiereichen »Tröstungen« des Anfangs dahinter zurücktreten. Eine solche Erzählung muss in der Tat pädagogisch Bedenken erregen.

4 Nach theologischer Meinung besteht der Himmel gerade in der visio beatifica, in der beseligenden Anschauung Gottes; vgl. J. Brinktrine: Die Lehre von den letzten Dingen, Paderborn 1963, 123–127; zu ihr gehören die Eigenschaften der Übernatürlichkeit, der Ewigkeit, der Unsündlichkeit, der Unterschiedenheit und der Unveränderlichkeit (a. a. O., 127–130); sie umfasst auch die Erkenntnis all jener Personen, mit denen die Seele des Verstorbenen in näherer Beziehung stand, besonders also der Verwandten und Freunde (a. a. O., 126).

5 J. Bolte – G. Polivka: Anmerkungen zu den Kinder- und Hausmärchen der Brüder Grimm, 5 Bde., Leipzig 1913–1932, 1. Bd., 13–14, führt eine Erzählung auf, in welcher der arme Mann, da er seine Kinder nicht ernähren kann, sich gerade im Wald erhängen will, als eine schwarzgekleidete Jungfrau ihm Schätze verspricht, wenn er ihr gebe, was im Hause verborgen sei; der Mann willigt ein, aber das Verborgene ist das Kind im Mutterleib. Das Mädchen findet im Schloss der schwarzen Jungfrau hinter der verbotenen Tür vier Frauen, die in Bücherlesen vertieft sind; der Ungehorsam, nicht erst die Lüge, begründet hier den Verstoß des Kindes und sein Verstummen. – In einer sizilianischen Fassung (»Das Kind der Mutter Gottes«) flieht die Jungfrau vor einem ehebrecherischen Vater oder Lehrer, der ihr auch noch nachstellt, als sie die Gemahlin eines Königs geworden ist. – Je nachdem ist natürlich das Problem des Märchens anders zentriert, obwohl die psychischen Problemfelder einander durchdringen, ergänzen und überlagern können. M. L. v. Franz: Bei der schwarzen Frau. Deutungsversuch eines Märchens (1955), in: W. Laiblin (Hrsg.): Märchenforschung und Tiefenpsychologie, Darmstadt 1975, 299–344, sieht S. 338–344 in der »Madonna« des Märchens vom »Marienkind« den

»Schatten der Maria« repräsentiert – Aspekte der vorchristlichen Natur- und Erdmuttergöttin »als einer spezifisch weiblichen Form des Bösen, das sich u.a. in hemmungsloser Lust, Eifersucht, Intrigenhaftigkeit, dem Aussaugen anderer Menschen und egozentrischer Ichhaftigkeit äußert. Ein Teil dieses Hexenaspektes wird am Schluss des Märchens in der Person der alten Königin vernichtet« (341). Es geht nach M. L. v. Franz daher in dem Märchen um die weibliche Individuation, indem »sich dieser Keim der Individuation gleichzeitig gegen ein falsches Bild der Frau im Kollektivbewusstsein (alte Königin), und gegen ein archaisches Mutter- und Frauenbild im kollektiven Unbewussten (schwarze Frau) durchsetzen muss, um zu seiner eigenen Lebensmöglichkeit zu gelangen« (340). Doch diese typisierende Deutung wird dem Märchen vom »Marienkind« nicht gerecht, das nicht von einer »alten Königin« erzählt, sondern von einem jungen Mädchen, und das Problem dieser Entwicklungsgeschichte ist nicht die Ambivalenz des kollektiven Unbewussten, sondern die Ambivalenz des Über-Ichs, das eine bestimmte Moral des »Madonnenideals« widerspiegelt. Wie stets, so müssen auch hier zunächst die Einzelkonflikte eines Märchens analysiert werden, ehe man die psychische Struktur der Erzählung mit der Typologie anderer Märchenerzählungen vergleichen kann; ausschlaggebend für die Deutung eines Märchens sind nicht die Motive, die es verwendet, sondern die konkrete Psychodynamik, die es mit ihrem Auftreten verbindet. An dieser Tatsache scheitern viele Märcheninterpretationen aus der Schule C. G. Jungs durch ihre offenbar unausrottbare Neigung zu vorschnellen typologischen Generalisierungen. – Zu dem Zusammenhang der Gestalt Mariens mit dem Bild der Großen Göttin vgl. J. Grimm: Deutsche Mythologie (1835), Frankfurt-Wien-Berlin (Ullstein Tb. 35107-08) 1981, 1. Bd., S. XXVIII–XXIX.

6   Fressen will die Kinder z.b. die Köchin in dem Märchen vom »Fundevogel« (KHM 51); zur Analyse dieses Märchens vgl. S. Birkhäuser-Oeri: Die Mutter im Märchen. Deutung der Problematik des Mütterlichen und des Mutterkomplexes am Beispiel bekannter Märchen, hrsg. v. M. L. v. Franz, Stuttgart (psychisch gesehen 28–29) 1976, 147–151, die in dem Kinderpaar des Märchens, wie im Märchen vom »Brüderchen und Schwesterchen« (KHM 11), den »Antrieb zur Ganzheit« (149) verkörpert findet und in der »Köchin« (natürlich) die fressende Seite der anima wiedererkennt, die vom »Lenchen« aufgelöst werden muss; die orale Seite der Thematik geht in dieser Deutung gänzlich unter. – Fressen will die Kinder im Märchen von »Hänsel und Gretel« (KHM 15) gleichermaßen die Hexe, eine hintergründige Parallelgestalt zu der aus Not verstoßenden Mutter des Anfangs der Erzählung. Die Art des »Verschlingens« dort ist aber gänzlich anders als in den kannibalischen Motiven im Märchen vom »Marienkind«, die man am ehesten mit dem »Gefressenwerden« im Märchen vom »Rotkäppchen« (KHM 26) vergleichen kann, wo die an sich liebevolle »Großmutter« die Gestalt des verschlingenden »Wolfes« annimmt, offenbar zur Strafe für die (sexuelle) Schuld, vom »Wege abgewichen« zu sein; vgl. E. Fromm: The forgotten Language. An Introduction to the Understanding of Dreams, Fairy Tales and Myths (1951), dt.: Märchen, Mythen, Träume, in: Gesamtausgabe, hrsg. v. R. Funk, 10 Bde., Bd. IX, Stuttgart 1981, 169–315, übers. v. L. u. E. Mickel, S. 295–297, der das »Rotkäpp-

chen« als Symbol der Menstruation und den Wolf als Gefahr der Sexualität deutet; entscheidend ist hier indessen, gegen Fromms Interpretation, das Gefressenwerden vom mütterlichen Über-Ich, nicht das Verschlungenwerden vom Es.

7 Eben daran zeigt sich erneut, dass die Erzählung vom »Marienkind« wesentlich als Märchen, nicht als Legende zu verstehen ist; für das Märchen ist die Typisierung seiner Gestalten charakteristisch, während die Legende wohl mit typischen Motiven arbeitet, die auch in den Märchen (ebenso wie in den Mythen und den Sagen) vorkommen, aber diese Motive doch in irgendeiner Weise an historischen Gestalten und Orten sowie an bestimmten Riten der jeweiligen Religion festzumachen sucht. Zum psychodynamischen Unterschied von Märchen und Legende vgl. E. Drewermann: Tiefenpsychologie und Exegese. 1. Bd.: Die Wahrheit der Formen: Von Traum, Mythos, Märchen, Sage und Legende, Olten-Freiburg 1984.

8 So z. B. in dem Märchen vom »Mädchen ohne Hände« (KHM 31). Vgl. E. Drewermann – Ingritt Neuhaus: Das Mädchen ohne Hände. Grimms Märchen tiefenpsychologisch gedeutet, Olten-Freiburg 1981, 31–33 (Neudruck: Düsseldorf 2004); zur Gestalt des Teufels im Märchen als negativer Vaterimago vgl. E. Drewermann: Der Teufel im Märchen, in: Archiv für Religionspsychologie, Bd. 15, Göttingen 1982, 93–128, S. 106–110.

9. J. Bolte – G. Polivka: Anmerkungen zu den Kinder- und Hausmärchen der Brüder Grimm, 116–17.

10 Im Alten Testament wird Judas' Frau z.b. nur als »Schuas Tochter« bezeichnet (Gen 38,2), so als genügte es, den Namen des Vaters zu kennen, um das Wesen der Tochter zu verstehen. Th. Mann: Joseph und seine Brüder. Roman in 4 Teilen, Stockholm-Amsterdam 1948; Neudruck: Frankfurt-Hamburg (Fischer Tb. 1183, 1184, 1185) 1971, I 368; III 1164–1166, schildert das Schicksal einer solchen Verachteten. Wenn demgegenüber im Neuen Testament (Mt 4,18-22) Jesus die »Söhne des Zebedäus« beruft und diese sogleich seinem Anruf folgen, so zeigt das offenbar, dass es ein und dasselbe ist, von der Bestimmung durch Menschen frei zu werden und vor Gott hinzutreten.

11 Vgl. E. Drewermann: Von der Notwendigkeit und Form der Konfrontationstechnik in der gesprächspsychotherapeutischen Beratung, in: Psychoanalyse und Moraltheologie, 2. Bd., Mainz 1983, 232–234.

12 Bes. E. Jones: Die Empfängnis der Jungfrau Maria durch das Ohr. Ein Beitrag zu der Beziehung zwischen Kunst und Religion, in: Jahrbuch der Psychoanalyse, hrsg. v. S. Freud, VI. Bd., Leipzig-Wien 1914, 135–204, hat den ödipalen Hintergrund im Umkreis der Madonnenverehrung freigelegt. – Die totemistische Theorie von der jungfräulichen (fälschlich »unbefleckten«) Empfängnis untersuchte S. Freud: Totem und Tabu (1912), Ges. Werke IX, London 1940, 139–145, als ödipale Phantasie.

13 Vgl. E. Drewermann: Die Frage nach Maria im religionswissenschaftlichen Horizont, in: Zeitschrift für Missionswissenschaft und Religionswissenschaft, 66. Jg. 2/1982, 96–117, 100–103. – Auf die Aufspaltung des weiblichen Archetyps in die Mutter Gottes, die »nur die himmlische, sublimierte Liebe« repräsentiert und »nie mit irdischer Geschlechtlichkeit in Berührung« kommt, und das Bild der Teufelsbuhlerin und Hexe verweist M. Jakoby: Die Hexe in Träu-

men, Komplexen und Märchen. Das dunkle Weibliche in der Psychotherapie, in: M. Jacoby – V. Kast – I. Riedel: Das Böse im Märchen, Stuttgart ²(erg.) 1980, 195–212, S. 203.

14 Zur Mythe von Demeter und Persephone passt vor allem die Thematik des »Marienkindes«, dass der Beginn der Liebe als ein Abstieg in die »Unterwelt« verstanden wird: Hades, der Gott des Todes, »raubt« die jungfräuliche «blumenpflückende« Persephone; das Ende der Mutterbindung durch die Begegnung mit dem anderen Geschlecht wird mithin erlebt wie ein Tod. Zur Deutung des eleusinischen Demeter-Mythos vgl. C. G. Jung – K. Kerényi: Das göttliche Kind. Die Hauptgestalt der Mysterien von Eleusis in mythologischer und psychologischer Beleuchtung, Amsterdam-Leipzig 1940 (Albae vigiliae, VIII–IX), später: Die Psychologie des Kindarchetypus, in: Ges. Werke 9/1.

15 Manche Vorstellungen des Märchens entstammen offenbar dem biblischen Sprachgebrauch; so erinnern die »Schlüssel des Himmelreichs« an Mt 16,19; die 12 Apostel auf ihren Thronen erinnern an Dan 12,3, wo die Weisen im Himmel als »Glanz der Himmelsfeste« beschrieben werden, woran Mt 13,43 anknüpft; bes. Mt 19,27 verheißt, dass die Jünger »auf zwölf Thronen sitzen« würden,»um die zwölf Stämme Israels zu richten.«

16 Das Symbol des »Engels« kann im Märchen sehr unterschiedlich sein; als Begleiter und Wegführer verkörpert der Engel oft das Wesensgewissen eines Menschen, so z. B. der »Engel«, in dem Märchen vom »Mädchen ohne Hände«; vgl. E. Drewermann – Ingritt Neuhaus: Das Mädchen ohne Hände (s. o. Anm. 8), S. 46, Anm. 31. Die kleinen Engelgestalten aber verkörpern oft den Geist der Kindheit, wie z. B. im Märchen von »Schneeweißchen und Rosenrot« (KHM 161); Vgl. E. Drewermann – Ingritt Neuhaus: Schneeweißchen und Rosenrot. Olten-Freiburg 1983, S. 30 (Neudruck: Düsseldorf 2004). – Zum Begriff des Engels in der Religionsgeschichte vgl. G. van der Leeuw: Phänomenologie der Religion, Tübingen ⁴1977,149–155.

17 Religionsgeschichtlich besitzt der Himmelsgott das absolute Recht und die Macht, alles zu sehen; umgekehrt existiert die Vorstellung, dass es tödlich ist, die Gottheit anzuschauen. Vgl. Ex 33,20 f.; oder Bhagavadgita XI 8: »Doch kannst du mich nicht mit diesem deinem (menschlichen) Auge erblicken.« S. Radha-Krishnan: The Bhagavadgita, London; dt.: Die Bhagavadgita. Sanskrittext mit Einleitung und Kommentar. Mit dem indischen Urtext verglichen und ins Deutsche übers. v. S. Lienhard, Baden-Baden 1958, 312.

18 Das Anschauen Gottes gilt geradezu als Inbegriff der Gottesbegegnung. Vgl. G. Mensching: Die Religion. Eine umfassende Darstellung ihrer Erscheinungsformen, Strukturtypen und Lebensgesetze, München (Goldmann Tb. 882–883) o.J., 222 ff.

19 So im »Salve, Regina« aus dem 11. Jh., wo es heißt: »und nach diesem Elend (sc. der irdischen Existenz) zeige uns Jesus, die gebenedeite Frucht deines Leibes.«

20 Im Grunde sind die 12 Apostel hinter den Himmelstüren Nachfahren der 12 Tierkreiszeichen, die bereits hinter der Symbolik der 12 Söhne Jakobs bzw. der 12 Stämme Israels stehen. Vgl. A. Jeremias: Das Alte Testament im Lichte des Alten Orients. Handbuch zur biblisch-orientalischen Altertums-

kunde, Leipzig 1904, 225–227; vgl. danach Th. Mann: Joseph und seine Brüder, III 1154.
21 S. Freud: Vorlesungen zur Einführung in die Psychoanalyse (1916–1917), in: Ges. Werke XI, London 1940, 155; 166; W. Stekel: Die Sprache des Traumes. Eine Darstellung der Symbolik und Deutung des Traumes in ihren Beziehungen zur kranken und gesunden Seele, München 1921, 333–334. – In gleichem Sinne H. Miller: Black Springs, Paris; dt.: Schwarzer Frühling, übers. v. K. Wagenseil, Hamburg (rororo 1610) 1973, 23.
22 C. G. Jung: Versuch einer psychologischen Deutung des Trinitätsdogmas (1942), in: Ges. Werke 11, Olten-Freiburg 1963, 119–218, S. 165; 172–178; H. Baumann: Das doppelte Geschlecht. Ethnologische Studien zur Bisexualität in Ritus und Mythos, Berlin 1955, 139; 149ff, verweist darauf, dass die Dreiheit und Dreigesichtigkeit des Göttlichen »nur eine andere Art der Darstellung seiner bisexuellen Natur« bilden (149). Vgl. E. Drewermann: Religionsgeschichtliche und tiefenpsychologische Bemerkungen zur Trinitätslehre, in: W. Breuning (Hrsg.): Trinität. Aktuelle Perspektiven der Theologie, Freiburg 1984.
23 C. G. Jung: Versuch einer psychologischen Deutung des Trinitätsdogmas, Bd. 11, S. 196–204.
24 Zur biblischen Sündenfallerzählung vgl. E. Drewermann: Strukturen des Bösen. Die jahwistische Urgeschichte in exegetischer, psychoanalytischer und philosophischer Sicht, 3 Bde., Paderborn ³(erw.) 1982, 1. Bd., 75–78.
25 Vgl. K. Abraham: Über Einschränkungen und Umwandlungen der Schaulust bei den Psychoneurotikern nebst Bemerkungen über analoge Erscheinungen in der Völkerpsychologie (1914), in: Psychoanalytische Studien zur Charakterbildung und andere Schriften, hrsg. v. J. Cremerius, Frankfurt 1969, 324–382, S. 326–343; die »Kastration« ist symbolisch der »Selbstblendung« des Ödipus gleichzusetzen. Zu dem Verbot, Gott anzuschauen, als Konsequenz des Ödipuskomplexes vgl. E. Drewermann: Strukturen des Bösen, 2. Bd., 451–469, zu Gen 9,20-27, der Sünde Chams.
26 In der Analyse des »Wolfsmannes« beschrieb S. Freud: Aus der Geschichte einer infantilen Neurose (1918), in: Ges. Werke XII, London 1947, 27–157, S. 63–66 ausführlich die traumatisierende Wirkung der Urszene.
27 Ohne diesen Narzissmus des Über-Ichs wäre die verurteilende Härte der sonst so liebevollen »Mutter Gottes« völlig unverständlich. M. Proust: Die Beichte eines jungen Mädchens, in: Tage der Freuden, Frankfurt a.M. – Berlin – Wien (Ullstein Tb. 71) 1977, 89–102, hat in ergreifender Weise geschildert, wie ein heranwachsendes Mädchen an der moralischen Überforderung seiner madonnenhaften Mutter zerbricht; vgl. E. Drewermann: Von der Geborgenheit im Ring der Liebe, in: Psychoanalyse und Moraltheologie, 3 Bde., Mainz 1982–1984, 2. Bd.: Wege und Umwege der Liebe, 31–33.
28 Dasselbe Verhalten schildert z. B. das Märchen vom »Rotkäppchen« (s.o. Anm. 6), das sein Abweichen vom Weg damit begründet, dass es im »Wald« »Blumenpflücken« könne, um der Großmutter Freude zu machen; aber die Hoffnung trügt: der Triebwunsch, der »Wolf«, führt dazu, dass die »Großmutter«, das Über-ich, sich selber in den fressenden Wolf verwandelt und das »Rotkäppchen« verschlingt. Die Warnung der Mutter hingegen, das »Glas«

mit »Wein« könnte »zerbrechen«, die weibliche Unversehrtheit also zerstört werden, trifft nicht ein: die onanistische Abweichung selbst wird bereits so tabuisiert, dass am Ende nichts anders übrig bleibt als die Rettung durch den »Jäger«, den eigenen Vater also.
29 So schon S. Freud: Die Traumdeutung (1900–1901), in: Ges. Werke II–III, London 1942, 359; ders.: Vorlesungen zur Einführung in die Psychoanalyse (s. o. Anm. 21), 160. – In sehr derber Sprache vgl. zur Symbolik des »Schlüssels« auch E. Littmann (Übers.): Die Erzählungen aus den 1001 Nächten, vollst. Ausg. nach dem arab. Urtext der Calcuttaer Ausg. v. 1839, Frankfurt (insel tb. 224) 1976, 12 Bde., 2. Bd., 465: die Geschichte des Eunuchen Buchait.
30 S. Freud: Die Traumdeutung, II–III 697; ders.: Vorlesungen, XI 157–158; 164.
31 Zu dem Problem der Maßlosigkeit und Übersteigerung onanistischer Phantasien vgl. E. Drewermann: Zur Frage der moraltheologischen Beurteilung bestimmter Formen sexuellen Fehlverhaltens (1979), in: Psychoanalyse und Moraltheologie, Bd. 2, 178–185.
32 G. Bateson – D. D. Jackson – J. Haley – J. Weakland: Toward a theory of schizophrenia, Behav. Sci. 1 (1956) 251–264, entwickelten erstmals den Begriff der »Doppelbindung«, der durch P. Watzlawick – J. H. Beavin – D. D. Jackson: Menschliche Kommunikationsstörungen. Formen, Störungen, Paradoxien, Bern 1969, auch in Deutschland Eingang fand.
33 Das zwangsneurotische Zeremoniell des Ungeschehenmachens hat S. Freud: Hemmung, Symptom und Angst (1926), in: Ges. Werke XIV, London 1948, 150–151, meisterlich beschrieben. É. Zola: La faute de l'Abbé Mouret, 1875 (in: Les Rougon Macquart, Bd. 5); dt.: Die Sünde des Abbé Mouret, übers. v. O. Schwarz, München 1922, z. B. schilderte den Versuch des Abbé Mouret, den »Sündenfall« mit der naturhaft-unschuldigen Albine im Paradies des Materialisten Jeanbernat durch Askese rückgängig zu machen; Albine stirbt an der Zurückweisung durch den Abbé, und obwohl Mouret seinen Verzicht auch angesichts seines Opfers bejaht, fragt Zola doch indirekt, worin eigentlich die Sünde des Abbé Mouret bestand: in seiner Liebe oder in dem Verzicht auf seine Liebe.
34 Vgl. E. Drewermann: Zur Frage der moraltheologischen Beurteilung bestimmter Formen sexuellen Fehlverhaltens (1979), in: Psychoanalyse und Moraltheologie, 2. Bd., 183–185. Es geschieht zur Selbstbestrafung, dass zunächst alle anderen Glücksquellen ausgeschaltet werden und schließlich nur noch die eine einzige per Verbot fixierte und überwertig gewordene Form des Selbstgenusses übrigbleibt.
35 Vgl. zu Gen 3,8 ff. E. Drewermann: Strukturen des Bösen, 1. Bd., 79–86.
36 Zu Recht meint J. Rattner: Psychologie und Psychopathologie des Liebeslebens, München (Kindler Tb. 2067–68) 1970, 49: »Die Erfahrung lehrt, dass derartige triebhafte Komplikationen (sc. wie die Zwangsonanie, d. V.), gegen die der von ihnen Behaftete oft Jahre und Jahrzehnte lang vergeblich ankämpft, durch die psychotherapeutische Kur mitunter sehr schnell behoben werden können. Es ist oft schon eine unsägliche Entlastung für den Onanisten, wenn er — der sich mit seinem Leiden allein auf der Welt fühlt — mit dem verständnisvollen Gesprächspartner das Problem sachlich durchbesprechen kann.« – Das Problem des vergoldeten Fingers bzw. des Goldenen Haares erscheint

auch im Märchen vom »Eisenhans« (KHM 136) und ist dort wohl ähnlich zu verstehen; es nimmt in diesem Märchen aber eine ganz andere Entwicklung, indem die Gestalt aus der Tiefe, der »Eisenhans«, sich als Verbündeter des Jungen, nicht als sein Gegner erweist; im Gegenteil lohnt es der »wilde Mann«, dass der Junge ihn aus dem »Gefängnis« seiner Eltern befreit hat.

37 P. Christian: Herz und Kreislauf, in: V. E. Frankl – V. E. v. Gebssattel – J. H. Schultz (Hrsg.): Handbuch der Neurosenlehre und Psychotherapie, 2. Bd: Spezielle Neurosenlehre, München-Berlin 1959, 495–516, verweist im Umkreis juveniler Hypertonie auf die Kollision von Wollen und Können aufgrund eines zu hoch gespannten Ichideals (508) sowie auf das Problem der Scham, des Herzklopfens bei Verlegenheit und Betroffenheit (510). Subjektiv stellt sich nicht selten eine Beziehung her zwischen Herzrhythmusstörungen und dem Herzjagen während der Onanie, wobei gerade die schuldbewussten Verzögerungen des Orgasmus und die häufigen Ritualisierungen der Zwangsonanie mitunter tatsächlich auch objektiv die Stabilität des Kreislaufs ins Wanken bringen können.

38 Vgl. E. Drewermann: Ein Plädoyer für die Lüge oder: vom Unvermögen zur Wahrheit, in: Psychoanalyse und Moraltheologie, 3. Bd.: An den Grenzen des Lebens, Mainz 1984.

39 Dahinein gehören Äußerungen, denen man besonders bei manchen hochgestellten Klerikern mitunter in erschreckender Weise begegnet, etwa wenn sie mit Nachdruck betonen, dass sie mit den Versuchungen der Sexualität »nie« etwas zu tun hatten. Nicht nur die Selbstgerechtigkeit im Urteil ist dabei erstaunlich, auch die Ahnungslosigkeit im Umgang mit sich selbst verblüfft dabei immer wieder. D. Morris: The Human Zoo, London 1969; dt.: Der Menschenzoo, übers. v. F. Bolle, München-Zürich 1969, 127 schildert z.B. die orgasmusähnliche Vision der hl. Teresa, die sah, wie ein Engel über sie kam: »In seinen Händen erblickte ich einen langen goldenen Speer, dessen eiserne Spitze eine Flammenzunge zu sein schien. Es war mir, als durchbohre er mehrere Male mein Herz, so dass die Spitze in mein Inneres drang. Als er den Speer herauszog, hatte ich die Vorstellung, er ziehe mein Inneres mit, und ließ mich zurück in einer alles verzehrenden Liebe zu Gott. Der Schmerz war so jäh, dass ich mehrere Male laut aufstöhnte, und so überwältigend war die Süße, die mir der tiefe Schmerz bereitete, dass ich wünschte, sie solle nie aufhören.« – Warum nur ist es so schwer, einfachhin menschlich zu leben?

40 Mit Recht stellte bereits S. Freud: Beiträge zur Psychologie des Liebeslebens (1910), in: Ges. Werke VIII, London 1943, 88, fest: »Der Schaden der anfänglichen Versagung des Sexualgenusses äußert sich darin, dass dessen spätere Freigebung in der Ehe nicht mehr voll befriedigend wirkt.« Er fügte freilich hinzu, was heute zumeist überlesen wird: »Aber auch die uneingeschränkte Sexualfreiheit von Anfang an führt zu keinem besseren Ergebnis. Es ist leicht festzustellen, dass der psychische Wert des Liebesbedürfnisses sofort sinkt, sobald ihm die Befriedigung bequem gemacht wird«

41 Das Motiv des Verstummens taucht z.B. auf in dem Märchen »Die zwölf Brüder« (KHM 9) und »Die sechs Schwäne« (KHM 49), es hat dort aber den Sinn, ein Geheimnis zu wahren, dessen Mitteilung die Erlösung der Brüder gefährden würde. Ähnlich ist das Schweigegebot in W. A. Mozarts »Zauber-

flöte« zu verstehen. Anders im Märchen vom »Marienkind«, wo die Stummheit aus der Lüge erwächst. — A. Quinn Original Sin; dt.: Der Kampf mit dem Engel. Eines Mannes Leben, übers. v. H. Hermann, Bern-München 1972; Neudruck: München (Goldmann Tb. 3401) o.J., 8–9, erzählt in seiner Autobiographie von dem Stimmverlust nach einem Theaterabend und wie der Arzt zu ihm sagt: »... Sie haben eine Lüge im Hals stecken.« Er selbst fährt fort: »Eine Lüge im Hals stecken!!! Ich hatte tausend Lügen im Halse stecken! Welche lähmte mich? ... Ich sah, dass alles, was ich geleistet hatte, nichts war als Eitelkeit und Trug... Ich war dabei zu ertrinken.« »Glauben Sie an die Liebe?«, fragt ihn der Arzt (11), – es wird die entscheidende Frage, um die Angst zu besiegen, die die verlorene Kindheit verewigt und die Sehnsucht nach Liebe an ihrer Verwirklichung hindert.

42 Natürlich setzt diese »Unaussprechlichkeit« voraus, dass die »Mutter Gottes« auch ihrerseits die sexuelle Thematik stets gemieden hat und allenfalls in vorsichtigen symbolischen Wendungen auf die Liebe hinweist.

43 Auf geniale Weise hat S. Kierkegaard: Der Begriff Angst. Eine simple psychologisch-hinweisende Erörterung in Richtung des dogmatischen Problems der Erbsünde, Kopenhagen 1844; ins Deutsche übers. v. L. Richter, Hamburg (rk 71; Werke in 5 Bden., 1. Bd.) 1960, 119–120, das Dämonische, die Angst vor dem Guten, in der Gestalt des »Plötzlichen« und der Stummheit, der »brütenden Verschlossenheit« bestimmt; Mephistopheles, meinte Kierkegaard, sei wesentlich mimisch.

44 Wollte man ein Bild des »Marienkindes« malen, so müsste es gewiss die Züge von E. Munchs Bild »Der Schrei« (1893) tragen. Vgl. Th. M. Messer: Edvard Münch, Köln 1976, S. 84–85.

45 Der sehr treffende Ausdruck der »Als-ob-Fassade« stammt von G. Ammon: Psychodynamik des Suizidgeschehens, in: G. Ammon (Hrsg.): Handbuch der Dynamischen Psychiatrie, 1. Bd., München 1979, 777–792, S. 779.

46 F. M. Dostojewski: Podrostok (1875); dt.: Der Jüngling, übers. v. E. K. Rahsin, München 1922; Neudruck: Frankfurt (Fischer Tb. 1255) 1970; 3. Teil, 5. Kap., 3. Abschn., S. 467–468, schildert die Verzweiflung Andrejeffs, der sein Äußeres völlig vernachlässigt, gelangweilt dasitzt und plötzlich anfängt, haltlos zu weinen. Parallel dazu beschreibt Dostojewski die stumme Verzweiflung des Gretchens in Goethes »Faust«.

47 Entsprechende Beispiele von Jagdträumen mit Rehen u.a. berichtet W. Stekel: Die Sprache des Traumes, 117 ff. Das Bild des »Königs« weist in objektaler Betrachtung zumeist auf eine gewisse Überhöhung des Liebespartners unter dem Einfluss des Ödipuskomplexes mit den entsprechenden Vatererinnerungen hin.

48 Von alters her ist das männliche Erleben von Jagd und Eroberung mit sexuellen Erlebnisqualitäten verbunden; vgl. E. Drewermann: Der Krieg und das Christentum. Von der Ohnmacht und Notwendigkeit des Religiösen, Regensburg 1982, 76–82.

49 Unter »Nagualismus« versteht man die im alten Amerika weitverbreitete Vorstellung von einem »Alter ego« »in Gestalt eines Tieres, das als Schutzgeist oder Gefährte so eng mit einem Menschen verbunden war, dass es alles erlitt, was dem Menschen zustieß.« W. Krickeberg: Die Religionen der Kulturvölker

Mesoamerikas, in: W. Krickeberg – H. Trimborn – W. Müller – O. Zerries: Die Religionen des alten Amerika. (Die Religionen der Menschheit, hrsg. v. C. M. Schröder, Bd. 7), Stuttgart 1961, 38.

50 Zum Märchen von »Brüderchen und Schwesterchen« vgl. R. Meyer: Die Weisheit der deutschen Volksmärchen, Stuttgart 1969, 81–84; von der esoterischen Märchendeutung her vgl. F. Lenz: Bildsprache der Märchen, Stuttgart 1971, 79–93. – Psychoanalytisch ist hervorzuheben, dass die »Stiefmutter« selbst die »Quellen« des »Waldes« so verzaubert hat, dass sie jeden in ein reißendes Tier verwandeln, der auch immer daraus trinkt. Auch hier ist daran zu denken, dass gerade die lieblose Unterdrückung durch die Mutter die Sehnsucht nach der Liebe so gefährlich macht; der Abwehrmechanismus, den das Märchen von »Brüderchen und Schwesterchen« im Umgang mit dem Triebwunsch empfiehlt, ist der Aufschub, der freilich nur eine Zeit lang erfolgreich ist, wie sich denn auch im »Marienkind« zeigt.

51 Das »Gebüsch« ist ein bekanntes Symbol der weiblichen Genitalbehaarung; vgl. S. Freud: Vorlesungen, XI 158; 197, während das »Schwert« ein verbreitetes männliches Sexualsymbol ist.

52 Vgl. E. Sieke: Die Liebesgeschichte des Himmels. Untersuchungen zur indogermanischen Sagenkunde, Straßburg 1892, 3. Gewiss irrte Siecke darin, die rezenten Märchen als Quellen altgermanischer Mythologie zu betrachten, aber die symbolischen Inhalte, die er analysierte, existieren in der alten Naturmythologie wirklich.

53 Vgl. E. Drewermann: Psychoanalyse und Moraltheologie, II 181.

54 I. Bergmann: Scener ur ett äktenskap, 1972; dt.: Szenen einer Ehe, übers. v. H.-J. Maass, Hamburg 1975, 135–167, überschrieb in gleichem Sinn die 5. Szene seines berühmten Eheportraits mit dem Titel »Die Analphabeten«; 148–149: »Wir sind Analphabeten, wenn es um Gefühle geht. Und das ist eine traurige Tatsache, nicht nur, was dich und mich betrifft, sondern praktisch alle Menschen sind es. Wir lernen alles über den Ackerbau in Rhodesien und den Körper und über die Wurzel aus Pi..., aber kein Wort über die Seele. Wir sind bodenlos und ungeheuer unwissend, wenn es um uns selbst und andere geht. Heutzutage sagt man so leichthin, man soll die Kinder zu Menschlichkeit und Verständnis und Toleranz und Gleichheit, oder wie die Modewörter sonst noch lauten, erziehen. Aber niemand kommt auf die Idee, dass wir zuerst etwas über uns selbst und unsere eigenen Gefühle lernen müssen.«

55 Das Motiv der vertauschten Braut deutete E. Stecke: Die Liebesgeschichte des Himmels, 7–15, naturmythologisch recht überzeugend von dem Wechsel von Sonne und Mond bzw. der hellen und dunklen Seite des Mondes her; tiefenpsychologisch wird man darin den Wechsel zwischen dem Bewusstsein und den verdrängten, dunklen Teilen der Psyche, dem Schatten, sehen müssen.

56 Jahrzehntelang galt der Satz des Kirchenrechts von 1917, Canon 1013, § 1: »Der primäre Zweck der Ehe ist die Hervorbringung und Aufzucht der Nachkommenschaft; der sekundäre Zweck ist die wechselseitige Hilfe und (ihre Funktion als) Zufluchtsmittel der Begehrlichkeit.« Zwar ist in der reformierten Form, in der 1984 das neue Kirchenrecht promulgiert wurde, diese Passage geändert worden, aber die Erniedrigung der Liebe in der katholischen Kirche hat in Jahrhunderten eine Mentalität der Angst, der Schuldgefühle, der

Verdrängungen und ihrer charakterlichen Reaktionsbildungen geschaffen, die auf unabsehbar lange Zeit wohl weiter Schaden stiften wird.
57 I. Eibl-Eibesfeldt: Liebe und Hass. Zur Naturgeschichte elementarer Verhaltensweisen, München-Zürich 1970, 149–187, beschreibt ausführlich den sozialen, nicht genital sexuellen Wert des Kusses, der Umarmung, der Mundberührung der weiblichen Brust u.a., und kritisiert zu Recht (177 ff.) die moraltheologische Engführung der katholischen Kirche in den Fragen der menschlichen Sexualität; er betont vor allem den Wert, den sexuelle Kontakte schon im Tierreich für die Paarbindung jenseits der Perioden möglicher Fruchtbarkeit besitzen.
58 Gemessen an den Tieren kann man sogar von einer »Hypersexualität« der menschlichen Spezies sprechen, die keinesfalls als »Verfallserscheinung« zu beklagen ist; sie ist die Folge dauerhafter Familiengründungen mit mehreren Kindern, die, beim Menschen einzigartig, über Jahre hin versorgt werden müssen. I. Eibl-Eibesfeldt: a.a.O., 179.
59 Zunächst neigt man in der Psychotherapie dazu, die Angst vor gefühlsmäßig engeren Kontakten als Folge sexueller, zumeist ödipaler Ängste zu interpretieren; oft genug aber wird man gerade bei depressiven Patienten bemerken, dass die Kontaktangst bereits aus einer Zeit stammt, in welcher die Mutter bei jeder körperlichen Annäherung des kleinen Kindes mit Angst und Abwehr auf ihre eigenen sexuell getönten Gefühlswahrnehmungen antwortete; auf das Kind musste diese Gefühlssperre so wirken, als wenn schon der Wunsch nach Nähe und Zärtlichkeit an sich etwas Unerlaubtes wäre. Wenn S. Freud bereits die frühkindliche Oralität und Analität als »sexuell« deutete – eine These, die zu vielerlei Missverständnissen und Kontroversen geführt hat –, so muss man gewiss sagen, dass die erwachsene Reaktion der Mutter aufgrund eigener sexueller Ängste die Verhaltensweisen des Kindes immer wieder so beantworten wird, als wenn es sich hier um ein sexuelles Verhalten in genitalem Sinne handeln würde; schließlich wird auf diese Weise die gesamte Welt des Kindes »pansexualisiert«, und gerade diese Erlebnisweise wollte Freud in seinen heute oft schwer nachvollziehbaren Theorien beschreiben. Bereits das Stillen, das Wickeln, das Trockenlegen des Kindes löst bei einer entsprechend erzogenen Mutter sexuelle Gefühle aus, gegen die sie sich wehren muss, indem sie ihr Kind zurückweist: der Blickkontakt bricht ab, das Mienenspiel verändert sich, die Irritation des Kindes beginnt und kann sich alsbald in Erbrechen, Durchfall, Hautkrankheiten, nächtlichem Schreien u. Ä. äußern, – Symptome, die nun wieder mit einem Übermaß ängstlich-schuldbewusster Fürsorge und Betulichkeit wiedergutgemacht werden müssen.
60 Beispielhaft: ist z.B. das gotische Gemälde von Meister Bertram: Die Ruhe auf der Flucht, Grabower Altar, 1379–1383, in der Hamburger Kunsthalle, wo die Mutter Gottes gezeigt wird, wie sie abgewandten Gesichtes dem Jesuskind die Brust reicht; während das Jesuskind mit seinem Blick die Augen seiner Mutter sucht, schaut diese traurig in andere Richtung vor sich hin. Vgl. G. Souchal – E. Carli – J. Gudiol: De Gotische schilderkunst, Amsterdam; dt.: Die Malerei der Gotik (Epochen der Kunst, Nr. 6), übers. v. R. Rapsilber, H. W. Grohn u. B. Weitbrecht, bearb. v. H. Gottschalk, Gütersloh 1965, Abb. 135 (vgl. auch Abb. 31, das Bild der Madonna mit dem Kind, aus der Pinakothek in Turin,

1425). Oder vgl. E. Buchner: Malerei der deutschen Spätgotik, München 1960, Abb. 34: Maria mit dem Kind des Salzburger Meisters Konrad Laib (?) um 1450–60, wo der Gestus des Stillens mit dem Kind überhaupt nichts zu tun hat und nur die beziehungslose »Mütterlichkeit« der Madonna zum Ausdruck bringt. Man vergleiche daneben die altägyptischen Statuetten der Göttin Isis mit dem Horus-Knäblein!

61 M. L. v. Franz: Bei der schwarzen Frau (s. o. Anm. 5), 343, sieht in den drei Söhnen der Königin eine »Triade von Knaben von relativer Unbestimmtheit«, die sie (natürlich) im Sinne C. G. Jungs als »Trinität« deutet; daran ist richtig, dass das »Marienkind« durch die Geburt der Kinder wirklich zur »Mutter Gottes« wird: ihre drei Kinder spielen mit der »Weltkugel« wie das Christuskind; aber diese psychische Identifikation mit dem eigenen Über-Ich ist gerade das Gegenteil eines harmonischen Individuationsprozesses, in dem die männliche Dreiheit zur weiblichen Vierheit verschmelzen würde; sie bedeutet vielmehr die Fortsetzung des eigenen Unlebens nunmehr in der 3. Generation. Demgegenüber ist es fast nebensächlich zu bemerken, dass es sich im Märchen vom »Marienkind« gar nicht um »drei Knaben« handelt – das dritte Kind ist ein Mädchen; doch solche »Abweichungen« sind für die Stereotypie mancher Deutungen kaum ein Grund, die eigene Interpretationsweise in Frage zu stellen. – Die Verleumdung einer Frau als Menschenfresserin taucht auch anderweitig auf; vgl. z. B. das Märchen »Die Nymphe des Brunnens« bei Musäus: Volksmärchen der Deutschen (1842), Stuttgart (Parkland) o.J., 277–325.

62 Vgl. St. Zweig: Marie Antoinette. Bildnis eines mittleren Charakters, Leipzig 1932; Neudruck: Frankfurt (Fischer Tb. 2220) 1980, 28–37; 205–224, wo St. Zweig das Verhältnis der unglücklichen französischen Königin zu ihrem Gemahl und zu ihrem geheimen Freund, dem schwedischen Gesandten Graf Axel von Fersen, schildert.

63 Paradoxerweise kann das Gebaren der »Marienkinder« nach außen hin tatsächlich wie stolz wirken, indem gerade das Gefühl der eigenen Wertlosigkeit im Ich umso mehr dazu führt, sich den Ansprüchen des Über-Ichs zu unterwerfen und sich dementsprechend auch nach außen darzustellen. Die These vom »Stolz« als Inbegriff der Sünde ist bei Theologen nach wie vor beliebt, aber sie verkennt regelmäßig die Angst und die Minderwertigkeitsgefühle im Hintergrund des sogenannten Stolzes. Vgl. E. Drewermann: Strukturen des Bösen, 3. Bd., S. LXXVII–LXXVIII; ders.: Psychoanalyse und Moraltheologie, 1. Bd., Mainz 1982, 118–120. – Die Identifikation des »Marienkindes« mit dem Vorbild der »Mutter Gottes« zeigt sich in der Praxis oft: schon im Sprachgebrauch; statt von sich selbst spricht eine solche Frau meist in der 3. Person von sich: »Eure Mutter« oder: »Eine Mutter muss doch...« J. M. Dougall: Über die weibliche Homosexualität, in: J. Chasseguet-Smirgel (Hrsg.): La sexualité feminine, Paris 1964; dt.: Psychoanalyse der weiblichen Sexualität, übers. v. G. Osterwald, Frankfurt (s.v. 697) 1974, 233–292, S. 261, weist im Zusammenhang der Identifikation der Tochter mit der Mutterimago sehr richtig darauf hin, dass die Mutter stets in idealisierter Form wahrgenommen wird, »als schön, begabt und verführerisch«, woran gemessen die Tochter sich selbst als Versager erlebt, so dass es für die Tochter unmöglich scheint, »die

Mutter könne durch den Besitz des Vaters als Liebeobjekt an Wert gewinnen«. Gerade so ist die Konstellation in der Kindheit und Ehe des »Marienkindes«.
64 S. Freud: Trauer und Melancholie (1916), in: Ges. Werke x, London 1946, 427–446, S. 432, meinte, es sei bei den Selbstbeschuldigungen Depressiver »wissenschaftlich wie therapeutisch gleich unfruchtbar, dem Kranken zu widersprechen... Wenn er sich in gesteigerter Selbstkritik als kleinlichen, egoistischen, unaufrichtigen, unselbständigen Menschen schildert, der nur immer bestrebt war, die Schwächen seines Wesens zu verbergen, so mag er sich unseres Wissens der Selbsterkenntnis ziemlich angenähert haben, und wir fragen uns nur, warum man erst krank werden muss, um solcher Wahrheit zugänglich zu sein. Denn es leidet keinen Zweifel, wer eine solche Selbsteinschätzung gefunden hat und sie vor anderen äußert – eine Schätzung, wie sie Prinz Hamlet für sich und alle anderen bereit hat, – der ist krank, ob er sich nun die Wahrheit sagt oder sich mehr oder weniger Unrecht tut.«
65 F. M. Dostojewski: Besy (1872), dt.: Die Dämonen, übers. v. E. K. Rahsin (1922), Frankfurt (Fischer Tb. 1252) 1970, 2. Teil, 6. Kap., 5. Abschn., S. 364, spricht von dem »offen verkündeten ›Recht auf Ehrlosigkeit‹«.
66 Vgl. E. Drewermann: Strukturen des Bösen, 3. Bd., 568–588.
67 B. Pascal: Pensées de M. Pascal sur la religion et sur quelques autres sujets, qui ont esté trouvées après sa mort parmy ses papiers, postum 1669; dt.: Über die Religion und über einige andere Gegenstände, übers. v. E. Wasmuth, Stuttgart ⁵(erw. u. neu bearb.) 1954, S. 247 (Nr. 555): »Du würdest mich nicht suchen, wenn du mich nicht besäßest. Beunruhige dich also nicht.«
68 So das Bild vom Seewandel Petri in Mt 14,22–33.
69 Vgl. E. Drewermann: Strukturen des Bösen, 3. Bd., 310–324.
70 W. Shakespeare: A midsommer night's dream, 1600; dt.: Ein Sommernachtstraum, übers. v. A. W. Schlegel, in: Sämtliche Werke, Wiesbaden (Löwit) o.J., 124–141, S.141 (5. Akt, 1. Szene).